《中国西部民族文化通志》编委会

中国西部民族文化通志（24卷）

哲学卷	政治卷	历史卷	古籍卷
法律卷	婚姻家庭卷	农耕卷	贸易卷
科技卷	生态卷	教育卷	饮食卷
服饰卷	体育卷	娱乐卷	旅游卷
节日卷	礼仪卷	禁忌卷	文学卷
艺术卷	影视卷	工艺美术卷	傩文化卷

云南大学民族学
一流学科建设经费资助

教育部人文社会科学
重点研究基地重大项目成果

中国西部民族文化通志

瞿明安　何明　主编

节日卷

邓启耀　杜新燕　主编

云南出版集团
云南人民出版社

云南大学民族学一流学科建设经费资助

教育部人文社会科学重点研究基地重大项目

教育部人文社会科学重点研究基地云南大学西南边疆少数民族研究中心项目

总 序

21 世纪之初，中国政府启动了西部大开发的战略部署，将西部各民族的繁荣发展推到了中国现代化建设的前沿阵地，使其成为中国西部发展史上最值得大书特书的一页。国发〔2000〕33 号《国务院关于实施西部大开发若干政策措施的通知》中规定，中国西部开发的政策适用范围，包括重庆、四川、贵州、云南、西藏、陕西、甘肃、宁夏、青海、新疆、内蒙古、广西等 12 个省区市（统称为西部地区）。根据以上区域划分的原则，在中国西部地区主要分布着 49 个少数民族，即维吾尔族、哈萨克族、乌孜别克族、塔塔尔族、塔吉克族、柯尔克孜族、俄罗斯族、回族、土族、裕固族、东乡族、保安族、撒拉族、锡伯族、蒙古族、达斡尔族、鄂温克族、鄂伦春族、藏族、门巴族、珞巴族、羌族、傣族、哈尼族、基诺族、佤族、景颇族、德昂族、布朗族、拉祜族、阿昌族、傈僳族、独龙族、怒族、白族、纳西族、普米族、彝族、苗族、瑶族、布依族、水族、侗族、土家族、壮族、仫佬族、仡佬族、毛南族、京族等。在西部大开发的过程中，西部少数民族的现实状况和未来发展趋势将直接影响中国西部经济社会发展的总体进程。2001 年国务院西部开发办《关于西部大开发若干政策措施的实施意见》中规定，其他地区的民族自治州（湖南湘西土家族苗族自治州、湖北恩施土家族苗族自治州、吉林延边朝鲜族自治州），在实际工作中比照有关政策措施予以照顾。

西部大开发分别包括对西部地区自然资源的开发利用与可持续发展，以及对人文资源的开发利用与保护传承两个方面的内容。而在人文资源的开发利用与保护传承方面，如何充分有效地认识和发掘西部少数民族文化资源的价值和功能，使其在西部大开发中发挥积极的作用就是其中一项十分重要的内容。从应用民族学的角度来看，西部少数民族文化资源的开发利用与保护传承包括多种不同的表现形式，既有从经济发展和提高人民物质生活水平的需要出发对民族饮食、民族服饰、民族建筑、民族生产方式、民族贸易、民族旅游等文化资源的开发利用与保护传承，也有从构建和谐社会的需要出发对民族政治、民族法律、民族道德、民族宗教、民族心理等社会结构及文化要素的调适、引导和传承，还有从提高全民族文化素质和满足人们精神生活需要出发对民族教育、民族科技、民族文学、民族艺术、民族古籍等传统知识及文化要素进行的传承、改造和创新。在对西部少数民族文化资源进行开发利用与保护传承的过程中，应正确处理好突出经济效益的开发利用与关注社会效益的保护传承两者之间的关系，做到开发利用与保护传承两者并重，或在开发利用的过程中高度关注民族文化资源的保护传承。可以说，西部少数民族文化资源的开发利用与保护传承是一项巨大的社会系统工程，它与西部地区自然资源的开发利用及可持续发展具有同等重要的价值。

面对西部大开发这一前所未有的宏伟规划，作为以民族群体及其文化为研究对象的中国民族学研究者，如何在西部少数民族文化资源开发利用与保护传承的过程中发挥独特的作用，就成了当代中国学术界高度关注的现实问题。其实，早在西部大开发之前的20世纪80年代中期，中国的部分民族学研究者就参与了由国务院委托中国科学院牵头组织的有关西部大开发的前期研究准备工作，为20世纪末和21世纪初西部少数民族经济社会的发展献计献策。随着21世纪初西部大开发的正式启动，中国民族学研究者再一次站在了西部少数民族文化资源开发利用与保护传承的前沿阵地，除了直接参与西部各省区市政府部门有关当地少数民族经济社会发展的应用对策研究以外，为了正确认识把握西部少数民族的历史和现状，继承和弘扬西部少数民族的优良文化传统，还有不少学者撰写了一些与西部少数民族文化有关的著作，在研究西部少数民族文化方面取得了初步的成果。然而，在肯定以上事实的同时也应该承认，目前有关中国西部少数民族文化研究的成果仍处于零散、单一、粗浅的初期阶段，在学术界尚未形成大的气候和雄厚的优势，远远适应不了西部大开发对精神文化产品的客观现实需要。为了改变这种被动的状态，我们策划并组织全国的有关学者撰写了这套《中国西部民族文化通志》，以便为西部大开发提供精神文化方面的优秀产品，同时也为西部少数民族文化资源的保护传承献上一份厚礼。与国内其他同类的书籍相比，本通志在研究对象、学术取向和书写范式等方面具有以下几个鲜明的特点：

第一，坚持民族学的文化概念，系统深入地研究中国西部少数民族文化的各种构成要素。有关文化概念的界定问题，在不同学科的认知体系中往往存在着较大的差异。在一般人们的视野中，文化主要是指文学、艺术、教育、新闻、传播、伦理道德、思想观念等反映经济基础的意识形态。而从民族学的角度来看，文化则是指整个人类及其各个民族生活方式的总和，包括物质文化、行为文化、制度文化和精神文化等不同的构成要素，是人与自然、人与人、人与社会互动的产物。这两种不同的看法其实就与文化概念的狭义和广义之分相关。本通志坚持民族学的广义文化概念，将中国西部少数民族的各种文化构成要素划分为 24 个方面，相应形成了哲学卷、政治卷、历史卷、古籍卷、法律卷、婚姻家庭卷、农耕卷、贸易卷、科技卷、生态卷、教育卷、饮食卷、服饰卷、体育卷、娱乐卷、旅游卷、节日卷、礼仪卷、禁忌卷、文学卷、艺术卷、影视卷、工艺美术卷、傩文化卷等 24 个分卷，几乎涵盖了中国西部少数民族文化的方方面面，由此形成一个宏大而多元的文化体系。除了从总体上将西部少数民族的各种文化现象划分为以上不同的构成要素以外，各个分卷的专题民族文化志则更进一步地将某一种特定的文化现象进行细致入微的分解。通过这种层层深入的描述和解析，使中国西部少数民族文化的各种鲜明特点得以充分地显现出来，为人们正确地认识了解中国西部少数民族文化的本质特征和表现形式提供系统翔实的文本资料。

第二，对中国西部少数民族文化进行整体的研究，为中国民族学西部学派的形成奠定坚实的基础。中国民族学以往的研究曾显现出一个鲜明的倾向，就是绝大多数学者的精力和时间都投入了对某些单一民族及其文化的研究，对田野调查报告或民族志的关注超越了对文化整体的认识。在对中国少数民族的历史和现状缺乏了解的背景条件下，对各个单一民族及其文化开展的调查研究不仅是非常迫切需要的，而且也符合现代民族学的学科发展规律。而在对各个单一民族及其文化所进行的田野调查和民族志资料积累发展到一定程度的时候，对中国少数民族文化进行宏观和微观相结合的整体研究，就自然而然地成了当代中国民族学学科发展的必然趋势。本通志的研究对象和学术取向就是这一学科发展趋势的具体体现。与国内已出版的各个单一民族的文化志有所不同的是，本通志各个分卷的民族文化志都不是只单独涉及西南、西北和内蒙古等地区各个单一民族，而是打破原有的地区和民族界限，将西南、西北和内蒙古等西部地区所有少数民族的特定文化现象作为一个有机的整体来看待。通过对各种文化现象的描述和概括来认识中国西部少数民族文化的总体特点，在此基础上建立中国民族学西部学派。所谓中国民族学西部学派，就是在中国民族学研究者中以西部少数民族文化为整体研究对象的学术群体和学术取向。它既从学科发展的角度关注整个中国西部少数民族文化的构成要素和总体特点，同时又从应用实践的角度重视中国西部少数民族文化资源的开发利用与保护传承，以便在基础研究和应用研究方面构建当代中国民族学的学科体系。可以说，本通志的出版就是中国民族学西部学派正式形成的标志，同时也为今后中国民族学的学科建设和发展打下了坚实的基础。

第三，把描述性与解释性有机地结合起来，使中国西部少数民族的各种文化现象得以较完整地呈现出来。以往志书的一个鲜明特征就是完整地记录和描述某一特定的事项，即古人所谓的“述而不作”。而本通志的设计和写作则突破了这一窠臼，即注重描述性与解释性两者之间的有机结合。本通志各个分卷主要包括导论和正文两个部分，其中各个分卷的导论是具体专题民族文化志的核心和灵魂。每一种具体的民族文化均有其基本特点、形成因素、表现形式、特定内涵、价值取向、应用功能等方面的重要内容。本通志各个专题民族文化志的导论部分，需要作者具有扎实的理论功底和素养，熟练地运用民族学有关民族文化的相关理论方法来进行高度的概括和分析，使人们对纷繁复杂的中国西部民族文化现象有一个较高层次的感悟和较全面的理解，为进一步认识中国西部民族文化的具体构成要素提供总体的思维模式和分析框架。而本通志各分卷的正文部分则是具体专题民族文化志的主体内容。它们分别对每一种涉及的具体民族文化要素进行层层深入的描述和解释，充分展现中国西部民族文化各种构成要素所具有的特色鲜明的表现形式、内在含义，以及与其他文化要素之间的互动关系。其显著效果就是使被描述、解释的内容显现得细致入微和丰富多样，以便加深人们对这些特定民族文化现象的认识程度。

第四，把横向的民族志资料与纵向的历史文献相结合，充分显现出中国西部少数民族传统文化形成和发展的特点。通常情况下，民族文化志书写的特点都是侧重于横向的研究，即对某一特定时期的民族文化现象进行全面客观的描述，很少涉及历史上这种特定民族文化现象形成、发展、变化的过程和特点。本通志则在这一方面有所突破，即分别从横向和纵向两个方面入手，既描述某一种民族文化现象的具体表现形式和鲜明特征，同时又对这种民族文化现象在历史上的演变乃至在现代社会中发生的变化进行简要的概括和分析，使得各个专题民族文化志能够融贯古今，使其显现出本身应有的资料价值和学术价值。而在横向与纵向相结合的书写过程中，则以横向的民族志描述为主，以纵向的历史演变为辅。通过阅读本通志，既可以从文化体系的角度认识和了解中国西部少数民族传统文化的基本特征、表现形式、形成因素、价值取向、象征意义、社会功能等，也可以从历史发展的角度洞察中国西部少数民族传统文化在历史上的演变以及在现实生活中的状态和未来发展的趋势，让读者从各种不同的民族文化构成要素中充分体悟中国西部少数民族文化的多样性和复杂性。

本通志由云南大学西南边疆少数民族研究中心的瞿明安教授和何明教授担任主编，组织了以云南大学为主、其他院校和科研单位为辅的研究团队。分别由云南大学、中山大学、北京师范大学、四川大学、中央民族大学、中南民族大学、广西民族大学、云南民族大学、贵州民族大学、云南师范大学、云南农业大学、云南省社会科学院、云南行政学院、武汉工商学院、中国妇女儿童博物馆、云南人民出版社等国内十五所大学、科研机构和出版社长期从事民族文化研究的三十余位知名专家学者领衔撰写，参与人员近百人。全套通志约一千六百万字，可以说是目前国内规模最大、体系最完整的一套专题民族文化志，在中国民族学界尚属首次出版，堪称传世之作。这也是一项重大的基础建设工程，对于继承和发扬中国西部少数民族的优良文化传统，增强各民族的自豪感和自信心，提高中国民族学的整体研究水平具有重要的学术价值。

本通志的编辑和出版得到了有关方面的大力支持和帮助。其中云南人民出版社人文读物编辑部尹杰主任最早提出了编写这套通志的构想，并在具体策划和编辑过程中付出了辛勤的劳动，云南人民出版社刘大伟社长对本通志的出版给予了全力的支持，责任编辑李萍女士为通志的编辑出版敢担其责、倾心尽力。云南大学西南边疆少数民族研究中心将本通志申报立项为瞿明安主持的2010年教育部人文社会科学重点研究基地重大项目（批准号：10JJD850007）。本通志还得到了云南出版集团和云南大学的大力支持，在此表示衷心的感谢！

《中国西部民族文化通志》编委会

初拟于2013年10月31日

修订于2018年3月31日

目　录

导 论

节日是一种颇为特殊和十分重要的文化现象，引起不同学科的关注和社会的广泛兴趣。它几乎蕴含了民族传统文化所有层面的内容，并在特定时间段将其中最典型的部分集中展现出来，较完整而浓缩地反映了某一民族物质文化、精神文化、制度文化等层面的内容，成为承载着族群历史与传统的重要文化符号。例如，在民族节日里，有关这个民族的来龙去脉、神话传说、宗教信仰、伦理意识、审美观念等，大都充分显露出来。节日服饰、节日饮食、节日歌舞、节日游乐、节日造型艺术等集中展示，与节日空间相应的自然生态和风光风物等更是洋洋大观。它们反映了生活在不同历史、地理等背景下的不同民族不同的生活风俗、生计模式、族群关系、思想观念及社会组织结构等方面的内容，堪称高度形象化、典型化的民族传统文化的大百科全书。例如，有关社会生产活动或物质民俗的有猎神节、牧神节、农事节祭、渔神祭、匠神祭、药神祭、战神祭、集贸节日等，有关社会组织民俗或特定社会文化形态的有祭祖、祭社、祭家堂、土主节、本主节等，有关人生仪礼习俗的有祈育祭、儿童节、女人节、老人节、悼亡节等，有关民间游艺民俗的有灯会、鼓节、歌会、舞节、各种赛会以及男女郊游节日等。还有一些综合性及演化复合型节日，分别以其突出的形式特征引人注目，如火把节、泼水节等。另外，一些涉及几大宗教的传统节日祭会，又因其信仰或自成一体，或与民俗节日交融复合，形成特殊的节祭系统（如佛教节日、道教节日、基督教节日、伊斯兰教节日等）。至于与各民族传统民间信仰相关的节祭，更是数不胜数。

与中国中部和东部地区相比，中国西部地区的节日涉及民族最多，表现形式较为多样，文化性质亦很特殊；同时，由于多元一体国家长期的族群互动，节日民俗内容多有交叉、复合和演化。

一

对时间的理解，与各民族生存于其间的自然环境和空间状态密切相关。由于中国西部少数民族生活的环境是各不相同的，地理构成复杂，生态多样，他们对自然空间的理解，也建立在不尽相同的基础上。一般而言，生活在高山峡谷里的民族，有关山、石等方面的节祭民俗就多一些，而生活在平坝江湖边的民族，有关水、树等的节祭民俗较为多样。

当我们从广西飞往新疆，或者从云南驱车到西藏，最明显的感觉差异，是一天内的时差。同样的时刻，这里早已黑透了，那里的夕阳还正好。如果我们处于不同的生计模式，那么，农民和牧人对时间节点的感知，就与季节变化联系在一起。如果我们分属不同的族群或信仰体系，关于时间节点的界定，更会在年的层面展开。

一般人容易感受到的时间差异，是体现在一天时差中的地理时间。有一年，笔者在新疆考察，应一位哈萨克族学生邀请，到他家过肉孜节。由于汽车误点，笔者赶到他家时已经是夜里 11 点多。笔者以为一切都早已结束，没想到他们还等着，桌上摆满馕、馓子、点心、手抓羊肉、水果、干果和果酱。他们安慰道："哈萨克谚语说，'晚到的骆驼是最好的骆驼'。虽然晚了一点，但按我们新疆的时间，天黑也没多久。在刚刚过去的封斋月里，我们已经习惯了天黑才做饭。"我们去西藏阿里考察时，类似的时差感受也十分明显。

更大的时间差异，体现在因生态环境、生计模式和族群的不同，而对"月份"或"季节"的不同划分上。中国西部一些少数民族有使用物候历的传统，他们的时间概念与季节性的感官性物象相联系。云南傈僳族参照重要的自然或社会事件把一年四季划分为不同的月份，如"花开月"为三月、"鸟叫月"为四月、"烧火山月"为五月、"饥饿月"为六月、"收获月"为九月和十月、"煮酒月"为十一月、"狩猎月"为十二月、"过年月"为一月等。但在日常生活中，古永的傈僳族很少用这种方式来记录一年的时间。他们多以十二生肖来记录一年的时间。张征东的调查报告提及，"调查对象用十二支轮算，徐徐计算后，多只能告诉其出生时候的属相"。属相的排列为："亥提"（鼠一）、"嗄尼"（牛二）、"辣桑"（虎三）、"唾裂"（兔四）、"陆瓦"（龙五）、"富撮"（蛇六）、"目矢"（马七）、"此佷"（羊八）、"米孤"（猴九）、

"嗄词"（鸡十）、"厄词滴"（狗十一）、"咋词尼"（猪十二）。可以看出，这种计时法和汉族的生肖计时法一致。少数没受过学校教育的傈僳族老人习惯了以生肖计时或计数的方法，而较难掌握十进制的计数法[①]。独龙族把一年分为十二个时间多少不等的节月：下雪月、出草月、播种月、花开月、烧山火月、青黄不接月、山草开花月、霜降月、收获月、降雪月、水落月、过年月。普米族则分为花开月、烧山月、醉酒月等。哈尼族全年分冷季、暖季、雨季三季，每季四个月。拉祜族苦聪人将四季称为雨天、晴天、干天和大热天。人类有了不同的生计方式，如采集、渔猎、畜牧、农耕、做工、经商等，便会有不同的文化时间。

不同时代、不同民族对时间的界定有所不同，由此形成不同的历法。我国最早的系统历法是夏历，称夏小正，以正月为岁首。商代历法以十二月为岁首。周代历法以十一月为岁首。秦代历法以十月为岁首。直到汉武帝太初元年，才确定以夏历正月为岁首。此后沿袭未变[②]。据《史记·五帝本纪》载，"（黄帝）获宝鼎迎日神策"，《封禅书》释："黄帝得宝鼎神策，于是推策迎日。则神策者，神蓍也，黄帝得蓍以推算历数，于是逆知节气日辰之将来。故曰推策迎日也。"[③] 在远古时代，能够推算时间是一种非同一般的能力，拥有这种能力的人可以顺天应时，知晓过去，把握现在，预知未来，"得天之纪，终而复始"。控制了时间，也就控制了"天下"，从而获得至上权力。而拥有政治权力、科技权力、宗教权力和经济权力的人，这个时候也会产生超自然的冲动，只争朝夕地改变文化时间，制造神圣空间，改写历史，引领时代，控制未来。

在中国西部，由于中国各民族所处地域的自然生态、历史发展、宗教信仰和社会文化传统具有较大差异，他们关注的社会时间节点不一样，传统的岁时历法也不一样，这是他们在长期的生活实践中总结出的宝贵知识，也是多元化的中国古代传统的不同形式的延续。大一统的时间概念在西部是站不住脚的。

---

① 张征东《云南傈僳族及贡山福贡社会调查报告》（大约成稿于 1945 年），西南民族学院图书馆收藏。

② 刘道超《前言》，载《筑梦民生：中国民间信仰新思维》，人民出版社 2011 年版。

③ 〔西汉〕司马迁《史记·五帝本纪》，载上海古籍出版社、上海书店编《二十五史》（第一卷），上海古籍出版社、上海书店 1986 年版。

比如，作为新的一年开始的时间节点的元旦，使用什么样的历法，就有什么样年岁交替的元旦，他们关于“年”的时间节点和各自的“新年”界定也就完全不同。使用公历的一些农耕民族，以1月1日作为新的一年开始的时间节点。使用农历的一些农耕民族，则以正月初一作为新的一年开始的时间节点。使用太阳历的（如彝族），一年以十个月计，年分阴阳，一年要过两个年，一个在六月，一个在十二月，其中最著名的是“星回节”（俗称“火把节”），在北斗星回、阴阳交替时，以火祈福消灾。傈僳族新年在公历12月20—22日，叫“阔什”。独龙族唯一的年节是“卡雀哇”，由各家族、公社自行选择冬季腊月的吉日过，节期一至三天。白族把一年分为十三个月，每月三十天，二月不定，为“剩月”，几年一闰月。基诺族历法一年也有十三个月，一月为岁始，十三月为岁终，新年叫“特懋克”。傣族在春夏之交过傣历年，他们的新年有“夏节”的色彩。水族岁首“端节”在秋收之后，万物随阳而终，复阴而起；哈尼族以农历十月为岁首，他们的十月年在秋冬之际，其新年又有某种“秋节”或“冬节”的意味。畜牧民族的新年以牧草生长的季节计算。比如，哈萨克族过年在三月，柯尔克孜族在白羊星升起时欢度新年。相传白羊星是一年中第一次使白天与黑夜的时间相等的主神，它还能使日神调节气温季节，使大地解冻、万物复苏、草木发芽、羊群产羔。所以柯尔克孜族人民就在白羊星升起时欢庆“诺劳孜节”，并从这一天开始安排新的一年的生活。

即便使用农历的民族，也有其界定的特殊的时间节点，有一些不同的计算和命名方法。拉祜族虽然也在农历正月初一过年，但如果日子与年月的属相不对，就要往后面推。例如，正月羊年的初一如果是虎日，有冲撞，就要调节开，虽然也是说过春节，但是和汉族过春节的时间是不一样的。拉祜族的长老和祭司会根据自己民族的传统信仰进行调节，把所谓主流文化法定的时间调整为边缘文化习俗的时间。所以，不同民族的年关和各种节日，也就是不同社会文化传统给定的关于时间的节点。这些不同的时间节点，意味着时间的界定，是因不同的族群和文化传统而被社会所建构的。

除了上述体现在日、月、季、年之上的世俗时间，还有一种神圣时间。

信仰道教、佛教、基督教、伊斯兰教的民族，他们一年的时间节点与全民信仰的宗教直接相关。例如，信仰道教的民族（如瑶族、畲族、部分彝族及白族等），他们的许多年节活动都与道教诸神的诞辰、天人合一观念或重要事件相关，如与太阳太阴、星辰天象、庆生延寿等相关的节日祭祀。信仰佛教的民族，凡重大的节日，也与佛祖和菩萨的诞辰、成道和涅槃相关。信仰藏传佛教的藏族过藏历年，时间与春节接近。出于一种关于时间的吉凶观念，他们认为好的日子可以重复，如初四被视为吉日，所以每个月中可以连续过两个初四；他们认为不吉利的日子就不过，如初七可以把它取消，过了初六就过初八。信仰南传上座部佛教的民族（如傣族、阿昌族、德昂族、布朗族等）以佛祖诞辰为大，他们一般使用傣历，在这一天（约为公历 4 月中旬），要浴佛，互相淋水祝福，俗称“泼水节”。信仰基督教的民族（如苗族、傈僳族、怒族、拉祜族、景颇族等），他们的圣诞节、复活节已经渐渐取代了民族传统节日，成为最重要的时间节点。伊斯兰教的历法又叫“希吉来历”，元世祖至元四年（1267 年）传入中国，对中国元明清三代的历法有一定的影响。伊斯兰教的历法是纯阴历，月亮圆缺一次为一个月，伊斯兰教历与公历中的日期不同，每年往往要提前十一日左右。伊斯兰教历法规定的节日大多与伊斯兰教创始人、圣人或重大宗教活动有关①。

由此可见，生活在不同地理空间、生态区域、社会关系、文化传统和意识形态中的人，经历的时间不是完全相同的冬寒夏暑这样的自然时间。所以，对时间的理解，集中地反映在各民族的天文、历法等文化成果中，反映了各民族对自己所处时空关系的特殊理解。而对于一些直接关系着人们生产生活的岁时节气，为了强调它们的意义，不同文化处境中的民族，便有不同的时间概念。西部各民族根据各自的实际情况，因地制宜、因时制宜地将自然时间与社会时间融为一体，把某些时间节点固化为传统的岁时民俗，并在文化、社会和信仰的大背景下，让时间具有象征化的意义。

二

为了对中国西部各民族五花八门的节日现象进行理论梳理，下面，笔者想借用自己与恩师赵仲牧教授有关节日文化与文化符号学问题的一次探讨②来

① 关于伊斯兰教的历法的资料见 http://baike.baidu.com/view/145451.htm? func = retitle。

② 本文节选自赵仲牧、邓启耀《节日文化与文化符号》，载云南省社会科学院民族文学研究所编《中华民族文化海峡两岸学术讨论会文集》，云南人民出版社 1993 年版。

梳理节日的意义。不过，这里所谈的意义，是符号学层面的意义。

中国西部族群复杂，不同文化模式和民族类别形成不同的传统节日，包括不同的节日仪式、节日祭祀、节日服饰、节日饮食、节日游乐、节日造型物或象征物、节日禁忌等。这些要素集纳在节日这一容量甚大、形式多样的文化现象之中，传递着不同民族独特的文化信息。

节日是一种特殊的文化事象。它确实具有一般符号系统所具有的外部关系和外部功能，也具有一般符号系统所具有的内部关系，即意义层面、所指功能和形式层面、能指功能。因此，我们完全可以把节日文化看作一个巨大的符号系统的集合体。同时，把节日符号系统与语言符号系统或其他符号系统一样看待，并进行统一的或比较的研究。

其一，中国西部各民族传统的节日符号，有它自己的指述关系和指述功能。我们注意到，中国西部各民族传统节日，指称、描述和摹状的大都是开天辟地的创世者、重大的历史事件和历史人物、神灵、祖先以及值得纪念的民间人物。例如，阿昌族“窝乐节”指述的是天公遮帕麻与地母遮米麻创造世界人类的神话。瑶族盘王节直接指称创世的盘古。彝族跳宫节纪念一次关乎民族命运的古代大战。壮族“娅拜节”祭奠民族英雄娅拜。藏族、傣族等全民信仰佛教的民族，回族、维吾尔族等全民信仰伊斯兰教的民族，已经改信基督教或天主教的苗族、傈僳族等民族，他们的节日几乎都与其信仰的宗教相关。另外，西部许多民族还有一些古老传统节日祀会，如祭天祀地，祭日月星辰，祭风雨雷电，祭山川水火，祭猎、牧、农、渔诸神，祭祖先社稷，社火醮会等，都有直接或间接、幻化或实有的指述对象。

其二，中国西部各民族的节日符号系统，也有自己的表现关系和表现功能。它们不仅和上述种种神灵、祖灵、事件、人物建立了指述关系，获得指述功能，而且还与对它们的追思、祈求、纪念、信仰等心态联系起来，形成了表现这些心态的表现关系，获得相应的表现功能。这些心态十分复杂，因而构成了节日符号系统错综复杂的表现关系和表现功能。例如，中国西部猎牧民族的民间节日，有一些与山神、猎神、牧神及牧草相关的活动，如珞巴族猎获豹子等猛兽的“目朱巴”祭祀，蒙古族的打奶节、兴畜节和那达慕大会，藏族牧区的赛马会、草地牧民节等，节日活动的内容、形式和参加者的情感表现，都有与农耕民族很不一样的特点。而农耕民族的农祀节会，亦没有中原汉族地区的规范划一，“十里不同天”，节祭可说是五花八门，数不胜数。山地、坝区、河谷，有不同的节日时段；旱作、水稻、海拔高低、气候凉热，也有时差很大的节祭节令。尽管西部各民族的农祀节日千奇百怪，但归结下来，不外乎有两种：春祈和秋报。春祈一般称“祈年”，即在春播之前，祈求神灵保佑新的一年有更好的年景。白族的“打春牛节”和“插柳节”，哈尼族的“里玛主节”，彝族、拉祜族、傈僳族、景颇族等民族每年春播前，都要举行“祭谷神”和“叫谷魂”仪式，而几乎所有民族的春节，都折射着各民族追思往昔、祈年求吉的传统心态和集体意识。秋报一般称“报祭”，即对神灵的感恩并强化对它们的信仰，所以秋冬间的农祀节日主要以“感恩谢神”“敬祖尊宗”的深厚情感为表现对象。哈尼族剽牛祭、拉祜族祭仓龙、彝族祭五谷神、纳西族祭丰收神、白族迎谷王等，都具有表现祭祀心态的功能。在长期历史演变中，报祭祀会日愈世俗化为传统的节日，各族几乎都有的尝新节、新米节、荐新节等，多和报祭之情意建立了表现关系。中秋节实际也都显示了尝新报祭的情趣。西部有些民族还有一些特别的节日活动，表现了与自然万物亲密无间的感情，如傈僳族等民族在一些节日尝新前先用新米饭喂狗，向狗磕头，表露了对神话中为人带来谷种的狗的感谢之情。水族、苗族、纳西族等有“敬牛节”，过节时要为牛洗澡、喂食糯米饭等。

无论祈年报祭，还是其他传统节日，由于同表现追思、祈求、感恩、纪念、信仰等心态相联系，节日的仪式和活动，大都伴随着强烈的情感宣泄和净化的表现色彩。或载歌载舞娱神悦灵，或雕饰纹绘敬祖奉宗，或张灯燃炬祈年兆岁，或游乐竞技冲喜求吉……民族传统的情感、愿望、信仰以及种种隐含的或显露的情绪或欲望，都在节日里集中地表现出来、迸发开去，或呈现为化装的表演、象征的宣泄。

当然，也有某些民族节日符号，指述的是与灾难、瘟疫、祸害等相关的恶魔鬼灵。在这一类节日符号的表现关系和表现功能中，所显示、象征或隐喻的，就是憎恨、祛除、拒斥的心态。在节日里，它们往往与表露喜庆吉祥的意识形成互补，过年燃爆竹、端午系红线、立夏节泼灰，都有此意。许多民族民间流行的傩祭、醮会、驱瘟鬼、退口神、禳虫王等节日习俗，也都具有这种表现的功能。

其三，节日符号系统有特定的发讯者和收讯者，在二者之间建立了传达关系，并同前面提到的指述关系和表现关系结合在一起。节日符号系统的传达关系和传达功能是别具一格的。

一方面，节日的发讯者就是参加节日活动的人群，节日的收讯者却是节日指述关系中的指述对象，或是虚构的神灵、祖灵和鬼怪，或是实有的历史事件或历史人物。这种情况使节日的指述对象和传达对象重合在一起，同时，表现的心理意向也同传达的虚实对象相连。这在前面的例子中已能看出。许多民族过年过节，第一件事，就是向神灵、祖灵或其他指述对象发出“通知”，通过节日的祭典、祝词、咒语、乐舞、烟火及各种象征物，请神灵等光顾或听取人们的祈祷和祝愿。例如，哈尼族过“十月年”，举行盛大的“打磨秋”活动之前，首先要由祭司率领众人，推着磨秋杆徐徐环绕一周，口中念念有词，表示请天神通过磨秋杆从天上下来，与人同庆。磨秋，便是哈尼族在十月年里进行神人交往的象征符号之一。节日作为一种特定的“符号集合体”，既可通过不同的祭食、祭服、祭词、祭舞神乐、礼神仪式及各种象征物向神灵、祖灵或其他指述对象，传达人间信息，又可使整个节日化为一种在时间空间上与“神”约定的媒体，进行“神人合一”的感应和传达。

另一方面，节日的发讯者和收讯者，全都是参加节日活动的人们。这些被特定节日集合起来的群体，通过节日符号系统，在相互之间建立起传达交流关系，实现传达交流各种指述信息和表现信息的功能。节日的这种传达信息的功能，在无文字民族中，尤为突出。景颇族在全民盛大节日“目瑙（总戈）节”或其他重大活动里，主持祭司“斋瓦”，要向人们唱诵长达数千行的神话古歌，他们称之为“我们景颇的通德拉（意为道理、法律、规矩、信念）”。这些神话古歌，是民族历史的传达，也是神谕祖训的记录。景颇族通过节日或其他重大活动，向族人集中传达这些不可更改和违背的“通德拉”，就是为了实现群体的文化共识，强化民族的内聚力。正是通过一年一度的传统节日符号及其他符号，许多散落各地而又缺乏必要信息交流的民族，得以一代又一代将民族传统文化承袭、传播并储存下来。

符号和符号系统一般都具有自身的内部关系和内部功能，即意义的层面和形式的层面以及二者的相互关系。节日符号系统也复如此。前面已经谈过，符号内部的意义层面和意义功能，是由符号的外部关系和外部功能内化而成的。节日符号的内部的意义层面，当然也是由它们的三种外部关系和外部功能内化而成的。节日外部关系中的指述关系和指述对象，内化为符号自身的指述意义和指述功能，外部的表现关系和表现功能内化为符号自身的表现意义和表现功能。节日符号的传达意义和传达功能也同样是相应的外部关系和外部功能内化的结果。

我们也曾谈过，符号的传达关系和传达功能不仅要受符号使用者的限定，而且要受符号使用环境的制约。同样的道理，符号内部的传达意义和传达功能，也要间接地承受符号环境的种种影响。节日符号系统的传达意义和传达功能，要受不同民族生存的自然环境、社会环境、文化背景及各民族的文化心理环境的影响。中国西部民族传统节日符号系统的传达意义和传达功能，当然也不例外。与中原和东部汉民族以农为本的传统主流文化不太一样，西部少数民族文化在生计模式、社会形态、宗教信仰等方面都具有极其多样性特色。无论是高山、河谷还是盆地，分布于西部大地上的众多民族，在节日符号系统的传达意义中，由于文化多样性以及由此衍生的民间诸神系统的崇拜，演化为极为丰富的节日系统。另外，由于西部少数民族族源复杂，具有不同社会形态、宗法组织和亲属制度，敬祖尊宗成为不同民族传统节日符号系统的传达意义之所在。对苍天祖先诉说祷告的传达意义和传达功能，已经蕴涵在这些节日符号之中。

三

节日文化是一个由众多形意各异的符号系统组成的十分独特的集合体。它是由各种不同类型、不同特征的符号系统，按节日固有的编码规则和编码方式组合而成的多元化符号系统的集合体。它们包括：

1. 时空节点，即以年为周期的日期界定和以区域为范围的空间指述。在人类的各种文化现象或符号系统中，有一种独特的符号集合，把某种意义结构同以年为周期的固定日期符号和以区域为范围的空间指述紧密联系起来，这就是节日的时空节点。只有在这特定的时空节点，特定区域、特定族群才举行年复一年规范化的集体活动。只有在这特定的节期中，这些活动才有节日意义。它与具有固定日期的生辰、死忌、结婚纪念等符号系统不同，因为后者带有更多的私人色彩，不能成为具有一定规模的社群共同接受的文化传统，而节日以年为周期并将丰富的意义和形式固着在这个时间符号上，能为特定区域、特定群体所认同和传播。作为一种文化符号，它需要在一些时空节点上进行仪式化陈述。例如，中国古代的四时节日——“迎气”，即以时间上与四时节气、空间上与四方诸神的严格对应为特征。《礼记·月令》述：“孟春立春之日，天子亲率三公九卿大夫迎春于东郊，孟夏迎夏于南郊，孟秋迎秋于西郊，孟冬迎冬于北郊。”节日符号中的日期与指述和传达的对象密切相关。据《续汉书·礼仪志》和《皇览》中“礼，天子迎四节日”等记述及古代注家解释，迎气所指述与传达者，为上古神话中的东方春神昊天、勾芒，南方夏神炎帝、祝融，西方秋神少昊、蓐收，北方冬神颛顼、玄冥等。只有与“天时”相谐，才有本年度的“地利”与“人和”。这类节日，一直流传到现代，如西部有些民族立春日的“鞭春祀芒”“打春牛”等，把早已失之于天子的“礼”，存之于民间的“野”。其间节日符号集合的某些形式和角色变了，但日期符号的神圣性很难改变。

2. 仪式。进入节日符号集合的另一个符号系统是仪式。每个节日既然具有指述功能和传达功能，就必须包含一套固定的、规范化的仪式和仪式程序。其一，这些仪式符号系统只用于或经常用于这一固定的时间段内。仍以前举迎气为例，衣青服、立青幡、出土牛、祭东堂等仪礼，只能用于立春日“迎春”，据说以此来“助天生”。其他各节气也都规定了相应的仪式规矩，分别作为“助天养”“助天收”“助天诛”的手段。如仪礼不适时而行，无法实现规定的指述、传达功能，则有不顺“天道”而导致灾祸的风险。其二，节日符号集合的指述意义，只能通过人神约定的规范化的仪式符号系统来表达。迎气四节日所体现的“天子行杀必顺天道”（《太平御览》卷五二八引《皇览》）的意义层面，即通过规范化（“各顺方色”）的服色、祭礼、乐舞等仪礼符号系统来通达天神。其三，这些仪式，皆有规定的操作程序（仪式符号的形式和意义的编码），它们基本是固定的。例如，立春日民间的“打春牛”仪式。此外，云南一些方志中记载：“立春前一日，迎芒神、土主于东郊，抬阁先导，观者毕集，乃置辛盘，把祖宴客，丰俭从宜。”（清代李熙龄纂修《普洱府志》）“官吏士民，往东山寺迎春，各乡里有扮社火为渔、樵、耕、读之类，父老鞭芒，春官献岁。”（张问德修《顺宁县志初稿》）这类节日中的仪式，与周代或古籍中说的“迎气”有些类似。白族春季节日中，也保留着某些遗风。方志中所说的“鞭芒”，即在民间把迎春神勾芒演化为一种叫作“出土牛”或“打春牛”的仪式程序。先拉出一头预先做好的“土牛”，由人拿鞭抽赶，以催农耕、送寒气。其程式颇有讲究：若立春日靠近头年的腊月十五，鞭牛者便走于牛前，表示这年应该早一些耕作；若立春日靠近第二年正月十五，鞭牛者则走于牛后，表示这年适宜迟一些耕种；如果立春日就在正月初一前后，鞭牛者位置也就适中。将土牛送到东郊祭坛（春棚），祭祖后农民一哄而上，争抢土牛身上的泥土，将其带回家，当晚便撒到自家田里。他们认为，只有在仪式符号中按传统规范的程序完成了这些操作，才能传达出春神护佑、可期丰产的意义。

3. 乐舞。音乐和舞蹈在节日里几乎必不可少。在古代节日中，音乐符号系统中的角、徵、商、羽，舞蹈符号系统中的羽舞、鼗鼓舞、干戚舞、龠舞等“迎春、夏、秋、冬之乐”，都以特定的符号形式与符号内涵对应着四时节气的特性。在少数民族节日中，打歌对调、踏舞跳乐，都有特定的含义。彝族农历二月初八“打歌节”的“左脚跳”有“贵左”忆旧、驱邪述古的意味。景颇族“目瑙节”列队蜿蜒的盛大集体舞蹈，有象征回溯祖地与全民认宗的意义。哈尼族“苦扎扎节”中化装的舞者对着装有五谷的大鼓跳交媾之舞，则意在以人的繁衍促进谷物的丰产。

4. 造型物。凡重大节日，多设祭坛、立祭场。这些都属于建筑造型符号系统。它们的形制、设立的方位、涂绘的颜色等，都是约定俗成的。如景颇族目瑙节上的目瑙柱，四根立柱上雕刻日月、乳房、回旋纹等，中间以两把长刀交叉连接，它们象征生养景颇族的天地、族群披荆斩棘的迁徙等。在各族所设祭坛或庙宇中多有偶像，逢节过会，这些雕刻、绘画及其他装饰品和象征物会被刻意强调。上至供奉的神偶灵符，下至民间喜庆玩具或装饰，节日里总会花花绿绿装点一新。它们除增添节日喜庆福兆的色彩，还具有向灵界传达信息的功能。比如，藏族、蒙古族祭祀山神或敖包节迎风飘扬的风马旗、禄马风旗，傣族泼水节更换的剪纸经幡，傈僳族刀杆节系在刀梯上的木刻甲马纸，皆是神人传讯的信物。各族过年贴的门神画、灶神像等，也有通灵的含义。另外，节日里使用的某些器物则属器物符号系统。它们一旦用于节日，就与日用器物有所不同。它们不再是日用或观赏的一般器物，而是节日符号集合的组成部分，具有节日赋予它们的特殊意义。

5. 语言文字。几乎所有传统节日都有来源，讲述这来源的便是神话传说。大部分传统节日，都有祈祷词、祝词、祭词、咒语、巫歌、卜谣等。这一切只有通过语言或文字符号系统，才能在人与神之间和人与人之间进行传达及相互感应。例如，景颇族目瑙节要听祭司斋瓦讲述神话“通德拉”，藏族、蒙古族“传召会”要听活佛讲经说法，傣族、德昂族“关门节”要听佛爷讲经说法，回族、维吾尔族“开斋节”要听“伊玛目”宣讲教义，没有这些讲述，节日符号集合和它所包含的仪式等符号系统中的指述、表现意义，就无法直接和充分地传达出来。

6. 数量。节日符号系统中的日期符号与数字系统密切相关。另外，节日中的祭坛建制的方位及尺度、旗幡的数量、参祭的人数等，也与数字相关。这些数字之所以成为节日的组成符号，还常常隐含巫术、神话、宗教的古老符号系统的投射。例如，迎气时，迎春用八数、迎夏用七数、迎秋用九数、迎冬用六数，皆与传统的五行符号有关。八为木数，与春神配；七为火数，与夏神配；九为金数，与秋神配；六为水数，与冬神配。

7. 服饰。中国古代服饰素有祭服、常服之分。祭服作为一种符号系统，它的形制、服色、图案等形式层面和相关意义层面都与常服不同。顾名思义，祭服符号的主要意义、功能不是满足避暑御寒的日常生活之需，而是作为一种文化符号，进入节日、仪式的符号集合之中。其间亦渗入了巫术、宗教等符号系统的意义。例如，迎春衣青，迎夏衣赤，迎秋衣白，迎冬衣黑，要“各顺方色”，依然是传统五行观所致。许多民族在重大节日中，祭司或大巫小觋所穿的祭服，在形制、色彩、图案上都有严格规定。如云南彝族花倮人节日大祭时“龙婆”穿的祭服，为其亲手缝制、染领的连袖长襟贯头衣，底色为青，图案为三角拼花和铜鼓日纹，其形制、服色和图案，与他们的古老传说及民间信仰有关。

8. 饮食祭品。饮食也是节日符号集合中的重要分支符号。在“民以食为天”的传统中国社会，饮食常常被赋予特殊的文化符号内涵。《周礼》中所谓“饮食之礼”“飨燕之礼”均有仪式礼节符号系统所具有的和族亲邦敬神享祖的重大意义和功能。饮食符号系统向仪式符号系统转化，是饮食成为独特符号系统的契机。饮食符号在节日符号集合中的作用和作用方式，主要有以下几种。一种是祭神祀祖的节日祭食，祭（指述）什么神灵用什么食物，规格如何，怎样烹饪，称呼什么，古代及当代各族民间都有许多规矩。例如，古代节日（或非节日）祭扫中，所用的祭食、供品如六牲、太牢、大羹、血食、素祭等，与不同祭典的性质、规格有关，甚至祭用牺牲的毛色也很讲究。《周礼·地官》曰：“凡阳祀用辛牲毛之，阴祀用黝牲毛之，望祀各以其方之色牲毛之……”由此可见，祭食祭品的种类、毛色、烹饪方式等，已经规范为一种与神沟通的符号形态。除了神享之食，还有一种是用于和族亲邦的人享之食。中国传统的节日饮食符号，如正月的元宵、端午的粽子、中秋的糍粑等，有以黏性大的糯食黏合族人的意义。哈尼族十月年的街心酒宴或互送大糍粑，都有此意。节日聚食吃“团圆饭”，从符号的形式到意义，都寄托于在节日中尽量将族人联系在一起。

9. 娱乐。凡节日，大多有不少游乐活动。这些游乐活动表面上看似乎难以归入符号之列，但究其本源，却是一种有编码规则甚至与仪式关联的符号系统。泼水节泼水源于浴佛；火把节举火出自祈年；白族、彝族等族过年斗鸡，有以雄鸡驱邪壮阳的含义；哈尼族六月年打磨秋源于一个古老的神话，通过被抛掷上天的规范化的象征动作，含有消灾免难的指述、表现和传达的意义。在这里，泼水、燃火、斗鸡、打磨秋等游乐活动，其实是向神灵通达信息的一种符号系统。

总而言之，节日是各种类型的符号和符号系统的集合体。这些符号或符号系统虽然各自都有独立的形式、意义和编码程序，但如果用在特定的节日上，那么它们便都与节日的形式层面和意义层面以及节日的内外关系结合在一起。在组合过程中，原来的符号形式和意义失去了或部分地失去了。因为它们已组合成具有固定日期的节日符号的集合体。也就是说，这些符号或符号系统原来具有的形式意义和内外关系，都要在不同程度上与节日及其仪式的符号集合体的形式、意义和内外关系联系起来，在不同程度上成为节日及其仪式的有机组成部分。

四

前面已经谈到，节日是一个由各种符号及文字系统组成的符号集合体。以此类推，节日的意义结构和意义功能，大体上也是由组成节日的各种符号系统及其意义要素凝聚、混合而成。组成节日的各种符号系统的意义要素，都在不同程度上进入节日符号集合的统一的意义结构之中。前文也曾提及，时间节点是节日符号集合的标志，因此组成节日的各符号系统的意义要素，都在节日的名义下，与特定的日期相关联。仪式符号系统是节日符号集合的核心部分。同理，仪式的内涵，基本上构成了节日内涵结构的核心部分。组成节日符号集合的其他符号系统的意义要素，大致上都顺应和吸附在仪式的意义层面上，从而构成节日统一的意义结构。

节日和节日仪式，相对而言是后起的符号系统。如果追本溯源，都和远古的巫术、英雄崇拜、祖先崇拜的观念以及相应的仪式符号系统密切相关，也和神话传说及其仪式符号系统密切相关。从符号学的意义理论来看，远古的巫术、崇拜等符号系统的意义因素，以及神话传说的意义因素，大多在节日和节日仪式符号集合的意义结构中有所积淀。或者说，它们都转化为节日和节日仪式符号集合的深层或隐层中的意义要素。随着时代的推移，各族节日和节日仪式的本初意义逐渐淡化与隐化了，然而，总要或多或少、或显或隐地积淀在后继的节日及其仪式之中，形成统一的意义结构。

综上所述，节日及其仪式符号系统的意义结构和意义要素，可以从多方位去加以考察。既可以直接探查节日符号整体蕴含的指述意义和表现意义，也可以分析节日及其仪式符号系统在使用过程中的传达意义和相应的传达功能，还可以追寻节日仪式的意义要素中的历史积淀。下文将把这三种考察方位结合起来，去阐明节日及其仪式符号系统的几种主要的意义要素和相应的实际功能。

1. 信仰的积淀

传统节日最早可能源于四时之祀、神鬼之祭，源于古代民族对与岁时有关的天地日月、四时变化、神鬼祖灵等的崇拜。遍观中国西部各民族的年节祭会，有的与自然崇拜有关，有的与祖先崇拜有关，有的与灵魂崇拜有关，有的与英雄崇拜有关，有的与鬼神崇拜有关，有的与相应的宗教信仰有关。它们构成了中国西部民族节日符号集合的本初意义。据初步统计，中国西部少数民族数以千计的年节祀会中，相当一部分有原始崇拜、民间信仰的内涵。信仰佛教、道教、基督教、伊斯兰教等宗教的民族，各有其宗教节日。几乎所有的传统节日，都有信仰的沉积。

2. 巫术的感应

节日及其仪式，经常带有原始巫术感应的意义积淀。例如，春节放鞭炮、贴门神，是为了驱邪祈福；节日菜谱中有鱼，暗示年年有余；节日服饰红红绿绿，表示有福有禄；节日期间言语禁忌颇多，因为语言的巫术感应或神秘预兆在节日里最能“显灵”。在有些节日中，不仅与节日及其仪式相关的器物、声响、绘图、饮食、服饰、言语等符号的含义，甚至整个节日本身的含义就是一种巫术式的感应。比如，佤族木鼓节，为的是与天地之神交感，景颇族的目瑙节，是为了象征性地与祖灵会合。

3. 历史的储存

节日符号集合在一定程度上是历史的“活化石”和“储存器”。某一民族或族群的悠久历史，经常由节日来储存，并让该文化古老历史的“化石”，年复一年地在节日中复活。节日中的庆典（仪式）符号系统，集纳着有关神话传说、仪礼祭祀、巫术禁忌、政治制度、宗教观念、宗法关系、纲常伦理、天文地理、饮食服饰、文学艺术、交游娱乐等诸多方面的意义要素。以年为单位的一套节日符号集合，就像一部民族文化历史的百科全书。特别是在口承文化圈的广大范围内，节日更是起着综合、储存和“活化”民族历史中的各种文化事象及文化符号的作用。

4. 传统的延绵

一种文化的传统，常靠相关的节日来承袭和传递。年复一年周期性、规范化的节日活动，对于传统的承袭和传递，特别是那些靠非文字承传文化的广大民众，尤有重要的作用。在节日符号集合中，传统的仪式、礼节、祭品、饮食、服饰、器物、图案、乐曲等符号系统及其意义要素，都较集中地按传统典型的样式再现出来，使人在耳濡目染中，潜移默化地将传统的文化符号及其意义功能承袭和传递下去。一些少数民族，凡重大节日，必请巫师、长老或宗教神职人员吟诵古歌、讲经述典，将传统的规矩、祖宗的训诫、宗教的戒律等告诉族人，并通过一系列因袭的仪式活动，使传统教育生动形象地发挥作用。可以说，节日符号集合在各民族的社会生活中，是传统文化的主要承传工具之一。

5. 寻根的认同

某些属于同一种文化模式的群体，曾随历史的演进而迁徙、分流并散落四方。历史上，中国西部一些民族的成员曾有过“迁徙无常”“逐水草而居”的经历。同样的节日符号集合，就使散落在各处的人群在根源上得到认同。云南鹤庆彝族春季的朝山节又叫“庆莲母”，是纪念当地彝族各支共同始祖母“莲母”的节日。神话记叙了在那创世时代，活了几千岁的老祖母因大火灾与儿孙失散，分布各地的儿孙每年定期到一座山上聚会，采火草织衣以示不忘本，吹唢呐、竹号等以呼唤老祖，由此衍成节日。景颇族目瑙节通过大型集体舞，象征性溯回祖地，起到“空间浓缩”的功能，使流落他乡的族人，再度回想起自己的族源所在地。

6. 群体的凝聚

节日符号集合对同文化的群体有巨大的内聚力。通过节日，增强或催化家庭内部、家族内部、宗族内部乃至民族内部的聚合功能。特别是全民性重大节日，正所谓普天同庆、万众一心。到了节日，分散的家人团聚一堂，陌路之人也可互相恭贺新禧。各种符号及其意义功能中含有的群体凝聚力，在节日里往往表现得最为充分。特别在西部一些少数民族地区，平时鸡犬之声相闻但来往不多的一些族人，节日之时纷纷聚合在一起，吃大锅饭、喝交杯酒、跳集体舞，好像有一股无形的力量把他们扭合在一起。节日符号及其意义，便是一个无形的号召，它为同一文化群体内成员的感情交流、观念聚合、习俗再现等，提供了外在的和内在的聚合条件。

7. 仪礼的再现

日常淡化的礼节，在节日里重又被强化。仪礼符号系统的复呈、祭祖符号系统的再现，成为节日符号集合必不可少的组成部分。而且，这些符号系统，经多少世代的重复，已经规约化、固定化并指述、表现和传达着一组特定的意义。例如，在过年（元旦）的清晨，白族等有开门礼仪，佤族、藏族、拉祜族等民族有抢新水仪式，皆有卜吉兆年的意义。

8. 时差的消失

正是由于节日符号集合中历史的和传统的各种意义要素与形式要素都一一积淀下来，久远的时间在一刹那间循环往复，空间浓缩后，时间的差距仿佛也消失了。元宵灯会古今同照，中秋明月千秋共赏。一种古色古香的氛围，使人在片刻中忘却往昔今宵的不同，沉浸在一种古今同一的错觉之中。

9. 伦理的传袭

在传统社会中，经常要设定一种道德的规范与人际行为的准则，一种能使家庭、家族和宗族的伦理观念等得到强化的文化环境，通过节日符号集合的有意渲染，节日中含有的传统伦理道德的意义便在无意中影响了群体，从而得到再生或传袭。

10. 认知的承递

节日既然作为各种符号系统的集合体，它自身便反映着一定群体的历史文化知识的发展水平。同时，一定节日的“所指”，也成了该文化创始人（祖先）与继承人对世界事物和人类自身的认识留下的标记。例如，前举“迎气”四节日，反映了我们的祖先将天象节气与方位、形色及人类行为等联系在一起的有关“天人合一”的各种知识。通过节日活动，节日符号集合中包含的认知意义，就一代代地沿袭承递下去。

11. 审美的表现

节日里常有的集体游乐、歌舞、服饰、绘画、雕刻、装饰等符号系统，最初绝非单纯的审美的表现，而主要是巫术或宗教符号系统的附属部分。如景颇族目瑙节中的目瑙柱图案符号，有着复杂的神秘意味，但同时具有一些“艺术”符号的审美形式，加上声势浩大的集体歌舞，使节日气氛不仅有宗教的庄严，也有节庆的欢快。参加者通过节日符号的集合，既接受了宗教巫术含义的熏染，又表现着类似审美的快适感。可以想见，这种节日经历漫长的演化，特别是进入现代社会后，它原有的某些意义和功能会逐渐淡化或隐化，而审美娱乐的形式和内涵会逐渐显化。

12. 潜能的释放

或许我们还应注意这样一个事实，即节日符号集合既与传统的风尚习俗规范紧密相关，又在一定程度上与某些日常的伦理道德信条有所违背。不少民族都有这样的“狂欢节”：平时省吃俭用，此时大吃大喝，尽兴挥霍；平时循规蹈矩，此时狂放不羁，无所顾忌。例如，古有“阳春三月，令会男女，于是时也，奔者不禁”的习俗。近代某些少数民族，有的在某些节日里有性关系开禁的风尚，有的则鼓励在特定节日相互打骂逗弄，举止异常而不以为怪。节日符号集合中的这些情况，我们或可称之为隐层意义中潜伏的本能（潜能）的释放。这些本能，大多为潜隐的原始本能或基础本能，如生存、性爱、攻击、占有、合群等，它们通过节日活动较为充分地或象征性地表现出来。特别在某些狂欢节中，传统俗规暂时开禁，本能在节日中释放出来，进行化装表演，本能性感官生理的能量得以迸发。无意识意识化，潜能显化，透露出许多通过日常文化符号无法表现和传达的信息。因而，对节日中这一文化心理现象的分析，类似于精神分析中对梦的解析。所不同的是，前者针对群体，后者针对个人。

节日符号集合除了具有上述种种意义要素和意义功能之外，有时还包容另外一些意义的成分，如经济交往、展示工艺技术等，这里就不再列举了。

五

研究中国西部少数民族文化的一个焦点，就是研究多样化的符号系统。

节日符号集合是重要的文化构造之一，几乎可以同语言符号系统、艺术符号系统相提并论。所以，研究节日符号集合的内外关系及其形式结构和意义结构，是研究文化问题的一个重要课题。研究节日这一符号系统的“微观世界”就像研究细胞、基因一样，能够囊括几乎全部文化的生命机体，鸟瞰文化的共时性的整个“宏观结构”。

节日符号集合来源于各种仪式符号的原型，仪式符号系统又来源于自然崇拜、英雄崇拜、祖先崇拜以及巫术、原始宗教等符号原型。所以，研究节日符号集合还可以追溯文化发生的源头或各种符号系统的原型，总览各种文化模式的演化变迁的历史进程和它的历时性整体结构，为文化变迁问题的研究开拓一条新径。

传统节日是民族传统文化次生或派生符号系统的集合体。从文化历史的渊源来看，各种不同的仪式符号系统，则是节日符号集合的符号原型。节日中一般都有仪式原型，都离不开仪式原型。所以研究传统节日必须深入研究传统仪式的符号原型。同时，还要研究传统仪式原型符号向传统节日符号复合体演变的过程。

仪式，作为一种重要的文化现象和重要的符号系统，本身也是文化以及符号演进与变迁的次生文化现象和次生符号系统。任何仪式的符号形式和符号内涵，都可以追根溯源，与原始巫术、祖先崇拜、神话传说、民俗崇拜和宗教信仰挂上钩。这一点，我们在古代中国众多祭祀各方天神、地祇、人鬼、始祖、社稷以及相应的祭礼、郊丘、迎气、六宗、五祀、四望、高禖、祷祀、斋戒、傩祭等节日仪式符号系统中，即可隐约窥见。

特定的节日和它的仪式符号集合体有它的原始形式、传统形式，也有它的当代形式；有它的始初意义、传统意义，也有它演变了的当代意义。在编码方面，情况也是如此，重阳节原来的意义是借双阳之数（九为阳数）辟邪去恶，其形式有登高、赏菊、插茱萸等。现在某些地方将此定为“敬老节”，积淀的意义原型变了，活动形式的原型也有增有减，意义因素、形式因素及其相互关系，都按新的规范进行“编码”。

用符号学的理论框架对节日文化所做的粗略考察，说明一个道理：节日，不仅可以展现中国西部民族传统文化不同的共时性层面，而且可以看到它们在形成和演变中的历史轨迹。不同节日符号的复合，体现着不同文化模式的总体结构及其各个方面，正像不同语言符号系统反映着不同文化模式的总体结构及其各个方面那样。所以，研究各种节日符号复合体，就能够比较中国西部多样化民族文化模式的不同结构和特征，为比较文化学或“比较节日学”的研究，开拓一个十分有价值的领域。

第一章　岁时历法与年俗

对于不少中国人来说，每年总有一段时间，要去乘飞机、挤火车等，为的就是回家过年。

无论什么民族，使用什么历法，都对那周而复始、冬去春来的年岁交替之时十分关心。无论古今，不分贫富，在辞去旧岁时，皆对新的一年寄予希望和祈祝。在这个新旧交替的时间节点，岁时的开元初旦，自然和人为的一切物象，人们的一切行为，都具有了象征意义，仿佛征兆着全年的吉凶福祸。祈年祀岁的一切活动，也便被赋予了非同一般的文化意蕴。为了强调它们的意义，不同文化背景中的民族，便根据各自的实际情况，因地因时制宜地将它们固定为一种岁时民俗，并有象征化的趋向，绵延千年，横亘万家。这神圣的时刻，升华为超越于大自然斗转星移的“文化时间”，凝结成民族传统文化中的一个象征符号。

作为“岁之元、月之元、时之元”的“元旦”，由此而成为各民族最重要的节日之一。

第一节　新年

旧岁新年交替在物候变化上最明显也最常见的，是以冬春换季为转折点。在万物开始复苏的春天“过年”，所以不少民族把新年叫“春节”。

过春节或在相关时节有送旧迎新习俗的民族，西南地区有白族、布依族、景颇族、拉祜族、傈僳族、毛南族、苗族、怒族、普米族、水族、土家族、瑶族、壮族等；西北地区较少，唯锡伯族正月十六日抹黑迎谷神的节日与春节时间接近。

各民族过年习俗纷繁多样，不过，有一点是共同的：都离不开辞旧迎新、祈年祀岁这一传统的祝愿。

一、春节的起源

关于春节的记录，古文献里有较多记载：

《晋书》：“颛帝以孟夏正月为元，其时正朔元旦之春。”①

宋代吴自牧《梦粱录》：“正月朔日，谓之元旦，俗呼为新年。一岁节序，此为之首。”②

据葛剑雄考证，汉武帝太初元年（前104年）开始以夏历正月初一为岁首，从此中国人都是在农历正月初一过新年的，只有几个时期例外，即王莽初始元年至地皇四年（8—23年）、魏明帝青龙五年至景初三年（237—239年）改以十二月为岁首，武则天载初元年至圣历二年（690—699年）、唐肃宗上元二年（761年）曾以十一月为岁首。而在太初元年之前，夏历、殷历和周历的岁首都不同，秦始皇统一六国的当年起又以十月为岁首。也就是说，历史上，中国人曾有两千余年都是以农历正月初一为岁首的。直到中华民国成立，才改用公历，以每年1月1日为新年之始。由于中华民国元年（1912年）1月1日宣统皇帝尚未退位，北京和北方仍奉清朝正朔，那天称宣统三年十一月十三日，1913年才在全国范围废旧历新年。但民间旧俗难改，民国二年（1913年）7月，袁世凯下令以农历正月初一为春节，放假一天，自次年开始施行。1949年9月27日，中国人民政治协商会议在决定建立中华人民共和国的同时，采用公历纪年，确定以公历1月1日为元旦，农历正月初一为春节③。

民间口述史关于春节的传说，更是数不胜数。

“相传，‘夕’原是太古时代的一种怪兽，每到寒冬将尽、新春将临，便四出噬人。古人为防御夕的掠食，便聚集在一起，燃起篝火，投入竹子使其爆裂发出巨响，把夕吓跑。既然夕怕火光、爆响，人们每逢除夕便贴红对联、燃放爆竹，在烛火通明中聚集守更待岁。于是，便形成吃团年饭与除夕守岁的风俗。传说在远古时代，‘年’是种非常凶残的动物，长期生活在海底，每

---

① 《晋书》，参见上海古籍出版社、上海书店编《二十五史》（第二卷），上海古籍出版社、上海书店1986年版。

② 〔宋〕吴自牧撰《梦粱录》（卷一），“正月”条，上海古典文学出版社据《知不足斋丛书》本校点排印，1956年版。

③ 葛剑雄《“大年”的意义——敬天崇祖》，2011年1月31日，http://gejianxiong.blog.ifeng.com/。

到除夕夜就成群出来觅食，所到之处人畜无一幸免。所以，每到除夕夜前，住外打猎的亲人都争相回家与亲人团聚，躲避这场灾难。人们利用年怕火、怕红色、怕响声的弱点，在除夕夜穿起红衣裳，家家贴上红对联，燃放爆竹，于是年便逃之夭夭。”①

在西部一些地方志和区域民俗中，关于春节的来源也有颇多说辞。如四川历史文化名城阆中，即以“中国春节文化之乡”为其文化名片。据当地网页介绍，作为巴人祖先的伏羲执规治春置元日，王天下“杀秋约冬”（《文子·精诚》）。人祖祭典辞亦曰：“伏羲演八卦，开启性灵，推定历度，初置元日。”在阆中民间，有尊伏羲为年神的传说，有纪念伏羲、女娲的寺庙与拜祭之地。西汉太初元年（前104年），巴郡阆中（今四川阆中）人落下闳创制的《太初历》，确定了“以孟春正月为岁首”的历法制度，规定每年以立春正月朔日为岁首，冬季十二月底为岁末，使政治年度与自然的节序统一了起来，固定了中国春节的时段，沿承至今。在阆中民间，历来尊崇落下闳为春节老人。为纪念落下闳在天文历算方面的巨大成就，国际天文联合会于2004年将一颗国际永久性编号为16757的小行星，命名为“落下闳星”②。

世纪初创的故事当然只是神话，但农业民族祈年主要与农业生产有关却是事实。春节或过年的风俗或源于远古社会的“腊祭”。腊祭相传为神农氏时代“索鬼神而祭祀”“合聚万物而索享之”的“岁终出祭”。

二、扫尘逐邪

辞旧往往是迎新的前奏。常见的方式是“扫尘”。扫尘一般自腊月二十四开始，据《吕氏春秋》记载，初民在尧舜时代就有了扫尘的风俗。

扫尘要在除夕以前完成，兼有除昔（夕）送陈（尘）之意，以便清清爽爽迎来新年的“清吉平安”。“洒扫门闾，去尘秽，净庭户”，“年廿八，洗邋遢”，是为“祈新岁之安”。

怒族年，怒语叫“炉瑟”，意为“新年”或“岁首”，在农历正月里过。腊月二十九，家家清扫庭院，扫除火塘里的火灰，把陈垢倒在远离家门的地上，表示送旧，然后，采来青松枝插在大梁和中柱上，地下铺松针，象征四季常青、月日吉祥。

---

① 厉彦林《又到春节：全球共相欢》，《人民日报》2010年2月10日。

② 《到“中国春节文化之乡”阆中感受年味》，http://wenwen.sogou.com/z/q181869382.htm。

傈僳族、纳西族、藏族在新年里索性泡入温泉，一边洗尘祈祥，一边在新年伊始回忆那世纪初创的古歌。西部一些山林中有许多温泉，温泉周围大都绿荫掩蔽、风光秀丽，人们结伴到这些露天温泉沐浴，或分池而浴，或男女同浴。浴后欢聚歌舞、野餐，温泉一带水汽与炊烟相融，水声与歌声互随。泉水使肌肤舒爽，歌声使精神焕然。男女青年借此机会结伴择友，表达爱慕之情；情深意长者，便在树荫中露宿了。温暖的泉水，成了他们喜结良缘的媒介。一些当地人又把“澡塘会”称为“喜会日”。

除了可见的污秽，还要祛除不可见的污秽。傩祭是古代最为常见的祛秽逐邪方式。它的主要形式是戴面具的戏剧表演，称为傩戏，并已经成为春节习俗的重要内容。《礼记·月令》中有“命有司大傩旁磔，出土牛，以送寒气”的记载。孔颖达《疏》：“《正义》曰，此月（季冬）之时，命有司之官大为傩祭，今傩去阴气，言大者以季春为国家之傩，仲秋为天子之傩，此则下及庶人。故云大傩旁磔者，旁谓四方之门，皆极磔其牲，以禳除阴气，出土牛以送寒气者，出犹作也。此时强阴极盛，年岁已终，阴若不去，凶邪恐来岁更为人害。”据《汉书·礼仪志》载，“先腊一日大傩”。驱傩队伍中除“掌蒙熊皮，黄金四目，玄衣朱裳，执戈扬盾”（《周礼·夏官》）的方相氏外，又有了十二兽（或称十二神）、侲子等角色，由这支队伍“索室驱疫”，场面十分宏大。值得注意的是，从汉代起，傩祭成了春节习俗的重要内容，并一直延续到唐宋时期。傩祭是从里向外的驱赶，驱赶之后在门口置辟邪物，如挂桃符、苇戟，设神荼、郁垒像，这便是后世贴对联、门神的由来。驱傩往往通宵达旦，后世又形成守岁习俗。傩祭的目的是驱鬼逐疫、祈祷丰年。宋代以后，傩祭在春节习俗中消失，也在中部地区消失，但却在西南和南方一些民族中保留下来。寺院傩是藏传佛教吸收本教信仰而形成的宗教文化，只有乡傩和军傩中有戏剧表演。而且有些所谓的傩戏，至今仍处在傩舞阶段。如贵州威宁彝族中流行的《撮泰吉》就是典型的傩舞。《撮泰吉》仪式有其具体的时间和特定的含义，是配合每年农历正月初三至十五的“扫火星”习俗展开的，是以巫术与占卜驱灾除邪、迎光辉、夺丰收。至于《撮泰吉》的内容，则表现彝族神话中的文化创造和迁徙故事①。

① 陶立璠《中国傩文化的民俗学思考》，载《中央民族大学建校40周年学术论文集》，中央民族大学出版社1991年版。

云南双柏县法脿乡小麦地冲彝族驱邪的方式是“跳老虎”。每年农历正月初八，彝族祭司“毕摩”带人到村西头的石闸门举行接虎神仪式。接到虎神，几人以羊毛毡毯为虎饰，披在身上，绘面涂身，描绘虎纹，装扮成老虎，家家户户驱赶邪秽。正月十五“八虎拜年”，为“斩扫祸祟，送虎东归日”。

滇中地区彝族过年时，家家户户都会请乡村“花灯”或“关索戏”进家驱邪。表演者装扮成古代武士及各种戏剧人物，手持各种兵器，敲锣打鼓到各家各户绕行驱邪。

“迮脱乞迪尔节”，是新疆维吾尔自治区塔什库尔干塔吉克自治县等地塔吉克族迎接新年的盛大节日。“迮脱乞迪尔”是塔吉克语的译音，意思是清除烟尘。一般在草木发芽，春天来临的时候举行，具体日期多由宗教人士选定。节日前夕，家家户户都把东西搬至屋外，进行卫生大扫除，先扫天窗，后扫墙角和地面，打扫完毕，要在四面的墙上撒面粉（现已改用白色粉末），以示清洁吉祥。节日的早晨，先由小孩牵一头牦牛进屋，绕室一圈，向牛身上撒些面粉、喂些馕，然后将牛牵出，其他人才能入内。当全村人共同推举的一个头人按一定顺序至各家致贺新春和预祝丰收以后，男女老幼身着节日盛装，三三两两至亲友、邻居家拜年祝贺。各家都准备丰盛的食品，“修尔怕”（清羊肉汤）、“普罗”（抓饭）、“修拉”（奶子面）、“古苏奇鸟马希”（大米粥）、“苏兰瓦”（奶油）、“旦日提”（糖油馕）、“库尔达克”（肉面）、酒等，招待亲友和客人。同时，青年男女在“热巴甫”、“纳依”、“巴朗孜阔木”、手鼓、“沙塔尔”和小提琴等乐器伴奏下歌舞。舞蹈多为双人舞。舞姿矫健有力，动作大方、优美，常把雄鹰飞翔的姿势融合于舞蹈动作之中。此外，还举行赛马、“叼羊”、摔跤等文娱体育活动。大家尽情地欢乐①。

三、敬天崇祖②

中国历来重视纪年，新年是一年的开始，也是皇帝每一纪年之始。新年的庆祝是对除旧布新、国泰民安、国运昌隆的祈求，要举行一系列重要活动，如元旦大朝会，各地上报户口、收成、治安等政绩，祭天、祭太庙等，新皇帝即位后一般也要到下一个新年才改年号，中央到地方各级衙门节前要封印封门，停止办公，节后才开封启印正式上班。新年也是财政年度的开始，或

---

① 李竹青编著《中国少数民族节日》，中央民族学院科研处 1982 年印。

② 本节部分内容选自葛剑雄《“大年”的意义——敬天崇祖》，2011 年 1 月 31 日，http://gejianxiong.blog.ifeng.com/。

财政是以新的年度为统计标准的。

历代帝王以天子自居，相信君权神授，受命于天，得天命方能得天下，治天下也离不开天的保佑。在诸神中，天的地位最高，在一年最重要的节日中祭天是最重要的活动。民间没有祭天的资格，但同样敬天，并祈求天的庇佑。不过作为神灵之天不会降临平民百姓家中，而是派不同的神执掌不同职能。对家庭来说，最重要的是灶神（灶君、灶王爷）——平时守在锅灶旁，掌一家祸福。每年腊月二十三，这位“保护神”兼“监察官”要回天上述职，所以要举行隆重的欢送仪式——送灶（神）。贡品中必须有黏性的糖，以便黏住灶神的嘴巴，让他“上天言好事，下界保平安”。财源茂盛是普遍需要，据说正月初五是财神爷的生日，接财神自然越早越好。还有门神，为使他忠于职守，新年前要将新的门神贴在大门上。

春节或过年的风俗源于远古社会的“腊祭”，主要内容有报祭祈年、祭天祭祖等。少数民族春节所祭之“天”，泛指在天诸灵。祭天祭祖，按古规，以牛为牲而祭，是“六牲”祭祀中规格最高的。这种习俗在许多民族中早已变异或不存在了，但在独龙族、怒族、佤族、基诺族、哈尼族等民族中，还保留着剽牛祭天祭祖的原始遗风。

独龙族唯一的年节是“卡雀哇”，由各家族、公社自行选择冬季腊月的吉日过节，节期一至三天。定下日期后，家庭或村社长老派人将刻木结绳的“请柬”送往亲友处，客人按刻木结绳的标志，按时携礼参加。客人进门，主人便倒好酒，与客人共饮交杯酒、互唱颂歌以祝新年康乐祥福。这天最隆重的仪式是剽牛祭天。人们为牛披上麻制的独龙毯，在牛角上挂珠链，祭司祈祝后用竹矛刺死祭牛。全体参祭者在整个过程中均围着祭牛挥刀舞弓、顿足翻腕，跟着铓锣的节奏跳“牛锅庄”舞，气氛古朴而神秘。节日期间，还要用荞面做成各种动物，挂起祭幡，祈祝来年五谷丰收、人畜兴旺。

基诺族新年“特懋克”也要杀“过年牛”。基诺族历法一年有十三个月，一月为岁始，十三月为岁终。过年前一天，人们把买来的“过年牛”牵到寨外一棵选定的树下杀死，将牛尾挂在树上，其余的分送友寨及全寨各家，并于当晚由寨父“季”派买牛人员到铁匠家开展一次祭祀活动，以打铁象征性地驱走邪秽，迎来新年更红火的日子。祭祀完毕，寨父亲自擂响新年的第一声大木鼓，全寨立刻欢歌四起、围鼓而舞。跳舞时，选出几位妇女击鼓，男子围舞，其余妇女在圈外伴舞。新年里，除各家平均分到一份牛肉外，只能吃野兽的肉，或许是对日渐远去的狩猎生活的追思。新年期间将完成一系列备耕仪式，这些仪式意味着新的一年农耕生活的开始。

云南砚山县维摩乡幕菲勒村彝族阿细人腊月三十晚除夕前，第一件大事就是“祭苍龙”。人们首先要做杀“苍龙鸡”前的准备工作，先把一个筛子放在供“苍龙”的墙角地上，筛子上倒置三个酒杯，再放上一碗水，并将原放在“苍龙”口袋里的“毫钱”取出来放在水碗里，烧、插三炷香，用清水洗鸡嘴鸡脚，再从火塘中取出三块红炭，用清水浇熄，双手抱着鸡向“苍龙”作三个揖就动手杀鸡，并用纸钱染上鸡血，在当晚和次日早晨献饭时焚烧。同时，拔十多根鸡翅毛和尾毛插在“苍龙”供位。供位上鸡肉左右各陪献一碗饭，饭上放着鸡脊肉和其他好菜，把酒杯放正倒上半杯酒，再插上三炷香，一直献到吃过晚饭后才收回。第二天早上再将头天献的饭菜热好，重献一次，之后才能食用。腊月三十除夕要做好的饭菜，杀一只母鸡献祖宗。向已归世的三代祖先献祭，要向每位祖先献一碗饭，放上几块鸡肉、一杯酒、三炷香、三张纸钱，全家老小磕头。

如果说敬天的活动多少带有敬畏和功利的心态，崇祖则主要体现了慎终追远的传统。一些民族的先民一直认为人死后生活在另一个世界，即使有人相信死后会重新投胎，但他们的灵魂依然会回来。所以对祖先的祭祀和贡献是经常性的、季节性的，而最隆重的一次是新年前后的祭祖——家庭的和宗族的。在农业社会，新年正处于秋收以后的农闲季节，既有充分的时间与人力准备和操办，也有丰盛的酒水食品作为祭品。由于祖先的灵魂只能在特定的时间和场合才能回来，家庭的全部成员必须在除夕前聚集，一起祭拜。否则不仅被视为对祖先的不敬不孝，还被认为可能得不到诸神庇佑，甚至招致上天的惩罚。相比之下，合家团聚以及节日的吃喝玩乐还是其次的。这就是游子无论贫富贵贱，都急于在除夕前赶回故乡的原因。万不得已在外过年的人，也必须遥祭祖先，但总弥补不了不能合家祭祖的缺憾。

四、迎新求吉

年，是无法忽视的文化时间；家，是不可取代的社会空间。如果说“过年”是与一个时间界限相关的话，那么，这期间要特别关照的“家门”，就是与一个空间界限相关了。

门分隔或连通了家和外界。福从门迎，祸也从门进，在过年这样一个时间节点上，一切似乎都有了象征性，所以，家家户户，过年时一定要在门上做足功夫。

贴春联是春节的标志性活动。大红的春联，写满了吉祥的话；威风凛凛的门神，保护着家宅的平安；各式各样的年画、剪纸、大红灯笼，更是把家家户户的门装点得喜气洋洋。大年初一开门很有讲究，要说一些招财进宝之类的话。为了做到“只进不出”，有的地方，连垃圾也忌讳在这天倒出门。在农村，人们要请戏班来演戏，请他们敲锣打鼓进家门，增添喜庆，驱走邪秽。

节日给亲朋好友送去祝福是全世界共有的特征，在特殊的日子送去祝福，具有象征意义。虽然不同文化、不同族群和不同领域的人会对节日祝福有不同的理解并有不同的祝福方式，但大家的思维出发点都是一致的，都是为了表达自己对对方最真挚、最美好的心愿，希望对方过得更好。在一些中国传统节日里，送出去的很多祝福都带有一定的民俗色彩，蕴涵着丰富的民俗文化。国人送出去的祝福，都与特定的中国文化内涵相关，如数字“8”意味着“发财”，“龙”意味着“精神、朝气”等。这些词句虽然简单，但在传统日子里用在祝福中，别有一番吉祥的味道。

人们认为，吉语可以发挥作用，不吉之语也会发挥作用，特别是在年节这样关键的时间节点上，说话更要小心。在许多地方的人们看来，新旧转换的日子就是年末的三十和年初的初一，为了一年都有好运气，这两天吃饭时千万不能说晦气的话，也忌讳出现被视为不顺利的征兆，如熄火、打碎东西等。所以，在过年的前几天，大人都要天天教训小孩在这两天早上不能说“傻话”。如果小孩不小心说了傻话，大人便会骂“屁股口，讲话算打屁”，并认为这样骂了，孩子的傻话就不会变为现实了，但那一年心里总是会不踏实，老担心发生意外。

拉祜族接年神①

拉祜族的春节有时会推迟一天，因为按祭司的卜算，由于属相不对，过年的时间需要更改。所以，新年第一天清晨“接年”的时间，实际在初二。年前，全寨出动，清扫寨桩前的场地和整个村寨，意味着除旧迎新。

在云南拉祜族村寨，春节里最重要的门是村寨“母房”的门。这才是众房之母，众门之门。过年前一天，寨里的长老把一种称为“密直”的布贴画

① 选自邓启耀《迎接太阳的舞蹈》（载《云南人文影像》，云南民族出版社2004年版）及未刊田野笔记。

挂在母房南侧的神门上，意味着要去“接年”了。房有两间，一公一母。雕刻的门，过年的时候挂上画着象征太阳、月亮、动物等符号的布幡。

除夕那天，村寨头人“卡些”的妻子正忙着为负责这一地区神事的“贺爷”缝制两顶“阔哈屋直”（接年帽），一顶象征太阳，一顶象征月亮。帽用白色土布做成圆形，顶上正中用黑布镶缀一个有芒的圆饰，边上缀以黑齿形芒纹，代表太阳和月亮的光芒。另外，还要缝一个“阔哈买挫”（接年挎包），挎包仍用白色土布缝制，上用黑布缝两个圆饰，象征太阳和月亮，挎包口的边缘处缝几道黑边及一些黑色齿纹，象征星辰，代表天边。接年帽和接年包底用白布制作，白色代表纯洁（过去，拉祜族中的“西”支系以白衣为正宗）。日月星辰装饰用黑色也自有一番道理，据说，黑色有表示心好之意。接年要用黑色，因为黑色在拉祜族（主要是拉祜族中的“纳”支系）中是正色。大年初一要穿戴着制备好的上述服饰举行接年仪式。

大年初一清晨，太阳还没升起，寨子里专门负责本寨神事的祭司“卓巴”夫妇，已率领接年的队伍敲着铓鼓出发了。五名穿戴一新的少年手持“年花”和象征人旺谷丰的“人花”“谷花”走在前面；两名青壮年男性一个敲象脚鼓，一个敲钹，紧随其后；芦笙手是两位老汉，在上山的时候，他们还要负责敲铓；卓巴的妻子手持一种称为“罗波尾”花的团形纸花，走在最后。他们敲铓打鼓，来到一个山口，山口上高竖两根“年杆”，祭台里有一公一母两棵神桩（“阔节”），代表粮堆的两堆石头中间是烧香祭献处，右边有一间小竹房，供祭献山神之用。

他们面向东方，燃香祭祀，一边诵祝，一边向祭台撒炒谷子、爆米花、糯米等，把“年花”“谷花”“人花”等插入祭台，在鼓、铓、钹的伴奏下，围着祭台跳古朴的芦笙舞。他们在祭祀仪式和葫芦笙舞中等待第一缕阳光照到祭幡上，即从祭台内取出已接受过新年新日照耀的“年花”“谷花”“人花”等物，依然敲铓击鼓，列队下山。

他们来到寨头神山上的神房（神房一大一小，大房代表女性、大地、月亮等，小房代表男性、天、太阳等）前，列队进入代表女性、大地和月亮的大房子内，燃香烛祭祀神灵。百岁老“麦可麻”（负责这一带地区几个村寨神事的女祭司）在鼓乐声中独自跳起摆手舞。此刻，人皆屏息，神情穆然，昏暗的神房内唯有烛光微闪，幡影绰绰。在闷闷的鼓声中，依稀传出一阵苍老、尖细而颤抖的歌声。老麦可麻唱的是一支神话古歌，拉祜族共同的一支圣歌：

在很久很久以前，没有厄雅住的天，在很古很古的时候，没有莎雅住的地。厄莎想造天造地，想得直搓手，搓出的汗泥变成四男四女，又搓出四根天柱，架在四条大鱼背上。天上没有太阳月亮，厄雅用天花做成太阳，莎雅用地花做成月亮，碎金碎银散到天上成星星。天地造好了，有山有水，有鸟有鱼又有人，人们心里很喜欢。有了太阳和月亮，分出了日月，分出了昼夜，人要过新年。要过年，穿什么？女人纺线织布，男男女女穿得花花绿绿，这就是新年的色彩……

全寨男女老少聚集在以寨心桩为核心的寨中央，跳圆圈舞、聚餐、吃大锅饭，象征和谐太平。

至此，“年”即算接回。早饭后，人们列队敲锣击鼓，依次到卡些、卓巴、铁匠和贺爷处拜年。每到一处，要先对大房子所供神台燃香跪拜，然后由身着盛装的妇女跳摆手舞。

人们在地区性祭司贺爷家的拜年较有特色。贺爷头戴饰有日月图案的接年帽，身背缝缀了日月星图案的接年挎包，在昏暗的神屋内，面向火塘燃好四支蜡条、一束香，插在家族祭台“地洼那”前。然后，恭恭敬敬脱下接年帽，跪下，轻轻敲响一个小锣，在锣声的袅袅余音中，轻声祝祈，气氛相当神秘。神台前铺着一块缝缀有日、月、蛙、鸟、人等形象的土布拼画，叫“密直”。据说，每年的新年、八月十五、火把节等，便将这密直挂在神房（母房）南侧的神门上，和贺爷的接年帽及接年挎包互相映衬，成为与神灵直通信息的象征物。每位拉祜族妇女的长衣在胸肩处都有两圈以领口为中心的圆形图案，这些圆形图案几乎毫无例外地都有芒纹，或用线绣，或用银泡镶缀，在黑底长衣上烁烁生光。老人们说，这圆形芒纹图案，就是太阳的形象，表示太阳光芒从开天辟地时，便照耀着拉祜族了。太阳与拉祜族形影不离、终身相随。

五、守岁换年

除夕之夜，人们通宵不寐，叙旧话新，既有惜“韶光难留”的留恋之情，又有在新旧交接之时送旧迎新的意思。藏族、彝族、壮族、布依族、拉祜族等民族都有在旧岁新年交替的时间节点守岁的习俗，阖家守岁，通宵达旦，是从除夕到新年的一项内容。

六、接新水

大年初一清晨接新水，是怒族、傈僳族、普米族、白族、藏族、布依族、彝族、佤族等许多民族都有的习俗。

云南怒江地区的怒族，初一凌晨，鸡叫头遍，各家小孩就背着水桶，打着火把，去抢舀全寨各个水井里的水。他们在每口井里舀一瓢水，背回家中。相传，新年每一个清晨，天上会飘下一种状似酥油的吉祥之物，漂浮在各个水井的水面，人们喝到这种“吉物”，一年就会吉祥如意。当地傈僳族每年春节期间，凌晨四点，村民一早起来也要到水沟里面取水，并将其盛到自己家里的水池中。村民还要放鞭炮，在水面撒上谷子，祈求一年平安和吉祥。

普米族大年初一清晨抢新水的习俗，与龙王取清泉救助灾民的传说有关。他们把大年初一到井里取水视为人畜兴旺、安居乐业的象征。每逢大年初一头遍鸡叫，普米族姑娘便挑起水桶，你追我赶，争着去取龙王赐给的“圣水”。谁最先取到，谁就被视为新的一年中最勤快的姑娘。

白族把大年初一取水叫作“抢头水”。大年三十晚上要准备好水桶和鞭炮，到了夜里十二点，全村每家由一人挑着水桶来到村里的水井边“抢”水挑回家。据说谁最先把井水打上来，来年会特别有福气。人们“抢”水挑回家时还要放一串鞭炮，寓意除旧迎新，来年有好运跟随。把头水“抢”回家后，要用它来煮元宵、饺子等大年初一的食物，煮好后先端给家里的老人、长辈吃，祝愿他们健康长寿。

各民族采用的迎新的礼仪、方式往往有浓郁的象征色彩。藏族在藏历大年初一清晨背回的新水叫“吉祥水”，预祝新年吉祥如意。布依族谁先挑到第一担水，谁就被视为最勤劳、最幸福的人。彝族挑回新水，要将一碗新水和旧水比重量，若新年的水重，就意味着今年雨水充足、五谷丰收。傣族、布朗族等族在傣历新年互相泼水，以洗尘祈祥。

佤族佤历一月初一至初三（农历十月上旬）的新水节，出自龙女与部落头人之子恋爱的故事。传说很久以前，有个部落头人家盖大房子，举寨唱歌跳舞，每晚都有一位漂亮姑娘来和头人的儿子广格倮跳舞对歌。可一到清晨鸡叫，就不见了她的踪影，后来，广格倮沿着她撒下粗糠的路，来到一个龙潭，与龙女结了婚。头人祭祀龙潭，求放回儿子。有一天儿子果然领着姑娘回来了，屋里顿时充满了鱼腥味。头人让姑娘回去，强把儿子留住。为让他死心，还将撒在路上的粗糠全扫了回来。广格倮寻找龙女迷了路，变成了树神。后人为纪念这对恩爱夫妻，每年新年过新水节，迎接他们回寨团聚，祈求龙女带来长流不断的清泉和幸福。节日第一天，佤族祭司“魔巴”带着祭品到水源头念祷词，大意是：

仙女，仙女，

今天我们来迎接你。

天上的神、地下的鬼都需要你，

一切动物植物都离不开你。

你要从地上来，我们为你挖水沟；

你要从天上来，我们为你搭涧槽……

念完祭毕，魔巴回寨，全寨男女老少立即出动，修水沟搭水槽，打扫全寨，铺路除草。第三天太阳刚出山，全寨人换上节日盛装去迎接新水，排成长队，将新水从寨外引到寨内。魔巴用芭蕉叶在水上划来划去，象征着为龙女梳头，表示对水的热爱和尊重。然后大家用竹筒取回新水，由魔巴煮一大锅鼠肉稀饭，每人均分，共享龙女和广格倮带来的幸福。酒足饭饱，人们歌舞娱乐，讲述故事，通宵达旦。

七、拜年

正月初一天一亮，人们便开始串户拜年，互祝吉祥如意、发财富贵之类的话。拜年要遵照由亲到疏的原则。俗话说“初一崽，初二郎，初三、初四拜姑娘，初五六拜舅舅”。去拜年的人在进主人的院子前，要放大炮，到主人家门口时则放小鞭炮，然后进屋喝茶饮酒。人们沉浸在喜庆气氛之中。这种气氛，一直延续到正月十五，春节才算结束。

云南砚山县维摩乡幕菲勒村彝族阿细人正月初一早上，先将年前砍回来的一截松尖供在土地老爷的神位处，再插三炷香，将一碗水、三杯酒、三碗饭摆放在筛子上。每碗饭上放几块肉和一些好菜，插上筷子，献祭半小时左右。献祭土地老爷后，将砍回的锥栗树的枝叶插在住房前后两厦，每隔两米左右插上一枝，在猪牛圈周围也要插上一些。传说彝族的祖先生活极端困难，住房条件很差，房子无瓦片无墙，房顶盖的是茅草，四周是锥栗树带叶的枝条，风来扫地，雨来滴水，名为房子，实为棚子。为怀念祖先，不忘本，每年正月初一要用半米左右的一截松尖供在土地神位上，将锥栗树的枝叶插在房子上，松尖和锥栗树的枝叶作为怀念物，插上后任何人不能随便乱动，第二年正月初一插上新枝叶后，才能将之前那年插的枝叶拿走。

为牛或狗拜年是一些民族特有的风俗。怒族拜年从初一开始，除给长辈拜年，还要给自家的牛和狗拜年。行半跪礼，喂它们油煎面饼和肉汤。他们认为，牛耕田、狗撵山，辛苦了一年，理当回报。新年期间的游乐活动，有射箭、打石头靶、歌卜（猜唱）、荡秋千、舞蹈等。

傈僳族传说，在很久以前，人间被滔天洪水淹没，人畜死光，只剩兄妹二人。为传下人种，兄妹结为夫妻，生儿育女，开荒种地。春播时，他们却没有谷种。一只黄狗向天神讨来五谷送给兄妹，才种出了粮食，兴旺了人烟。人们为感谢带来谷种的狗，就把按属相推算的旧年十二月到来年一月间定为“阔什节”，酿酒、杀猪、歌舞、洗浴、舂粑粑，庆祝远古的那次新生，并把舂出的第一块粑粑喂给狗吃，以示崇敬。

八、开财门①

2008 年 2 月 13 日，农历正月初七，贵州安顺周村举行春节节庆活动，地戏队举行了地戏表演。一名周姓村民找到下街地戏队的神头，希望能给他家开财门。

参大门门神。中午 12 点，地戏队表演完节目，在神头的带领下，队伍来到他家门口。大门紧闭，两个童子走向前，在大门外一左一右两边站立，“元帅”和各位演员分两行左右站好，“元帅”走上前双手对着大门作揖，把手中的扇子一挥唱道：

正月里来是新春，元帅带兵来给主人家开财门，
只因主人多忠厚，造下华居定财门。
此木不是非凡木，天上桫椤树一根。
王母娘娘行善事，降下一枝落到贵府门。
鲁班先师来造下，造成金银两扇门。
门对青山风景好，子子孙孙在朝廷。
一对金狮两边坐，两扇门上有神灵。
左边站的秦叔宝，右边立的敬德神。
秦叔宝来敬德神，二位将军听原因。
若有好人来喊你，开开大门让他行。
金银财宝来喊你，开开大门出来迎。
妖魔鬼怪来到此，三鞭两锏化灰尘。
吉日开门增福贵，良辰敞户出盘龙。

① 本田野笔记由中山大学社会学与人类学学院博士研究生牛加明撰写。

早晨开门金鸡鸣，晚来开门凤凰鸣。
春季开门春季旺，夏季开门夏季兴。
秋季开门进五谷，冬季开门进金银。
公公开门寿长久，太太开门永常春，
娘娘开门生贵子，少爷开门出贵人，
姐们开门去挑水，金水银水淌进门，
童子开门进学校，高中黄榜点头名，
财门今日开过后，富贵荣华永常春。

众人齐和：

开门已毕，百事大吉！

然后两个童子左右推开两扇大门，一边挥舞手中的扇子，一边唱“踩门辞”：

童子年年长，财门日日开。
家有读书子，富贵自然来。

然后边做抬腿进门动作边唱：

左脚跨门生贵子，右脚跨门贵子生，
生贵子，贵子生，寿喜福禄送进门。

参桌。童子唱完，将一团准备好的红线挂在大门门框上。“元帅”带领众演员进入天井。天井中已经摆好一个供桌，上面有香炉、蜡烛，还有几个盘子，一盘装瓜子，另一盘装水果（苹果、橘子、香蕉），还有一盘装有几盒烟①。

参正屋门神。“元帅”带领众人参拜过主人摆放的桌子，然后来到正屋门口，童子仍然站在最前，大家同样分两行排开。

童子挥扇左右走动后，另一位“元帅”上前唱道：

黄道吉日好良辰，今日弟子来给贵府开财门，
开了一层又一层，层层都是龙凤门。
不开财门尤自可，开了财门有根深。
此木不是非凡木，天上桫椤树一根。
张良师傅来砍树，鲁班师傅来做成。

---

① 神头告诉笔者：以前果碟摆放有讲究，现在的年轻人都不懂这些了。参桌就是要摆上东西让地戏队去猜谜，这个谜语应该与地戏队表演的故事有关。比如放上一支笛子，外加几个竹叶，谜底就是狄青。狄青是五虎平西故事中的主要人物。

杪椤门来分两扇，一扇金来一扇银。

开了财门三尺三，白日造起晚上关。

早晨开门出贵子，晚上关门出贵人，

门前又有金狮子，两边跑马迎众神，

门前又有摇钱树，日落金来夜落银。

自从今日开过后，斗大的黄金滚进门。

童子用手推门，边推边说：

左手推门出贵子，右手推门出贵人。

推开大门，边做抬腿进门动作边说：

童子日日长，财门日日开。

家有读书子，高官自然来。

全部同贺：

开门已毕，百事大吉。

参家神及土地。众人进入正屋，童子在写有“天地国亲师”的神位下站立，众人仍是分列两旁，“元帅”上前对着神位揖拜唱道：

参了一层又一层，走进堂屋参家神，

先参头上是天字，参过天字管万民。

天字下面是地字，万物都在土中生，

地字下面是国字，国泰民安万年长，

国字下面是亲字，子孙孝顺儿女双全，

亲字下面是师字，子子孙孙入翰林（入学门），

师字下面是位字，愿主家禄位高升。

另一个“元帅”接过去，对着神位下面的土地牌位作揖，唱道：

招财进宝两边站，金玉满堂在中心，

中间坐着一品老妇人，土中有人生贵子，地中有人生金银。

自从今日参过后，全家老幼得安康。

最后齐声高贺：

参拜已毕，百事大吉。

“元帅”带领大家离开主人家，开财门仪式结束。

九、打春牛[①]

在农耕历史较为久远的民族中，原始“腊祭”的血腥形式早已蜕变为一种象征。苗族、瑶族、彝族等族过年，时兴斗牛；白族、汉族、瑶族等族过年，又有“迎春牛”“打春牛”或演“耕作战”的习俗。所谓“春牛”，多为泥塑之牛，放到田里，认为这样做后，便会获得好的年成。

苗族的“打年鼓”，苗族、瑶族、侗族、布依族等族的“跳芦笙”，彝族、藏族、蒙古族、哈尼族等族的摔跤、赛马、打秋千、转磨秋，普米族的“吃虫”，白族、哈尼族用糯米团、煮汤圆占卜岁之吉凶，傣族的放高升、燃孔明灯等活动，最初也都有驱邪祈福、消灾兆丰、辞旧迎新的用意，杀牲宰鸡、供蔬献果，既是农副产品的展示，也是珍惜耕牛的表现。发展到后来，祈年的原型渐渐淡化或隐化，交游娱乐的功能渐渐强化或显化。

广西龙胜一带的侗族，在立春以前，就要围着耕牛忙碌，修牛栏，制灯笼，准备青草、糯米粑和甜酒等。到立春这一天傍晚，前面要用灯笼开道，后面跟着以竹编纸糊的“春牛”，由两个青年舞动，最后面走着由劳动能手和能歌善说的人扮演的农民夫妇。他们代表全村，舞到每一户农家，便向主人祝贺“春牛登门，风调雨顺”。而主人则燃放鞭炮迎送，并赠给红糖、粑粑等礼物，用迎春牛的节日拉开春耕生产的序幕。在春牛舞队走遍各家以后，就在平地举行歌舞会，不仅演出模仿劳动的舞蹈，而且举行包括农事知识问答等内容的对歌。农历六月初六，贵州榕江、车江地区的侗族还要过一个“洗牛节”，家家牵牛下河，为其洗身，并杀鸡鸭为牛祝福，愿耕牛清吉平安。据侗族老人传说，耕牛是牛魔王变的。当初，牛魔王受玉帝委派向人类传达旨意，误将“天皇赐你们一日三餐肚子饱”说成“天皇赐你们一日三餐肚子还不饱”，结果害得人们忍饥挨饿。于是牛魔王便下到人间，帮助人们苦力耕作，以作为传达旨意失误的补偿。侗族为了感谢耕牛对农业发展的贡献，于是便每年过洗牛节。布依族地区也有这个节日。云南省丽江一带的纳西族地区每年农历六月二十至三十、九月初十至三十，要举行“洗牛脚会”。这两段时间正是春、秋农事大忙以后，需要稍事休整，于是人们在上述两个时间段内各选一天，全村举行聚餐，并洗刷耕牛，喂它十二个麦饼和一捆青草，还要在牛栏上挂一串麦饼以表慰劳之意。云南省兰坪县的傈僳族认为：古代，

① 胡起望、项美珍著《中国少数民族节日》，中国国际广播出版社2011年版。

牛生活在天上过得十分舒适。后来它见到地上人间傈僳族吃苦涩的野果为生，心中十分不忍。于是在一年春天，背着天神，将藏在葫芦里的五谷种子撒向了人间，使人间开始有了五谷成长，使傈僳族摆脱了饥饿的困境。天神因此发怒，把牛驱出天界，让它来到人间。傈僳族将其养在家中，但牛看到人们耕作劳苦，又主动出来拉动犁耙，帮助种庄稼。天神见人间生活渐渐美好，又放出冰霜、虫灾，进行捣乱、破坏。牛在耕作之余，为了保证作物成长，又上天与天神论理，不让各种灾害蔓延，为傈僳族立下了很大的功劳。因此每年农历六月初五，这里的傈僳族人民也要过一个“浴牛节”。在这一天，不仅家家要给牛洗澡，而且要煮一锅放盐的稀饭，用来喂牛，并由家中最年长的妇女向牛祈祷，希望它在天神面前，多多求情，免灾除害，使庄稼丰收。

十、“人日”

传说，女娲创世，造世上生灵万物，第一日造鸡，第二日造狗，第三日造猪，第四日造羊，第五日造牛，第六日造马，第七日造人。《辽史》记录了相应的习俗：“人日，凡正月之日，一鸡、二狗、三豕、四羊、五马、六牛，七日为人。其占，晴为祥，阴为灾。俗煎饼食于庭中，叫‘薰天’。”①《荆楚岁时记》载：“正月七日为人日，剪彩为人，或镂金薄为人，以贴屏风，亦戴之头鬓。又近造华胜以相遗。”注云：“按：董勋《问礼俗》，正月一日为鸡，二日为狗，三日为猪，四日为羊，五牛，六马，七人，八谷。”② 与民间神话相似。《艺文类聚》亦述：“（人日），剪彩为人，或镂余薄贴屏风上，忽戴之。像人入新年，形容改新。”③《玉烛宝典》介绍：“蜀中乡市，士女以人日击小鼓，唱‘竹枝歌’，作鸡子卜。”④《本草纲目》认为：“人日，吞食赤小豆，可祛病。”⑤

各地民谣和道教传说，说法较多，但大同小异，都把正月初七列为“人日”或“人日节”，即“人节”，要安顿身心、休养生息。传说，若这日天

① 〔元〕脱脱等撰《辽史》，见《二十五史》（影印本，第9卷），上海古籍出版社、上海书店1986年影印。

② 〔南朝〕宗懔撰《荆楚岁时记》，岳麓书社1989年版。

③ 〔唐〕欧阳询主编《艺文类聚》，上海古籍出版社1982年版。

④ 〔隋〕杜台卿撰《玉烛宝典》，收于商务印书馆《丛书集成》，1935—1937年排印。

⑤ 〔明〕李时珍撰，刘衡如校点《本草纲目》，人民卫生出版社出版1977年版。转引自田波《春节考源》（未刊稿，转引时补注了古籍出处）。

晴，代表人身安适；若阴雨，则意味着疾病瘟疫生。故又称“七煞日”。

西北一些地区，“人日”叫“人七日”或“人齐节”。这天饭前，由家庭长者（多为年老主妇）呼唤全家人的名字，叫到谁，谁都须答“回来了”，人齐之后，方可揭锅开饭。这样的呼唤，叫“回魂”。无论有病没病，都须招魂。凡出门在近处的人，此日都须回家过夜。要吃馄饨，叫“吃寿星馄饨”。天将黑时，在土地神像前点一对长烛，房内燃蜡烛，让魂魄回来时，好找路。就寝前，家长在门口喊着家人的名字，让其回来，房内有人代替大家回答“来啦”①。

云南祥云县祥城镇存德村委会白龙潭自然村的傈僳族群众把正月初七“人日”叫作“七人节”。这天要举行上刀杆、唱歌、对调、打跳等活动，共同庆祝这个一年一度的传统节日。当天节日活动中，要表演傈僳族的传统绝技上刀山、下火海，还会进行民族服饰展示、原生态歌舞表演。在长期的生产和生活中，当地傈僳族群众把打猎、耕种以及生活等相关场景融入舞蹈和歌声中②。

十一、“顺星”

正月初八是顺星节，每个人本命年都要到本命星面前拜一下，求取平安，本命年一定要穿红，将一条红丝线穿在手腕上或脖子上，或带在身上，简单而明显。如果在之前比较不顺或有不好的预示，就要举行顺星仪式。

所谓顺星，即顺正当事人的命运之星，用民间雕版木刻纸符“替身”码子和“解结”码子来做。早上，几位“斋奶”每人手持一面小纸旗，上粘一个从替身码子上剪下来的小人，跟随做法事的“先生”在几个大殿之间行走。使用替身并嫁祸于其的方式，是一种渊源古远的传统巫术。凡有邪秽在身，恶煞纠缠，即用这个码子作为自己的替身，让其代为受过。解结码子贴在大殿门后的柱子上。这是一种在许多仪式（老人去世、做五七、脱孝、上房、谢土、上坟等）中都会使用的符箓。人们认为，人与人相处，总会发生一些纠葛或冤结，举行仪式的时候，也会有一些不干不净的东西闯进门来纠缠，所以，要在门后贴一个解结码子。仪式结束时，参与者都要做一个解结仪式：在正坛前添设一个香案，摆五供养、一盆水，将布条裹着一串铜钱，结成一

① 转引自田波《春节考源》（未刊稿）。

② 云南祥云县“七人节”由王自林撰写。

股辫子的“顺心结”，挂在贴有解结码子的房柱上。亡人去世满三年用孝布（白布），家道不顺、人有病用青布。布条结十二个疙瘩，代表一年十二个月，闰年则结十三个疙瘩，先生称之为“消灾延寿解释消灾方”。参祭者每人手中持香一炷，由一位斋奶摇法铃在前引领众人绕主坛走八卦，向众神行礼。每转一圈，即让一人解开一结，并解下一枚铜钱，于案前烧掉解结码子，连同铜钱一并投入水中。然后，所有参加者每人喝一口盆里的水，斋奶将水中的铜钱捞出，从铜钱入水后阴阳两面所占比例，看卦象是阳旺还是阴旺。铜钱正面为阳，背面为阴，阳多则吉，阴多则凶，阴阳对半为平卦。最后，把“翻解冤结”码子与“当生本命星君”码子一起焚化。

十二、“开灯”

正月初十丁日要“开灯”，有“添丁”之意。生了男孩的人家，要过“开灯节”。男孩的父母和爷爷奶奶，带男孩到祠堂烧香磕头，祭拜祖先，告知血脉相承的消息。他们带来的祭品有很多象征性的意义：生菜代表生财，姜表示大发，葱象征聪明，柏枝象征高寿。

十三、元宵

元宵节又称“上元节”，时在农历正月十五。道教以三元配三官，上元天官正月十五日生，中元地官七月十五日生，下元水官十月十五日生。南宋吴自牧在《梦粱录》中说：“正月十五日元夕节，乃上元天官赐福之辰。”[①]燃灯、灯会和赏灯发展成为元宵节活动的标志性项目。灯的造型有很多种类，或仿生，或具象，或幻化，还有各种灯谜。花灯制作工巧，让人叹为观止。后来，舞龙、舞狮、耍龙灯、吃元宵、跑旱船、击太平鼓、过桥摸钉走百病等习俗，也成为元宵节的活动内容。

在元宵节期间，祭门、祭户、逐鼠等民间信仰也有表现。贵州黄平一带苗族，则要在农历正月十五日举行“偷菜节”。节日这天，姑娘们便成群结队去偷别人家的菜，严禁偷本家族的，也不能偷同性别朋友家的，因为偷菜与她们的婚姻大事有关。所偷的菜仅限白菜，数量够大家吃一顿即可。偷菜不怕被发现，被偷的人家并不责怪。大家把偷来的菜集中在一起，做白菜宴。据说谁吃得最多，谁能早得意中人，同时所养的蚕最壮，吐出的丝也最好最

---

① 〔宋〕吴自牧撰《梦粱录》，上海古典文学出版社据《知不足斋丛书》本校点排印，1956年版。

多。四川元宵也有“四偷”的习俗：“一偷汤圆二偷青，三偷檐灯四偷红。”除了偷青是为了强身外，其余皆为求子的习俗[1]。

十四、送年

仪式较为简单，只停止生产一天，向祖宗献饭就算春节结束。

傈僳族过年[2]

在傈僳族中心区云南怒江一带，“过年月”即代表一段一个月左右的时间，并没有严格的限定。但在腾冲古永傈僳族中，小年从大年三十起到初七“送亡人”为止，大年则到正月中下旬。一些老人讲，在他们小时候，春节一般只庆祝三天，现在则要过七天七夜，在此期间不到地里干活，不到山上去，只是在寨子里面和寨子之间串门走访，一起唱歌跳舞。在农历十二月十七的时候，就开始准备，上山砍好过节期间所需的大量烧火的木柴。农历十二月二十六、二十七两天舂粮食和粑粑。

和古永的汉族“掸灰尘”一样，傈僳族过春节之前要把家里尤其是房屋的大梁等结构打扫干净。也要到街上去购买年货，缝制新衣，舂糍粑等。大多数人家大年三十在门上贴汉文对联和挂“门钱”、彩纸，门钱即象征财富的纸，对联可以到街上买，或者请懂毛笔字的汉族帮写。农历十二月三十，还要在自己家的院子里“栽年松”——在院子里面挖坑，插上一棵从山上砍来的完整美观、有大量果实的青松，放鞭炮。

好的肉制品和食物被留到过年时大量食用。大年三十的晚上和初一至初三的早上要祭祖。和古永的汉族不一样，傈僳族不祭天地，只祭祖先，也就是“别扒”和尚未成为别扒的亡人。祭品有香烛、猪肉、酒、茶、水果及粑粑。此时由家里的男主人念诵，意在请祖先保佑一家人在新的一年中平安无事，获得丰收，发财兴旺。

大年初一供奉祖先后，要到山后面的“山神庙”里面去参拜地方神。和汉族的寺庙不同，傈僳族的山神庙就是一个房子或棚子，是一个傈汉神灵“混居”的空间，里面没有神灵的造像，没有牌位，平常也没有供奉香火。通常，不同的村落“养”不同的神。就花村来说，在山神庙中间供奉的是木刮

---

① 摘自网络 http://baike.so.com/doc/5770522 - 5983295.html。

② 本田野笔记由中山大学社会学与人类学学院2007级博士研究生熊迅撰写。

尼（天神），左边是米斯尼（山神），右边是花村村民养的“硝塘鬼”[①]。

初二到初七的时段，是村寨里面的人群交流、狂欢的时间。男女老幼都穿盛装，老年人穿傈僳族的服装，年轻人穿新西装，小孩子穿新衣。在三弦的伴奏下，成群结队到每家每户去拜年。拜年即在主人的引领下到家里拜见祖先，以及在院子里围绕着年松跳舞和打闹。参与跳舞的主要是年轻人，他们一边弹唱三弦一边跳。在快乐的气氛中，老年人和中年男性蹲在一边，边谈话边欣赏。年轻小伙子和女孩子的打闹很快变成狂欢，游戏的形式像两军对垒，男性和女性各为一方，可以冲到对方所在群体中去，拍打对方的脸或者摸头，也可以把其中的一个人捉到自己的“阵营”，并防止被对方捉住。中年的女子和男子也会加入进来，小孩提来小水桶，朝对方洒水。激烈热闹的场面吸引在场的每一个人，也成为记忆中的重要部分。晚上，年轻人结伙去喝酒聊天或寻找女伴玩耍，老年人则在堂屋里面“跳嘎”，领唱的人唱《过年调》，也唱《年头歌》，唱一年十二个月的劳动，其中也有情歌的部分。唱过年调的活动可以持续到初七。

在《过年调》[②] 中，傈僳族从开天辟地的创世的祖先说起，并把自己比喻为受到祖先关爱的成群结队的“小鸡”。整个演唱分为普通人和祖先两个角色。“小鸡”象征着可怜的、无助的、不聪明的、需要被保护的小动物，这样的称呼广泛用于祭祀念诵的场合。祖先则以“阔时扒”[③] “木多措”[④] 称呼，与之对应的女性则是“佐色玛”“密多娃”[⑤]。通过“小鸡”和祖先的互相诉

---

① “硝塘鬼”曾经在槟榔江东岸边的一个名叫硝塘的地方出现，硝塘是汉文的名字，没有对应的傈僳话。因为傈僳人经常从该地过路，因此在大约150年前就“养”了这个“汉人的鬼”，以保护过往傈僳人的安全。虽然后来花村村民并不过该地，但迁到新村后，还是保留了这一习惯。

② 本文用作分析的《过年调》为保山地区文化局、民委和《傈僳族风俗歌集成》办公室于1985年在胆扎蔡家寨记录和翻译的文字材料，演唱者为蔡付云和蔡文富。蔡付云也曾在其家中就材料向笔者解释该内容，当时录音和演唱的时间不长，因此《过年调》等一系列调子都不可能完全按照实际情况展开录音，不过他确认了记录和翻译仍然是比较完整与准确的。因此笔者在此引用已经翻译过的片段，作为分析的材料。原文参见云南省民间文学集成办公室、保山地区民间文学集成小组编《傈僳族风俗歌集成》，云南民族出版社1988年版。

③ 阔时扒，新年祖先或新年神。

④ 木多措，地上的第一个男人，在过年时就是阔时扒。

⑤ 密多娃，女性创始人。

说来构筑一个场景：祖先从遥远的“太阳在处”的“东方坡”或者“日出坝”走来，“小鸡”穿上了花花绿绿的平常不穿的衣服迎接。祖先背着“小鸡”想要的种种东西，希望满足“小鸡”的所有愿望：

新的一年到了，新的一月来了。
不到这一天，大大小小见不着，
不到这一夜，高高矮矮会不齐。
我们这伙小鸡，我们这伙蕨苔。
一排排地会齐了，一对对地站着了。
盼着阔时扒到来，盼着佐色玛过来。
祖先说是木多措，祖辈讲是密多娃。
木多措随着太阳走过来，太阳扶着密多娃过来。
一排排地来过年，一对对地来过节。
……
小鸡朋友你听着，蕨苔伙伴你注意。
阔时扒带来药①，佐色玛背来药。
今天是初一天，今晚是初一夜。
想要的都会得到，想起来的都能要。

“小鸡”要求的内容很多，涉及傈僳族生活的方方面面，祖先的回答一一满足这些愿望。请求大致分为几组，需要三天才能唱完。第一夜唱傈僳族生活的关键来源：健康的身体，劳动的能力，植物（高粱、粟、谷等）的收成好，打猎和捕蜂的运气好，能够猎获各种动物、捕捉各种蜂；第二夜描述了女性的工作，需要划麻（撕麻）和织布的运气、找野菜和打水的运气、煮饭和泡酒的运气、养猪和养鸡的运气；第三夜是最后一夜，要求找钱的福气，做工、挣钱的运气。祖先一一回答，指明已经背来了实现愿望所需的药草，只要勤快，早早地起床，“天不亮就出去做事，天不亮就起来做活”，就会有好的收成、好的身体、丰富的财富。

最重要的是关于死亡的伤痛和疑问。这不但是对自己的关心，也包含了失去亲人的伤逝和对生命的追问。而过年，则是对生命的向往、对永恒的祈求。这种原初的思考被化作跳嘎时极富画面感的生死两界中的傈僳族人之间

---

① “药”泛指对身心两方面有治疗作用的物品。

的对话，在节日的深夜传承：

从前的一生中，从前的一世里，

还不懂事就死了，还不聪明就老了。

舍不得老的都老了，不愿意死的都死了。

蕨苔心里多伤心，小鸡肝里面真难过。

我们不愿意死才过年，我们不愿意老才过年。

求你给我们不老的药，请你给我们不老的药。

不懂的事情请给我们说，不知道的道理告诉我们。

祖先的回应看起来像是对“小鸡”的安慰，也是在讲述人为何会死的道理。在傈僳族的传统故事里，太阳和月亮偷走了不死药草，因此获得永生，而人的生命则因此变得短暂。

在各地傈僳族创世神话中经常会讲到，古时候的人是不会死的，后来，创造天地的老母猴被松树果或者松枝砸死后，人们高声痛哭惊动了天神。天神以为人喜欢死，就决定让人们老了过后一定要死，从那以后人就会死了。“不死的人从前有”就是指在此之前的不死的人。值得注意的是，在傈僳族看来，消解死亡伤逝的方法在于了解其背后的原因。这在古永傈僳族的很多仪式里面成为一种模式，一些因受到不平等对待的害人的鬼，在尼扒给它们讲背后的原因后，它们就会自动散去：

我也不是不死人，我也不是不老人。

我是阿公的孙子，我是阿奶的后代。

看看阿公走过的，看看阿奶手扶过的。

不死的人从前有，不老的人过去有。

这个不死的药，这些不死的药草，

为了送给小鸡们，为了送给蕨苔们。

药不晒干药不好，草不烤烤药不好。

药晒在东方坡上，草烤在日出坝。

那是太阳踩过的地方，那是月亮走过的路。

不死的药被太阳拿走，不死的药被月亮背走。

太阳也会落山，月亮也会下山。

小鸡朋友别伤心，蕨苔伙伴别难过。

第一夜的第一个请求和最后一夜的最后一个请求都是“小鸡”希望祖先

带来永生的神药。然而，这也是唯一一个祖先没有办法满足的后代的愿望。在生死问题的中间，是关于生活的问题。实际上，这样的描述等于是在叙述傈僳族对于一个人的生命结构的理解，即出生—劳作—死亡。新年的“跳嘎”则把不能确定的运气、身体、收成等问题交给祖先处理，活着的人们只需要勤奋劳作，就能有好的收成。作为古永傈僳族神灵系统中心的祖先，其象征的重要性在这里显得毋庸置疑，他们不但是人们生活的依靠，也在人们面临生死的重大问题上提供安慰。

在人群交流的层面上，新年跳嘎传统上要“从寨头走到寨尾”，每一家都要去，要拜见这一家的祖先。这种跨越家庭和家族的跳嘎，不仅是一种娱乐方式，而且已经成为村落整合的重要仪式。对于个体生命而言，新年的跳嘎也是一次小型的“通过礼仪”。通过跳嘎，建立对劳动收成的信心，修复因亲人去世而带来的情感缺失。在一年的开始之际，通过模拟祖先和后代的对话，把“受到挫折的人”转变为充满希望的人。其实，傈僳族的唱词里面已经明确地显示出了这一点，即“我们在一起唱是灵药，我们在一起跳是神药”。

就整个“可见”的春节习俗来说，古永傈僳族和汉族基本上没有分别：汉族也要准备年货、打扫灰尘、杀年猪、砍年松并用粑粑献祭祖先。山神庙里面甚至供着汉族地区的鬼神。但在“不可见”的言说方面，古永傈僳族还是在重复自己的“语言”，通过建立自身与祖先的纵向联系、村寨内部人群的横向联系及对生命的理解和解释等，传承自身的族群认同。正是有了这种较深层次的、与生活和生命密切相关的认同体验，才形成了傈僳族在服饰、娱乐等方面与其他族群不同的“显性”特征。

第二节　历法与节日

一、太阳历与星回节

彝族太阳历，云南彝族学者刘尧汉先生等认为它是世界上较为先进的一种历法。这种古老的历法把一年分为十个月，一个月为三十六天，以十二动物属相循环计日，每月三个属相周，十个月合计三百六十天，便于记忆，剩余的五至六天作为过年日，分为大小两个新节，以北斗柄上指和下指为标志，在一年中最热和最冷的节令过节，所以又叫星回节。每半年有一个星回节，正好把一年分为阴阳两半。

云南砚山县彝族阿细人的星回节为农历六月二十四至二十五，每天早晚要献祖宗饭，晚上各户还要在自家门前点上一把火把，所以星回节俗称“火把节”。

关于火把节的民间传说很多，有说是纪念不畏强暴、毅然跳火殉情的彝族烈女阿南的，有说是纪念因南诏王皮逻阁设计火烧松明楼而殉难的四诏之王的，有说是纪念彝族先民抗击在人间残害百姓的天魔的英雄业绩的。云南石林彝族自治县的彝族有几个传说。一个传说是古时候有一年，在地里庄稼将成熟的时候，有一个恶魔从天上撒下无数害虫，专吃百姓辛苦栽种的庄稼。危急之中，男女老少昼夜不停，打着火把去烧害虫。另外一个传说是天王好嫉妒，见不得人间过好日子，就派大力神在一个月黑星回的夜晚，下凡破坏。人们发现大力神搞破坏，纷纷上前质问。大力神蛮横地要人与他摔跤，还示威地把一头头壮牛摔翻（从此，火把节时首先要斗牛）。但人们并没被吓住。彝族英雄朵阿惹恣走出人群，与大力神你来我往，扭扯着摔了整整三天三夜，人们擂响三弦，吹响短笛，拍红了手，跺痛了脚，为朵阿惹恣助威。朵阿惹恣失手跪在地上，压出了圆湖；大力神失手被摔翻，压出了长湖。天王震怒，又派害虫下来毁坏人们的庄稼，人们扎火把烧虫，终于战胜了天王。从此，每年到了月黑星回的农历六月二十四，这里的人就要斗牛、摔跤、燃火把、跳大三弦，要点燃火把到房前屋后、田间地边、果树林间绕圈，意在驱邪除害，使人畜兴旺、五谷丰登，日久成习，形成彝族现今的火把节。

云南弥勒市彝族传说，火把节源起于一次奴隶暴动，这些奴隶在羊角上捆火把，攻进了奴隶主家，烧死奴隶主，得到了自由。昆明近郊彝族说，撒梅王与入侵者战斗，被砍掉了脑袋，但一到夜里星星出齐，他颈上又长出一个新头，再次带人参加战斗。后来，他头颅再生的秘密被妻子泄露了，他的头再也长不出来。彝族人民在他遇害的日子打着火把，四处寻找他的精灵，年年如此，相沿成节。南涧彝族自治县彝族的火把节传说，则加进了观音故事：恶魔嗜食人眼，观音以螺肉充人眼，制伏恶魔，把他关在洞里，只给一天出洞的时间。人们怕他出来继续作恶，便在这一天点起火把，打歌喧闹，使其不敢出洞……

火把节期间，第一天“祭苍龙”，第二天“祭庄稼神”，同时还要祭献保驾“老爷爷”。据传说，保驾的老爷爷是保护彝族各家各户的大神，以前雷、雨二神作风不检点，经常到民间捣乱作歹，谁碰上就会灾难临头或大病一场。

保驾老爷爷劝二神改邪归正，但二神口是心非，改后又犯，保驾老爷爷非常生气，即用白公鸡将二神驱逐（撵鬼）到山上，再不得到彝家村寨作祟。节前二至三天，阿细男人们就来到山上，准备好茅草叶、桃树叶、麻栗叶、杉松叶等扎成祭献物，到火把节这天，到保驾老爷爷所在地虔诚祭献，祭献地点有的设在山上，有的设在楼上或后墙上。有些家族的成员装上十斤谷物，用煮熟的一公一母囫囵鸡，还有酒水、香纸等作为礼品祭献。到田边、地边插上木刻，杀鸡祭献田公地母，同时还有其他肉类、彝家特色小菜等肴馔礼食祭献，祈求免灾无难、风调雨顺、保苗丰收。然后烧钱化纸、泼水撒饭，祭献仪式才算完成。吃过晚饭，男女青年聚集到村边空场上，打火把，火光照得满寨通红，阿细姑娘身穿艳丽的民族服装，翩翩起舞，小伙子弹起弦子，跳起弦步。

细究火把节的文化功能，大致有如下几种：

一是照人——火种崇拜。火助人猎耕，助人衣食住行。也许，这是对遥远往事的一次象征性表演：夜色朦胧的远古群山，鬼哭狼嚎，珍贵的火种营造了一个安全的空间，帮助人们驱除恐惧，照暖身体。人们举火围猎，投火烧荒。关于神圣的火种，人们传下了多少神话和祭典。就在大雨滂沱的迁徙路上，保护火种的人宁让胸口烧烂，也决不使火种熄灭。这种神圣的感情，直到现在，在一些少数民族中，依然炽热不减。

二是照神——敬天祭祖。天神祖灵，不仅在集体记忆和幻想中存在，也在集体因袭的梦——神话和祭典中活着。古文献对此多有记述：火把节期间，或“搭棚以敬天祭祖”，或“烹羊豕祀先，醉饱歌舞”，“祭天过岁”。火把节中午，一些民族要祭祖扫墓，在墓前点燃火把，在墓上撒火。

三是照田——以火占岁。古籍述，节日晚上，“农人持火照田以祈年，樵牧渔猎各照所适，求利益大光明”。“田野松炬照天，占岁之丰凶。明则稔，暗则灾。”有的民族认为，“过火把节是要引出谷穗来看火把”，有的认为要火把是为了把地下的火种引出来，否则，庄稼会被火烧焦。

四是照秽——燎灾除邪。一些民族认为，火是圣洁之物，可驱晦气，逐疫送穷，消灾去邪。人们在节日之夜，点燃专用的小火把，遍照屋角四周，烧虫网等，边烧边念：“灾星除矣，秽气解矣！”“燎什么，燎蚊虫跳蚤；燎什么，燎灾星秽气。燎一燎，百病俱除；燎一燎，万事大吉。”最后，人们还要把烧着的火把堆成寿火，大家撩衣提裙从火上跨过，叫“烧晦气”。

五是照岁——星回纪年，火把节又叫星回节。所谓星回，即北斗星斗柄正上指的时候。据彝族古老的太阳历，一年分十月，一月有三十六天，十月三百六十天，剩下五天或六天作为过年日，分在夏季星回节（火把节）和冬季星回节（在农历十二月，北斗星柄正下指的时刻）里过。两个星回节，把一年分为阴阳两半，一年过两次年，“星回于天而除夕”。燃火照岁，或为以火助阳，或求新年光明，本是融天文、宗教或哲学于一个象征形象（火）里的，在长期的文化变迁过程中，星回节的真实内涵隐向深层，火把节的活动形式浮为流俗。火把节里的“火”，也渐渐渗入其他文化因子而成为节日的主角。

六是照喜——歌舞娱乐。远古的梦，毕竟要随着岁月的流逝而淡忘。人们过节，不再只为追寻旧梦，而更多的是为庆喜逐欢。特别在年轻一代人中，火的节日更适于他们似火的热恋、似火的情怀、似火的追求。节日里，少男少女们装扮一新，相邀跳乐对歌，常常通宵达旦，撒火相嬉，处处欢声笑语，连老人也喝得醉醺醺的，加入狂欢的人群。白天，斗牛、赛马、摔跤、划船、赶集，吸引了成千上万、衣着五彩缤纷的人流；夜晚，千家火树，百里红光，山野田陌火龙游动，广场空坝篝火熊熊，人们跳舞跳得大地颤，唱歌唱得百鸟羞。如此狂欢几天几夜，方才罢休。

白族火把节古称火节，是火崇拜的一种象征形式。白族火把节在每年农历六月二十五，节日那天，村村巷巷要在中心区扎竖一个巨大的火把，并杀猪按户平分，吃“生皮”（把生肉切成碎末蘸调料吃），祭奠火把，似乎是对远古拜火和“醵饮食生”的追忆。晚饭后，人们以火相燎，表示驱邪求吉；农家则举火照田卜岁，祈求丰收。以火相嬉，消灾求吉。扎制巨大的火把。这火把要扎十二道，道道能烧得旺盛，象征一年十二个月，月月兴旺发达。燃炬照田，以火色占岁，熊熊烈焰映照着农家求丰祈旺的心愿。

彝族火把节和“库使”[①]

火把节，彝语叫“都则”。四川凉山辉隆彝族每年夏天都会举行盛大的节日活动。关于节日的来源、节日的意义，他们似乎很不在意。他们只是觉得火把节是不得不过的。辉隆彝族基本上都是在七月中旬属兔天或属龙天的那天过火把节，如果寨子里有人去世的话，那么他们会另外选择时间来过火把

① 本田野考察笔记由中山大学人类学系2011级博士研究生拉马文才（彝族）撰写。

节。在辉隆乡的不远处，洛乌沟乡的比牛拉达那边的彝族火把节一般是在每年七月中旬属狗天或属猪天开始。

火把节一般持续三天，火把节的前一天全家都聚集在一起举行“惹尼惹”仪式，从第二天开始，人们在晚饭后天要黑的时候点火把，第三天要送火把。

惹尼惹仪式，一般是在火把节的前一天举行。这一天，基本上每家每户都会举行这个仪式。在直系亲人去世、新娘婚后第一次回娘家、孩子即将出远门上学、大人即将外出打工、婴儿满月、人病愈等情况下，都要举行惹尼惹仪式。此仪式需要神枝“古”，献祭基本上用的是母猪和母绵羊，因为献祭给天上的长辈，母的象征可以生育后代[①]。举行惹尼惹仪式的目的是从祖辈那里赎回生者的魂魄。

惹尼惹仪式一般为七个阶段：“木古茨”（放烟火），表示主人家要举行仪式。“尔擦苏”，这时主人和客人要分开，主人站在一边，客人站在另一边，尔擦苏带有洗礼的意思，意味着洗去主人家所有不洁净之物。“萨菲”，需要两个帮手，一个抱着猪或绵羊，一个拿着神枝“古”道具，主人家的成员站起来围成一个圈，两个帮手先对着门口按逆时针方向转三圈，然后主人家的成员坐下来，两个帮手将猪或绵羊举高，将猪或绵羊的头对着门的方向，并抱着猪或绵羊转圈，还要让猪身或绵羊身在每个人的身上擦一遍，转完了，帮手站在两边把献祭牲畜等举起来，主人家的成员再进入内屋。杀猪，届时念经，用神枝敲打猪或绵羊的头。念经，基本上都是主人家的男人在念。烧肉，念完经后主人家共享。吃饭。

彝族年“库使”是四川省凉山彝族自治州普格县辉隆乡彝族冬季的重要节日，是一年的总结，基本上都选择在收获以后过节，大概在每年的十一月中旬。辉隆彝族每年过年都选择在十一月中旬的属兔天和属龙天。每个地方、每个村落在选择属于自己的彝族年时，都有自己的一套生活逻辑和生活习俗。

彝族对夏季火把节的期待似乎比较强烈，只要一到火把节，当家长的都要给每个孩子买新衣服。生活较富裕的家庭还要给女儿披金戴银，养斗的牛、赛的马。火把节都会有一些传统的活动，包括斗牛、赛马、斗鸡、摔跤、选美和爬杆等。不论是什么年龄层次的人都能在火把节上选择他们喜爱的娱乐

---

①　在献祭的牲畜中，如果是对鬼、仇人、病鬼的献祭，所用的牲畜是公的；如果是对先祖的献祭，那么所用的牲畜就是母的，象征可以再生产。

活动，小孩子和儿童基本上都会拿着自己家的公鸡到火把场地去参加斗鸡，老年人喜欢看斗牛，年轻人可以看选美，看美女和帅哥，勇敢的男士也可以参加摔跤比赛。因此火把节也被称为狂欢的节日，对于凉山彝族来说，这确实是一个狂欢的节日。

彝族年和火把节是辉隆彝族最重要的两个岁时节日，节日背后是一系列的习俗展演和文化活动。如果不是寨子里面发生重大的事情（如有人去世），人们通常会在某个固定的时段举行节庆活动。每年定期的火把节和彝族年，对“毕摩”和“苏尼”来说，意义显得更不平凡。以前辉隆乡的村民们说，火把节和彝族年，杀过年猪和杀鸡有个顺序：先由土司和黑彝杀，然后轮到毕摩和苏尼杀，最后才轮到普通大众。毕摩和苏尼在火把节以及彝族年时，要举行一些仪式，目的是敬拜毕摩和苏尼的助神。特别是苏尼，每年火把节和彝族年时要找一只白色公鸡来献祭苏尼的助神“瓦萨”。过去，人们认为，每当火把节和彝族年到来之时，毕摩和苏尼的助神就会附身到他们身上。

二、傣历年

傣历年在公历 4 月中旬，也被外界称为“泼水节”。

主要根据黄河、长江流域的气候和时令制定的“汉历”（农历），与根据澜沧江流域气候、纬度等制定的“傣历”，有很大的差异。农历的阳春三月，在傣历中却是炎夏六月了。这里纬度较低，气候受印度洋季风的影响，一年中公历 2 月至 5 月为热季，公历 6 月至 10 月为雨季，公历 11 月至次年 1 月为凉季。傣历新年（泼水节）正是一年中最热的时候（公历 4 月，傣历六月）。

傣族为什么选在这个时候过年呢?

相传，三个天神创立的历法不精确，给人间带来了混乱。一位王子用木制的翅膀飞到天上，求天神修正历法。天神闭门拒绝，王子用头猛撞天门，流血身亡，感动了天神，修正了历法。王子死后，天降血雨，人们为了洗去血污和纪念王子，便在这天过年泼水，洗旧迎新，还要放无数高升，告慰王子的在天之灵。

傣历年的确定与印度古天文学有关。印度古天文学认为，太阳沿黄道十二宫周而复始地运行。公历 3 月，太阳走完黄道第十二星座双鱼星座，于公历 4 月进入黄道第一星座白羊星座。这个月正值新旧年交接，类似农历春节以冬春交接或彝族太阳历以阴阳交接为换岁之时。印度古天文学传到缅甸、泰国、老挝和中国傣族地区，与佛教和当地原有文化结合，演变成佛历、小历或傣历。西双版纳地区秋收冬藏晚于内地一两个月，公历 4 月为收获大忙之后、春插大忙之前，农事活动较少。傣历年定在此时，有调养放松、辞旧迎新的意思。

这是另一时空中的新年。你只有在这样的生态环境和文化环境中，才会理解它独有的意义。

三、藏历年[①]

藏族节日繁多，其中最为隆重、最具有全民族意义的要数藏历新年。藏族称新年为“洛萨”，相当于汉族的春节，是一年之中最大的节庆。

藏历年古时曾以麦熟为岁首或麦收为岁首，是在夏秋季。据记载，公元前 100 年以前，藏族就有自己的历法，它根据月亮的圆缺来推算日、月、年。据百度百科介绍，藏历体现了藏族文化中固有的物候历、由印度引进的时轮历及由汉族引进的时宪历这三种历法的元素。藏历是阴阳合历，将一年分为四季，以冬、春、夏、秋为序，全年 354 日。12 个月以寅月为岁首（岁首与今农历同），以月亮圆缺周期为一个月。大小月相间，大月 30 日，小月 29 日。一个闰月，用来调整月份和季节的关系。置闰时间又与农历有所不同。公元 7 世纪，唐朝文成、金城两位公主先后入藏，带来内地的历法。此后，藏族古历法与汉历、印度历法相结合，到元代时形成了天干、地支、五行合为一体的独特的历法。大约 13 世纪在萨迦王朝时定为藏历元月一日为新岁起始，沿袭至今。由于受到汉历的影响，从 9 世纪以来，藏历也一直采用干支纪年法，但不同之处如下：十干由五行代替（甲乙为木、丙丁为火、戊己为土、庚辛为金、壬癸为水），十二地支由十二生肖代替（子为鼠、丑为牛……依此类推）。譬如农历的甲子年，藏历就叫木鼠年。干支六十年一循环，藏历叫“饶琼”，与内地“六十花甲子”相近，这反映了汉族与藏族的历法的密切关系。此外，藏历还设二十四节气，对西藏地区做中长期天气预报，对五大行星运动和日月食也做预报[②]。

从藏历十二月中旬开始，人们就准备过年吃、穿、用的节日用品。成千上万的农牧民涌入拉萨城，购买各种年货。此时是拉萨一年中最为热闹的季

---

① 本田野笔记由中山大学社会学与人类学学院 2006 级博士研究生魏乐平撰写。

② http://baike.baidu.com/view/84493.htm.

节。藏族在藏历十二月二十九日晚上，家家户户要团聚在一起吃“古突”（面团肉粥），以此辞旧迎新，求得太平康乐。一家人在欢声笑语中吃完九道古突后，举着火把，放起鞭炮，呼喊着“出来”，走到十字路口祈望给来年带来好运。

藏历除夕则十分忙碌。除打扫房舍、搞好个人卫生外，各家都要在一个叫“竹素琪玛”的木斗内装酥油拌的糌粑、炒麦粒、人参果等食品，上面插上青稞穗和酥油花彩板。然后把“琪玛”、“卡赛”（油炸果子）、青稞酒、羊头、水果、茶叶、酥油等摆放在正堂藏柜之上，在大门前用糌粑或白粉画上吉祥八图，预祝新年五谷丰登、人畜两旺。

人们在凌晨时分吉祥的“折嘎”说唱中迎来藏历大年初一。藏族大年初一会来一个“抢水比赛”，每户要派一名青年到河边、井口或自来水龙头下“抢”头道水。据藏族传统，藏历大年初一抢到的第一桶水被称为“金水”，第二桶水被称为“银水”，预示着吉祥、幸运，财源滚滚。

当太阳升起时，盛装的人们按长幼次序已吃完几道节日食品。那时，邻居间就要挨户端琪玛、敬青稞酒，高诵沿传已久的“扎西德勒品松措”“艾玛帕卓贡康桑”等表示吉祥、健康、幸福、和睦的祝词。此后，全家会闭门欢聚。

大年初一，许多信仰佛教的农牧民还到拉萨的大昭寺进行朝拜，祈求新年平安、健康。到了大年初二，走亲访友活动使大街小巷热闹起来，也成了人们展示新年时装的时刻，到处都是“洛萨扎西德勒!”的祝福声。

大年初三的活动则以宗教、文体内容为主，转经路上，房顶上弥漫着浓浓的桑烟，年轻人在房顶和山顶上插五彩经幡，以祈福禳灾。家家户户要在自家屋顶举行插“搭角”的仪式，即祈福仪式。在自家的屋顶上，一位少年和一位中年藏族同胞负责吹“筒钦”，藏语筒钦为大号的意思，是藏传佛教乐队中十分重要的低音乐器。一旁有人击铙和钹，铙和钹是两种乐器，形状基本相近，都是一副中间隆起的铜片，相击发声。坐在一旁的藏族同胞则不断地翻弄着经书，和着乐器不断念诵着经文。除此之外，坐在边上的一名藏族同胞还配合着敲击柄鼓。伴着铙和钹的敲击声和筒钦的起伏声击打着柄鼓，长长的柄鼓放置于地上，左手扶柄，右手操弓形鼓槌击打。柄鼓是西藏宗教寺院的主要乐器之一，与钹和其他寺院乐器配合使用，用于各种宗教仪轨活动和神舞羌姆的伴奏。坐着的三位藏族同胞口中念念有词，不断地念诵着经文。这些就是藏族人民为祈盼来年风调雨顺所做的准备工作。

桌子上除了酥油茶、经文、乐器等一些十分具有藏族特点的物品外，还有许多我们十分熟悉的物品，例如“红牛”、糖果等这些我们可以在市面上见到的物品。旁边，有几位等候着的藏族同胞。两位坐在一旁等候，偶尔谈笑。还有一名年长的藏族同胞则站在一旁，偶尔帮忙倒上一碗酥油茶。过了一会儿，少年走到祈福的台子旁，抓起了一把糌粑，将其撒向空中，祈求神灵赐予幸福和平安。少年忙活了一阵子，接着又走向奏乐处拿起筒钦，与长者一起奏乐，奏一会儿乐又走向台前摆放着各种祈福所需物品的地方。在各种物品中，最为引人注目也最为重要的则是“垛”。垛是宗教仪式中使用的特殊的法器，也称十字网格灵器。垛基本的形式是用两根木棍绑扎成的十字，木棍的每端都用色线扎住。

祈福的准备工作准备好后，敲击铙和钹的藏族人开始摇铃，一旁等候的藏族同胞也走向祈福台前，每人端着一个“朵玛”一字排开站好。朵玛是西藏大多数的宗教仪式上用得最普遍的供物。根据仪式的不同和供奉的神灵的不同，朵玛的形状、颜色、大小、规格也有相应的区别、有所变化，但这种变化有一定的规律性[①]。人们将新经幡带到屋顶，摘除飘动了一年的旧经幡，在点燃香草的烟云中，手持雪白的糌粑，对着天空、大地和雪山呼喊“吉吉！索索！拉结罗！”祈求神灵赐予幸福和平安。随后，为了迎接新年的到来，藏族同胞将长长的红鞭炮绑在长棍上，将其点燃，爆竹噼里啪啦地燃烧起来，使原本喜庆的新年更添欢乐气氛。举行完仪式后，人们在屋顶开始唱歌、喝酒、谈笑，尽情享受春日清新洁净的空气和明媚灿烂的阳光。

藏历新年的欢庆活动将一直持续到藏历正月十五。

四、水历与端节

水族传统节日的时间，和汉族传统节日的时间不太一样，并不是固定在每一年的某一个日子，通常每一年都不一样。因为这是要根据水族自己的历法，来选择和确定每一年节日的具体时间。换一句话来说，也就是水族的传统节日，如果从我们的阳历和农历去推算时间的话，是无法获知的。

水族的历法，主要保存在用水族自己的文字书写的典籍之中，这些典籍一

---

① ［奥地利］勒内·德·内贝斯基·沃杰维茨著，谢继胜译《西藏的神灵和鬼怪》，西藏人民出版社 1993 年版。

般统称为“水书”。但是在水族民间，水书的作用主要用于祭祀占卜，而利用这些水书进行带有民间巫术性质的活动的人，一般被称为“水书先生”。因为水族的文字有些类似于殷商时期的甲骨文或金文，或秦时的小篆[①]，它们并不在日常生活中普及使用，所以只有水书先生才能读懂。水族历法的掌握也只有水书先生最清楚。因此，节日的时间主要是依据水书先生的推断来确定的。

历法，就是按照一定的法则来推算年、月、日、时的时间系统。水族有自己的历法，俗称“水历”。下面主要介绍一下水族的历法，以便于读者对水族的节日以及时间观念有所理解。

水族的历法经历了一个漫长的历史发展过程。上古之时，水族先民“日出而作，日落而息”。后来，使用一年分两季的“自然历”。秦汉魏晋南北朝隋唐五代十国时期，水族先民的四个不同部落群体曾分别使用过“建亥历”“建未历”“建丑历”“建寅历”。宋朝，产生了一种反映水族地区各部落群体要求统一的“无闰水历”，这种历法当时在水族地区盛行，按山寨各家族头人长幼之序分过“借端”节，以定一岁之始。明朝，由于广泛吸取汉族、壮族历法之长处而取岁首，以借端所在之月为岁首，并采用了农历置闰之法，产生了以阴历九月为岁首的“新水历”，从明、清一直流传到现在[②]。此外，水族地区还有两本通俗易懂的《年下用月日历书》和《日下用时历书》流传于民间，是水族民众用于选择良辰吉日的水历手册。

水书所记载的天文历象方面的内容有天干地支、六十甲子、日月五星、二十八宿、四时五方、七元历制以及水历正月建戌等。水书中关于这些天文历象的记载，是通过观察天文星象，来探求天体运行的规律，从而把握星位的变化与气象的关系，以利于当地的生产生活等实践活动的反映。

所谓干支，就是天干和地支的组合。十天干：甲、乙、丙、丁、戊、己、庚、辛、壬、癸。十二地支：子、丑、寅、卯、辰、巳、午、未、申、酉、戌、亥。然后按照顺序相配合，从甲子、乙丑、丙寅……直到癸亥，称为六十甲子。这种历算至今在水族社会生活中仍然长盛不衰。尽管水族地区在一些场合已普遍使用公历，但民间各种生产生活实践，比如农事节令、婚嫁丧葬、传统节日、集市赶场天、趋吉避凶的祭祀活动等，人们仍然使用地支来

① 潘一志编著《水族社会历史资料稿》，三都水族自治县民族文史研究组 1981 年印。

② 韦忠仕《古今水族历法考略》，《贵州文史丛刊》1993 年第 3 期。

推算时日，一日一个地支，日复一日，循环使用，从不间断，时间虽然是无始无终，但只要顺着干支往上推，各个历史时期就会清清楚楚。

水族地区的集市，赶场的日期，至今习惯用地支计算①。笔者的调查对象之一 WXG 谈起三都水族自治县水族相对聚集居住的乡镇的农贸集市，就一定要按照地支的顺序来推算，才能表达清楚。他告诉笔者，就赶场天而言，恒丰乡为子、午，周覃镇为丑、未，塘州乡为寅、申，中和镇为卯、酉，三洞乡为辰、戌，九阡镇为巳、亥，三都县城、廷牌镇的赶场天和九阡镇为同一天。如果按照每一个地支来推算赶场天，可以发现各个地方的赶场天，大致是七天一个循环，正好和公历的一星期七天相吻合。人们在日常生活中则把十二生肖与十二支等同看待，所以记日时有“鸡日”“狗日”“猪日”等之称，有时亦记作“酉日”“戌日”“亥日”等。

新水历把六十甲子与水族二十八宿和五行相配以纪元，每六十甲子为一元，共分七元。第一元甲子从虚宿始算，对应鼠，日星，一直到第七元，二十八宿与六十甲子配毕，共四百二十年，至第七元尽而甲子又起虚，周而复始。新水历全年十二个月中有大小月之分，大月三十天，小月二十九天，一年三百五十四天，比回归年少十一天多，它采用十九年置七闰月的方法来弥补所缺的天数，闰月一般置于水历九月（农历五月）之后，十月之前。新水历的纪年方法比较复杂，有多种方法，如十二地支纪年法，二十八宿纪年法，天干、地支结合纪年法和数字纪年法等。

水历把一年划分为“盛”“鸦”“熟”“挪”四季，相当于汉族的春、夏、秋、冬。水族的有闰历法，与汉族的农历相比，水历的一年之末和一年之首相当于汉族农历的八月和九月。两者的具体对应关系可参见下表。

表 1－1　水族历法和汉族农历月份对应关系

月建	戌	亥	子	丑	寅	卯	辰	巳	午	未	申	酉
农历	九月	十月	十一月	十二月	一月	二月	三月	四月	五月	六月	七月	八月
水历	一月	二月	三月	四月	五月	六月	七月	八月	九月	十月	十一月	十二月
季节	熟(秋)季	挪(冬)季			盛(春)季			鸦(夏)季			熟(秋)季	

① 潘一志《水族社会历史资料稿》，三都水族自治县民族文史研究组 1981 年印。

水族民间为了使农历和水历的这种关系更为清楚，有“正、五、九”这样的表述，也就是农历的正月是水历的五月，而农历的五月是水历的九月，农历的九月是水历的正月。实际上蕴含的意思，大致是说农历的正月是汉族的新年，农历的五月是水族“过卯”人群的新年，农历的九月是水族“过端”人群的新年。过“端节”和过“卯节”的人群，大致分别分布在三都水族自治县的中北部和南部。

“端”，含有开端起始之意。水历正月建月于戌，即农历的九月为岁首，到次年农历八月为岁末，是因为万物随阳而终，复陈阴而起。水族传统观念认为，戌月是金谷归仓、农活稍闲的时节，人和土地都应该休息，并养精蓄锐，准备新的生产活动，故以秋实之九月为岁首，称之为“端月”。端节，从端月开始，一直持续近三个月。

水族的端节，以端月的亥日为节，因为水历认为亥是地支的十二位，故以它为一岁的终了、新年的开始。亥日，从阴阳五行来说，属水，水是水族农耕社会的命脉。定在亥日过节，是希望来年风调雨顺，五谷丰登。水族人也通过过端节，观测彼时气象，总结季节雨水规律，来安排来年的生产。比如，套头水族过端的第一个亥日有雨，来年则有撒秧苗水；拉右、水东水族过端的第二个亥日有雨，来年就有栽秧水；恒丰、廷牌地区水族过端的第三个亥日有雨，来年就有薅秧水；第四、第五个亥日有雨，当年不好打米，来年还烂冬。此外，还有“但得月中三个卯，处处红花稻麦好”的民间谚语[①]。

五、哈尼族十月年[②]

阴历十月是哈尼族新一年的开始。这时秋实冬藏，万物伏蛰，秋收后，哈尼人家粮食堆满仓、猪肥牛壮，一派丰收喜庆的景象。劳累了一年的哈尼人，洗涤着春的风雨、夏的酷暑、秋的泥泞，养精蓄锐去迎接另一个新年。该月第一个属龙日就是新年的开始。

哈尼语“扎特特”“干通”“和式”“扎特”等，汉语译为“十月年”。由于居住的地区、语言的差异，哈尼族同胞在十月年的称呼上有所差异，不同名，不同期，但内容和含义是一致的。例如绿春的哈尼族，以每年阴历十

① 本部分调查资料选自笔者指导的朱志刚《节日、仪式与交换——基于九阡水族的人类学研究》，中山大学博士论文，2003 年。

② 此部分内容选自陆建辉著《农耕盛典——哈尼族节庆活动散记》，云南出版集团公司、云南美术出版社 2010 年版。

月的第一个属龙日为除夕。十月年是哈尼族历法旧年的结束与新年的开始。

节日里，哈尼族的老人将寨子打扫干净，主妇们洗刷好各种家什。下午当太阳还照在西边的天空上时，村中草房下就不断传来“咚、咚”春粑粑的响声。为迎接这个节日，家家户户都舂糯米粑，香喷喷的气味飘满整个村庄。糯米粑舂好后，先将三块置于供桌左方祭祖先，祭完后方可食用。

次日黎明，鸡叫头遍，妇女们忙着做汤圆，男人们忙着杀鸡。待煮好汤圆、鸡肉后，各分盛两碗，放在供桌的左右两端，左边祭本家祖先，右边祭一切外家的祖先。祭祖时，枪声、鞭炮声响成一片，连续不断，回荡在山谷间。祭毕，全家围桌吃汤圆，以示新的一年里全家和睦团结、一切圆满。

天亮后，每家要在门外杀一只鸡（雌雄不限），哈尼语称“哈夹丕”，祭非正常死亡而不能上供桌的亡灵，避免他们前来作祟。

当天便杀猪，有的地方每户杀一头，有的地方全村杀一头或数头，各地方、各村寨都有所不同。有些村寨全村杀一头猪，用于祭祖。

当天下午，每家都做上最好的佳肴，其中少不了魔芋和用豆豉做的蘸水。家宴开始前，用饭、酒、肉各两碗，分放在供桌左右两端，分祭本家和外家的祖先。祭毕，从每道菜肴中拣出一点，再盛上半碗饭，泡上汤，拿到门外，倒于芭蕉叶上，打发不得上供桌的亡灵和“讨吃的各种妖魔鬼怪”，然后，把所祭的酒菜倒于灶边，接着按年龄大小，从小到大每人吃一点所祭的肉，哈尼语叫“渣喝扎拜”，随即开始年宴。

节日期间，每次祭祖，一家人从小到大都得依次跪拜叩头，以示对祖先的敬仰和祈祷。主管祭祀的主人，祈求来年人人平安、聪明能干、六畜兴旺、五谷丰登等，且每人可根据自己的意愿在祖先面前许愿，不懂事的小孩由大人替他们祈祷许愿。

初二（属马日）是已出嫁的姑娘回娘家拜年的日子。她们背着用新鲜芭蕉叶包着的糯米粑粑、酒及鸡鸭蛋（个别还背有内脏被掏空的小鸡或小鸭若干）等礼物，分别送给与娘家同宗的人家。每到一家都要在供桌前叩头跪拜，等于告诉某姑娘拜年来了。过后，各家各户争先恐后地到娘家请姑娘吃饭，有条件的人家，则事前约好同宗回来拜年的姑娘们，做上好的菜肴专席款待。有的当天就回去，有的第二天才返回。姑娘们回去时，要回送礼物。一般来讲，姑娘出嫁的第一年如无特殊情况，应带上丈夫和伴郎一起来，一方面来拜年，另一方面来认识娘家的同宗亲戚。回娘家拜年这一习俗，一个姑娘从出嫁之年始，直到父母双亡时才停止，也有只要家中尚有哥哥或弟弟在，便一直坚持的。

节日期间，男女老幼皆盛装，进行各种娱乐活动。男人们相聚在一家或几家，围坐在丰盛的年宴边，有的唱传统的“啦巴”，有的谈古论今，常常是通宵达旦。无论是白天还是晚上，男女青年们分聚数处，或在村子边，或在树林里，或在田野间，嬉戏欢闹，互对山歌，谈情说爱。随着社会的发展、生活水平的提高，有的地方还举行不同形式的联欢会，老人们踏着鼓点跳哈尼族鼓舞，弹小三弦，年轻人放着录音机，唱起流行歌曲。此外，还开展各项传统的体育活动。

哈尼族“扎扎特节”的来历，据说是这样的：从前，在一个哈尼族的村庄里，有一个寡妇领着一个儿子过日子。寡妇对从小没有父亲的儿子百般宠爱，宁肯自己少吃一口也不让儿子挨饿一顿。山上的梨花开了一年又一年，村边的竹笋发了一次又一次，寡妇的儿子长大了，寡妇也逐渐老了。为了生活，孩子长年歇宿在田棚里，春来栽种，秋来收割。寡妇自己除做家务外，一天两顿为儿子送饭。可孩子很不孝顺阿妈，阿妈因家务琐事不能按时送饭，孩子便拿棍子打，可怜的阿妈只好强咽泪水，默默地忍受着孩子挥舞的棍棒。一天，孩子在田间劳作，看见一只山雀叼着食物在田边的荆棘丛中来回地飞入飞出，他好奇地走过去一看，只见几只刚破壳的雏鸟蹲在巢里，伸长脖子接受着妈妈送来的食物。他看着、想着不禁受到了触动，心想：阿妈不也是这样哺育我成长吗？他开始后悔不该虐待阿妈，决心用行动来赎自己过去的罪过。于是不久的一天，他干了一早上的活计后，估计阿妈送饭一定走在半路上，迅速放下手中的农具，三步并一步向阿妈送饭经过的路上奔去。同时，他的阿妈也背着竹篓送饭，来到半路上，突然看见儿子脚不停地向她跑来，以为送饭来迟了又要挨打。顿时产生了与其让儿子毒打不如一死了之的念头，猛朝路边的一块石头上撞去，儿子赶到时，阿妈已气绝。他绝望地抱着阿妈的遗体哭喊。从那以后，寡妇的儿子为了赎过去虐待阿妈的罪过，报答阿妈的养育之恩，就仿照阿妈撞死的那块石头，用竹篾编制了一个物品，挂在屋梁上作为阿妈的灵牌，天天祭奠哭诉阿妈，所以人们既可怜又尊敬地叫他腊仲哭祖。之后，腊仲哭祖的祭奠活动在哈尼族村寨里慢慢地流传开了，家家户户仿照腊仲哭祖的祭奠方法举行祭祖活动。

相传，在哈尼族中一个叫宏然火的聪明人，把哈尼族祭祖的日子择定为每年农历十月第一个属龙的日子，并规定这天为哈尼族的年首，提倡杀猪、舂粑粑，停止生产活动来统一祭祀活动，庆贺佳节。哈尼族后裔把这种传统的习俗一直沿袭到现在。至今，哈尼族把这种习俗称为“扎特特”或“赶通通”，气氛如汉族过春节一样热闹。

六、哈萨克族“纳吾热孜节”①

“纳吾热孜节”是哈萨克族的传统节日，也是哈萨克族的新年，时间相当于春分这一天。当天，各家各户都吃一种用小麦、小米、大米、面、盐、肉、奶子等七种食品做成的“纳吾热孜饭”。这种饭香味扑鼻，咸淡适宜，营养丰富。人们穿上鲜艳的民族服装互相登门祝贺，主人要用亲手制作的纳吾热孜饭招待客人，饭后，人们尽情欢唱、歌舞、做游戏。在这一天，人们吃纳吾热孜饭，唱纳吾热孜歌，互相拥抱、祝贺新年。过去，在节日期间，人们还要开展各种文体娱乐活动。

哈萨克族的纳吾热孜节与哈萨克族牧民的生活和畜牧业生产有着密切的联系。生活在一个庞大的牧区的“阿吾勒”的哈萨克族要举行“纳吾热孜仪式”。这一天各家都要做纳吾热孜饭，还要食用为过冬而珍藏的马肋条灌肠、马肥肠、马碎肉灌肠、马脖肉、马盆骨包肉等。这一天，人们成群结队地从一个阿乌勒到另一个阿乌勒，走家窜户，吃纳吾热孜饭。吃纳吾热孜饭，也是这个节日的特殊仪式之一。在吃纳吾热孜饭前，老人们口念祝词“愿你的牲畜满圈、奶食丰盛”。在吃纳吾热孜饭时，不仅仅要吃完自己的那一份，还要把自己家里未能来的人的那份也吃完。然后开展青年男女弹唱、对唱、男女混合式摔跤、赛马、姑娘追、说绕口令、猜谜语等娱乐活动。节日期间的哈萨克族儿童更是欢天喜地，他们白天玩髀石、荡秋千，夜晚玩捉迷藏等。纳吾热孜节表达了哈萨克族怀着美好的愿望迎接新年的情感。

过去，哈萨克族为了迎接这个节日，提前将房屋打扫干净，并且在节日前夜通宵点两盏灯，人们认为，这样做可以使家人远离疾病灾祸。过去，哈萨克族人家的小孩，晚上会挨家挨户送祝福，每到一户人家，主人接受祝福后，都会给孩子们一些奖励。

纳吾热孜节之后，哈萨克族同胞即将开始搬迁牧场，从事新一轮的畜牧生产，相当于辞去旧岁，迎来新春。过节时，各家各户都用小麦、骨头汤、

① 本部分由中山大学人类学系2009级硕士研究生艾德来提（哈萨克族）撰写。

奶疙瘩、肉、奶豆腐、干水果、面条等七种食物（也可以放更多品种的食物）混合做成“纳吾热孜粥”。人们成群结队地走家串户拜年，首先要说“祝你愿望实现”，孩子们跟着大人们一起向已经过世的亲戚祖宗们祈祷，然后就开始喝纳吾热孜粥。纳吾热孜粥的一个特点是很容易消化。喝纳吾热孜粥时，有“打赌法”“替喝法”“比赛法”等，借此为节日增添欢快的气氛。

哈萨克族传统节日饮食不仅在新疆维吾尔自治区博尔塔拉州逐步发生变化，在阿勒泰的布尔津县也是如此，据笔者家住布尔津县赛立克的朋友说，这种欢庆就是“与世界同步”，在布尔津县的嘉克斯酒店，节日的酒席餐桌上有维吾尔族的烤馕、烤肉，回族的沙湾大盘鸡，汉族的一些特色小菜，以及一些兼具多种民族特色、风味的食品，供各族宾客享用。除了节日饮食方面的变化之外，在节日娱乐活动方面，也产生了一些变化。比如，哈萨克族跳完舞蹈“黑走马”“亮月亮”之后，还会去跳具有俄罗斯风情的舞蹈“阿特诺沙卡”，一段激情舞蹈之后就是交际舞，乐器也会随着舞蹈的转换而更换。笔者认为，当一个民族主动接受一种外来文化后，就会把这种文化与本民族的文化融合在一起，主动汲取养分，或者滋生出一种新文化，这种新文化就会被更多的人接受。

七、乌孜别克族“努肉孜节”[①]

“努肉孜节”是乌孜别克族的新年，是最为隆重的民族传统佳节。每年公历 3 月 22 日，乌孜别克族人民都要隆重地欢度努肉孜节，以庆祝春天的来临和新的一年的开始。过努肉孜节时，乌孜别克族会举行一种称为“苏麦莱克仪式”的传统聚会，在农村，这种活动尤为盛行。每个村子的乌孜别克族同胞都聚在一起，用麦苗熬制一种紫色的粥状甜味食物，称为“苏麦莱克”。熬制过程十分讲究，人们围成一圈，一边熬制，一边载歌载舞，欢度良宵。老人们弹着“坦布尔”“独他尔”，小伙子们打着手鼓，姑娘们随着节奏强烈、急促的音符，在场中如彩蝶纷飞，跳着传统的民族舞蹈。歌声、琴声和笑声交织在一起，响彻夜空，直到第二天清晨。

八、柯尔克孜族“诺劳孜节”[②]

“诺劳孜节”是新疆等地柯尔克孜族的新年，他们将白羊星升起的时候定

---

① 严敬群编著《中国节日传统文化读本》（珍藏版），东方出版社 2009 年版。

② 周鸣琦、李人凡主编《中国各民族年节祭会大事典》，陕西人民教育出版社 1995 年版。

为一年的开始，每年第一个月中白羊星首次出现的次日，柯尔克孜族人民欢度此节。

柯尔克孜族的诺劳孜节节期，是按古老的柯尔克孜族历法推算出来的，柯尔克孜族历法规定：新月每出现一次为一个月，十二个月为一年，以鼠、牛、虎、兔、鱼、蛇、马、羊、狐狸、鸡、狗、猪等十二种动物纪年，每十二年一循环。每年“加勒安·库兰”（正月）的第十一天，即白羊星在正南方第一次出现的第二天为诺劳孜节，相当于公历 3 月 22 日（和伊朗古太阳历相差一天）。

柯尔克孜族原信萨满教，在信仰伊斯兰教以前，柯尔克孜族崇拜天神、日神、月神、水神、地神、火神（炉神）、祖先神等。他们认为天神是万物之主，太阳和月亮是人类的主父和主母，星神是掌握人类命运的主神。其中，白羊星是造福人类的主神之一，而双鱼星则是人类的灾星，故而在双鱼星降落、白羊星升起时欢度新年。

关于诺劳孜节的来源，相传：白羊星是一年中第一次使白天与黑夜的时间相等的主神，它还能使日神调节气温、季节，使大地解冻、万物复苏，使草木发芽、羊群产羔。所以柯尔克孜族人民就把白羊星升起作为诺劳孜节，并从这一天开始安排新的一年的生活。

柯尔克孜族把这天分为日出更、午时更、日落更、星显更、午夜更和黎明更等六更，节日仪式从黎明更开始。是日，人们首先举行祭祀仪式，向祖先和神灵献祭品。这天，各家家长早起，在房屋正中烧起一堆松柏树枝，将冒烟的树枝在每人头上转一圈，预祝他们一年中平安快乐。然后再把冒烟的松柏枝带至牲畜圈门口，让畜群从烟上通过，祈求在新年中牲畜膘肥体壮。在他们信奉伊斯兰教后，除了沿袭上述习俗外，还念《古兰经》，祝愿人畜两旺。有的地方是在傍晚，当畜群从牧场归来时，每家毡房前都要用芨芨草燃起一堆火，先是全家从火堆上跳过，接着让牲畜从火堆上跳过，以示消灾免难。

日出更以后，人们要做“诺劳孜饭”，家家户户都要宰羊一只，并用炒过的去皮小麦、大麦等七种以上谷物，加上盐、葱、牛羊肉及各种野生植物制成的调料，煮成称作“克缺”或“冲克缺”的新年食物。做这种食品时，要用往年剩余的粮食等食物，数量也很多，以示五谷丰收，饭食丰盛。制作诺劳孜饭不仅是为了祈求新的一年兴旺平安，而且还是对每家生活水平和家庭主妇烹调技艺的检验。

从午时更起，柯尔克孜族同胞成群结队骑着马互相拜年祝贺节日，每人要拜访七家以上，以客多为喜。然后集中在草滩平地上举行赛马、马上拉力、马上取物、打靶、叼羊、摔跤、拔河、荡秋千、捉迷藏、“抢宝宫”等各种娱乐活动。

日落更之后，各户请客吃饭，男女老少分别举行跳舞和唱歌活动。伴奏的都是民族乐器，如弹拨乐器“考姆兹”(三弦琴)、“克雅克”(拉琴)、“却奥尔”(牧笛)等。同时还要演唱动人的“诺劳孜歌”，预祝新的一年里人畜两旺。

九、维吾尔族“努鲁斯节”①

维吾尔语，意为新日。新疆维吾尔族的民间传统岁时节日，每年伊斯兰教历八月十四日（农历春分前后）举行。

此节是维吾尔族受伊朗历法的影响而过的迎春节日，唐代就已形成。《西域见闻录》载：“……老少男女，鲜衣修饰，帽上各簪纸花二枝，于域外极高处，妇女登眺，男子驰马较射，鼓乐歌舞，饮酒酣跳，尽日而散，谓之努鲁斯。”可见此节较为隆重，如今人们仍然十分重视这一节日。

届时，男女老少皆打扮一新，来到郊外的一块场地上尽情欢乐，人们相互拜贺，众人合砌一大锅灶，共做饭菜聚餐，并要唱“努鲁斯歌”：“春天来临，人间有了繁荣，春雨飘洒，人间五谷丰登，穷汉也乐无穷。如今是母鸡孵出小鸡的日子，心头的忧郁也无踪影。大家欢聚尽情尽兴，把疲惫和忧伤都遗忘干净。”有条件的地方还举行各种文艺活动。

---

① 周鸣琦、李人凡主编《中国各民族年节祭会大事典》，陕西人民教育出版社 1995 年版。

第二章　天地之祀

对天地及其有关天体（如日、月、星等）、天象（风、雨、雷、云等）、地象（山川、树木、石头等）的崇拜在西部一些民族的习俗中触目皆是，由此而沿袭成为节日祭会的也不在少数。有的直接以祭祀天地、日月、山川的形式出现，有的已神化为或依托在某种神灵名下，有的则虽名为祭自然神灵，实际已蜕变或转化为另外的内涵了。

第一节　祭天

苍天恢宏，雄视万物，日月星云、风雨雷电，天体运行有数，天象变幻莫测。当人们仰对这覆盖一切、含弘一切的冥冥长空，难免顿生崇拜之心。在神话时代，人们用想象连接天与人的通道。祭天，就是最常见的一种天人交感的象征仪式。

阿昌族的“窝罗节”是创世神话的演绎，为了纪念始祖遮帕麻和遮米麻织天造地的功绩。遮帕麻和遮米麻是阿昌族的祖先，传说远古时代没有天地，记不清楚是哪年哪月，混沌的世界忽然闪出一道白光，诞生了天公遮帕麻和地母遮米麻。遮帕麻用雨水分别拌金沙、银沙造出了太阳、月亮。遮米麻抓下自己的头发、长脸毛织出了大地，脸被抓破，淌的血流成了大海，掉下的肉变成了高山、丘陵。天地造好后，他俩相遇，结合成一对夫妇，创造了人类。这时，狂风和闪电孕育了火神和旱神腊訇，他看见人们幸福的生活，很不高兴，就造了个假太阳钉在天上。从此大地没有了黑夜，天空像个大蒸笼，地面比烧红了的铁锅还要烫，世界一片混乱。遮帕麻和遮米麻怕和他争斗时使世界秩序更为混乱，因而想出了另一条计策。遮帕麻假装和腊訇交朋友，开始腊訇不愿意，遮帕麻就用魔法战胜了腊訇，交上了朋友。遮帕麻请腊訇吃饭时，遮米麻用“鬼见愁”毒菌做菜毒死了腊訇。遮帕麻砍来黄栗树做了一张千斤弓，用大龙竹做了长箭，射下了假太阳，挽救了人类。他又挥动赶山鞭，把混乱的世界重新整顿好。阿昌族的“活袍”（巫师）将这一流传广泛的神话史诗编成“蹬窝罗”歌舞，世代流传下来。

每到农历正月初四，阿昌族举行窝罗节节庆活动，节期一天。村村寨寨都要集中在村里的广场上，载歌载舞，通宵达旦。窝罗场地的正中央耸立着两块牌坊，架着一只巨大的弓，弦上的箭直指蓝天，左边牌坊的顶端画着太阳，下面绘着遮帕麻；右边的顶端则绘有月亮，下方是遮米麻的图像。人们把祖先的事迹编成歌来唱，边唱边围着画着祖先形象的牌坊跳舞，形成了“蹬窝罗”，流传至今。

德昂族祭天也与创生神话有关。德昂族叙事诗《始祖的传说——达古达楞格莱标》，想象人类和地上万物的始祖是茶叶：“茶叶是茶树的生命，茶叶是万物的始祖。天上的日月星辰，都是茶叶的精灵化出。”“一百零二片茶叶在狂风中变化，单数叶变成五十一个精悍伙子，双数叶化为二十五对半美丽姑娘。茶叶是德昂命脉，有德昂的地方就有茶山。”“各个民族都喝茶，喝着苦水莫把祖宗忘。”另一个关于“天王地母”的神话可能与上述说法有关。在洪荒的远古，世上仅有“天王”和“地母”，他们结为夫妻，生了一个女孩，但仍甚感孤单。一日，狂风刮来一百片树叶，“天王”自言自语地说：这一百片树叶，要都能变成人，我就有伴了。果然这一百片树叶变成了一百人，男女各半。又说“天王”从天上带回了葫芦种，葫芦长成后被雷电劈开，里面有一百零三人，有男有女。葫芦落在海里，这些人乘葫芦来到陆地，靠吃火烧过的“香土”生活。最初大家都是一个模样，分不出你我，所以性关系很乱。天帝“困土戛”把人们的面貌一个个区分开，从此人们才有了固定的配偶。后来发洪水，人类又是乘葫芦逃了命。这些人就成了各族人的祖先。因为传说是葫芦救了人，所以德昂族拜神时离不开葫芦。他们拜神时用葫芦装水，一边把水滴下来，一边念叨着救命恩人（这种仪式亦保留在他们的佛教活动中）。人死后也用葫芦滴水，表示人与魂分开了，人又回到他原来的那个地方。德昂族以这类神话来说明天地（或茶叶、葫芦）孕育了人类，所以人要崇拜天地或茶叶、葫芦等。德昂族在七月祭天，由各家自祭。祭时全家携一只鸡、一壶酒到自家地里。杀鸡时使鸡头朝上，以便让鸡血朝天喷。鸡死后向上抛去，并洒酒一盅，表示将鸡酒献给天了。最后，把鸡拾回家煮食。

世纪初创的故事当然只是神话，但农业民族祈年主要与农业生产有关却是事实。在独龙族、怒族、佤族、基诺族、哈尼族等民族中，还保留着剽牛祭天、祭祖、祭神的原始遗风。

独龙族过“卡雀哇节”的第一天，家家挂起彩色披毯。入夜，举家喝酒卜卦，祈祝来年丰收。第二天祭山神，用荞面捏山神及各种野兽，挂起祭幡，祈祝来年五谷丰收，人畜兴旺。祭完山神，由青年猎手箭射面兽，观者敲铓击鼓，围圈跳舞。第三天最隆重的仪式是剽牛祭天，这也是节日的高潮。人们为牛披上麻制的独龙毯，在牛角上挂彩色珠链，把牛拴在祭柱上后，全部人围牛跳舞。剽牛手手持梭镖，走入祭场搂肩搭臂喝一碗同心酒，祭司祈祝后用竹矛刺死祭牛。牛剽倒后，行过祭，卜过牛舌，人们分割牛肉，背着牛头跳粗朴的“牛头舞”。全体参祭者在整个过程中均围着祭牛挥刀舞弓，顿足翻腕，合着铓锣的节奏跳“牛锅庄舞”，气氛古朴而神秘。跳完，大家燃起篝火，一边烧牛肉吃，一边喝酒唱歌，通宵方散。

在怒江傈僳族自治州白族那马人的心目中，牛是从天上来的。传说很久以前，澜沧江源头有恶龙兴风作浪，洪水泛滥，下游的那马人即将被洪水吞没。天上有一头善良的牦牛，看到人间要遭灾，便下凡战胜了恶龙，拯救了人类，人们感激这头牦牛，献上美食，拥它为王。但牦牛只享受人间的食物，不愿为王。牦牛在人间受到人们的爱戴，过着美好的日子。其他天牛闻讯非常羡慕，便私自逃到人间，企图共享舒服的日子。这事激怒了天神，天神将瘟疫和灾荒播向人间，人们遭受极大的灾难。后来，人们只好把天牛祭回天上，请天神息怒，灾难才止。从此，每年农历九月，那马人便有了“祭天牛”的仪式。祭天牛前，巫师和长老按户派粮款，买一头膘肥体壮、毛色纯正、四肢无伤的公黄牛，由巫师做过简单宗教仪式后，这头牛就成了“天牛”。天牛由指定的人看管，白天任其自由走动，无论走到哪吃草或糟蹋庄稼，都不得轰撵抽打，否则认为会得罪天神。祭天牛时，巫师选个好日子，全村男女老少以户为单位，带着炊具、食物，围在村旁专用的巨大“天牛树”四周等候，祭仪开始，巫师和陪祭人手拿旗子，走在最前，村中老人随后，敲锣打鼓吹唢呐，给天牛披红挂彩，请到天牛树下的祭台上。正午时分，太阳当顶，人们捆好牛，先在天牛树下活祭。然后，巫师一边烧香，一边念祷词，陪祭人齐声帮腔，天牛树下，气氛庄严肃穆。祷词念完，一群小伙子一起用力，将几百斤重的祭牛吊离地面，天牛挣扎一阵，终被吊死在天牛树上。这就意味着天牛上天去了。这时，巫师再燃香行祭礼，口中念道："你走了。不是我们要你的命，而是送你上天去。因为你是天上的牛，天神要你回去，我们只好照办。你上天后，在天神面前多替我们说好话，求天神保佑我们五谷丰收，人畜两旺。"念完，几名壮小伙当场把牛迅速剥皮开膛，按户平分，各家搭灶架锅，就地野餐，一时间，青烟升腾，酒香四溢，人们互相祝福，共祈好运。

彝族以村头参天大树为"祭天树"，认为此树是天神的化身，每年农历正月初一设祭。彝文经典说："天神是阿父，地神是阿母。"传说天神曾派自己的子女开辟四方土地，创造世界万物。所以开年的第一天要祭天。也有的是腊月设祭。彝族史诗《阿细的先基》唱道："腊月的时候，该祭天神了。一年有十二个月，一年有三百六十天，这最后的日子啊，要让神欢欢喜喜的……"天神的形象，有的以栗木象征，这与周代祭祀社稷的习俗相似；有的将竹筒削尖，中贮竹节草根及米十数粒，草上以红白丝线缠羊毛少许，以此为天神神位；大小凉山彝族则将天神供于自己头上。当地彝族男子额前留一方形头发，编辫并用头帕竖立包起，俗称"天菩萨"或"英雄结"，严禁他人戏弄或摸触，否则便认为会触犯天神，会给自己带来凶运，所以，被触者必严惩碰撞"天菩萨"的人。按习惯，违禁者要么将摸着"天菩萨"的那个手指砍去，要么出巨款作为赔礼。

双柏县山区的一些彝族村寨在"跳六月"的祭典中，有人戴面具扮"天公"和"地母"。天公面具有犄角，刻着三目，下巴飘着黑胡须；地母面具，以黑色和黄色在红底上绘条纹，两颊各绘一花朵，两目赤，一目白，头顶饰红缨，双耳垂彩线。

天对人保护，人与天相亲。哈尼族"苦扎扎节"中的迎送天神、磨秋活动及神话，折射着天人互感的原始之情。苦扎扎，哈尼语意为六月年。时间在农历六月二十四前后，节期三至六天，是哈尼族三大节日之一。有关这个节日的传说，都与"天"有关：一、天漏了，洪水滔天，有兄妹俩飞天补天池漏洞，以身相殉，后人立节祭祀。二、古时日月乱出，扰乱天序，坑害人间。有兄妹俩借磨秋旋转的力量飞上天空，说服日月按天规运行。后人感谢他俩，立磨秋纪念。三、聋子天神误判人与动物的纠纷，惩罚人类，另一天神教人打磨秋代受天刑（飞吊在天），瞒过对手。四、传说天神对天下万物都是诚心看待的。但人和鬼分了地盘后，人在的地方太小，只好到森林里找吃的，打野兽、摘野果、挖野菜。动植物们都跑到天神那儿告状，要求严惩人类。天神爱人，也爱动植物，就想了个办法安慰它们说：从今以后，每年都把人在天上吊几天怎么样？动植物们听了都很满意，认为终于出了口气。天神派个小神“威嘴”来到人间，教人立起磨杆，荡起磨秋，杀牛祭祀天神，以向万物赔罪。为谢救命之恩，哈尼族到这一天便要打磨秋，祭天。从此，苦扎扎节里骑磨秋、荡秋千的习俗，就传了下来。天神及其小神威嘴，成了哈尼族的保护神，而磨秋杆，也成了威嘴巡视山寨的神马。苦扎扎节的主要活动有杀牛祭天神、献青草金谷为天神坐骑准备饲料、立磨秋、摆长长的街心酒宴、演唱古歌、摔跤等。

天不但广布恩泽使人类得福，还遍施雨露阳光滋养万物生长。所以，在许多民族中，为使作物丰产、牲畜兴旺，必得祭天。景颇族认为天鬼“省腊”主司农作物丰收。因此，每年破土播种、撒谷或谷出穗时，都要用猪、牛和鸡作为祭品，敬献天鬼，祈求天鬼保佑丰收。德昂族七月祭天，这时谷物将熟，全家人一起到地里设祭。祭祀是象征性的：先杀鸡，让鸡血向天喷射，然后把鸡向上抛去，洒酒一盅，请天神享用。独龙族、怒族、苗族、壮族、拉祜族、哈尼族、傈僳族、白族等民族，也有形式不同的祭天活动，有的剽牛，有的杀猪，有的挥刀舞弓纵情歌舞，有的竖起长杆悬挂各种旗幡……

一、蒙古族敖包祭

巴音布鲁克草原的敖包祭①

四月间，新疆巴音布鲁克草原依旧是枯草一片，时阴时晴，不时还会有大风和雪，羽绒服还是出门在外的必备之物。外人未必知道，草原上最早的“敖包节”就要开始了，一直延续到六七月间，这是巴音布鲁克草原每年持续三个多月的“敖包季”。

何以会有那么多敖包节持续不断呢？巴音布鲁克蒙古族，土尔扈特部下辖五个旗，每一旗之下又有十个“苏门”，加上原属王爷的四个苏门，一共为东西五十四个苏门，苏门之下又有无数以血亲为纽带的家族，从部落及至每个家族，几乎都有自己的专属敖包，因此，巴音布鲁克草原的敖包节持续不断也就不奇怪了。再加上神山、圣泉之类各具特殊意义的敖包，那更是一个庞大的数字。在巴音布鲁克草原，土山包、石头堆或牛粪垛，都可以叫敖包。但是，专用以祭祀的一个或大或小的依照人的意愿堆砌的石堆被称作“塔克

① 本田野笔记由刘湘晨撰写。

勒根”，意为祭祀之地。

每到祭敖包，观者很难通过各式花色的服饰、各自准备的各种供奉等看出“敖包节”的深刻文化内涵，让人一下很难理解：一个敖包节，蒙古族父老乡亲何以会投入那么高的热情全员参加呢？以下将略做解释。

蒙古族自形成之初，马蹄之下的草原就是家，与家对应的就是笼罩大片草原和山地的辽阔天空，被天瞩目，被天所观照，在天那里寻求一种终极对应，几乎已是蒙古族的一种本能。一直到接受藏传佛教之后，这种最原初的动机也没有丝毫改变，所有的仪式和仪轨，所有的心愿及目的，最后还是对天的祈诉与表达。

天的蒙语翻译为汉语，通常被称作“长生天”或“腾格里”，巴音布鲁克蒙古族多称“奎克腾格里”，意为青天。

天，是蒙古族自古至今没有丝毫改变的终极信仰。

在巴音布鲁克草原，生命逝去，不是用“结束”“停止”之类的描述方式，而是用“闭上眼睛”这一极具象征意义的细节来表述，以区分生命所在和所不在的截然不同。最大的悲不是逝去，而是再也看不到天了，再也不能被天所观照，这种失去甚至远高于生命的逝去，成为蒙古族最大的无奈和痛，相应决定了他们的文化与观念。

逐风逐水草的飘荡人生，使蒙古族创造性地发明了毡包和角洛木（可以随羊群周转的简易毡房），无论寒暑，即使暴雨或大雪横飞，天一亮，毡包遮盖的顶盖儿一定会被拉开。采光透气的自然功能还在其次，顶盖儿之外就是天。外人不解，每天刚刚透出亮光，主妇们做的第一件事就是拉开毡包的顶盖儿，实际上，这是他们每天与天的沟通仪式。随后，这一家的主妇返回帐内会舀出第一瓢水向空中撩泼，那是敬天。若是顶盖儿不拉开，所有路过的人就知道，这一家一定是有丧事了。

在巴音布鲁克草原巴音郭楞乡奎克乌苏村的乔隆格尔冬牧场，方圆几十公里的范围内，仅有零落分布的三户人家，三家都在各自所在的最高的山头上堆砌了敖包，系在一根棍上的风马早已失去了原色，被撕得所剩无几。这不是有人在或地域产权的昭示，实际上，最重要的是表示所在，是在构建一种与天同在、时时被天所观照的相关性。如若丧失这种关联性，草原上的飘荡生活就失去了最重要的心理内涵，也就失去了蒙古族驰骋大地的蓬勃豪气。

与天的紧密关联，决定了蒙古族的视野与情怀。他们将自己视作“天之骄子”，始终将自己与天对应，这种由天所规划的视野与心胸，最终创造了蒙古族的辉煌与历史。

所以，在蒙古族所在的草原上，看到无处不在的敖包极为正常。通过祭祀以求天愿和祈福，被称为敖包的石堆就是中介。随季周转的游牧，一生飘荡，唯有敖包相对固定，唯有部落或苏门专属的各个敖包年年不停地在召唤，在约定的时间集众意向腾格里表达蒙古族血液里延续久远的对苍天的一片虔心。也就不难理解，每每遇到敖包，远行的人会下马捡一块石头放在敖包上，转场的牧人会吆着马群围着敖包转三圈再离开，能看出一座敖包在蒙古族心中所占的位置与分量。重新解读那首《敖包相会》的民歌，一层意思是表明在茫茫草原，不在敖包相约就难以相见，另一层意思中隐含着草原腾格里崇拜的文化背景，让人能明白两情相悦的基础是心心相印的信任——选择在敖包相会，本身就是最诚挚的一个约定。

如今，巴音布鲁克草原已是享誉天下的“世界自然遗产”，草原四处分布的敖包就是世界自然遗产地最重要的文化呈现之一。蒙古族的久远历史一瞬间被衔接起来，与腾格里的对应和有关腾格里的一切，就是其中最重要的注脚。

巴音布鲁克的敖包祭，较大规模的如德金巴沃、西尔文艾肯敖包，一般由和静县或由县属的各个牧场和乡轮流主办，同时会有大规模的赛马和摔跤活动。较小一级的，是各个苏门的敖包节，分散在一个村或数个村同属一个苏门的蒙古族多有着或近或远的血缘关系，相约在同一天聚集起来，表现出更强的向心力、凝聚力——敖包节，成了整个部族历史和记忆的一次演习与重温。

“达坂敖包”是一个称谓尚不确定的敖包，位于进入巴音布鲁克天山石林必经的达坂坡地的东侧，奇妙的是这个敖包的归属，既不属于哪一级政府，也不属于哪一部苏门，而是同属在一条沟里放牧的两个不同所属的牧民，一半是巴音郭楞乡奎克乌苏村的部分牧民，一半是巴音布鲁克牧场的部分牧工，有着更强的民间动机，也保持着蒙古族腾格里崇拜原本更天然的类型。主办者没有任何指派的背景，通常由家境相对富裕或一年牧收相对可观的人家承担，提前一年自愿报名，确定十二个人，从中再选出两位召集人。召集人既有对腾格里的足够虔诚，也有在无形中显示身份的潜在影响力。

敖包节前半月或数天，召集人带哈达前往胡参库热寺庙向喇嘛询问过敖包节的合适时间，所有相应的准备工作随之推进。达坂敖包节当天一早，风疾云重，敖包之上堆砌的层叠风马呼啦啦地喧声如浪，络绎前来的人不扯着嗓子都听不到彼此的召唤。两位召集人和他们的家人拉着劈柴和煤最先抵达，支灶架火，拎水切菜，让人感受到为所有来客准备一顿大餐的阵势。几家人拉开随身的包，掏出前一夜煮好的连骨肉，主要是羊的胸叉骨和羊头的下颚骨，然后把棉花搓成条逐一缠在上面再淋上酥油，这是巴音布鲁克草原游牧生活所能理解、所能做到的最极致的奉献了。另一边，这一年敖包节的十二位承办者蹲在一起，围成一圈，每人拿出一千元现金并各自承诺提供一只羊，估计这是这一年敖包节所有开销的总额度。

环围敖包，聚集的人越来越多，风马阵被系上了更多的哈达和各色的经幡，人们洒酒洒牛奶，跪拜敖包或转敖包，平日草原见不到的竭尽表达对苍天腾格里之敬意的种种方式被充分展示，那一刻，你才能意识到并确信：苍天之于蒙古族，真不是一个虚无的存在。

俯视大地，苍天腾格里，正展开双臂护卫着她的蒙古族的万千子孙。

喇嘛的到来意味着敖包节已进入正式程序。两位年轻的喇嘛用酥油和了面，揉好攥手里，开始捏面偶。有或大或小的塔，有酥油盅，有五畜，最后再涂抹一层近于僧衣的赭红，这些由僧人完成的供奉体现着蒙古族同胞对苍天腾格里的更洁净、更纯粹的敬意。另有一位年轻的喇嘛在敖包前挖了一个深及半膝的坑，众人叩头，再由一个小男孩把葡萄干、枣、核桃、糖果、花生、麦粒或苞谷粒逐一丢下去，最后再用土掩埋起来。不知道来年，那里会长出什么或寄予着人们关于生长的什么样的期望呢？

随着喇嘛的到来，摆开佛案，喇嘛的诵经仪式就开始了。外人未必知道经文的确切内容，只知道这是需要诵达数个小时的长经。实际上，是喇嘛专为敖包节选诵的《净香供养》经，意在为万民平安、五畜兴旺、草原丰茂而祈福。古老的仪式依旧，祈诉的对象和目的依然没变，只是借助了宗教的形式和描述系统，宗教的文化介入始终没有超越、无法改变蒙古族对苍天腾格里的执信。

一辆卡车从远处驶近，几个人天没亮奔了几十公里山间野路，钻进一条沟里，砍了一车刚长出嫩叶的柳树，将它运回来。一棵棵腕粗的柳树被围成几圈的人分别拽走，每一棵柳树很快被哈达、经幡和各色布条系扎起来，色彩缤纷，再被人举起来捆在敖包之上。伴随着男女的欢呼，越年轻、越有力气的族人就会拖着柳树爬到敖包最高处，将柳树捆在那里，另一个族人则会爬得更高。由此，每一座敖包每年都会焕然一新，逐年被堆得更高、更壮大宏伟，铺陈如阵。在巴音布鲁克草原，邻近山地的地方一般用松树，没有松树的地方用柳树或其他树替代。树上系哈达、经幡以示虔诚。正在生长的树被竖起来，源于古老的萨满观念，表达的是一种极尽与天相接的努力。

诵经的高潮到来，数位喇嘛率众聚集在敖包之前，摇动系着五色布条的达楞根苏木，敲响法锣和鼓，随着喇嘛的朗声诵咏，众人也在晃动手里各自准备的供奉。最突出的是围在喇嘛边上的几位，他们举着包裹着白布的羊腿在晃，他们站的位置和他们晃动的羊前腿都表明他们作为这一年敖包节承办者的身份不容置疑，那一块白布则象征着奉献的纯洁如一。先前淋了酥油的羊胸叉骨、下颚骨和原本裹敷内脏的羊花油，就是给这个时候准备的，它们被一一叠摞在熊熊燃烧的一堆篝火之上，人们不停地淋洒酒和酥油以使火焰更旺，最珍贵的是先前刚采摘的柏树枝也被投放在火中，火势升腾，里外几圈的人不断增多，还有人往中间挤，就是想把自己的酥油或奶酒泼洒出去，或把先前煮的肉投放在火堆里。在蒙古族数千年延续至今的古老认知中，火具有代表天和作为人与苍天沟通中介的双重神性，人们认为，将供奉投入火中，其便能被天所接受，或者通过火的传达被天所接受，火成为天的指代或所有表达最重要的一个完成环节。柏树枝被藏族、蒙古族和其他一些民族普遍使用，其天然的香气使它被视作敬奉必不可缺的圣物。

祈诵的最后环节，主持喇嘛会问众人："六道众生被赐福了吗？"

众人答："被赐福了！"

主持喇嘛又问："这里的人们被赐福了吗？"

众人答："被赐福了！"

主持喇嘛再问："我们的草原被赐福了吗？"

众人答："被赐福了！"

随后，螺号长鸣，在喇嘛的引领下，众人绕敖包缓行，有人继续抛洒奶汁和酒，有人跪于路侧连连叩头，簇拥的人流围绕敖包转动，其间有一位老人双手合十不停地向敖包揖拜，一脸虔诚，让你相信：对她和对整个蒙古族而言，祭拜敖包都是一件需要你全身心奉献的大事。

敖包节的一件乐事，是平常毡包里忙得不可开交的那些奶奶和婶子会亮开嗓子一展歌喉，她们唱的多是草原上流传久远的长调。赛马和摔跤不一定很正规，尤其是有孩子们参加，却有更多的乐趣。敖包节，是草原上的人间与苍天腾格里一年中最庄重的一次心灵对望，接下来的活动就是释放，即使天上开始落雨也不影响人们的兴致。另一边，这一年敖包节新一批自愿报名的承办者聚在了一起，共饮一碗酒就是承诺，下一年的敖包节已在筹划之中……

敖包与蒙古族的色彩审美诉求①

敖包是蒙古语，系蒙古语族和满—通古斯语族的人们的称呼，原意为土包或堆砌物。可直译为“凸起的堆砌物”，是蒙古族最古老的宗教活动场所之一。筑敖包要选择阳光充足的山顶或山岗，用土或石块堆成小冢，形状有圆锥体的，也有方体的，或有几重层级。敖包顶上要插桦树或柳树枝条，此谓神树，神树上挂有五颜六色的鲜艳布条。敖包堆高矮不等，有大有小，根据底径的大小来判断敖包的规模。大敖包一般高约十米，底宽二十米左右，小敖包高约三米，底宽五米左右②。

敖包原来是供祭山神的地方，后来演变成包罗许多自然崇拜内容的祭祀场所。蒙古族的敖包所祭的神有天神、土地神、河神、风神、羊神、牛神、马神等，每年按季节定期供祭，由萨满司祭，祈求人们安宁和生产丰收。

敖包这种原始祭坛式建筑不仅影响着蒙古族建筑艺术的造型及样式，而且也影响了他们原始的色彩偏好和早期宗教等文化活动中的色彩审美诉求。不同的民族对色彩的不同认识、理解以及由之形成的色彩个性都具有强烈的民族审美意识。对一个民族而言，无论是民族群体还是个体成员，对于色彩的偏爱自始至终都是一种情感寄托的符号。

蒙古族对色彩的认识带有强烈的感情意识，蒙古族在祭敖包时，在敖包上插上树木枝叶后，要挂上彩布条来装饰，“五颜六色”“美布”“彩布”都是针对蒙古族对色彩的偏爱而言的。现在，人们在草原上祭敖包时，在神树上挂的彩布的颜色就更丰富了，使人感到眼花缭乱，但我们从祭敖包装饰树的本意去探究时，参照以它祭天、祭地、祭大河等来认识，这种彩布当初有红、黄、蓝三种颜色，这三种颜色与蒙古族早期的生活环境、生产方式有着密切关系，同时也与他们对大自然认识及自然崇拜有密切关系。蓝色代表天和水

---

① 本田野笔记来自中山大学蒙古族学生都兰的叙述，以及邓启耀等参加新疆维吾尔自治区伊犁哈萨克自治州特克斯县蒙古族敖包节的短期观察。

② 欧军著《蒙古族文化解读》，远方出版社2003年版。

（祭天、祭大河），红色代表火（祭火），黄色代表地（祭山石、祭大地），这便是蒙古族最古老的原始色彩学中的色彩的象征意义。

在蒙古族的色彩观念中，有些色彩具有特殊的含义。它们长久以来都影响着蒙古族的色彩用法。对色彩的好恶是在不同生活环境、不同风俗习惯影响下形成的。蒙古族所崇尚和忌讳的颜色，正是历史上逐渐形成的。从蒙古史书和文学作品可以发现，蒙古族很早以来相沿至今所尊崇的色彩就有白、蓝（青）等色。而黑色则被忌讳。这种色彩观代代相传，现仍在广大牧民生活中有所体现。

蒙古族非常喜欢蓝色（青色）。根据史料，蒙古族曾把汗王的城池称作“青城”，把汗王的宫殿称作“青宫”，把蒙古的史乘称作“青册”“青史演义”等。凡给与军政活动有关的事物取名时，常冠以“蓝（青）色”一词。对蓝色的尊崇最早可以追溯到古代萨满教对天神的膜拜。天空蔚蓝，宽广无边，象征着天神的威严和永恒。勇士引为骄傲的“碧血”，蓝色的蒙古袍、毡毯、墙围，器皿上的蓝色图案等，都体现了蒙古族对蓝色的喜爱。这种冷色往往同崇高相联系，引发的美感主要是凝重、沉静、平和、刚健、博大。在文学作品和口语中，蒙古族在形容自然风光优美或赞扬物品的质地优良、令人喜爱之际，也常使用蓝（青）色一词。蒙古族学者罗布桑却丹在《蒙古风俗鉴》中说：“论年光，青色为兴王，黄色为丧亡，白色为伊始，黑色为终结。因此蒙古人把青、白两色作为头等重要的色彩来使用。”[①]

太阳由于给人类以光明和温暖，万物生长靠太阳，因而红色成为北方阿尔泰语系各民族普遍崇拜的对象。红色作为与原始生命同一的颜色，由于与人类生命共生的历史积淀，具有最明显的激起人的生命情感的力量。蒙古族对红色的喜爱也由来已久，认为它温暖亲切，象征着幸福、胜利和亲热。这同蒙古族崇拜火是相通的，人们认为，火在过去、现在和将来永远熊熊燃烧。炉灶之火则表示国家和家族世世代代繁荣兴旺。红色在蒙古族现实生活中使用频率很高。

蒙古族还一向喜爱草绿色。草木返青，对饲养瘦弱牲畜熬过了严冬的牧人来说，绿色预告着复苏与丰收。沙漠绿洲，对于口干舌燥的旅人来说，绿

---

① ［蒙古］M. 图亚著《蒙古古代建筑艺术中的色调》，张文芳译《蒙古学资料与情报》1990 年第 2 期。

色带来了生的希望。绿色激起的审美愉悦，同样是和人的物质需求息息相关的。

敖包和敖包祭反映了蒙古族早期的原始信仰意识，类似的原始信仰意识在鄂温克族、鄂伦春族、达斡尔族等民族中也存在。敖包和敖包祭祀既体现了蒙古族传统信仰文化，也是北方草原文化最具代表性的原生态文化遗存，是一种集原始自然崇拜、祖先崇拜、萨满教、佛教信仰和现代文明等多元文化因素为一体的复合性文化载体。自古以来，敖包祭祀对草原族群的凝聚力和文化认同感的加强、草原文化共性特征的形成起到不可替代的特殊作用。究其原因，在这些民族中，敖包祭这种信仰方式的产生应该与这些民族生活区域的自然环境有关，与他们所从事的原始狩猎生产方式也有关。

二、纳西族祭天

丽江纳西族祭天①

云南丽江下束河村的一座旧寺庙，是该村东巴文化传习的场地。这寺庙叫兴化寺，建于清朝初年。相传，建这座寺庙与村寨前方的大山有关。村里的老人说以前下束河不出人才，因为村前这大山像只凤凰，刚好凤头伸向村里，吃了村里的福气，必须在凤凰山的凤头处盖座寺庙，将凤头钉住，下束河才会兴旺，才会出人才。现在，村里自发办了一个东巴文化传习学校，老师是几位年过七旬的老东巴，仪态威严但内透慈祥，总是握着一根沉甸甸的木杖，杖头上雕刻着一些陌生的神灵。自愿报名的年轻人由老东巴教授古老的象形文字东巴文，口传身授东巴舞、各种祭祀仪式等。

寺庙后坡上有棵千年刺柏树，在村民心中，那是至高无上的神树。村民将神树视为凤凰山的凤冠，而凤凰山与村民们的农事生产和生活有着至关重要的联系（至少在观念中是如此）。老人说，凤凰的左翅叫“木都直”，意思是“顶大山”，此山与其他山不同，山头是平的，有块大石头，像个神坛。每当连连下雨田里庄稼被淹时，村民就要请老东巴去顶大山祭天（他们叫“顶天”），祭天时烧堆大火，上面放些青枝捂出浓烟，老东巴口念祭词，其余人吹牛角、敲铜锣（现在敲脸盆也可以）。他们说每次祭过以后天就晴了，很灵。所以“文化大革命”中什么都打倒，但“顶天”不能打倒，因为生产要

① 本部分由周凯模和邓启耀撰写。云南丽江下束河村的东巴文化传习学校，是笔者曾经扶持的民族文化自我传习示范点之一。

靠它，它关系到庄稼的丰收，作为风冠的神树更不能乱动，千年老树就这样被保护下来。可以说，神山、神树等观念中体现了纳西民族天然生成的环境保护意识，它对生态保护有利，对文化传承也有利。村主任和老东巴说将舞谱学校的东巴神坛建在神树旁，可以借助神树的“神力”，保护学员们将东巴仪式好好继承下来。

俗话说“纳西祭天大”，祭天是纳西族最重要的一种节祭活动，是东巴教中民俗性大道场隆重的祭典之一。“纳西美布诺诺”，意为“纳西人是祭天的子民”。

祭天有春祭和秋祭。春祭在正月，称大祭天，时间为一天；秋祭在七月，称小祭天，时间也是一天。有的地方又有白祭、黑祭两种祭天方式。祭式复杂，各地纳西族祭法各不相同。但有一些是共同的，即在祭坛插代表天、地、人三界的黄栗树枝和柏枝、立石、焚香、献祭等。由东巴主持道场，念诵经典。

祭天有祭天场，前述那个形如祭坛的山头和神树即为祭天场圣地。祭天场方向朝北或西北，祭坛左右插黄栗青冈树，象征天神地祇：中央插柏木树，象征中央许神。祭品有香、米、酒等物。祭天时要撒松针、插祭木、安神石、放祭品、燃香、杀牲等。祭天的目的是祈年求丰、消灾除邪。

东巴经《崇搬图》叙述了祭天的来历，并穿插介绍了相应的仪式：纳西族始祖崇仁利恩和天女衬红褒白命结合后，不会生育。原来，凡想生一个男孩，须由父神见赐，父神不启口则不能生男。想生个女孩，也须母神启口，母神不答应就不会生女。崇仁利恩九日请巫师看征兆，衬红褒白命七日请巫婆占卜卦课。乃使精褒精鲁（蝙蝠使者）和肾猛呢固（天狗使者）去打听。精褒精鲁躲瓢藏在父神知劳欧普家的绿石挂梁上打听，肾猛呢固躲在大门背后打听。母神衬红欧祖说：“知劳欧普你呀，崇仁利恩就像我们的儿子，衬红褒白命也是我们的亲生女儿，是我们身上的膏油，我们身上的汗垢呀。”父神知劳欧普说：“当用罗多地方的黄栗树做祭天木。凡由天上迁徙来的种种家畜已到畜神之前，天上迁来的谷种已到谷神之前，天上迁来的人种已到和神之前，父神善赐子男喜，母神善赐子女喜。”蝙蝠使者、天狗使者听到后，把消息告诉地上的两人，他们就用罗多产的黄栗树做祭天木，做最甜的天酒，献最净的大米，又烧白天香，用恩金司的公鸡禳解口舌是非，以眼眶黑的公牛为牺牲，四蹄白而其余部位黑的猪为祭品。天被祭，天亦晴；地被祀，地亦宁。在天地中央用柏树来顶天，天已开，地已辟。祭天这礼由地上祭，而天享之。天上出太阳，暖暖照地面；今年幸有男，喜之征兆来；今年幸有女，喜之征兆来。凡住天下的人，似天上繁星；地上住的人，似地面芳草。生出恩恒三兄弟来，但三兄弟不会说话，断绝了的线不能接上。又叫蝙蝠使者、天狗使者到天国问父神："孩子怎样才会说话？"父神说："你们连祭天之礼也不懂，祭木也不会插，神石也不会安，白香也不会烧，醇酒也不会献，米也不会献，该用罗多产的栗树为祭木，啼声清脆的公鸡禳解天之凶神。"祭后，三个小孩会说话了。

纳西族的祭天，就是根据东巴经所述的父神启示来行祭的。

怒江纳西族祭天①

纳西族是一个有着久远历史的民族，水稻在祭天仪式中具有相当重要的作用。在适应外部条件，谋求自身生存、发展的过程中，纳西族创造了解决人与自然、人与社会之间矛盾的五十多种东巴法事仪式。祭天、祭"署"（自然之神，相传与纳西族的祖先为同父异母的兄弟）、祭祖、祭风（超度殉情而死的痴男怨女）是东巴教最重要的宗教仪式。这些仪式由东巴在茨中村的祭祀台举行。目前纳西族东巴教在茨中村已经消失，许多祭祀活动，如春节祭天仪式、"三朵节"的祭祀活动等都只是局限在个别家庭内部进行。

祭天是纳西族文化中最古老、原始的部分。祭天活动和纳西族的社会史、民族史以及纳西族先民的物质、精神生活都密切相关，可以说是纳西族文化最具代表性的特质。纳西族历史上有"禾""麦""束""尤"四个氏族群体，后来演变成为四个主要祭天群体。祭天群体一般由有共同血缘关系的父系世系群构成，每个祭天群祭天的内容、程序基本一致。茨中村的祭天仪式源于禾氏家族，祭天群体以氏族为单位、由同姓宗族的十来户组成。主要仪式包括念祭天经、做米酒、修祭天场栅栏、选备祭天树、舂祭天米、立祭天树、除秽、点香、献酒、射箭镇鬼、杀猪鸡献血、献牲、献食等程序。老村民记得的传统东巴教仪式已经不多，许多昔日祭祀活动已经销声匿迹，目前仅能够通过一些老人的口述重现那些历史场景：

茨中村东巴教每年在正月初七、初八、初九、初十共四天举行重大祭祀活动。全村女性不准参加这些活动，只有男人才能参加这些活动且不得缺席。

① 本田野笔记由中山大学社会学与人类学学院2006级博士生魏乐平撰写。

祭祀第一天是正月初七，这天最重要的事情是要屠宰一头八十斤左右的猪。东巴指定的猪必须具备以下特征，即头、尾各有一个白点。祭祀还需要三棵树，分别为栗子树、松树和柏树。东巴把猪血洒在三棵树上就成为“法树”，村民将法树的枝条带回家保管，他们相信这些枝条具备了驱妖降魔的法力。

每年，举办祭祀仪式前，村里必须选一位男性担任抓猪人，他用左手抓住猪就可以分猪的左半部分，如果用右手抓住猪就可以分猪的右半部分。正月初七村民们还要举行射箭活动。每个纳西族男人都要把一束冬青叶磨成的细粉用薄绵纸包起来，挂在竹竿上，将其带到祭祀台。整个仪式要用二三十斤大米和猪血制作“血米”，纳西族村民深信它能够驱赶身上的病魔、高山牧场的老虎等猛兽①。

东巴祭祀仪式还有一种重要物品是白酒。白酒早在去年就由一户指定的家庭准备好，新年才可以打开。容量三十斤的大罐装着白酒，一定在年三十前搬到祭祀场所。仪式当天东巴教对米酒念经，仪式结束后，将米酒抛洒到祭祀台背后的树林中，表示对山神奉献。屠宰后的小猪被分为小块，分发给村民，让其带回家。祭祀仪式中所使用的各种物品全部抛弃在山上，不得带回家里。

根据茨中村老人钟龙太的回忆，过去，通常选择农历的春节、农历正月初十、农历正月十五举办祭天活动。

祭天仪式的前一天晚上，村民要摆放好一大桶米酒。这桶重八斤的米酒在去年就已经准备好，并由指定的东巴专门负责保管，不得在仪式之前打开，否则认为会给村民带来厄运。村民还要在茨中村背后生长着风水林的山上砍伐三棵碗口粗细的树，一棵是黄栗子树，一棵黄柏树，还有一棵是雪松树。当地的三个伙头还要准备好一头五十多斤的小猪和十斤大米。在举行仪式的当天，村民们都集中到祭天的场所参加仪式。

东巴教祭天仪式只允许男性参加，三棵被认为具有法力的大树被竖立在祭天场所的正中央，前面放置一大桶还没有开封的米酒。小猪在现场由东巴亲自宰杀，新鲜猪血混合早已准备好的大米，在东巴施以法术后，被当地村民视为重要的灵丹妙药与驱赶邪魔的神圣物品。

---

① 根据2009年茨中村纳西族老人和士贵、刘文高、鲍金汉、钟龙太等的口述，魏乐平整理。

一头小猪的猪血通常与十斤大米相配，在东巴施以法术后，能够在多个场合灵活使用。每个村民根据自己对这次仪式资助的多寡，取得相应分量的带血的大米。患有疾病的村民可以服用几颗带血的大米，人们认为这样做有助于治愈疾病，常在高山牧场放牧的村民也可以把大米撒在牧场周围，人们认为这样做能保护牛群不受黑熊伤害。受到妖魔鬼怪威胁的村民，也可以使用这些大米来驱赶恶魔鬼。在祭天仪式结束之后，每位村民均可以分得一小块新鲜的猪肉，并且喝上一小杯白酒，然后在天黑之前返家。

三、怒族祭天[①]

云南怒江傈僳族自治州一带的怒族怒苏人凡庄稼或家畜生长异常，年成不好，便认为是遇到克年了，就要祭天。

祭祀由怒族祭司“衣谷苏”主祭。祭场地点选择在村外山坡上。祭天是血祭，祭品有两个鸡蛋、两只小公鸡、一些炒过的荞子。

祭司砍些茅草，编成一个环，头顶前方的环处有个结，脑后的茅草如辫子般垂吊着，再把茅草环箍在草帽或用白纸叠成的三角帽上。祭司说，茅草结是个符号，天神看此符号才会来。白纸帽代表白云，是连接人神的中介，让天神容易找到祭司并给予帮助，否则神就不会来。此时，祭司穿上荞麦袍（怒族麻坎肩），右手持砍刀，面对苍天群山深深鞠躬后大声呼喊，边喊边朝天上扬洒酒、荞麦、米花，意为祭祀开始。

巫师说无论祭什么鬼，首先要祭天神、祭山神，请天神、山神帮助祭司祭鬼驱鬼。祭天的内容从开天辟地说到神对人的保佑，并祈求神继续保佑自己，然后进入正式祭鬼的环节。

祭辞如下：

太初的时候，祖先时神创造了人，祖父时就发明了人。

会创造蚂蚁的神，会创造蚂蚱的神，会创造三星的神，会创造日月的神，会创造飞禽走兽的神，造就万物的神，今天我来喊你。我为什么来喊你，因为今年年景不好，月亮不圆。今年我碰着克年，因为万物是你所造就、所主宰；人类是你所创造、所抚养，所以来喊你。

你在阴府写你的死书文，还我人间的活书文；你在阴府写你的病魔书，还我在人间的长寿书。没有气给力气，脚断接脚，头破包头，叫我睁开瞎眼。

① 本田野笔记由周凯模、李卫才（怒族）、邓启耀撰写。

我身体无力、脚瘫手软、头昏眼花，所以，不是空嘴来求你，我半夜三更就准备、鸡叫就准备，卖地卖房，清洗碗盏，捧上花瓷碗，拿来白米，倒上上好的酒，取来白花花的鸡蛋，拿来白绵纸，拴来三岁的阉猪，捉来三月现成的母鸡，我求你来了。喏！给你带来荞米花，一把、两把、三把、四把、五把、六把、七把、八把、九把。喏！给你上好的烧酒，让我在世一万年。

九个小伙子来九个都喝吧，七个姑娘来七个都喝吧。我的好伙伴们，我的好同事们，因为今年是克我的一年，把酒喷给克我诅咒我的歹人，不要让父子相克，不要让母女相克。我不是空话来求你，用鸡命换人命，用鸡脚换人脚，用鸡手换人手。

三年公鸡现成捉，瞧！从七坡坡上你盖的，拿来垫的来喊你；人命是你赐给的，不要捉去我的灵魂，不要用铁链拴我。

让我找钱有钱花，让我狩猎有猎获，让我捕蜂有蜂糖，让我走路超过别人，在家比别人好过，让我去挖苦外乡人，让我种地有收成。

不要让我做凶多吉少梦，不要让坏事进我家门；我常梦在家里吃肉，常常喝酒，常梦劈柴，常梦捻麻，常梦剥树皮，常梦吃牛肉，常梦吃猪肉。

今年种地盘田不吉利，以前不见的事也见了：藤上一个节子结两个瓜，一窝猪只下两只猪仔，癞狗爬屋顶。常梦河水干涸，常梦江水干涸，常梦太阳落，常梦石头滚，常梦老树倒。

不要克我，让我找钱装满衣袋，让我找蜜装满竹筒，帮我驱除病魔。今天这一天，像虎换毛一样换掉，像蛇蜕皮一样蜕。不要克，不要；不要凶，不要。

邀约伙伴们接着吃吧，接荞米花吃吧，接上好的烧酒喝吧。吃吧，不要客气；喝吧，不要拒绝。他们是帮忙煮饭的人，他们是帮忙烧火的人，不要伤害他们的性命。

喝鸡血吧，吃鸡肉吧：鸡肉是甜的，人肉是酸的；鸡肉是大的，人肉是小的。

现在肉还生，等会儿煮熟后供给你。不要喝人血，给你杀鸡，喝鸡血吧。请你接过鸡血，以我的名义喝吧，喝一百次吧，喝一千回吧。人血是毒的，鸡血是甜的。喏！喝鸡血吧，吃鸡肉吧。吃啊！吃啊！吃啊！喝啊！喝啊！喝啊！

怒族祭司波郁老人用如歌的吟诵，呼唤神灵来倾听他的祈祷。炒过的荞粒撒在落叶上，发出沙沙的响声，四周只有风声和老人神秘的召唤声……

翻译祭辞的李卫才老师告诉笔者，他小时候参加过一次祭天："那年天旱，苞谷叶子都枯得可以燃火了。头人便宣布要祭天，各家凑祭品。凑足够一口猪的钱，全村在核桃树下祭天。祭司主祭，祭法和现在有些不一样，但具体怎么不一样，已经记不起来了。只记得祭着祭着，就下起了大雨，真是很灵呢！"

四、裕固族祭"汗点格尔"①

甘肃肃南一带裕固族传统祭祀节日，每年农历正月和立秋后举行。

"点格尔"，亦称"亚合戛"，西部裕固语音译，即阿尔泰语系诸语言中的"腾格里"，原意为"上面"，引申为"上苍""天"，"汗"意为"可汗"。"汗点格尔"意为"天可汗"，即萨满教的天神。所谓"汗点尔"是一根细毛绳，绳上缠各种牲畜毛和五色布条，下端有一个小白布袋，内装五谷杂粮，象征可汗和上苍，供奉在帐篷内右侧上方。裕固族认为这样能避免灾难，一年四季吉祥如意。

祭祀汗点格尔仪式，通常由一位自称天神附体的男性"也赫哲"主持。第一次是从农历正月初开始，每家都必须请也赫哲，一家一天，直到二月初。正月敬汗点格尔活动比较隆重。举办仪式时，在地上铺一块红色的毯子，上放九小堆堆成花状的粮食，每堆粮食上放九盏缠穗为绿、白、蓝三色布条的酥油灯，呈三角形。毯子的上端放一张方桌，上供一个扎好的芨芨草墩子，中间插上缠有布条的柳枝。祭祀时，先点燃酥油灯和柏树枝，让其散发香味。专人或也赫哲将一只绵羊刺腹，掏出心脏，割下羊头一并放入盘中敬供。接着用开水烫羊拔毛，取一半羊毛，塞入芨芨草墩中间。然后也赫哲开始祭祀，他手持一把勺子，或端一个盘子，内盛奶水、酥油，用芨芨草制成的小扫把蘸些奶水、酥油，不停地向上扬洒，口中念念有词地绕着地毯、小方桌和供品转圈。众人跟随其后。也赫哲念经毕，随即将酥油灯扒倒，仔细观看灯花的形状，并据灯花预卜这家人这一年的吉凶祸福。若占卜认为将有祸事，也赫哲会让这家的主人在某月某日请喇嘛念经消灾。仪式结束后，主人用羊心、羊头酬谢也赫哲，并将羊一劈两半，一半留给家人食用，一半送给前来参加

① 周鸣琦、李人凡主编《中国各民族年节祭会大事典》，陕西人民教育出版社1995年版。

仪式的亲朋好友。

祭典后的第二天清晨，由主人将芨芨草墩送往本家族中固定的地方。一周后将草墩所插柳枝上的布条等收回包好，供放在帐篷内的神龛上方。

第二次祭祀汗点格尔是在立秋以后，但不一定每家都请。祭祀汗点格尔的时候，忌持枪、牧鞭者进入帐篷，忌讳穿红衣服、骑红马的人走近帐篷。到裕固族人家做客，还不能带生肉、生皮进入帐篷，据说汗点格尔不喜欢这些东西。每当搬迁时，要用干净的毯子将汗点格尔包好，到达目的地，先将汗点格尔请入帐篷，才能搬其他东西。

第二节　祭日

一、太阳祭会

四时之祀

太阳普照四方，促进万物生长。所以，农业民族对太阳的崇拜也很普遍，且四时皆有，与农事节令关系紧密，这可能源于上古四时之祀的风习。

春阳之祀

春阳之祀一般在立春日或春分日举行，由于立春日与春节时间接近，二者重合为一较大的岁时之祀，所以对太阳的特别祭祀在节日中似乎不太明显。尽管如此，对春日太阳的祭祀，还是通过各种形式表现出来，如滇西北一些民族有在这一时期，让乳母敞怀接受阳光照射的习俗。

鹤庆白族在春分日中午，要上螺峰山去“赛会”，祭春天的太阳，赛会所赛之宝，均是冬藏的农珍，如稻谷、玉米、小麦、蚕豆和各种瓜果。鹤庆山区的彝族，则用山民喜爱的树头菜、麦郎菜、花椒叶尖三种野味祭太阳，称“献日”。

大理白族每年农历四月二十三到二十五都要举行隆重的“绕三灵”活动，其中也有对太阳的祭祀和祈求。那时候，刚好是暮春，还没有进入种植水稻的农忙时节，人们能腾出时间参与到这场盛大的节日狂欢中。参加绕三灵活动的人以生活在苍山洱海一带数百个村庄的白族民众为主，男女老少都头戴鲜花，穿节日盛装，带上祭神用具、简单的行李、食品、炊具等，以村为单位，自发组成祭拜队伍去绕三灵。每个队伍都有一男一女（有时也为两男或两女）手执柳树枝和牛尾（称花柳树老人）在前面带队，边走边歌舞。队伍中间有一人吹笛子，还有数十人手拿“霸王鞭”“金钱鼓”边走边舞。其余的人拿着草帽、扇子排在队尾，在花柳树老人的带领下行进。绕三灵的路线每年都是固定的，农历四月二十三清晨到大理古城城隍庙聚集，点燃香烛，准备就绪后，沿着苍山麓向北，先到崇圣寺燃香祭拜，之后又北行约十六公里，到达苍山五台峰下的朝阳村本主庙祭拜“抚民皇帝”，称为“南朝（拜）”，再往北到庆洞村，祭拜大理地区最大的本主“五百神王”段宗榜，称为“北朝（拜）”。然后，在寺院内外的空地上，打“霸王鞭”和“金钱鼓”，跳扇子舞，唱白族调子，傍晚在神都周围埋锅造饭，当晚即夜宿庆洞庙宇和四周野地树林中。绕三灵是白族民间隆重的节日盛会，人们在神都内外尽情歌舞，通宵达旦。白族民众希望通过自己虔诚的祭拜，获得各路神灵的庇佑，使今年风调雨顺，秋后五谷丰登，也祈祷阖家平安。

参加绕三灵的人都要戴插有鲜花的草帽，在太阳穴上贴“太阳膏”（一种用彩纸做的太阳花），左臂上扎一条红带，表示祭拜本主后，得到了赐福。据传，白族民众在绕三灵活动中贴太阳膏是其崇拜太阳的一种标志，表现了古老的农耕文化中对太阳的敬畏，对风调雨顺的祈盼。

夏阳之祀

夏阳之祀多在立夏日或端阳节举行。

澜沧县拉祜族太阳神庙，建在背东向西的山坡上，除了在右头顶上留着智慧之辫的祭司能进去之外，任何人严禁入内。

拉祜族在立夏日祭太阳神庙。人们认为，这是一年中太阳赐光最多的一天。凌晨，妇女们手持竹箩，内装爆玉米花，围着寨心桩边跳边撒，敬献神灵，祈祷丰年。跳完，男人们敲着锣鼓，手持长刀，列队向山坡行进，先到太阳神庙下方的祖庙里烧香磕头祭祀祖灵，然后到太阳神庙，列队庙旁，举行祭祀活动。祭司念咒，人们边唱古歌，边撒爆米花。此时太阳偏西，阳光直射神庙，金色的阳光、雪白的米花映衬着人们肃穆的面孔。直到祭司念完咒语祷词，人们把爆米花全部撒完，太阳落山，整个仪式才告结束。

在怒江兰坪县石登一带，有三座山被称为“端午山”，到端午节，汉族、傈僳族、普米族、白族等民族纷纷涌向端午山，在每个山头聚集数千人，祭祀、歌舞，声势浩大。这是否与远古时以高山作为天柱，以三山托祀日月的祭典有关，不得而知，但“端阳”作为古代历法中一个极为重要的节气转折之祭典，确与太阳相关。

秋阳之祀

秋阳之祀以立秋日或中秋节较多。此时秋收在望，吸足日精阳气的谷物，给农人带来金秋的欢悦，人们虔诚地祭祀慷慨献热的日神。澜沧拉祜族每年秋收后的农历八月十五，在寨子东西两边各搭一间小屋，每家将一年来所收获的农作物各拿一点摆上，杀猪宰鸡祭献太阳和月亮。西边小屋的祭品献给太阳，东边小屋的祭品则献给月亮。人们分头祈祷："我们一年生产所得，都是太阳（或月亮）给的，没有你，我们什么也吃不到。我们今天把所种的所收的都献给你吃，明年请你给我们比今年更好的收成。"

冬阳之祀

冬天的太阳最为"柔弱"，所以，人们便想象太阳在这个季节诞生。如云南昆明西山区彝族、白族、汉族等民族冬月十九日的"太阳会"。传说这天是"太阳星君"的诞辰。各族信众要用素食祭祀太阳。

景颇族"太阳鬼"祀典

景颇族最隆重的全民庆典叫"目瑙纵歌"，每年初春（农历正月十五）举行，是云南德宏傣族景颇族自治州内的景颇族追溯民族历史的传统节日。节日活动在四根高耸的"目瑙柱"周围举行。柱上所绘图案，有的描摹景颇族的发源地喜马拉雅山，有的象征景颇族回环曲折的迁徙路线，有的象征景颇族披荆斩棘、团结勇敢的历史和民族性格，有的寄托子孙兴旺、五谷丰收的祈祝。节日中最壮观的场面是成百上千人列队回旋舞蹈，据说是按柱上的回旋形图案所示，溯回祖先发源之地，让人们牢记自己的族源。

景颇族目瑙纵歌必用的目瑙柱，日月图形，必不可少。

传说，在遥远的创世时代，代表阴阳的第一代天鬼创造了太阳和月亮，第二代天鬼决定世界的光明与黑暗。经过争执，最后由智慧的天鬼裁定世界平分阴阳，白天日出，夜晚月升，目瑙柱顶部雕绘的日月，记下了这个裁定。目瑙柱柱基绘有五谷，神话里说，谷种是从太阳鬼那里讨来的。景颇族始祖宁贯娃的父母（也是天鬼）曾对他说："我俩死后，你要举行'目瑙'送鬼仪式。这样，我们就能变成大地，你能变成人，繁衍人类。"宁贯娃不知道怎么举行目瑙仪式，送不了鬼，后来，百鸟到太阳鬼那里参加目瑙盛会，回到地上在一棵大青树边休息时，又跳了一次。宁贯娃向百鸟学到了目瑙舞。领舞的"瑙双"头上要插羽毛，据说就源于此。后来，宁贯娃和龙女成亲，由于龙女腥气未去，一直不能生育。在太阳鬼的指点下，宁贯娃架起草桥让龙女通过，把腥气扫去，才生育了后代（直到现在，景颇族结婚还要举行“过草桥”仪式呢）。

太阳鬼对景颇族恩重如山，祭祀太阳鬼是目瑙纵歌庆典中的一项重要内容。目瑙节最引人注目的是高高矗立的四根目瑙柱，在四根目瑙柱的基部放着一根横木，尖端削尖，横木的一面常常逼真地刻着两对乳房（或用木钉代替），据说，这是太阳鬼的乳房。有的地方，将男性乳头刻于外侧两根雄柱上。这些装饰都象征太阳鬼对景颇族的养育恩泽。紧靠四根目瑙柱的东端，也竖四根柱子，上搭台子，据说，这就是太阳鬼阿占的祭台。正午时分，太阳当顶，祭司董萨手持长刀、荆棘等物，进跳场跳舞念咒，驱除野鬼。然后，主祭巫师“明推”头顶黄巾，边跳边向场内撒姜片，再驱一次野鬼。这样反复驱鬼除秽后，明推才将黄巾挂在太阳鬼的祭台上。这时，节日里祭祀性的开跳仪式就正式开始了。在领舞祭司瑙双的带领下，人们依照目瑙柱上的螺旋纹的路线，千回百转，逆向（目瑙纹）而行，回溯祖先迁徙跋涉的艰辛之路。这时，长鼓震响，铓锣声声，人们踏着铓鼓的节拍欢跳起来，刀光闪闪亮，银泡唰唰响，“文崩”歌乐高声豪放，群情振奋。一位乐师走上太阳鬼祭台，吹响“洞巴”，更是庄严无比。据说，这是目瑙节中最重要的仪式，领舞的瑙双，舞步一步也不能错，据说，如果错了，鬼神就要降下灾祸。

在祭司的带领下，数千人按照目瑙柱上的花纹所象征的迁徙之路，列队回环而舞。在这千人大舞队里，要做到万众一心、统一步伐、统一行动、统一歌舞，靠的就是大鼓。浩大的舞队，正是随着大鼓的节拍而踏舞行进的。大鼓鼓面，也绘有与舞场中心矗立的四根目瑙柱相似的图案。这是景颇族祖先艰辛南迁之路的象征，它将随着鼓点和人们模拟迁徙的舞蹈，刻印在每个景颇族同胞的心里。

而在景颇族最大的天神“木代”的祭祀房里，也在举行着一个重要的祭仪。两个董萨在同时祭献太阳鬼阿占和主管农作物的天鬼省腊。祭太阳鬼的董萨手拿一根七八寸长的小木棍，挂着上天后送给木代的女儿的项圈、耳筒等礼品，木棍两头各斜捆四根篾条，据说，董萨祭司的魂沿着一头上天，又沿着另一头回到地上。没有这个通道，祭司的魂就不能上去朝见太阳鬼，或者上去了回不来。神话里说，太阳鬼阿占住在概寄斯拱等地方的大山上，它能让人有吃有穿，让牲畜繁衍。祭献它时，要杀猪宰牛。

第三节　祭月

正像人们祭日的同时也要祭月一样，日月交辉，互为对应，一阳一阴，化生万物。这种观念，在中国传统文化中，是最有代表性的观念之一。反映在年节习俗上，著名的中国民间“三大节”中，除了开年的春节外，一个端阳，一个中秋，正好日月璧联，阴阳互补。与太阳相对，月亮又叫太阴。以阴为女性、为黑夜的观念古已有之。

最隆重的祭月之典，是农历八月十五的中秋节。中秋的月亮最圆，彝族把中秋月看成和平、安宁、圆满的象征，认为有月亮的关照，人们才能和和睦睦过日子，个个心平气和。所以，他们过中秋节时，要同时祭献月亮和祖宗，让老祖宗们回家过团圆节。傣族认为月亮是天皇第三个儿子岩尖变的，他曾率众打败敌人，死后变成月神。所以，中秋“拜月”时，要对空鸣枪，以示敬意。佤族为求福免灾，要祭月亮神。纳西族过中秋节，要做像月亮一样圆的大粑粑，并让孩子认干爹干妈，向干爹干妈磕头，并让干爹干妈为孩子取名。拉祜族的“哈巴节”即祭月节，与中秋节同日。他们认为这天是月亮的生日，全族皆用新谷新米鲜瓜祭月。月亮升起时，全寨男女老少聚集在一起，寨中长老向月行鞠躬礼。行礼时一人端酒，一人端水，一人捧米，一人握葫芦笙。礼过三巡，他们把酒、水和米泼向天空，葫芦笙响起导乐，顿时，全寨芦笙齐鸣，人们手拉手站成圆圈，跳起欢乐的芦笙舞。地上的“圆舞”与天上的圆月相随，直到明月西沉，旭日东升。节日之夜，各寨歌手会聚一堂，赛唱传统歌谣《古理古根》。古歌赞颂了为人们分出耕种节令的月亮，唱出了祭月的来历：传说，拉祜族开始学种谷子时，有一年，谷子长得特别好。八月的一天早上，人们高高兴兴去收割谷子，可到田边一看，谷子要么被野兽糟蹋了，要么被野兽吃了。人们伤心得放声大哭。第二年，谷子又近黄熟时，人们怕再遭难，就折了些谷穗放进挎包，再装些适时山花、野果、野菜，挂在住处最显眼的地方，祈求月亮神给予保护。后来，这种“献月亮”的范围扩大为村寨的集体“祭月”。起初谷熟就祭，日期不定，最后选定了月最圆、遍照千垄田的农历八月十五这一天。也许，正是月光的“滋阴”，与阳光的“壮阳”相辅相成，促生和养育万物，人们才把祭月与祭日相对应起来。许多民族的“尝新节”或“新米节”都选在农历八月中秋月正圆的时候。中秋节品尝新鲜玉米、毛豆、板栗等的食俗，也反映了对月感恩的这种古老的文化心理。

“花前”男女易于接近，“月下”也适合恋人幽会，民间常把媒人称为“月老”，编出了月下老人为有缘者系红线的故事。剑川剑湖白族青年农历八月十五幽会划船，借皓月明烛牵线传情，更是诗意盎然。在晴朗的中秋月夜，剑湖一带的白族青年，一人划一叶小舟，乘月驶进波光粼粼的明湖。小伙子在木盆中放支蜡烛，旁边缀满花草，等对调对到中意的姑娘时，就把蜡烛点燃，轻轻推向姑娘。要是姑娘用水把烛浇灭，好事就算告吹，倘若姑娘接住烛灯，则意味着姑娘也有此意。于是，小伙子跳上姑娘的船，双方分坐船头船尾，对歌接“线”：

男：月到十五它才圆，
小妹情深常挂牵，
小妹模样如花艳，
蜂飞花上边。
女：钟情我哥有情哥，
隔水隔船莫着急，
湖里明灯留给你，
风吹灯不熄。

唱到情投意合，两人同傍船尾，任船漂荡……

苗族直接把明月想象为忠诚勇敢的小伙子。传说有位漂亮姑娘叫水清，她不爱众多的求婚者，偏偏爱上了月亮小伙。他们历尽种种磨难，终于幸福地结为伉俪。苗族人民为了表达对月亮和水清忠贞爱情的敬意，每年中秋月明之时，都要在柔柔清辉里，吹响芦笙，跳舞对歌，称为“跳月”。青年男女在跳月时寻找意中人，希望能像传说中的月神之恋一样，心地纯洁明亮，永结百年之好。彝族的跳月活动也有这个内容。

鹤庆白族有“赶月亮街”的风俗，在月圆之夜，姑娘、小伙相约到屋外、树林、路边聚会、谈天、对歌，沐浴着月亮的清辉寻找意中人。

壮族人民在农历八月十五的晚上，要赏月、吃月饼，过中秋节。孩子们用柚子皮制成各种鬼脑壳，化装成高公、矮婆，到村里富裕人家桌上取食月饼。青年男女结伴到田地里象征性地偷回一些瓜果蔬菜，俗称“偷青”。认为吃了这些偷来的瓜果蔬菜可以明目醒脑。广西的壮族在八月十五这天，以

"闹歌孩"的活动来庆祝中秋节。最初这项活动叫"请囊海"，"囊海"是壮语，即"月姑"之意，意为请月亮里的仙子下凡与民同乐。届时，村里的男子都要来围观。在闹台上摆一碗米，上插数根燃香，一边摆一碗月饼；闹台的两边各竖立一根柴担，一根的顶部插一个柚果，果上有若干香条和蜡烛；另一根顶部挂一双鞋、一双袜子和一块面巾，妇女们围闹台而坐，开始唱歌请月亮上的仙女下来与民同乐。歌唱近一个小时后，数位女子站起来东跑西蹿，象征仙女下凡。她们跑一阵后就在闹台前坐下，身子左右摇摆，口里说着含混不清的话。这时，其他妇女一起上前，问她们将来的祸福，被视为仙女化身的女子也一一作答，此后她们便是公认的巫婆。"歌孩"下来后，闹台周围的妇女便开始对歌，尽兴方散。同是这一天，广西靖西、那坡一带的壮族姑娘要用艾叶水沐浴，梳妆打扮，打扫屋内外，把柚子叶熬的水洒在房屋四周，还要把一根五米到十米长的竹竿竖在门前空旷之地，顶上插一个插满线香的柚子，香烟缭绕，作为指引月姑下凡的天梯。门前放一张桌子，桌上放月饼、香蕉、柚子、甘蔗、柑橘、煮熟的芋头和成把的毛豆等供品。姑娘与小伙子围坐在一起，推选一位姑娘扮作月姑，坐在地席中央，用两手中指和大拇指分别压住双眼和双耳，旋转头部，以示正从月宫下凡。大家将月姑认作"同年姐妹"，请她对歌。大家发问，她回答，场内欢歌笑语，不绝于耳①。

第四节　祭星

中国人相信，天上的每一个星宿都是一位神，称为"星君"，所以太阳称"太阳星君"，月亮称"太阴星君"，火星称"火德星君"，水星称"水德星君"……据说，这些星君能降福给人，也能降灾给人，所以人们要膜拜星君，祈求他赐福。而星象家也说：每个人每年有一位星宿值年，一年里的命运如何，全操在那位值年星宿的手里。每年正月初八，是天界众星君联袂下临凡间的日子，人们如果在这天祭祷星君，便会获得星君的垂佑②。

初春之夜，夜黑星明，月冷山寂。往日宁静的山乡，却依稀传来阵阵悠

① 资料选自李玉臻主编《中华民俗节日风情大观》，黑龙江人民出版社 2006 年版。

② 殷登国《正月初八顺星——顺星礼俗与古代中国人的星宿信仰》，《紫禁城》2010 年第 2 期。

远的歌声，像是在追叙一个久远的故事：世间人烟还很稀少的时候，彝族的始祖独自生活在大山之中，每当夜幕降临，他总因孤单而哭泣。一个初春的月圆之夜，他凄凉的哭声传到天上，感动了星神。星神变成一个美丽的姑娘，一到晚上就下来教他荡磨秋。往日孤坐的独木变成了两个人同骑的磨秋，往日愁苦的脸上露出了笑容。荡到天亮时，星女便悄然而归。一天拂晓，彝族始祖在星女即将告辞返回天空的时候，突然明白，只有两人成一家，才永远不会孤单。他苦留星女和他一起在凡间度日，但星女不肯，执意归去，再也没有回来。为寄托追恋星女的深情，每到初春月圆的农历正月十五，云南昆明西山区谷律一带的黑彝，就要竖长竿设横木，架起磨秋祭星星（又叫“祭秋架”）。他们把猪肉煮熟，酒杯酌满，待月亮泛白之时，就将酒肉抬到秋千架脚下祭供，希望星女能重恋旧情，下凡同温故梦。谷律山中的彝族始祖这样年年苦等，究竟等到了星女没有？我们不知。云南富民县彝族的一个祭会，似乎暗示着一点什么。每年农历八月十四凌晨，星星还在天空闪烁，这里的彝族就已拉着祭祀用的羊上山了。那是全村人共同举行的祭典，由毕摩主持。他念过祭词后，把清水淋在羊头上，羊若摇头甩水，说明祭祀顺利，可以杀羊。杀羊的场地四周插上草果树、青冈树、栎树、马桑树、青松等树。据说，一个学问高深的毕摩做道场时插的树枝，就是一幅能与星空对应的星图。铺上秧草，焚香烧纸后，即把缩在黑暗中白如晓星的白羊杀死，祭献星星，遥祝祖先保佑在远方的亲人平安。这就是“杀星羊”。这个祭典以及同样形式的送魂回原籍与祖灵团聚的仪式，不知是暗示始祖已化为星辰，还是暗示星辰照耀着亡灵呢？

哈尼族认为祭星与人的生死祸福相联系。哈尼族认为天上的星辰和地上的人运是对应的，星光灿烂则人运亨达，星星流殒必然人寿夭折。因此，他们便有祭星之俗。在自家的晾台、天井或门前三米远处，看得见星空的地方，把装有红公鸡一只，酒、茶、大米各三碗的簸箕祭上，点燃三盏油灯，行三献三叩头礼（先献活鸡一叩头，再杀鸡献血二叩头，最后祭熟鸡三叩头），认为这样做可以祛除凶险或逢凶化吉。

一、乞巧节

有关星星的节日祭会，人们熟悉的是农历七月初七七夕节（乞巧节），这个节日与一个有关牛郎星和织女星的故事有关。

这天夜里，人们遥望银河，老人会指出，在银河西岸，有一大两小三颗星，那就是牛郎星。他挑着担子，正苦苦地眺望河对岸的织女星。传说织女是天帝的外孙女，在天宫织云纹锦绣和仙人天衣。后来她偷下凡间，和牛郎相亲相爱，生了两个孩子。天帝知道后大怒，派天神把孙女抓回天庭。老牛让牛郎剥下自己的皮飞上天追寻织女。牛郎用担挑着孩子，被隔在天河西边。喜鹊为他们的挚情感动，每年农历七月初七，便一齐飞向天河，搭起一座鹊桥，好让他们相见。相传织女手很巧，所以，到了这一天，倾慕星女之巧的妇女，要以瓜果祭祀星神（织女星或魁星神），然后齐坐一起，或对月穿针，比赛眼力，或以针浮水，觇人巧拙。

相关民俗仪式有：摆七娘、拜七娘（巧女向织女祈福）、吃七娘饭（乞巧艺人自发组织七娘宴）、送七娘（焚烧祭品、恭送七娘回仙界）等。

二、星回节

云南昆明西山区谷律一带的黑彝和富民县的彝族，都有祭星星的习俗，前者在农历正月十五祭星，后者在农历八月十四凌晨祭星，或支秋千架，或杀“星羊”，有的彝族巫师还要在祭场四周插树枝，据说即为“星图”。尽管民间传说里已经附会了不少其他方面的说法（如彝族祖先与星星之女相爱的传说），但细究下来，祭星的真正原因，或许与历法相关。

彝族在某些地区曾使用过一种古老的历法，它以北斗星为标志。北斗星斗柄上指时，过最热节令的星回节（农历六月的火把节）；北斗星斗柄下指时，过最冷节令（相当于农历十二月）的星回节。每五个月有一个星回节，正好把一年分为阴阳两半。这种以星回斗转作为节令和节日依据的历法，与中国上古夏民族的《夏小正》和西北民族的古老历法，具有相同的性质。在彝文古籍《星月历》中，则是以二十八星宿和月亮相遇之夜来记日的。二十八星宿中，以“鸡窝星”（汉名昴星）为准绳，它把月亮相遇之夜叫“拖节日”。因为整个五月都看不见二十八宿，一直到农历六月二十四它们才出现，所以彝族称之为“星回于天”，要过星回节，以祝吉祥。各地彝族祭星的形式及对象虽然不尽相同，但将星星与历法节气等联系在一起，并固定为日期明确的年节祭会，这一点却是相似的。

据有关文献记载，彝族有两个星回节，一个在农历六月二十四火把节这天，另一个在腊月岁末之时。“星回于天而除夕也”，就是说星回节是彝族过年的日子。火把节如同汉族的春节，除夕之夜要张灯结彩，送旧迎新。在彝族社会中，过去没有张灯结彩的条件，人们就点起火把除旧岁迎新年，也就是“火把迎星回”。汉文文献上也往往把火把节和星回节连在一起。如《禄劝县志·风土志》记载：“六月二十四或二十五为火把节，亦谓星回节，夷人以此为度岁之日，犹如汉人之星回于天而除夕也。”《南安州志·风俗志》记载：“六月二十四日束松为燎朵，草花高丈余燃之，杀牲祭祖，老少围坐火，食肉饮酒。自官署以及乡村田野皆燃，谓之火把节，又谓星回节。”《隆庆楚雄县志·祭礼》载：“六月二十四日为星回节，燃松炬照室及田间，每田水口每荞地一处各磔一鸡以祈丰收。”《牟定县志·风俗志》载：“六月二十四星回节谓之火把节，研松为燎，高丈余，入夜炮之村落，用于照田年，以炬之明暗占岁之丰歉，街市儿童扬松脂末，互相烧洒为戏。”

从以上记载可以看出，火把节也就是星回节。古时候彝族一年有两个“星回节”，农历六月过一次，农历十二月再过一次。彝文史诗《门咪间扎节》中除叙述造天造地、猴子变人以外，还提到人们为了生存必须搞好生产。有个祖先名叫卡叶莫，她开始种了一颗粮，“才到一个月，禾苗长三节，长得绿茵茵，过了三个月，穗头金黄黄”。卡叶莫种粮的时代，大概就是彝族社会进入农耕时代的初期，如种荞子之类的作物，三月种六月收，三个月成熟。所以，那时的历法也就根据作物成熟的时间来定，一至六月为一年。当农业生产有了进一步发展的时候，不仅有荞子之类的作物，还有水稻、玉米等其他作物，“粮食还没成熟，六个月一年做不成”，怎么办呢？后来，人们观察月亮、太阳，重新定年月：“月大月小怎么分，月亮里头来区分，日子长短怎么分，太阳里头来区别，一年分四季，一季三个月，一月过两节，一年打两春，三年闰一月，按这个办法，种粮有时间，收粮有时间。”从彝文史诗《门咪间扎节》中叙述的历法来看，彝族古代社会中曾经推行过六个月为一年的纪年法，后来才逐步发展成十二个月为一年的纪年法，即把两个六月加起来算一年，现在这种历法虽然不用了，但仍保持着六月过一次年，腊月过一次年的习俗。这就是彝族一年有两次“星回于天而除夕”的根由。两个星回节的祭祀方法都是一致的，都要祭天、祭地、祭山神、祭祖宗，差别是六月星回节杀牛、杀羊、杀鸡祭，不杀猪，腊月星回节则要杀年猪①。

白族也过星回节。不过，在长期的文化流变中，星回的本义早已流失。现在人们听到的看到的，已是与星回无关的历史传说和习俗了。清代《滇系》

① 材料选自李世忠、孟之仁《星回节源流考》，《思想战线》1985 年第 6 期。

记述曼阿南之妻阿南，殉夫自焚，国人哀之，于她自焚之日燃炬凭吊的传说，与南诏时柏洁夫人殉夫的故事相似，由于皆有举火行为，节期又与白族“火把节”相近，所以一般都将它与火把节相混。但据南诏王寻阁劝《星回节游避风台与清平官赋》的诗句“不觉岁云暮，感极星回节”，南诏时已有星回节，而且是南诏的年终之节，时当在星回斗转的农历十二月（如所据为彝族古历，则在农历六月还有一次）。后来不知怎的附上柏洁夫人或阿南夫人殉夫的故事，使白族的星回节增加了妇女染红指甲和赛船等内容，宣传妇女的忠贞贤惠。而据古历分年的星回本义，反而逐渐淡化了。白族星回节赛船，是为了纪念传说中跳洱海殉难的柏洁夫人，柏洁夫人跳海殉难后，人们纷纷划船下海打捞她的遗体。赛船相沿成习。现已演变为群众性体育竞技活动。

第五节　祀地

农业民族通常在开年、耕种、收获等一年中最重要的时节举行祭地母或地神活动。

开年祭。在新春来临，万象复苏的时节，苗族、彝族等族都要祭地母。巍山彝族有的在农历元月初一，有的在元月十五，杀鸡杀猪祭地母。在许多彝族村寨中，都流传着地母的传说：很早以前，天王派地母化装到人间巡视。地母到富人家，见富人糟蹋粮食，又去穷人家，见穷人过年还缺吃少穿，但心眼极好。地母同情穷人，回去向天王禀告。于是，天王降下红雹子打烂了富人的房子。也有的传说认为，地母和鳌公是夫妻，天下万物都是他们生的。当地彝族在祭地母时，要到地母寺中杀猪，开坛念地母经，然后每户凑一碗米，共同煮猪血稀饭吃。据说，猪血稀饭象征着地母让天王降下的红雹子，吃了可消灾免难。最后，人们打歌欢庆。

播种祭。地母既是万物之母，掌管着它们的生育成长，播种前的祭祀，当然就显得很重要了。景颇族称地母为“斯滴”，主司五谷丰收、人畜兴旺，凡立在大地上的都归她管。所以，每年的第一个祭典，就是破土播种时的祭地母。地母要血祭，为获谷物丰收，人们向她献上猪或牛。这种奉献是极真诚地将牲畜杀死，洗净内脏，然后埋下土去，表示直接的奉献。一般来说，埋过猪牛的地方，青草长得特别茂盛，这就意味着地母已接受了奉献，施惠于人了。墨江布朗族在耕作前祭地母或土神，祭时家里只留一位家长和祭司，祭司祈祝后杀死鸡，取出内脏埋于大门右角，表示请神在此享用，请地母或土神保佑秧苗出得齐、长得壮。祭完才下种。彝族、白族、德昂族等民族，也常在此时祭地母。

春播祈年，秋收报祭，是农业民族最主要的祭祀。据云南一些地方出土的青铜器上的纹饰，古代“报祭”常以人为牺牲，晋宁石寨山出土的“杀人祭柱场面贮贝器盖”，据考，即为古滇人报祭的一个场面（以人祭祈年的习俗，甚至在20世纪50年代前还存在，如佤族的猎人头祭鼓）。如今，人祭之俗早已荡然无存，杀牛宰猪祭地的习俗依然存在。

农历四五月间，佤族要盖木鼓房，七至十月期间，便可举行拉木鼓盛典。传说，人类从“司岗”（山洞或葫芦）里出来后，什么事也不会做，谷子长得很差，地神发怒，想用洪水淹没大地。人们赶紧祈问天神，并召集树、草和动物来商量，决定学鸟啄木，砍回一段原木造木鼓敲打，祭祀鬼灵，平息神怒。木鼓造出来了，但敲不响。人们给木鼓盖了房子，剽牛、砍人头祭鼓，木鼓才敲响。猎头祭鼓的习俗，到20世纪50年代才终结，但木鼓的原始韵味，一直保留到现在。

或许是木鼓多与大地（神）相关，大地母亲又多与生育相关吧，鼓的祭祀，常常暗示着生的祈祝。

阿昌族认为地母是最大的鬼，祭地母几乎贯穿农作主要过程。阿昌族民间“地母祭”的节日，在每年农历二月马日、五月二十八日、六月二十五日举行三次。民间传说，古时候没有天地，只有混沌，从混沌中闪出光，才有了明暗、阴阳和天公遮帕麻与地母遮米麻。遮帕麻用雨水拌金沙做成太阳，又用雨水拌银沙做成月亮，还用五彩石做成了天，最后用自己的乳房做成太阳山和太阴山，此后男人就没有了乳房。遮米麻拔自己的脸毛织地，从此女人没有了胡须。随后血流成海，世界有了生机。天公与地母的结合产生了人类。天公教会人们狩猎、熟食与筑屋；地母教会人们刻木记事，用占卜和咒语来驱赶疾病和灾难，因此天公地母成为人们崇拜的神。祭祀仪式在大青树下举行，祭祀时不得动土，不能舂米。第一次祭祀，是为了祈求地母保佑全寨人平安。届时，全寨忌工一日，每家派一个男人到村里参加聚餐。外人这时候不能进寨，以免不吉利。第二次祭祀是为了祈求地母保佑牲畜兴旺，祭完后共商牧畜之事。第三次祭祀，祈求地母保佑五谷丰登。全寨人聚集在一起，设供焚香，行礼祭祀。祭完后，将洒有鸡血和贴鸡毛的竹片插在田里，边插边念咒语，祈求丰收和驱逐灾害[1]。

云南潞西市的地母祭在大青树下举行，梁河县的阿昌族称地母为“土主”，说土主有六只手，上面两只手拿着日和月。每年要祭三次土主，第一次是在二月属马日，主要是祈求全寨清吉平安。是日，各户都要派一个男性去聚餐一顿，全寨忌工一日，并不准外人进寨，违者受罚，认为外人进村会给村落带来不吉。第二次是农历五月二十八，祈求保佑牲畜兴旺，祭后商量共同放牧事宜。第三次是农历六月二十五，称为“保苗日”，祈求庄稼丰收，全村齐集祭献，然后将带鸡血和鸡毛的竹片插在每块田里，边插边念咒语，祈求丰收和驱逐灾害。对地神的祭祀，还有许多禁忌。例如，阿昌族祭地母时，任何人不得动土，不能舂米，认为这样做会惊动地母，使她不能安享祭品，就会不吉。

随着社会的发展，祭地母也增加了另外一些社会内容。例如，白族农历七月十五的地母会，与中元节同日，难免会染上一些地下阴司鬼府的气氛，这显然掺进了地下为阴司府的观念。有些地方的白族每两年举行一次祭地基或地母神的活动，免除相互间的嫉妒和争斗。据说地基神有排除纠纷的功能。祭祀在树下举行，祭品是一只山羊。全村人在祭祀地点将这只好斗的羊吃完，据说这样做今后就不会发生争吵了。景颇族每年要祭两次土地鬼“迷朗”，人们认为，如果到时不祭，鬼就会咬人，使人生病。

这样一来，大地女神的职能，不仅与生相伴，而且与死相邻，甚至成了平和人性、稳定社稷的守护神了。

一、彝族土皇节、祭地神、地母会、跳鼓坡节等

巍山彝族的土皇节在农历九月中下旬，选一天与本户属相不同的晚上，在大院内用灶灰从主房内屋画线到面房前，大院内画线呈“?”形，在此线上，按东、南、西、北和中央五个方位设五个点，间隔一米，在每个点插上松枝和椎梨树枝，点上香火，摆清茶、酒米、盐等，敲起犁头，抱起公鸡，口喊“东方甲乙木，西方庚辛金，南方丙丁火，北方壬癸水，中央戊己土，我家在某月某日敬献土皇”，然后杀鸡，烧鸡尾，在火上绕一圈，待鸡煮熟后，再用熟鸡、熟饭，献送一次，又念“送土皇，保安康，保田地，保地基……”最后把所有的树枝、香火送到房后路边，全家饱餐。

---

① 材料选自李玉臻主编《中华民俗节日风情大观》，黑龙江人民出版社2006年版。

弥勒彝族阿细人于九月祭地神。《阿细的先基》唱道：

九月的时候，
要祭地神，
要祭地气了，
拿三岁的白公鸡来献，
拿三岁的白母鸡来献。

昆明东郊小石坝、干海子一带的彝族桑尼帕支于十月中旬举行“地母会”。地母是拟人化了的土地神，是当地彝族所信奉的地面诸神中崇拜范围最广泛、祭祀最盛的村社共同保护神。

祭祀地母的仪式主要源于人们在收获后报答、补偿地母的想法。祭祀由妇女主持，会期一天，素席斋戒，隆重至极。除了全村老幼妇孺均参加外，方圆几十里以内的信仰者络绎不绝地来助祭。

办会地址在村中寺庙。设神坛，悬挂地母像，以花果供奉，大殿下面有大“站马”一对，小“站马”无数，系用竹篾编制而成，全都驮着金银财宝。祭祀开始，先由佛教法师、和尚念经，继而由斋奶、尼姑诵《报恩经》《地母经》等，中老年妇女一排排跪着叩首……

以前祭地母的最原始的办法是将祭品撒在地上或将酒洒在地上；现在妇女们采取“办会伙”的方式，既举办了祭祀活动，又使全村乃至本支系的人在一起聚餐，这对维系表现于共同文化上的共同心理素质，具有不可估量的作用。

为让地母充分发挥母性的力量，有的民族祭地母只能由妇女主持。如昆明东小石坝、干海子一带的彝族，十月中旬举行“地母会”时，要由妇女主祭，中老年妇女一排排跪着叩首。祭完，妇女们合伙聚餐。

石屏县彝族每年农历七月十五的跳鼓坡节，是用象征的方式与“母山”交配。当地人说，相传，石屏的龙马山是母马变的。每年，母山发情，吼叫寻偶，吼声十分可怕。住在山下的彝族先民为使母山的欲望得到满足，就用牛皮绷成大鼓，由男子抬到山上去，边打鼓边跳舞，名为“踩山”。这样做之后，母山不叫了，而且那一年玉米收成相当好。以后，由男子跳鼓踩山的习俗，便固定为一个节日。这一天，强壮的彝族汉子先喝个半醉，然后抬鼓上山，在粗犷的鼓声中，出手抬脚，扭腰晃胯，随兴舞动，暗示永不衰竭的生育能力，促发母山受孕，保佑人畜兴旺、五谷丰登。

二、蒙古族地会①

1980年2月，云南大学中文系民间文学教研室的田野考察小组，到通海县兴蒙乡（当时叫新蒙乡，更早时候叫下渔村、仙岩乡等）收集蒙古族民间口述作品。兴蒙乡位于通海坝子西部，凤凰山脚，杞麓湖畔，海拔1800米。考察组重点访问的通海县兴蒙蒙古族乡，是云南省蒙古族人口最集中的地方。只有他们历来坚持蒙古族籍，并保留了一些独特的文化传统和民族习俗。

1253年，忽必烈统率十万大军进攻云南时，尽管大理国杀使抗拒，忽必烈仍下了“禁杀掠焚庐舍”的命令，甚至放了后来俘获的大理国主段兴智。忽必烈以刚柔相济的政策，很快平定了云南。将宋挥玉斧划为“不管之地”的云南纳入行政区域，划为元帝国最早的行省之一。1254年，忽必烈班师，留大将兀良合台镇守云南。他们此时不用再从金沙江那边迂回走老路，而是以胜利者的姿态，从大理到昆明，再从滇中回到北方。在滇中曲陀关一带，他们设下军事重镇，派兵留守。

出于长治久安的考虑，南征或留驻的蒙古族官兵开始大批入居云南，并有部分将士的家眷也随军征袭调防。曲陀关一带，由阿剌铁木尔（旃檀元帅）率军驻扎，当时十分兴旺。在九街、上下落村还有鞑靼营。

明朝建立后，由于云南山高水险，北归路断，很多蒙古族不得不落籍云南，滞留在全省各地，有的隐姓埋名，有的为传宗接代几经辗转。为了保住自己民族的根系，留下来的蒙古族在相当一段时间里，只在本民族内部通婚，同时，由于随军南下的妇女数量有限，又定下了蒙古族女人不许外嫁他族的习俗，只允许外族妇女“嫁进来”。而且必须入蒙籍，习蒙语，随蒙俗。经几百年的民族交融，有不少蒙古族已融入汉族、彝族等民族中，一些其他民族的成员也融入蒙古族中。1980年，这个乡的蒙古族有四千多人，居住在中村、下村、北阁、交椅湾、桃家嘴等五个自然村。

云南蒙古族的文化习俗，已经融入汉族、彝族等民族的一些元素，办“地会”就是其中之一。在考察中，乡里的蒙古族乡亲告诉笔者，办会时，中村的“耍姑娘龙”很精彩。查阅史料，至少在20世纪40年代庆祝抗日战争胜利时，就已有蒙古族姑娘舞龙的记载。最早在什么时候有“姑娘龙”，目前还没人说得清，只听老人讲，姑娘龙是兴蒙乡地会中一个很有特色的节目，

---

① 这部分田野笔记来自邓启耀著《五尺道述古》，云南美术出版社2008年版。

因为舞龙和引宝的十三个人，全是蒙古族小姑娘。在不许妇女耍龙的这一带汉族眼里，十三个小姑娘风风火火地耍龙，是很招惹人注意的，特别是在地会这样带有宗教气氛的庄重场合，她们的出现更可能招来非议。

让笔者略感意外的是，姑娘龙不但没被非议，而且竟然成了这一带几大庙会中压轴的保留节目，这不能不使人对蒙古族女性刮目相看。

有人认为，乡民之所以能容忍蒙古族姑娘耍龙，大概与对蒙古族降龙女神阿扎拉的民间信仰有关。蒙古族女神阿扎拉的传说，在兴蒙乡流传很广，你可以在不同人那里听到关于她的不同系列的故事，但听到最多的还是她降龙治水的故事。阿扎拉在通海蒙古语中意为勤劳或勇敢，在北方蒙古语中则有劳作、毛发蓬松的大法师等含义。她原是个放牛娃，得道后随身带的牛鞭和葫芦成了降龙法宝。相传，通海这个地方，水多龙多，龙占了坝子，人只能在山上种苦荞。后来阿扎拉和吕洞宾、铁拐李一起，在杞麓湖边戳了个落水洞，把多余的水“落”到南海去，露出黑油油的土地。当地百姓纷纷跑下山来，插上草标，开沟垒埂造田，不用再拿鱼换米、打短工度日了。阿扎拉又用牛鞭降服了许多龙，把它们带到山上，放在缺水的地方，让穷山沟里有许多“龙潭”，好开田放水。传说在明朝永乐年间，京城皇宫中出现一条九头十八尾的孽龙作怪。京师恐慌，永乐皇帝广招天下异人除害。杞麓湖畔的蒙古族放牛少女阿扎拉善降龙，这里九沟十八潭的龙都乖乖地服她管。她到了京城，降伏孽龙，被皇帝封为“降龙祖师”。由于她能降龙治水，本地蒙古族曾在河西大村的后山上为她建了一座庙，叫“阿扎拉卡卓玛日”，意为“阿扎拉蒙古女神庙”。她的塑像是赤着脚的，身穿蒙古族妇女服装，一手拿牛鞭，一手拿着装有龙的葫芦，背上背个箩筐，脚下踏条游龙。遇天旱无雨，当地蒙古族即前往求雨。据说，其他民族也可通过蒙古族向她求雨。由于有这个“来头”，蒙古族姑娘耍龙，也才被习俗所认可。

就像北方蒙古族崇尚青、白二色一样，兴蒙乡蒙古族传统的“龙灯”，也以青龙白龙为主。青龙象征幸福吉祥，万事如意；白龙象征风调雨顺，五谷丰登。姑娘龙耍的是青龙。青为天神至尊之色，让姑娘们来耍青龙，该是对女性很尊重的一种表现吧。

在中村，姑娘们给笔者介绍过她们耍的龙：“做得太重，很难耍呢！”“龙骨”用木架竹编，“龙皮”用蓝绸加金箔鳞片，“龙脊”加连珠、小镜片等，舞动起来，金光闪闪，很是惹眼。舞龙的姑娘有十三个，在大锣、大钹、铓锣、鋈锣、大鼓的伴奏下，前俯后翻，配合默契，一条笨重的大龙顿时变得活灵活现，翻卷腾跃，让人眼花缭乱。

兴蒙的姑娘们还善于表演各种灯船，如蚌壳灯、彩船灯、毛驴灯等。汉族表演各种灯船时，一般是男扮女装来表演，但在兴蒙乡，则是女人演女人，甚至女扮男装。如果北方老家有人来，她们少不了要热闹一阵子，露几手南方的招数，学一点北方的套路，南北姊妹一别多年，有多少叙不尽的旧缘新情。

现在，乡里也举办那达慕大会，骑马射箭摔跤，照搬北方的那些样式。只是不在草原上，那种韵味怎么也出不来。他们习惯的，还是在南方因地制宜举办的节庆活动。

节日里，云南蒙古族还喜欢“跳乐”。跳乐本来是源自彝族的一种交游娱乐活动，蒙古族为什么也跳呢？传说元代蒙古族进入云南之后，由于随军家眷有限，许多人只好和其他民族通婚。通海曲陀关一带彝族最多，为了联姻，就学会了相应的交谊结友方式，跳乐便是其中之一。不过，经过蒙古族的发展，跳乐的形式和内容都有了变化。彝族跳乐戽踢较高，轻捷灵动，蒙古族跳乐则稳沉强劲；彝族通过跳乐建立婚姻恋爱关系，蒙古族过去却在跳乐场上严禁谈情说爱……现在，跳乐已经成为兴蒙乡蒙古族对外展示文化特色的一种文化产品。不仅如此，他们还开发了一些新的品种，如霸王鞭、蒙家乐、旱船、彩灯船、毛驴灯、凤凰捎信等传统的或新编的节目。在这些节目中，女人都是主角，服装道具也有所改变。

霸王鞭舞笔者在大理见过，白族姑娘要得很溜，不想蒙古族也兴这个。她们说，当年蒙古兵攻下大理，忽必烈禁止屠城，人们皆折竹起舞。蒙古族的霸王鞭舞，姑娘们要戴高箍小笠帽跳，需要保持颈部和腰部的平稳，显得庄重大方。

第六节　祭山

大山，是山林民族居住的地方，也是他们心中神灵的处所、通天的途径、撑天的柱子。彝文经典《勒俄特依》说：“四根撑天柱，撑在地四方。东方由木武哈达山来撑，西方由木克哈尼山来撑……”撑天山神的超然神力，成为山林民族共同瞻仰的对象。中国西部多山，许多民族都盛行祭山，并由于各自历史文化的不同，使祭山有了不同的内涵。

许多民族祭山神，大都与狩猎祭祀相关。傈僳族正月初二送山神，六月初一祭山神，出猎及猎归更要祭山神。据说，山神原是一位放牧人，与弟弟分管各种动物。弟弟分得牛、羊、猪、狗等，哥哥分得虎、豹、鹿、麂等，因哥哥分得多，就对弟弟说，以后如要吃的，就上山来杀。后来，哥哥变成山神，他分得的动物也成了野兽，猎人出猎，都得祭祀山神，让他知道。彝族也认为野兽归山神管。俗话说："山神老爷不开口，豹子不敢吃人。"所以，要人畜平安，打猎顺利，就得祭山神。佤族、基诺族、怒族、独龙族等民族出猎前祭山神，认为能否打到野兽，与他们狩猎水平高低无关，而全在于山神是否愿意赐予野兽。

阿昌族认为山神是保护山林的，但他有时也咬牛马，被野山神咬着的牛就会动弹不得。同山神相连的还有狼神，据说，被狼神咬着，全寨牲畜都会生病，如遇狼神，过年要耍"狮子"，玩"狮灯"，以驱瘟疫。

云南洱源县西山区白族祭山，带有较多农事祭祀的内容，凡种荞麦、收苞谷、伐木等，都要祭山。种荞麦祭山神叫"开山门"，祷告山神：我们到你的土地上要犁要砍，请你保佑我们的荞子长得好，不要让野兽来糟蹋。景颇族、阿昌族等耕种山地的民族，在砍地开荒前，也要祭祀山神或山鬼；哈尼族则直接祈求山神保佑禾苗，莫让谷子得白穗病；彝族祭山要占叶打卦，卜筮当年玉米收成的情况。

云南砚山县彝族祭祀山神的节祭活动很多。一年刚开始，正月初二早上，就要献山神。这天早上，鸡叫两遍就开始煮饭准备献品，到庙里按先后次序祭献。祭祀者用筛子装一只囫囵鸡，放一碗清水、三杯白酒、三碗饭，并放上肉和好菜，到山神庙祭献。筛外两边各献一杯白酒和一碗饭，意思即筛内献山神，筛外献门卫。相传，天亮以前祭献的人家有福分，庄稼好，先献的人家比后献的人家好，福分多，免灾免难，一切如意。若是天明祭献的人家，只能庄稼好，有收入，灾难则难免。由于黑鱼洞村户数多，祭献场地有限，因而祭献从凌晨三点一直到天明才结束。献山神后还要献三代祖宗，这时人才能吃饭。

在正月的属鼠日，全村或各户还要举行"唤龙开山"仪式。各户一般早上在家中分别向苍龙、土地、祖宗神位各献上一杯酒、一碗饭，用锄头在门前、房后各挖三锄土，表示在一年之初开山动土。全村一般在下午四点左右举行，首先在开山龙树离地面近两米处，用茅草绳围上一圈，树脚搭一个七十厘米高的祭祀台，台下烧十炷香，台上献一碗清水，倒扣三个酒杯。然后主持献礼的“摩公”或“毕摩”双手拿起一只红公鸡，对龙树作揖三次，重复说三次“本村从今天起开山了，现在杀红公鸡祭献龙王，祈求龙王开恩保佑全村男女老少全体人丁出山做活，出门赶街和走亲串戚风雨中安全往返”等，将鸡杀死拔尽毛，冲洗剖腹。除鸡肠和鸡肺外，其余鸡杂碎装进鸡肚，煮后盛上三杯酒、两碗饭，囫囵献在中间。摩公或毕摩闭着眼睛念唱祈求龙王施恩的吉利语，再将鸡肉切块煮熟后第二次祭献。这次要五杯酒、五碗饭，其中台上三杯三碗，台下两杯两碗。烧插三炷香、三张纸钱。开山祭献，给摩公或毕摩的水碗钱、买猪肉和小菜的费用，按户平均分摊收齐。这天，每户去一人参加吃喝一顿，同时宣布村规民约。到了农历二月和八月初，还要做两次会祭山神。全村拉着一头猪到庙房宰杀，以祭山神。每户当家人参加，而妇女则不允许进入庙房。进庙房的人要严格遵守敬神礼节，说话谨慎小心，不准说得罪山神的话，更不允许说半句不吉利的话，违者将受到批评教育和修路的处罚。做会祭山神的目的是祈求山神保佑全村人畜平安，消灾免难、五谷丰登、事业顺利发展。黑鱼洞村阿细人的摩公或毕摩一般由杨、张、李三个姓氏的人担任，相传这三个姓氏在黑鱼洞出现的时间较早，属于大姓。

西南地区多山寨。山寨的保护神，自然也就是山神了。普米族祭山神，每月十五都可举行，但最隆重的，是农历七月十五的转山会。据说，每年这一天，各地的山神都要集中到一个叫“甲双巴拉”的山神那儿去打赌：如果哪个地方的山神赌赢，哪个地方的百姓就会丰衣足食；如果哪个地方的山神赌输了，这个地方的村寨就不得安宁了。为使本地山神能够获胜，人们一大早就上山烧香磕头，护送山神去打赌，祝贺山神凯旋，由此而形成转山会。富源县水族农历六月二十二至二十四祭山神，山神的主要作用是保护村寨平安、风调雨顺。祭山神时要搭一个塔形神台，上面挂有用白纸剪的青蛙，神台顶上还戴一个斗笠。节日的主要活动是宰牛、吃五色饭、舞狮等。

山神不仅管活人的村寨，也管死人的坟山。丽江黄山纳西族上坟祭祖前先要祭山神，因为他们认为祖坟由山神管理。离坟不远处的一块又尖又大的石头，即是山神所在。

山神的护佑作用，甚至延至械斗中。傈僳族械斗前要祭山神，求山神使己方盾厚箭利，使敌人盾薄箭钝。胜利后则设祭感谢山神的护佑。

哈尼族农历四月，谷子种下，薅过头遍，就要祭山神，修小房子。所谓修小房子，就是在一棵被烟火熏黑半边的大松树前，用竹木和茅草搭一间半人高的小房子，房前平台上有残香及一些供品。时间选属蛇日，因为人们认为地是属蛇的。开天辟地的那一时，天朝前一天开，那天属兔，地往后一天长，地属蛇。当地人的属相，兔在最前，蛇随其后。天是男，地是女，天地结合才生出万物。所以祭山神要选属蛇日，那是造地的喜日。用两只鸡、一碗茶、一碗水、一碗饭，再在一个碗内外各插三炷香献祭，磕三个头。寨头不动，谁也不许动。女性不参加祭祀山神的活动。农历十月的祭山神，则与洪水泛滥、兄妹乘葫芦漂到一座山上传下人种的神话相关。在这里，山神成了兄妹婚配、繁衍后人的见证者，也成为氏族血缘古老渊源无声的代言人。

在哈尼族村寨附近，一般都有一片杉木、栎树、棕榈、灌木丛集中的茂密山林，叫“龙山”或“龙树林”，这是“十月年”祭龙日的祭祀圣地。村民一年一度在此祭祀，祈祷五谷丰登、六畜兴旺。龙山或龙树林严禁破坏，如禁止在此砍伐树木、放养牲畜等，只允许采集野菜、菌子等取之不会破坏山林生态的活动，否则认为会受到神灵的惩罚，会出现山体滑坡、山洪暴发、雷电等灾害，要在族长的带领之下祭祀、告罪、祈求原谅才能消灾。“龙山或龙树林是整个村寨生活用水和农业生产用水的源泉地。龙山或龙树林兴旺，村寨和梯田才兴旺和收成好。

祭山活动是哈尼山寨一个集体性的祈祷仪式，哈尼族地区几乎所有村寨都要举行。祭山节历时一天，每户派一名男子参加。根据各自的经济状况拿出东西参加祭祀，有拿出一升米的，有拿出一斗谷的，数量不限。如果以居住区域为单位举行祭山活动，祭品往往需要一头牛。如果以寨子为单位举行祭山活动，可杀一头猪。如果年景好，也可杀牛。供品取牛身上的肝、肚、肉各一斤即可。其余的可按村寨户头平均分配，以村寨为单位煮熟在山上野餐，不得带生肉回村。祭祀仪式由“莫批”主持，他把牛的肝、肚、肉各取一斤，在山头上找到祭祀地点。祭祀地点不得任意改动，据说这些地点都是先祖定下的。摆好了祭品，磕上三个头，莫批念道：

先辈祖宗留古规，
插好秧来祭山神。
哈尼祭山要杀牛，
哈尼祭山也杀猪。

全族共祭山神爷，
祈求神灵风雨顺。
祈祷山神保禾苗，
莫让谷子得白穗。
天空不晴啊，
不能怪天神，
只能怪浓雾。
大地不太平啊，
不能怪地神，
得怪世间的恶人。
庄稼多灾多病哟，
不是哈尼不勤劳，
不是哈尼不敬神。
祈求山神护人间，
祈祷山神保禾苗。

祭山活动主要就是祈祷村寨安宁，并祝福寨子四周的山平平稳稳。这一点，在选寨子地址时就要看好，地势上要以寨子为中心，上下左右都有几座山梁。若寨子上方和下方都有三座山梁，两旁有像手臂一样伸出去的整整齐齐的山梁就很好，人能获得平衡感，在寨子里才安宁。祭山时就是要祈祷这几座山平稳，祷词是：

求寨脚的三个山包，
不要像蜂蜡一样晒化。
山脚的山包，
是寨子的歇脚处，
找不着歇脚的地方，
寨子要倒掉。
求寨头的三个山包，
不要像稀饭一样化掉。
寨头的三个山包，
是寨子离不得的枕头，
找不着靠处，

寨子也要倒掉。
求寨边的两座山包，
也不要滑坡。
两边的山包，
是寨子离不开的扶手，
没有扶手的寨子，
根基也不会牢。

——朱小和《哈尼族古歌》

祭山的最后一个仪程是各村寨的老人们在一起商讨治理村寨的大事，调解村寨纠纷，商讨村规民约。在会上规定：要关好各户的牛马，不要让贪嘴的牛马进入大田里；要关好各家的猪鸡，不要让猪鸡进入寨神树林，不然就罚谷子三斗；同寨的哈尼族是一娘生的，几寨的哈尼族都是先祖的后代，大家要互相帮助，和睦相处，不要像公鸡一样斗架①。

在山高水险之地，山神又被塑造成了凶神。居住在怒江峡谷中的怒族、独龙族、傈僳族等民族，大多把山神和疾病创伤联系起来，凡人畜得病、山石砸人、失足滚崖等，就认为是山神作祟，要赶紧祭山神或山鬼，祈求其宽宥。

一、怒族祭山神②

怒江一带的山神种类较多，有高山上的山神、撵山（狩猎）的山神、祖坟上的山神等。不同的山神有不同的祭仪。一般说来，纯粹属于自然神灵的山神已不多见。山神的自然属性，和当地民族“靠山吃山”的社会生活，早有机地融为一体了。

坐下午六点从昆明出发的夜班卧铺客车，睡到天明，已在怒山山脉中穿行。沿着一条小河横穿过怒山东脉，小河与怒江交汇处便是怒江州州府六库。次日中午一点到，改乘下午三点的班车，沿怒江峡谷北上。

笔者去的匹河乡坐落在怒江峡谷中段的江边，海拔 1050 米。一进小镇，即刻听到涛声如雷的江水轰鸣，心里顿升莫名的畏惧。面前几十米下便是怒江。江中巨石无数，均被水流擦出光滑的流线。咆哮的江面上，连接高黎贡

---

① 材料选自陆建辉著《农耕盛典——哈尼族节庆活动散记》，云南出版集团公司、云南美术出版社 2010 年版。

② 本田野笔记由周凯模、李卫才（怒族）、邓启耀合作撰写。

山和碧罗雪山一带的溜索，令人不寒而栗。两岸居民用根绳子，一头兜住腰臀处，一头挂在挂钩上，就这样溜过惊涛。看着下面在乱石中奔窜的狂涛，谁也不敢轻易言试。见当地人当要似的溜来溜去，小孩也如此，心里只有叹服的份。是夜，黑沉沉的山影，暗悠悠的月辉，星星跟着似隐似现的云烟寒战着，阵阵阴冷的风掠过，人不自觉地怀疑会不会撞着了哪路邪气。当人进入那似乎旷古的氛围中，在现代城市里的所有自信和自卑，在这儿都化为一团遥远得不能再遥远的迷惑和模糊。

云南怒族的大部分山民，与傈僳族一起，共同居住在怒江大峡谷两岸。当地怒族这样形容他们生活的怒江峡谷："看天一个缝，看地一条沟，出门听见狗叫声，行路要三天。"笔者想在镇里散散步，有房屋分布的平地一小会儿就走完了，再走便要爬山。笔者沿着一条小路登上一座造型奇峻的山峰，阳光在云层和峰峦间时隐时现，整条峡谷变成在金色光柱与青色曲线中迷茫交替的幻境。笔者不由赞美起眼前的美景来。陪笔者上山的怒族朋友老和夫妇却不这样看。他们在这里生活了三四十年，山山水水的脾性都是摸得很熟的。他们说笔者只见山的表面，水的表面，不知道它们的脾性，看不到它们的灵魂，当然也不知敬畏。

笔者到匹河的第三天开始表演祭祀。波郁老人是一位年逾八十的大祭司。祭司，怒语叫"衣谷苏"，"衣"意为"鬼"，"谷"意为"祭"，"苏"意为"人"，译作"祭鬼人"。问他何时开始学干祭司，波郁老人说："老古辈就是这样，一代一代跟着老古辈学了传下来。自己看，自己听，不消教，儿子跟着老子学，自然就会了。跟着老人做，做到二十六岁，做熟了，就开始自己做了。"

尽管是表演，老人还是带笔者到离村一里多的山坡上，选了一块有岩石的平地做祭场。根据他的吩咐，笔者备一头小母猪、一只小公鸡，带了鸡蛋、荞麦米花、酒、水、米去祭山神。在山上，祭司寻一个大黑巨石前的一小块空地，砍根小板栗树枝插于土中，令助手在树侧用石头垒一个三脚架，支上铁锅（煮祭品用），又用白绵纸撕成数根长条，挂于树上，以示对神的敬意。树下放簸箕，将米、酒、鸡蛋、荞麦米花放置其内。老和解释："这是表示对山神尊重，否则就是对山神不礼貌，有些物品是给山神作为被子、垫子的。""放两个鸡蛋是祈求山神保佑人们顺顺当当，不生病，没有灾难。""祭神用的鸡不用水烫，要用火烧，这样能让山神闻到香味，他才知道我们在祭他了。"

开祭前先祭山神，请山神保佑祭祀顺利。

祭司波郁老人念过祝词，手脚利索地将两只小公鸡杀了，把鸡血抹在白纸上，又用三根鸡毛插在小树上，表示对山神的尊敬，还拔了些鸡毛放在祭坛的小碗下，表示这是送给保护神的神盖和坐垫。

祭司主持祭祀，和鬼神打交道，自己的魂难免会被鬼神劫持，所以，做完仪式一定要把自己的魂喊回来。《喊魂词》如下：

哎！某某！回来吧，回来！今年你运气不好，今年日时不吉利，月亮不圆，滚下箐沟里，从坡坡撞破了你的脚趾头。你不羡慕火塘吗，你不惦念家里堂屋吗？今早你爷爷我，用刀切好膘肥的猪肉，煮好上好的新米饭，倒好醇香的烧酒，煮好白花花的鸡蛋。你爷爷我，从家里大声来喊你。

不要在箐沟里，箐沟里会滚石头；不要在岩洞里，岩洞里有蛇；不要在大树下，老树会倒下来砸着你；不要在田埂地坎坎，蚂蚁会来咬你。

不要在山上，山上会刮狂风下暴雨；不要在雪山上，雪山会下雪来；不要在河边，河水会涨，山洪崩塌；不要在江边，江水冲来江柴坨坨敲着你。

不要在深箐里，深箐里有蛇会咬你；不要在坡上，坡上有大马蜂蜇；不要在阴间里，阴间有阴狗咬，阴间有阴鸡啄；不要跟随死人，他们是阴间的魂灵；不要跟随你阿爸，他离弃田地走了，他不继承家园。

不要吃别人给的饭，不要轻听别人拐骗的话；不要在滚石头的箐箐里，会滚下石头来；不要在箐沟沟里，会冲下泥石流来。

某某呀，你见了野猫屎，要恶心不要嗅；吃有痂味臭的羊肉时，你吐掉唾沫。

你不能害病，你不能死：你是中梁柱子继承人，你是房屋继承人，你是土地继承人，你是田园继承人。你回来继承大梁，回来继承柱子吧，回来继承祖业吧，像月亮升起来一样回来吧。

不要进去蚂蚁洞，回到我们家里来，回来吃我给你的饭。离弃阴间回转来，离弃死人回转来。你阿妈喊你回来，爷爷我来喊你了。

回到膘肥的猪肉旁边来，回到香喷喷的米饭旁边来，回到醇香的米酒旁边来，回到白花花的鸡蛋旁边来，回到我们温暖的家里来。当心走迷了路到阴间，回来吧！回来！

当波郁祭司在那里闭目念诵漫长经文的时候，老和夫妇已将鸡和饭都煮好了。这时已到正午时分，肚子正饿，波郁老人行祭礼毕，宣布开饭——行话叫“分食祭品，人鬼同享”。吃完喷香的鸡汤肉饭，波郁祭司悠然自得地躺在铺满落叶的山坡上小憩。突然他想起一件事，要老和把煮熟的祭蛋拿给他看。不看则罢，一看卦象，祭司的脸色变了。他紧张地用怒族话跟老和解释。老和把剥开的鸡蛋拿给我们看，指着蛋白上一条隐约可见的纹路说：“这里有一条路。这个鸡蛋从开头（祭）就拿给他（祭司），煮的时候就在这儿一起煮了。先拿给他，他打开一瞧，他自己的魂呢好像是不在，掉了，需要再喊一次，上面已经明显的（表示了）……”

波郁为自己喊魂，老和解释：“他说自己的魂不在了，翻过三片草地，山山水水，自己家的魂回来喽。我是跟着魂一起的，魂跟身要在一起。我不想死一回，不想往死那点去，我的魂回来！从鸡蛋旁边回来，从肉旁边回来！跟我的儿子我的孙子在一起，回来！”

二、纳西族祭山神①

茨中村有几个古老的纳西族祭祀点是村庄神圣的地域，两座神山阿杜白丁神山与扎拉凶姆神山分别以纳西族男性与女性来命名，是常年守护在村民身边的保护神。阿杜白丁神山是一个纳西族男人的名字，纳西语意为“我们的父亲”。扎拉凶姆是一个女人的名字，纳西语意为“我们的母亲”。村民们常说，两座神山的名称都是纳西族语，反映了最早到达茨中村的是纳西族村民，周边几个自然村都是在茨中村建立之后才有的。

目前，茨中村周围的每个自然村都有自己的神山：北面西玛拉扎自然村的神山名叫帕里牛该；南面龙巴西卡自然村的神山名叫扎拉凶姆，位于龙巴西卡的危险地带——黑石头附近；东面巴东自然村的神山名叫代立出家；西面江东自然村、日米自然村的神山名叫次里别处②。茨中村目前还保留多个东巴教神圣地区。茨中村西边半山腰的泉水出口的一片林地是茨中村风水林“风山”。茨中村村民每年初一都会到风水林风山和周围各个自然村的小白塔进行烧香。茨中村背后的神山叫阿杜白丁，被村民视为最灵验的神山。

茨中村现在还流传着许多和神山有关的传说，其中比较著名的有两个：一个是关于茨中村的保护山神阿杜白丁的传说，据说很久以前，有七个兄弟从远方来到茨中村准备到卡瓦格博雪山转山，但是在与盘踞在茨中村的一条

---

① 本田野笔记由中山大学社会学与人类学学院2006级博士研究生魏乐平撰写。

② 2011年2月，日米自然村书记阿勇的访谈记录。

巨龙搏斗的时候，七个兄弟全部身亡。他们的身体化作神山阿杜白丁上的岩石，这些石头常年积雪、不会融化，一直守护着村里的乡亲父老。另一个是关于西马拉扎村保护神帕里牛该来历的传说。

茨中村背后有一座小山名叫“风山”，是村里的长老们长期吩咐后代祖祖辈辈不得砍伐的神圣之地。风山的半山腰有一片长得特别茂盛的小树林叫作“及查合”，这是村里唯一的风水林，主要种植栗子树。这个神圣的地方，自古以来一直不准村民随意砍伐。茨中村民每年初一都会到风山和各个自然村的小白塔烧香。

三、布依族祭山[①]

据布依族村民和摩公（巫师）介绍，布依族最盛大的节日是三月三。

布依族三月三期间有很多祭祀活动，其中最重要的是祭山神。云南罗平县布依族三月三要祭神山、祭冰雹山或五谷山，还要祭龙潭，贵州安龙县部分布依族传说三月三是山神的生日。所以云南、贵州等地布依族的三月三，又被称为祭山节。

云南罗平县布依族的祭山持续三天，节期从农历三月初三到三月初五，全村停止生产三天。传说五谷山是掌管五谷之神的居住地，神山是一位姓李的大官化身的，他监督管理所有的神和寨子里的大小事务，有什么事情，就求他。人们希望他保佑无灾无害、五谷丰登、吃穿不愁。祭神山前，每家人出一些钱，由村里主持祭祀的人家购买祭祀用的牲畜和香烛等。冰雹山、神山都以羊、鸡祭，通常要准备一只羊、一只鸡冠很好的红公鸡，祭五谷山的时候要准备一只狗。祭祀时，每家要派一名男子（女子不能参加，一般也不带儿童去），带三炷香、三张纸钱。参加者要穿红色或绿色服装，禁穿白色或花色服装。

仪式在农历三月初三下午举行，由摩公主持。神山上有一个石香炉，祭祀山神的活动就在附近举行。多依村的一位刘姓摩公说，三月三祭神山和冰雹山的时候，要请摩公看那鸡卦好不好。万一鸡卦不好，如果家庭当中不发生意外的事情，也就算了；如果发生意外的事情，要重祭；如果重祭还不能消灾，就要大扫除（举行“扫寨”仪式）。寨子里的老人们去敲老人房那里的大鼓，咚咚咚敲三声，召集会议，商议怎么办。老人房旁边原来是当地富

---

① 本田野笔记由邓启耀撰写。

户的大宅地基，后来那户人家破败了，那里便成为荒地。老人房过去悬挂的是铜鼓，后来改用牛皮绷面的木鼓，现在只剩下一个没有鼓面的木桶。老人们商议定了，就请摩公来主持仪式。摩公在祭祀场地或家屋门头，悬挂红色布条和竹片削的尖刀，门楣上，还把三枚钱币（中间一枚用银圆）砸进木里，用红布固定在上面。如果家境顺达，这块红布就一直固定于其上；如果遇到不顺之事，就要请摩公做法事更换这块红布。摩公在祭祀地点设祭坛，安放三张桌子，一张送五海（蛊），一张送阴兵，一张送瘟神。桌上摆五个碗，供奉五谷、鸡蛋、公鸡、酒、茶、土纸做的纸钱、真钱等。桌下用竹片和芭蕉叶制作一个小轿子，把香放在轿子里头。摩公带着宝剑去到供桌那里，将三炷香和蜡烛点好。如果没有蜡烛，也可以点香油。摩公持刀和树叶、茅草，拿一个碗，装一些瓦砾、石粒，一边向四处撒，一边念：

一扫东方甲乙木，凶神恶煞往外出；
二扫南方丙丁火，凶神恶煞往外躲；
三扫西方庚辛金，凶神恶煞往外走；
四扫北方壬癸水，凶神恶煞往外追；
五扫中央戊己土，凶神恶煞往外堵。
是道是金刚，是鬼是大王，
砍大鬼杀大王，打不死就把它吓死！

念完，持刀把树叶、茅草和剩下的瓦砾、石粒撒在祭场外。一个年轻人点燃鞭炮，从场内飞快跑到场外，参加祭祀的人一起吆喝，做出各种动作追打邪灵，撵它们出去，把给鬼做的轿子抬到岔路口扔掉。摩公持刀端碗守在门口，念一段咒语，含一口冷水向外喷，连喷三次：

一口喷上天，天就塌；
二口喷到地，地就崩；
三口喷到中央，鬼就送。
大鬼度在九千里，小鬼度在九坪坡。
二十四万将军，
鬼山对鬼山，鬼山对青龙，
急急如律令，奉太上老君！

然后把刀和碗放在门外，把门关上。这仪式叫“冷水治水法”。摩公说：“我们当摩公的，头有三老虎，腰中有三条龙啊，杀龙不留尾，杀鬼不留情，把一口水喷到天去，鬼都怕了！”

摩公主持仪式之后将牲畜杀掉，祭祀山神。煮熟后给到场的人们分食。出资祭祀但没有到场的人家也能得到一份。人们认为吃了祭过山神的祭品，会保人畜平安、五谷丰登。

节日期间，也是村里人商讨村中事务的时间。村里的各种重大事务，都在这个时候商讨。村民认为，有山神看着，没有人敢乱说乱讲或弄虚作假。各家各户则泡糯米，染花饭和彩蛋。小孩佩戴装有彩蛋的挂饰“蛋包”，象征吉祥。染花饭的染料采自山野，均为可以食用的植物。男女青年举行盛大的游山、对歌和交友活动。

据说，贵州安龙县布依族在三月三山神过生日时，也要扫寨祭山神。三月三这天，人们到村寨山神坛前摆设雄鸡、刀头等供品，还要杀一只狗，将血洒在纸旗、纸马和寨子进出要道口的石头上，然后由摩公及其他人员携带淋有狗血的纸旗、纸马到各家各户扫除妖魔鬼怪。各家大门口要设置一张长凳，凳上摆一只装满清水的碗和一只装有瓦砾石粒的碗。摩公在大门口念经打卦，再将瓦砾石粒向这家房屋内乱撒，将碗中的水四处乱泼，掀翻大门前的长凳，扣起水碗，意为扫除了魔鬼。最后，给这家插上沾有狗血的纸旗纸马，另赴他家去扫。村寨住户都轮扫完毕，摩公回到神坛，将收扫的妖魔鬼怪集中镇压于神灵之前，然后全寨男子于神坛处就地会餐，称为陪神吃饭①。

四、摩梭人朝山节②

在云南省宁蒗彝族自治县泸沽湖边，有一座山叫狮子山。与当地摩梭人母系大家庭和走婚的文化传统相对应，狮子山的山神也是女神。这位女神名叫格姆，与一群男山神过着自由无拘的“阿夏”走婚生活。她不仅主宰着永宁地区的家庭兴衰、农业丰歉、牲畜增减，而且还影响着妇女的婚恋和生育。人们崇拜格姆女神，每年农历七月二十五，当地摩梭人要举行盛大的朝山会。这天既是庄严的神祭之日，也是狂欢的人会之日。

传说这天是格姆女神放假的日子，她要到西藏逛逛，因为天下所有出名

---

① 《三月三的民间习俗》中国食品科技网，http://www.tech－food.com/kndata/detail/k0200090.htm。

② 本田野笔记主要节选自邓启耀著《泸沽湖纪事》，中国旅游出版社 2006 年版，同时参阅了摩梭作家拉木·嘎吐萨、邓启耀合写的《女神放假的日子》，参见邓启耀作为文字主编的《云南人文影像》，云南民族出版社 2004 年版。

的山神都要到西藏聚会。辛辛苦苦当了一年山神的他们，放下架子，心情放松，喝酒、唱歌、跳舞、会情人、掷骰子，干点疯疯癫癫的事。所有山神把几粒刻有图符的羊骨头藏到一个盒子里，用手掌按紧，大喝小叫地猛摇一阵，突地按在地上，所有目光和吆喝凝住片刻，再度爆发——狂笑的、大叫的、唉声叹气的……

摩梭人喜欢热闹的格姆女神当然也在其中。

女神放松的日子，本来也该是众生放松的日子，没想到女神掷下的骰子，竟感应着她老家的天象物候和人情。如果她掷骰子赢了，眉开眼笑，泸沽湖一带自然风和日丽，五谷丰登；如果她掷骰子输了，便会大发脾气，狮子山方圆数里立即阴云密布，电闪雷鸣；要是她输急了大哭大闹，这一带更要遭殃，暴雨大雪，狂风裹冰雹。笔者在三十余年前的田野考察笔记里，找到这样一段记录：

西藏过年时，山神好赌钱。输了，他管的这个坝子收成就差；再输，牛马牲口死；三输，人死。所有的山神都去西藏赌，你有你的狠，我有我的狠。有的骑白马，有的骑黑马，我们的格姆骑狮子。要是女神赢了，做了好事，初一、十五我们敬松毛，磕头，山神就喜欢了，收成好，牲口好，不打雹子，人聪明一点。

讲述：品初，摩梭人（69 岁）
翻译：杨二车，摩梭人
讲述地：永宁泥鳅沟
记录：1981 年 2 月

因了这个事，格姆女神放假的日子，格姆山麓和泸沽湖一带的老百姓并不轻松。为了使女神在赌博桌上大胜男神，农历七月二十五这天，不管你有事无事，都得到格姆山脚，女神的身边，声援助威。喇嘛诵经布道，百姓烧香祈祷，好让身处客场的女神能在这个关乎一年时运的赌局中大获全胜，让永宁地方平平安安。因而，在那天，以女性为中心，形成一个女性的节日，以示对女神的声援。

在严汝娴、宋兆麟著《永宁纳西族的母系制》一书里，有女神神像的摹本，她骑白马，一手拈箭，一手捧莲花，巡游在水面上，马前有她掷下的两个骰子。这便是她一年一次的“命运之赌”的写照。

农历七月二十五那天，太阳刚刚从东边的山头升起，泸沽湖附近村子里已经有人在四处走动了。诵经的喇嘛队集中在扎美戈喇嘛寺，先诵一段经文，然后从寺内出发，前往格姆山。喇嘛们穿起僧服，头上一律戴鸡冠帽或撮箕帽，身披红黄袈裟，小喇嘛牵马，一列纵队，行进在弯弯的山道上。在喇嘛队的后面，簇拥着善男信女，人们穿红着绿，举家前往。红土路上，从四面八方会聚来过节的人们，热闹非凡。不用问路，只要跟着那些穿得光光鲜鲜的人走就行。他们挎包提壶，有的还背着干柴和炊具，像是要举家野餐的样子。临近山脚，远远看见山腰人群密集处有缕缕青烟升起，云雾徐徐融入格姆女神山的山头。

在格姆山下，喇嘛们已经搭起白色的帐篷，挂上神像，摆好祭品。法号呜呜响过，喇嘛们排成两列，打盘脚坐在帐篷里鸣响法号，开始诵经。来祭祀神山的人们，年纪大一些的都会到喇嘛们面前磕个头，然后到山腰上的玛尼堆前点燃柏香，撒上香末，把布印或纸印的五色“风马”，系在连接神树和玛尼堆的绳子上。

人们三五一群，以氏族为单位，选定野餐的地方。喇嘛的声声铜号，在秋风中送远，震动着山野河谷。锣鼓敲响了，排成两列的喇嘛们在帐篷内，打着盘脚诵起经来。人们都来到喇嘛们面前，面对女神山祈祷磕头。之后，人们陆续走入一片神树林中，烧上浓浓的香火，撒上香末，在树上拴系五颜六色的经幡。祭拜完毕后，人们在山野埋锅造饭，吃一顿丰盛的午餐。

下午，开始表演狮子舞和凤凰舞。表演结束后，人们自由组合跳起欢快的锅庄舞。不愿跳舞的还可以参加打秋千、赛马等娱乐活动。届时，整座山上欢歌笑语，人山人海。到傍晚时分，人们陆续散去，只有那些谈不完知心话的阿夏们，故意放慢脚步，漫游山野，默观景色，恨不得太阳早些落山。

完成了家族和村社神圣使命的人们开始转移，他们三五成群，以家庭或氏族为单位，在山坡平缓处选定野餐的地方，架柴烧水，打酥油茶，地上铺满各式各样的点心。下午，一般还要表演狮子舞和凤凰舞、跳锅庄、打秋千、赛马，更多的人则要转山和转海。求偶祈育的人，则到狮子山腰的崖洞里，祈求女神保佑她们喜结良缘，顺利生儿育女。传说，由于格姆女神长得漂亮，她望到哪里，哪里的姑娘就最漂亮，她司掌着泸沽湖地区女子的长相、姻缘和生育，成为她们的护佑神，所以，摩梭女子祭祀最勤的就是格姆女神。

朝山节始于何时？所祭女神格姆为何时代的人？均无法说清。摩梭人崇拜祖先，还崇拜大自然，人们相信天地日月、风雨雷电、树木飞鸟都是有灵魂的，都有神掌管它们的意志。万物有灵的观念由来已久，越久越深入人心，人们怀着崇拜的心情予以祭祀。从传说看来，这是在本地宗教达巴教的自然崇拜与外来宗教藏传佛教的影响下，共同孕育和发展的一个节日。在藏传佛教还未传入以前，以村寨为中心，人们聚集在一起，祭祀村寨边杰出的山脉，称为“日则劝”，即祭山神。自从藏传佛教传入，将格姆山作为一个女神的偶像，称之为“塔洛森格格姆”，即“永宁地方骑白狮子的格姆女神”。每年固定祭祀，久而久之，远近闻名，从而演绎出许多美丽动人的神话传说。

在 1981 年 1 月的考察笔记中，笔者查到阿乌们讲的转山转海的事。关于格姆女神的来历，在永宁地区有一个广为流传的故事：很久以前，永宁者波村里有一个迷人的姑娘，名叫格姆。她生下七天就会说话，三个月已经懂了人世间的事，三岁时人人爱。她不仅美丽出众，还能歌善舞、能说会道。竹笛吹起来，百鸟停歌伫立；歌声响起来，百灵羞愧不已。不仅如此，她勤劳能干，织布如彩云飘飘，背水犹如风摆杨柳。她的美名不胫而走，传遍天下，所有的小伙子都来走婚，她家的门槛几乎被踏平。十八岁时连天上的神仙都看中了她。神掀起一阵龙卷风把她卷走，要她做伴。她身不由己，只能在半空中大声呼叫。整个永宁坝的人都听到了、看到了，人们齐声吆喝，声音像打雷一样响。男神慌了，失手把格姆摔到了狮子山上。她就这样和狮子山化为了一体。人们为纪念这位美女，用歌声表达内心的崇敬。歌中唱道：

阿哈巴拉马达米，
高高的狮子山，
格姆女神住其间。
女神垫的是啥子？
女神垫的是青草坝子。
女神脚上穿啥子？
女神脚上穿落水海子。
女神拴的腰带是啥子？
女神拴的腰带是青冈、栗树林。
女神的眉毛是啥子？
女神的眉毛是柏香树。
女神的斗笠是啥子？
女神的斗笠是云彩……

演唱：格狄谷玛（81岁）、单支（72岁）、都日达石（65岁）、七别错（66岁），均为摩梭人

翻译：阿普二车，摩梭人

演唱地：永宁泥鳅沟下村

记录：1981年2月

这首歌在泸沽湖地区版本不一，但十分流行。泸沽湖成为旅游热点之后，经过当地文化人的整理修饰，已经成为摩梭姑娘们对游客的保留节目。摩梭人认为，女神的灵魂永远在山上游历，她骑着白狮子，吹着竹笛，望着故土，护佑着这里的人民。天阴天晴，人们一望格姆山就知道；有无风雨雷电，看格姆山顶就明白。女人不生育，到格姆山洞祭拜就能生育。男女青年结交阿夏，也让格姆女神做证。因此，她变成了丰收神、和平神、婚姻神和爱神。

随着民间祭祀的隆重和人们心理的需求，在格姆山下者波村旁，还建过一座格姆寺，寺内祭供食品、香烛，壁上画着女神画像。画像上，女神骑一匹白马，一手握竹笛，一手握一棵珍珠树，巡游在白云缭绕的山尖。每一年祭女神的节日，都在这座寺旁举行。在狮子山南和泸沽湖里小岛上，也有一些祭祀女神的神龛。在画像中，她是一位骑鹿的女性。每年到祭女神的日子，附近村子的人都要来格姆女神寺或神龛前，烧香磕头，祭供糌粑、牛奶、蜂蜜等食品和鲜花，祈盼得到女神的保佑。

阿乌们还告诉笔者，转海，一直要转到四川那边的色夸村，因为色夸那地方过去是泡麻的地方，所有的“咪揭”（“咪”意为女人，“揭”意为能干、美丽），都集中在那里，那里能干的女人多、美女多，所以大家不约而同都会在那里宿一晚，“打跳”，唱转海的歌，结识新朋友。许多姑娘小伙就是在转山转海的时候结了缘。到一个地方，人多了，就有人牵头，邀约大家打跳。

会跳舞的来跳舞，
会唱歌的来唱歌，
会吹笛子的前面领，
戴牦牛尾巴帽子的在后面接。
板锄虽然小，
还想挖大地。
毛驴声音大，
东西驮得少……

演唱：格狄谷玛（81 岁）、单支（72 岁）、都日达石（65 岁）、七别错（66 岁），均为摩梭人
翻译：阿普二车，摩梭人
演唱地：永宁泥鳅沟下村
记录：1981 年 2 月

笔者注意到，无论转山还是转海，人流的方向并不像在藏族聚居区那样基本一致。在这里，漫游的人群沿狮子山和泸沽湖的小路，有的按顺时针方向朝右转，有的按逆时针方向从左旋，在路上遇到，互相打个招呼，便各自走各自的路。到了某个歇息之地，无论向右转的还是向左转的，都会聚在一起，不分彼此。人们告诉笔者，转山转海的方向，和他们信仰的宗教派系有关，但不论怎么转，都表达了对女神山和母湖的敬仰之情。

接近村子的地方有一些土垒的矮墙。矮墙上用黏土黏了些树叶防雨水冲刷，墙内是各家的园地。从矮墙间迷宫般的小路走进村，背风向阳的场地一定会坐着几位晒太阳的老人。奉上香烟，他们的话便随那烟雾飘了出来，开天辟地，天南海北，这个说了那个帮，你一言我一语讲许多“很久很久以前”的故事。当然，望着狮子山，老人们讲得最多的就是关于格姆女神的传说。其中，关于格姆女神和诸多男神的风流韵事，是老老少少都喜欢谈论的话题。他们会一个个数出和格姆女神交过阿夏的男神们，比如她的长期阿夏瓦如卜拉山神，短期阿夏如托波山神、高沙山神、则枝山神、瓦哈山神、斯普那山神等，至于交过没成的更多了，如斯普那山神等。不过，他们在谈这些事的时候，神情就像谈家事那样自然。他们喜欢拿女神来为自己的走婚习俗做注解：“格姆女神都走婚，我们当然也要走婚。”

这狮子山神是女的，叫格姆哈科，狮子是她骑的，想去哪里一下就到了。女神长得漂亮，想和她好的人多。丽江优古么若雪山是男神，和格姆谈恋爱。优古么若来谈，格姆看不起他，没谈成，优古么若就报复，把女神捆到大石坡上。她后来挣脱，逃回来了。她和斯普那山神也谈过，还是看不起他。男神生气了，把女神捆在马尾巴下，这才谈成。

讲述：品初，摩梭人（69 岁）
翻译：杨二车，摩梭人
讲述地：永宁泥鳅沟
记录：1981 年 2 月

托波山神和格姆走婚，一年见几次。托波山神骑白马，格姆骑狮子。他们见面是蛮精灵（精明、机灵）的，不让正常人看见。但聋、哑、傻的人，农历月份逢初五、十五、二十五，可以看见两人相会。不过他们见了也白见，不会传播开来。

“文化大革命”开始时，什么规矩都不灵了。我们这儿有个丫头看见了格姆山神，告诉了大家。她说格姆女神穿红袍，头上插花，缠红、黄、绿的线，戴耳环，珠子玉石装饰起，下身穿裙。另外，还有三个女的和她在一起，打扮像我们摩梭人。

托波山神去时，只听见马身上的铃铛响。他要在鸡叫前回去，要是不回去就完了。

讲述：瓦布高若，摩梭“达巴”（约 60 岁）

“达巴”翁争，摩梭人（49 岁）

翻译：农布，摩梭人

讲述地：左所中村二大队

记录：1981 年 2 月

笔者的摩梭同事拉木·嘎吐萨在他收集的“摩梭民间故事集”① 里收录了这样一个传说，说明山神们走婚必须在天亮前按时回去，否则会很有麻烦：

有一次，高沙男神趁瓦如卜拉男神不在，悄悄地走访格姆女神，但他们闹了别扭，高沙男神准备离开格姆女神，到远方去找苍山姑娘，格姆女神又舍不得让他离开自己，她就扯着高沙的衣襟挽留。就这样，一个往回拉，一个往后拉，拉来牵去，已经到了黎明时分，公鸡已经打鸣了，他们只好趴在了地上。直到现在，高沙男神的衣襟还扯在格姆女神的手中，他们紧紧地连在一起了。

流传地区：宁蒗县永宁区

讲述：翁吉玛·鲁若，摩梭人

记录：拉木·嘎吐萨，摩梭人

读前人有关摩梭人走婚习俗的调查报告，笔者一直以为没有性嫉妒是这种婚俗的特点之一。可是从民间传说中，似乎不仅可以看到强烈的性嫉妒

① 云南省民间文学集成办公室编《云南摩梭人民间文学集成》，中国民间文艺出版社 1990 年版。

（如瓦如卜拉山神伤害情敌的故事），而且还可能看到被男性主义强暴的女神（如前述谈恋爱没谈成就把女神捆到大石坡上、马尾巴下的优古么若山神、斯普那山神）。这倒提醒笔者在做调查的时候，除了注意“是什么”的问题，还应该注意“不是什么”之类的问题，也就是多观察事物的不同方面。无论在传说中，还是在现实里，“女儿国”是不是真是女性为大的世界？

五、藏族热贡六月会[①]

2006 年 7 月，笔者在藏族学生的陪同下，来到了青海省黄南藏族自治州同仁县，赶上著名的热贡六月会。青海的热贡六月会是藏传佛教节日，每年农历六月举行，此时青藏高原阳光灿烂、牧草肥美、庄稼长势正好。热贡六月会的具体时间，各村庄不一样，以便相互错开，互相邀请观赏。据当地网页介绍，热贡六月会已流传几百年（一说一千四百年），其祭神方式在藏族聚居地区比较独特。这一带举办六月会活动的村庄，多达五十多个。通常在隆务镇四合吉村拉开序幕，然后在隆务河流域的几十个藏族、土族村庄相继展开。各村祭祀活动的天数不同，长则五天，短则两天。凡举办六月会祭祀的村庄都有一座神庙，庙内供奉着本村和本地区的保护神。

热贡六月会的渊源，有三个与之相关的传说。一个传说认为，很久以前，同仁地区有许多猛兽危害人类，后有大鹏鸟自印度飞来，降服了这些毒蛇猛兽，藏语把大鹏鸟叫作“夏琼”，为了供奉夏琼神，也为了祈求风调雨顺、五谷丰登，沿隆务河两岸十二公里内的藏族、土族村庄都会进行盛大的祭祀活动，由村里的法师带领供奉着夏琼神的神轿，进村做法事，大家载歌载舞，场面非常壮观。另一个传说认为，在藏王松赞干布和赤松德赞时期，唐朝和吐蕃在今同仁与夏河交界的甘家等地对峙，时有征战。后来双方高僧从中调和，双方终于停战，归于和平。吐蕃军队为庆贺和平的到来，便在此地跳起军舞“莫合则”。为了表示今后不再打仗，表演者们向当地的诸守护神叩拜，隆重祭祀，临近结束时，人们纷纷将手中的军棍折断。后来再表演时，就把军棍当作道具保存下来，不再折断了。那些吐蕃军队后来在同仁落户，把军舞也带到了这里，世代相沿至今。老人还说，当初军舞跳得正热烈时，从驻地的达加央措里出来了两条龙，一条头似虎，一条头似豹，和跳舞的人们一起欢乐，它们跳的舞就是龙舞“勒什则”。还有一个传说认为，元末明初时，

---

① 本田野笔记由邓启耀根据现场观察和当地网页介绍整理。

元朝一支蒙古族和汉族混编的军队在隆务河谷解甲务农。为了庆祝和平安宁，他们举行了隆重的祭典活动，祈求消灾去难、人寿年丰。

笔者去的地方是隆务镇四合吉村，当地村民定于农历六月十六至十九在四合吉村庙举行六月会。这是一个在神庙中而不是在佛寺中举行的山神祭会。笔者先去拜访四合吉村庙的管理者索南达杰和藏族泥塑师夏吾角先生，他们带我们参观村庙。四合吉村庙大殿里的主神即传说中从印度飞来降服毒蛇猛兽的大鹏鸟夏琼山神正对寺门而立，红脸。他的左边是妻子、儿子和大臣，右边是二郎神。这些神像都是夏吾角带徒弟们做的。连画带做，七八人干了一年。神像用红土和棉花混合砸泥塑形，用骨胶调和矿物颜料上色。塑像做成空心的，背后留孔。完成之后，要请喇嘛装脏，不同部位装不同的经书和五色粮食。主神由隆务寺寺主夏日仓活佛亲自装，其他神可以让别的喇嘛装。

第二天，笔者再去四合吉村庙，庙门已经锁了，遥听有锣鼓声，这是六月会开始前的重要仪式，各村相互进行礼仪性的拜访表演。领头的叫“拉哇”（神人、法师），要在几天前到寺院接受活佛的洗礼，诵经祈祷，保持身体洁净，不接触女性。他带领数十人的舞队到邻村拜访道贺。他们所到之处，村民全部出村迎送，茶饭招待，双方舞队在各自法师带领下表演，互相切磋，共同娱神。

第三天，一出门就见满眼的藏族盛装。男女老少穿得光光鲜鲜往一个方向走，不用问，他们都是去四合吉村庙的。随人流来到村庙，但听鼓号齐鸣。村民列队到山上煨桑，祭祀山神，迎请山神到村里做客，保佑全村吉祥平安。祭毕，大队人马回庙，举行庙祭仪式。

庙祭的主持是村中长者和法师。参祭者主要是所有男子和未婚少女。男子清一色头戴白色或红色高筒毡帽，腰佩藏刀，内穿白衣，外套楚巴。楚巴或褪下一袖，显得英姿飒爽，或褪下两袖，系在腰间，干净利落。少女们头梳多缕发辫，身穿藏袍，头上身上饰满黄蜡石、绿松石、红珊瑚和各种金属饰品，在人群中格外抢眼。老人们则安安静静坐在一边，笑眯眯地看年轻人忙来忙去。

法师在神庙里对夏琼山神、二郎神等诵经祭拜后，法会跳神表演开始。跳神舞蹈主要有神舞（“拉什则”）、龙舞（“勒什则”）和军舞（“莫合则”）三大类。神舞由健壮的青年男子执鼓表演，少女配合，一刚一柔，极其壮观。龙舞的舞姿轻盈奔放，向龙神唱赞歌、念颂词、跳舞、上香焚纸，祈求其保佑村民人寿年丰。军舞即古代藏族军队舞蹈，舞者左手执弓，右手持剑，头戴圆形红顶丝坠帽，身佩红绿彩带，头戴虎豹面具，高喊“喔哈、喔哈、喔哈”的口号，舞出两军交战的场面，表演威武剽悍。

在神庙前的广场上，数十名藏族男子举着彩旗和唐卡画像，身披彩色哈达，手持绘有龙及八宝图案的面鼓，一边击鼓，一边变换着队形舞蹈。据介绍，不同的舞蹈动作和队形有不同的含义。如“拉什则”即请神，由法师率领舞队煨桑，并面向煨桑台高喊“拉甲洛、拉甲洛”，欢呼万能的神取得了胜利；“唐尕西哈德”即白雕展翅，是舞者模仿藏族所崇敬的白雕的凌空飞翔；“东尕也切”即右旋海螺，跳舞时队形模仿右旋海螺盘旋扭身，形似白海螺，而白海螺是藏族眼中的吉祥之物。表演神舞时，身着盛装的少女款款出场，引起满堂赞叹。这个华丽而庄重的少女群舞藏语称为“嘎尔”，据说就是由西王母娘娘编创并献给十三战神的那套舞蹈。这个舞蹈从头至尾只有一种同样的舞步，先缓慢庄重地向前走三步，然后向四方敬献哈达。越来越多的人加入舞队，上百人排列整齐，模仿右旋白海螺的样子，不断变换着队形。这样的神舞，四合吉村一直要跳三天，每天都重复同样的动作。最后一天下午，所有的舞蹈都跳完了，所有人都整齐地排列在神庙前，所有的供品都被分到每个人手中捧着，法师站在庙门的台阶上泼洒酸奶和酒，众人齐声高呼，然后排队走上煨桑台，把所有供品全部倒入火堆。在漫天的烟雾中，哈达四处纷飞，海螺声悠长而肃穆，藏族给了神最好的献祭。

第七节　祭龙与水神崇拜

龙是中国古代最神秘的奇物。它在神话传说、巫歌卜辞里暗示着超自然的威力，在宫殿庙堂、皇袍宝座上炫耀着超人间的权势，在铜鼎古钟、战旌国旗上传达着社稷的神秘象征，在浑天仪和历法上履行着玄奥的科学职能，在中医古籍里居然也被列为一剂配方。它有时是呼风唤雨、无恶不作的凶煞，有时是引来甘霖、救苦救难的贤者，有时是粗俗丑陋的化身（如母猪龙、臭水龙等），有时又是含情脉脉的少女（如龙女神话）。逢年过节，祭龙、玩龙灯、赛龙舟已成极富民族风味的传统习俗活动。述祖思源，亦免不了要唱一曲《龙的传人》……

关于龙的祭祀，在中国许多民族中普遍存在；关于龙的神话传说，更是举不胜举。

龙有时与水联系在一起。多雨多河川的南方将龙作为重要的祭祀对象，多与祈求风调雨顺、河川无洪涝之灾等联系在一起，与农事活动紧密相关。祭龙的方式，以水或水的象征为中心。祭会地点一般在水潭（俗称龙潭）边或风水好的大树（俗称龙树）下。祭礼各族不一，但多与水有关联。

基诺族祭龙分别在开年、烧地、点播、护苗、收获等农事阶段举行。祭龙的重要性，从基诺族祭龙的一个规定中可以看出。祭祀之前，寨父要宣布一些禁忌，并强调："不参加祭者，不遵守禁忌者，前面跌倒会摔掉下巴骨，在后面跌倒会砸破脑袋，在左边跌倒会摔断肋巴骨，在右边跌倒会跌断腿，碰见豹子会被豹子吃掉，碰见老虎会被老虎抬走，上树会摔下来……"正因为如此，他们祭龙，一年就要祭七次。首次祭龙一般在过年后第八天，由寨父和各家家长头戴草帽，身穿蓑衣共同祈祷，然后共同修一修水塘，并在水塘边献上祭品。有的地方要祭龙刀，相传此刀可能砍断流水，水多则祭刀。

祭龙是云南砚山县彝族阿细人最为隆重的传统节日。阿细人每年农历二月，选择一个属鼠日，拉一头猪和一只鸡到龙山祭龙。龙山范围内，任何人不准取一草一木。祭龙天为祭日，时间为三天，除放牛羊和将参加祭龙的人外，男女老少在家休息，不准出山做农活。车辆进村需征得祭献人员同意，只许进村，不允许出村。人员也不许出村，违反规定则被处罚修路、捞水塘泥。祭龙主要是祈求龙王适时降雨，全年风调雨顺，人畜有水饮，粮食获丰收。有的地方的彝族祭龙要耍龙，下水搅龙潭；有的地方戏水玩乐，诱龙降施云雨；有的地方赛歌跳舞，以争龙神宠爱……

二月二，龙抬头，每年的二月二，云南弥勒陶瓦村彝族阿哲人都会举行祭龙仪式，祭龙仪式历时四天：第一天全村男女分工准备祭祀用品；第二天老人祭树神，通报祭祀时间；第三天男人狩猎、祭龙、取火种、小羊串门；第四天女人祭母龙，驱魔。该仪式已传承上千年，有着浓郁的民族特色。

大理州祥云县米甸镇楚场村委会的立腊么山寨的傈僳族、彝族，在农历二月二龙抬头这天要集体举办祖祖辈辈传下来的"祭龙会"，用民间原始的祭祀方式，祈求风调雨顺。据民间传说，农历二月初二是天上主管云雨的龙王抬头的日子，从此以后，雨水会逐渐增多起来。所谓龙抬头，指的是经过冬眠，百虫开始苏醒。

立腊么山寨位于海拔三千多米的高山上，从楚场村委会步行两个小时才到，是一个保留着古老民族风情的傈僳族、彝族山寨。村里的青年男女能歌善舞，尤其喜爱打歌，立腊么寨的打歌以“摆时”为主，为一人领唱众人合唱，是一种少见的多声部原始复式音乐形式。当地男子常常打猎，随身携带的工具少不了长刀和弓弩。寨中有一棵已经两百多岁的核桃树，树下有一个三平方米左右的泥水池子，祭龙会就在这里举行。届时要在寨子中间用几根巨木搭起一个四米多高的支架，支架上面是一条飞舞的泥龙。在泉水旁的树上、坡地上，村民用各种颜色的纸、布和竹片扎成许多大大小小、神态各异的龙。泉水前面摆放着乡亲们拼凑的苞谷、土豆、酒水等祭品。泉水前面有一小块平地，中间供着一缸清水。这水是全村的乡亲们到附近各村、山涧有水的地方带回来的，叫作“借水”，把附近各地的水借来祭龙，请求龙王多施云雨，佑护村民。祭龙仪式由年长的毕摩主持，祈求风调雨顺、五谷丰登。

村民身背葫芦、头戴用苞谷、土豆等作物做成的帽子，唱着祭龙的咒语，边唱边舞。村里满十六周岁的小伙子浑身涂抹河泥扮作“水鬼”，手舞足蹈，抬着龙王点着香，敲锣打鼓，游行一圈。然后，在人们欢呼跳跃、鞭炮鼓乐声中，“水鬼”们砸碎了泥龙，人们认为泥龙已升天去汲水，不久将降雨人间。祭龙会结束后，所有的乡亲们，又围在一起，男的弹起三弦，女的围成一圈，开始打歌狂欢。立腊么寨的傈僳族、彝族寨民，很早以前住在高山上，祖祖辈辈都饮水艰难，特别希望下雨，于是，才有了这个举办祭龙会的节日①。

大理白族信龙、祭龙，关于龙的故事随处可见。大理地区现今肥美富饶的山间盆地，几乎都是由古代的湖泊演变而来的。李元阳编纂的万历《云南通志》中说：“天桥（指下关西南里许的天生桥）在府城南二十五里，观音大士凿洞山骨，使洱海水下趋处也。初未凿时，苍洱之间十之七，凿后水存十之三矣。”诸葛元声《滇史》中也说：“鹤庆太始为水泽，有异人卓锡窍其尾闾以泄之，故后人来平土而居。”今洱源县的谷仓凤羽，在古代也是“半浸于湖，西南高而东北下”（清代赵辉璧《凤羽湖记》）。这种江河湖泊纵横的地理地貌使这一地区水利和水害同时存在。因此，白族本主中关于龙的神话传说很多，白族对龙和水也较为崇奉。有些本主虽然本身不一定是龙王，但本主庙中彩绘龙的壁画几乎随处可见。龙王是雨水的象征，雨水是直接影响农

① 云南祥云立腊么“祭龙会”由张美华撰写。

业丰歉的重要因素，本主的主要作用也就多半同农业生产所需要的水联系在一起[①]。

大圣东海龙王玉璧天帝是洱源邓川腾龙村的本主，他有五个儿子，大爷为震雨灵峰护民景帝，二爷为东灵至圣赤郎景帝，二人并侍在龙王旁边。其他三人为官庄本主、乾木南本主、社畔村本主。相传东海龙王与大黑天神敌对，东海龙王就与大黑天神各显神通，一决胜负。东海龙王变蚊子，大黑天神变蛤蟆。在战斗中，蛤蟆把蚊子吞下肚里，蚊子要在蛤蟆肚里用法术来胀死蛤蟆。但东海龙王大儿子眼见自己的父亲被吞吃了，又气又急，就在大黑天神背上踢了一脚，蚊子飞了出来。因此东海龙王对大儿子不满意，骂他不成器，说自己正要制服大黑天神，你为什么踢他一脚，把大儿子赶到头村做本主。大黑天神也背负重伤，神像背上留下一脚印。现在蓝天神村没有蚊子，腾龙村没有蛤蟆。东海龙王与段思平不睦，所以派自己喜爱的小儿子过去做本主，监视段思平。东海龙王爷为了不愿见大黑天神和段思平，用粪箕倒土堆成一个小山丘，隔断了洱海与蓝天神村、士登村，为此士登村迎本主段思平时不准走东河埂。东海龙王不喜欢大儿子，因此也就不给水用。大儿子向他的母亲哀求，母亲给了他绣花针大的一股水，所以现在头村水利缺乏。但东海龙王喜爱自己的三儿子，就给他一瓢水。老三很高兴地走回家时，路上遇见四脚地神，四脚地神认为东海龙王爷太不公平，所以一脚把老三的水踢泼了。老三再向东海龙王爷要时，东海龙王爷不愿再给，他只得哭告母亲，也像大哥一样得到了绣花针般的一股水。这真像一幅融人情、习俗、自然为一体的白族现实生活画卷。在右所调查到的情况又是别有情趣。据传东汉末期，白王起反，“南蛮”作乱，闹得洱海地区民不聊生。当时东海玉璧天帝曾统帅地方志士，配合武相侯诸葛亮平息“南蛮”白王反叛，洱海地区始归附益州郡，战乱始告平息。玉璧天帝在激战中，寡不敌众，由永北败退到邓川狮山脚下，仅存坐骑和随将五人，战袍褴褛，赤脚而奔，跋山涉水来到此地，看到这里背山面水，决定在此休养生息。山腰高约丈余、直径五尺的巨石被称为天帝的拴马桩，至今犹存。当时东山一带洪水泛滥，一片汪洋，人民苦于水患，生活无着。天帝率随从五将和部分居民，堵坝挖水，根治水患，引

---

① 此段及以下部分由赵寅松撰写，选自杨世钰、赵寅松主编，杨政业分卷主编《大理丛书·本主篇》（上卷），云南民族出版社 2004 年版。

水归道，过青索流入洱海。至今在青索犹有“两河三埂”之称。从此变水患为水利，沼泽成为沃野，水稻和各种水生植物培育起来，人民得以安居乐业。后来，天帝被尊奉为东海老公公，所随五将亦被敕封为本主。《东海灵源玉璧天帝诰》中说：“与天地合德，开龙经海藏之恩；同日月合明，施甘露慈亡之润。众生瞻万物滋生，功德难量，神通莫测，大悲大愿，大圣大慈，敕封，东海灵源玉璧天地道体含真慈恩善济天尊。”团山龙王庙一带直属玉璧天帝，其他五将各封一方镇守，《五方本主诰》中说：

威灵有感，正直无私。化行千古，悯民瘼而恫瘝在抱；位镇乾坤，施化育而旱涝攸分；福善祸淫，普应凡民之恳祷；御灾捍患，遍彰神道之皈依。福庇方隅，恩覃川岳，大慈大愿，大圣大慈，敕封五方土主：

镇雨灵蜂护民景帝——银桥本主；

镇导德源佑民本主——沙桥、小石桥本主；

东灵至圣赤郎景帝——刘官营、后湖本主；

镇显威光黑郎景帝——陈官营、大树营、簸箕村、段家营本主；

镇显威光黄郎景帝——西亨、干木廊、东官庄本主。

直到现在，玉璧天帝本主系所属地区盛产沼泽经济作物，誉称为“银桥、沙桥挖荸荠，后湖、小石、刘官营挖慈姑，陈官、大树营、簸箕村、段家营挖莲根”。当地群众说，我们赖以生活的水生作物，全是各位本主所开之功。每年农历七月二十三是东海灵源玉璧天帝寿辰，所属本主系及东湖一带百姓，按期来此祭祀，虔诚膜拜，谢隆恩泽。

洱源邓川漏邑村本主是茈碧湖龙王第九女。洱源九龙神龙王姓段，农历七月二十三生辰，与大理国段赤城同一生日，有八子一女，都是洱源县境内各村本主。大老爷是永华乡本主，二老爷是大庄村本主，三老爷住龙王庙，四老爷是大兴村、大果树村、小果树村本主，五老爷是乔后本主，六老爷是峭坪村、横水村本主，七老爷是乔后大树村本主，八老爷是水头村本主，九姑娘是邓川漏邑村本主。相传龙王之女九姑娘嫁到漏邑村后，由于漏邑少水，所以经常跑洱源哭泣诉苦，来时风雨大作，为此龙王用手棍戳通了山，引出一股水分给女儿。从此以后，暴风雨就不再来了。所以，洱源人路过漏邑时，在沟里喝凉水，叫作喝家乡水。

洱源茨充本主是龙王段思平。相传他有九子九孙。古时蛟龙为害，人民受苦，官府悬赏治水患。段氏九子九孙族属很多，但又很穷，所以都去应募。

大家在身上扎上利刃，一个跟一个跳下去跟龙王搏斗。段思平进了龙口，翻身刺死了蛟龙。现在茨充村姓段的最多。洱源大龙桥村本主也叫芭蕉龙王本主，农历七月二十三是芭蕉龙本主节，大理、洱源、江尾、凤羽一带的斋奶都云集大龙桥，祭祀芭蕉龙王。相传此碧湖的河头龙王、团山东海龙王、芭蕉龙王是弟兄三人，他们以茈碧湖水系为居，掌握风水，调节气候，为民造福。相传，碗盏不够，只要给本主点一对香，把所需碗盏写在纸上，烧在龙潭边，第二天，相应数量的碗盏就会漂出来。

古时本主庙内塑有龙王神像，两边有雷公、电母、风伯、雨帅，大有呼风唤雨之势。庙门上悬匾额大书“威灵有感，有求必应”。河头龙王相传是牛街西边三锅石村的一个老者，有九子九女，家里很穷，无力养活这么多子女。后来听说牛街附近白头山上有一个大岩洞中巨蟒伤害人畜无数，官府出重赏雇人杀。老者一则平时就乐于助人，二则也想获重赏以养活子女，就身扎利刃去刺杀蟒蛇。老者被蟒蛇吸入肚中后使劲打滚，大蟒被杀死，附近农夫剖开蟒腹，老者安然无恙地跳出来。当地人都说老者有功，为他建盖雕梁画栋的房子。即将完工的时候，老者说不喜欢梨园而喜欢河头。结果一阵大风将房子连工匠刮到河头，老者一家也就在河头定居下来。后来，老者和他的子女都死了，人们就尊他为河头龙王，房子也就改作河头龙王庙，塑了很多神像。老龙王夫妇的塑像居中，他们儿女的塑像居两旁。他家大老爷封在官营做龙王，二老爷封在大庄做龙王，三老爷封在河头附近做龙王。四老爷封在大果树做本主，四老爷是个毒辣的家伙。给他做会时，当地老百姓必须献三牲，诚心祭他，天才放晴。不然这一天就一定会遭一场恶风暴雨。谁冒犯了他，他就让谁家鸡犬不宁。五老爷封在哨平附近关上当龙王，也是这里的本主。这家伙更加毒辣，他经常弄得人们祸事重重，还散布瘟疫，让人生病。这样一来，当地人就不得不常常拿猪头、雄鸡到他面前磕头了。六老爷封在河头地区的一个山上当龙王。七老爷封在哪里不清楚。八老爷封在两地，一地在五充（河曲龙王管辖地附近），是小甸本主，另一地在鸡登。他有一群羊，还找了一个放羊人帮他放羊。九老爷是汉登的本主，脾气很好，不找老百姓的麻烦。河头龙王的大姑娘，封在八老爷的附近做龙女，当地人称她“皇姑老太”。皇姑老太心肠好，肯帮助人，经常将刻有金鱼的美丽瓷盘和碗筷杯盏等物借人。河头龙王还有一个姑娘，巡检司下山口的黑龙大王曾向她求亲，这姑娘不愿意，结果嫁给今祥云县的云南驿龙王。云南驿这个地方很穷，庄稼收成不好，当然做这地方的龙王也很穷。每年正月二十三与七月二十三，河头龙王做会，这姑娘回家做客时总要向父亲哭诉自己的穷苦，所以总伴有恶风暴雨。老龙王可怜她，就多分给她一股水，可浇灌所辖土地。从此云南驿地五谷丰登。人们很感激她，所以她庙子里香火经久不绝。据说洱源人路经云南驿时还常常得到她的帮助。河头龙王还有一个姑娘嫁给邓川漏邑村龙王，从前洱源人途经漏邑村，总会受到盛情款待，因为龙王娘娘是洱源人。

在洱源茈碧小营村，人们一谈起本主薛仁贵和花姑娘龙的事迹，总是那么绘声绘色。相传小营地方有一年久旱无雨，无法下种栽秧。全村男女老少在本主庙里做斋七天七夜，祈求本主薛仁贵能帮助大家，结果毫无反响。薛仁贵吃了大家的斋供，又帮不了子民的忙，只好显化成人，带领大家去找水。走遍东南西北，水还是看得见引不来。后来一位老者出主意说："听老辈讲，有一年干旱缺水，有一个小伙子去黑谷山'偷'来了一位花姑娘龙，请她兴云布雨。大家盖庙奉祀她，好日子不知过了多少辈。后来，我们地方搬来外地人，把薛仁贵奉为本主，本主庙里又塑了唐天子李世民的像。据说这位薛本主是老虎转世，武艺高强，又自恃对唐王有功，就看不起花姑娘龙，常借故欺负她。花姑娘龙本事也不小，但碍于薛本主旁边有个唐天子，想着李世民是人间帝王，再跟薛本主斗下去自己没有什么好结果，干脆走为上策，忍着一肚子气回黑谷山去了。自从花姑娘龙走后. 我们地方常闹旱灾，十种一收，光景又不好起来了。唉，花姑娘龙要是不走该多好啊！"人们问："花姑娘龙能回来吗？"老者说："照理说花姑娘龙是我们的祖宗，会回来的，只是怕她想起往事，不愿回来。"晚上，薛本主托梦给老者，承认自己对不起花姑娘龙，希望大家想办法将花姑娘龙请回来。后来几经周折，人们又把花姑娘龙从黑谷山"偷"回小营。顿时天上下雨，龙潭冒水，人们高高兴兴栽秧下种。栽秧过后，小营人礼送花姑娘龙回黑谷山，结果看见一位黑黝黝的发辫拖到脚跟，穿一身雪白的衣裳，上套深蓝色的领褂的姑娘，牵着一只老虎，笑盈盈地向大家鞠了一躬，把大家从黑谷山偷来象征花姑娘龙的石头挟着一阵风送回小营。从此花姑娘龙就在小营长期住下来。花姑娘龙施行雨点的时候，薛本主就助风，风云会合，雨润年丰。

相传很早以前，五村五邑白族人民遭到干旱。一时间，土地干裂，井水干涸，庄稼枯死，人们的生活陷于绝境。在这危急关头，一个姓赵的海口小伙子从这儿路过，看到这一惨状，决心挽救五村五邑人民。他的献身精神感动了土地神，晚上托梦给他，告诉他天亮到螺山脚下将那儿的一颗宝珠吞下，就能解救旱情。一大早，他欣喜若狂地奔到螺山脚下，终于找到了宝珠。他毫不犹豫地一口吞下龙珠，立刻变成了一条白龙。他仿佛看到了当地农民解除灾害后的欢乐，激动的泪水似两条滚滚的泉水奔涌而出，一会儿就变成了两个大龙潭，日日夜夜不停地流淌着，至今犹存。后人为了纪念他，建盖了一座本主庙，庙里塑有他的神像。神像是由海口砍下的大树雕刻成的，渔潭本主用树的上段，海口本主用树的下段。每年农历七月二十三，五村五邑的本主要回海口，因为海口本主是他的亲戚，海口是他的家乡。

有些本主虽然不以龙的形象出现，但为解除辖区内老百姓的苦难，他们与掌管雨水的龙王、龙女有不解之缘。据说洱源县邓川梅和的小井园村的“仙女泉”，就是本主老爷请来的。相传小井园十年九旱，有一年尤其旱得厉害，村里的人拼命挖井也无济于事。后来本主庙里升起一股青烟，接着就从南方吹来一股凉爽的清风，一朵白云上站着一位俊秀美丽并带着仙葫芦的女子。这位女子飘到村尾的一棵大垂柳下，弯下腰，伸手轻轻地挖了一个坑，随即解下腰间的葫芦瓶倒了些仙水。第二天，人们就在那个地方发现一口井，人们为它取名为仙女泉。每年农历八月十五，各家各户都要到井边敬香，然后再到本主庙中磕头祭祀，以此感谢赐泉的本主和仙女。

清澈的玉水河，依着罗坪山陡峭的山势倾泻而下，出山口后，将乔后镇分为两半，径自流入黑潓江中。相传玉水河曾被妖龙霸占，妖龙常常兴风作浪，淹没庄稼，冲毁房屋，给当地人民带来深重灾难。洱海龙王知道后十分气愤，就派他的二公子前去降伏妖龙，治理好玉水河。二公子马上出发，途经茈碧湖的时候，受到他大哥的盛情款待，结果被鱼刺卡住喉咙，使得他后来喷水时只能一阵一阵地喷，且发出雷鸣似的响声。二公子对此非常恼火，从此再也见不得鱼，为此而惩治了几个故意在本主庙中煮鱼的小伙子。

又传二公子特别喜欢树木，他忌讳在玉水河出水的中梁山上动刀弄斧。有一个小伙子不信，去砍树，结果受到严惩，从此再也没有人敢去中梁山砍柴。不几年这里树木参天，遮天蔽日。古代白族人民也许并不从理论上懂得保护生态的重要性，但生活实践告诉他们，优美的环境对人类的生存和发展是那样的必不可少，从而将本主信仰和保护自然资源巧妙地结合起来。

二公子来到乔后镇以后，下力气治理玉水河，使得河水春夏秋冬长流不断，乔后地区年年五谷丰登。为感谢二公子的恩德，当地人为他盖了龙王庙，题了“风调雨顺”金字匾，并将二公子奉为当地白族人民的本主。每年农历三月二十三，人们就到龙王庙来朝拜本主，祈求保佑风调雨顺、人寿年丰。

又一说，乔后龙王庙又称二老爷庙。二老爷为南诏时大理总管段思平之裔，因战逆龙而举家殉难，父子九人皆封为龙王，剑川为大老爷，乔后镇为二老爷，下六村为三老爷，上吉村为金角娘娘，是小妹妹，洱源为老龙王。东山天子骑龙景帝，又称三爷龙王三太子，是洱源县凤羽、草甲等村本主。该村有两个本主（另一个称“玄恩谷丰明德景帝赵天子善政”）。据传原来本主庙在龙王庙上三丈远处，但本主庙建立，龙王庙倒；龙王庙建立，本主庙倒。即神庙立，三爷房倒；三爷庙立，神庙倒。前人索性让两人共做本主，从此相安无事。本主联写道：“坐镇东山恩泽洱河；祠依南国福庇滇西。”

在洱源，除上述龙本主、人龙合一的本主外，还有一些是先龙后人再变龙，如河曲龙王；有的是一会儿是龙，一会儿又成本主，如浪穹龙王；还有的在洱源境内是龙，在其他境内是人或本主，如渔潭本主和小黄龙等。

洱源茈碧西面山涧罗凤溪源头有一座“陆刮苗”（白语，汉意“陆官庙”）里面供奉的是河曲龙王，享受茈碧十七村百姓的四时祭祀。原来传说罗凤溪源流的岩洞里，住着一条恶龙，它制服了附近山岭的大小好龙，霸占了茈碧地区。他常常不分时令发妖疯，搞得茈碧区非旱即涝，老百姓苦不堪言。后来浪穹县来了位原籍山东河曲的陆县官。人们说他是真龙转世，专司惩治恶龙，当地百姓满怀希望陆县官能为他们排忧解难。陆县官带领百姓几经斗争，终于赶跑恶龙。但陆县官在带领百姓挖洞掘水时，身陷山洞为民牺牲。人们为纪念他，为他盖庙祭祀，誉为河曲龙王。

与浪穹龙王的事迹相关的传说较多，其中主要叙述其为大理国王先辈段老三，因生性忠厚老实，懒读诗书，喜爱桑麻，被父亲赶出家门。后来在下关为民除害，斩蟒献身，被玉皇大帝封为浪穹龙王后回到老家炼铁坪。不知过了多少代，段龙王搬到黑谷山南麓河头村，人们为他盖了河头龙王庙。因为段龙王与浪穹人民休戚与共，深得人们尊敬。段龙王后来又与陶进士搭老友，两人过从甚密。为满足陶进士看真龙的愿望，段龙王变龙后吓死了自己的老友，至今段龙王与陶进士同享一堂香火。

渔潭本主叫“渔潭本主段灵迈历承继景帝”，他成本主前是段赤城五代孙，到保山游逛了十多年。后来与到保山做手艺活的洱源牛街易和村人杨老头搭老庚。在杨师傅返家时变小蛇与杨师傅返回大理，在易和村附近化为一个龙潭，被奉为下五村本主。

小黄龙说的是邓川弥苴河畔的一个少女，误食小红鱼怀孕生小黄龙。后洱海中大黑龙为非作歹，小黄龙在乡亲们大力协助下，将大黑龙逐出洱海。从此，小黄龙就居住在洱海，人们在洱海上游永安江和弥苴河合流处，修建了一座"黄龙庙"，以表示对小黄龙的崇拜和纪念。

与洱海毗邻的大理、剑川、鹤庆的本主中，也有各种各样的龙本主，诸如大理的白骆驼龙王，沧浪的峰霞移溪得道有威龙神，剑川的易堤坪得道龙王、马祖龙王，鹤庆的黄龙老爷、温水龙王等①。

二郎神被传为是主管冰雹的本主。历史上，每年八月前后，许多村子常下冰雹，危害庄稼。当天空出现冰雹云或怪风时，人们就在二郎神前烧鸡毛之类的东西，据说这是提醒二郎神注意，冰雹快要来了，迅速去把冰雹驱散。因为二郎神耳朵不灵，只有闻到鸡毛的气味时，才知道有冰雹②。

还有一位尹千总，虽不是龙王行云布雨，却能为人们解决缺水的问题，也成为祭祀对象。相传，有一年宾川坝子遭到罕见的干旱，栽下地的秧苗被炙热的太阳晒得干枯发黄，秧尖遇火即燃，秧田晒得开大裂缝，碗口大的土块也能从裂缝中掉下去。全村人为吃饭的问题急得像热锅上的蚂蚁一样，成天在田埂上转来转去，望望秧苗，又看看天空，盼望着老天下一场大雨。可是天一天比一天晴朗，连一片乌云也没有。尹千总家种下的苞谷也难以成活，只好准备改种荞子。有一天，尹千总犁地犁到田心，忽然眼前有一团黑影，牛也不再拉犁。尹千总擦了一下眼睛，使劲抽了牛一鞭子，牛猛力往前奔跑，系在犁头上的铁链被扯成两截，犁头却再也拔不出来。尹千总有些奇怪，回家拿了一把锄头和竹粪箕，将犁头周围的土移开，发现犁头正好卡在一个两叉形的石头缝隙中间。尹千总一直挖到天黑，费了九牛二虎之力才把犁头和两叉形的石头挖出来。这个石头生得十分奇特，一端有两叉，另一端如同舂米的碓石。这天晚上，尹千总刚入睡不久，犁地犁出的两叉形碓石就给尹千总托梦说："村里的干旱不用急，明天你背上一捆麦秆草，照样赶着牛到那块

---

① 赵寅松撰写，选自杨世钰、赵寅松主编，杨政业分卷主编《大理丛书·本主篇》（上卷），云南民族出版社 2004 年版。

② 张海福、杜宽活调查整理，选自杨世钰、赵寅松主编，杨政业分卷主编《大理丛书·本主篇》（上卷），云南民族出版社 2004 年版。

地中犁地，如果有一只老鹰从头顶上飞过，就赶快朝着老鹰飞走的方向铺麦秆草，一直铺到老鹰停留的地方，就可以寻找到水源。”第二天早上，尹千总照着石头所托给的梦，背了一大捆麦秆草，接好铁链，赶着牛到地里犁地。没犁几沟，果然从头顶上飞过一只老鹰。尹千总赶紧背上麦秆草，一根接一根地顺着老鹰飞走的方向铺草，麦秆草一直铺到李子厂箐，他见老鹰落在一棵大树上，不再继续飞行。他走到大树底下一看，李子厂箐的沟中流着白花花的一股水，尹千总高兴得手舞足蹈，对着山箐大声呼叫：“找到水了！找到水了！”他的叫声不断地在山箐中回荡，忘记了饥饿，大捧大捧地喝了几口清凉的箐水，连奔带跑地回到村中，把找到水的经过告诉了乡亲父老。大家异口同声地说：“是石宝显灵，帮助我们指点找水源，这下庄稼有救了，有饭吃了。”大家引水的心情迫切，不顾疲劳，日夜奋战，十多天的功夫就挖通了从李子厂箐到江股村的沟道，引来了白花花的流水，濒临死亡的秧苗得以起死回生。水源解决了，秧苗一天天重新转绿，气温又高，水稻获得了丰收。原来干旱的时候，各家各户准备扶老携幼出外逃荒要饭，现在不但没有逃荒要饭，反而吃上了白米饭。尹千总为村里寻找水源不辞辛苦的事迹传遍全村，人们为了怀念他，为他塑了金身，立为本主供奉①。

当然，祭龙的内涵及活动形式也在因时因地而变：香格里拉藏族四月在山脚草地祭龙王，为农也为牧；丽江纳西族三月黑龙潭会早成了物资交流会；镇雄彝族三月白龙会，元江彝族二月的祭龙，则又包含着祈育祭的色彩。苗族每年春耕前秋收后“接龙”。彝族的龙神有大、中、小几种，掌管川流雨水等等。

云南高原湖泊很多，当地人习惯称其为“海子”，居住在海子边的民族，亦有各式祭祀水神的节日祭会。

居住在洱海和茈碧湖边的白族，有许多与“海”相关的节日，如农历七月二十二、二十三的茈碧湖“海灯会”，农历七月二十三至八月二十三洱海的“耍海会”，农历八月十五洱源、邓川一带的“渔潭会”等。节日来源的传说很多，有的与水患有关，如渔潭会，传说因鱼精作怪，造成水灾，后来人们齐聚坡头，吹打唱跳，吓唬鱼精，使它不敢出来作怪，由此形成节日。

---

① 田怀清调查整理，选自杨世钰、赵寅松主编，杨政业分卷主编《大理丛书·本主篇》（上卷），云南民族出版社2004年版。

洱海地区白族的传统生计模式是农耕，近湖者亦重渔业。洱海因苍山雪峰之水流入湖中而水感寒冽，南北横列的苍山阻隔气流，洱海坝子因之风很大，南端下关尤甚，“下关风吹上关花”成为当地特色，故下关又素有“风城”之说。风大累及渔业，当地白族流传的“望夫云”传说，以灵性原因解释苍山某处出现云团，洱海就要起狂风恶浪的缘由。在古代绘画图卷中，洱海如蛇盘绕，龙王有蛇冕，其形态可能源于印度，是一种较为原始的龙王信仰，这应当与当时此地和南亚、东南亚的联系有关。当地传说，从苍山雪溪注入洱海的十八溪中住着十八条龙，它们有一颗金铸的掌龙印，只要把这颗金印拿出来，吼一声，洱海就洪水大发，庄稼和房屋都会被冲毁。由此，洱海渔民中流传着一些水患频发，英雄入海杀蛟龙的故事。而著名的崇圣寺三塔，也被人们认为具有“永镇山川”的禳祛功能。

有些地方的渔民，不忍心把兴风作浪的罪过归于海神，就编出了鱼精作怪的神话。洱源县邓川沙坪渔潭坡每年农历八月十五开始举办渔潭会，会期五至七天，据说就是为镇鱼精而举行的盛会。这里是苍山和洱海的尽头，山垂海错。八月风雨无定，又正是洱海的鱼汛期。为保渔业丰收。渔潭会的开市仪式，就很有讲究，开市仪式要在晨曦中举行，主要交易渔具。太阳升起，渔具市场就散，其他物资交易活动方能开始。在所有物资交易活动中，引人注次目的又是嫁妆用具，所以渔潭会又叫嫁妆会。关于渔潭会，民间有个传说：从前，沙坪渔潭和洱海相连，渔潭洞里住着一条修炼千年的鱼精，鱼精吞食人畜，兴风作浪，还强迫人们每年为它送一个漂亮姑娘，有一年，轮到一位正与捕鱼郎相爱的姑娘去送死，捕鱼郎为了搭救爱人，带上鱼叉潜入洞里，与鱼精拼斗，降服了鱼精。他用铁链把鱼精拴在铁柱上，告诉它，今后不准随便翻动，只有八月十五这一天才能翻一个身。捕鱼郎回到岸上，和恋人结为百年之好。人们感谢捕鱼郎为民除害，在他们结婚时送了许多礼物。后来，每到八月十五这一天，人们怕鱼精借翻身又兴风作浪，都在这天来赶集。太阳未出，就要在集会上翻弄鱼叉渔具，吓唬想翻身的鱼精；太阳出来以后，又要唱戏对歌，吆喝叫卖，在集市上摆满五颜六色的嫁妆用具，一来为贺有情人的美满婚姻，二来也可借捕鱼郎的喜事辟邪除秽。

对于热坝稻作民族之一的傣族来说，水，是他们的命根，也是吉祥的象征。水在傣族人心目中，能消灾除秽，带来幸福欢乐。所以，迎神拜佛的时候，要滴水以祈；遇生老病死，也要滴水祝愿，使生者幸福，死者安息，病人或老人康乐。耿马傣族傣历八九月间祭水神。竹楼里，水罐水瓶制作精美，摆设得颇有特色。傣乡多水，但水井依然被视若珍宝，人们为它建造了许多美丽的井罩。这些井罩，底座是亭，顶端是塔，傣族人叫它“塔井”。由于它形似传说中的一个人物阿銮戴的王冠，又被称为“阿銮的帽子”。塔井设计制作端庄清雅，使人感到，那塔井遮蔽下的清泉，本是傣乡的灵物，具有圣洁的灵性。

其实，不唯傣族，在许多民族中，水，都被视之如珍。各民族与水有关的节日祭会很多。除了傣族之外，阿昌族、德昂族、景颇族、佤族等民族也过泼水节。沧源、西盟佤族佤历一月里“接水龙”、过“新水节”（“做水鬼”），藏族有沐浴节，傈僳族有澡塘会，纳西族有洗澡会（“喜会日”），普米族有祈育祭及过年抢“金水”，红河哈尼族三至八月间祭“常”等，以及许多民族祭龙潭、祭水塘、祭溪泉等定期节祭活动，都与水相关，活动内容和表现形式各具特色。

纳西族祭龙分大祭和小祭，小祭每年二月初八举行，大祭在久旱久涝时举行。

农历二月初，是香格里拉三坝纳西族小祭龙的日子。二月初七晚，各村在自己的龙树或神石旁插柏枝，各家削木板请巫师东巴写经或画画牌，在水潭边也插树枝，下放用奶和麦面塑成的龙、蛙，用麻布将水潭围起来，由东巴念经祭祀，村中青年男女在旁边吹笙笛跳舞，意为催生万物，通宵达旦。五月后禁吹笙笛，以免引下冰雹。天一亮，东巴便开始念经，意为请龙神也早起床，多下雨。二月初八中午全村共煮一大锅稀饭，意为有水有粮，水足粮丰。如果久旱不雨，则要大祭龙。

龙潭是稻田得以健康成长的命脉，云南罗平布依族三月初四到多依河源头上祭龙潭水，要宰牛或杀一头猪、一只鸡，每一户都要去一个人，在垭口大树下杀一只大白公鸡敬献神树，求它保佑不要下冰雹。这天，男女老少来到河边听青年们唱山歌，观看孩子们比赛划竹排、打水枪。有的人家还给孩子做花糯米饭，并将其分送到旁边的村寨；有的则用小花布口袋装上鸡蛋和各类食品，供玩耍和参加比赛活动的青少年吃。方圆几十里的各族青年，届时也来参加或观赏节庆中传统的赛歌对调活动。歌手们可以在这样的场合中大显身手，凭着即兴作词吟唱的天才，能和对手连唱三天三夜甚至更长的时间。有许多男女青年通过这些活动建立了恋爱关系。三月初四晚上送神，全体村民下跪恭送各种神灵。

一、水族“敬霞节”①

贵州三都九阡水族将猪首人形的石头奉为“水神”，故这块石头亦称为“霞石”，“霞”即“水神”之意。当地人在特定时间举行祭祀仪式对其加以供奉，形成当地有特色的“敬霞节”，据说因此可以保佑当地风调雨顺、生产丰收。有意思的是，他们也将水井作为水神来崇拜。鱼，是九阡水族不可缺少并长期依赖的一种动物，从端节吃素忌荤但不忌鱼且必须要有一道鱼包韭菜、刺绣中的鱼图案、丧葬中用鱼祭祀、举办“挡”仪式必备花腰鱼之中可见一斑。

二、“洮州十八路龙神会”②

位于西北边陲的卓尼历史上处于农业与牧业、游牧与定居、封建统治势力与卓尼杨土司统治、藏传佛教和汉文化交流接续的交汇地带，不同文化碰撞激荡，独特的“洮州十八路”龙神信仰体系正是在这种民族文化交融共生的背景下产生的。卓尼县羊化村的神灵信仰也带有汉藏文化的双重特征。

关于洮州地区③“龙神信仰”的研究早已有之：顾颉刚在《西北考察日记》④中便提到过洮州文化以及“龙神”的产生和发展历程；王淑英和郝苏民在《村落：民间社会的文化等级——以甘肃洮岷地区青苗会权利类型为例》⑤一文中就洮州地区的青苗会和龙神祭祀做了探讨；宁文忠撰写的《民俗事象中的历史记忆——甘肃洮州端午节娱神文化的非民俗意义》⑥以及周大鸣、阙岳合著的《民俗：人类学的视野——以甘肃临潭县端午龙神赛会为研究个案》⑦两篇文章中则重点介绍了洮州端午龙神赛会这一富有地域特色的祭

---

① 本田野笔记由中山大学社会学与人类学学院博士生朱志刚撰写。

② 本田野笔记由中央民族大学本科生、中山大学2014级硕士生郑烨撰写，指导老师张亚辉。

③ 洮州为临潭古称，洮州的中心区域位于今甘肃省西南部的甘南藏族自治州临潭、卓尼两县，“洮州十八路龙神”信仰的信众群体也集中于这两县内。

④ 顾颉刚著《西北考察日记》，甘肃人民出版社2002年版。

⑤ 王淑英、郝苏民《村落：民间社会的文化等级——以甘肃洮岷地区青苗会权利类型为例》，《西北民族研究》2010年第3期（总第66期）。

⑥ 宁文忠《民俗事象中的历史记忆——甘肃洮州端午节娱神文化的非民俗意义》，《民俗研究》2011年第2期。

⑦ 周大鸣、阙岳《民俗：人类学的视野——以甘肃临潭县端午龙神赛会为研究个案》，《民俗研究》2007年第2期。

祀活动。

笔者的田野调查点选取在甘肃省甘南藏族自治州卓尼县纳浪乡羊化村。历史上，卓尼曾是杨土司管辖之下的藏族聚居地区，虽然羊化村曾属于临潭县，村中汉族居多，但是不可忽视的是临潭县和卓尼县接壤的地理特殊性使羊化村有浓郁的藏文化氛围。从唐代到明代，甘南一直是藏族聚居区，承袭藏传佛教，明代迁入大量的汉族屯兵又使得汉文化在当地生根发芽，并在此后的发展中不断吸收当地藏族文化。中华人民共和国成立之后，羊化村由卓尼县管辖，并在此基础之上形成了如今的村落格局。在此次调查中，笔者希望通过对羊化村由“龙神信仰”到“泉神信仰”转变的调查，研究藏文化对于当地汉族的影响。

龙神信仰的发源地洮州处于青藏高原和黄土高原之间的交汇过渡带，这里自古以来就是汉族地区与藏族地区、农区与牧区、农耕文化与游牧文化交流的地带，少数民族众多，藏族、土族、羌族等多个民族都曾聚居于此。明朝时期，汉族的大规模迁移使江淮文化传入，汉藏等文化相互交流融合形成了独特的地域文化。通过对龙神信仰在族群、历史和地理等方面因素影响下的发展和变化的考察，能够折射出汉文化和藏文化的相互借鉴、交流和发展，体现地域文化的独特性和多样性。

选择羊化村泉神庙作为研究选题，原因有三：其一，甘南地区的龙神庙作为传统文化和社会生活的一个重要载体，包括制度、信仰、经济、地缘、社会结构等诸多文化内容，与民众的日常生活和整个社会场景的变迁联系紧密；其二，在于泉神庙的当代性，尽管时间空间不断变迁，泉神庙和庙中的祭祀活动始终活跃在当地民众的现实生活里，满足着百姓精神文化需求，与之相伴的一些活动，则具有物资交换的功能；其三，在官方大力倡导地区经济发展、强调地方性文化的时代背景下，泉神庙被积极地保护修缮，地方性特色适时彰显。笔者做了近一个月的调查，以羊化村为一个小的切入点，通过真切感受和深入体验，梳理“九灵泉神”与其所处的地域、民族、信仰、政治制度等因素的调适过程中所独具的源起、变迁与发展的个性化历程，借此考察在特殊历史和生态环境下，藏文化如何同汉文化交融，影响当地人的生产生活。

卓尼县位于甘肃南部，甘南藏族自治州的东南部。全县辖一镇、十六乡、九十八个行政村，有藏族、汉族、土族、回族、蒙古族等十个民族共十万余人。

纳浪乡位于卓尼县东南部，东与岷县毗邻，北与临潭县总寨乡隔河相望，南与迭部县接壤，是县境内四大地理区域中的南部洮河区（主要农业区）。该乡是多个地域的汉族文化的交汇区，有集聚于该乡西尼沟村与小班子村的岷州[①]汉文化，集聚于温旗与羊化的洮州（江浙屯兵后代）汉文化，集聚于纳浪村的河洲汉文化、天水汉文化。每年的正月十五、二月二、端午节，婚丧嫁娶，受汉文化影响的民族以特有的习惯来庆祝。

羊化村位于洮河南岸，居民大多是汉族，但由于与其他同属洮河南岸的藏族村落形成了地域上的联系，使得文化风俗同样带有藏文化特点。该村位于卓尼县城东南约二十五公里处，村子背靠洮河而建，卓西（卓尼—西寨）公路贯穿全村。在1956年成立农业生产队之前，羊化村完全靠天吃饭，不灌溉，不施肥。但是由于当地气候寒冷，冰雹等自然灾害时有发生，极易造成农作物减产。

洮州十八路龙神祭祀始于明代，对应着十八位明朝的开国将领和军官眷属。明太祖洪武二年（1369年）八月，朱元璋从统一全国战略需要出发，为表彰和激励有功将士，钦定功臣位次，敕命在江宁东北的鸡笼山建立功臣庙，供奉徐达、常遇春、李文忠、胡大海、康茂才等将军。全国统一后，明太祖朱元璋将开国功臣敕封为“神”，敕命全国立庙祭祀。在卓尼和临潭，这十八位明朝将领和军官眷属都有“龙神”封号。

龙是中华民族的象征，汉族和相当一部分少数民族都崇拜龙。按照民间说法，龙是掌管雨水的神，雨水的丰沛与否直接关系着传统的农业社会中收成的好坏。如此来看，祭拜龙神便可以看出水对当地民众生活生产的重要作用。在藏族聚居地区则不难想到神山圣湖崇拜，藏族传说中的龙大多是居住在湖中的水神。与汉族不同的是，藏族神话中的湖泊总是和女性联系在一起，龙也多以龙女的形象出现。龙神司雨似乎是汉藏龙神[②]崇拜中共通的地方，因为雨水的及时到来不仅为农作物生长提供保障，还对牧草生长起着重要作用。

卓尼地区处于陇南山地东秦岭之西端，全境海拔较高。气候寒冷，雨季

① 即岷县，位于甘肃省南部、定西市西南部，洮河中游，地处青藏高原东麓与西秦岭陇南山地接壤区，定西、天水、陇南、甘南几何中心。

② 在藏族龙神中，“珠扎”掌管雷鸣，“罗尔”掌管闪电，“曲结”掌管涨水，“恰柏”掌管降雨。

集中，降雨季节分布不均。洮岷地区气候湿寒，冰雹对农作物危害大。降雨量并不少，但降雨季节分布极不平衡，雨季主要集中在夏、秋之间，所以容易春、冬旱。尤其是每年春耕前后，常因干旱而无法播种，就不得不向龙神烧香、许愿、唱神戏来祈雨。另外，灾害性天气冰雹在当地也很频繁，群众有谚云“不怕恶风刮，就怕白雨（冰雹的俗称）打”，历史上这里遭受旱灾和雹灾的记录很多。这种来自自然界的威胁对于农民来说无疑是十分残酷的，同时也令他们恐惧，这种对于自然界既依赖、又恐惧的情绪，正是龙神信仰产生的心理根源。

羊化村“泉神庙”供奉的是“九灵泉神”（村民又叫他“五方爷”[①]）神牌，上面写有“封敕洮河威显黑池龙王　康佑五方行雨龙王神位”。通过对文献资料的收集，证明“洮河威显黑池龙王”就是胡大海，也就是村民口中所说的“南路爷”[②]。大庙[③]建在羊化村对面的新堡乡青石山上[④]，“五方行雨龙王”是武殿章[⑤]，也是明朝一员大将。九灵泉神并不是吴殿章，也不是胡大海，而是集合这两位龙神加上一位泉神，形成的一位全新的神，而且，这位泉神还是一位女神，负责管理泉水，雨水和洮河水。如何由“龙”变“泉”，由“男”变“女”，将在后文介绍。

关于九灵泉神名字的由来，村中人还讲了一个小故事：温旗村有一座九龙山，该村的泉神庙就建在这座山上，庙下面有一个泉眼，流下来正好是九股泉水，看上去就像是从庙里流出来的，因此庙里的神便叫作九灵泉神。温旗村的神庙供着九灵泉神的塑像，羊化村只有九灵泉神的神位，但是这两个村子的神都是从洮滨乡的秦关村请来的。羊化和温旗的神都是坐神，不可以走动，而秦关村的则是站神，可以随意走动，端午还要抬到城隍庙去供奉。羊化村和温旗村的龙王庙被村民形象地称为“下马店”，也就是歇脚休息的驿站，神真正的家在秦关村庙里。

羊化村背靠洮河而建，水便是人们生产生活的中心。洮河由河神掌管，

---

① 调查后，笔者发现这里的九灵泉神并不等同于五方爷，九灵泉神包括五方爷在内，但内涵更为丰富，村里人模糊地将九灵泉神和五方爷画上了等号。

② 羊化村属于南路，故而供奉胡大海。

③ 大庙即祭祀龙神的主庙，建在信奉该神的中心村。

④ 胡大海，生卒年不详，字通甫，回族，濠州虹县（今安徽泗县人），明代开国元勋，朱元璋封为越国公，谥“武庄”。被洮州群众奉为“洮河威显黑池都大龙王”。

⑤ 武殿章，封号“五方行雨都大龙王”。

保护房屋和庄稼不受洪灾的破坏。泉神掌管饮食和疾病，保障人们日常饮用水的安全。还有些泉水被认为是具有医疗作用，与人们的生活休戚相关。雨神掌管农业，不但祈求风调雨顺、农业丰产、牧草繁盛，还要祈求没有冰雹、霜冻等自然灾害。

在长期的历史发展过程中，卓尼地区各民族的生活方式逐渐由游牧经济转变为农业生产，汉文化的传入更加深化了农业的影响，水在农业发展方面的作用不断显现，进而产生了管理水的组织——青苗会。

青苗会起源于古代社会中与村落信仰管理有关的民间团体，民众习惯于从神佛的灵验中寻求生产、生活的安全保障。他们塑神像、建神庙，自发组成各种团体，管理神庙及组织仪式活动。神庙管理系统在祭祀神的同时还承担着组织村民看护庄稼以及维持村庄秩序的责任，并最终发展成为具有村落行政性质的民间自治组织①。

青苗会和龙神庙的关系是密不可分的，十八位龙神在中心村各有一个大庙，下设村庙（尕庙），羊化村里的庙和祭祀活动就由本村青苗会管理。青苗会存在的历史久远，村中已经没人能够说出其建立的时间。青苗会的管理者被称为会长，从前会长都是从村中几个大姓人家中选出来的，可以连任很多年，现在则是由村里每家每户派人轮流做，但是总会长还是会选择有资历的老人。会长每年换届，村子从泉神庙开始分为上下两部分，村上边（西边）和下边（东边）各选出三人，在这六人中选出一位德高望重的老人做总会长。中华人民共和国成立前青苗会基本上起到村委会的作用，村中大小事务都归青苗会管理。中华人民共和国成立后成立村委会，青苗会的作用减弱，成为村委会的下属机构，管理范围也缩小到田间地头。

泉神庙在羊化村比较中心的位置，通常都关着门，只有庙管早晚祭拜和村中祭祀时才会打开。庙外有煨桑炉，早晚都有庙管和群众煨桑。燃柏香敬龙神，遵从的是信仰藏传佛教的群众的祭拜习惯。尽管村里几乎没有藏族，但是这一传统还是被沿袭着。

村里的祭祀活动基本都在泉神庙举行，祭祀从立夏开始，立夏举行“插旗”“祭风”的仪式，只有青苗会参加。白天在田间地头和山上，由会长插上

---

①　范长风《青藏高原东北部的青苗会与文化多样性》，《中国农业大学学报》2008年第2期。

写有“六畜兴旺”“风调雨顺”等字样的旗子，祈求来年风雨调和。祭风是在晚上，在田间点灯烧香，将祭文念诵之后烧掉。从插旗之后到八月十五，庙管每天都要烧香，祈求农业兴旺，因为八月十五农忙基本结束，相应的，庙里也就没有什么祭祀了。

三月快要播种时，田地解冻，冬灌的水基本上干了，为了防止干旱就要祈雨。祈雨时要烧香、点灯、敲锣和洒水，敲锣是模仿打雷，洒水显然是模仿降雨。从前祈雨的地点是特定的，人们要到山上去找一个泉眼祭拜求雨。祈雨仪式没有时间限制，只要干旱，随时都可以举行。从祈雨仪式完毕到下雨之前，每户人家晚上都要点灯。

农历五月十九，羊化村民要到温旗村去“上庙”[①]，这是羊化村一年中最大的祭祀。上庙就是把温旗村里的泉神像请到自己村子里的“下庙”祭拜。羊化村与邻村温旗村从前本是同一个村子，后来分开成为两个独立的村子，但是两个村子都信奉这一位神——九灵泉神。村子分开之后不方便祭拜，所以两村人合资，在羊化村重建了一间新庙。在这也就形成了一个有趣的格局——一个神位两个神龛。

当天，羊化村人清早就要去温旗村“请神灵”，到了庙里，把九灵泉神的神像请到轿子上，这时候可以动神像的只有一个人，即从羊化和温旗这两个村的村民选出来的人，这个人被称作“马角”（mǎ jué），意思是神的儿子[②]，只有他才可以搬动神像。

庙里要打扫干净，“马角”在庙里上香，等点灯之后就可以移动神灵的塑像了。上轿前要在庙门外面放一串三股线的鞭炮，路上要敲锣示意神来了，人们不能冲撞，而且在将塑像抬过来的路上不能停，这应该是一种表示敬畏的意思（不能让神灵沾染路上的泥土）。大约中午的时候，上庙的队伍回到羊化村，将神像请到庙里之后摆上供品，上香，点灯，还要献羊。

献羊仪式中所用的羊羔是从村民那里买的，要挑选没病的、纯白的小公羊，祭祀前清洗干净。献羊时全村人都要到庙前祭拜，但女子不允许进庙。

---

① 村里将西边称为“上”方向，由于温旗村在羊化村西方，故把到温旗村请神灵称为“上庙”。

② “马角”是从村中大姓家族中选出来的，一般有两个候选人，选举的方式是“人选神定”。“马角”要在庙前打卦，若打卦时三次都是面朝上，就说明神愿意接纳他作为“神的儿子”服侍他，一旦当选，在村里的地位也会很高。

杀羊之前要念一段祭文，念完之后村民们磕头祈告，人们在叩拜时要观察羊的样子：如果羊羔颤抖一下，就被认为是神接受这件祭品的信号，就可以杀羊献祭了；如果羊没有颤抖，村民们就要一直跪拜，直到看见神接受祭品的信号才可以起身。杀羊之后，将羊肉在庙里煮熟，分给全村的人吃，当地人认为，小孩子吃了这样的羊肉，来年不会得病。

到了下午，羊化村民会抬着神像到田间地头去巡视庄稼长势，然后将神像抬回温旗村，第二天在温旗村会进行相同的仪式。这种上庙活动使两个村子的联系变得更加紧密，而在仪式中发挥重要作用的“马角”此时更会受到尊敬。

九月秋收时，青苗会长庆祝秋收顺利，也要到庙里祭拜、献羊。

中秋之后到第二年立夏之前，庙里面就没有祭祀活动了，这段时间里村中只是例行的由庙管烧香、煨桑，直到来年开始耕作时，祭祀便会再度进行，周而复始。

以上就是羊化村泉神庙一年的祭祀活动，全部由青苗会组织管理。在这期间还穿插着在其他地方举办的祭拜活动。例如，端午节全村人都要去临潭县新城城隍庙参加“龙神赛会”[①]。这一天十八路龙神都被从各个大庙抬到城隍庙里，这一天五方爷武殿章的地位是最高的，据说是因为在历史上有一年端午时节干旱，各方龙神就开始求雨，但是只有五方爷这一位神仙祈雨成功，所以在这一天他是城隍庙最大的神。从他的封号“五方行雨”也可以看出这位龙王主要管理雨水。人们认为，在抬神像去城隍庙的路上一定不能停下（神像是秦关村的行神），否则就会天降暴雨。六月初一也是村中比较重要的节日，全村人都要到青石山上去拜祭南路爷，赶庙会。庙会也逐渐产生了物品交换和娱乐等功能。

羊化村的龙神在发展为泉神的过程中不断地吸纳整合汉藏文化，塑造出更加适应当地特点的民间信仰。这种文化影响主要表现在两个方面，即神形式的变化和祭祀仪式的变化。

由龙神到泉神，恰恰就是神形式变化的过程：原本归于临潭县的羊化村

---

① “龙神赛会”即信奉“洮州十八路”龙神的居民把他们所崇敬和供奉的“龙神”偶像，于端午节集中抬到新城隍庙，供大家瞻仰、祭祀，从而形成了洮州端午节龙神赛会。在此期间除在城隍庙及其周围由各地民歌手唱“花儿”，庙内戏台和新城文化广场唱戏助兴外，主要活动就是赛神。

祭拜的是秦关村的“五方行雨都大龙王”武殿章。从村中人将泉神笼统地叫作五方爷的情况来看，羊化村祭拜五方爷的历史应该很久远了，传说中五方爷求雨成功的故事同样被套用在九灵泉神上，可见他们并未区分泉神和五方爷之间的区别。但是，显然通过九灵泉神在温旗村得名的传说可以看出，在羊化、温旗两村脱离临潭，划归到卓尼管辖范围之后，两村人用秦关村五方爷庙里的木板做了本村神位，从此就不再去秦关村的五方爷庙祭拜，而是在自己村子里的泉神庙祭拜，从此羊化村的五方爷转变为全新的泉神。这种地域上的、行政区划上的改变使得神的形式也发生了改变。

而胡大海这位黑池龙王的祭拜又从何而来呢？胡大海被称为“南路爷”，信众范围遍及洮河两岸临潭、卓尼两县的广大区域，羊化村也属于这一范围内。1917 年，杨积庆土司将胡大海立为自己的家神爷[①]。由于这一原因，杨积庆辖境内的藏族百姓也都随之信仰南路爷胡大海，杨土司辖属范围内洮河两岸的村落也随之受到影响。所以笔者大胆推测，羊化村民将胡大海之像置于泉神庙中加以祭拜的历史大抵始于此。

为何这位神会被称作泉神？之前说过，羊化村的地理位置特殊，由于“插花接壤”的特殊地理区划，羊化村与卓尼县的村子同在洮河南岸，尽管长时间受到洮河北岸的临潭县管辖，却也始终处于藏文化影响力之下。泉对藏族来说是神圣的，泉神这一名称可以反映出当时藏文化影响力在羊化村是比较大的。另外不可忽视的是，泉神是一位女神，在汉文化中，女神并不多见，在洮州十八路龙神之中，仅有三位女神，其中还有一位是朱元璋的妻子马秀英[②]。而在藏族文化中，龙神则通常是女性，所以考虑到藏文化的影响，一位女性泉神的出现就不稀奇了。

洮州十八路龙神中有一位龙神李文忠[③]被看作“藏族佛爷”，每年迎神时汉藏居民都会向佛爷敬献哈达。常遇春则被冶力关的藏族称为“常姑爷”，流传着常遇春在“常爷池”[④] 与藏族姑娘缔结婚姻的传说，那么大胆推测，当

① 阙岳《民族地区的民间文化认同——明清以来洮州地区汉民俗的传播与传承》，《西北民族研究》2011 年第 1 期。

② 另外两位是冯旗娘娘和朱氏，都是民间女神。

③ 李文忠（明朝），俗称石山佛爷，藏族佛爷，封号“威震三边朵中石山镇州都大龙王”。

④ 冶力关镇和八角乡附近有一片天然湿地，官方的名称是“冶海”，汉族叫“常爷池”，藏族叫“阿玛舟措”（圣湖），与常遇春的灵迹密切相关。

时的汉藏通婚应该不受排斥。由此可见，龙神信仰在汉藏文化交融的背景之下明显地受到了藏文化的影响，被改造得更富有当地特征，成了一种地方性文化的标志。

祭祀仪式也被改造得更加富有环境的适应性，明显地带有汉藏文化融合的特点。羊化村民祭祀泉神的时候一般都会点灯、烧香和煨桑，还会插旗祭山。插旗祭山是很典型的藏族风俗，而点灯也是效仿藏族点酥油灯供佛。甘南盛产油菜，所以点灯就用油菜籽榨出的清油；煨桑则是藏族特有的对神表达敬意的方式，羊化村的泉神庙前就有一个煨桑炉，每日村中都有群众煨桑敬神。

仅此羊化村一例中，便可见到汉藏文化在卓尼地区的交融，信仰体系在不断变化中也成了一种民族文化的传播方式。尽管这里的民族文化和信仰体系呈现多元特点，生活方式和资源需求也不尽相同，但是通过长时间的文化融合过程，使不同民族产生了情感上的认同和趋于一致的认知，进而促进了当地的和谐稳定。

三、壮族“蚂拐节”

大年初一，既是壮族的春节，也是壮族的“蚂拐节”。壮族把青蛙叫作“蚂拐”，所以“蚂拐节”又称“蛙婆节”“青蛙节”“埋蛙节”。蚂拐节广泛流传于广西西北部红水河两岸的金谷、巴畴、长江、隘洞、东兰、长乐、大同等乡镇的壮族村寨。一般从农历正月初一开始，到正月十五结束，有的地方时间会持续一个月。

关于蚂拐节，红水河流域流传着一个孝子故事：很久很久以前，当地流传着“分肉”的习俗，人们把死者的肉分食。当地有个孝子叫东林，他的母亲去世，不忍心将亲生母亲的骨肉分给人吃。于是偷偷在家里埋葬了母亲。当时正值雨季，屋外青蛙乱叫不止。东林怕母亲魂灵得不到安息，用开水浇死乱叫的青蛙。结果世间无蛙声，人间遭旱灾，田间无颗粒。东林意识到自己铸成大错，误杀“天女”，决定厚葬“天女”以赔罪，并于每年正月初一接“天女”魂灵回村过节。这种独特而古老的传统习俗一直延续至今。

水作为生命之源，是壮族稻作农业的基础。在壮族神话中，蚂拐被誉为“雷神子女”，人间的“雨水使者”。变幻莫测的天气，突如其来的干旱季节，使壮家人对水产生了强烈的渴望。人们一面祈求雷神降雨，一面将蚂拐作为人与雷神沟通的桥梁，祭拜它，讨好它。蚂拐是陆地上的两栖动物，与水有密切关系，其肺小而薄，必须借助于皮肤的帮助才能呼叫，而阴晴旱涝都能影响蚂拐的叫声，特别是在雨前和雨后，蚂拐叫声尤其频繁和洪亮，使人们感到蛙声是降雨的前兆，并且象征旱情即将结束，稻作就要开始。所以，祭拜蚂拐习俗也就在壮族的生产活动中慢慢定轨。

每年的除夕前，红水河流域的壮族村寨中，有威望的男子组成临时指挥部，负责蚂拐节的筹备工作，他们商议蚂拐节的活动时间、祭祀的地点和具体的分工。一切准备就绪，就等着正月初一了。各地的蚂拐节持续时间不一，有的五至七天，有的要持续一个月，至二月初二结束。这个节日的节庆活动可以一个村单独开展，也可以几个村联合开展，参与人员众多，热闹至极。一般来说，蚂拐节的节庆活动主要包括以下几个程序：

抓蚂拐。正月初一早饭以后，大人小孩成群结队地到田里抓蚂拐。按惯例抓两只蚂拐，一公一母。抓到蚂拐的第一个男性，称为“青蛙郎”，蚂拐节活动也将由此人主持。然后，活动主持人将抓到的蚂拐放入一个剖开的竹筒里，合好绑紧，周围贴上彩色纸。这个竹筒，俗称“蚂拐棺”。

游蚂拐。一般由村里的长老组织，用竹子和彩色的布、纸扎成一顶彩轿，里面放着蚂拐棺。由“青蛙郎”和长老领路前行，巡游村寨的每家每户。白天人人拿着蚂拐幡，晚上个个拿着火把，敲着铜鼓，放着鞭炮，一边走着一边喊着“喂——喂——”，场面非常壮观。据说蚂拐神灵巡游可以驱散村寨一切害虫，确保来年风调雨顺，阖家太平。凡是蚂拐彩轿经过的地方，村民都会提前拿出准备好的糍粑、素菜素饭来祭祀，好让蚂拐神灵布施神恩。

祭蚂拐、葬蚂拐。各地葬蚂拐的日期不同，东兰县巴畴乡是二月初二，金谷乡是二月初三，而大同乡则是正月二十八。虽然时间不一，但都集中在正月二十五到二月初七这段时间。各乡各屯的仪式也不一样，要数巴畴乡的最隆重。早上，村寨男女老幼穿上新衣，敲锣打鼓，吹唢呐，燃放鞭炮，高高兴兴到神台。活动主持人，从神台上请下蚂拐棺，再次放到轿子里。众人抬着轿子绕着神台转几圈，就抬往每年祭葬蚂拐的地点。一路上，蚂拐幡彩旗飘飘，鼓声、唢呐声、鞭炮声、喊叫声声声震耳，前来看热闹的人数不胜数。到了祭葬地点，先把去年葬下的蚂拐的尸骨取出来。这个时候最激动人心了，人们认为蚂拐尸骨的颜色关系着今年的丰歉：蚂拐尸骨若是黄色，则被认为预示着今年五谷丰登；蚂拐尸骨若是白色，则被认为预示着五谷歉收，但是棉花长得好；蚂拐尸骨若是黑色，则被认为预示着庄稼和人畜有病有灾。

接下来，就是葬蚂拐了。挖好坟地，鸣炮九响，将蚂拐棺放进墓穴，摆上供品，焚香烧纸，在墓穴周围插满彩旗、幡旗，最后燃放鞭炮。至此，仪式结束。

蚂拐舞。葬完蚂拐后，也就进入村寨狂欢的时刻。人们欢聚在一起，有的戴上蚂拐面具，假扮“蚂拐公”“蚂拐婆”“蚂拐仔”，跳起传统的蚂拐舞。有的则趁此机会，在一起对唱山歌，开展游戏活动，如“老鹰捉小鸡”“老虎抓猪”“摔跤”“扔石头”“跳竹竿”等，一直持续至深夜，众人才纷纷散去。

每个村子的歌会日期相互错开，人们可以交错地到各村参加。过去，人们把铜鼓扛到山坡上。附近的村民听到鼓声，就知道歌会要开始了，大家结伴参加，特别是青年男女，他们可以通过歌会寻找意中人。而东兰县兰村的歌会在正月十五举行，到了晚上八点，祭祀蚂拐神后。歌会正式开始，人们欢呼雀跃，整个村子变成歌的海洋。歌手们开始大展歌喉，一般先唱问候歌，接着是情歌对唱，若是两位歌手情投意合，那么这桩喜事也成功了一半了。来参加歌会的邻村客人都会被邀请到家中吃夜宵，吃罢又返回歌场继续对唱、听歌。一直到黎明时分，歌手们才恋恋不舍离开歌场。

一年一度的蚂拐节就这样圆满结束了，人们带着祈盼吉祥如意的心理诉求开始了新一年的生活。

第三章　民族节日与文化神崇拜

中国西部各民族由于所处自然环境和历史传统各不相同，为适应其生存和发展而与特定自然生态、物产、气候等结合，形成了各式各样的生计模式，如狩猎、渔业、畜牧业、农业、手工业、商业等，并产生相应的文化英雄或文化神，形成对这些文化英雄或文化神的纪念、崇拜和祭礼。这些有关生产习俗的节日祭祀活动具有一定的区域性特点，在西北地区，根据草场的变化，有关畜牧的节日与之协调；在西南地区，山地民族保留着较多关于狩猎和采集的习俗，而坝区民族则依农事节令而有明确的春祈秋报节祭活动。这些节日既是物质性的，也常常是精神性的，包含了丰富的民族文化内容。

第一节　猎神祭

生活在西部山区、森林和大漠的少数民族，历史上曾以行猎为生。古老的狩猎文化，留下了许多古风盎然的民俗风情。

狩猎又是一种富于刺激性、充满危险性的活动，能否猎到猎物，是否会被猛兽伤害，都是无法说得清的事。于是，通过巫术和祭祀活动，引导或祈使神灵帮助狩猎成功，便成了山林民族狩猎前常会举行的仪式。

在许多民族中，猎神就是山神，或由山神掌管山林中的动物和植物。为此，入山行猎，必须征得猎神的同意；猎获归来，也要割取部分猎物祭谢猎神。

行猎前举行宗教仪式，求猎神将野物放到猎场上来，以供猎获，是许多民族通用的办法。例如，独龙族在狩猎前，要在地上铺一层青松枝或树叶，放上麻布毯，上置小米、酒、项链珠子或用荞面捏成的各种野兽形象，祭祀管辖山林猎场的“仁木大”。主祭人唱道：“今天我们来撵山，请你给大家一些野兽吧！你是野兽的主人，不要舍不得呀！我们辛辛苦苦地来到山上，无论如何你要给我们一些。大家已经把小米、酒、毯子和珠珠给了你了，这些不算少了，都是交给你的酬谢……”到达猎场后，还要将面做的动物献上，对猎神说：“……我们以上述诸物和你换取野兽，熊换熊、虎换虎、野牛换野牛，一点也不亏待你呀！”

云南怒族在猎获较大的野兽以后，也要举行群众性的祭祀仪式，并由猎获野兽者主祭，领唱“猎神歌”：

猎神啊，显现吧！
降临吧，兽灵！
高山上尊严的猎神啊，
雪山上高贵的猎神啊，
日夜在山梁上巡视的猎神啊，
常年在深谷里周旋的猎神啊，
今天我到大山上迎接您来了，
今天我到雪山顶恭请您来了，
让所有的野兽都来相会吧，
让所有的禽兽都来相聚吧。
……

自称“烤虎肉吃的民族”的拉祜族，专有每年一度的祭猎神“沙尼”的节日。农历三月属牛日，云南金平县拉祜族要由全寨共祭猎神，祭时杀鸡，求猎神保佑狩猎丰收、人身平安。临沧拉祜族祭猎神时，要将野兽剖腹，取一点内脏和肉，放在地上，用小木棍边敲竹筒边念：“我不是有意打你，而是你碰着我。”请求猎神不要怪罪于他。他们还有一种“猎虎舞”，即在重大的狩猎祭典上跳的舞蹈。

苦聪人正月第一个属牛日的祭龙节所祭的神树，是龙林中最为高大的一棵。据民间传说，这是勇斗吃人龙神的老猎人的化身。人们祭龙时同时也祭被神化了的老猎人。而且，在临近节日的时候，各家各户还要集中在山坡上，听巫师安排之后，纷纷到沟箐、树林、田地里去射猎和捕捉各种鼠，晒成干巴，用以祭神。

云南云龙县的白族传说猎神为三个女性，猎人若要获得猎物就必须祭祀她们。相传古时候，人们靠打猎过日子。那时，树木都长着一双双明亮的眼睛，能帮助猎人看野兽，人们每天都可以打到很多野兽。猎神急了，就告诉天神，天神把湿泥巴抛在人们的脚上，变成了膝盖下的腿肚包，又把湿泥巴敷在树的脸上，树从此只长枝杈，不再长眼睛。人们生了腿肚包就跑不快了，又没有树帮忙，再也撵不到野兽。天神见人们可怜，让狗帮他们，但狗也跑不过野兽。天神就叫猎神捣一盆蒜浆，把所有野兽的后脚都放到蒜浆里泡一下。这样野兽一走就留下一股蒜味，狗靠闻这股蒜味，又帮人们撵着很多野兽。猎神知道天神的用意，很后悔，但已来不及了。他只好在人们撵山的时候，把野兽都圈起来，人们没有办法，只好去求他，让他放一些野兽出来。祭猎神的活动就这样兴起了。

白族的猎神杜朝选，是位除蟒英雄。此人神通广大，据说有一次渡船忘了带钱，就用手杖将洱海戳了一个空洞，洞内盛产弓鱼，以此代替船费。在他生日那一天，弓鱼的产量还会更高。相传古时周城神摩山箐里有一条大蟒蛇，每年要吃一对童男童女。猎神知道后，便身背弓箭、手持宝刀下箐除蟒，射伤了巨蟒。后来，他遇见两位为蟒妖洗血衣的年轻姑娘，知道她们是被蟒妖摄入洞内淫乱受害的人，便与她们一起进洞盗取了蟒妖的宝剑，杀死了蟒妖。所以，当地村民把他奉为本主，每年农历正月十四到十六这三天，人们便要抬着他的塑像游村歌舞，庆贺猎神本主的生日。

在楚雄彝族自治州境内，三尖山北麓二十公里处的大深山里，有一个叫作“布札”的彝族山寨，布札一词是彝语，意为架弩捕野兽的地方。每年正月十八，这里的彝族都要举办祭祀猎神的活动，彝语称为“呢世嘎捏底”。

相传，布札彝族的祖先已在此居住了五六百年，他们刚迁到此地时，农耕少，猎事多，靠狩猎来维持生活，在此长大的彝族男子个个都是捕猎的能手。

长期以来，布札彝族喜爱狩猎，他们认为狩猎靠猎神保佑，猎物的多少，完会取决于猎神施恩与否，只要猎神保佑，出猎就会有所收获。为此，布札的彝族每年定期祭祀猎神，出猎前也要祭祀猎神。祭祀时用占卜求卦的方式祈求猎神保佑围猎丰收。

祭祀猎神的方式有两种：一种是以家庭为单位祭家猎神，另一种是全村狩猎人到山上祭猎神。

以家庭为单位祭家猎神不分节令和时间，经常打猎的猎人在自己家正堂楼上供奉猎神神位，此处的猎神为画像，身披虎皮，左右有七十二名打猎兵将、三十六条花狗，还有“撵山小哥”和“阿翠厨姐”。祭祀时，在神位前摆上酒水、茶，烧三炷香，杀一只鸡，拔下带血的鸡毛粘在神像之上，并吟念彝语祭词。祭祀完毕才进山狩猎。

全村狩猎人到山上祭猎神则有固定的时间，每年的正月十八，祭祀活动由毕摩（祭司）主持，以村为单位，村子里所有擅长打猎的男子汉相约，带上捕猎的枪具和祭祀的物品，领着猎狗，来到山上，选一棵松树或马缨花树作为“猎神树”，在神树下摆设祭坛，祭坛内撒上青松针，插上松树枝，将松枝一面削皮，作为猎神牌位，并用松树枝刻一副临时用来占卜的阴阳卦具。祭祀开始，先点香，然后杀鸡，祭司开始吟念彝经祭词。念完祭词后占卦，猎人们往卦象所示方位进山狩猎。

最为有趣的是，彝族打猎还有许多的规矩：只要枪响箭发，猎物击倒在地，猎人必须马上从猎物身上拔下一撮带血迹的毛，粘在所使用的弓弩或猎枪上。此举是为了敬猎神。要是碰上射击时箭发不中、枪打不响，猎人们就会认为猎具上带有污秽和邪气，必须马上捡一只烂草鞋挂在猎枪上。猎人认为烂草鞋是除秽辟邪之物，只要除去污秽，射杀猎物就会箭无虚发、百发百中。猎人捕到猎物，不分大人小孩，就是路人巧遇，一律见者有份，共同分享。打猎为生的时代已成为历史，但在每年祭猎神的这一天，为了祈求猎神保佑族人一年四季清吉平安、风调雨顺，众乡亲还会带上各种猎具到指定的地点祭猎神，开展一些极具娱乐性的捕猎射击比赛①。

有的民族虽然不再以狩猎为生了，但在某些特定的节日或祭祀活动中，仍保留了某些与狩猎有关的祭式。例如，剽牛是佤族一些节庆活动的重要内容。剽牛的情形，仿佛是一场原始狩猎场面的再现。剽牛前，巫师“魔叭”一边念咒，一边手持利刀，在预定时辰将牛尾巴一刀砍掉。与此同时，蹲伏在四周的人们立刻蜂拥而上，利刃齐下，很快将一头活牛砍成数段，分抢而光。猎取牛头或获肉最多的人被奉为英雄。他换上红包头，被身沾牛血的人们抬起来。人们围拢狂舞，好像他们杀死的不是一只驯养的家畜，而是一头凶猛的野兽。

有的地区的傣族在每年的赕佛大会上，要表演一种舞蹈。舞蹈中，一个舞者模仿持弓握刀的猎人，追逐龟、凤、鹿等。龟、凤等逃脱，猎人绕场逐

① 材料选自鲁成龙《布扎彝村的猎神祭祀习俗》，《今日民族》2012 年第 3 期。

鹿，摆出搏斗的样子，最后将鹿射倒。

农历二月初一，宜良九乡彝族过猎神节。鹿子前蹄扎青松针，吊在卜选出的那家的供桌上方，就象征猎神已到他家，今年由他“值年”。二月初一吃过早饭，猎手们背枪唤狗，来到平时禁入的“密枝”神山，先由上届值年主持，用树枝卜选出本届值年，然后由新值年主持，杀猪宰羊祭祀。礼毕，老年人留下操办伙食，年轻人听牛角号号令，一齐出动，上山围猎，猎获野物抬回共享，晚上就在密枝林里野餐。其余按人头均分，带给家人。猎神节的围猎活动，一般持续三至五天，兴尽始归。传说，九乡彝族过猎神节是为了纪念人类的始祖伏羲、女娲，纪念赐给人们猎物的天神。猎神节的祭祀仪式由彝族毕摩主持，共有三个仪式：第一个仪式为祭密枝，即请猎神。密枝神为五块石板，在密枝林里用一根剖成两半的青枫栗木占卦决定新猎神的值年，即供奉猎神的人家。第二个仪式为迎接新猎神，送走老猎神，将老猎神送至密枝林中，把新猎神接回值年家中供奉。以前，在迎接新猎神的仪式结束后即可打猎，打到的猎物平均分配，参加的猎人每人一份，参加的猎狗每条一份，捕猎的网亦可得一份。第三个仪式为送火神，届时要祭祀火官、水官、土官。火官为红脸，水官为白脸，土官为黑脸，宰白鸡以祭，鸡头、鸡脚、鸡身砍碎后均分。送时披蓑衣，戴斗笠。送走火神后，整个仪式结束。出于保护生态环境的需要，如今九乡彝族已经不再狩猎，猎神节演化成为象征性的民族节日。为庆祝一年一度的猎神节，当地的彝族群众举办了各种各样的活动，以渲染节日喜庆的气氛，表达对猎神的敬畏和对丰收的祈盼。这些活动主要有射猎、摔跤、斗牛、山歌对唱等，彝族青年男女还借此机会，以山歌相互联络感情，结下美满姻缘[①]。

阿昌族的猎神通常供在寨子里“塞”或“庙”后的一棵大树下，据说每次打猎前祭一下，就很容易打到野兽。打到野兽后必须用兽头祭献猎神。每年二月也要祭一次猎神。但此神容易被“偷”走，据称梁河芒展村的猎神就被河西的阿昌族“偷”了。

第二节 牧神祭

水草丰美、六畜兴旺，是畜牧民族共同的愿望。驯养的牛马羊等牲畜，

① 材料选自刘吉昌《九乡猎神节》，《今日民族》2004 年第 5 期。

是西部一些民族的日常生活和节祭活动中最常见的角色。早在远古时代，西部的原住民，就在崖壁上用锐石刻凿或以牛血和矿粉做颜料，绘制出了许多驯养动物的图像，牛羊是其中常见的内容（如内蒙古、新疆、云南等地的岩画）。在青铜时代，牧牛、驯马、养鸡、带狗狩猎等，是古滇民族铸在青铜器上，流传至今的重要形象。直到现代，许多民族还喜欢在房顶和谷仓饰以牛角，在门旁挂满牛头骨，有的说是对牛的崇拜，有的说是象征着财富。一些民族在年节祭会活动中，有关牛的种种习俗和祭礼，更是比比皆是。

西北有辽阔的草原，西南主体为山地，畜牧业至今仍是一大主业。西部一些少数民族曾"逐水草而居"，赶着各种牲畜走了遥远的迁徙之路。在他们心中，牧神伴他们走过万水千山。为求牧神的庇佑，他们每年设祭。

在内蒙古科尔沁草原，每年农历五月上旬举行"其木哈尔节"，节期一天。"其木哈尔"意为"劁骟""阉割"。是时，春季接羔结束，天气暖和，是骟公羊的好时节，当地蒙古族牧民选择鸡日或马日（按天干地支计算）骟羊。选择鸡日，是因为人们认为鸡食虫，羊骟后，伤口不生虫。选择马日，则是因为蒙古族爱马，视马日为吉利日，希望羊群像骏马一样飞快地发展。当天清早，打扫完卫生，牧民们便开始劁骟当年生的羔羊，亲朋好友不分老少都来帮忙。骟毕，主人把事先加料喂肥的一只大羊牵来宰，做成"手扒肉"和其他菜肴招待亲友。大家频频举杯，唱起悠扬动听的牧歌，畅谈接羔、生产的收获，庆贺牛羊成群，生产发展。

内蒙古自治区呼伦贝尔草原每年八月举行赛牛会。草原牧民在约定的时间赶着精选出来的牛，到指定的地点（一般在乡镇所在地）去参加赛牛大会。竞赛项目有角逐、挽力、膘情、毛色、品种、产奶量等。会场上气氛热烈，人们身穿鲜艳的民族盛装，敲锣打鼓，歌声、掌声、乐器声混成一片，欢迎来自各方的客人。主人牵牛入场，经过较量、比试，大会评委会评选，给优胜的牛披红戴花，主人在大家的赞美声中载誉而归①。

云南大姚彝族春节第二天要祭牧神。牧神是牛神、羊神、马神等的泛称，指主管六畜之神。放羊是当地彝族的主要营生之一，所以祭牧神以祭羊神为主。正月初二，牧人带上食物到山上野餐，餐后在两棵大树间烧一堆火，让

① 周鸣琦、李人凡主编《中国各民族年节祭会大事典》，陕西人民教育出版社 1995 年版。

所有的羊群、牛群及其他牲畜从火上跃过。这是一件颇为费力的活儿。惊恐的牲畜，并不知道这火是消灾除瘟、如火兴旺的象征，因而并不会勇敢跃进，而是本能地退缩避让，不让火焰燎到自己的皮毛。牧人们这时非常卖力，齐心合力，连喝带鞭，人人汗流浃背，似乎此刻进行的“过火”仪式，关乎着畜群一年的命运。畜群被逼着跳过火堆，牧人中的长者兴奋地念着“路捏底”（祭牧神）祭词，以此除邪。

放牧神呀你请听：
房前屋后你保护，
放牧路上你保护，
豺狗抬羊你护羊，
羊过岩脚下，
莫给岩石来打着。
今天是正月初二，
是祭羊神的日子，
祭了放羊神，
羊群会兴旺。

大姚附近永仁的彝族农历正月初二是放牧节，节日的一项主要活动是叫牛魂。叫牛魂这一天，全村的牛羊都要喂盐，放牧者各自带上酒肉饭菜在一起野餐，由村老或毕摩给牛、羊、狗叫魂，念唱“叫牛魂”祭词：“回来，牛回来，牛魂回家来……”接着，一一历数牛可能到过的地方，呼唤牛魂回来，还历数牛的“谱系”。末了再唱：

牛魂回来后，
牛神来主事，
来做众魂主，
主得周全时，
粮食吃不完，
衣禄享不尽……

丽江纳西族的牧神叫“诺布”，吃素，当地人在农历三月祭祀牧神。三坝纳西族的牧神叫“得扎毕”，吃荤，当地人在农历六月祭祀牧神。祭诺布的地点在灶房，以麻子、米饭等作为祭品。祭时将它们盛在一面簸箕里，上搭一个粮架，上挂麦穗、稻穗和牧草，置两副小连枷、一把括板、一口盛食盐水的小木槽。当人们把以石子代表的十八个“诸神”（家畜之神）请来后，就给“羊”喂盐水。“羊”通常用青松果代替，主祭人模仿羊叫，并把粮架上的东西卸下，模仿打连枷的动作，同时吟诵祭词。祭得扎毕的地点在山上，全村人共同参与祭祀活动，日子由东巴卜卦算定，祭品为一猪一鸡，由全村共出。其他祭品各家自带。祭祀日，全村把牲畜全部赶到山上。主持祭祀的东巴在山上铺开白披毡，立三块石头，插松树、柏树、栗树的枝条，把大米、玉米、茶、酒供在坛上，先撒大米、玉米，敬酒、茶，然后念经，念完经杀猪、鸡，把猪、鸡之血淋在之前立的石头上，松树、柏树、栗树的枝条以及附近的石头、树枝上，供一半猪头，并把猪五脏和肉各切一小块挂在松树、柏树、栗树的枝条上。其余的祭品随后分给参祭者。东巴念祭词和咒语。祭词涉及牧神来历、禁忌、献祭过程，并求神灵保佑牲畜平安无病。咒语则是咒各种妖蜮病鬼，以及被牲畜误食后会影响其健康状况的植物。东巴念完经和咒语，人们随即在祭坛前共进野餐。

定居农耕使野地游牧的规模渐小，定居放牧及畜厩喂养的比重增加，于是，作为牧神副产物的畜神也应运而生。对一些民族来说，猪是其“厩养文化”中的重要角色之一，相应的，这些民族的畜神，有的化身为猪的形象，有的主要职责即为管猪。昆明、丽江等地的白族、纳西族和汉族，农历二月初九（或二月十九）有猪王节或猪王会，祭猪王菩萨。祭祀者于节日或办会当天，在猪王庙前的猪王雕像前杀猪一头，将血储于大瓦盆中。各村养猪户，自带草绳（或蚕豆）及祭品，到猪王庙将绳交给祭司。祭司把绳套于猪王雕像的脖子上，祝完，将绳解下，在瓦盆中沾点血。求祭者将沾过血的绳带回家掷入自家猪厩中，叫作“拴猪”。人们认为，这样做表示已在猪王菩萨那里牵了线，此后，猪王菩萨便会对这些猪厩格外照顾，就能肥猪满厩了。丽江纳西族将蚕豆和肥肉献给猪神，祭祀结束后，各自将蚕豆和肥肉带回，蚕豆喂猪，肥肉掺豆腐自吃。

云南省鹤庆县金墩区白族每年农历三月二十一举行“猪姑娘节”祭祀猪神活动。当地白族的主要副业是养猪，他们认为，猪的生长繁殖是由猪神来掌管的，因此，要定期举行祭祀猪神的活动。祭祀时，找一个竹篮，篮内放一碗米饭，将篮子摆放在猪圈门前，再点上香，人们在猪圈外不停地跳跃。所以，祭祀猪神的活动又叫“跳猪姑娘”。当地白族认为，这样跳跃，能达到祈求猪神保佑猪生长好、繁殖快的目的。有的地方，还把猪神塑成泥猪，供奉到本主庙中。

在以放牧为主要生产生活方式的民族中，牧草的枯荣与部落兴衰、岁月更换都有密切的联系。因而，对象征牧神影响的牧草的崇拜，也就很盛。西北草原上的蒙古族，每年六月二十五日祭敖包，要在敖包上插把青草，以求水草丰美，人畜兴旺。

历史上，随元军南征，元亡后落籍云南的蒙古族，虽然已经改变了生活方式，学会了农耕渔捕，但在传统节祭活动中，还长久地保留着对草原放牧生活的追忆，祭草就是其中之一。西畴的蒙古族每年农历六月十六晚上，以户为单位，杀三只鸡，焚上香，将几棵小草、一点麻栗或柞木树叶缚在一起，在许多碗中放上银器等物。在家中僻静处如阁楼等处，由家中男性长辈主祭，不让家里其余人，尤其是年幼者知道。安宁的蒙古族谷子开割时要“祭谷草”，通海的蒙古族家家都栽一种一年生草本植物，俗名叫“栽秧花”，平时放在房头上，开秧门时取其花去田头祭祀。在这里，尽管草的意义已从牧转向耕，从牧草转向谷草，但南方民族对谷草的关注，中心视点是谷，因而有众多关于谷种来源的神话和叫谷魂、拜谷神仪式；而云南蒙古族对谷草的关注，中心视点在草，以草为本，谷子被视为草的果实。所以，祭草之俗，投射着他们对过去的放牧生活的追忆。甚至在谷草中，也还在谷神之后飘忽着往昔牧神的影子。

第三节　农神祭

也许，在以农业为立国之本的时代，再没有什么节祭仪典比农事祭祀更多、更复杂了。自古以来，有关农事的四时八节及其各种形式的祈报活动，不仅流行于民间，皇室官府也极为重视，常亲临设祭。稷神之祭和社神之祭同为百祭之首，“社稷”成为国家的代称，足见农业的重要位置。

农神祭与农事活动紧密对应，多与时令、节气和物候变化相关，并通过某些特定象征物象来展示，例如耕牛。

一、春祈

春夏间的农事祭祀，主要以“祈”的形式出现。云南古代青铜器上，形象地记述和刻画了古滇人举行“祈年”仪式的情景。

立春日，往往是许多民族农事祭祀活动的开始。哈尼族称立春为“胡息俄及”，意为新春的雷声。白族立春前的蛇日过插柳节。众人沿河列队踏歌，每十二步插一枝柳，以柳枝的顽强生长能力和与月份相应的“十二”吉数，来象征和祈求一个好的开端。

播种前的祭祀，依各栽种节令和物候变化而有所不同。云南红河哈尼族“里玛主节”，是祭祀传说中为神传递春天信息的使者布谷鸟；彝族、拉祜族、傈僳族等每年春夏或破土下种前，都要举行仪式，祭献谷神或“叫五谷魂”。例如，云南巍山彝族农历二月初五至初八，要举行奇异的“叫饭魂”活动。叫饭魂时，须挖坑堵路，防止外人进来，惊跑饭魂。叫饭魂者由长老指定，走在前面的两名“老丑”全身涂抹各种颜色，装扮得奇丑无比，手执牛尾，驱鬼开路。其后是由一对小伙装扮的“新郎”和“新娘”，他们专司迎接和侍奉“饭魂”。叫饭魂者扮成牧羊人，手执羊鞭，身披羊皮领褂，漫山呼唤。如有人随声应答，便算叫到饭魂，“牧羊人”立刻用力将脚一跺，表示踩住饭魂，巫师随即把“五包”（每包分别装着大米、红糖、茶叶、盐巴、硬币）埋在“牧羊人”脚前的地里，表示饭魂已将这些财富带给了村寨，现在向饭魂献礼作为回敬。与此同时，悄随其后的鼓手乐师欢天喜地敲锣打鼓、鸣枪放炮，吹吹打打将“饭魂”迎回村中。村民认为，叫到饭魂，这一年就会风调雨顺，一年四季都吃得上米饭。

春夏之交的农事节祭以祈雨为重。每年农历三月，贵州重安江两岸的苗族和汉族等，要爬上不同的山坡，以此来祈雨。据说事先要取回几个山坡的泥土，然后通过占卜的方式来确定爬哪些山坡。比如，通过占卜，当地人认为爬“马鞍山”和“北堡坡”这两座山坡，可使当年风调雨顺。于是，农历三月第一个午日爬马鞍山，第二个午日爬北堡坡。节日当天，一项重要的仪式就是在山坡上祭祀雨神，然后才开始举行各种表演活动，如斗牛、斗鸡、斗鸟、赛马、吹奏芦笙等。参加节日的年轻女子，三五成群，喜气洋洋地拎着自己亲手蒸煮的糯米饭，在山坡上与自己的心上人共食，以表达爱意。

在一些民族中，农事节祭的一种形式是通过牛来体现的。

在年复一年繁重的耕作劳动中，牛帮助各民族春播秋收，带来了好运。牛，理所当然受到人们的敬重，一年中，几乎各个主要节令，都有祭牛或为牛过节的活动。三月，耕犁完田地，云南弥勒彝族为谢牛神助耕，要祭牛神。四月，云贵一带布依族过“牛王节”。传说这天是牛王的生日，人们用苦丁茶、酒、五色糯米饭喂牛，给牛挂红，请牛王保佑六畜兴旺。在传说中，是神牛帮助人渡过难关，耕田犁地，安居乐业。云南红河哈尼族敬牛的节日“牛纳纳”（牛节），在农历五月初五，是专为劳累一春的耕牛而设的。这天，耕牛可以吃到用鸡肉鸡汤拌的紫色糯米饭。云南维西傈僳族自治县白族那马人，农历六月十八要祭水神和牛，向龙王庙里的石刻牛像烧香磕头。平时牛死要跪拜安葬，禁食牛肉。吃年饭前要大喊一声“喂老爷饭”，先用五谷及油、盐、肉喂了牛“老爷”，才轮到人吃。云南丽江纳西族农历六月二十七和九月某吉日有“洗牛脚会”，给牛洗脚喂肉，还喂十二个麦面饼，甚是恭敬庄重。云南金平苗族瑶族傣族自治县的苗族，农历十月初一则有个“糊牛角会”，让孩子为耕牛扫尘，在牛角上糊上烤得喷香的糯米粑粑，再插上精选的两个大红辣椒。云南鹤庆白族在立春日要举行隆重的“打春牛”仪式，云南双柏彝族则在冬至日过“水牛节”……在这些节日祭会中，主角都是牛，甚至象征牛的物象，也都具有某种超自然的灵性。就说白族“打春牛”吧，被抬到“春棚”里供祭的泥塑春牛，要由代表二十四节气的二十四个化装的大汉抬着，再由四十八个大汉护卫。游街祭祀完毕，只听春倌一声喊：“送春牛归天!”千百人立刻涌向春牛，争抢泥牛。片刻间，泥牛被争抢得一点不剩，连春棚内外沾过春牛的泥土都被抠出个大洞，人们将抢到的春牛土连夜送到自家田里，祈求牛的神性注入田地，换得五谷丰登。

在佤族、独龙族、基诺族、景颇族、哈尼族等族中，完成这种神秘转换的不是泥牛而是真牛。这便是各地盛行的剽牛仪式。云南勐海哈尼族每年八月上旬举行的剽牛祭“欧拉拉”，是当地最隆重的农业祭祀，此时正当稻谷扬花，因惧怕发生冰雹、大风、洪水、旱灾和虫害，就要剽牛以祭，求地下的祖灵领去祭牛，保佑稻谷平安成熟。

当然，由于耕牛宝贵，许多民族已不再滥杀耕牛，让它们为负此神职而白白牺牲。在不少节日活动中，牛不再是血祭贡物。而且，在历史的演变里，它们的功用从娱神转为娱人，为人们节日助兴。斗牛，就是较为典型的一种。

斗牛与云南安宁、开远、普洱、腾冲等地曾流行的“鞭春祀芒神”有一定联系：

清人段昕纂修《安宁州志》载：“鞭春祀芒神，立春前一日，迎勾芒土牛于东郊入州署行礼，次日按时鞭祭。”清陈权修《阿迷州（开远）志》：“立春前一日，州首统属迎春于东郊，置酒春宴毕，迎春牛芒神，置于州署内，正日应时打春。”清李熙龄纂修《普洱府志》：“立春前一日，迎芒神、土牛于东郊，抬阁先导，观者毕集，乃置辛盘，祀祖宴客，丰俭从宜。”清陈宗海修《腾越厅志稿》：“立春前一日看春者，以饼酒相馈。”张问德修《顺宁县志初稿》：“官吏士民，往东山寺迎春，各乡里有扮社火为渔、樵、耕、读之类，父老鞭芒，春官献岁。”

春神勾芒，在中国神话传说中，是做过鸟国国君和西方天帝的少昊的后裔，《山海经·海外东经》说：“东方勾芒，鸟身人面，乘两龙。”勾芒之名，取豆芽破土而出之象。他既是春之神、生命之神（司命），也是管理草木的木神，所以又称青帝。他的到来，使万物复苏、草木萌动；他的降临，必使所降之地有福，“司禄益食而民不饥，司金益富而国家实，司命益年而人不夭，四方归之。”（《玉函山房辑佚书》辑《随巢子》）因此，祭祀勾芒春神的习俗，远在周代就很盛行了。春神居东方，迎春必往东郊。古时为了迎春，在国都东门外八里之地建“东堂”（屋高八尺，台阶八级），天子亲率百官，乘青车，着青衣，执青旗，吹牛角号，唱《青阳曲》，挥动羽毛仪仗，狂舞《云翘舞》。

方志中所说的“鞭春”，源于一种叫作“出土牛”的活动。先拉出一头预先做好的“土牛”，再由人拿一条称作“彩杖”的鞭子去赶它。含意是要人们勤于农耕（也有说是用来送走寒气的）。如立春靠近头年的腊月十五，拿彩杖鞭打土牛的人就要走在土牛前面表示这年的耕作应该早一些；如立春靠近第二年正月十五，鞭打土牛的人就要走在土牛后面，表示这年的耕种适宜晚一些；如果立春就在正月初一前后，人的位置也就适中。

方志中所说的“置辛盘”，则属民间流行的“咬春”习俗。咬春，是一种吃鲜尝新的活动。在唐之前的《四民月令》就已记述：“立春日食生菜……取迎新之意。”而置辛盘的历史则更为久远。两千多年前已有所谓“五辛盘”，在盘中盛上五种带有辛辣味的蔬菜，如葱、姜、蒜、韭菜、萝卜之类。春饼也是必不可少之物。春饼用白面烙成，吃时要卷上以凉拌菜为主体的丝状菜肴。把这些食物装盘，又叫“春盘”。据说，吃春饼及辛辣蔬菜，可以去春困（春天容易产生一种疲倦的感觉），去了春困，以利春耕。

祀春神勾芒的习俗，明清后在内地已蜕变为朝贺皇帝的一种仪式，但在云南，却依然保留了较多的古风。

在一些地区，猴子也被视为有助于农业生产的角色。云南洱源西山五加大村就祭祀猴子。民间传说是这样的：五加大村头有一棵檀香树，有一天，一只猴子跑到檀香树下玩耍，用一些檀香树枝烧起一堆火，结果香气与烟雾一起冉冉升上天空，飘入天庭，惊动了天神和玉皇大帝。玉皇大帝为了能在天上天天闻到檀香树香气，就派天神顺香气寻找到人间。天神将猴子和檀香树一起带到天上，玉皇大帝让猴子在天上吃喝享乐，将檀香木放进香炉中烧。但猴子生性好动，过不惯天上那种严肃、拘谨的生活，请求回到人间，玉皇大帝就奖给它桃和梨。猴子带着桃和梨跑回五加大村后，就把桃子和梨送给村民栽种。猴子死后，村民为了感谢它的功劳，将它奉为本村本主，并在本主节烧檀香木，供桃子、梨子来纪念它。

阿昌族撒种节[①]

云南梁河县的阿昌族以农业生产为主，水稻是主要农作物。每年农历三月的撒种节和八月十五都要祭献“老姑太”。撒种节这一天，人们要把房子收拾干净，在堂屋里放上一根竹棍，捆一株双穗新苞谷，作为她的象征，供在祖魂位的一旁。老姑太又叫“榜”，传说她能纺善织，最会种田、种菜、狩猎、摸鱼、捉黄鳝。她死后，每家都供奉象征她的竹棍和苞谷，每逢三月撒种、八月收获之际，便献上她喜欢吃的“间谷达达”肉和各种谷物瓜菜，隆重地祭奠她。

在阿昌族的民间信仰中，稻谷也有灵魂，它能够离开稻谷。谷魂离开了，秧苗就长不好，稻谷就不饱满，收进仓后就不经吃。于是他们撒秧种、栽秧、秋收都要祭谷魂。开秧田要挑日子，一般挑属虎日，认为属虎日开的秧田不会被牲畜糟蹋。撒秧种一般挑属马日，认为该日育的秧移栽后，谷穗会长得像马尾巴一样长。有的挑属虎、属龙日撒种，认为虎日撒的秧，牲畜不敢吃，虫害少；属龙日撒的种，雨水充沛，有利秧苗生长。“开秧门”的头一天，一早起来便到田里供斋饭，把花和李子枝条插在首先要栽秧的那块田头，边插边念：“（祈求稻谷）长得像花一样好，像李子一样饱满，结成团！”然后用左手先插三撮秧。此仪式结束才正式栽秧。“关秧门”时，要在田沟边用剩余的秧把蘸水洗牛脚，表示大家干干净净回家，避免把谷魂带回去，要让它好好留在田里，使稻谷丰收。秋收打完稻谷时，早上杀小公鸡（或用鸡蛋），供在谷堆上。主人磕头，念道：“几千几万的谷子出来了！”到晚上再煮个鸡蛋到

① 本部分来自刘扬武、邓启耀《阿昌族的原始宗教残余》，载宋恩常编《中国少数民族宗教初编》，云南人民出版社1985年版。

谷堆前叫谷魂："不要在田坝，请回家守谷仓，栽秧时又再回田坝！"念完，拔一蓬谷茬，拣几穗掉在田里的稻谷，插在有谷茬处的泥土上，拿回家放进谷仓。有的人家还在稻谷成熟时，选几穗粒大穗长的糯谷，挂在家堂上，以谢神灵和祖先的保佑。

白族祭本主牛

兰坪维西那马人信本主，也敬重牛，便有了祭本主牛的习俗。那马人对本主的信仰是虔诚的，祭祀活动十分频繁，除逢年过节和定期举办本主会祭供外，凡遇天灾人祸、患病、接亲、外出经商、妇女生育、尝新、做功德等等，都要到本主庙去祭本主神。在祭祀活动中有些村寨保留着祭本主牛的仪式，可能是那马人祭天牛的演变，也可能是祭天与祭本主的结合。在正常情况下，本主牛每三年祭一次，如发生旱灾、虫灾，可以即时祭牛。祭本主牛一般在每年农历三月至五月举行，因为这时正是插秧时节，若长期无雨，村民们便酝酿祭本主牛。祭祀活动由村寨的伙头和各家族的家族长（通常为有威望的老人）共同筹划，首先决定买牛。对牛的条件有一定要求，必须是体大、牙口好、无疾病的犏牛或牯牛，毛色可以不讲究。选用谁家的牛，不必征得主人同意，也不讲价钱。为了表明本主牛的高贵和大家的虔诚，其作价一般高于市价。牛的主人十分乐意将牛献出，为自己的牛能被选来祭献本主感到自豪，对价钱多少从不计较。牛价定下来后，牛款按户分摊。当地因现金来源困难，多数人家均用粮食交付。各户将自己应分摊的数目在一两天内主动交给牛的主人。有些经济较富裕的人家，除交足自己的份额外，还主动多交一份或几份，表示自己对本主神的虔诚；有的为困难户代交其分摊的份额。牛主人采取来者不拒的态度。刚买的牛须经"朵西薄"向本主行许牛仪式后，才成为本主牛。在此之前，牛仍由原主人负责饲养。到许牛的那一天，伙头、朵西薄、家族长、各户男性老人及办具体事情的青壮年男子，带上香油灯、香、茶、酒等祭品到本主庙，先烧香炉，插好香，几个小伙子把牛牵到本主庙前的台阶上，让牛头朝着本主方向站着，其他人也面对本主站好。由朵西薄举行许牛仪式，念许牛祭词：

碧罗雪山上的天子，碧罗雪山下的地女，管山川大地的主子，所有的百姓都属你管。我们从你处来到人间，死后还要回到你处。每个人的生死由你掌握，每个人的寿命由你决定，人间的一切灾难、瘟疫，都由你来掌管和裁决。我们村里的男女老幼，都十分尊敬你、信奉你。江水未涨前替你修好桥，雨水未下前替你盖好房。我们世代要好好侍候你，许给你一头健壮的牯牛。你要全心全意地保护我们，让我们风调雨顺收成好，田里的庄稼莫受旱灾袭击，地里的庄稼莫受虫灾危害。让我们的谷穗出得多又多，让我们的麦穗结得圆又圆，让我们男女老幼无灾无病，人人健康长寿、家和村乐。

祭毕，朵西薄将酒、茶敬给本主后，退回到台阶上，把拴牛绳解开，对牛说：“本主牛，你愿到哪里去就到哪里去吧！你想吃什么就吃什么好了！”然后把牛放掉，任其自由走动，大家便陆续回去。此后，这头牛成为本主牛，其主人不再饲养，更不能说“这头牛是我家的”一类话。村里人也不能说“这是某某家的牛”。据说，谁说这样的话灾难就降临在谁的头上。本主牛放到田野后，任其随便啃吃庄稼，人们不得驱赶。被吃庄稼的主人，还认为是吉利事，可以得到神灵的庇护。在野外放牛要尽量不让自己的牛与本主牛接触，以防发生斗架；万一发生斗架，放牛人要用鞭子鞭打自己的牛，将其赶跑。如果本主牛闯入谁家的院子，这家人马上要把牛厩门关好，防止发生斗牛。同时要给牛喂干净的粮食和盐水，让牛吃饱喝足，愿走愿留，任其自由。故当地流行一句有关本主牛神圣不可冒犯的说法：“我是老天爷的牛，谁也不敢来管我，天下任我跑。”

从许牛那天开始，到第九十天，即为祭本主牛的日子，不用再卜卦确定。届时，全村各户出一个男子，携带十炷香、粑粑、酒、茶、米、盐等祭品参加活动。是日清晨，小伙子们将本主牛找回，用天牛藤拴好。早饭后，参加祭祀的村民由朵西薄、伙头和家族长率领，牵着本主牛，集体前往本主庙。各家族的人站在庙前院坝各自的位置上，面对本主神像，将本主牛拉到庙门前站立。祭祀由朵西薄主持。他向本主神像双手合掌礼拜后，把各家送来的香分别插在神像前，陈列各种供品，伙头和家族长等则下跪叩头。朵西薄用蒿枝蘸净水，象征性地从牛头到牛脚洗一遍，接着在本主神像前念祭词，参加祭祀的村民不断叩头。这一仪式称为“活祭”。活祭结束后开始吊牛，将牛牵到庙前一棵大树下，大家围着大树站立。小伙子把拴在牛角上的藤子解下，系一个活扣套在牛脖子上，藤子另一头穿过大树的一个树杈，由一群小伙子拉着。另一小伙子爬上树，手持斧头停在牛头前。朵西薄先喂给本主牛一把野燕麦，当它吃到一半时，朵西薄大声说：“本主牛爬树了！”大家也跟着大声吼道：“本主牛爬树了！”这时，小伙子们使劲拉藤子，将本主牛慢慢吊离地面。当牛的后蹄离开地面时，牛本身的重量使活套越来越紧。几分钟后，树上的小伙子用斧头对准牛前额猛击三下，使牛昏迷，之后把牛放在地上，然后将牛杀死。一部分人剥皮、开膛、肢解，按户分配牛肉；一部分人架锅烧水，将一些牛肉和大米煮成稀饭。牛肉的分配是比较认真的。牛头、牛蹄作为朵西薄的酬劳，牛皮归全村。其余部分先剔除骨头，再将牛身上的各个部位、各个器官分成若干份（按缴纳牛款的份数分配）。每户认购几份，就分给他几份。没有出过认购牛款的人家，既不参加祭祀仪式，也无权分配牛肉。牛肉稀饭是将牛身上各个部位、各个器官取出一部分，和牛血、米、盐一同倒入大铁锅内煮成。待煮到半生不熟时，盛一碗，由朵西薄左手端着，右手拿三炷香，陪祭人随后，到本主前进行熟祭。其祭祀仪式、祭词与活祭相同：

祭给你一头健壮的大牛，
今天是吉祥的日子，
今天是吉庆的日子，
按照上次我们的许诺，
现在恭恭敬敬地祭给你。

祭毕，撤去供品，朵西薄和陪祭人退出庙门。由几个小伙子分稀饭，也是按各户认购牛款的份额进行分配。大家拿出自带的粑粑，席地而坐，一边啃粑粑，一边喝稀饭，祈求本主老爷保佑。各户把分到的牛肉带回去，由全家人共食，祭本主牛的仪式到此结束[①]。

白族繁衍、生息在河湖峡谷地区，很早就开始栽培水稻，过农耕生活，这可从文献记载和考古发掘中找到大量的证据。既然是从事农耕，水牛、黄牛自然就成了农民的重要生产工具和亲密伙伴。在剑川、云龙、洱源等地，直到现在，在一年一度的栽秧结束或春节娱乐时，都要表演各种各样为群众喜闻乐见的牛舞，人们抬着牛头边舞边唱，模仿和再现劳动的各样动作，抒发丰收的喜悦。

例如，洱源乔后丰乐一带的耍牛就久负盛名，它是全乡农民酬神赐福、保佑平安、春祈秋报、五谷丰登的祈祷还愿活动。其法“用纸扎牛头两个，布毯饰作牛身，以四人分别扮牛头牛尾为一架，配以抬杠、木犁。一位老者扮犁田老者扶犁执鞭，另一位老者扮撒种者。在唢呐的伴奏声中，随着锣鼓

① 祭本主牛材料选自杨世钰、赵寅松主编，杨政业分卷主编《大理丛书·本主篇》（上卷），云南民族出版社2004年版。

的节拍边撒边唱‘种子撒朝东，求神赐福；种子撒朝西，老幼平安；种子撒朝南，六畜兴旺；种子撒朝北，五谷丰登’等等吉利唱词和全套的耕作表演。围观群众则争先恐后抢撒出的种子，据说回家把这些种子和其他种子拌在一起，可保来年丰收。现场欢声笑语，热闹非常。最后一人扮演送饭农妇送午饭到田间，因口味不合，夫妻相骂，耕牛乘机逃散偷吃食物”。这种人牛关系的人格化，水牛也就成了白族人民崇拜的“本主神”。

相传，大理海东下秧村有一个农民，饲养了一头膘肥体壮的老水牛，后来老水牛年老病死，农民将它很好地埋起来。当晚梦见老水牛对他说：“我苦苦为你耕田耙地十几年，死后你不吃我的肉，不剥我的皮，将我好好地埋起来，我是感激你的。但你埋时将我的尾巴露在外面，我对这点很有意见，你如果重新很好地将我埋葬，我保佑你们村清吉平安，否则我要惩罚你们。”第二天，农民赶忙邀集三亲六戚，对老水牛重新礼葬，并盖庙祭祀，奉为本主。相传，明代有一员大将遗孀化装成一个老太太来到下秧村，用手杖戳一个“老太井”，为下秧村供水，也被下秧村人奉为本主。但老水牛不答应，双方几经苦战，不分胜负，后经观音调解，老水牛居正殿，老太占厢房，同受一堂香火。

相传，洱源县凤翔村本主大圣威定惠国佑民景帝李文景与邻村的本主能济乾坤孝感威灵爱民景帝张保君为争夺地盘在凤羽街上发生了激战，当爱民景帝张保君渐感不支的时候，恰巧东山天子骑龙景帝和玄恩谷丰明德景帝手下战将六畜大王（白语称“恩等保委蔡”，汉译“牛头神”）来赶街。他在双方激战的时候，帮助爱民景帝顶了凤翔本主一角，结果凤翔本主丢了一只脚，负痛败走。爱民景帝就抢占了凤翔本主辖区内的元士冲。为了报答牛头神的支援，爱民景帝又把自己辖区内的白米村东部赠送给东山天子骑龙景帝和玄恩谷丰明德景帝作为酬谢[①]。

这种将牛奉为本主的情况在鹤庆县也存在，鹤庆小马厂村的本主就叫“黄花老祖”，即黄牛。

---

① 赵寅松撰写，选自杨世钰、赵寅松主编，杨政业分卷主编《大理丛书·本主篇》（上卷），云南民族出版社2004年版。

俄罗斯族传统农祀节日①

新疆等地俄罗斯族传统农祀节日的时间通常在每年农历二月底或三月初。

当冰雪消融、大地返青时，农民要用黑麦烤制巨型面包，并举行隆重仪式来庆祝春耕的开始。庄户人家在春耕的第一天要换上干净的衣衫，装一口袋面包，带着盐和鸡蛋下地。当耕牛犁出三条垄沟时，主人便取出面包和盐，自己吃一部分，其余的喂牛，然后将鸡蛋埋入土中，表示祭祀大地母亲，祈求她在耕种季节，保佑风调雨顺，农作物生长茂盛，获得丰收。在中国，由于俄罗斯族人数相对较少，居住分散，且大部分已从事农业，因此，这种传统的春耕节的节庆活动也随着居住地主要民族的春耕节的节庆活动的变化而有所改变。

俄罗斯族祈丰收的传统农祀活动，一般在播种前举行。

播种前，信仰东正教的俄罗斯族要烤制一个麦面的十字架，放入装麦种的口袋里，做完祈祷，才开始播种。同样，信仰东正教的俄罗斯族在畜群转场时，也要请东正教堂神甫做祈祷，向畜群泼洒圣水，手持“带练香炉”绕畜群一周。祈祷完毕，畜群方能转场。人们认为这样做，上帝会使其粮食丰产、牲畜兴旺。

祈雨也是俄罗斯族与耕作相关的传统祭祀活动，每逢干旱时举行。

届时，由神甫主持，全村男女老幼一齐出动，神甫身着法衣，手持“手提香炉”和十字架，助祭捧着圣像龛、旗幡等，唱诗队高唱“赞圣诗”，人们不断画着十字祈求降雨，拯救禾苗。祈雨大队浩浩荡荡地绕遍村里村外，最终到达指定的有泉水的地方，随即围绕泉眼站立，由神甫做祈祷，诵《圣经》，将圣水洒向空中和泉水上，人们则不断地唱圣诗。祈祷完毕，村民们手持各种容器，从泉眼里取水互相泼洒，直至全身泉水淋漓，才算了事。然后，人们坐下同吃一顿丰盛的野餐，祈雨仪式结束。

傈僳族播种节②

作为基督教信徒的这部分傈僳族人，通过集体在教堂举行仪式的方式来祈求丰收。播种前，绝大部分信仰基督教的村民要在怒江里底教堂举行播种节的仪式。播种节的时间为播种前的一个星期，当地村民根据月份来确定播

① 周鸣琦、李人凡主编《中国各民族年节祭会大事典》，陕西人民教育出版社 1995 年版。

② 本田野笔记由中山大学社会学与人类学学院 2008 级硕士研究生晏梖撰写。

种的时期，按照惯例，三四月份再不播种就会来不及收获，因此播种节的仪式基本都是在三月份举行，由每个教堂的负责人根据本村状况在下种前选定日子。举行播种节的仪式时，每家人都要带上一把稻种和苞谷种来到教堂，有的人家还要带上黄瓜种和南瓜种。这些种子集中放在教堂，由执事或者长老带头祷告，祷告内容多是祈求不要有什么天灾，帮助大家这一年有个好的收成，如“种子不要被风吹倒，不要被老鼠吃到，请上帝保佑”。集体祷告后，由教堂的管理者把种子分给较穷的人家，那些没有及时买到种子的人也可以分到一份。各家在田地下种前，还需要在家里或者田间地头进行一次祷告。苞谷、稻谷长到一定时候开始锄草，现在有很多人家都选择用农药喷洒来减少人力，这个时候要祷告上帝保佑庄稼安安全全。

塔吉克族“祖吾尔节”①

在塔吉克语中，“祖吾尔”是引水的意思，祖吾尔节即引水节。塔吉克族在过完“铁合木祖瓦斯提节”（播种节）后，第二天就要过引水节，节期不固定，但多在每年的农历三月下旬过节。

这一节日反映了帕米尔高原的地理环境以及塔吉克族与之相适应的生产活动。塔什库尔干地区气候寒冷，居民稀少，冬季山水冻结，春季来临，需要砸开冰块，引水入渠，开耕播种。但是，一户人家单独引水耕地绝非可能，需全村老少一起出动。在这样的背景下，逐渐形成了祖吾尔节。

每当节日临近，人们要做一些准备工作，春日（公历 3 月 22 日至 4 月 22 日），在主要河道的冰面上撒上土（土可使冰融化得快），准备好各种工具，并烤三个大馕（一个留在家，两个带往引水工地）。节日这天，大家骑上马，带上工具和馕，由“穆拉甫”（负责水的头人）带到引水点。接着便开始热火朝天的破冰引水和整修水渠的劳动。当水引入渠道后，人们欢呼雀跃，祝贺引水成功，并聚集在渠边，开始共食带来的节日大馕，大家有说有笑，现场充满了节日的欢乐气氛。之后，人们还要坐在一起进行祈祷，祈求水源丰富，避免灾害，获得农业的丰收。这天，人们还要举行赛马、叼羊等娱乐活动，庆贺节日，庆贺引水成功。全村人沉浸在欢乐的节日氛围之中。节日期间，人们还要打开天窗，让阳光照入室内，意在驱走寒冬。节日过后，人们

① 周鸣琦、李人凡主编《中国各民族年节祭会大事典》，陕西人民教育出版社 1995 年版。

便集中精力开始一年一度的春耕生产，进入春耕的大忙时节。

塔塔尔族“撒班节”[①]

撒班节又称“犁头节”，流行于新疆伊犁、塔城、阿勒泰地区，一般在初春选择一个风景优美的地方举行。

关于此节有两种传说：一种说法是，“撒班”为一种草。据传历史上每年春天塔塔尔族在田野上割完草后，为了休息，会举行一些娱乐活动，逐步演变为现在的节日盛会；另一种说法是，此节是塔塔尔族的祖先为纪念一种先进农具“撒班”（犁铧）的发明而沿袭成节的。

届时，人们身着鲜艳的民族服装，带上各种食品、饮料、乐器，会集在一起唱歌跳舞，互相祝贺节日，欣赏春色美景。在节日里，主要举行传统的摔跤、赛马、拔河、赛跳跑、跳水渠等体育活动。而最引人注目的是“赛跳跑”。参赛者口衔一匙，匙内放一鸡蛋，口令一下，即迅速向前奔跑。奔跑时，鸡蛋不得落地，先到目的地者为获胜者。节日期间，塔塔尔族女子用最好的手艺制作各种食品招待客人。其中有用大米加奶酪及洗净晒干的杏干、葡萄干、南瓜等烤熟的“古拜底埃”烤饭，用蜂蜜发酵而成的“克尔西麻”饮料，用野葡萄酿成的“克赛勒”酒等。

佤族拉木鼓[②]

历史上，佤族曾有猎头祭谷之俗。1958 年 7 月，西盟县召开的各族代表会议做出了“不许砍人头祭谷”的决议，彻底废除了砍头祭谷的习俗[③]。

1990 年至 1993 年，为了考察沧源崖画和拍摄佤族拉木鼓的纪录片，笔者到佤山做过几次田野考察。有一天，从遥远的地方传来鼓声，佤族朋友说，你应该看看我们的木鼓，木鼓上的故事更多。在勐来崖画点背后最高的一座山上，有一片被称为“农格罗”（佤语“木鼓林”）的树林，那里有我们老祖祭祀谷神的木鼓。

佤族的木鼓，是笔者见过的形制最原始的一种鼓。木鼓的制作十分讲究。它用整段木头挖槽镂空，音色脆亮。佤族认为，木鼓本身是鬼，是保寨子平

---

① 周鸣琦、李人凡主编《中国各民族年节祭会大事典》，陕西人民教育出版社 1995 年版。

② 本田野笔记来自邓启耀《鼓灵》，江西教育出版社、海天出版社 1999 年版。

③ 王连芳《王连芳云南民族工作回忆》，云南人民出版社 1999 年版；《云南民族工作四十年》，云南民族出版社 1994 年版。

安的，它又是“通神之器”，“神灵佑物”，一敲响木鼓，神就知道了。祭祀用的木鼓，平时不准乱动，只能在祭祀、报警、节日喜庆时敲打。农历四、五月间，佤族要盖木鼓房，七月至十月期间，便可举行拉木鼓盛典。传说，人类从“司岗”（山洞或葫芦）里出来后，什么事也不会做，谷子长得很差。地神发怒，想用洪水淹没大地。人们赶紧祈问天神，并召集树、草和动物来商量，决定学鸟啄木，砍回一段原木造木鼓敲打，祭祀鬼灵，平息神怒。木鼓造好了，但敲不响，人们只好给木鼓盖了房子，剽牛祭鼓，木鼓才会响。

传说人类从葫芦里出来以后，什么事也做不好，种下谷种，谷种不会发芽。地神发怒，又要发洪水淹没人类。人们赶紧祈问天神，并召集树、草和动物来商量，天神告诉阿佤，要敲鼓祭祀，谷种才会出芽。“阿姆拐”（传说中佤族氏族的第二位女首领）叫人搬来石头做成石鼓，一敲，不响。叫人砍来大树做成木鼓，有声音了，但不响亮，后来她梦见天神拍她的肚皮，很响，她便叫人按照自己下身的样子凿出像生殖器的空心木鼓，果然响声很大。祭木鼓后，谷子便长得很好，洪水也不再泛滥。

在佤族神话里，木鼓与人类的诞生联系在一起。“木鼓，是我们佤族的魂。”当笔者请教一位佤族大“窝朗”（头人）隋嘎什么是佤族文化的代表的时候，他毫不迟疑这样回答，并带我们到岳宋乡班帅佤寨调查。

在动员佤族群众恢复拉木鼓习俗的时候，大窝朗反复说：“木鼓，是我们佤族的传统，是我们佤族的历史。这个木鼓是很古老的一种乐器，也就是佤族最神圣的东西。如果不是这个木鼓，我们人从哪里来？可能不会存在，老虎肯定把人吃完了。所以，现在要保护木鼓，各村、各乡应该都有自己的木鼓。”但他同时强调：

第一，木鼓是我们民族的魂，这个由我们祖先传下来的阿佤理不能动摇。

第二，用人头祭木鼓的老规矩，肯定不会再恢复。阿佤是一家，各族人民是一家，哪个还能砍哪个的头？法律不允许了嘛！我们这次拉木鼓不会砍人头，只是表演那个仪式。

第三，“文化大革命”把木鼓也废除了，这是不对的，我们今天就是要来恢复。现在省里的人也来了，为我们拍电视，放给全国人民看，大家不要有什么顾虑，我可以为大家打包票，没有哪个会被打成牛鬼蛇神。

经商议，取得佤族村民同意之后，开始在老头人和巫师“魔巴”的指挥下，举行一次表演性的拉木鼓仪式。仪式过程如下：

选树。将被用来做木鼓的树，只能是红毛树。经魔巴选定的神木，是长在一片开阔缓坡山地上的一棵笔直的红毛树。魔巴说，用这棵红毛树来做木鼓是最好的。这块地刚翻耕好，地里没有杂物，只有它独自兀立在这块已经耕熟了的山地上，显得十分醒目。它历经上百年刀耕火种，经历风风雨雨而没被砍倒，足见其地位非同一般。砍树的日子，必须由大窝朗和魔巴等人商议再三，才能定下。

节日装束。魔巴占卜，定下拉木鼓的日子。这天，按照大窝朗的吩咐，人们纷纷穿上传统服装。男子有的按传统式样扎着黑布包头。几名壮实的小伙子光着上身，露出黝黑的肌肉和臂上的刺青。“管木鼓的大窝朗”，当天将充分显示他的权威。他缠一条镶绲白边的红布包头，据说这包头象征着太阳鬼“慕依”的威严。他还在耳孔里插了一根红毛树树枝“考格来”，代表太阳鬼“慕依”神圣的意志。佤族谚语说：“你喝了树叶汤，你见到了鬼魂。”有灵性的树叶是人与鬼魂的中介。耳朵上插了这个“考格来”，就等于代表太阳鬼说话发言，所有男女老少都得听其指挥。他上身穿一件叫“甲喊拉牙朗”的黑布坎肩，左胸用白色野鹿果缀成太阳图案，右胸则为月亮图案。村寨头人的包头也不同一般，他缠一条橘黄色包头，在人群中显得很醒目。这些装束都明示他作为村社头领的重要地位。魔巴则戴黑包头，这黑色不代表人世的尊卑，而象征着灵界认可的某种玄秘的色相。魔巴的衣服，一般也要用鹿角果镶缀日月、牛头、司岗（形如女阴的山洞）等图案。佤族女子筒裙的腰臀处，有一块人人相同的图案：几组用白线织在黑底（间以两道红色）上的菱形叠套图案，菱形与菱形之间还有些顺势排列的直角折线。这叫“彭普儿”，汉话叫“蝴蝶花”，相传是自从人类从“司岗”出来之后，最聪明能干的女人“阿姆拐”教她们编织的。阿姆拐在佤族神话中也是个传奇人物，她是“领导”族人的第二位女首领：她喜欢水牛，在牛角上刻了七道花纹；她受蟋蟀启发，做成了木鼓，并指示人们照着她下身的样子雕琢，挖槽镂空，敲击能发出很大的声音；她说花花扭扭的云彩是天神写给阿佤的文字；她教人纺织，将梭子的样子织在女人裙上（“彭普儿”花），让她们永远不忘……

砍树。砍树的日子选在早上。大窝朗挑选了二十来个青壮年汉子，每人都带一件武器——火药枪、弩、铁梭镖、长刀等。拿斧子的只有三人，不像去砍树，而像是出征。大队人马出寨门时，走在队伍前面的窝朗和魔巴，小心地蹲下，从挎包里摸出两竹筒水酒，用竹杯斟满，喃喃念诵，祭祀鬼灵，希望它们不要加害于这些离开村寨的人们。人们来到寨门外的世界，或许会遇到危险，为防不测，先行祭礼，以祈祝出行顺利。

大队人马来到那块坡地，稍事准备，在窝朗和魔巴的指挥下，将那棵孤零零立在光坡上的树半围住了。突然有人发声喊，七八条枪一齐射击，梭镖、弩箭、石块也飞蝗般击向大树，顿时尘土飞扬，硝烟弥漫。呐喊声中，大树上落下一些断枝残叶。据说，这样做是为了驱赶附在树上的鬼灵，以免它作祟于砍树的人，使刀斧误伤自己，或是树倒下来砸着人。相传，佤族的鬼有两类，一类是人鬼，另一类是山鬼。当地人最害怕的鬼是山鬼，他们认为，庄稼收成不好、火灾、刮大风等都是山鬼带来的。

缠着橘黄色包头的村寨头人上前砍了几斧，并和窝朗、魔巴一道，拾起一片木屑，占卜吉凶。占卜结果表明可以砍伐。于是三位头领率众逆时针方向绕树一周，并砍下第一斧。三名壮汉接过斧子，围树各自站好，开始挥臂砍树。据说，这棵神树，一开始砍，便不能停下，停下便会不吉。所以，窝朗等头领站在旁边监督，不停地轮流换人执斧，以使斧声一直不断（换人是一个一个地轮转，所以换人时仍有两把斧子在挥动）。

突然，大树的腹部喷射出一股发红的液体，霎时便喷溅成一片吓人的红雾，在阳光下幻出一道血虹。与此同时，一直沉默不语的大树发出呼噜呼噜的响声，如同有生命、有灵魂者受伤的叹息。

砍树人见状，如见鬼一般丢下斧子跑开，围在后面的祭司和村民早已端平猎枪和弩弓，一边狂喊，一边连连向大树开火。他们说树上还有“灵”附着，要把它撵走。在刺耳的枪声和弥漫的火药烟雾中，大树慢慢地倾斜，轰然一声倒下，在红土上再次扬起一片血红的尘雾。

魔巴庄穆地走到大树面前。所有人默默跟在他后面，一边祈祷，一边绕树环行，如同为倒下的大树举行最后的道别仪式。大树的创口上现出猩红的年轮，像一轮血阳落下。魔巴和村寨头人在树桩上放了几块红褐色的泥土和一竹筒水酒，祭献树灵，算是对它的补偿，希望它不要缠住砍树的人们，不要记仇，不要伤害他们。他喃喃祈祝道：“我们没有伤害你，而是想把你请到寨中供养。我们用土地和水酒赔给你，还要用血祭献你，你不要怪罪我们，不要伤害拿斧子的人，他们是爱你的人；不要伤害打枪射弩的人，他们是请你离开大树一会儿，不要摔着；不要伤害拉你的人，他们是为了把你请到村寨里供奉……”

魔巴一边祈念，一边将一只小公鸡杀死，把血滴在红毛树木屑上，献祭水酒。按照魔巴的吩咐，人们捡来干树枝，点燃了一堆火，魔巴把鸡抛进火里烧熟，将鸡用手撕开，分给众人吃了。他和窝朗一人得一只鸡腿。吃净肉，剔出两根股骨，左股骨属阴，右股骨属阳，把两根股骨的下端捆起来，呈V形，然后将削好的竹签插进股骨里，根据签子的位置查看鸡骨卦。隋嘎说，魔巴如果看了鸡卦不好，仪式就不能继续下去。

据前行者调查，按照佤族的传统习俗，鸡卦四个方位的含义是固定的，即左股骨的上方表示鬼方，左下方表示父母（包括已去世的父母），右股骨的上方表示别人，右下方表示自己。卜卦时，竹签插在什么方位上便是什么情况，不得任意改变方位。鸡股骨上的小孔有多有少，方位也不一致，有偏上或偏下者，这些都可任其自然。然而因某某事由，所占卜的释意就不同了。魔巴在“做鬼”前，将准备好的竹签顺股骨上小孔的方位插入，不能任意多插或少插。这都是他们严格遵循的。魔巴对卜卦的解释，可依被卜卦人的事由而定。譬如卜者因病、出错、播种、婚、丧、交易和出行等事由，按竹签所显示出的方位，均有不同的释意。概括起来，各种不同的鸡卦共有十六种不同的征兆，其中吉卦八种，凶卦八种。各种征兆，根据卜卦人的需求，都有不同的解释。下面每种解释仅举一例作为参考。

吉卦举例：

人、鬼都好在，病愈。

别人不会来抢东西。

主人在家，别人来，鬼怕了。

别人不会拿东西去。

父母不会死亡。

主人在家不痛、不病。

别人来抢东西，父母在家好。

主人与父母都在家，不怕。

凶卦举例：

人、鬼都不在，是极凶之兆。

主人不在了，不好。

鬼不来了，不好。

人都死光了，不好。

鬼咬人多，不好。

别人来抢东西，不好。

鬼要我家的小娃，不好。

别人要来砍足，不好[①]。

这次砍树的卦象示吉，表示可以拉木鼓。于是，魔巴量出两段各长约两米的树干，让人把树断开，并在两头凿出一对鼓耳。

在这期间，寨里有人送来一大锅鸡肉烂饭。人们摘来一些宽大的树叶，卷成尖筒，盛放这些食物。不一会儿，满满一锅鸡肉烂饭便吃完了。

拉木鼓。将待凿的木鼓整料拉回寨子，是全寨男女老少共同的盛事。照老规矩，砍倒大树后，人们要在林中做饭吃，烧起篝火守护大树，以免让树鬼把木鼓原料拉回去。等到第二天下午，才由魔巴指挥把木鼓原料拉回村寨。加上其他仪式，整个拉木鼓需十天到半个月。由于这次拉木鼓属表演性质，不必等那么久，所以，吃过鸡肉烂饭，便开始拉木鼓了。

参加拉木鼓的人有近百人，男女老少都有。人们从山里砍来几十米长的粗藤条，穿过刚凿开的鼓耳，每侧两排人顺藤排好，一边吆喝，一边按魔巴手中红毛树枝的起落，一下一下往山坡上拉。沉重的圆木，在地上拖出一条长长的印迹。

按照传统，拉木鼓时要唱“拉木鼓歌”。随着拉鼓用劲的节律，人们自然而然形成两个声部，有人悠长地领唱着主旋律，有人短促地呼应着号子：

……爬起来哟，嗬哈！

红毛树的老大，嗬哈！

我们杀鸡卜卦……

才选中了你呀！

你是林中王，

你是寨中王，嘿！

快快回到你的家，哈！

像这样的歌在西盟一带各佤寨有许多版本，但总体上都古朴粗犷，节奏

---

① 本资料取自李仰松《西盟县宛不弄寨佤族的鸡骨卜》，载《民族问题五种丛书》云南省编辑委员会编《佤族社会历史调查》（二），云南人民出版社1983年版。

感很强①。

从山地里将木鼓拉回寨子，要穿过不少山坡沟箐。木鼓很沉，路又十分难走，有时，几十号人挤在一个狭窄的箐沟里，很难协调行动。这时，全仗魔巴和几位头领的协同指挥了。魔巴一直手拿红毛树枝，站在木鼓附近，他目视前方，一边吟唱，一边以树枝做牵引或推动状，随着拉木鼓歌的节拍，他一跺脚，一摆身，众人也合拍往后一拉，木鼓便哗地一下移动一步。

拉了一会儿，歌声变了另一个调。大窝朗介绍说，这是告诉拉木鼓的人，要在太阳落山之前把木鼓拉回寨子，赶快加油拉。拉木鼓，要在阳光不太强的时候拉。人们认为，如果阳光太强，会对人和庄稼不好，所以过去都要选在清晨时分拉。拉木鼓，也不能选在阴天拉。人们认为，没有太阳，日照不足，对人和庄稼也不好。拉木鼓时对阳光的考究，象征着佤山一年旱涝的兆头。

太阳偏西时，人们将木鼓拉到了寨外。窝朗骑在木鼓上唱着歌，魔巴在旁边护卫，挥舞着他手里的红毛树枝。女人们手牵手，一边舞蹈，一边随着刚劲的节律齐唱这支歌：

我们已经来到寨子了，嗬哈！
大家注意莫被木鼓压着，嗬哈！
木鼓快要进寨了，嘿！
快拿酒肉来给它吃，嘿！
木鼓的肚子饿了，哈！
有酒有饭有肉给它吃，嘿！
老祖宗快来吃，嘿！
死去的人都来吃，嘿！
木鼓要进寨了，哈！
它给我们带福来，哈！
它给我们带好日子来，哈！
……

按惯例，木鼓拉到寨门外，一般要停放两三天，等魔巴用鸡骨卜算好日

① 岩养、岩勒、岩勇、娜斯领等传授，李云昌、高立旗等记，载《西盟佤族民间舞蹈》，国际文化出版公司1989年版。

子，杀牲祭祀以后，才将木鼓拉到木鼓房边的场地上。开凿木鼓，又要花好几天的时间。

转鼓进寨。木鼓拉到寨门时，早有一些妇女等在那儿，她们为每个参加拉木鼓的人献水酒，用手抓一把小红米和红豆掺焖的饭，喂给木鼓，并塞到拉木鼓者的嘴里。佤族水酒是用小红米发酵酿造的，喝起来像甜白酒，很爽口，后劲大。

窝朗告诉笔者："木鼓神属于山鬼的一种，要是念不好，喂不好它的话，木鼓就难拉到寨子里头去；如果魔巴念得好，木鼓就可以轻轻地拉回到寨子，神鬼还帮着一点……现在这个仪式是举办得好的，大家都高兴。女人穿得整整齐齐的，表示这是她们这一辈子中，参加过的最好的仪式。"

要进寨了，魔巴手中的树枝大舞起来，他身边几位光着上身的老人，也激动地用佤语嚷嚷着什么。原来整整齐齐的两行拉木鼓的人突然旋转起来，把木鼓围在中心。五位老年妇女拿着一个大簸箕走到木鼓前，窝朗举起一枚鸡蛋，啪地摔在木鼓上，妇女们立刻用簸箕盖住木鼓的一头，众人发声喊，木鼓整个地掉了个头。窝朗告诉笔者，把木鼓从野外拉到寨里来，路上难免会跟上一些野鬼邪灵，所以要举行这个仪式，把鬼转出去，使其不跟进寨里来。拉木鼓，人和神一起跳舞，那些看不见的树鬼也跟着，围在这里，不好。所以要转木鼓，敲鸡蛋，把那些不三不四的小鬼引开。把鸡蛋一敲，算是给它们吃的，叫它们不要在这里逛了。敲了鸡蛋，趁鬼忙着去抢吃的时候，我们马上使力拉，把木鼓掉个头，用簸箕遮住它们的眼睛，它们就不知道自己已经被转到外面了。它们以为进了寨门，其实是在寨门之外了。

木鼓进了寨门，就来到了人的地盘。魔巴这时也要念诵很长的咒语，内容主要是建寨的历史和对新木鼓的祈求。魔巴指挥众人把木鼓拉到木鼓房边空地上。男人们放下木鼓，说凿木鼓是后一天的事。只有女人们还陶醉在拉木鼓的氛围里，挽着手，围成圈，缓慢地吟唱着一支音调深沉的歌：

砍了新的木鼓，
祈祭新的母亲，
哀哭新的父亲。
眼睛亮的木鼓，
手臂长的木鼓，
把你砍下来，

把你拉回去，
回到我们的山寨，
回到我们的家邦。
啊哈唉，抬哟抬起来！
抬起亮眼睛的女神，
抬起手臂长的男神，
拉起红毛树。
回来啊，木鼓！
木鼓回来！
送走了晦气，
得到了幸运。
回来啊，木鼓！
木鼓回来！
告别了衰败，
获得了兴旺。

她们一边吟唱，一边摇动身体，屈膝顿足，慢慢移动。这样的舞蹈，往常要跳到天亮。

剽牛。剽牛，是拉回木鼓后的第一件大事，一般在拉回木鼓的第二天举行。按旧俗，能在拉木鼓仪式中作为主祭者，是很光彩的事。主祭者需无偿地提供水牛或黄牛，以备剽杀。家境富裕的，一次常剽杀三五头牛。每剽一头，就在他家住房的旁边，栽根用丫状长木头砍削成的牛角丫。在过去，要知道谁家最富裕，只要看他家房外的牛角丫就知道了。

待剽的牛是一条水牛。隋嘎说，这头牛是魔巴认真选过的，毛色不错，旋毛好，心好，用来祭木鼓是很合适的。

剽牛的人是几名赤裸上身的佤族汉子。他们将牛牢牢地拴在牛角丫上，然后由魔巴来举行仪式。窝朗说，几个自然村的人都来了，只杀一头牛，分是不够分的。砍木鼓不是一般的祭祀，也不是一般的节日，而是比较隆重的节日，全部寨子的人都要来。如果按往常，要杀一二十头牛，个个把肉吃得饱饱的，水酒喝得够够的，这才好。

牛很快被分解了。抢牛肉的仪式是象征性的，因为不能让牛肉被哄抢掉，而应留下来熬成大锅肉，让每个参与者都能吃到。有关抢割牛肉的往事，不少老年人都还记得。窝朗的夫人向笔者介绍说，要在过去，抢牛肉是一件极紧张刺激的事，特别是砍牛尾巴仪式，那真是惊心动魄。主祭人一刀把牛尾巴砍了，顺手甩在主祭人家的房顶上，围着的人一哄而上，人人手持快刀，争割牛肉。主祭者则拼命把牛往家里拉，还没拉到家，一头活生生的牛，就只剩下牛头和骨架了。从牛的肋骨缝里，还可以看到牛的心脏在跳！牛的眼睛大睁着瞪着人，让人几天睡不着觉。这种场面，她见过一次，以后再不敢看。每次抢肉都要伤着人。那次有个人腿上的肉被人一刀割了，窝朗在寨里骂了几天。

祭祀鼓灵。历史上，按照佤族的老规矩，木鼓凿好后，人们便出外寻找人头，祭祀鼓灵，据说这是为了对大神慕依有个交代。拉木鼓，是为了把慕依请下来，享受祭祀。到了三四月里，人们把旧人头送往鬼聚会的地方“鬼林”，同时通过“砍牛尾巴”仪式把大神送走。

猎头祭鼓的习俗，到1958年已经终结，但木鼓的原始韵味，则一直保留到现在。它的功能已经发生了根本性的改变。现在搞民族艺术节，佤族木鼓舞很是轰动。木鼓似乎已经结束了它巫性的时代，开始趋向审美了。

彝族“哑巴节”①

大理祥云县在农历正月初八要举办隆重的彝族“哑巴节”。这是彝族历代相传的一个民俗节日，至今已有几百年的历史。相传，在远古时代，祥云七宣村里有一位美丽善良的哑女，为了村民们的生存四处奔波，感动了当地的龙王，让当地村民过上了幸福的生活。为了纪念这位好心的哑女，每年的正月初八，人们都要选出一位村民装扮成龙王，举行祭祀活动，但装扮者不准讲话，以表达对哑女的思念和感激。人们在这一天举行驱魔逐疫，祈愿酬神的祭祀活动，跳“哑巴舞”。哑巴舞的舞者分别扮成大哑巴、老哑巴、中哑巴、小哑巴、护卫、神牛、耕田人、讲吉利话的人。大哑巴的扮演者要在村里挑选，并要进行技艺传承，要掌握独特的技巧，一般人无法模拟。

节日当天，由村里懂画的老者在龙王庙给大哑巴的扮演者彩绘，大哑巴的扮演者只在腰间穿一条羊皮短裤，赤裸上身和双腿，头上戴一个插着雉鸡毛的牛皮头饰。长者为他彩绘：一条黄龙为龙王，画在胸前，龙身缠绕双腿；两条青龙为龙子，画在后背，龙身缠绕双手；两条青龙之间，绘二龙抢宝及

① “哑巴节”由赵功修撰写、摄影。

云朵。中哑巴的扮演者的彩绘也比较讲究：脑门画太阳，男的黄心黑边红光，女的红心白边白光，脸部三条，男的黑底白边上翘，女的红底白边下斜。在男的胸前画牛头，手臂上绘女性生殖器官，人像手拿弓箭及劳动工具，双腿膝盖绘女性乳房并绘有彝族文字，彩云图样，颜色以红、白、黑为主。

活动主要是围绕大哑巴的扮演者展开。其所用的道具有：头饰、绣花鞋、小盐臼、盐臼棒、竹箩、特制花轿。恭请“大哑巴”的仪式上，“罗支”全部到齐。罗支就是众“老哑巴”，为首的被称为“毕摩”。彩绘时，以不同的图案分别绘在脸部的右上方作为区别家族和辈分的标志。仪式上，六位毕摩，在护卫总管的护卫下，依次点香叩首。毕摩大声喊“请哑巴出山喽”。四个壮实的“中哑巴”用扎好的彩轿抬着出庙的“大哑巴”游街，其余“哑巴”队打歌跟在后面。最为活跃的是毕摩的跟帮，也称为“马彷”，他以倒退的方式，边跳边引导行进的队伍。“哑巴”队从村头到村尾，经过祭拜龙树、祭鼓、“三请三唱三起号”，将“大哑巴”请到广场，随后开始了具有浓厚文化底蕴的哑巴舞表演。主要舞蹈有杵臼舞、神鼓舞、耕牛舞、老人舞、小哑巴舞，还有耍刀、跳笙、打跳等。

耕牛舞中，两名男子身披灰色毛毯，手举木刻牛头扮演神牛，一名男子扮演耕田老农头戴斗笠，身穿蓑衣，扶一犁，手拿鞭杆，高卷裤脚，边“耕田”边以问答形式唱起了《节气歌》：“什么时节雨水多？正月立春雨水多。什么时节是春分？二月惊蛰到春分。什么时节是清明？三月清明是谷雨。什么时节是立夏？四月立夏是小满……”唱《节气歌》是为了提醒人们不要误农时，要做好农事安排。接着为来年祈求五谷丰登，耕田老农边挥鞭边唱：“老牛虽吃老稻草，种下五谷看收成，一箩谷子两箩米。”请神敬神时，祈吉祥特征十分突出。舞场上讲吉利话的“老哑巴”摇响铜铃，铃停，他高声诵道：“六畜满圈，五谷满仓，金银满库做枕头。吃不完像高山，喝不完如大海。养得儿子满村庄，养得姑娘满四方。”

整个活动再现了“哑巴节”来源的历史故事，也把平时农耕劳作的场面用歌舞的形式展现出来。“哑巴节”作为当地彝族在特定环境中的一种文化现象，得以历经千年而流传不息，最根本的原因在于，它是人们企盼有一个良好的生存环境，敬畏自然，惧怕灾害而采取的一种表达愿望的方式。这也体现了彝族人民对美好生活的向往。“哑巴节”在滇西的彝族中有着强烈的凝聚力，人们以此祈求风调雨顺、五谷丰登、六畜兴旺、清吉平安。“哑巴舞”的表演，告诫人们不能忘记辛勤劳动换来的美好生活，更不能忘记给彝族带来幸福的祖先。

二、夏祷

夏天的农事祭祀，以祈雨、除害、保苗为主。镇雄彝族的白龙会、丽江纳西族的黑龙会、香格里拉藏族的祭龙王、昆明白族的祭龙、通海蒙古族的祭“阿扎拉”女神等等，均属祈雨性质。大理白族的立夏节、丽江纳西族的立夏节、彝族的火把节等，都有驱虫除害、消灾祛难的活动。昆明彝族和汉族等的六月青苗会，楚雄彝族的六月祭稻，勐海哈尼族的祭谷禾，丽江纳西族的四月祀先农（夏生日），等等，则兼有除害保苗、祈望丰收的含义。仪式往往是象征性的，除了杀鸡献祭谷神或土地神之外，还有一些相应的活动和禁忌。例如，高寒山区的民族，即使正当盛夏之时，也怕有意外的“寒流”（云南有的山区，谷物扬花灌浆时常遇冷空气侵袭，影响收成），所以，他们有燃火照田之俗，以火壮“阳”。并通过一些祭仪，将谷物托付给神：

（彝族青苗会祭词）

老天爷难为你，
谷穗出来交给你，
莫让冷气来，
保佑谷子成熟好，
今天杀鸡来祭你。

哈尼族除举行类似仪式外，还要遵守许多禁忌。例如，在祭谷禾时，禁止外寨客人亲朋在家留宿，以免冲撞神灵；在小秧长出以前忌砍柴和理发，以免秧苗不“发”。

水族卯节①

水历的九、十月（大致相当于农历的五、六月）是三都水族自治县南部和荔波一带的水族过卯节的时间。过卯节的具体时间要择日，一定要选择地支的卯日，但要回避丁卯日，以辛卯日为最佳。因为“丁卯”之“丁”属火，乃旱象，不利于庄稼的生长，是“凶日”，宜忌。而“辛卯”之“辛”属木，木旺相于春夏，作物丰收，所以以辛卯日过卯节最佳。

以2006年卯节的历法推算为例，农历五月（水历九月）的第一个卯日是

---

① 本田野笔记由中山大学社会学与人类学学院博士研究生朱志刚撰写。

农历的五月十二，但这天是丁卯，按照水族的习惯就要避开，过第一卯的地区会集体改在下一个卯日过卯。其他过卯的地区按照顺序也要将时间顺延。因此，2006年过卯节的第一个卯日应该是农历五月二十四的己卯，第二个卯日是农历六月初六的辛卯，第三个卯日是农历六月十八的癸卯，第四个卯日是农历七月初一的乙卯。但因为乙卯的时间已经到了农历七月，所以水族地区就将这一时间提前，合并到第二卯或第三卯过节。人们着盛装祭稻田，祭司祭稻田、敬霞，求风调雨顺、辟邪去灾、稻绿苗青、五谷丰登。

卯节，也称“过卯”，水语称“借卯”。“借”，是吃的意思。“卯”，言之为“茂”，言万物茂也。卯则茂茂然。水语里含有开发、启动的意思，黑暗消失，天地分开，万物由此复苏、生发。

卯节的时间，正是初夏时节。从农耕角度来说，这个时候是禾苗插秧结束一段时间之后，禾苗正处在生长阶段。水书先生说，过卯时节是“绿色生命最旺盛的时节”。这既是农作物生长最关键的时节，同时也是自然灾害最多的时节，比如干旱、洪涝、病虫害等。通过节日的仪式，象征夏收夏种圆满结束，期盼祝愿在收获时节水稻能够大丰收，如当地祭祀时的祝词所言，“别人的稻谷，用折刀采摘；我们稻谷，用斧头砍”。

关于卯节的起源，有很多传说故事。据说，关于卯节的由来，最早的传说是：有一年，恶神降灾，蝗虫铺天盖地而来，一下把庄稼吃光了。拱恒公看到庄稼受灾，很是担心。在六月由寅到卯的夜里，他忽然看见从南方天空闪出一道光亮，法力无边的六鸭道人飞到他面前说道：“恶神降灾，不仅危害庄稼，还想给人类降下瘟疫。你赶快吩咐你的子孙们去打扫房屋，把尘埃撒到田里，不仅可以杀死害虫，催长庄稼，还能让人类免除瘟疫。”拱恒公按六鸭道人的嘱托，保住了大片的庄稼，使水族先民获得了丰收。从那以后，拱恒公就决定在每年农历六月辛卯日这天，家家都办酒祭天，表达对六鸭道人的敬仰和崇拜[①]。

显然，这个故事表述的是卯节与农作生产的密切关联性，由于水族在农业生产方面遭遇到灾祸，后来又得到神人的帮助，进而通过以节日的形式来表达对神人的感谢和崇拜。而在下面这个流传于荔波地区水族的传说故事中，农业生产的虫灾变成了旱灾，拯救水族人民农业生产的六鸭道人，化身为似

① 岱年、世杰编《水族民间故事》，贵州人民出版社1985年版。

一块奇异状石头的龙王。传说，水族的祖先在龙江上游定居后，受到严重的旱灾，人们便到井边祈求和祭祀。后来龙王被感动，从井中生长出一尊似女性身体的石头来。人们以为是龙王显灵，就将这尊石头藏在岩洞中诚心敬供，长此以往便形成了卯节①。还有与上述传说中的井、石头和农业生产主题相类似的故事，如开发当地的水家受到耀向井灌溉的恩泽，井边长出了神石后便收藏供祭，获得好收成，相聚以歌而成节日②。

在《三都水族自治县概况》一书中，关于卯节起源的故事则是为了纪念一对夫妻忠贞的爱情和为水族生产所做的贡献。传说，有一对名叫阿腊和阿向的男女，他俩结成恩爱夫妻，不仅自己过好日子，还经常帮助其他人家种好庄稼。后来尖顶王把他们赶走。他们眷恋着乡土，热爱这里的人民不忍离去。于是阿腊就变成正腊坡，阿向变成耀向井。从此正腊坡森林茂密，耀向井长流不息，周围田园得到灌溉。为了纪念这对男女的忠贞爱情，感谢他们的恩赐，于是人们选择在吉祥的卯日来纪念他们，卯节就这样传下来了③。另一则传说中，卯节的由来完全演绎成对一对痴情男女殉情日的纪念④。

在《水族传统卯节的三种当代体现》一文中，记载了作者在荔波县水尧水族乡拉交村田野调查时访谈过程中得知的一个关于拉交卯节起源的传说，和上述传说中关于井的主题有相似之处，但是此井与生产劳作无关，而是与当地为治疗疾病而洗浴的集会相关。相传，很久以前，三都县的廷牌乡（现为镇）有一口热水井，一年四季水都是热的，被称为“日水泉”。由于泉水可以治愈伤痛、消除百病，所以热水井的功效被传得越来越神奇，知道的人越来越多，去那里洗澡的人也越来越多。后来，出于保护这口热水井的考虑，附近的人家就商议选一个日子作为洗浴日，只有这个日子才可以让人洗浴。定日子时采用的是水族传统的鸡蛋卜的方法，鸡蛋卜的结果显示，卯日应该作为洗浴日。此后，只要到了卯日，其他地方的水族就会聚集到这口热水井

---

① 蒙熙儒搜集整理《水族卯节文化资料》（未刊稿），2005 年，转引自代世萤《水族传统卯节的三种当代体现》，中山大学硕士毕业论文，2006 年。

② 潘朝霖《试论卯节——稻作丰收与人口增殖并重的水家年节》，载贵州省水家学会编《水家学研究》（第三期），黔新出（99）内资准字第 357 号，1999 年印。

③ 三都水族自治县概况编写组编撰《三都水族自治县概况》，贵州人民出版社 1986 年版。

④ 潘朝霖《试论卯节——稻作丰收与人口增殖并重的水家年节》，载贵州省水家学会编《水家学研究》（第三期），黔新出（99）内资准字第 357 号，1999 年印。

洗浴。这个卯日洗浴的习俗后来就演化成了卯节。每到卯节，水族同胞在家杀鸡宰鸭，和亲戚朋友吃饭聚会来庆祝这个日子[①]。

在三都恒丰乡和勇村，也有一个关于卯节起源的故事，这个故事相对简单，仅与粮食生产有关。相传，很久以前，有一个寡妇，小孩很小，受灾了，没有粮食吃。种玉米收获后，对亲友说来过玉米节，那天正好是卯日，即称为卯节。

这时秧苗刚刚插下不久，正处在茁壮生长阶段，叶子比较鲜嫩，特别容易发生虫害，如果再遇上洪灾或干旱的话，就会极大地影响当年的收成。恰好这个时间段，村民也刚刚忙完农活，有一小段农闲时间。人们为了祈求祖先和神灵的保佑，能够风调雨顺、五谷丰登，因此，卯节的主要内容是祭祀和娱神，同时也娱人，既用祭品祭祀祖先和神灵，也在卯坡上对歌。后来，卯坡逐渐发展为青年男女谈情说爱的重要场所。

过卯节是分期分批来过的。一般来说，水族的卯节分四批过，每个卯节节期为两天，各卯中间隔十天。过节的先后和地方，水族民歌是这样唱的："第一卯，水利的卯；第二卯，洞宅的卯；第三卯，水扒、水浦卯；第四卯，九阡的卯。九阡卯宽，吃卯奠后。"在1957年之前，这四批卯节都是在荔波县境内过，后来九阡被划入三都水族自治县，使卯节出现地域上的行政分割。具体情况如表3－1。

表3－1　卯节批次分布情况表

第一卯	水利乡，水尧乡，属荔波县
第二卯	洞宅，属荔波县翁昂乡
第三卯	水扒、水浦，现分属荔波县的水利乡和瑶麓乡
第四卯	九阡，属三都水族自治县

但是，近年来由于各种原因，如民族间的交往影响、外出打工、水歌的衰落等，前三批的卯节（集中在荔波县）萎缩趋势明显，有的地方甚至已放弃卯节改过汉族的春节。只有九阡的卯节，保存得相当完整。关于荔波卯节的详细情况可以参见《水族传统卯节的三种当代体现》[②]。

实际上，笔者在九阡开展田野调查的过程中，发现九阡的卯节也有萎缩

① 代世萤《水族传统卯节的三种当代体现》，中山大学硕士毕业论文，2006年。

② 代世萤《水族传统卯节的三种当代体现》，中山大学硕士毕业论文，2006年。

的现象，譬如邻近荔波县的水昔村全村近2000人就完全改为过春节了，板高村的大多数寨子改为过端节了。只有九阡的小九阡村，以及邻近九阡的水条村和母改村，这三个村子的大部分寨子过卯节。而九阡的卯节也分三批过，每隔一天一片地区，分别是母改村、小九阡村的大寨以及母下寨、板拉寨，有三个卯坡即寅坡、卯坡、辰坡。具体如表3－2。

表3－2　九阡镇卯节批次分布情况表

第一个卯	九阡镇母改村	寅坡
第二个卯	九阡镇小九阡村大寨	卯坡
第三个卯	九阡镇小九阡村母下寨、板拉寨	辰坡

卯节来临前几天，家家户户都打扫家里的卫生，准备好节日所需的各种物品，例如鸡、鸭、鱼、猪肉、牛肉、自家没有种的蔬菜以及一些零食等。卯节的前一天中午，有猪的杀猪，有鸡鸭的宰鸡鸭，准备好祭祖的供品。这一点和端节不一样，端节忌荤，而卯节不忌。晚饭前，在桌子上放上神龛，摆上各种丰富的供品，肉食、米酒、豆腐、糯米饭等，就算作祭祖。祭完祖才可以吃过节的晚宴。但是据笔者的田野调查，水族的卯节祭祖似乎不是特别隆重①。

卯节中的宗教仪式主要包括祭祖和祭稻田神。

祭稻田神是卯节的一项重要祭祀活动②。传统的祭祀稻田神的活动，是由家中的妇女带上用芭蒙草的叶子捆扎好的自家用糯米打的糍粑、自家酿的酒、糯米饭，以及打扫家中卫生扫出的尘土，到自家的稻田边，将捆扎好的糍粑插在田的中间供，酒和糯饭放在田边供，尘土则撒入自家稻田之中。或只是端一些鱼肉、螺蛳、酒水去田边简单供一下。现在三都九阡的祭祀稻田神，

---

① 他们祭祀祖先的活动，反而在清明时节表现得更充分，由此可见水族节日文化在一定程度上受到汉族节日文化影响。那一天他们全家，有的是全族，一家老老小小，带上活禽、锅碗筷刀具等，全部出动，到祖先的坟墓前，杀活禽，在野外烹饪煮食，祭祀祖先，然后一家团聚在一起在野外吃一顿饭，热闹而隆重。对祖先的敬意，往往也在日常生活中表现出来。例如，无论何时，每次开始喝酒之前，都会拿筷子的反面蘸一下酒水，滴在地上，然后才饮酒。这个小细节象征着他们对祖先的尊重和纪念。

② 根据水族民间传说，保护过他们的稻田免受蝗虫之灾的神是六鸭道长，卯节祭祀的稻田神即六鸭道长。相关传说详见黔南州文艺研究室、三都县文史研究组编《石马宝——水族民间故事选》，1981年印。

出于发展节事旅游的原因，将各自家庭祭祀稻田神的仪式，改变成“千名妇女祭稻田”（实际上并没有千名，也并非皆为妇女，有的还是女学生），由男性寨老主持祭祀，并增加“戏母猪”的活动。举行祭祀活动的时候，每位女子手拿一束茅草，围绕着一块村寨公共的稻田，主持祭祀的寨老在稻田一侧摆好供奉的酒、饭、鱼、肉等，插上并点燃香，然后口念祈祷神灵的祷词。念毕之后，众女子一起欢呼，并向稻田挥舞手中的茅草。祭祀仪式的最后一项，便是戏母猪活动。他们相信用母猪来祭祀稻田神，将使得该地区风调雨顺，稻田丰收。众男子将捆绑好的母猪推入稻田之中，然后男子们一起跳入田中，吆喝着与母猪戏耍、打泥水仗，游戏一阵后再将母猪捆扎抬上田埂。

卯节第二天上午，每家每户都起得很早，要准备一天的饭食，因为这一天会来很多很多的客人，无论是亲戚还是朋友、同事等，需要大量的食品来招待客人。准备好后的食物，同样也要先行在祭桌上摆一摆，特别是鸡腿、鸭腿等。

这一天和以后几天，家家户户基本上是流水宴，客人来到，随到随吃。据笔者观察，人们互相走动，喝酒吃饭，联系沟通，以促进人际关系。所以到了节日这几天，谁家来的客人越多，谁就感觉越体面。

哈尼族六月年[①]

“矻扎扎”又称“六月年”，是哈尼族重要的节日之一，通常在每年的农历六月过此节，有的哈尼族地区选农历五月的第一个属猴日开始过节，节期三至五天，节庆活动极为隆重。当繁忙的春耕生产结束，进入盛夏农闲时节，哈尼族为祈求“五谷丰登，人畜安康”，顺便串亲访友，便过矻扎扎节。人们背回满筐的蔬菜，因为节日的前两天属全寨的休息日。

哈尼族过矻扎扎节要荡秋千或骑磨秋，还要进行串寨、跳鼓舞等活动。将坚硬的栗木栽在地面，顶端削尖做轴心，再把数丈长的松木横杆的中间段凿凹架上即成磨秋。打磨秋时，横杆两端骑坐或爬上相等的人，轮流以脚蹬地使之起落旋转，像磨一样，所以叫磨秋。传说，哈尼族烧山开田以后，每到春耕时节，人们挖田埂、铲杂草，把栖息在田埂草丛中的蚱蜢、蚯蚓、蟋蟀都铲除了。这些小动物就相互邀约到天上找“莫咪”（天神）告状，说人

① 此部分内容选自陆建辉著《农耕盛典——哈尼族节庆活动散记》，云南出版集团公司、云南美术出版社2010年版。

不但毁了它们的家园，还毁了它们的后代，要求天神对人进行惩罚。天神答应把铲死小虫的哈尼族抛到半空中，这样才平息了这场“官司”。天神让哈尼族在农历六月择日子打磨秋，众多的小动物看见哈尼族在磨秋上飞悬高喊，以为是天神对哈尼族进行惩罚。为感谢天神，哈尼人举行矻扎扎节节庆活动，祭天神，并请天神到人间与哈尼族共度佳节。

在一些哈尼族地区，届时会举行一次全寨性的宗教祭祀活动，也可以说是与农事紧密相连的农业祭祀活动，祭祀活动由“米谷”主持，米谷的助手具体负责操办祭品，传达米谷的意图。按规定，节日前每户要割一背茅草到磨秋场上，供翻盖秋千房用。要在每家门口挂着的竹筒或房顶放三小捆没被虫蛀啃过的青草，供天神的女儿“俄咀阿培”的马食用。还要在火塘上炕竹笆上放一升谷子，作为献给天马的马料。哈尼族认为以上三件物品缺一不可。如果祭品不齐，俄咀阿培就会不高兴，神会误解人们心不诚，因而降罪于人。

节日的前一天（属猪日），家家户户都在自家的大门外“哈渣丕”，即烧火、支锅、杀鸡等被认为能驱邪避灾的行为。

节日的第一天，各村寨纷纷淘洗水井，并开展“洛伙削”（祭水井）活动。在村尾的寨门秋千房那里，宰杀一头牛，全村人参与祭祀俄咀阿培的仪式。传说，矻扎扎节主要是祭献俄咀阿培的，她是司职夏季的神，哈尼族过矻扎扎节时，她从遥远的仙山骑着白马来到哈尼山乡做客。每年的这个时候，天神“莫咪”派小神“俄咀”骑着白马来到哈尼山寨，察看哈尼族的生活。虔诚的人们便在村边平坦的磨秋场上立起一根木材制作的磨秋桩迎接俄咀阿培的到来，在磨秋桩坑里放下谷子、青草、铁块、碎银等象征生存、发展的物品。节日期间，全村宰一头牛，用于祭献俄咀阿培和祖宗祖灵。祭祀结束后，牛肉要按户平均分配，哪怕是一片牛舌、一块牛肝，也要细细切成小块平均分配。各家各户将牛肉带回家，煮熟切碎后，要分成数碗，滴上几滴从古井取来的“圣水”以示洗净，再垫两片芭蕉叶，向祖宗祖灵和俄咀阿培祭献，并将祭献过后的头一份食品送给同血亲家族中辈分最高的人家，让老人先吃，然后全家人才可按辈分大小顺序而食，反映了哈尼族尊长敬老和血亲聚合的风尚。

节日的第二天，在米谷的主持下，全村举行祭秋千或磨秋仪式（各村不同，有的架秋千，有的架磨秋）。架好后，首先由米谷为俄咀阿培象征性地荡秋后，才轮到人们荡玩。

荡磨秋时，人坐在横架于秋桩顶部的一个可以旋转的秋杆上，两端坐的人数相等，一般一边一人为宜，一起一落地旋转，骑于两端的人落下之时，用脚猛力蹬地，人随着转动的磨秋飞旋，既惊险又紧张。荡秋千也很刺激。过去，矻扎扎节也有“撵秋”习俗。据说，那时附近村寨的小伙子们，身着奇装异服，有的打扮得怪模怪样，以博人们一笑；有的穿起女子的衣裤；有的面罩笋叶剪成的假面具，或脖系大铃铛，或头顶兽皮、身披蓑衣，甚至连野草、山花、鸡笼、锅烟子等全成了节日里奇装异服的装饰品。他们结成五光十色的队伍，沿着山花掩映的路线，从一个村寨游窜到另一个村寨。而村里的姑娘们却在秋千场上迎候远方来的客人。一旦远方撵秋队到来，她们便坐上磨秋，飞旋不停，有的高唱民歌《啦巴》，歌唱本民族的古老历史和现今的幸福生活，有的则吹笛弹琴，婉转低吟。一时间，原来静静的磨秋场充满了欢歌笑语，成了一片欢乐的海洋，而那些“择磨秋”串寨队伍中的小伙子们早已散在姑娘群中，难觅他们的踪影了。这时候，青年男女只要走进秋千场，相互之间的交往比平日显得更坦率、热烈，他们可以大胆结交异性，相互以歌诉情，嬉闹欢乐，无拘无束。如果男女双方情投意合，便可互换晚上幽会的信物。这天，不论青年男女，均可以找任何人对歌。结过婚的人，一般只唱生产生活、山水景物方面的歌；没有结过婚的人可唱情歌，借以寻求爱的知音。但如发现对方已结过婚，就不能再唱情歌了；已结了婚的，则须用歌声回告对方，以免对方一再纠缠；一旦发现对方是血亲或姻亲，就要立即停止对歌。这种从祖辈传下来的民风，已成了哈尼山寨的人们自觉遵守的规矩。

秋千场上另外一项引人注目、催人奋发的活动是牛皮大鼓舞。矻扎扎节期间，各村寨要将本村的牛皮大鼓放在磨秋场侧边的土坎上，远远地望见撵秋的队伍，一位男性长者便手持鼓槌准备迎接。待队伍来到寨前，那位长者念过几句简短的祝词之后，便蹲在大鼓后着力击鼓，近旁的铜铓同时敲击伴奏。鼓声古朴雄浑，节奏活泼明快。撵秋队伍中几位身着奇装的男子，立即踏着鼓点，手甩花毛巾，送肩弯脖，扭动着身体和臀部，相互逗乐取闹。

在另一些哈尼族地区，节日的第一天，各村寨的人都要上山挑选一棵粗直的松树做磨秋杆。磨秋杆的制作尺寸有规定，长短每年相差不能超过三至五寸。秋千杆须在黑夜里就砍好，黎明前扛回村。

节日的第二天，家家杀两只鸡、一只鸭祭献秋千杆，然后立廉秋、竖转秋、架甩秋，并在秋千场一侧略高于地面的土坎上安放牛皮鼓。在此期间，节日气氛最浓的要算是磨秋场，男女老少都穿着节日的盛装，男女荡秋千、骑磨秋，老人们在一旁唱酒歌，歌唱劳动、幸福的日子、一年来的辛劳，并祝愿庄稼长势茂盛、村寨安宁、人畜安康。孩子们在磨秋场跑来跑去，如山野里一只只欢快的鸟儿，欢笑声洒落在磨秋场久久回荡。骑磨秋的年轻人，一手抓住扶手，一手抓住秋头，随着磨秋起伏旋转，一起一落。谁转得快、谁飞得高，谁就会成为姑娘们的崇拜目标。

甩秋即打秋千，将两股棕绳的一头系在大树横出的粗壮树枝上，下端距地面约七十厘米处的绳两端拴一块小木板，人站在踏板上，两手抓住棕绳，一蹲一站，甩秋就荡起来了。节日当天，寨门上挂满竹筒，竹筒里插松枝、秧苗、花椒枝，祈求稻谷饱满。天黑前，把竹筒取回家时，祭磨秋仪式开始了。这时，磨秋的一头扎上火把，旁边的人端着摆满饭菜的簸箕。主持人把一杯杯酒洒在磨秋上，预祝五谷丰登、人畜安康，然后把磨秋转三转，使点燃火把的那头高高地转向东方三次，迎接天神降临，保护哈尼族的庄稼。

节日的第三天，太阳一出山，栽秧号吹响了，男男女女涌向秋场，磨秋翻飞人欢笑。打过秋千，串寨开始了。小伙子们有的穿上了女装，有的用锅底灰烟把脸画得花里胡哨的，有的戴上假面具，有的穿上了扯成一条条布片的裤子，有的腰上还挂着响铃。哈尼族小伙子走村串寨，姑娘们和着鼓点跳起猴舞，迎接串寨的队伍。小伙子们接过姑娘手上的花毛巾，跳起了诙谐的鼓舞。一时之间，有人跳鼓舞，有人打秋，满场都是欢笑声……

三、秋报

秋天谷物收获前后的主要农事祭会，以“尝新”“报祭”为多。报祭在云南青铜器纹饰中也有反映。古代云南少数民族此祭皆为大祭，轻则杀羊剽牛，重则以人为牲，规模宏大，仪典隆重。

勐海县哈尼族谷物将熟前的剽牛祭（八月），是最隆重的祭祀，举行祭典时，除全体族人参加外，还要请至少七代以上的祖先之灵光临，保佑收获在望的庄稼免受意外灾祸，为此，要杀牛献祖，以示虔敬。

收获后的祭祀，各民族称谓不一，仪式各异，但总的都是对谷神或农神的祭祀。通海县哈尼族的收谷祭，镇沅县拉祜族的祭仓龙（谷神），弥勒市彝族的祭五谷神，丽江市纳西族祭丰收神或祭谷神，昆明市白族则先祭主宰天地人三界十方万灵的大神，九日后再祭五谷神和牛王。这些民族认为，如果不祭谷神，粮食收得再多，也不经吃，留不住，易被鼠雀糟蹋或霉坏。

五谷神的象征一般是谷穗，收获时需将选定的谷穗恭恭敬敬迎回家，供于堂屋或仓中。在哈尼族中，如发现有一株上分叉出两穗谷子的，就是谷王，为吉兆，要小心地割回供祭，有些民族收完谷子后，还要举行叫谷魂仪式，以防谷魂失落在田里。

尝新祭是秋天的农事祭祀中最常见的祭祀，并日愈世俗化为一种流行的节日。尝新节（又叫吃新节、荐新节、新米节等），几乎所有农业民族都有，一般在农历八月（中秋节也有尝新的意味）秋收后。有的在收获小春作物后过尝新节。尝新的风俗，各民族各有异趣。

云南很多民族都要过尝新节。一般而言，尝新节多在收获之后。不过，由于云南素有“立体气候”特点，“十里不同天”，各民族所居海拔、物产等又有所不同，所以，尝新节的日期、形式和内容亦各有特色。

尝新节有小春尝新与大春尝新之分。

巍山彝族小春尝新的“沙户比节”在农历四月，小麦成熟后的一天。沙户比为彝语，意为小春尝新节。这天，家家用麦面和糖、米舂糍粑，蘸蜂蜜献祖，带糍粑回娘家，请老人和亲友尝新，庆贺丰收。大春尝新的“咱吓戏节”在农历十月，意为“秋后尝新饭”。收来新谷，炒成谷米，叫来亲友儿女，祭祖，敬老人，老人祝祷，希望收成一年比一年好。有的地方，或将新收的谷穗放在门上和灶门上，或将新米饭舂成各种花样的饵饫，染色送亲友。

苗族尝新节也分两次，头次叫“吃秧包卯”，时在开秧门后第五十天的“卯”日。再过五十天，谷子开始成熟的一个卯日，又过“吃新米卯”。相传这两次节日，是为了纪念祖先为苗族找到谷种的事迹，节日里，人们要举行盛大的斗牛、斗雀、跳芦笙、跳铜鼓等活动，还要用一大碗饭喂狗，因为传说谷种是狗带来的。

其他民族也有各种形式的尝新节，如普米族收获季节的尝新节，要祭祖、敬狗、尝新米；拉祜族八月属猴日的尝新节，也有祭祖、敬狗、煮新米的内容；纳西族八月二十四和九月的尝新节要煮新旧掺和的米，表示新旧相接，承前启后，岁岁丰收。祭祖、敬狗亦是主要内容之一。过尝新节不能杀鸡，据说鸡只会一边刨一边啄，人吃了鸡，就会像鸡一样只知道吃，不知道存。红河哈尼族的新米节在七八月间，勐海哈尼族的收谷节则在九月，绿春、新平等地的哈尼族在这一季也有不同类型的尝新节或具有尝新性质的节日，大都有吃新米、祭谷王、舂粑粑、设宴敬老等内容。白族八月中旬的尝新节要祭祖唱调尝新米，景颇族八月属龙日的新米节要献地鬼、尝新米，阿昌族的吃新谷节为八月十五，基诺族的尝新祭在谷熟的属龙、属虎日，苗族八月十五的吃新节除祭祖之外，还要祭天神和林神，瑶族八月的尝新节则加祭谷娘，壮族、傣族、布依族、水族、德昂族、布朗族等民族亦有尝新节或新米节，节日里除吃新米之外，还要举行祭谷魂、对歌等活动。

除了尝新节专为“吃”而设，各民族的其他节日，还有风味各异的种种食俗。其中，较有特色的，有端午节的吃大蒜、喝雄黄酒、包粽子，腊八节的“腊八粥”或“五味粥”，冬至节的汤圆，中秋节的月饼，重阳节的茱萸酒和重阳糕；彝族收荞祭的炸荞花及剽羊节的羊肉席，纳西族立夏节吃“臭水”（矿泉水），哈尼族三月年、布谷鸟节煮红蛋、染黄饭及捉虫节舂蚂蚱吃，白族葛根会吃葛根，壮族、水族、布依族等族三月三等节日的五色糯米饭，佤族拉木鼓节的鸡肉烂饭，等等。

农历八月第一、二个属龙日，红河一带哈尼族开始过新米节，节期三天。“龙”这个音，在哈尼语中有“多起来”“增添”的意思。头天背回新谷，杀鸡买肉，把各种瓜豆蔬菜统统拿来尝新。另外，还要做一碗鲜竹笋，象征粮食产量像新竹一样节节冒尖。第三天早上做糯米粑粑祭天，祈求日月永照人间。新米节还要祭奠为人类寻找种子及各种财富的始祖塔婆和她的儿子欧罗。

阿昌族还供奉“谷期”。据说这是一个守谷仓的瞎眼妇人，死后被供在谷仓里或谷圈边的梁上。谷期以一个小篮为象征，里面放鸡蛋和玉米。每年吃新谷时祭献，祭时换上新鲜鸡蛋和玉米。

藏族望果节[①]

在众多的藏族节日当中，除了“藏历新年”过得最隆重以外，望果节也算是一个重大节日了。有着一千五百多年历史的望果节是一个与民众在生产、生活上有着深刻内在联系的节日。望果节是劳动人民预祝农业生产有个好收成的节日。“望”藏文意为庄稼，藏语叫“望卡”或“兴卡”。“果”是转圈的意思，意即绕着丰收在望的庄稼转圈。麦熟时节，人们谢神祈福，准备过望果节。望果节广泛流行于雪域高原的农区，尤其是雅鲁藏布江中游两岸的

① 本田野笔记由中山大学传播与设计学院2014级藏族学生米玛次仁和社会学与人类学学院2006级博士研究生魏乐平撰写。

农村。其他地方也有类似的节日，只是称呼有所区别。如拉孜、定日一带称为“雅吉”，即舒服的夏日。望果节没有固定的日子，因为西藏各地气候、地势以及庄稼成熟的时间不同，各地过望果节的具体时间也不同，但通常在藏历七八月间，青稞成熟以后、开镰收割的前两三天举行，节期也不定，一般是一至三天。所以，望果节的节期都以乡为单位，根据当地的农作物成熟情况由乡民们集体议定。人们就用这种独特的转田垄的仪式预祝粮食丰收。如今，望果节的一些活动虽然带有祭祀神灵的宗教形式，但更多的节庆活动已成为广大藏族群众祈望丰收过程中的主要民俗娱乐与体育活动。

据说望果节最早起源于古代吐蕃王朝兴起的山南农区。早在公元5世纪末，本教教主就教导农人祈求神灵保佑丰收。《新唐书・吐蕃传》载“其俗以麦熟为岁首”，可推测出从事农业生产的部分藏族的年终节庆即麦熟时节的望果节。望果节原来是本教祈福法会，由手捧香炉、高举幡杆的人作为前导，高举缠绕哈达木棒和羊右腿的本教教主领路完成，是一个众人参与的宗教仪式。后来这种风俗流传到藏东，改为喇嘛在家屋举行。

藏族农作物以青稞为主。青稞做成的糌粑和青稞酒，是藏族岁时节庆、婚丧嫁娶、新居落成、乔迁之喜、祈祷神灵等种种场合的必需品。怒江一带藏族在回忆青稞的来历时会提到文成公主。相传远古时，藏族的祖先猕猴按佛祖的指点，与魔女在贡布尔日山上结为夫妻。他们的后代因林中资源枯竭，日子过得很凄惨，此番景象触动了上苍，观世音菩萨不忍目睹，奏请佛祖恩准，从须弥山上取出五谷种子撒向人间。观世音菩萨撒下的种子落在了雅碧河谷泽当地区一个叫撒拉的村子里，长出了青稞。有了粮食，猕猴和魔女的后代才摆脱了困境繁衍下来。据说，养育了藏族祖先的那块青稞地，就位于泽当镇的撒拉村。

当地有这样的传说：

当年藏王松赞干布迎娶大唐文成公主进藏时，文成公主听说西藏人以牛羊肉为主食，没有粮食，人们的日子过得很穷，她把青稞种子带进了西藏。文成公主带来的青稞种子，撒向雪域大地，这里的人们才有了糌粑吃，才有了青稞酒喝。日子富裕起来以后，有人开始糟蹋粮食，他们竟然用青稞饼打牛角为乐，打断了蚂蚁的腰，蚂蚁一气之下告到了文成公主那里。

文成公主很生气，为蚂蚁主持公道，来到青稞地里，要把所有的青稞都拔掉，拔到剩下最后一株时，有一条狗急了，上前请求把这最后一株青稞留给它当口粮，公主起了怜悯之心，就答应了它的请求。现在我们吃和用的青稞，都是沾了狗的光，因狗而得福，有了糌粑吃，有了青稞酒喝。

还有一些与青稞有关的故事，在怒江地区的藏族村民中流传：

藏民有了青稞种，弯弯杜鹃做成犁，两只马鹿拉犁耙，两粒种在雪山顶；杜鹃犁头不好用，马鹿拉犁拉不好，雪山不长青稞芽。又用柳枝做犁耙，两条金鱼拉犁耙，两颗播在湖泊里；柳枝犁架犁不成，金鱼拉犁拉不好，湖里种子不发芽。再用栎木做犁架，一对犏牛来拉犁，两颗种子撒原野。

栎木犁架真好用，犏牛拉犁拉得好，地上种子真发芽。青芽才露地表面，绵羊便想来吃芽，耕者围刺把羊拦；幼苗长到一拃高，牦牛悄悄想啃吃，农夫架篱防牛来。青稞苗儿正结穗，骏马伸嘴来啃穗，筑道围墙防马啃。豆大汗水洒满地，青稞终于长成穗，一穗结了一百粒，一粒青稞拇指大。人间有了青稞粮，日子过得真甜美，一日三餐不愁吃，顿顿还有青稞酒。人人感谢云雀鸟，万众珍爱青稞粒。

任何一个传统节日都与百姓的生活有着水乳交融的关系。藏族的传统节日——望果节也不例外。这个属于藏族农区的节日，预示着人们在辛苦了一年后，等待着收获的那种喜悦的心情。乡亲们聚在田头，赛马、赛牦牛、拔河，迎接硕果累累的丰收时节。

望果节的第一天早晨，当阳光洒满金黄麦田的时候，农民们手持麦穗围着农田转圈，最前边是由喇嘛和老农组成的仪仗队，高举佛像，背着经书，感谢上天给人们带来了风调雨顺的好年成。对辛勤耕耘的农民来说，眼看着即将收割的庄稼，呼吸着麦田飘来的清香，都为此感到欣喜陶醉，悠悠唱起古老的丰收歌谣。

凡是转田队伍经过的地方，就必定是一片桑烟缭绕的景象，转田的每一个人，要么背着经书，要么背着鼓，此时，不管是在田间劳动的还是正在做着其他事情的人，都会停下手中的活，面对转田的队伍高喊："恰古修……央古修……"似乎此时此刻，整个世界都沉浸在招财引福的喜庆气氛中。爱美的妇女们不时地还要在路边采些油菜花、青稞穗等，与吉祥彩箭一起握在手中，以此表达丰收到来时的喜悦心情。

每个转田人，都在自己的地里拔三根青稞穗，回家供在谷食或神龛上，象征带来了谷物的"央"（灵魂），丰收有了保障。

转过庄稼地之后，还有藏戏表演、歌舞、射箭、拔河等活动，人们相互竞争技艺，情绪十分热烈。这天，家家户户都要准备充足的酒食，穿上最漂亮的衣服，或者在广场四周的草场上野餐，或者在村子里邀请亲朋好友畅饮。入夜，场上燃起熊熊篝火，篝火旁放一个大铜罐。每个参加者带一把柴，带一壶青稞酒，倒进铜酒罐，然后加入旋转着的圈子，跳“果谐”圆圈舞。有的地方，望果节要持续三四天，根据节期的长短安排文体活动，或繁或简。住得较远的农民，夜里就住在临时搭起的帐篷里，吃喝玩乐，尽兴方归。

佤族新米节①

佤族新米节一般在农历八月十五前后，按各村收获的时间来定。云南西盟佤族自治县各乡海拔不一，谷子成熟、收割时间也不同，所以新米节的时间也不完全一样。按佤族规矩，过去，每当稻谷成熟的时候，要敲打木鼓或举行拉木鼓仪式，把创造万物，掌管谷物丰歉、人畜平安的土地鬼、村寨鬼、天鬼慕依请下来，感谢其保佑谷物丰收，请其共享新米。“我们敲木鼓，老天就知道我们作鬼（祭祀）了。”所以，新米节，也是人神共乐的节日。

1998 年 10 月，笔者到云南西盟佤族自治县勐梭镇他朗村做田野调查时，正巧赶上他朗村过新米节。场坝上有几个佤族小伙子在敲象脚鼓，其中一位主击鼓手，相貌英俊，但表情庄穆，略带一些忧郁，让人一见难忘。笔者听他们敲了一会儿，趁休息，问鼓手道：“为什么不敲木鼓?”小伙子摇摇头，不说话。旁边一位搭话道：“木鼓原来有，但‘文化大革命’砸烂丢了，现在也只有文艺宣传队做了新的。村里没有木鼓，所以不敲木鼓了。现在过节，没有那么多神神鬼鬼的事，有猪杀猪，有鸡杀鸡。收到新米，留一点在楼上，吃一点，这天只吃新米，不吃老米。每家还要找一只老鼠，用新米煮鼠肉吃。为什么？不晓得那些老人的道理，怕又是些神神鬼鬼的事，反正我们不管它，过节就是了。”

客人陆续来了，小伙子和他的同伴一边打鼓，一边围成圆圈舞蹈。笔者原以为大家一起随鼓而舞的，谁知除一两个喝着水酒的佤族老人起舞以外，很多来客都找凳子坐在树荫下喝茶嗑瓜子。

附近人多一点的地方，有几位忙忙碌碌煮着大锅菜的人。或许，这才是新米节的现实内容。

---

① 本节田野笔记节录自邓启耀著《鼓灵》，江西教育出版社、海天出版社 1999 年版。

眼前的这个村寨，应该是达到或超出20世纪80年代某些佤族群众心中的共产主义标准了。他们房头上装粮食的竹筒是满的。由于土地多，每家还专留三五亩地来种产量不高的传统品种小红米，为的是能酿造佤语中称为“哦并”的阿佤水酒。把小红米舂好，煮熟，兑进从山上找来原材料后自制的酒药，泡一个月，就发酵成了甘醇的水酒。一百公斤小红米，可以酿五十公斤左右的水酒。就像一位朋友向笔者描述的，在佤山，很久以来，这样一句顺口溜，一直是人们的最高理想：

房头竹筒满，
房下牛铃响；
一间草房不漏雨，
老婆娃娃在一起；
一天三顿白米饭，
阿佤水酒天天干。

傈僳族献新节①

献新也叫新谷节或吃新米。按照云南腾冲古永傈僳族的习惯，新的谷子种出来后，不能随随便便地吃，要献新后才能大量食用。献新节也是为了祭祀和感谢祖先的庇护，祈求来年的丰收和顺利。献新节没有固定的时间，一般是在每年早稻刚开始而尚未普遍成熟的八月底或九月初，选在属龙的双日子。传统上每一家可以选择不同的时间，现在则在时间上较为一致。

这一天的早晨，家庭中的女人换上傈僳族的盛装，背着装着松明子、蜂子的背篓到田坝，在自家田中拔十二穗（每穗代表一个月，闰年则拔十三穗）饱满的新谷，捆成一把，将谷茎编成辫，上锅蒸熟后挂于家堂上。这一束谷子被称作“万穗谷”，表示第二年的每个月都能有好的收成。然后择取较成熟的谷穗割一捧带回家，在碗沿上刮谷穗使其脱粒，上铁锅炒干，即可舂成新米。之后，要把新米和老米掺在一起煮熟，表示家里面粮食充足。

新米饭做熟后，再做几样肉菜。一种流行的做法是把新鲜的鱼肉、猪肉和蜜蜂幼虫煎熟，与米饭掺杂在一起，供祭祖宗并祈祷来年的平安和丰产。献新节不能用牛羊作为祭品，因为牛羊都对种庄稼有益。除此之外，还要抓上一些新米饭，到火塘和灶上敬献火神。因为没有火就没有煮熟的饭。

---

① 本田野笔记由中山大学社会学与人类学学院2007级博士研究生熊迅撰写。

新煮的饭要分一部分给狗吃。一个广为流传的故事说明了其原因：传说在很久以前，遍地都是粮食，收获非常丰富，稻谷颗粒有花生甚至土豆那么大。人吃不完这些粮食，就开始胡乱抛撒，肆意糟蹋。这种行为激怒了上天，所有的谷子一下被收上去了。人们没有了粮食，开始流行饥荒，死亡无数。无论人们怎么祈求上天、忏悔自责，都没有任何用处。人们养的狗日夜望着天空，号叫悲鸣，终于感动了上天，归还了谷种，那些狗没能用嘴巴接住的谷子就掉到地上生长起来，人们因狗而得救。不过，为了让人们接受教训，谷种和别的作物都不能长到以前那么大了。无论如何，为了记住狗拯救人类的恩德，每年献新节的时候都要敬狗一些粮食。

中华人民共和国成立后，这一习俗因扫除迷信而消失了一段时间，现在又开始普遍流行。家里条件好的人家，除了尝新谷，还会买酒买肉，约亲戚朋友和村寨里的老人一起过节、吃新谷，晚上“跳嘎”，寨子里面的人和亲戚都来参加。收入不好的人家则不用请客，只用杀只鸡，加上煮出来的一锅新米饭，全家一起吃新米过节。献新节往往被描述为傈僳族的独特节日，但在古永的汉族中间，献新节也是一个较为普遍的节日，且过节的内容相似。

傈僳族收获节①

2009 年 8 月，云南怒江里底教堂的那友博已经在为今年收获节的节日活动做准备。那友博躺在家里的草席上感慨：“又要开始做席子了，要不然过节的时候，要住宿的人来了，没有什么招待，不好意思。”原来当地人每家每年都要做一床席子，席子用从高山上砍来的草、稻草或者苞谷壳来做，没有精力的人家也可以不做。那友博家是里底小组住宿条件比较好的，每次过节从娃底上来的女子一般都会住在她家，到时候要住上三四十个人，楼上楼下需要十多条席子。另外还需要提前购买好一大蛇皮口袋瓜子、一箱饼干、两三包糖等来招待借宿的基督教信徒。这些东西要花一百多块钱，算是比较大的一笔开支。但在那友博看来，所有这些都是一个基督教徒理所应当去做的事情，而且她的丈夫是村长老，她又是里底教堂较早信教的一批人之一，做这些准备工作时都会更加积极投入。

与之相应的，到了十月份苞谷和稻谷收获的季节，村里的教堂会组织基督教信徒集体过收割节。相对播种节而言，收割节是庆贺丰收的节日，因而

---

① 本田野笔记由中山大学社会学与人类学学院 2008 级硕士研究生晏椇撰写。

也是大家齐聚欢庆感恩的节日，腊竹底村的收割节一般要过三天两夜，每年十月的第一周，从周五到周日，人们都在欢庆收割节。按照圣经的要求，“要把你们十分之一的粮食献给上帝”[①]。这一天每家每户都要向教堂捐出自己收获所得的一部分粮食，稻谷、苞谷、瓜果均可。信徒把煮熟的苞谷放到教堂平日讲《圣经》的桌子上，捐献来的更多粮食则堆放在地上，之后由教堂里的执事和礼拜长负责收好，留作重大节日的粮食，或者将这些粮食销售，所得留作公共支出。

四、冬养

冬天农闲，农业民族讲究因时顺气，天人对应。冬天属阴，处于“藏”“养”阶段，其节也多与此相关。

云南省的一些民族过冬至节，家家舂糍粑，蘸蜂蜜，人祖同食，有的甚至将糍粑做成簸箕大，象征暖阳高照，来年圆顺。

冬养养人，也得养牛。对取得丰收的农民来说，最难忘情的自然是耕牛。双柏彝族的冬至节，由此而变成了“水牛节”。这一天，人们要用腊肉、盐巴、米饭等喂牛，表示对辛苦一年的耕牛的酬谢，鹤庆白族则依古老的传说将冬至节改成了“祭鸟节”。相传，鹤庆白族原来不会种庄稼，后来林音山神的二十四个儿子，变成了二十四只候鸟（二十四节气的象征），呼唤人们按时耕作收获，人们才知顺应天时地象，种出庄稼，过上了好日子。于是，人们便在候鸟南迁之时，将炒好的荞粒、燕麦粒抛撒在房前屋后，让鸟儿啄食。在人们眼中，这些鸟儿已不是一般的动物，而是农神的化身或使者。

俄罗斯族“谢肉节”[②]

谢肉节，又称送冬节，是新疆等地俄罗斯族的传统节日。时间由原来每年的公历二月底或三月初改定为大斋前的一周举行，节期为七天。按照民间习俗，节期的每一天都有不同的内容：星期一是迎春日，星期二是娱乐日，星期三是美食日，星期四是醉酒日，星期五是新姑爷回门日，星期六是姑娘相新嫂子日，星期天是送冬日和宽恕自己的言行日。在谢肉节期间，家家户户大摆酒宴，因为在谢肉节过后的斋戒期内不能吃荤和喝酒。俄罗斯族认为，

---

① 选自《圣经》中的《申命记》《创世记》，参见中国基督教协会辑《傈僳文赞美诗》，内部资料。

② 周鸣琦、李人凡主编《中国各民族年节祭会大事典》，陕西人民教育出版社 1995 年版。

谢肉节一词包含着安宁、温饱和欢乐的意义。如今，祭祀仪式和纵酒狂欢已经消失。取而代之的是在节日期间，人们乘坐三匹马拉的雪橇欣赏大自然美景，玩一些对身体有益的雪地游戏，参加化装游行和时装比赛等。

第四节　渔神祭

中国西南地处青藏高原和云贵高原，世界著名的喜马拉雅山脉、横断山脉等不同海拔不同纬度的群山，隔离出不同形态的生态环境，形成多样化的生态关系。立体地分布在地理条件复杂的高山、河谷、盆地里的人，族群众多，历史传统不同，社会形态各异，文化多样性呈现最为丰富。

这里山与河流多，平地少，不靠海，但人们习惯把高原湖叫作“海子”。一个海子就是一个鱼米之乡。人们对湖的敬仰与崇拜，也不知不觉渗透在民间神话传说和节祭活动之中了。在青藏高原和云贵高原，圣湖崇拜或灵湖崇拜，和神山崇拜一样流行。不同之处是：在青藏高原，湖泊崇拜以藏传佛教化的圣湖崇拜为主；而在云贵高原，湖泊崇拜与当地民众的生计方式结合在一起，以灵湖崇拜为主。由于各民族历史传统、社会模式及文化形态的不同，各民族对于湖泊的民间信仰也呈现出不同的特征。

云南红河哈尼族创世神话中把鱼说成是化生万物的神物。金沙江流域傣族农历三月初七的“窝巴节”，意为鱼的聚会。节日里最庄严的活动是祭青鱼哥和红鱼妹，用葫芦勺盛酒祭献。这些生活在江河边的民族对鱼的感情，是否与渔神之祭有关，尚不十分肯定。高原民族，虽不乏种种“渔神渔怪”，但真正的“渔神”，还多是面目模糊的，不像沿海渔民的渔神那样具有明朗的形象和明确的功能。

如果说，世世代代在洱海以渔捕为生的白族渔民祭祀神、祛袚渔怪，是一件很自然的事的话，生活在通海县杞麓湖畔的蒙古族，崇拜指点他们以渔谋生的老仙家，就显得别有一番意味了。元朝灭亡后，落籍云南的蒙古族生活没了着落，到处漂泊。到了通海，面对茫茫大水，正叹无路，只见水上漂来一张犀牛皮，上面站着一位老人。老人带了两个族人到湖里，指给他们看一座托在鱼背上的金房子。经此指点之后，云南蒙古族学会了捕鱼捉虾，终于在湖畔定居生存下来。为了纪念这一传说中和现实中的重大转机，他们用北方蒙古语为这个湖取了个名字，叫“杞麓”（意为“清澈的”“有旋涡的”）。人们还在小娃娃戴的帽子上，饰以有“鱼抬寺”和湖神“老仙家”图像的金属牌，让后人永远记住这一生活方式转折的契机。每年办“地会”时，他们还要化装成渔家表演划船荡舟，似乎是对他们在再生之地的生活方式做象征性礼赞。当然啦，至于他们的捕鱼本领，那是没说的。他们网、钩、叉、撮，无所不精。过去人称“三村渔夫”，“鱼不去，米不来”，现在是鱼米同来，肉饭齐香了。

贵州龙里、贵定、福泉一带的苗族，每年农历三月初九，要到河边过杀鱼节。传说古代天王爷的公主生病，百药不灵，后来派天神下凡捉一百种鱼煮汤，公主喝汤后病愈。于是天王爷大喜，令雨神多给江河湖海下雨，造成陆地大旱。苗族人民十分忧愁，杀猪、牛、羊、鸡、鸭祭天，都没有用，只得叉鱼祭天。天王爷见救过女儿的鱼被杀，大哭三日，泪水变成雨水降到人间，禾苗万物得救，于是人们每年都要捕鱼祭天。每逢节日，人们群集河边、叉鱼剖杀，架篝火将鱼放进铁锅烧煮，吃鱼饮酒，吹笙唱歌，祭天求雨，祈祷风调雨顺、五谷丰登。

一、京族哈节①

广西壮族自治区的东兴市位于祖国大陆海岸线的最西南端，与越南毗邻。京族主要聚居在东兴市江平县素有“京族三岛”之称的沥尾、巫头、山心三个小岛上，其余分布在谭吉和红坎等地。

京语中，“哈”是“歌”的意思，据说这是为了纪念、供奉、祭祀京族地区的保护神——镇海大王及各路诸神而举行的盛大庆典。现在演变为集祭祀酬神、祭祖、文娱和乡饮于一体的大型庆祝活动。

在沥尾村流传着这样的故事：相传很久以前，在白龙岛上住着一只蜈蚣精，凡是经过的船只，必须把一个人作为祭品献出，否则就要兴风作浪，打翻船只吞食渔民。蜈蚣精成了周围渔民的一大祸害。正当渔民们不知道怎么办的时候，有一天，来了一个老乞丐，说能对付蜈蚣精，他吩咐渔民到时候把他献给蜈蚣精就可以了。于是渔民把船靠近蜈蚣精的洞穴，只见老乞丐迅速把事先准备好的一只煨熟的大南瓜扔入蜈蚣精的口中，蜈蚣精被烫死了。蜈蚣精的身体被砍成三段，它的头变成了现在的巫头岛，身子变成山心岛，尾巴变成了沥尾岛，就是我们现在所说的“京族三岛”。后来人们才知道老乞

① 本田野笔记由中山大学社会学与人类学学院2008级硕士研究生邓秋莹调查撰写。

丐是镇海大王。京族人民为了感谢镇海大王为民除害的功德，就封他为京族的保护神，而且为他修庙供奉（就是我们现在说的“哈亭”），每年都到海边把镇海大王请回哈亭享祭，逐渐演变成了京族人民的传统节日哈节。

关于哈节的来历，还有另外一种说法：相传京族的祖先到沥尾定居后，有一年吹了半个月的大西南风，不能出海捕鱼，已经没有东西吃了，大家都很着急。京族的祖先觉得可能是有鬼神在作怪，心想是不是要捉一头猪来祭拜。于是大家就把一头活猪绑在一个木桩上立在海边，并祈愿说如果风停了，神灵保佑了的话就把猪宰了来祭拜。那晚风果然停了，而且正好是农历六月初九。从那天开始，村民们出海捕鱼，鱼虾多得捕不完，出海顺顺利利的。为了感谢神灵的保佑和兑现祈愿的诺言，就杀猪祭拜神灵。从此以后，沥尾人就定下规矩，在农历六月初九祭拜神灵，就形成了京族的哈节。

哈节的庆祝活动一般持续一周左右，2009 年，沥尾京族的哈节就在农历六月初九至六月十六这几天中举行。但具体是哪一天开始，哪一天结束就要看日子吉利与否。哈节的主要活动是在哈亭中进行的，如哈节的重头戏“祭神”中的“大祭”和“小祭”都在哈亭中开展祭祀活动。哈亭是京族文化交流的场所，集娱乐、祭祀和庆丰收等为一体。

哈节祭神的主要参与者及其权责

亭长（翁村）。负责哈亭民间事务的管理工作，组织村民进行哈节的祭祀活动，带领参与哈亭各祭拜日活动，组织哈亭民间事务委员会以及村民代表的会议，监督哈亭各工作人员的工作，指导和引领香公、翁祝、陪祭员和哈妹等做好各自工作等。

内外副亭长（副翁村）。直接受亭长的领导，协助亭长处理具体事务，组织指导各司文官员、陪祭员等人的祭神、娱神活动，负责召集祭祀人员、哈妹等开展培训工作，保管亭内的服装、旗帜、锣鼓等物资，接待祭神的村老大和来烧香参拜的人员等，负责哈节期间参与人员的就餐、住宿等后勤工作。

香公（翁巫）。香公主要负责哈亭的日常管理以及大小节庆祭祀事务，月中、月末到亭、庙烧香祭拜，负责购买祭神的香烛纸钱等祭品，打扫哈亭的卫生以及接待来哈亭祭拜的人士等。

瓮祝（读祝文人）。瓮祝主要负责哈亭节庆祭文的撰写和宣读。这个职位一般都是由村里辈分较高的且又熟悉祭祀各项程序的村老大担任。此外还要协助相关人士制作祭神用的纸船、金元宝等，并负责祷告祭拜事务。

司文官员。司文官员包括统唱（祭神时的主持）、东西引（在东西两个方向引导祭员祭拜）。统唱和东西引宣读唱词要准确清楚，这样祭员和陪祭员才能听清指令并按指令行事。

陪祭员。陪祭员主要负责年内奉神事务，特别是哈节节庆场所的布置等准备工作，负责哈亭大小节庆的祭祀物品和后勤，哈节迎神时负责抬銮车龙驾迎神和香案驾，做好每次的陪祭事务，服从亭长和副亭长的安排，做好祭神的事务，完成自己的工作。

哈妹（桃姑）。哈节中祭神时负责唱哈的女性。她们熟记唱哈词并擅长跳娱神舞蹈。有客人来时，她们要唱敬酒歌，因而还要熟记敬酒歌的歌词。笔者在苏维芳老师举办的京族哈妹培训班中了解到其中的一首敬酒歌的歌词：

美口琼浆斟满杯，先敬圣神后敬官。
祝你好运又清闲，阴扶阳助世当官。
敬你琼浆村民意，托妹奉杯敬官人。
龙亭神圣显神灵，佑你发财又平安。
敬君琼浆礼村民，托妹敬祝各官员。
情深义重永相传，君子享受是情缘。
琼浆义重盛情深，妹敬先生启欢心。
官民会合共欢聚，情义铭记在心间。
请君饮杯鲜香茶，饱后入宅相谈话。
妹担清水远井回，茗茶贵烟待来客。
感谢贵客远方来，不辞劳苦亲光临①。

村中的村老大和民众

村老大是沥尾村对村中长老的称呼。村老大是村中年岁大、辈分高的长辈，他们是哈节不可或缺的人物。哈节事宜的商讨、祭品的准备、迎神、农历六月初九的万人聚餐、祭神、听哈等都少不了村老大们的参与。而且在“坐蒙”的时候，村老大们都被安排在上座，即哈亭里靠近神位的一号、二号、三号席位。

沥尾的村民们对哈节很热情，用沥尾人的话说，即“能为哈节做点事情是应该的”，所以从哈节筹备、开始到结束，村民们都积极地参与。民众自发

① 由苏维芳整理提供。

地大扫除、迎神、祭神、坐蒙等，虔诚地为自己的节日做点分内的事。

节前的准备及祭品与哈亭的装饰

哈节祭神祭品的选择都按照以前的样式，尽可能沿用以前的规格。以前，农历六月初十的大祭祀时，八个哈头是要杀八头猪的。在初九的晚上，牵着这八头猪中最小的一头绕着村子走三圈。大祭祀时取最重的那头猪的猪头，其余的每头猪取两斤来祭拜。但在1984年恢复哈节祭祀时，大祭祀时改为杀一头猪祭拜。以前大家的经济状况不好，就每个人出五块钱，集资买一头猪祭拜。

农历六月初九的祭品一般为鸡、肉、香、纸钱、蜡烛、元宝、水果等。哈节期间的祭品一般都是由“哈届”们负责制作。沥尾村所有为哈节做准备或工作的人都是义务劳动，不收取报酬。当地人认为，一年才一节，而且是自己独有的节日，所以大家的积极性都很高，只要是安排到做什么事情的，都没有人拒绝。“泉水再多也拿不完”是当地京族人对为什么甘愿零报酬为哈节服务而耽误自己做生意赚钱的回答。沥尾村中的京族人即使远在他乡，在哈节期间总会回到沥尾来祭拜过节。虽然家财千万的人家不少，但即使是家财万贯的“哈头”也要为哈亭服务，接受亭长的安排。

农历六月初八，哈亭中的翁祝制作迎神时放在祭台（龙庭）上的祭品。

“凤凰”。用未成熟的青色凤梨做成一只公鸡，寓意为“凤凰”，再用一种红色的果皮做成红鸡冠，凤梨没有掉落的叶子自然成了凤凰尾巴，这样一只栩栩如生的凤凰便诞生了。翁祝说老了，眼神不好，让笔者在红色的果皮上点上两个点当作凤凰的眼睛，笔者欣然应允。最后翁祝用一排排芭蕉做成一座山的样子，把凤凰安放在芭蕉山上，再在这座山上点缀某种红色的果。这就是哈节迎神的祭品之一。

香炉。香公在一个香炉里装上杨树根，然后把香炉放在迎神车上。在六月初九去海边迎神的路上，香炉里的晒干的杨树根就一直处于冒烟而不燃的状态，直到整个迎神仪式结束。

祭祀仪式中的祭品还有米饭，煮熟的一整块猪肉，糯米糖粥（象征生活甜甜蜜蜜）①，一盘盘龙眼、大青枣等时令水果，一碟碟糖果及饼干。

---

① 京族人认为糖代表甜蜜，以此寄托对幸福美好生活的向往；糯米带有黏性，以它象征亲情、友情的牢不可破，地久天长。用这些带有吉祥含义的食品来敬奉神灵祖先、款待客人、欢庆佳节，传递了一种美好的愿望和祝福。参见吴满玉、冼少华等编著《当代中国京族》，广西人民出版社2005年版。

随着经济和社会的不断发展，在众多祭品中，我们可以看出传统与现代的差异。传统的祭品为米饭、煮熟的肉和糖粥等这些以前家中的主食。但现在我们可以看到祭品中出现了现代的糖果饼干、时令水果、橙汁等饮品。在以前经济条件不好的情况下，每家过日子都不容易，有饭有肉祭拜就算是最好的祭品了。但随着经济状况的好转以及客观条件的允许，现代因素的祭品被加入祭拜的行列。沥尾京族哈节的祭品的品种渐渐地就丰富了起来，不再是单一的传统的形式了。由于近年来，中越的哈节都互相有交流，而笔者在场的这次沥尾的哈节也邀请了越南芒街哈亭的相关人员参加，所以越南代表队也送来了礼品。越南代表队的礼品也作为祭品供奉在神座的供台上。这些礼品也包括越南特色的饼干、糖果、时令水果和饮料等。

在哈节开始前的两天，哈节组委会开始组织哈亭的工作人员进行哈亭周围环境的布置和美化：挂彩旗和灯笼，清扫哈亭前的空地。为了烘托节日的喜庆气氛，哈亭前面的几棵老榕树和相思树都挂上灯笼，在几棵树之间牵上绳子以便挂上彩旗。原本那些老树下是有一块碑文的，但经风吹雨打后，字迹已经模糊不清了，所以今年特意又把上面的字迹用红、黄两种颜色描绘一番，然后在树底下培土，盖住裸露的树根。

在哈亭的大门旁的一棵较大的榕树下，布置了简单的表演舞台。这是哈妹们欢迎客人时临时的表演场地。在通往哈亭正门的路上，铺上了红地毯，在哈亭门口还布置了一个简易的主席台，放置了几个话筒，这是为哈节开幕前一天的“非物质文化遗产和京族字喃文化传承研究中心”挂牌仪式而准备的。哈亭的周围乃至整个沥尾村都沉浸在节日的忙碌和热闹的氛围中。

此时，哈亭组委会还专门请了一队人把通往哈亭的道路清扫了一遍，把碎石堆铲走，把路边草地上的杂草一一清除。与此同时，整个沥尾村的街道上都在进行大扫除，街道两旁的植物上都插上了彩旗，挂上了预祝沥尾哈节开幕的横幅。

哈节节庆活动

等神与迎神

早上9点钟，迎神队伍准时从哈亭前出发，走在队伍前面的是抬着亭旗、头旗、迎神旗的旗手以及十人旗队组成的第一方阵，接着是由前鼓、中鼓、锵、后鼓和小鼓的乐手组成的第二方阵，然后是祭品车和迎神车、举着扇和伞的人组成的第三方阵，排在其后的是迎神官员方阵，村老大方阵、越南方阵、独弦琴方阵、腰鼓队三十人方阵、京族葵帽方阵、彩旗方阵、哈亭彩旗方阵、群众方阵依次排列。其中值得注意的是，抬鼓的必须是未婚的男子。在整个队伍去迎神的路途中，路旁的群众和游人也自发加入迎神队伍。

队伍过早地到达主席台，大家都显得无所事事，这天的太阳极其猛烈，海风夹杂着咸咸的水汽迎面扑来，比较闷。围观的群众都心照不宣地找树荫躲避太阳。而那些旗手方阵和竹竿舞方阵的小朋友们没有树荫和伞可以躲避，更没有水可以喝，在烈日下都显得极其疲惫。还有那些从防城港市来的腰鼓队的表演者，为了当天表演而化的浓妆也在太阳的烤晒之下变得有些模糊。大家就这样站在主席台前，各种摄像器材在烈日炎炎下很显眼，而各个方阵的人们好像是供别人拍照的模特一般。不知道迎神程序的人，便不知道此刻他们在等什么，为什么在此时此地停了下来，且停下这么久；即使是知道迎神程序的人，也不知道他们在等什么人，为什么要等。原本是等神迎神，而现在是等人迎人。大家开始纷纷耳语，排解烈日下的烦闷。

10 点钟，主席台的领导们终于来到了现场，摄影师、记者、电视台的人一哄而上，纷纷抢拍京族小朋友用竹竿舞欢迎领导莅临的场面。跳竹竿舞的小朋友们终于等到了他们的“用舞”时机。此时锣鼓齐敲，震耳欲聋，一派喜庆的场面。等神的人也有种终于等到之感，表情也随之严肃不少。等领导们都就座后，主席台上的领导开始逐个讲话了。一些人纷纷看表，担心过了迎神的最佳时机，从大家的焦急等待的表情看出，他们希望可以快点去迎神。

10 点 25 分，村支书苏明芳宣布 2009 年哈节开幕之后，迎神队伍往东走到海边向镇海大王祈求，希望迎接其回哈亭。路上，跟随的人太多，特别是摄影师、记者之类，摄影师的“长枪短炮”把迎神的神座团团围住，为了抢拍京族迎神的漂亮镜头。短短的 300 米的路程，不时会看到一些哈亭工作人员都被他们挤到一旁。好不容易到了指定的迎神地点沙滩，香公和翁祝等哈亭工作人员在沙滩上面向海滩，开始念念有词，请镇海大王等各路神仙。

此时涨潮了。潮水开始上涌，快漫到迎神的位置了。香公在念了一阵请神的话语之后，开始抛阴阳珓①。刚开始抛的几次都不太理想，没有抛出“胜珓”，而此时潮水渐涨，香公和翁祝等都有点着急了。亭长赶紧让周围的人群散

① 阴阳珓为两块半月形的木块，京族地区的一种占卜用具。两珓都为反面，为阴珓，属“凶”；都为正面为阳珓，属“吉”；而一正一反，为胜珓，是最好的。

开点，别挤到迎神的神座，别挡在香公和翁祝等的前面拍摄，这样会影响请神的。可是人毕竟太多了，大家都想看神圣的请神仪式是怎么样的，想拍到好照片，所以刚驱散一会儿，人又围上了。终于等到阴阳珓为一开一闭，意味着镇海大王表示同意。之后，浩荡的迎神队伍沿着沙滩一路返回到金滩的主席台，再到西海堤的各家进行一番巡游。此时，整个沥尾的鞭炮声响起，是沥尾人在庆祝顺利请到镇海大王。游神的神车神座来到哪家门口，哪家就鸣放鞭炮，祈求镇海大王等各路神仙庇佑自己家，带来好运。巡游完西海堤的各家后，队伍又原路返回主席台，然后按照来时的路线折回哈亭，举行哈亭内的祭祀仪式。

迎神车上的神位抬入哈亭之后，开始封上封神管，此时先做一番简单的祭拜，点香上香，放上糖粥、时令水果、糖果、饮料和鸡肉、米饭等祭品，把迎神车神位上的镇海大王迎至哈亭中央的神座后，迎神车再次从哈亭出发，去迎接高山大王等诸神回哈亭。

把高山大王等诸神都迎回哈亭后，哈届们开始跪拜，此时翁祝也开始念祝词了，祝词内容为祈求平安、兴旺发财等。此外，翁祝手拿一张写着坐翁人、亭内人员、民族英雄、对京族有贡献的人的名单的红纸，开始念给诸位神听，让各位神灵保佑京族人民平安、兴旺、发达。在哈亭的祭员在主持和进行祭拜的时候，从各地慕名而来的人们也纷纷来祭拜、祈求、许愿。沥尾的哈节也邀请了越南芒街的代表来参加，神位前放置的饮料就是越南代表送来的祭品。这就是京族所说的礼尚往来，在农历六月初一的时候，越南芒街市的哈节也同样邀请了沥尾哈亭的相关人员去参加。

大祭

从六月初十早上开始，在进行祭神仪式之前的这段时间安排村中的大姓氏家族进行祭拜，每天安排一个或两个家族到哈亭内祭拜神灵。各家族把事先准备好的各种祭品放在神座前，燃香烛、纸钱。在家族祭拜时，哈亭的翁祝和香公通常会引领各姓家族成员进行祭拜。翁祝和香公先给各神说明当天进行祭拜的是哪个家族，希望神灵保佑这个家族平安顺利兴旺之类的话。然后翁祝开始抛阴阳珓，如果阴阳珓显示的是一开一合的状态①，那就说明神灵很高兴，同意刚才翁祝、香公和家族成员的祈祷。于是在大家发出一声“呀”（意为对了）后进行跪拜。此时鼓声响起，之后鸣放鞭炮，整个家族祭拜过程

① 若是两个都是闭合的或都是开的，均要重新抛。

结束。在此期间，一般要三斟酒、三敬酒。在鸣放鞭炮的时候特别讲究，鞭炮要烧得响，一响到底才好，这样预示着顺顺利利，如果烧得断断续续的话就是彩头不好。在哈亭祭拜五位圣神结束之后，家族成员又把祭品带回家中去祭拜自家的祖先。

农历六月初十的大祭神仪式从上午 11 点开始，12 点 30 分结束。早晨，哈亭的祭员已经准备好祭品，把纸钱分好摆放在各神座前，鞭炮、香烛等其他祭品安排好，但当天最有特色的祭品是一头猪。这头猪是每家每户集资买的，由专门的祭祀人员屠杀。祭员把杀好的猪放在神座前后，要在神座前的酒杯中添酒，此时各家又开始烧香祭拜。

哈亭内的座位安排也是很有讲究的，哈亭从里到外分为三个部分。里面最靠近神灵牌位的为村老大的座位，外面靠近哈亭门口的为年轻人的座位，而中间的部分为中年人的座位。一般而言，如果家中有人去世，是不能靠近哈亭的。

10 点 50 分，哈头们把祭神仪式的所有祭品放到各神灵的牌位前，酒杯、酒、两个案台、香炉和供哈头们净手的洗手盆等已经准备就绪。

11 点，各哈头着装完毕，等候祭神开始。

11 点 05 分，大鼓敲响，提醒人们祭神仪式准备开始，让各祭员各就各位。

11 点 20 分，大鼓再敲，此时是说明祭神即将开始，让现场的人们不要随意走动。

11 点 26 分，大鼓又敲，此次是宣布祭神仪式正式开始。

11 点 27 分，大鼓敲响后，统唱大声宣布哈头等祭员准备，此时大鼓和锵齐敲，并形成一定的节奏，称为“奏大乐”。

11 点 30 分，统唱开始念祭神开场词：“（京语）敬呈具古谟柴祝……”开场词结束后，三个小鼓齐敲。

11 点 33 分，统唱下指令：各哈头祭员到装有桃叶的洗手盆前净手。净手之后，统唱宣布祭神仪式正式开始。

11 点 35 分，东引下指令：哈头们准备向神灵牌位进献。此后，站在神座东西两边的哈头们分别在东引和西引的带领下有秩序地走向神灵的牌位[①]。

---

① 站在神灵牌位东边的称为东引，站在西边的为西引，东西引为哈头祭员的引路人，带领其他向神灵敬酒的祭员走向神灵牌位。

11 点 37 分，哈头们走到香公和文拜（负责斟酒的哈头祭员）旁边，面向神灵牌位下跪，然后由专门的哈头祭员把祭品献给神灵，之后走回原位。

11 点 39 分，统唱下指令：所有哈头祭员四次跪拜，每下一次指令就跪拜一次。

11 点 40 分，东引下指令：文拜斟酒。

11 点 41 分，统唱下指令：哈头祭员们向神灵敬酒。

11 点 42 分，东引下指令后，大鼓、锵、三个小鼓和锣齐敲，哈头们在东西引的带领下捧酒敬神。

此时，六个哈妹开始在哈头们的身后随着大鼓小鼓和锵等有节奏的乐声跳敬神舞。

11 点 43 分，东引下指令：哈头祭员跪拜，把酒敬神，然后各哈头祭员返回原位。在此期间，大鼓一直在响。

11 点 45 分，东引下指令：斟酒。此后，统唱下指令：向神灵敬酒。

11 点 48 分，东引下指令后，大鼓、锵、三个小鼓和锣齐敲，哈头们在东西引的带领下捧酒敬神。

此时，六个哈妹开始在哈头们的身后随着大鼓小鼓和锵等有节奏的乐声跳敬神舞。斟酒的案台后的陪祭员一直跪着。

11 点 50 分，东引下指令：哈头祭员返回原位，大鼓一直在响。

11 点 52 分，统唱下指令：让一哈头祭员捧出事先放在案台上一块用红布盖着的木板。然后再下指令让负责斟酒的哈头、东引、西引和手捧红布盖着的木板的哈头走向神灵牌位。

11 点 54 分，东引下指令：哈头祭员们下跪。

11 点 56 分，翁祝开始念贴在木板上的红纸上的祭文（祭文包括几部分：神灵的名称、京族的英雄名、哈亭的专门祭员名、对村里有很大贡献的人的名字和各姓氏家族的代表名等）。在此期间，大鼓敲三下，再敲，新老哈头跪拜。大鼓随着翁祝念祭文的节奏敲响，而在此时香公一直跪在神灵牌位前。

12 点 12 分，翁祝念祭文结束，东引下指令让各哈头祭员拜三次，然后让神灵牌位前的祭员返回原位。此时大鼓敲响，鼓点为“咚咚咚呛，咚咚咚呛，咚咚咚呛，咚咚呛咚咚呛，咚咚呛咚咚，咚咚呛咚咚”，如此循环。

12 点 15 分，统唱下指令：哈头祭员向五圣神牌位前斟酒敬神和祖先，再次敬酒。统唱下指令：哈头祭员准备好酒杯。

12点17分，东引下指令：斟酒。之后，统唱下指令：其他哈头祭员把酒杯盖好。把酒杯盖好后，东引下指令：祭员走到牌位前向神灵敬酒。此后，大鼓、三个小鼓、锵和锣齐敲，形成一定的节奏，六位哈妹在哈头祭员的后面又跳敬神舞。

12点20分，敬酒完毕后，东引下指令：跪拜。然后哈头祭员返回原位。在此期间，大鼓一直在响。

12点21分，统唱下指令：其他哈头祭员直接到神灵牌位前斟酒敬神。

12点22分，斟酒完毕，统唱下令跪拜，再下令拜，又复拜。

12点23分，统唱下指令：烧纸钱。哈头祭员把原先准备好的纸钱放入火盆，同时在五位圣神牌位的两侧烧纸钱和写有翁祝刚才所念祭文的那张红纸。

12点26分，哈亭外开始放鞭炮，统唱下指令：哈头祭员们再跪拜一次。跪拜完毕后，哈头祭员们相互作揖。之后是村老大和哈亭的工作人员跪拜，跪拜完毕后相互作揖。最后是村里的民众跪拜，跪拜完毕也相互作揖。

12点28分，哈头祭员们把猪、鸡肉、米饭等祭品抬到哈亭门口的场地上，进行祭拜仪式，在哈亭亭长的主持下，哈头祭员们跪拜，作揖，然后鸣鞭炮。

12点30分，整个大祭神仪式结束。

农历六月初十的祭神属于哈节期间的大祭。大祭神仪式结束之后，用于祭祀的那头猪会被分割来便宜卖给村民。由于大家觉得这个祭品是好的，吃了祭祀过的猪肉会带来福气，因此猪肉都很好卖。但是哈亭组委会也会留下一部分猪肉，在哈亭后面的厨房煮了慰劳哈头祭员、哈亭的工作人员和一些诸如来调查、拍摄和祭祀的客人们。

小祭

农历六月十一上午的祭祀仪式的程序和初十的一样，照例是安排一两个家族到哈亭进行祭拜，然后再进行祭神仪式。但与初九日的大祭不同，小祭的祭品中没有了一整头猪，而是诸如糖果、饼干、水果以及饮料等。小祭从农历六月十一直到十四，持续四天。

在六月十一的小祭仪式结束后，哈亭里安排哈妹唱哈。哈妹们的唱哈一般安排在每天的祭神仪式结束之后，白天的唱哈通常从13点30分开始，16点结束，而晚上的唱哈则一般为19点30分开始，21点30分结束。

哈妹唱哈之前每人要先燃香，跳进香舞，跳完进香舞后，又开始跳献花舞，跳完舞之后先拜中间五位圣神，再向东西两边的祖先牌位拜。跳完这两种舞之后，哈妹们正式开始唱哈。

哈妹在祭神唱哈时唱的歌曲称为祭神曲，但也有唱族源的、历史的、婚恋的、生产劳动的，题材丰富，用京语唱出。现在共收集有55首哈歌，哈妹唱哈是随自己喜好和记忆唱的，有时会有独弦琴在一旁伴奏，但大多是哈妹们边敲手中的两根竹片形成伴奏边唱。每一句唱到句末，大鼓就敲两下。唱到高潮时，大鼓就连续敲几下。

祭神仪式后的唱哈

12点50分，哈妹们着装完毕，开始相互化妆，准备开始唱哈。

13点整，哈妹们在神灵牌位前跳进香舞，哈妹们手拿燃烧的香在哈亭神灵牌位前跳舞，边跳边唱歌曲《神灵灵》。

13点05分，哈妹们再跳献花舞，此时大鼓和三个小鼓齐敲，形成一定的节奏给哈妹们伴奏，这支舞的意思是给神灵献花。

13点10分，哈妹们正式唱哈。

一位哈妹站在话筒前，一边敲手中的竹片形成节奏一边唱，在她身后待唱的其他哈妹也跟随着她敲竹片的节奏敲手中的竹片。

等第一个哈妹唱完后，第二个哈妹再接着唱，如此轮流。哈妹唱哈全凭记忆，没有歌本照着唱。这需要很强的记忆能力。现在哈妹唱哈面临着新老交替的尴尬状况，此次唱哈是两个老哈妹带四个新哈妹，因此老哈妹就多唱几首，新哈妹就唱得少些。

13点15分，村老大们在五位圣神牌位前献香，保持不让香火熄灭。

13点25分，第一个哈妹唱完，她向五位圣神牌位鞠躬，然后向左右两边祖先的牌位鞠躬，接着回到自己的座位。

13点26分，第二个哈妹接着唱。哈妹在唱歌之前，先手持敲打的竹片先后向五位圣神牌位和祖先的牌位鞠躬，然后才开始唱哈。

……

16点05分，唱哈结束，听唱哈的人们离开哈亭。

晚上的唱哈与“甜席”

19点30分，哈妹开始唱哈。哈妹们唱哈的形式和白天的一样。

在哈妹唱哈的同时，听唱哈的人们也带着食品到哈亭里，沥尾的京族人把它称为甜席。因为在此时吃的食物和喝的茶水都是甜的。芭蕉、龙眼、甜面包、糖果等甜的食品象征着甜甜蜜蜜，彩头好。而此时京族人饮用的茶水是用京族地区的“水央木”（由京语音译）的叶子制作而成的。

甜席一般会在农历六月十二和十三两个晚上举行。哈亭的工作人员在哈亭内铺上一张张席子，供来听唱哈的人坐。据村支书介绍，甜席是京族以前哈节期间就有的传统项目，按支书的原话是“有例不改，无例不添”。在下午的唱哈结束之后，大家就从哈亭散去，回家吃晚饭。轮到哈亭祭拜的家族，那天晚上的晚餐是很丰盛的，就相当于过年一样，京族人会邀请很多亲戚朋友到家中过节。喜欢听唱哈的京族人吃了晚饭便来到哈亭，三五成群围坐在席子上，中间放着各种甜食。在哈妹唱哈的这段时间，一般是不能吃席上的食物的，这不仅是对神灵的尊敬，也是对哈妹们辛苦唱哈的尊敬，因此一般要在哈妹唱哈结束之后大家才开始吃甜食。

21 点 15 分，哈妹唱哈结束，大家开始一边吃着甜食，一边拉拉家常，气氛轻松愉悦。

22 点 45 分，甜席结束。哈节期间，哈头中每晚会有四个人轮流守哈亭，其中两个为老哈头。

“坐蒙”

哈节期间，通常在农历六月十二和十三这两天在哈亭坐蒙或“坐席”，一般有三四十桌人。坐蒙的分桌一般由生产队长分，一般是老人和老人同桌、年轻人和年轻人同桌、向神敬酒的哈头同桌、陪祭员同桌。沥尾村的六个生产队的家庭抽签，在哈亭里每六个人一桌席地而坐。先在哈亭的地板上铺上席子，抽签抽到一起的六个人就为一桌。每桌中每天由三家人共同出菜，这天坐蒙中其他三个人吃的就是当天这三家人一起提供的，到第二天就由另外的三家来提供饮食。哈亭工作人员介绍，不一定是家中的老人才能来坐蒙，每家来一人做代表就行，但女人不能坐蒙，只能把自家做的菜抬来，摆放好后即要离开。但外来的女客是可以参加坐蒙的。坐蒙的过程中，哈亭里还有哈妹们在唱哈，类似于我们所说的文艺表演。

当年从农历六月十三开始，在哈亭内举行为期两天的坐蒙。哈亭内坐蒙的位置安排：上年纪的老人和哈亭的工作人员安排在哈亭内部靠近圣神牌位的位置，其中一至四桌安排给在哈亭有职务的人，如哈头、翁祝、香公等；年龄稍长的坐在哈亭中部；年龄较小的坐在靠近哈亭门口的位置。

2010年新上任的范香公说，巫头、山心两个哈亭的青年人对坐蒙不热情不积极，而沥尾村的青年对坐蒙还是很积极的，喜欢代表家里来哈亭坐蒙。这也是沥尾哈节坐蒙时为什么那么热闹的一个重要原因。坐蒙的那天，同桌的叔叔们大多聊聊自己的生意，说说这一年的情况，谈谈对这次哈节的感受。

六月十三日早上十点钟开始，各家就陆续来到自家的席位前摆菜了。摆好菜后，各家代表就在自己的席位前观看祭神仪式。在祭神之后，哈妹们开始跳舞唱哈，而坐蒙也正式开始了。在坐蒙之前，哈妹们照例要跳娱神之舞。

进香舞。这是祭神之后，哈妹唱哈之前必跳的舞蹈。唱哈前，哈妹每人要先燃香，一边跳舞一边唱《神灵灵》歌，哈妹们手拿燃烧的香在哈亭神灵牌位前跳舞。跳完后向中间五位圣神的牌位拜，再向东西两边祖先的牌位拜。祖先的牌位是按照左昭右穆来安排的。

献花舞。向神献花的舞蹈，祭神仪式结束后，哈妹们两手拿着鲜花，转圈，手上做着拧花的动作。跳完舞之后，照例先拜五位圣神，再拜祖先。

敬酒舞。给客人敬酒时跳的舞。哈妹们一边唱歌一边跳舞给客人敬酒。敬酒舞要显得简单一些。哈妹们用京语唱敬酒歌曲。

花棍舞。在哈节结束前夕送神离开之后跳的舞蹈，跳舞的哈妹手持花棍（用竹子削成花棍状），在五位圣神的牌位前跳舞，大鼓敲响为其伴奏，鼓声明快而激烈。花棍舞是为了扫清在哈节期间积聚的污秽、杂气而跳的，意思是把亭内的污浊之气通通扫除干净，这样哈亭、沥尾京族人就会干干净净，做事也顺顺利利的。

天灯舞。在六月十五晚跳的舞蹈，“日月共其明，天地共其德”为此舞的主题。在天灯舞中，舞蹈的哈妹头顶瓷碗，碗上叠盘，盘子里点燃蜡烛，同时两手端着酒杯，杯中也各有蜡烛一根。载歌载舞时，三根蜡烛闪闪不灭，若是群舞，一片烛光闪烁。天灯舞一般会在农历六月十六或十七晚选一吉利时辰跳。这是为了庆祝新一届的八个哈头上任为神工作，祝福卸任的八个哈头的舞蹈。

京族人称这五种舞蹈为娱神舞蹈，沥尾京族人介绍，他们的习俗体现的是异祖同祭。

“以前坐蒙的席数很少，但现在随着哈节规模的扩大，席位已经达到三四十桌。现在参加的人数也比以前多了，不单单是我们沥尾人参加，政府的人也来，还有一些游客等，人多了也热闹。”这是沥尾京族人对哈节坐蒙变化的最直接的感受。

在20世纪80年代前，沥尾村京族人家的经济状况不好，在那时的条件下，坐蒙的食物都很简单，一般是家里能出得了什么就出什么菜，没有现在的菜色丰富、丰盛，也没有那么多的讲究，大家就是趁哈节坐蒙的机会聚一聚。虽说这样，但大家的食物也是和现在一样有明显的海鲜特色，如咸鱼干、蚝、鲎（这一种海产品就可以做成好几个菜）。但村老大们也说，虽说鲎在以前是最平常的，但如果放到现在，谁家出了这个菜，那就是第一名了。在坐蒙的时候，各家都提供最好的美食，不愿落后，私底下暗自比较。

但现在的坐蒙，规模不仅比以前大，食物的变化也很大，菜色大大丰富，每家拿来坐蒙的食物，都是京族地区认为最好的食物。现在坐蒙的食物大概有两大特征：一是当地的海产品特征；二是越南风味特征。俗话说，靠山吃山、靠水吃水，京族人的食物中就显示出独特的海洋性。他们爱吃各种海产品，讲究的是新鲜和甜美。在调料方面则体现了越南风味的特点。沥尾的京族很喜欢鱼露，这是饭桌上的必备调料，尤其是老一辈人更喜欢鱼露。沥尾人又俗称鲶汁，即用盐把鱼腌制后产生的液体。京族的老人们介绍，鱼露又分为头流汁、二流汁和三流汁，第一次隔离出来的鱼露就是头流汁，依次类推。老人们说京岛地区的鱼露不好吃，人们贪图利润，把品质优良的头流汁与品质低下的三流汁等掺杂在一起售卖，这样的鲶汁存放不久，且也容易坏掉。所以大家都爱买越南那边生产的鲶汁，品质好，味道也好。

坐蒙的时候是没有米饭等主食的，就是菜和调料，然后就是酒水和饮料。因此调料就是整个坐蒙食物中不可或缺的一部分。京族人喜欢在鱼露里放入新鲜的小柠檬汁，这样吃鸡、鸭、鱼等肉时不会觉得油腻。

此外还见有的人家带来了京族有名的传统食品“风吹饼”，直径为三四十厘米，因其很薄，一阵风都能把它吹动，故名风吹饼（京族人的笑谈）。风吹饼以大米为原料，先把米研磨成粉，再揉成粉团，然后慢慢地摊开成薄片，在表面撒上黑芝麻，最后烘干，即为又香又脆的风吹饼。烤过的风吹饼很脆，香气扑鼻；而放久之后的风吹饼就是另外的味道了，嚼起来有种韧劲，很有滋味。

以前京族人在家里经常自己做风吹饼吃，但遗憾的是，现在沥尾的京族人都不自己做风吹饼了。而且现在江平镇上有专门制作风吹饼的厂家，京族人购买也方便，所以就放弃家庭作坊式的做法了。现在一个风吹饼的市场价格为两块五，经常有流动的小摊贩沿街叫卖。

“作为族群内在身体象征的我群食物，不只是被人们主观的认知、建构，更被人们在饮食行为上实践、展演。”[①] 坐蒙时每家所出的食物都带有浓郁的海洋气息，如煮大虾、蒸海蟹、炒沙虫、炒海螺等，透露着京族人对自己海洋性文化的平实理解。坐蒙时两天飨神之食上的展演，甚至是相互比拼、较劲，或许一方面反映了沥尾村的京族人对神的崇尚和敬畏，另一方面反映了京族人坚强、不服输的内心世界。

新老哈头交接

六月十四是坐蒙的最后一天，哈节也即将结束，因为六月十五就举行新贺了，因此一般会在这天举行新老哈头的交接仪式。哈头的交接体现了沥尾京族在新老传承方面的重视，希望通过这种形式让村里更多的人投入到哈节的工作中。新老哈头的交接仪式相对简单一些，这种交接看起来还有些现代性的色彩。新老哈头的交接仪式是伴随着歌手们“唱桃”而进行的。

下午两点钟的时候唱桃开始。唱桃和唱哈是不一样的，唱哈为哈妹唱，全都为女性，而唱桃则是男女对唱的形式。唱桃的内容都是祝福的话语，男子唱一句，女子就回答说“是”。唱桃也用京语。唱桃是村里德高望重的老大们对哈妹的一种祝福形式，也是哈妹们对参加哈节的人们的祝福。而被唱桃祝福的人要在哈妹们手捧的盘子中放些“利市”，这些利市便是给哈亭的功德钱。这是一种惯例。

大约过了一个小时，唱桃结束之后，新老哈头的交接正式开始。此时大鼓、小鼓和锵等齐敲，宣告此时将要进行新一届哈头的交接仪式了。这个时候，新哈头们席地坐在哈亭靠正门的位置，而老哈头们坐在神位前靠哈亭里面的位置。统唱下了指令后，新老哈头相互上前，一边握手，一边说着祝福的话。当新老哈头的手握在一起时，便意味着把下一年的义务交到新一届哈头的手上了，新老哈头的交接仪式完成。

在新老哈头完成交接之后，参加坐蒙的各个席位的人开始出节目：唱歌、吟诗、到哈亭中间说些祝福的话等。坐蒙的各席人也开始相互敬酒、祝酒，把酒敬给领导、迎神官员、村里老人等，整个坐蒙的气氛融洽热烈。至此，整个哈节在热闹的氛围中将要缓缓落幕。

送神

关于送神的故事：相传，有一年，在晚上送神的时候，村里有个女人不

① 王明珂著《羌在汉藏之间》，中华书局 2008 年版。

知道那个时间送神，就没有回家待着。没想到从外面回到村子的时候，正好撞到封神管打开把神送出去的这个时刻，所以从那时候开始她就得病了，而且她家做什么事情都不顺。这事情一传十十传百，沥尾村的京族都把这当作教训。所以在送神的那天，当地的京族一致认为，若是在封神管抬出哈亭时，外面有人与封神管迎面，那人就会得病或是遭遇不顺，所以十四日下午沥尾村的京族人早早地就收好原本要摆夜市的摊铺，关门回家，待在家里不出门了。但在农历六月十四晚去哈亭的路上，还是看见有很多夜市摊没有撤回，还在做生意。询问了下才知道，原来他们是外地来这里做生意的，不是沥尾村的本地人，所以他们一般也不理会这种忌讳。

这撞上送神会带来霉运的说法，笔者没法考证到底和送神有没有直接的关系，但从沥尾人对送神的严肃、谨慎中可以感受出，村子里的人对镇海大王等各路神灵是既崇拜又敬畏的。他们一方面祈求神灵们能为村子里的人祈福，带来好运；另一方面又害怕哪里做不好，惹神仙发怒，给他们带来霉运。

按照传统的习惯，一般是在哈节的最后一天的晚上送神，即把农历初九迎接回来的各路神仙送出哈亭。当年的送神仪式安排在农历六月十四 22 点 09 分。哈亭的翁祝说，送神是讲究时间、时辰的，一定要选择一个吉祥的时辰才能举行送神仪式。在送神仪式上，香公或相关的哈亭祭员要念送神词。“恭维王！三江孕秀，五岳储精。秉北方之正气，维东海之英灵。天地共其德，日月秉其明。感之必通，求之必应。今日良辰，起驾还宫。来年仲秋，再御龙亭。承蒙圣德洋洋，瞻仰天恩浩浩。相安相乐，男女康宁。”①

19 点左右，哈亭的工作人员和村里的大佬们就陆陆续续来到哈亭。祭员香公等人在忙碌地准备唱哈以及送神事宜。这晚来听唱哈和送神的人很少，大部分是村里的大佬们，年轻人很少到，所以哈亭内显得有些宽。从 19 点 30 分至 21 点 40 分，这段时间照例是哈妹们唱哈，祭员们烧香祭神。

21 点 50 分，亭中参加祭祀的人员一直在烧香，陪祭员们把祭服像和尚的袈裟一样穿，这是沥尾京族祭祀传统的穿法。

22 点，祭员、陪祭员、翁祝、哈亭工作人员和村老大等人在五圣神的牌位前对圣神说感谢之类的话，询问各位圣神是否能回去了，如此说了一番之

---

① 符达升、过竹、韦坚平、苏维光、过伟合著《京族风俗志》，中央民族学院出版社 1993 年版。

后，香公开始抛阴阳珓，结果是一开一合，意味着圣神同意回去。

22点10分，一些祭员立即放鞭炮，一些祭员突然把哈亭内初九日封上的封神管迅速抬出哈亭外，丢到某个地方。哈亭内的人立即用手或衣服之类的东西驱赶鞭炮产生的烟，并发出“喔喔喔喔”的声音，意思是把神送出哈亭。

在封神管撤出，鞭炮响起，把哈亭内的烟雾等驱赶出去之后，送神仪式并未结束，按照惯例，还要跳一个祭神舞蹈，那就是花棍舞。

22点15分，开始跳花棍舞。跳舞的哈妹手持花棍，在五位圣神的牌位前跳舞，大鼓敲响为其伴奏，鼓声明快而激烈。

22点20分，此时降生童[①]先是发抖，然后坐到神位前开始自言自语，一番言语后开始抛阴阳珓（降生童的周围围满了各祭员和群众）。每问一个问题，抛开的阴阳珓呈现一开一合，大家就齐说“是”，然后作揖。

22点30分，降生童快速摇头，全身激烈抖动，进入一种迷幻癫狂状态。

22点31分，此时旁边的人递给降生童一碗水，降生童喝一口水，然后吐出。旁边围观的人都神情凝重地看着降生童的一举一动。

22点32分，降生童抛阴阳珓，先是呈现双闭合状态，再抛是呈现双开状态，第三次抛出才是一开一合状态。

22点34分，降生童自言自语，身体抖动幅度减小。降生童再抛阴阳珓，先是呈现双开，再抛才是一开一合。

22点35分，降生童再喝一口水，自言自语，再抛阴阳珓，呈现一开一合状态。

22点36分，此时周围有人让一位祭员去拿一袋盐，在盛水的碗里放点盐，降生童先喝一口盐水含在口中，然后开始抛阴阳珓，呈现一开一合状态，周围的人开始作揖，接着降生童再喝一口白开水，之后再把盐水和白开水一起吐出。

22点37分，降生童灵魂附体般地继续对周围人说着什么，周围的人也认真地听着。

22点40分，旁边突然来了另一个降生童，第一个降生童此时突然向后一倒，清醒了过来。而后一个降生童则进入癫狂状态，其抛阴阳珓呈现双开，

---

① 降生童是另一类传统的仪式人员，类似巫公。他们主要是给人看日子、卜问凶吉和解难等。有斋事需要他们帮助超度亡灵，或是作为沟通人和神鬼之间的桥梁。

第二次为一开一合状态。降生童一直念念有词，又开始抛阴阳珓，也呈现一开一合状态。周围人说“是”，作揖。降生童再向人们说了几句，突然清醒了。

22点47分，大家又作揖，整个送神仪式结束。

整个送神仪式显得紧张而神秘，到哈亭来参加送神仪式的老百姓们也神色凝重而严肃。在降生童进入癫狂状况，不停地说着话的时候，京族人紧紧围在旁边，仔细聆听神灵的指示。整个仪式结束后，大家就默默地回去了。等送神的所有仪式结束之后，笔者问旁边的祭员，降生童都问些什么问题，他们说就问些这次哈节哪里做得不合适等问题。但具体问了哪些问题，而神是怎么回答的，笔者不得而知，因为他们说现在还不能说，要过些时日才能公开。

二、纳西族摩梭人转湖会[①]

美丽的泸沽湖，位于云南永宁和四川左所交界处，湖水清澈见底，四周众山环绕，当地摩梭人又称它为“母湖”，相传是人类死而再生的地方。

很久以前，这一片不是海子，是牧场。有个哑巴女人叫布鲁夸夸（一说是达坡上一个叫开扬汪珠的人家的哑巴老五）帮人放牲口。她很穷，缺吃少穿的。一天，她放到永宁狮子山脚的岩子下一个叫“锡八夸”（摩梭语，意为出水洞或海子发源地。在川滇交界处的大嘴村附近。一说在达珠上去的一个山洞里）的地方，看见大岩缝里卡着一条大鱼。她饿了，就割了一块鱼背上的肉烤来吃，吃了依旧去放牲口。过了一会再转过来，见鱼背上肉已经长好。她很高兴，以后就带了个锅，天天到这儿割一块肉吃，吃得身强体壮。旁人见她的锅很油，心里奇怪：这个老妈妈有点怪，她那么穷，天天带锅煮什么？悄悄地跟了去，发现了秘密。他们贪心，不像哑女人一样只割一块肉，而是想把鱼整个拉出来。几个人拉，拉不动。第二天约全村人去拉，也拉不出。他们找来九架十八头牛[②]，套上牛皮索子拉。轰的一声，鱼拖出来了，鱼堵住的水也涌了出来。淹去了九个大村子。直淹到东边，有个埂子挡住了水，水才止住，在那里浸成草海。九个村子的人都死完了，只有一个喂猪的老妈妈跳进猪槽里才逃了生。所以现在泸沽湖里的船都叫猪槽船，那个拌猪食的桡

① 本田野笔记节选自邓启耀著《泸沽湖纪事》，中国旅游出版社2006年版。

② 摩梭人耕地为耦耕式，俗称“二牛抬杠”，两头牛为一架，一人牵牛，一人扶犁。

片，也就成了浆。

讲述人：中村二大队“达巴”瓦布高若，摩梭人（约60岁）

“达巴”翁争，摩梭人（49岁）

翻译：农布

1980年1月记录于泸沽湖

相传，这位坐进猪槽才得以幸存的女人，便是世上唯一的“人种”，摩梭人的女始祖。为了纪念这位女始祖，纪念人类得以靠舟船再生。每年，沿湖各村寨都要定期举行一两次“根括”（转海）活动。届时，女人们跨上槽式独木舟（当地人称“猪槽船”），泛舟游湖。古老的渔歌，唱出了有关“母海”、有关女始祖以及那条改变了人们处境的大鱼的故事……

泸沽湖边的摩梭人对水神有较复杂的态度，一方面敬之，另一方面又畏之。他们认为，井泉、湖泊、江河里都有一些容易作祟的神灵，所以多以叼蛇（水的象征）的金鹏克之，凡有水的地方，多用绘有叼蛇鹏鸟的画牌除秽。

转海节原为祭水神的宗教节日，现在已演变为民俗节日。节日的主要形式为以村或家庭为单位，绕湖行走一圈，边走边祭湖水和湖畔礁石。或往湖里投熟食果品，献给湖神享用，求赐人畜平安；或在礁石上焚香、供面偶、贴咒符，镇压湖神不要兴风作浪，作祟人畜。

三、白族开海节[①]

洱海是云南第二大淡水湖泊，位于云南大理白族自治州大理坝子中，海拔（平均水位）1974米，湖面开阔（250平方公里）[②]。唐宋时期，南诏国和大理国的都城在其西侧，东西向的南方陆上丝绸之路和南北向的茶马古道在此交会，交通发达，自然生态良好，是云南政治、经济和文化的核心区域之一。

洱海地区白族的传统生计模式是农耕，近湖者亦重渔业。洱海因苍山雪峰之水流入湖中而水感寒洌，南北横列的苍山阻隔气流，洱海坝子因之风很大，南端下关尤甚，“下关风吹上关花”成为当地特色景物，故下关又素有“风城”之说。风大累及渔业，当地白族流传的“望夫云”传说，以灵性原因解释苍山某处出现云团，洱海就要起狂风恶浪的缘由。在古代绘画图卷中，洱海如蛇盘绕，龙王有蛇冕，其形态可能源于印度，是一种较为原始的龙王

① 本田野笔记由邓启耀撰写。

② 《新编云南省情》编委会编《新编云南省情》，云南人民出版社1996年版。

信仰，这应当和大理历史上与南亚东南亚的联系有关。当地传说，从苍山雪溪注入洱海的十八溪中住着十八条龙，它们有一颗金铸的掌龙印，只要把这颗金印拿出来，吼一声，洱海就洪水大发，冲毁庄稼和房屋。洱海渔民由此流传一些水患频发，英雄入海杀蛟龙的故事。而著名的崇圣寺三塔，据说也有“永镇山川”的禳祛功能。

云南大理白族自治州洱海白族渔民的祭海神活动，与渔神祭较为接近。每年春节期间或鱼汛到来之前，渔民要以全鸡、全鱼、汤饭、玉兰片等祭品祭奠海神，祈求其保佑渔民海上平安，渔业兴旺。农历四月十五是大理县小普陀白族做“海神会”的日子。这一天，洱海一带渔民纷纷驾船云集小普陀，岸边船桅林立，岸上人潮如涌，人们在沙滩上念经、跪祷，恭候迎接虹山地母的渔船到来。念经和跪拜的人分若干组，每组十至十五人，多为年长女性。跪拜者或朝山，或朝水，或互拜，祈求一年出海平安、渔业丰收。迎地母的船到达后，群情沸腾，诵经、舞龙、舞“霸王鞭”，用金红色公鸡献祭，等等。然后在本主庙里搭台演古装白剧，唱大本曲，持续三至四天。在民间传说中，海神是来自南海的父女俩，父亲被封为“洱河（洱海古称）河神”，女儿被封为“洱河公主”，又是洱海一带村寨的本主。后来，父亲为了堵住从下关水口子流出的洱海水，以身相投，被水冲走。女儿伤心落泪，泪水化为一股“天泉”，悲戚变作狂风，以致掀翻渔船，淹死渔民。这时，人们就要送一些好吃的，说一些好言好语，来安慰她，她便忍住悲痛，帮渔民拉网捕鱼，挖沟修渠，补偿自己的过失。

有些地方的渔民，不忍心把兴风作浪的罪过归于海神，就编出了鱼精作怪的神话，云南洱源县邓川沙坪渔潭坡每年农历八月十五开始举行会期五至七天的“渔潭会”，据说就是为镇鱼精而举行的盛会。这里是苍山和洱海的尽头，山垂海错。八月风雨无定，又正是洱海的鱼汛期。为保渔业丰收，渔潭会的开市仪式，就很有讲究。开市仪式要在晨曦中举行，主要交易渔网渔具，太阳升起，渔具市场就散，其他物资交易活动方能开始。在所有物资交易活动中，引人注目的是嫁妆用具，所以渔潭会又叫嫁妆会。关于渔潭会，民间有个传说：从前，沙坪渔潭和洱海相连，渔潭洞里住着一条修炼千年的鱼精，鱼精吞食人畜，兴风作浪，还强迫人们每年为它送一个漂亮姑娘。有一年，轮到一位正与捕鱼郎相爱的姑娘去送死，捕鱼郎为了搭救爱人，带上鱼叉潜入洞里，与鱼精拼斗，降服了鱼精。他用铁链把鱼精拴在铁柱上，告诉它，今后不准随便翻动，只有八月十五这一天才能翻一个身。捕鱼郎回到岸上，和恋人结为百年之好。人们感谢捕鱼郎为民除害，在他们结婚时送了许多礼物。后来，每到八月十五这一天，人们怕鱼精借翻身之机又兴风作浪，都在这天来赶集。太阳未出，就要在集会上翻弄鱼叉渔具，吓唬想翻身的鱼精。太阳出来以后，又要唱戏对歌，吆喝叫卖，在集市上摆满五颜六色的嫁妆用具，一来为贺有情人的美满婚姻，二来也可借捕鱼郎的喜事辟邪除秽。

位于洱海北部的双廊白族村民供奉的红山本主，是在天宝战争中打败唐将李宓的南诏国武将王盛、王乐和王乐宽祖孙三代，他们因功被奉为本主，号“赤郎灵昭威光景帝”。洱海地区白族把红山本主奉为海神，香火很盛。每年正月，当地白族渔民要到双廊红山本主庙举行接神仪式，夏秋洱海开海时节，渔家更要举行盛大的海神祭祀仪式。红山庙会中必有的接送本主游神仪式，不像其他村落抬轿陆行，而是必须用船，到洱海上迎接，从水路送归。

最近几年，大理州政府和白族群众为了推动洱海地区的旅游，把民族传统文化作为人文旅游资源进行开发，洱海渔民的祭祀海神仪式，也由此进入地方政府的“文化遗产”范畴，从民间信仰活动变成官方组织的文化展演。如每年一届的“大理国际摄影节”，政府除了组织大型摄影展览，还邀请来自各地的摄影家，参加当地具有浓厚民族特色的民俗活动。于是，“开海”这样的渔民传统节日，变成了与时俱进的大型文化表演活动。

自2009年起，笔者参加过几次这样的“节日”。地点比较固定，都在洱海边的双廊渔村红山本主庙旁空地上；时间相对灵活，由政府主导的活动（摄影节）的组织者根据需要确定（如2009年在8月1日，2011年在9月28日）。获邀者分别发有“嘉宾”“记者”等胸牌，据此免费享有乘坐游轮游洱海、参加祭祀海神仪式和在渔村聚餐的优厚待遇。其中，让摄影发烧友们最为“发烧”的是祭祀海神仪式。

仪式开始前，岸边有白族姑娘织渔网，湖里和临湖的水塘里有白族渔民展示各种捕鱼方式：鱼鹰捕鱼、鱼罩捕鱼、丝网捕鱼、扳罾捕鱼、手撒网捕鱼，甚至空手捉鱼，再现传统捕鱼的场景。当然，水塘里的鱼是事先放进去的，一捕就有所获，而且都是大鱼。貌似谁捕到归谁，所以除了身穿漂亮民族服饰的小女孩在水里表演，一些村民也在其中浑水摸鱼。捉到鱼的笑容满面，甩上岸给守候的家人。水中人捕鱼，岸上照相机捕景，场面生动有趣。忽然，湖面锣鼓响起，数艘彩绘龙船操演竞舟。不一会儿，载有鱼鹰的渔船和各村舞龙队也到了。上百艘渔船挂着风帆，摇着双橹，在海湾游弋；岸上各色彩龙翻舞，象征龙遂人愿，风调雨顺。湖中岸上场面壮观，摄影家们忙得不亦乐乎。

工作人员引导嘉宾和记者入场到位，一些观者围站四周，更多的人被路障拦在半岛外面。面向洱海的地方隔离出一块空地，设立祭坛。祭坛为几张雕花红色案桌一字摆开，上置两个盛饰的神龛，供奉海神本主雕像。两边两片白帆做背景，插两排一人多高的香烛。沿岸高竖若干写有“国泰民安、五谷丰登”字样的彩色升斗。高音喇叭播放流行音乐和白族大本曲。说普通话的主持人在朗诵一篇辞藻华丽的文章。热气球上有电视台的摄像机俯拍大场面。不同年龄和性别的群众表演者身穿各式颜色格调大致统一的民族服装，按指挥列队分站不同位置。主持人介绍主要来宾，领导讲话并宣布开海节祭海仪式正式开始。击鼓、鸣号三声，鞭炮骤响，礼炮礼花形成的彩云烟柱直冲云霄。一位穿长衫马褂的披发老者面对洱海，用仿古的语言诵读祭文，迎接海神，主祭开光、敬茶、敬香、敬酒、敬天、敬地、敬海等仪式。上百名身着蓝靛扎染的白族老斋奶和红衣白裤的姑娘，在吹打乐和诵经声中，分别列队上香，将鸡、鱼、乳扇等祭品献上祭台。祭台两边数百名斋奶敲着木鱼齐声诵经，祈祷风调雨顺、鱼虾满仓。老者宣读完祭文，将祭文焚烧，向上天祈福，然后高呼“接本主巡海”。穿扎染坎肩的白族小伙子将祭台上方的本主塑像抬到海边登上船，姑娘们手持莲花灯护送，送本主船出海巡游，并向海里摆放五百只莲花灯。各村代表队表演洱海渔歌、对歌、大本曲和舞龙舞狮。营造龙腾虎跃、歌舞升平的盛世意象。仪式结束，大家一起到水边放生。嘉宾和记者被引导从水路和陆路，去参观乳扇加工、造船、白族刺绣等特色作坊，品尝汇聚大理所有烹鱼方式的“鱼全席”及地方名特饮食。

观礼嘉宾一走，政府组织的开海仪式即告结束。除了几位形象很酷的表演者还被摄影发烧友围着摆拍，其他参加仪式的群众均已散去。路障打开，四乡八村的乡亲们纷纷涌入红山半岛，民间祭祀海神的活动悄然继续。在景帝祠的大殿和偏殿里，挤满了朝拜的人群，有本地居民，也有外地游客。几位斋奶在殿前指导朝拜者上香跪拜，帮求签者解签，并视其投放的香火钱，为朝拜和求签者诵经或默念祝词。或许是功德箱满了，她们在地上放一个大簸箕，让朝拜者直接把钱扔在里面。还有一些隐秘的祭祀在寺庙的某些角落和乡村里进行。在这类祭祀中，要焚化一些当地称为“马子”的东西，向灵界通达信息。这类“马子”又叫“纸马”“甲马子”等，是一种民间木刻版画作品，雕刻有民间信仰中的神灵、本主等各种形象，举行祭祀本主、开海、祈福消灾等仪式时，就要焚化它们。

第五节　战神祭

在古代民族中，战乱或械斗较为频繁，由此而有战神祭或村社保护神祭。

纳西族的战神叫“戛”，又为胜利神。战神祭一般在征战或械斗前举行。祭场在水边，竖一棵松木“戛”树和一棵塔状“戛吕”。戛树要削掉一块皮，挂两片旗幡，祭时将公鸡宰杀，抹血于树上；戛吕砍出九个塔台，象征九个仇人。祭司割下鸡头，敷上面、油，吊在塔前竹竿上，以示对仇者的惩罚。主祭东巴用鸡骨卜征战吉凶，然后将其挂在正房柱头上。祭完，人们用一块猪油往家里的门窗、柱头和牛马额上抹一抹，表示已将战神请回。丽江纳西族崇拜的“三朵大神”，也是一位善于征战的大神，当地纳西族把他奉为保护神。传说，很久以前，一位牧羊人在玉龙雪山上放羊，羊群中跑进一只白獐，化为白石。放羊人背石回家，开始很轻，后来越来越重。他把石头放下歇气，这一放下就再背不起了，白石重约千斤。人们得知此事，认为是神显灵，就在石头停住的地方盖庙供奉。后来，每当丽江人与外地人争战，就常有一个穿白衣白甲，骑白马，持白矛银刀的将军为丽江人助战，这便是三朵大神。从此，三朵大神成了纳西族的民族保护神，每年定时祭祀，并演化为全民传统节日。

彝族的战神祭礼已融合在传统大节“跳宫节”（又称打宫节、打公节、四月八日大节等）里了，跳宫节在农历四月初八。据彝族巫师毕摩介绍，跳宫节起于隋唐时期，是战争胜利纪念日。关于跳宫节的来源，主要有金竹救祖和纪念战争胜利两种说法。金竹救祖说：古时常有战祸。有一次打了很久胜负不分。足智多谋的头领在金竹林中巧布战阵（一说金竹林救了族人），打败敌人，活捉敌酋。从此后便把金竹作为克敌护身的灵物来崇拜，设节庆祝胜利。两种传说都与古代战争有关。大节活动延续三天：第一天祭祀祖先、驱鬼降魔、审判敌酋（以猪代替）、开刀庆胜等；第二天主要活动有赛马、比武、花杆对打、盛大集体舞等；第三天由领祭的“宫头”清理场地，掩埋铜鼓和木鼓，用木头制作一只鹰，用杆子固定，插于神庙和龙树旁，起护寨驱邪的作用。整个活动，大都以竹为中心，奉为神灵。

除了把民族英雄、白石金竹之类灵物奉为保佑战争胜利的神灵，有的民族，还把其他民族的历史人物奉为自己的战神。比如，白族崇拜的本主，有许多都为其他民族的帝王将相或贤人豪杰。被奉为战神的是关羽，设有武庙，民间亦流传着“武帝”如何派阴兵参战，使人寡的乡兵击退数众的土匪的故事。白族本主除了是本村的守护神外，如果发生了对外战争，他又是率兵迎战、保护本民族安危的战神。所以，一旦发生战争，人们就携带粮米、草鞋之类，连同兵器在本主庙中或本主庙附近烧祭，名为“解课”。意思是本主率领阴兵参战，既保佑本民族参战儿郎的安全，又亲自与敌方保护神战斗，我们应该全力支援①。

一、傈僳族“刀杆节”②

腾冲猴桥的傈僳族“刀杆节”

2009 年 3 月 23 日，农历二月二十七。这一天并不是赶街天，但云南省腾冲县猴桥镇的主要公路两旁异常热闹，甚至一大早就超过了平常的赶街天的喧嚣程度。

猴桥镇原名古永傈僳族乡，2000 年改为猴桥镇③，与距此二十多公里的猴桥国家级口岸相呼应，当地人则仍然沿袭旧称称其为“古永”。镇政府所在地处在滇西高山间的一块坝子中，成为物资、人员流动的集散地，因此也被称为“古永街”。街道两旁的路面被面色黝黑的古永人和缅甸人占据作为铺面，卖衣服、书包、毛巾、袜子、皮带等等生活用品的居多。

在乡镇市场中心的“小十字街”街道旁边，照例停着三十多辆拉客的私人轿车和北斗星牌的微型车，但当天这些车上的挡风玻璃后面没有像以前那样写着“去七标”或者“去苏江水电站”（中缅边境的槟榔江沿线正在蓬勃开发的水电站施工地），而是不约而同地写着“去刀杆场”。每年的农历二、三月的“逢八”，都是古永的傈僳族村落举行刀杆节的时候，节日前后几天都是这样的景象。他们还知道，当天的“去刀杆场”，指的是离街市约 2.5 公里

---

① 赵寅松撰写，选自杨世钰、赵寅松主编，杨政业分卷主编《大理丛书·本主篇》（上卷），云南民族出版社 2004 年版。

② 本田野笔记（节选）由中山大学社会学与人类学学院 2007 级博士研究生熊迅撰写。

③ 本文在介绍机构时采用猴桥镇这一称谓，而除此之外沿用当地人习惯使用的称呼“古永”。

处的花村的节日场地。而花村，就是因水电开发而搬迁到古永汉族聚居区来的傈僳族村寨。不过不管距离多近，都有很多人坐车过去。

关于刀杆节的来历，目前有一种在汉族和傈僳族中都较流行的说法，这种说法因为强调了民族团结和明朝的征南英雄，又强调了傈僳族的独特传统而成为正式的版本和官方的说法。

明朝的时候，滇西边境常常被外国部族侵犯，傈僳族人民顽强抵抗，可是寡不敌众，中国的领土受到了严重威胁。兵部尚书王骥受朝廷派遣，率兵马到云南边境的傈僳族地区搞“联防”，平息叛乱，收复被侵占的土地。他对傈僳族特别爱护，总是为傈僳族着想。为了使边境民富兵强，他派人教傈僳族人民固定耕作、保护森林、饲养牲畜，又让傈僳族青壮年习武练勇，日夜操练兵马。然而，朝廷内的奸臣借机诬陷，说他在边境招兵买马，企图反叛朝廷，皇帝听信谗言，突然把王骥召回京城，并在农历二月初八，用毒药把他害死。傈僳族人民为了纪念和歌颂爱国将领王尚书，每逢这天，都要举行“上刀山，下火海”活动纪念他，以激励后代继承先辈光荣传统、抵御外侮、保卫家园①。

受访者能提供的关于刀杆节的例子，最早是在清代。当时由轮马河头的三姓人家共同举办，“掌堂”者是蔡姓，另外两个是熊姓和余姓。此后由于村落的分化和家族的迁移，不同姓氏分别举行上刀杆的活动。蔡氏搬到背阴寨，熊姓搬到猴桥村，余家则迁到羊肠河村。在民国年间，胆扎的刀杆队就开始到其他寨子里面去表演。1979 年农历二月初八，轮马羊肠河恢复了中断二十多年的刀杆节。正好县文化馆馆员下乡，认为刀杆节表现了极具傈僳族民族特色的歌舞、民俗、宗教等内容，“反映了各民族数百年来保卫边疆的大无畏精神，具有积极意义”②。因此，该馆员回县城后向县政府汇报并得到支持，刀杆节开始在古永一带悄然兴起。1982 年，中央新闻纪录电影制片厂来古永参观并拍摄《傈僳欢歌》。1989 年，古永傈僳族的刀杆表演队伍第一次“走出去”，参加了“云南省首届民族艺术节”。其后又在 1991 年参加“海埂第三届中国艺术节”，1992 年参加海南的“国际椰子节”，1994 年参加杭州的“中

---

① 笔者综合了猴桥镇的宣传材料《崛起的猴桥》，以及当地的汉人和傈僳人的说法而整理。这个版本的传说也散见于各种关于傈僳族刀杆节的学术论文中。中共腾冲县猴桥镇委员会、腾冲县猴桥镇人民政府编《崛起的猴桥》（内部资料），2006 年。

② 腾冲县文化馆，宣传材料，2009 年 4 月 5 日。

华民俗风情艺术节”和武汉的“全国少数民族艺术展”，1995 年更是达到巅峰，参加了“全国第五届少数民族运动会”并获一等奖。

在此之前，由于花费巨大，刀杆节只是在傈僳村寨之间零星地表演。在此之后，则开始有行政村组织大型的刀杆节活动，这个模式一直持续到现在。花村作为傈僳族“社会主义新农村”的标志，再次承担起主办刀杆节的任务。这是花村第三次主办刀杆节，第一次是在 2003 年搬迁前，第二次是在 2005 年搬迁过后。

在刀杆节期间，村民小组成员除了要接待和带领参观外，还要布置整个刀杆场和安排花村村民练习“三弦舞”，将由花村的年轻人在刀杆节上表演。因为花村的傈僳族少有能完整地弹奏和表演三弦的了，为此还请在县城“傈僳族风情园”餐厅的表演者来教三弦舞，舞蹈的带领者则是来到花村上门的怒江的傈僳族。此外，村民小组的成员还要负责安排一户人家来专门接待“外面的人”和“上面的人”①。

最左边的一间活动室地上铺满了海绵垫和被子，已经住满了人。边防部队捐建的“爱民固边办公室”被腾出来作为“香通室”，摆放上刀杆的祭品台和“香通”② 休息的草席。此时，香通们正坐在铺在地上的席子上，做着拜祭的准备。附近傈僳寨的傈僳族，他们用傈僳语在交谈着，两三个汉族的老人偶尔插一句话。活动室一侧的空地上，帮忙生火的傈僳族同胞正支起两口大锅，同时把晚上要用的柴火搬到刀杆场中间的空地上。

随着夜色的临近，来人越来越多，包括周围寨子的汉族，盈江和缅甸一带的傈僳族，县城来的游客。进村路口的车排起了几百米的长队，食店也开始生火做菜，博彩游戏处更是拥挤不堪。而在刀杆场中间，保安们用数百斤木柴点起了篝火，逐渐有人聚集在火堆周围。在人流最少的香通室，香通们

---

① “外面的人”与“上面的人”这两种称谓，是古永的汉族和傈僳族群众对部分人群的特指。外面的人则是多指因各种原因来到古永的非行政体系的外地人，如各种项目工作者、旅游者、生意人等。上面的人意为直接或间接的管理者，多指国家行政干部，他们也被称作“吃国家饭的人”，如乡镇领导、县城来的干部、省城来的领导、军队官兵、警察等。按照这种分类，笔者就属于外面的人。

② 即香僮，这是古永汉族对傈僳族中上刀杆者或者仪式专家的称谓，其来源很可能是在保山地区的汉族中流行的香通戏。在傈汉交流的场合，傈僳族也跟着汉族称上刀杆的人为香通。但在傈僳族内部，则以傈僳语称为“尼扒”，尼扒也是古永傈僳族对仪式专家的统称。

吃完了献祭的食物，仪式已经悄然开始，领头的一个“总领”上身穿红色的衣服，其余的六个香通上着日常的中山装上衣，下着傈僳族的青蓝色短裤，吊筒和鞋都要脱掉。准备两条一米五左右的长红布，一条绑在头上或头戴的帽子上，另一条系在腰上。在总领的带领下，香通们一共杀了十一只大鸡、三头小猪（都在五十斤以下，是那种长不大的本地小香猪，傈僳族的仪式只能用这种猪献祭）。在自发举办的仪式中，猪和鸡是一般由举办仪式的村寨筹钱买的，不过这次是“搞活动”，所有的费用均由村委支出。

香通们依次进入刀杆场，沿着一个四边形的区域（“四门”）拜祭，祈求平安顺利。其标志为四个角打下的木桩，并摆上一个碗，两个酒杯。领头的香通走在最前面，拿一个锣，跟随其后的香通则分别拿锣、铃、钹、两面鼓，沿四门行走三圈。

杀猪杀鸡的时候，香通要为请来的神“领牲”，煮熟之后再“献”①。这两个过程都在“香通室”最里面的一个一米左右高、四米长的台子上进行。猪在河边洗好剖开后，切成十五厘米见方的肉块，在活动室边临时搭建的灶台上加工。拜祭台上还有二十个酒杯、二十个茶杯（每四个为一组）、两枝松枝（祭台两侧各放一枝）、五炷香、两瓶酒。从左到右的神位分别是：七个香通的仪式祖先（“别扒”）；三崇老爷（一说为鸡足神，为白族的本主神；一说为王骥）；火马将军；白马将军；红龙太子；傈僳的天神（“木刮尼”）；山神（“米斯尼”）。猪肉被装到大碗里，连同整只鸡一起放在临时的拜祭台上。木板下面是祭地神“米拉尼”的两面红旗，用大约半米的细树棍，粘上宽约十五厘米，长三十厘米的红纸做成，一根更长的木棍挑着的甲马、一盒子米、一盒子谷子、四个酒杯、一只鸡。祭台的右上角挂着两把猎刀，这种刀在傈僳族男子的日常生活中为必备之物，街市上也有卖。刀旁有五根一人高的、一头装铁尖另一头绑红旗的旗杆。大约九点，保安们在火堆周围开始敲锣打鼓，把烧成木炭的柴火打碎拨开，在地上铺成一块圆形的炭火区即“火海”。锣鼓声和火光吸引了所有人，人群慢慢围过来，使这里暂时成为刀杆场的中心。

香通们一起拜祭完后，总领在每一个要“下火海”的香通头、腰的前后

① “领牲”和“献”是古永傈僳族献祭时的两个重要步骤。领牲即在所献祭的神前面献酒、茶，杀死献牲，以血祭神。献则是在献牲的肉煮熟后，用肉和饭再次献祭。

左右插上五色的“纸马”[①]。据说这是神的坐骑，能让神更快地“上身”。随后，总领让香通依出场的顺序先后饮蒿子水，并用一张点燃的甲马在他们头上挥舞，呼唤神上身。这时候香通即显示出癫狂的状态，开始无序地高高跳起来，口里吹着激烈的口哨，拿起梭镖，飞快地从室内冲进“火海”。香通一边模仿两人打斗一边大声呵斥，同时快速地通过烧红的木炭，并把它们踢起一阵阵火花，直到木炭慢慢熄灭。

“下火海”并不是一个独立的仪式，而是为第二天的“上刀山”做准备。据说，“下火海”可以清洗掉身上肮脏和不好的东西，这样在第二天“上刀山”时才不会割破脚。香通们脱掉鞋子，在未来两天中，他们不能洗脚、穿鞋子，只能光着脚睡在香通室的席子上。在这之前的半个月和举行仪式期间，香通不能过性生活。

“下火海”结束后，要进行上刀杆的“预演”，总领在场地内把一对对大香交叉，斜插在地上，共三十六支大香。三十六也是第二天刀杆上刀的数量。每个香通都要踮起脚尖，走过这十八对香构成的“路”。如果踩到或碰倒了几根，该香通则不能参加次日的刀杆节。这个过程持续了四十多分钟，之后香通也回香通室里面休息，有很少的人在看花村小伙子和姑娘跳傈僳族的三弦舞。观众们看不到惊险刺激的场面，开始陆续离开火海区，“三弦舞”草草收场，“娱乐区”和“饮食区”又开始热闹起来，一直到第二天的清晨。

香通室里面，香通们早早休息了。旁边的棚子里面，还有大约二十个傈僳族人聚在一起喝酒烤火，他们大多是花村人，还有来自灯草坝、黑泥塘和缅甸文莫寨、曼噶山的亲戚们。老人们开始唱起了山歌，讲起了故事。

古永傈僳族聚居的槟榔江一线的高山峡谷中，历史上分布着众多的边境的练卡。一些研究者也意识到，口传中叙述的上刀杆的最早的村落，都是为国家镇守关卡的汉族村落而非纯粹的傈僳族村寨。只是在后来的流变中，类似于军队操练的上刀杆，才成了傈僳族民间传统[②]。

第二天早上十点钟，“娱乐区”和“饮食区”又开始了一天的热闹。外围的

---

① 纸马又叫“甲马”，是云南的民间宗教仪式中常常用到的木刻版画，用墨水套印在纸张上，用于各种拜祭的场合。见于高金龙《简论云南纸马》，《民族艺术研究》1988年第4期。

② 访谈资料：LZ，男，54岁，自由撰稿人，文化程度为大专，曾任腾冲文管所所长，2008年7月15日在LZ家中访谈。

小摊子比昨天又增加了不少。工作人员又来到活动室，布置设备，打开了音响。

刀杆场上已经赫然立着一只硕大的骆驼，旁边的小铺子里面，傣族的摄影师带来了现场打印的机器，有相框的照片四十元一张，拍照的人还不少。猴桥文化站把刀杆场边的橱窗修整一新，贴上了反映花村傈僳族群众幸福生活的照片。澜沧江啤酒公司赶过来搞起了喝啤酒比赛。防艾项目组也派来了专家，准备趁刀杆节安排一次预防艾滋病知识的培训活动。县卫生局开来了车，在一边挂起了横幅，准备搞“防艾有奖知识竞赛”。边防部队的官兵被邀请过来，有的拿着摄像机，也来拍摄“民族传统文化”。猴桥信用社摆了几张桌子，介绍自助提款机的使用方法、真假人民币识别和“绿色金融，汇通城乡”的服务。县电视台也派来了记者，准备拍摄上刀杆的惊险场景和民族团结的和谐景象。不过，拥有相机或摄影机的来人都会被告诫，不要试图拍摄娱乐区内的景象，大多数的“上面的人”也会主动回避开娱乐区，而把视线集中于“仪式区”的上刀杆或者“表演区”的歌舞表演。

对于观看者来说，刀杆节是一个节日，其作用在于提供一个跨越村落的交往场合，能结识到更多的傈僳族同胞，结下更丰富的人际关系。虽然目前刀杆节的节庆活动像是在一个表层的，在国家或地方这一构想中的舞台上表演的剧目，但它也构筑了一个融于古永傈僳族节日交流的场景，其功能还是强化了古永傈僳族的亲属和朋友的关系网络在跨村落区域社会内的结合。笔者亲临的这几次刀杆节，并没有仪式性的跳嘎活动，也没有专门的吟唱方式。偶尔有“串亲戚”的人们用对歌的方式唱情歌，或者唱平时娱乐用的“串亲调”①。

串亲调往往在比较重要的聚会和节日中演唱，也经常被插入到其他的调子中，作为基础的过程铺垫。演唱者分为“串亲人”和“盼亲人”两个角色。串亲人述说种种艰辛与危险：饥饿、疲劳，各种动物的阻拦，比如水鸟、果鸟、栗树鸟、椎栗鸟、松鹦鹉、冷松鸟、松子鸟、松子雀、环颈鸟、蜂虎鸟、水老鼠、松鼠、野猪、老熊等。还有各种“桥”的危险和不结实。每当这时，串亲人心里就会出现波折，想转头回去。而盼亲人则一一解决这些问题，并用热情的召唤来为串亲人打气，鼓励他们继续往前走。他们用弓弩和长刀赶跑动物，或把动物杀死下酒；为了让串亲人能够踩上结实的桥，他们

① 云南省民间文学集成办公室、保山地区民间文学集成小组编《傈僳族风俗歌集成》，云南民族出版社 1988 年版。

尝试着用各种植物搭不同的桥。其材料基本上涉及傈僳族生活中的各种重要植物，如山胡椒、槟榔、木莲、樱桃树、果松等。一共要面临十二种不同的挑战，搭十二座不同的桥。连同前面的各种动物的介绍，串亲调勾勒了傈僳族生长的基本自然环境，包含了丰富的生活经验和地方性知识。

在最后的段落，串亲调解释了串亲的原因：由于老一辈的人爱串亲戚，他们结下的亲戚和朋友的关系，让后代不知疲倦地走在串亲的路上。一个象征性的“桥”成为摆脱来自于陌生人的阻挠的工具，上一辈结下的联系成为最后和最关键的纽带：

我们来到包头桥，我们走到手镯桥。

被你哥哥拿了去，被你嫂嫂拿走去。

……

不知你是爹的亲戚，不知你是娘的亲戚。

我们另外搭座桥，我们别处搭座桥。

到太阳出的地方去找，到月亮出的地方去找。

找着爸爸当年走的金桥，找着妈妈当年架的银桥。

除了自然环境造成的阻拦外，最后的障碍来自于不认识的人，而上一辈留下的人际关系网络则成为解决这个问题的关键。“金桥”和“银桥”分别指父方和母方的关系网络，它使人们走到一起，将区域人群连接为一个整体。当然，关系网络也濡化了古永傈僳族的群体意识和认同：“叫着搭桥朋友的名，喊着搭桥亲戚的名。我约十二个朋友，我约十三个伙伴，像乌鸦般的走来，像松鸡般的走来。架不好的桥没有，搭不好的桥不在。”

香通们吃完早饭，和保安们一起，开始在刀杆上装刀。所谓的刀杆，是四截约十米的钢管，每两截钢管一对，中间每隔一尺半就用螺栓固定好一把刀，一共三十六把。刀身和钢管的接头处夹上“甲马”。据说甲马能起到驱赶鬼神的作用，在刀杆放下来后，甲马被观众抢回去以保平安，并被认为可以治疗婴儿晚上啼哭和大人的失眠。钢管顶端装一个可容纳两人站立的较长的平台，插上甲马和十二面彩旗。所有的装配完成后，用钢索和木制的吊桩把钢管竖起来，再用钢索将刀杆的顶端拉到木桩上固定好。随着锣鼓敲响，上刀杆方形区已经被人群围得水泄不通。

除了昨天摆下的祭品，“四门土地”处还各拴了一只鸡。在已经竖起来的刀杆脚则摆上一张桌子，上面放着三炷香、三个茶杯、三个酒杯，这是对

“米拉尼”（负责上刀杆方形区域的“中桩土地”或“中桩皇帝”）的献祭。大约在下午一点钟，香通在香通室拜祭完别扒、三崇神、米拉尼，并在刀杆处拜祭完中桩和四门之后，上刀杆的活动正式开始。香通和昨天“下火海”的装束一样，只是脚上因踩炭火而变得焦黑。他们手打锣或鼓在场内依次按顺时针方向走三圈，再按逆时针方向走三圈，随后到桌子前拜中桩土地。之后，领头香通先上刀杆，他嘴里吹着口哨，用口水在手上和脚上各涂一下，慢慢地踩着刀口往上爬，而其他四个香通则模拟手持兵器状，两两对打。领头香通到达刀杆顶端以后，要在那里停留，由另一个香通把带铁尖的红旗带上去。再在刀杆顶端向四个方向参拜，接着把红旗扔下来，插在四个方位。如果没插上，则继续这一过程。与以前不同的是，当天第一个香通上去后，即在顶端放下一条写有“弘扬民族文化，共创健康生活”的红布标语。整个过程，香通表情严肃而动作夸张，直到所有的香通都从刀杆上下来，站在桌子上展示没有受伤的脚底。随后，香通们回到香通室答谢神灵，二十多分钟后，上刀杆的活动就结束了。

很快，刀杆场的表演区又开始了另外的活动：小学生的健美操舞蹈、老年人协会的扇子舞、防艾项目组表演的旨在教育的小品等。节目如下：舞蹈有《傈僳族三弦舞》《小螺号》《月光下的凤尾竹》《让我们荡起双桨》《奔奔》《感恩的心》《采蘑菇的小姑娘》《草原之歌》《好日子》《读书郎》《校园集体舞》《我依恋的是水果娃娃》《我家在中国》，小品有《看医生》《家教》《警察与小偷》《还我生命的空间》，还有儿童时装秀、朗诵等。其中，老年协会的表演凸显了民族团结的主题，汉族和傈僳族一起，采用了傈僳族跳嘎的舞步，用汉语唱起了《古永是个好地方》等。在此过程中，傈僳族老人大多没有开口，而是由舞步有些凌乱的汉族演绎描述傈僳族的山歌。

表演过后，第一天的上刀杆就此结束。此后两天，还有同样的上刀杆表演。表演节目的小学生要回学校卸妆，外来者在好奇过后继续娱乐或回去县城，项目工作者拍完照片也要赶回宾馆，摄影者和游客被告知后面两天没有新鲜的内容可以观看，他们都纷纷离开。一时间，村口道路在马达轰鸣、尘土飞扬后渐渐安静下来。当然，娱乐区还是人来人往，车流不绝，保安们被集中起来开会，被要求继续严密地巡视，务必保证不出乱子。据笔者观察，第一天是上刀杆仪式的观众最多的一天，大约有五百人，第二天的观众不到二十人，其中多数是傈僳族打扮的老年人和村民。而保安队估算，第一天在娱乐区来玩的不下四千人。其后的两天，人数也不相上下。

此后的两天时间，除了每天中午的短暂的上刀杆外，花村刀杆场多数的时间都是在娱乐区和饮食区的喧哗中度过。第二天晚上七点半的暮色之中，花村的傈僳族小伙子、姑娘和小孩们又到活动室前的表演区，由于没有观众，这次的跳三弦变得轻松和随意。两个小伙子拿出了三弦边跳边唱，练习风情园老师教跳的新舞步。这样的气氛很快吸引了花村的老人们，跳三弦的圈子越来越大。不久，人群移到仪式区，跳三弦的圈子在那里再一次扩大，三弦舞变成了跳嘎，香通们和来串亲戚的傈僳族都参与其中，围着点起来的火堆，一边跟着领头的吟唱，一边牵着手缓慢移动。有人抬了几件啤酒、两件白酒，向跳嘎的人们挨个递上酒碗。吟诵的歌声和跳嘎一直持续到凌晨。

第三天中午，香通们最后一次登上本次刀杆节的刀杆，此时围观的观众已经没有了，村口的卡子被撤掉，娱乐区的棚子最先撤离，饮食区也慢慢撤去，现场一片混乱，卡车装着经营者的家当快速离开，只留下棚子的骨架。香通们从刀杆上下来后，先拜谢中桩土地，随后回到室内感谢自己的别扒。总领再次拿出蒿子水碗给香通喝，香通喝完即身体一软，向后倒在帮忙扶住的人的身上，意味着刀杆的神已经离开，他们的身体如梦初醒般回到正常状态。之后香通再次走出屋子，刀杆下聚集了十多个抱着孩子的傈僳族群众，这些孩子被抱起来，通过刀杆架上的空格，由香通接过去。此举是为了保佑孩子身体的洁净，且能享受由刀杆带来的幸运。年轻人再一次跳起了三弦舞，经过前面两天的表演，他们的舞步和配合都好了很多。

下午四点，一辆大吊车开进了刀杆场，不到半小时，刀杆架被放倒，四个拉着的钢索也被收起来。现场的几个人很快地扯下刀杆架上的甲马带回家去，据说刀杆上的甲马能带来好运。香通们依次拜谢四门土地，并把没用完的用品逐一烧掉。刀杆节至此正式结束，刀杆场内已经一片狼藉，只剩下最后几个没走的小摊主慢慢地收拾着物品。

第四天一早，香通们在家里的家堂前跪下，用一只鸡感谢自己的别扒在仪式上的帮助，并期待在以后的仪式中能得到他们的保佑。除了这一只鸡，刀杆节组织者对香通还有额外的酬劳，一般是每人每天两百元。花村的香通们经常应邀去其他村寨或者缅甸表演上刀杆，酬劳是一天两百至四百元。前段时间还有人通过古永的汉族请他们到外地去表演，不过老人们觉得酬金并不高，那个汉族又不是真正的亲戚，关键是并非政府的安排，他们感觉不太放心，因此婉言谢绝了邀请者。

村子里现在已经完全安静下来，花村村民们已经收拾好自己家的床铺，最后一批亲戚们吃完早饭，陆续骑着摩托车回家去了。刀杆场上只留下一地的包装袋和垃圾。

跨境展示的中国刀杆节节庆活动

笔者选取了一次在缅甸甘拜地开发区文莫寨的刀杆节来作为例子——正是由于地处外国，这一仪式更加体现出中国的特色。另外，由于文莫寨也是傈僳族聚居区，较少受到国内流行的少数民族风情展示思路的影响。

比起花村刀杆节，文莫刀杆节稍微倾向完整的仪式空间布置和仪式过程。这次刀杆节的总领很有优越感地告诉笔者："我们这个搞的才是正宗的刀杆节，哪样（神灵）哪样都要拜到。我们还敢吃烧红的铁链子，不像他们搞的（刀杆节），都不按规矩整，跳火海轻轻地下了就完了。"

2009 年 5 月 1 日是农历四月初七，灯草坝的尼扒们登上一辆解放牌大卡车，车上绑着钢管做的刀杆架，车厢里面还有未来几天需要宰杀的猪和鸡，炊具和酒、帐篷等。笔者和灯草坝的十多个年轻人各自在车厢里找到落脚的位置，站在车上。车摇摇晃晃地开出灯草坝，很快上了黑泥塘的腾密路。这次的行程是到缅甸的文莫寨，去表演上刀山下火海。

卡车在黑泥塘路口停下，再加上数张桌子、凳子、床垫、帐篷用品后，就沿着腾密路，出四号界桩的关卡，进缅甸检查站停车检查。此时的检查站墙上还贴着一张花村刀杆节的宣传单。过了检查站，就进入甘拜地境内，抬头可以看见公路上方竖着中缅文的"缅甸甘拜地旅游经济开发区"大红横幅，再向前三十多公里，就到达文莫寨了。

刀杆队来到文莫寨，轻车熟路地选择了一块靠着溪流的山腰平地，靠近公路。这一带的路边热闹繁杂，也是尼扒和参加刀杆节的人们经常闲逛和熟人相遇的地方。

刀杆节仪式活动的主要参与者：总领，六十岁，是灯草坝一带知名的尼扒。尼扒，名为何住明，他自称汉族，五十岁后来灯草坝上门的。协助的尼扒，最年轻的二十八岁，傈僳族，是最近两年才开始跟着刀杆队表演的。其他的表演者多在五十岁上下。除了上刀杆的尼扒外，还约了十多个灯草坝的年轻人，届时要跳三弦舞和唱歌。刀杆队自带灶具和食料，专门请了两个灯草坝的女性来做饭。在空闲的时候，年轻人也经常来帮忙做饭。

刀杆场的空间分布与具体设置（参见图 3－1）。

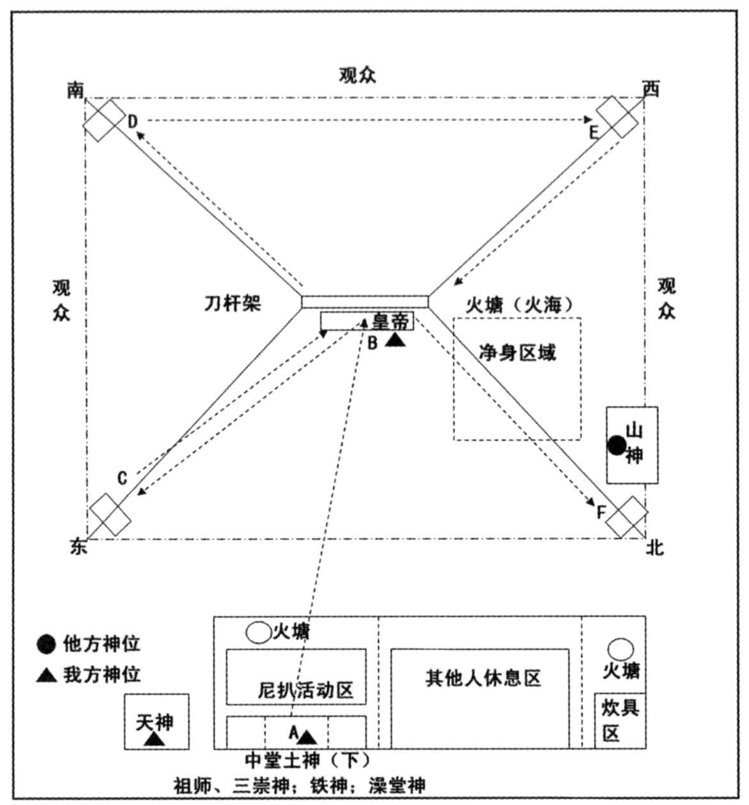

图 3－1　刀杆场空间分布和拜祭路线示意图

刀杆场位于山腰的一小块平地上，一条小溪沿场地左边线，从图下方流向上方，因此图下方更靠近山脚。整个区域被分成两个主要的功能区：图上方的刀杆区和观看区，图下方的拜祭区和休息区，搭有临时的帐篷。其中尼扒主要在供有神位的这一边活动，睡觉也在这一边打地铺。人们认为这样安排，神灵上身的尼扒才能得到其别扒的保护。

山神（“米斯尼”）是刀杆举办地点的管理者，被认为是“管山的官”，他控制着这一片地区，上刀杆的人需要请他下来保护这个场地不受侵犯和威胁。所谓的威胁是指来历不明的鬼魂，比如山里的鬼。一名受访者说，山神的神位“就像村公所一样”，是地域性的他方神，因此“到他的地盘上就要交税”[①]。他比土地神要低一极，相当于土地神的将军，帮助土地神保护这一带

① 访谈资料：DZG，男，60 岁。2009 年 4 月 30 日，缅甸文莫寨刀杆场。

的平安。拜山神要十张五色纸、一对鸡，不用甲马。

天神和中堂土神是“一正一副”，但天神是请的时候才下来，平常不下来。土神就是棚子里面的总管，棚子里的大小事情就是土神来管的。拜天神要一对鸡、六个酒碗、六对纸火。土神要用茶和酒、鸡、猪、甲马。

在棚子内，除了地面上的中堂土神以外，还有搭在木板制成的台面上的三个神位，中间是鲁班大铁神，他是这三个神中最大的。鲁班是所有匠人的祖师，匠人家里也都有供鲁班大铁神的位置。面对台面的左边，是澡堂神；右边是别扒（祖师）和三崇神，也叫三朝神，也就是王尚书，他相当于请来的客人。一般人家里都不拜，上刀杆的时候才拜。

中桩皇帝①是整个刀杆场表演区最大的神。窦占贵解释道：“所有的事都围绕他来转。”神位需要供两碗茶、两碗酒、甲马。在上刀杆结束前要拴一只鸡。四门（四方）就相当于皇帝派出来的将军，是来保护刀杆的。他们的外面就是未知力量控制的“外土”了。所以四门也是献祭外土，请它们过来保护的。

在第一个尼扒上刀杆后，要把插在刀杆上的五面红旗扔下来，这五面旗也是代表中桩皇帝和四门，如果哪边的旗子没有插稳，就说明其所代表的那一边不平安。中桩皇帝和四门处都要放上刀头肉供奉。

在上刀杆的整个过程中，拜祭神灵是非常重要的程序。堂拜（棚子里面的神）—中拜（皇帝）—四门（四方）—堂拜为一个完整的过程。一天要拜祭三次，早上起来后、上刀杆之前、睡前分别拜祭一次。

四月初七晚上杀鸡、猪，分别献“米拉尼”和“木刮尼”。需要献祭的还有一系列的地方神灵：管辖村寨庙房区域的“庙房（嘎自）什扒”“庙房什妈”；管辖整个古永区域的“硝塘（字渡）什扒”“硝塘什妈”“冷硝（字架）什扒”“冷硝什妈”；属于米斯尼的“岩石（卦借）什扒”“岩石什妈”；管辖槟榔江沿线的“黑岩（厄哒）什扒”“黑岩什妈”。附近有澡堂（温泉）的，还要献祭属于米斯尼的“澡堂（咧渡）什扒”“澡堂什妈”。除此之外，

---

① “皇帝”是很明确的国家力量的象征，在刀杆仪式中的王尚书、大将军等也都是国家力量的象征。通过这些国家象征元素，可以从某种程度上确立其行为的正统性。“通过在仪式中植入国家符号，民间力量可以实现对国家权力在某种意义上的征用，使之成为整合族群内外部关系的力量。”参见吕俊彪《民间仪式与国家权力的征用——以海村哈节仪式为例》，《广西民族学院学报》（哲学社会科学版）2005 年第 9 期。

还有“铁匠（霍尼）什扒”“铁匠什妈”“三朝百祖”“三朝老爷”“火龙太子”“红马将军”“白马将军”“三十六把金剑银剑”“三十六把金刀银刀”（据说是铁匠打下来的）。这些神的称谓都是用汉语念出来的。

每个尼扒都会请自己的别扒，要杀一只鸡。一开始是领牲，保护尼扒不要出事，不要出洋相，手脚不要被刀割到，不要在半路上掉下来。另外还要念诵：“不是我们尼扒厉害，而是你们别扒有能力。希望得到好好的保护，整个过程清清秀秀的。”再一次强调别扒的重要作用。

领牲过后还要献牲。大致的意思如下：刚才只是领牲，刚才还只有酒和茶，现在饭也熟了，肉也香了，你们快来吃，你们快来享用。再次请求别扒保佑次日上刀杆不出意外。

“下火海”之前要烧甲马、纸火。请各种什扒下来保护、保佑，特别是米斯尼，不要让人被烫着，不要让脚起泡。之后要请上刀杆的神下来。每个人都被不同的神上身，铁神将军也被请下来，但不需要上身。

总领把蒿子水浇在每个“下火海”的参与者的头上，叫米拉尼来帮着照顾这些人，不要让他们出问题。其中，火龙太子很厉害，他上身后最先出场。据说神灵上身会影响尼扒的身体健康状况，越厉害的神上身，危害越大。据说如果是年轻的尼扒被火龙太子上身，他们通常都活不过三十六岁。

因此，年轻尼扒需要把火龙太子“换”给年老的尼扒，因为火龙太子上身对后者影响不大。哪个神上哪个尼扒的身，是在过年的时候知道的。新年的夜晚要喝酒唱歌，这时就有尼扒跳起来，进入一种癫狂的状态，这时就是尼扒要准备收“徒弟”[①] 了。尼扒“收徒”的时候会在火塘边上，在“徒弟”头上架四把尖刀，一把尖刀顶住喉咙，让“徒弟”发誓：“以后要是做好事，治病救人呢就发财发旺，要是不做好事，反而有不好的心肠，自己或者帮着别人害人，那就有不好的事降到身上，得怪病治不好，死也不能正常死。”发完誓，尼扒就会告知徒弟谁是上他身的神，以后就是这个徒弟来接替该尼扒

① 大多数的尼扒否认自己曾有师傅，或有学习的经历，而把仪式技术和治疗能力归结为天赋神授。但也有不少尼扒私下告诉笔者，某某尼扒相当于是自己的“徒弟”，因为经常带他们出去做仪式。笔者认为，只承认自己有徒弟而不承认自己有师傅的现象，是因为其仪式系统过于强调神授能力的力量，而拒绝正式的师徒关系。就笔者的观察，不少年轻的尼扒正是通过不断与成熟尼扒一起参与仪式而得到锻炼的。因此，没有正式的师徒关系并不意味着没有学习的机会和场合。此处的“徒弟”，实际上指的是年老尼扒为自己选的“接班人”。

了。接替者也不会告诉其他人，但在刀杆节前夜总领叫到该神的名字的时候就会有反应。

之后的“跳火海”、“洗火澡”、插香，也叫“开香炉”。其目的是测试尼扒的状态，如果碰倒的香多，则表示第二天不能上刀杆。一位老尼扒很想参加第二天的上刀杆活动，但在开香炉时碰掉了几支香后，第二天还是没敢上刀杆。下完“火海”，尼扒们回到“活动室”，总领为每个人喷蒿子水，让这些人“醒过来”。再烧纸火，感谢帮忙的各位神灵。

上刀杆的尼扒不吃牛肉、黄鳝、狗肉、羊肉。

在刀杆节的传播方面，也留下了汉族与傈僳族交往的痕迹。参加上刀杆的尼扒都认为，早些时候是汉族村寨上刀杆，比如苏江、明光麻栗坝、界头大塘，这些地方都是“守卫国家，保家卫国”的隘口所在地。后来有熊姓和余姓的轮马傈僳族去苏江，学成之后又传至羊肠河。20世纪50年代前，灯草坝这边的傈僳族上刀杆只上了两三代，以前只有两个人会上，现在青年也开始学习，加起来已经有四代人了。

多数受访者认为，某地上刀杆的人是“封出来的”，甲马“飞到哪个地方，哪个地方就开始出上刀杆的人了”。有的时候是甲马飞到地上，小孩子捡回去自己村子，那这一带从此就有了上刀杆的人。像这一次的文莫寨，虽然风也大雨也大，但是就没有一张甲马掉下来。所以，文莫这个地方至少明年还是不会出能上刀杆的人[①]。

傈僳族广泛使用的弓弩也被认为是诸葛亮发明的。尼扒窦占贵说：“凡是有毒的武器都是孔明先生想出来的。他带兵到过天外地外，出去的时候一个只有一把刀，武器是边走边造，看当地有什么就造什么。比如说扣子、射弩、锚子、炸坑、跌坑等等。出去的时候带了一万五千兵，没有对手才回来。箭和弓弩就是诸葛亮给傈僳族的。”

刀杆节上的鸡骨卦，被视为一种观察、对比力量的方式。

---

① 访谈资料：DZG，HZM，均为尼扒，2009年5月2日，缅甸文莫寨刀杆场。

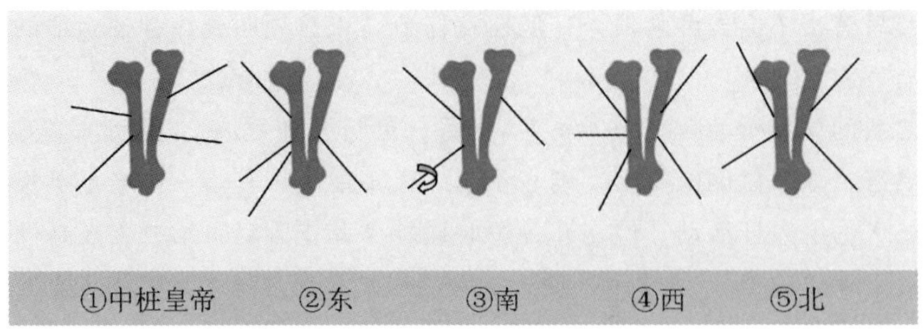

图 3－2　四月初九的鸡骨卦

在拜祭后，取鸡的左右腿与身体连接处的小骨组成一对，以竹筷削尖插入骨头底部并使两个骨头靠在一起。仔细观察骨头两侧的细小眼孔，用比头发丝略粗的细竹丝按照眼孔的角度轻轻插入。一般来说，每根骨头两侧都有一至三个小眼，因此可以插入对等数量的竹丝。通过对比两侧的竹丝的位置和角度，就可以判断处于所拜祭神位或者方位的卦象。单独的一根骨头的竹丝不说明问题，尼扒必须通过观察一堆骨头上竹丝的情况对比来判断。左侧的骨头代表“他们”（往往是刀杆所在地的人）；右侧的骨头代表“我们”；上部的竹丝代表“手”；下部的竹丝代表“脚”；如果有中间的竹丝，则代表“手上所夹持的物件”或者“脚”。

在例子①，中桩皇帝的卦位中，对方“手低脚低”，代表做事稳重，对比起来，我方手太高，说明做事情不稳当，做得不对。而脚的位置和对方正好处在同一条直线上，说明在某些方面对方和我方有所冲撞或冲突。但也表示对方可能在财产方面给我们一些机会，冲突既是危险又是机会。不管怎样，这个卦不是平稳的卦象，而有一些风险。

在例子②中，基本的卦象显示为“三清”，因此总体上来讲是比较好的。但在他们的一侧，中间多出了一只手，因此我们要提防来自东边的和他们冲撞的地方。

在例子③中，左下方的竹丝向背面翻转了约 30 度，这个卦是“罪人”，从背后来捣乱的意思，是不好的卦象。这次我们要小心，不能出了漏子。

在例子④中，他们的脚多一只，我们的脚和手都是稳当的。也有可能是送财的意思，但这个卦也不是很好，不很喜欢。中间多出来的形状是直戳戳的过来，表示运用权力或者是贸易方面的问题。

在例子⑤中，他们的手太高，脚也飘起来，说明他们实力太弱。我们脚低手低，说明做事稳当，这个方位说明没有什么问题。

二、壮族“霜降节”①

每年阳历 10 月 24 日，位于西南边陲的崇左市大新县下雷镇人头攒动，热闹极了：白天，宾客们摩肩接踵，叫卖声此起彼伏；晚上，山歌壮戏好不热闹，家家户户大门敞开，用诱人的粽子清香迎接四方来客，怀念保家卫国的英雄。这就是壮族人庆祝丰收、祭祀英雄的霜降节。

大新县下雷镇被认为是霜降节的源起之地。下雷镇有“边陲重镇”的美誉，清《镇安府志》之卷八《艺文志》记载有“边陲重镇此当关，戎索承平未可宽。却望交夷烟塞近，敢弛西向缮泥丸”，说的就是下雷镇地理位置的重要性。

霜降节的来源与下雷土司的传说有关。相传第十四世土司许文英，他的妻子岑玉音是湖润土司的女儿，他们曾经一同骑牛到闽越沿海抗倭（一说抗安南）。因为岑玉音是骑着牛去打仗的，所以被称为“乜娅莫”，“乜娅”是壮语里对老年妇女的称呼，“莫”即黄牛。岑玉音抗侵略凯旋之日正值霜降，为了纪念许文英及岑玉音，下雷人民建起玉音庙（娅莫庙），逢霜降日，民众扛着玉音的画像举行游神活动，节庆活动距今已经有三百多年的历史了。

壮族霜降节还与稻作族群的节期规律有关，是人们庆祝丰收的节日。每年霜降节气，壮语里叫“旦那”（晚稻收割结束）之后过霜降节。我国古代将霜降节分为三候：“一候豺乃祭兽，二候草木黄落，三候蛰虫咸俯。”到了霜降节前一天，庄稼已经丰收，各家各户都包好“迎霜粽”，节日期间燃烛焚香，祭拜祖先，以此结束一年的田间劳作，迎接冬天的来临。

明代，壮族霜降节融入了纪念民族女英雄瓦氏夫人的内容。关于许文英夫妇抗倭的传说，在史书中并无记载，可能是抗倭英雄瓦氏夫人故事嫁接的结果。说起瓦氏夫人，就不得不让人用“巾帼英雄”四个字来形容她。明嘉靖年间，倭寇屡屡进犯江南地区，更出兵东南沿海地区，但此时明朝廷的军队却素质低下，战斗力很弱，根本不是倭寇的对手。国家面临危难困境，身为广西田州指挥同知岑猛的妻子，瓦氏夫人主动请缨以五十八岁高龄率兵抗击倭寇，堪称中国历史上第一位民族女英雄。时至今日，左右江一带还流传着有关瓦氏夫人的英雄事迹和动人传说。霜降节也颂扬了瓦氏夫人率领将士打击倭寇的英雄事迹，传授民族历史知识，宣扬保卫家园、追求平安的民族

① 本田野笔记由中山大学中文系博士生甘政撰写。

精神。

清代，壮族霜降节进入鼎盛时期，不但百姓祭祀，州官也常身着官服率众顶礼拜祭，物资交流也更趋繁荣。壮族霜降节前，老人们便开始忙着准备物品，以便在霜降节时摆摊出售。后来，各地商客也赶来销售商品，甚至还有越南客商远道而来。此外还有山歌对唱（以歌传史、以歌交友、以歌传情）、戏剧演出、走亲访友等内容。

改革开放后，壮族霜降节除传统内容外，还增加了祈福长寿以及篮球、拔河比赛等活动。霜降节期间，劳作了一年的人们用新糯米做成“糍那”“迎霜粽”，招待亲朋好友，同时也趁农闲的机会交朋结友、走亲串戚、对歌看戏，并买卖农产品和生产生活用具，为第二年的春耕做准备，从而渐渐形成有地方特色的节庆文化。

下雷霜降节举办时间一般在每年阳历10月24日前后的霜降期间，节日持续三天，分为初降、正降与收降，节日气氛极浓。节庆内容包括祭英雄、赶圩、对歌、唱壮剧等。随着社会的发展和经济文化的繁荣，节日内容不断推陈出新，加入了拔河赛、球类比赛、文艺晚会等，节庆实际持续一周左右。

初降日在10月23日。依照传统，初降这一天主要是敬牛，村民们会让牛好好地休息一整天。一大早，人们就开始忙碌，做粽子、舂糍粑、杀鸡宰鸭，准备款待来自四面八方的亲戚朋友。大新县周边的天等、靖西、德保等县的群众也纷纷来到下雷参加节庆活动。街上，客商们更是早早地摆开摊位，从生产用具到生活用品，各类商品应有尽有。

正降日10月24日这一天，上午举行敬神活动。人们拿着糍粑、猪肉、香烛等祭品到娅莫庙祭拜，众人队列整齐，依照次序向瓦氏夫人的神像进香祭拜。进香迎神之后开始进行游神活动。青年男子都打扮成士兵的样子，高举红色、绿色、黄色的牙旗，牙旗上有“岑”或“瓦”字，众人敲锣打鼓，以舞狮在前开道，领头的两名青年把女英雄娅莫的画像抬出来巡游，娅莫画像以玉音夫人骑牛作战的形象为主，并伴有“巾帼英雄”“报国立功”等字样，展现出玉音夫人在战场上所向披靡的飒爽英姿和下雷人民对民族英雄的崇敬之情。娅莫像要挨家挨户地巡游，巡到哪家，哪家就要放鞭炮迎接英雄的到来。游神活动结束后，人们纷纷去逛“霜降圩”。

相传，在霜降节时购买的东西既耐用又吉祥，因此，人们过去会省下一年的钱，到了霜降节才买新东西，图个吉利。小孩子就更盼望过霜降节啦，因为到了霜降节就有新衣服穿了。沿袭下来的风俗习惯，使得人们特别乐意在霜降节期间购买生产用具和生活用品等。这些都使得霜降节与生俱来具有浓重的商业性，经过三百多年的发展演变，就形成了远近闻名的霜降圩。

正降日晚上，进入丰富多彩的文体活动时间。人们搭起舞台，开演土戏（壮戏）。年轻人则三三两两地对起山歌，对歌活动一直持续到第二天的尾降，形成规模宏大的霜降歌圩。节庆活动中最值一提的是壮族“板鞋舞”，相传明代嘉靖年间，壮族女英雄瓦氏夫人率兵赴浙江抗击倭寇时，用三人缚腿赛跑的方法训练士兵，使得军纪严明、同心协力，后来便演变成板鞋舞这种有趣的运动了。体育比赛也是霜降节的重头戏，历年都有篮球赛、拔河赛、棋牌赛等。霜降节更是文化展演的大舞台。节庆也为青年男女交际提供了一个场所，年轻人可以山歌会友。

第六节　匠神祭

职业的手工业者，民间称“匠”。在西部各民族中，有许多擅长竹、木、金属工艺、陶器制作的能工巧匠，染织编绣能手。藤竹器有毛南族斗笠、傣族竹编制品等，木器有白族云木家具、傣族彩绘木雕等，石器、陶器有藏族绿松石饰品、白族大理石工艺品、维吾尔族玉器、傣族陶器等，金属工艺品有保安刀、阿昌刀、藏族刀、乌铜走银制品、个旧锡器、云南斑铜制品等，染织挑绣有维吾尔族丝绸、新疆地毯、藏族氆氇、珞巴族熊皮帽、彝族挑花、苗族刺绣和蜡染、白族扎染、土家锦、壮锦、傣锦等，其他如白族羽毛画、牙雕等，都很有名，正所谓行行有巧匠、行行显奇工。于是，在民间各行业的传统节祭活动中，各种工匠神便应运而生，各种类型的专业性集会也由此而来，如纳西族农历正月十五的弥老会（棒棒会）、正月二十的白沙农县会等。

洱源炼铁田心村的本主庙建在一块陡峭奇险的大青岩前，封号是“本境福主青岩景帝”。他还是一位受祀的剑川木匠呢[①]。

相传很久以前，有一位叫许青景的剑川木匠到田心做手艺，由于艺精人

① 洱源本主的内容由赵寅松撰写，选自杨世钰、赵寅松主编，杨政业分卷主编《大理丛书·本主篇》（上卷），云南民族出版社2004年版。

好，活路很多。有一年夏天，突然山洪暴发，眼看洪水来势越来越猛，村寨难保。许木匠和村里年轻人奔到村东北，企图堵住洪水；改变流向，保护村寨。皆因水势太猛，搬石阻水无济于事。许木匠急中生智，抡起大斧就去砍一棵千年古香樟树，在几个壮汉的协助下，香樟树恰好拦断洪水，村寨人畜得救了。许木匠却因树倒下时带动背后青岩上的一块巨石而被砸身亡。事后，全村老幼悲痛万分，为纪念许木匠舍己救人的精神，人们在青岩下为他建盖庙宇，用香樟木雕像，奉他为本境福主，封号“青岩景帝”，四时享祭。

还有各种各样的行业神。洱源乔后有几个本主神，白语叫“瓜解塔”，其中有“白胡山尖”“金角娘娘”“羊巴场金身”“龙竹脊金身”。据说金角娘娘生前是一位牧羊的白族姑娘，家住乔后上集村。她经常在黑潓江边牧羊，这里水草肥美，是牧羊的好地方。只是每天往返要爬一堵陡崖，羊群可以爬崖抄近路回家，姑娘却要绕路回家，羊只经常丢失，父母不时责骂。姑娘暗下决心，要在陡崖下开出一条道路，方便来往行人。姑娘忍饥挨饿地干了九九八十一天，陡崖只挖去了一个小角。后来姑娘梦中在一位好心老人的帮助下，凭一副金骨铁足，终于在陡崖下开出一个石洞直通村里，但姑娘自己也耗尽心力，她脸上带着满意的微笑，安详而又惬意地倒在山洞前。黑潓江边的人为了纪念姑娘为人们开路而献身，将她奉为本主，盖庙祭祀，称为“金骨姑娘”，并用香木雕了她的偶像，久而久之，人们就将金骨姑娘称为金角姑娘了。

闻名滇西的乔后盐矿，本主却是一位头戴草帽、身披蓑衣、手牵一头老牛的白胡子老倌。相传老倌姓陈，老两口年过半百，膝下无儿无女，生活十分凄苦。陈老倌替别人放牛，整天牵着一头牛到上井坡放牧，一年三百六十五天，不论刮风下雨，天天如此。

有一天，陈老倌在放牛时梦见一位头戴银帽，上插一对金角，身披银灰色披毡的小伙子向他走来，自称他就是陈老倌天天放牧的那条老牛。为了报答陈老倌的恩情，小伙子变出神犁，犁出了一座雪白的盐山。

老倌梦中醒来，连牛都不见了，找遍群山，原来老牛在一个水潭边吃草。陈老倌惊奇地发现这里的景致和梦中一模一样，一尝潭水，果然是盐水。陈老倌欣喜万分，在他的带动下，人们陆续搬到上井坡，盖房煮盐，盐远销大理、洱源、剑川，日子过得一天比一天红火。为纪念陈老倌的功德，他死后，人们就把他奉为乔后盐矿本主，盖庙祭祀，形象与生前无二。

洱源茈碧北部的象鼻山前有一个村子叫三家村（今名永兴村），本主叫“阿王太子”。他被奉为本主是因为他带领三家村白族村民开挖象鼻山中的金矿有功，至今人们把矿厂地址周围的一坝田称为“撣者簿梦”（白语，汉语意为阿王太子开辟的田坝），并称阿王太子为“撣者簿”（白语，汉语意为田主）①。

匠神，在中国传统文化中，是个不起眼的角色，但在西部一些少数民族中，匠神却有很高的地位。

彝族古籍《六祖魂光辉》记述，在“兽与人同居”的“谷窝”时代，有四种人掌管或代表着社会生活的主要方面，即“君魂施号令，臣魂来指挥，师魂有识见，匠魂管艺人”。“匠魂”作为创造物质文化的主要代表，与作为创造精神文化的主要代表的“师魂”相对应，可见地位显要。

在独龙族神话和宗教观念里，从天到地共有十层，分别住着不同的鬼神：第一层住着鬼的总头目“木佩朋”，第二层住着创造人类、主管人们婚配和生死的“格蒙”，第三层住着似鬼又似神的“南木”，第四层住着打铁人的灵魂……匠魂（或匠神）的地位仅次于三位大神（鬼）。

而在拉祜族中，在重大的节庆祭典中，头人、祭司和代表先进生产力（相对于农业而言）的铁匠，必须一起主持仪式，可见“匠”在一些少数民族中，地位非常高。

如果我们记起，青铜或铁曾经成为一个时代的文化象征的话，就会理解，各民族有关匠神的种种神话和祭祀活动，是怎样一种具有历史意味的产物了。如果我们知道，以“有色金属王国”著称的云南，素有“青铜文化故乡”之名，也会明白，古滇民族是怎样地敬畏着创造这种文化的匠神（人）了。这些能工巧匠用神秘的火，把奇异的矿石熔化，使坚硬的金属软化为各种形状。正因为这样，对能冶铜打铁的匠神的祭祀，在很早的时候就已盛行了。《西南彝志》载，早在“六祖分支”时，彝族先民“主持祭祀的场地，均选在铜洞前”。这大约是最初的对掌管采矿冶铜技艺的匠神的祭祀。

直到现在，当我们看到精妙绝伦的民间手工艺作品时，无不赞叹中国民族民间文化遗产的丰富和深厚，赞叹“工匠精神”在日常生活中具体实在的

---

① 赵寅松撰写，选自杨世钰、赵寅松主编，杨政业分卷主编《大理丛书·本主篇》（上卷），云南民族出版社2004年版。

显现。

保安族、阿昌族、白族等民族手工业很发达，保安刀、户撒刀、酥油壶等金属工艺品在中国西部和东南亚等地久享盛名。这些民族不少人家都有打铁的炉灶。开炉打铁前要祭炉神。阿昌族的炉神供在挡火墙上，其墙用土基垒成梯形。祭时把贡品和香摆或插在挡火墙顶上，祈求打铁时铁屑不要飞了伤人，锤不要甩伤人。出门打铁亦先要祭炉神，祈求发财，不遇到意外和生病。不论走到哪里，一立好新炉，就必得祭炉神，以后才开始打铁。如果是木匠，则祭祀鲁班师傅。阿昌族木匠师傅尊鲁班为“老师”。凡帮人盖房的木匠，事前先许下愿，到立好房架、上房梁时敬鲁班老师。祭时，木匠把各种工具各一把摆在桌子上，供一只活的红公鸡、一只熟公鸡。木匠口中念念有词，把红公鸡的鸡冠划破，用鸡血点星梁，敬鲁班老师。以此表示手续完毕，可以上椽盖瓦了。

云南洱源白族每年农历二月十五的庄稼会，其实是匠人的聚会。传说元世祖忽必烈远征云南，灭掉大理国后，为炫耀其部队装备优良，曾在洱源三营街上展出各种兵器。一些打铁匠气不过，便相互邀约，同时在街上摆卖各种铁制农具，农具种类比十八般兵器还多。有些农具，忽必烈及部下闻所未闻、见所未见。闻讯来买农具的庄稼人络绎不绝，自此，以买卖农具为主的庄稼会便相沿成俗。每年的庄稼会上，各样农具应有尽有，就是泥、木、石、瓦、篾等匠艺人的工具，也都能买到。有些铁匠，还在会上现打现卖。庄稼会上还有大牲畜市场、农副产品和土特产市场，买卖十分兴旺。

在一些民族中，出于一种对精妙技术的崇拜，鲁班或木匠被赋予了某些巫化的特征，木匠成为会使用巫技法术的人，他们使用的《鲁班书》也成为隐藏巫术技法的秘籍。笔者曾请教贵州苗族木匠关于《鲁班书》的事，他明确指出，这是“教人使法术的。我要上房了，要是被仇家咒了，就会从梁上跌下，出人命，所以要给他对过去。学这法术要师傅念咒、烧纸。拿一张纸，写个‘得’字，其余的空白。揉成团抓阄，抓到‘得’的，就可以传了，否则不行。抓到‘得’，再念咒，将纸烧了，把纸灰放在水碗里，喝下去”。民间传说，起房盖屋，木匠得罪不得。要是房东招待不周，木匠就会做点手脚，让房子“不干净”（闹鬼出邪）。木匠师傅说：“尺在我手里，长点短点，运就不一样了。”木匠尺除了标刻尺寸，还有两行只有他们才懂的符号，一行用于家宅建房起屋，一行用于寺庙立柱盖殿，据说使用不同的标尺数据就会产生不同的感应，导致不同的吉凶祸福等结果。他们手中的工具不仅仅是工具，还是“法器”。

白族在重大工程开工时，都要立鲁班的灵位，祭奠鲁班。木活做完了，也要举行送木神的仪式。送木神要择日而行，一般由大师傅择定。仪式要在夜深人静时举行，仪式开始，先在家里用鸡、饭、蛋、鱼、酒、茶等祭奠鲁班灵牌，然后，由主人和木匠手拿祭品、木马、木屑、刨花等，一齐送出村外，放火将所带的东西烧掉，并手拿扫帚以驱邪，边舞边迅速离开。这在某种程度上，反映了人们对附着于木匠身上的神秘力量的敬畏。

一、基诺族“打铁节”[①]

基诺族一年一度的“特毛且”，可译作“打铁节”。传说，很久以前有位妇女，怀胎怀了九年零九个月，一直生不下来，找巫师作法也无济于事。有一天，她突然觉得肋骨剧痛，腹中小孩咬断她的七根肋骨，自己跳了出来。这是一个男孩，一手拿火钳，一手拿铁锤，一出生就叮叮当当打起铁来，很快就打成了砍刀、铲、弯刀等工具。从此，基诺族才开始使用铁器，并形成了打铁节。

基诺族在二三月间（基诺历的一月）过打铁节，具体日期，由父母寨的长老按基诺族的十三月算，一月为岁始，择定吉日。

当美丽的白花树在山乡盛开，寨子的寨母（卓巴）和寨父（卓色）家敲起“神器”牛皮大鼓，全寨人闻声集中到寨母寨父家，商定过年的事，凑钱买牛。过年前一天，各家家长参加剽牛。人们把买好的牛牵到寨外一棵大树下宰杀，把牛尾巴挂在树上。牛肉分为若干份，由专人分送友寨，送去时对友寨唱道：

你有万担金子，
也没有我们的这些规矩大，
你有万担银子，
也没有我们的规矩大。
老的规矩我们不丢，
新的规矩我们不找，
要继承我们祖宗三代的老规矩，

① 本部分由邓启耀撰写。

请你们和我们村寨一同过年。

在大鼓的节奏中，人们唱起古歌《普竹兹》：

很早以前，人们不知何时下种，冬天就撒谷种，谷子长不出来；后来改成竹笋发了才下种，但雨季已过，谷子只长叶不出穗。有年春天，一位白发老人看见满山草木发青，江水清澈，岩石上也长出了青苔，就让大家此刻下种。人们为耕种准备农具开炉打铁，叮叮当当响遍山乡。这一年果然有了好收成。老人和铁匠，便成了过年迎春的吉祥福星。

节日里最重要的祭祀活动，是在铁匠家举行的。寨母拿出酒肉，派人到铁匠家做一次祭祀，祭时对铁匠念如下颂词：

……

你是左手提着火钳，
右手提着锤的巨人，
你能管住江河大海，
你能挡住妖魔鬼怪的出进道路，
你能一锤用金钉钉住妖魔鬼怪的门，
你能把它们一锤打到大海之外，
今晚请你为我们做一个好梦。

第二天，寨母把铁匠请来，坐在高贵席上，问他昨晚做了什么梦。人们根据铁匠的梦，测出今年年成的吉凶，如梦见果树结果、河水猛涨、百花齐放，都是好梦，预兆丰年。解梦后大家吃喝完毕，再由寨母家庭的一个家长和铁匠的徒弟，陪同铁匠到打铁房里，打扫作坊，杀鸡滴血，用血和鸡毛涂在铁匠的风箱、炉子、铁锤、火钳等工具上。铁匠拿锤模拟打铁的动作，然后煮鸡吃，进行祭祀。吃鸡时念道："打走了去年，又打来了新的今年……"只有这个象征打铁的仪式完毕后，全寨才能开始欢庆新年、准备春耕的活动。

景洪市基诺山基诺族的盖新房仪式。村寨长老居中而坐，边喝酒边唱盖房歌，年轻人在他们身后挽手踏足舞蹈。年轻人跳了一阵传统的盖新房舞，完成"踏实地基"的历史使命后，便去广场上跳现代交谊舞去了，只留下几位老人，在半醉半醒中，一直将古歌唱到黎明。

二、蒙古族鲁班会①

基诺族把匠人作为匠神在人间的代表来崇拜，云南蒙古族则把匠人神化为匠神来供奉。而且，这匠神还是汉蒙文化交流的一种产物。云南蒙古族从“居毡帐，逐水草”的游牧文化转入定居农耕文化之后，弃毡帐而建造房屋，成为他们进行新的文化适应的一个历史性转折。他们成功地适应了这种转折，成为远近闻名的木匠和泥瓦石匠。昆明、个旧、玉溪、通海、西双版纳等地都有他们建造的建筑，农闲时以此为手艺打工挣钱，成为通海等地的云南蒙古族拿手的一项副业。这个行业的祖师鲁班，在他们心目中也被提升到一个很高的位置。

每年农历四月初二，云南蒙古族的男子要参加一个名叫鲁班会的节日。这一天，凡在外乡做工的男子，无论路有多远都得赶回来参加鲁班会。老人说，不这样做，一年到头什么活计都干不好，总是要出差错，甚至地里的庄稼也没有好收成。不回来的人就会被大家瞧不起，认为是不尊师、不爱贤、不懂礼义的人。

鲁班会的地点在中村大佛殿。会期三天。村里杀猪宰羊，搭台子唱戏。被敬奉的鲁班像头戴瓦屋顶式帽子，人们尊称他为“建筑元帅”，因为“家家户户敲泥刀吃饭，都要到鲁班前磕头”。节日期间，村民要把平时供在大殿里的檀香木鲁班像用神轿抬着到各村周游一圈。一路锣鼓喧天，鞭炮齐鸣。村里要龙灯虾灯、跳蚌壳、划彩船、跑毛驴灯等。做鲁班会的费用，村里有四亩公田，做会时由租土地的人家拿出租谷作为办会的垫本之用。每会由十二家轮流主办。

在民间传说里，甚至把鲁班说成是蒙古族，与通海蒙古族自认的祖先旃檀大元帅同姓，叫“旃班”。他们对鲁班这样敬重，是因为鲁班先师给蒙古族带来过说不尽的好处。元末蒙古族从镇守的曲陀关来到凤凰山脚下落籍后，妇女割草卖，男人拿鱼卖。有这样的说法：鱼不去，米不来；柴不去，盐不来。后来是鲁班先师带着他们学各种各样的手艺，教出了一批泥水匠、木匠、雕刻匠，使他们多了一条生路。鲁班先师教人学手艺，不要什么报酬。所以，鲁班会时敬给他的不是白酒，而是一碗净水。

---

① 本部分选自邓启耀1980年在云南通海所做的蒙古族考察田野笔记。详细资料见刘辉豪、孙敏主编《云南蒙古族民间文学集成》，云南人民出版社1988年版。

第七节 药材会、药神会、祭鬼驱疾

中国医学的思想，是人与天时地气或自然万物相谐的思想。顺应自然者，阴阳调和，身健神爽，可延年益寿，治病去邪。中国古典医学名著《黄帝内经》，讲的就是如何“和于阴阳，调四时”。民间的一些传统节祭活动，也是这种思想的仪式化表现。

和巫师、工匠一样，医生在民间传统行业中的地位也很特殊。由于中医及各族民间医药在医疗思想和用药方式上都有一套自己的观点，所以，各族传统的医药业乃至民间的一些医药行为，都不免要受到影响。

一、药材会

少数民族很善于寻找与天地相谐的最好时辰，如春天的葛根会、草药会，夏天的端午药市，冬天的土皇天进补，都与这种观念相关。

在云南大理崇圣寺三塔下的文笔村，每年正月初五，人们要赶一个别有风味的药会——葛根会。这天，五六百米长、几米宽的街上，不卖别的，清一色专卖葛根，卖葛根的摊子就一块砧板、一把菜刀、一杆秤、一碗土碱、一箩葛根。葛根属藤本植物，食用块根部分。它含大豆黄酮、淀粉、异黄和葛素等，味清苦回甜，有升阳生津、健脾开胃、提神补气的作用。给几分钱，卖葛根的白族大嫂便用又薄又快的菜刀，切下一片乳白带黄的葛根，蘸点土碱，清香宜口，滋味独特。葛根会时值春节后几天，正是踏春野游的好时光。春节期间人们吃多了油腻之物，这时来吃几片葛根，觉得特别舒服。或许，在人们的意识里，这样的想法更为重要：春天阳气回升，万物复苏，人要出来走动走动，沾沾回春的地气，晒晒初春的太阳。具有升阳作用的葛根便成了受人们欢迎的春游食品，既可当零食，又有药用价值。

云南邓川县沙坝的白族，每年农历二月初八会举办感念药神之恩的“草药会”。会上，卖药材的摊点成排成行，有冬令进补之药、夏至消暑之草，也有治跌打的传奇神药，还有攻疑难杂症的民间单方。一些民间草药医生，白发童颜、神采奕奕，自身就是一个健康的活广告，加之与人号脉看病时，将人的病理、药的气性和天象地理、节气物候等结合在一起，侃侃而谈，让人佩服。他们的药摊上，总是挤满了人。

关于草药会的来历，滇西流传着这么一个传说。很久以前，一群衣着褴褛的叫花子赶邓川街时从沙坝经过，叫花子赶街，钱少话多，吵吵嚷嚷。有位过路的药神看他们穷酸可怜，动了慈心：危病者需救助，这些手足皆好的人，更该让他们好好生活，于是，药神送了很多草药给这群叫花子，教他们识别各种草药的形貌和功能，最后嘱咐他们："今天是二月初八，明年的二月初八，你们就来这里摆草药。"从此以后，叫花子们丢掉了要饭碗，上山采药，下山摆摊，成了自食其力的药农。每到二月初八，赶草药会就是药农们各显神通的好日子。当然，因为有那个传说，草药会还有个不大好听的别称——"花子会"，不过这一叫法，倒使人更记得那位救人贫病的药神了。

端午药会，是许多民族共有的活动。如纳西族、普米族、傈僳族、壮族、白族等民族，都有端午出游采药、大开药市的习俗。五月初五正午，是太阳一年里在天空最当中的时候，人登高以得正阳之气，生长在山上的百草也因得了这正阳之气而具有了奇效，人们普遍认为，这一天山上几乎任何一种植物都有疗人的药性。为此，他们在这天上山采来百草，或泡酒喝，或煮水浴。据说，这天喝了药酒，一年中可以少病少痛；这天浴了药水，一年内不会再生疥疮。即便洗洗山泉，吹吹山风，也可消灾祛病，使人安康。在云南腾冲古永的汉族中，有"端午不戴艾，死去变老癞"之说。这天在家中每道门上挂艾草、菖蒲，身上戴艾草和香包，还要包粽子。煮粽子时还要煮上些鸡蛋、大蒜，用以祛毒、辟邪。以前将雄黄酒洒于房间床下等旮旯处，煮粽子水洒于房屋周边，以杀虫辟邪。有条件的人家，用鸡肉炖茴香根食用。而在傈僳族人家，有条件者端午节就在家里杀只小鸡吃，不吃粽子，部分人家挂艾草。有的人会祭祖先：拿三杯酒放在神龛前面，"随便过一下就得"。一些老人在这一天用白酒鸡蛋①冲草药饮用，据说能防止风湿病；或者把大蒜在火塘边上烤熟了大量食用，据说能治"夷方病"②。为了防止被蛇咬伤，端午节有人用烟熏屋子、菜园子等。

这一天还要赶药市。云南名贵药材如灵芝、虫草、三七、天麻、当归等自不待说，连一些普通的药草，到了这天也好卖得很。因为人们相信，这一天采集或购买的药，比往常要更灵验一些。会采药者要采很多药，晒干备用；不会采药的便到药摊上转悠，看有无自己需要的药材。

---

① 古永傈僳族用来补充营养的食品，把鸡蛋煎过后用醪糟酒一起煮。

② 指在湿热的地带因受瘴气和毒虫的侵袭而得的一种病，多为疟疾等。

关于这个节，普米族还有个传说。相传很早时，普米山寨流行一种怪病，求医祭鬼都无效，后来，在五月初五这天，天上降一位神女，教人们采来许多草药，治好了怪病。从此，人们都将五月初五这天采的药看作“仙药”。

当然，神女赐仙药的神话，是民间将这一节气的功能强调到神化的结果。潜在的文化心理根基，还体现在《黄帝内经素问》里：“四时阴阳者，万物之根本也。所以圣人春夏养阳，秋冬养阴，以从其根。”春天“天地俱生，万物以荣”，夏天“天地气交，万物华实”，需助阳气生长。春夏补阳，秋冬养阴，是一种和于天地的方式；采药沐浴，踏青登高，也是一种顺应时气的办法。

二、药神会

民间有专祭药王或药神的祭会。云南剑川茨鼻和村北上科山下有座古柏庵，庵里供着的就是白族的药王。他的座侧有一只似犬非犬的怪兽，叫琉璃兽。老辈人讲，古时候，天神发怒，在白族中降下瘟疫。一药老应召带着一只似犬非犬的怪兽，上山采药，准备制成百宝灵丹，为民造福。由于琉璃兽遍体透明，能看到药在体内流走运行的情形，所以很快选到九十九味良药，还差一味，就可制百宝灵丹了。谁知，瘟神得知消息后，怕世上绝了瘟疫，就从阴山后移来世间第一剧毒之草“断肠草”，毒死了尝药的琉璃兽。药老只得用九十九味药草熬成药汤，暂时平息了瘟疫。虽然他已不能制成百宝灵丹，但由于他为人们辛勤治病的精神，受到了普遍的尊敬，被白王封为药王。药王死后，人们在他搭窝棚熬药的地方，盖了一座庙，塑上药王和琉璃兽的金身像。每年“四时八节”（四时即春夏秋冬，八节即春节、二月初八、立夏、端午、六月十五、中秋、冬至、腊祭），人们都要抬上三牲酒礼，齐来祭祀。

白族的本主也身兼药神的功能，人们生病了也找他医治。患病祭本主的活动较多。一般认为，凡是久病不愈，一定是冒犯了本主，要到本主庙祭供。祭品为一只公鸡、一块腊肉、一条干鱼，称为“三牲”。祭时先用蒿枝把鸡脚和嘴擦一下，双手举鸡朝本主磕个头，再把鸡杀死，把鸡血盛在碗中，上插一支鸡尾羽供在堂前的供桌上，旁边摆一碗盐米。祭品煮好后，点四对香，即开始祭祀。首先磕三个头，即念祷告词，词云：

本主老爷：今天我用三牲供到你的堂前，请你阖家享用。我有冒犯你的地方，要请你多加宽容。至于我们挡了你的道，惊了你的马，是由于不知道，请你大人不记小人过，请让我们将功折罪，请解除我们的病痛，请降福给我们。

念毕，把盐米撒向四方，并用鸡尾羽蘸鸡血洒往四方。在祭过本主后，要把每样祭品拿一点放在碗内，再放一撮米饭，冲上一些冷水，做成一碗“凉浆水饭”，点一对香在大门外，把饭倒在香旁，称为“送凉浆水饭”，意为给本主属下的阴兵鬼卒。

如果病人的病状表现为浑身无力、神庸气散、昏昏嗜睡等状况，则认为是其魂魄离开人体而丢失，白语称为“迫满次”。白族崇拜灵魂，认为人有三魂，生时三魂皆集于身，叫“生不离魂”。人死后三魂要离开人体，分别送往三个地方，一魂要安于家中的祖先灵堂，一魂送往坟墓，一魂送往本主堂下。人生时魂魄丢失就会得病，甚至死亡，就要为其举行向本主把魂魄找回来的招魂祭祀活动。招魂时用一个竹笊篱，内放入病人的一顶帽子或手帕等物件，上放一个鸡蛋，手持一对香于半夜鸡叫前到大门外，遥对本主庙的方向，或在清晨太阳出前到本主庙大门前，摇动笊篱，边摇边大声喊招魂词：

某某（病者名）你已走错了路，你去的地方很危险哟！路上有豺狼虎豹，路上长满了白骨刺，那里不是人去的地方，你要赶快回来。家里的父母都很挂念你，你的妻子（丈夫）、儿女都很想念你。他们已经做好了很多好吃的东西，等你回来一同吃，你要赶快回来哟！

如此一连喊七个晚上（或早上），若病人的病情好转，则认为是已经招回了丢失的魂魄；若病情仍不好转，就认为是其丢失的魂魄已被本主收留去，就要举行向本主“讨魂”的祭祀活动。白族认为魂魄离开人体后，不及时招喊就会像人在山上走迷了路那样，会越走越远，成为四处游荡的孤魂。孤魂随时都会被本主手下的阴兵抓获，关押在本主堂下，所以要向本主讨回被扣押的魂魄。讨魂用一只公鸡、一块腊肉、一个鸡蛋为祭品，祭献念祈祷词：

啊！本主老爷，本境恩主，左右判官，内外兵众：我敬备三牲之礼，供奉堂下，请享用。我的三魂丢失，已被本主收留堂下，今天来讨魂，请本主开恩把魂魄放归给我。

祈祷完毕后，点一对香，拿一只酒杯到大门外的树丛中抖入一个小生灵（最好是带红色的小蜘蛛），用一块红布盖好，放在托盘内拿回家。在回家的路上，手持托盘的人不能往后看，一到家便要把讨魂时点燃的这对香插在祖先堂上，把托盘先放在祖先堂上供一下，然后揭开红布，把小生灵放在病人身上。这就意味着已将魂魄讨回并使之重新附回病人身上。

牲畜遭瘟得病也可以找本主。若是一家一户的牲畜得病，由各户自己去献祭，祭品为鸡。首先在庙内的六畜神殿祭献，再把祭品拿到本主大殿上去祭献，祭毕把祭品拿回家。若是遇到地区性的牲畜瘟疫则要举行集体性的祭祀活动。如1939年，天耳井村发生骡马瘟疫，全村有马户和马帮的人家集体办本主会，请高功先生到本主庙念经，祈请本主消灾，并请滇戏班在本主庙唱了七天全本大戏，酬谢本主[①]。

挖色沙漠庙塑着一位本主，名叫孟优，既是本主也是药神。这位本主就是孟获的二哥。孟家三兄弟都很有本事，孟获发明了衣服，孟杰发明了竹简刻字，孟优发明了乐器和耕种方法。孟优又是一位精通医药、治病救人的善良的长者。大理挖色镇的大城村、大渍堋等地，就把他奉为本主。孟优不仅医术高明，更有一副菩萨心肠。他行医，对富者收费，对贫者少收或不收。为了救人，他往往不畏艰险，爬上陡壁悬崖采药，因此被人们称为“活菩萨”。

一次，孟优来到挖色，碰到许多脖子上生疮的病人。经诊断，只有用长在苍山龙泉、雪人、玉局等峰顶上的“雪上小灵芝”和“药山茶”才能治疗。可是，那是两种非常稀奇的妙药，在山顶上也是不易找到的。孟优到十九峰、十八溪找了七天，还是找不到，心里又着急又难过，决心上龙泉峰顶去找。他爬到山上，抬头看看，到处是悬崖绝壁，没个缝儿可登，也没棵树可攀，上面一块块伸出来的石头，就像要压下来一样，加上白雪皑皑，又冷又滑，连站都站不稳，他顺着山腰绕了大半天，还是找不着上去的地方。

孟优听说这里有个凤眼洞，就鼓足勇气一步步地往上爬，好容易才从“耗子路”爬进洞内。四处一看，没有这种草药。再向下一看，万丈悬崖，深不可测。接着他又爬到了龙眼洞，但还是找不到草药。正在进退两难时，忽然起了一阵狂风，石头直滚，树林乱摆，从山岩间窜出一只吊睛白额老虎，尾巴一伸，大吼一声，山鸣谷应。老虎两眼射出凶光，张开大口，像要扑过来吃他。孟优毫不畏惧地对它说：“老虎啊！你要吃我，可我得上山去找药草，给几十个人医脖疮，要不然，哪个来救他们啊？”老虎听了，连忙闭上嘴巴，点了三下头，摇了三下尾，掉过身子去，眼望着山顶，把身子靠近孟优。孟优放大胆子，骑上虎背，两只手揪住老虎脖子上的皮毛。老虎便迈步飞跑

① 谢道辛调查整理，选自杨世钰、赵寅松主编，杨政业分卷主编《大理丛书·本主篇》（上卷），云南民族出版社2004年版。

起来，不多一阵子，就把孟优驮上了龙泉峰顶。

孟优四下一看，山顶上长满了“雪上小灵芝”和“药山茶”，他赶忙连根带花拔了一小捆，装在药包里，然后向老虎恭恭敬敬地作了一个揖，老虎又把他驮下山。一阵风来，老虎就不见了。

孟优暗想：这一定是苍山神显灵了。他赶忙回到挖色，治好了几十位老乡的脖疮，又接连治好许多人的病。后人为了纪念他治病救人的功绩，就奉他为药神本主①。

三、祭鬼驱疾

怒江碧江地区的白族（勒墨人）由于地处高山峡谷，与外界联系隔绝，在疾病治疗上信奉祭祀、驱鬼。怒江白族信仰的鬼有六七十种之多，它们之间只有分管领域的区别，如水鬼、树鬼、痘鬼、咳嗽鬼、说昏鬼、产房鬼等，没有尊卑贵贱之分。处于史籍所载“夷人尚鬼”的阶段，还没有步到“神”的行列。历史上，由于生活的极其不安定，险恶的自然环境给怒江白族人民带来的只有危险和恐怖，所以他们崇奉的都是恶鬼。人们祭奠它们、祈祷它们的目的只是为了尽可能地去讨好它们，使它们不要作恶于自己，只作祟于敌人。祭鬼只是崇奉它的这一氏族祭，其他氏族不仅不祭，有时连看都不行。怒江碧江白族自称有三个支系，追溯腊雄为自己祖先的虎家，自称是从兰坪昭角鸡脉村搬来的鸡家，还有说自己的祖先是破木而得的木家。虎家的氏族鬼叫“倒维摩”，又叫“假务支”，一说“乌鸦”，是腊雄从兰坪迁来的唯一的一个大鬼。据说当初腊雄兄弟被关进监狱，腊雄高喊这个鬼的名字，突然风雨大作，监狱门洞开，腊雄等逃了出来。因其救过腊雄命，所以被虎家奉为家族鬼。傈僳族不祭，且不能到祭的这个地方。祭的肉，生女孩的妇女不能吃，生过男孩的妇女才能吃。虎家的人吃时要说白族话，傈僳族人若吃了就会疯掉。鸡家和木家也不祭这个鬼，且不能吃祭品中的肉。祭这个鬼要选在鸡叫两遍时开始，天亮时结束，在村边一棵板栗树下祭。（这种树每村一棵，专供祭用，不能砍掉。）鸡家祭的氏族鬼叫“稿咬支等”（汉语意为山羊），祭时先念一至九，还要念一大段祭词。祭奠在村边一棵“泡麦整”（汉语意为大青树）下进行。祭时准备一张大簸箕，里边放一点米、酒和一只羊。如果羊是瘦羊、小羊，还要在树上挂当地用来做纸原料的名叫“个皮树”的

① 大理市文化局编《白族本主神话》，中国民间文艺出版社 1988 年版。

树皮，象征羊油。主祭者为村中老人，要穿戴干净，洗脸洗脚，穿新衣，戴包头，挂长刀。饭由祭的人背来，给参加祭的人吃。祭三次，活羊祭一次，熟羊祭一次，羊肠灌荞面煮肉再祭一次。祭毕，肉由各人背回。据说倒维摩和山羊鬼是死对头，祭倒维摩鬼时不吃羊肉，祭山羊鬼时不吃猪肉。祭山羊鬼时一定要祭到兰坪县石坪，因为那里是这个鬼的故乡。怒江白族这种家族鬼继续发展就成为“本主”①。

有种说法认为，人生病是阴兵和鬼作祟，也要找本主解决。云龙白族就认为本主的属下有许多阴兵，这些阴兵都是在生前跟随本主王骥三征麓川时战死的部属。阴兵又分为两种：一种是随同本主王骥从中原一带来的汉族；另一种是云南本地各土司随王骥出征时带的土司兵，称为“蛮兵”。这些兵将在战死后就成为阴兵，他们仍归本主率领。在祭祀时要分别制作绵纸和草纸两种冥衣。纸衣代表布衣，是给汉族阴兵穿的（认为汉族穿布衣），草纸衣代表麻布衣，是给本地蛮兵穿的（认为本地蛮兵穿麻布衣）。凡信奉三崇建国鸡足皇帝本主王骥的村镇，常举行收阴兵这一祭祀活动。每逢遇到全村或地区性的瘟疫流行，人或牲畜大量生病，通过巫师朵习薄打卦或看香认为是得罪了本主，是本主老爷放出了属下的阴兵，阴兵作祟，滋扰地方，就要举行祭祀本主，请其收阴兵的祭祀活动。祭祀时要在村中设置一个祭堂，祭堂的正面要朝向本主庙。祭祀由朵习薄来主持，在祭祀开始时，朵习薄首先敬献茶酒，后跳神祈请，请求本主收回属下的阴兵，以靖地方。要念祈请文：

本主老爷，我们乃是虫蚁之辈，无知无识得罪了你，请你原谅。今天我们全村祭献你，给你认错。我们给你奉上金银钱财、鸡羊猪牛，请给我们解过消灾。招回属下的阴兵鬼卒，让全村清吉平安。

祭祀结束后，朵习薄就率众人到各家去收阴兵，每到一家门口，这户人家就打开大门，众人等在门口，由朵习薄敲着羊皮鼓进屋内跳神，每一个房间都跳到，边跳边喊“本主老爷要你们回去，本主老爷要你们回去了”，并问“走了没有”。在门外的众人就大声回答说“走了，走了”。随后又到下一家。朵习薄到每一家收阴兵，跳神结束后，要拿走一个鸡蛋、病者的一件衣物和畜厩内的一把厩草。等朵习薄率众到每一家都收过阴兵后，祭祀的队伍就敲

① 赵寅松撰写，选自杨世钰、赵寅松主编，杨政业分卷主编《大理丛书·本主篇》（上卷），云南民族出版社2004年版。

锣打鼓地将阴兵送出村，来到本主庙前。到本主庙后，不能进入庙内，只能在庙外生火、杀鸡煮祭祀品。这时朵习薄的助手在本主庙前的场地上用点燃的香插成一座模拟的城池，称为“香城”，有东西南北四个城门。等祭品做好后才进入本主庙内祭献。祭毕，朵习薄出来站在庙门口高声喊道“本主老爷有令，要大家都回营”。这时参加祭祀的众人都大声喊着“回营，回营”。在众人的喊声中朵习薄开始跳神，先是绕香城跳三圈，然后从香城的东门跳入、西门跳出，又从南门跳入、北门跳出，意为已经领着阴兵分别由东、南两道城门进城，到各自的营房中。朵习薄跳出香城后，助手就把香插在城门的位置上，意为关闭了城门。祭祀结束后，在本主庙前焚烧从各家拿来的厩草和病人的衣物。

云龙的白族除信奉诸多的鬼神外，还信奉与鬼神有关的灵魂。认为人有三魂七魄，生时三魂皆集于身，有“生不离魂”之说。人死后三魂要离开人体分送到三个地方：一魂要安于家中的祖先灵堂，一魂送往墓地，一魂送往本主堂下（有些地方又认为是送往阴间地府）。送往本主堂下或是阴间地府的这一魂称为“母魂”，死者依据这一魂才可以重新托生成人。在丧葬习俗中有点主安灵的仪式，即为死者送魂。因为崇信灵魂，所以云龙的白族中有许多灵魂祭祀的活动。

白族认为死在外面或死于非命的人，他们的灵魂没有像死于家中的人一样被分送到三个地方，而会成为四处飘荡的孤魂野鬼。这些孤魂野鬼由于得不到安宁，得不到亲人的香烟供奉，就会怪罪于家人，会让家中不顺利、不清吉。所以，要请高功先生或朵习薄来做法事、举行超度亡魂的祭祀活动，把这些孤魂招回家中。

1989 年 3 月，笔者在天耳井村进行田野调查时参加了一次超度亡魂的祭祀活动，此次祭祀法事请高功先生来做，主祭人杨树元先生是云龙县境内最著名的火居道士。在祭祀场面中也请了巫师朵习薄，但他并没有参加祭祀，只是坐在大门口守门。笔者问这位朵习薄为什么不参加祭祀，他说是道法不同。又问他为什么要在门口守门，他说每当举行这样的活动，就会有许多野鬼聚集到这里，他在此守门，其他野鬼就不敢进入家门。这次祭祀专设了一个三崇建国鸡足皇帝本主王骥的神堂，最后进行招魂时高功先生要给本主上一道祈请文札，请本主派属下的阴兵鬼卒协助找回在外的孤魂。其札文为：

本司今据奉道祈请神恩，提魂招魄，保安弟子某某（指死者）阖家人等，是日投诚伏以：圣德汪洋，利显济幽，咸被泽神恩浩荡，提魂招魄，尽蒙府司人间生死之权，掌阴府善恶之藉。无远弗届，有感皆通。意为某某时运鲜通，家遭不造，某某恐灵魂无依，祈神兵而返室，由是投取某月某日延请道众恭诣神司下札上牒，祈保安净。供一筵，伏愿三崇被泽大帅施威，大显神通，亡魂不招而至；宏施法力，滞魂不招而来。生死皆安，存亡均顺。凡未及全叨，默佑等因，本司得此依，合祈请神恩，并饬祠下所属阴兵鬼卒，前往亡人某某形魂生方死户之所遍为搜寻，于本月某日申酉二时押赴家门应召。沐浴更衣，灵爽入室，庶俾幽明皆泰，存殁均安。立候，感通以凭。

效信须到牒者，右牒请本主三崇，城隍冥府治司，山川社稷，里域桥梁道路等神，照验施行。谨牒。

在外亡故之人的魂魄被招后，进门时会被门宅神灵阻拦，不准其进门，故也要给门宅神灵上文祈告，请其放魂入家。其文云：

宅神：想亡人生前既非门外之客，死后当归户内之魂，伏乞慈悲，大开方便之门。准亡人入室，享受香烟，闻经悟道，领果超生，勿使飘荡他乡，怜悯早步天堂。

人们认为通过做这样的招魂法事，就会招回死者的亡魂，能让其享受到家人香火供奉。这样家中就会清吉平安，而家中生病的人也就会好起来。

云龙的白族认为若人的魂魄丢失后就会生病直至死亡，所以要把魂魄找回来，就要举行“叫魂”“讨魂”的祭祀，如若仍不见病人的病情有所好转，则认为病人的魂魄已被阴司的鬼卒抓去，扣押在阴司地府，就要举行“赎魂”的祭祀活动，即要用金钱将病人的魂魄赎买回来。赎魂是请求本主到阴司地府去与阎王商量赎买病者魂魄的一种交易活动。本主是神、人之间的中间人，是人方的代理人。所以，祭祀的地点一定要在本主庙旁，一般是在庙的东边。祭品要用四只大红公鸡、一只绵羊、一只山羊、一头小猪、一只鸭子，称为“五牲”，同时还要备下大量的、用锡箔做成的冥钱。

祭祀时首先要在本主庙旁辟出五个祭堂，即本主堂、阴司地府堂、山神堂、阴兵堂、差头老总堂。五堂一字排列，本主堂和阴司地府堂在中间，其余山神堂和阴兵堂分列左右，差头老总堂在阴兵堂旁边，但要稍稍隔开一定的距离（约五米）。相传此堂供奉的差头老总是被本主老爷收服的蛮兵，不能与其他的神祇享有同等的地位。在本主堂的左、右、后三个面各捆插红、黄、绿、蓝、紫五面三角形纸旗，正中供纸做的牌位，上书“本境恩主三崇建国鸡足皇帝神堂”。阴司地府堂亦插纸旗，中供牌位，上书“阴司地府神堂”。在牌位两侧各供有一堆银箔纸锭，表示银子；一堆金箔纸锭，表示金子。山神堂上插的纸旗与上同，牌位书“本境山神灵堂”。阴兵堂左右两边插五色纸旗，正中挂一排红绿两色纸衣，下方摆一排木篾做的刀枪等兵器。差头老总堂不插五色旗，只在中间挂草纸剪裁的纸衣，在下方摆一排篾做的弓、弩等兵器。祭祀开始后，首先由主祭人朵习薄在各神堂前点香，端一碗清水，用一枝青蒿子蘸水洒向四方，意为洁净环境。后打卦请神，敬献茶酒。祭毕，朵习薄敲起羊皮鼓围绕神堂跳神，其余的人则杀牲做祭品。把杀好的鸡、羊等牲礼略煮一下后，选出一只最大的鸡盛在托盘内，并在左边放一碗饭，右边放一碗鸡血，再放一杯茶和一杯酒，由朵习薄端到本主庙内去祭献本主。此次祭献称为请本主，祭时念祈请文：

本境恩主，三崇建国鸡足皇帝。某某村某某人魂魄被阴司鬼卒抓获，押在阴司地府，以致重病将亡。今特备银钱到阴司赎买，恳求本主大开洪恩，代劳与阎王商量，替我们赎某某魂魄。

念毕，行三叩首礼，并把茶、酒、鸡血泼一点于地面，表示本主已经吃过，端着祭品出庙，意为已请出了本主。请出本主后就开始正式祭祀，要在神堂前用青松毛铺出一块祭台，摆上所有的祭品，主祭的朵习薄先敬献茶酒后念祈祷文：

各方神灵，本主老爷，山神老爷，各位大老爷：

某某村某某魂魄走失，被押在阴司地府。请各位老爷大开洪恩，帮助我们与阎王老爷商量赎回来。

念完这段祈祷文后，就跪到阎王神堂前，念道：

祈请阎王老爷开恩，大赦某某，放了他的魂魄归身，要多少银钱我们都能出啊。若是要金山，我们搬来金山；若是要银山，我们搬来银山。我们已准备下了山一般的金银钱财，请你收下，请放我们的人。

念毕，焚化祭堂前的冥钱。等祭献、祈祷都结束后，要在祭堂的西面搭起一座“桥”。“桥”用十二根生香（不点燃）搭成，三根生香一组，交叉成三角形，由四组排列成一丈二尺长的距离，在香上铺一块一丈二尺长的红布（代表一年十二个月）组成桥面。朵习薄首先绕桥跳神三周，跳时，助手在后边洒清水。跳完神后，抱起一只公鸡走到“桥”西面，双手抓住鸡，让鸡脚踩在红布上，扶着鸡一步一步地走过来，边走边喊：“某某（病者）回来哟！

你骑着金鸡回来!”过完“桥”后，拿一只杯子在东面的草丛中抖进一只小虫子（虫子象征病者的魂魄），用一块红布蒙住杯口，交给病人的家属。家属接过杯子后要解开衣服把杯子捂藏在贴身的胸前，意为病人的魂魄在阴司地府的时间太久，故阴气重，要尽快地给他沾上人的阳气。找到了小虫子后就撤“桥”，焚烧各个祭堂上的纸旗、牌位、纸衣，整个赎魂的祭祀仪式就告结束。所有参加祭祀的人都要在祭堂内共吃祭品，吃不完时要倒掉，不能拿回家。用于搭“桥”的红布和驮魂的鸡也不能拿回家，要送给朵习薄作为礼品。回到家时先要在门前问一声“某某的魂魄回来了没有”，家里的人要回答“回来了”。这才进门拿出捉来的虫子放到病人身上，意为已赎回了魂魄。在经过赎魂的祭祀活动后，病人的病情仍未能好转，则表明赎魂的祭祀不起作用，阎王仍不放病者的魂魄。这样就要请巫师朵习薄再举行法事，抓一个别人的魂魄来顶替，去阴司地府换回被扣押的魂魄，就要举行“抓替身”的祭祀活动。

祭祀的地点要选择在山垭口的大路边，最好是在一棵大树或一块大石头下面。一般认为山垭口地势较高，好向四下寻找游魂，而路口又是夜晚鬼魂常经过的地方。祭祀的时间要在半夜子时前后，人们认为：一方面，抓替身是一种“缺阴德”的做法，要尽量地避人耳目；另一方面，在这个时候，人入睡了，魂魄最容易离身游荡。祭祀时在选择好的地点辟出一个祭堂，在祭堂上正面插红、黄、绿、蓝、紫五面小旗，称为“五方旗”，代表东、西、南、北、中五个方位；堂左面挂两件红色纸衣，右面挂两件绿色纸衣，这四件纸衣是给本主属下的刽子手穿用的。在祭堂左面相距约五米的地方，燃起一堆火，参加祭祀的人要围坐在火堆边，但严禁讲话和走动。开始祭祀，朵习薄先点香、磕头，敬献茶酒，念祈祷语：

本主老爷，山神，五方神主。今天某某家十分子（女则为七分女，云龙白族认为男人命贵，命有十分，女人命贱，只有七分，故有十分子、七分女之说）病重将亡。这个人不能走呵！他们家几世单传，仅有一根独苗，要留下来续后代香火。世间人多，不仅只他一个，请你们另找一个。祈请本主老爷派出手下的阴兵鬼卒，协助我们抓一个孤鬼游魂，押赴阴司地府，换回我们的人。

念毕，首先要用一只公鸡生祭一次。要在祭台前把鸡杀死，把鸡血盛在碗中供在祭台上，拔下三根鸡翅膀毛（左边的翅膀拔两根毛，右边的翅膀拔一根毛），蘸上鸡脖子上的“刀口血”插在祭台上。接着朵习薄就打卦问神，他左手端一个碗，右手拿四枚卜卦用的海贝在祭台的香烟柱上绕，边绕边念“五方神主，请你告诉我在哪一方有游魂？如在东方，请给我一个阳卦；如在西方，请给我一个阴卦”。经过打卦选择了方向后，朵习薄就走到路边面对选中的方向大喊一声“呜——呼”，意为招呼游魂到这里来。如此方向传来回应声或其他的响动声，则表示已招到了游魂，如无应声或其他的响动声就要重新打卦，另择方向。在听到应声后，朵习薄就边喊边退一直退回到祭台边，拿起一只摆在祭台上的碗猛地反扣下去，意为已扣住了招来的游魂。扣住招来的游魂后，朵习薄就磕头祷告：“本主老爷、山神老爷、五方神主，我们已抓住了这个人，现交给你们，拿他来换回我们的人，请你们放回我们的人的魂魄吧！”祷告完后，起来点一对香，拿一个杯子在祭台附近的草丛中抖入一只虫子，边抖边语：“某某（病者）回来，回来哟！和我们一起回家。家里的父母都很想念你，你的妻子（或丈夫）儿女都很想念你。家里已经做好了很多好吃的东西，等你回来一起吃，你要赶快回来哟！”抖到虫子后，用红布包住杯口，再把这只装有虫子的杯子放到祭台上，然后进行熟祭，祭品要用一只鸡和一块腊肉。此次祭祀是为了招待帮助捉魂的本主、山神、五方神主及本主属下的阴兵鬼卒。回到家后首先要在门外问一声：“某某的魂魄回来了没有？”里面答：“回来了！”这才进屋把捉来的虫子放到病人身上，意为已换回了病人的魂魄①。

第八节　街市集会

中国西部少数民族，由于大多从事自给自足的以农业为主的自然经济活动，商品经济很不发达，以商品交换为主要内容的节日祭会并不多见。随着农副产品种类的增多，交换需求的扩大，才从临时性的“露水街”发展为较大规模的农村街市贸易。在某些文化、经济较发达的民族地区，为了有效地集中人流、物资流，还将农村街市贸易活动依附在某些传统节日上，慢慢使商品交易成了这些节日的重要内容之一。

随着社会经济的发展，西部少数民族的一些主要传统节日，物资交流的

① 云龙白族祭本主由谢道辛撰写，选自杨世钰、赵寅松主编，杨政业分卷主编《大理丛书·本主篇》（上卷），云南民族出版社2004年版。

经济职能日益突出，如傣族的泼水节、彝族的火把节、阿昌族的会街、苗族的花山节等节日活动里，我们都可看到许多民族小贩摆摊设点，卖风味小吃、民族工艺品等。各地商贩也闻风而至，贩来少数民族喜爱的彩绒花布、日用百货等物品，或挂牌收购山货、野味、药材等，难得进城的少数民族男女老少，自然也趁过节赶街的机会，痛痛快快地玩玩，把兜里的钱换成自己喜爱的物品。丽江纳西族也有专门的交易节会，有农历正月十五的“弥老会”（俗称“棒棒会”）和正月二十的白沙农具会，都以交易竹木农具为主要内容。丽江纳西族的备耕活动提前那么多日子，几乎一过完年就在考虑春耕的事了。纳西族风趣地说；“在这个节日里，除了鸡辔头，什么都能买到。”可见这也是一个其中的街市贸易活动规模不小的节日。

农历三月，大理地区农忙即将开始，辛勤的白族农家为春耕栽插做准备，必得添置一些农具，或卖一点农副产品为大忙筹点款项。这都促使大理三月街的宗教功能逐渐淡化，而物资交流贸易的市集特色日益突出。据文献记载，至少在明代，三月街就已颇具规模。明代著名旅行家徐霞客游大理时，正好赶上了三月街，他在游记中描述了三月街的盛况：“……具结棚为市，环错纷纭。其北为马场，千骑交集……男女杂沓，交臂不辨。”三月街期，富有特色的民族歌舞、戏曲、赛马等活动，吸引着四方游客。买卖的物品有滇西名贵药材、精美的大理石制品、铜器、毡布、名闻西南的剑川木器、风味食品等，近些年，为了搞活地方民族经济，促进民族文化的发展，三月街规模越搞越大，从农历三月十五的开街日到二十一日，历时七天，有时延至十天，会期里，街上人山人海，有的买卖土特产，有的参加丰富多彩的歌舞娱乐活动。各个民族甚至不同肤色的人们云集大理，可多达百万人次。

在鹤庆、洱源、邓川等地，还有一些相对专门的物资交流节会，如邓川农历二月初八专卖草药的草药会、洱源农历二月十五专卖农具的庄稼会、鹤庆农历七月二十二专卖骡马的松桂七月会、洱源等地农历八月十五专卖织绣品装饰品的嫁妆会。嫁妆会会期，正值中秋月圆。为图个吉祥，以月的团圆喻人的团圆，将要嫁女、娶媳的人家，便要去赶嫁妆会，会上各种土香土色的棉、毛、丝、纱制品应有尽有，剑川木雕家具、红漆嫁妆柜等明光锃亮，各种金银首饰、玉器牙雕更是夺人眼目。

仫佬族“依饭节”[①]

仫佬族主要集聚于广西壮族自治区罗城，自称“伶”和“谨”。罗城是中国唯一的仫佬族自治县，少数民族传统节日和风俗丰富有趣，如“依饭节”“走坡节”“坐夜歌”“打老庚”等。因过去信仰崇神众多，传统节俗活动也多，其中最具特色的节俗活动当属“依饭节”，也称为“喜乐愿”“依饭公爷”“还祖选愿”，主要流行于广西罗城仫佬族自治县东门、四把等地。一般来说，依饭节在立冬前后，持续时间一至三天，素有“一年一小庆，三年一大庆”之说，有祈神驱邪，集体祈福，庆祝五谷丰登之意。

关于依饭节的传说，离不开两组核心人物“白马姑娘”和“梁、吴监守”。他们均是仫佬族祖先或先民遇到危难时的救命恩人。话说在野兽横行的时候，仫佬族先民居住地有一只凶恶的神狮，到处残害民众，糟蹋庄稼。眼见熟透的稻米，尽被神狮掠夺而走，仫佬族先民陷入绝望的生活中。突然，天上来了一位骑白马的姑娘，天生神力，只一支弓箭就将神狮射死，帮助仫佬族先民夺回了稻米，解救了千千万万的人。为了防止野兽再次横行乡里，白马姑娘向仫佬族先民传授了射兽之法，又施展法术将芋头、红薯变成耕牛，提高了仫佬族先民的耕作技术。从此，仫佬族先民再也不怕野兽，再也不用担忧饥寒交迫，稻田年年五谷丰登，过上了幸福的生活。为了纪念白马姑娘这位恩人，仫佬族便以血缘家族为单位，在每年立冬日，集聚资金轮流举办节日庆祝，久而久之就形成了依饭节。

除此之外，白马姑娘与梁、吴监守救仫佬族祖先的故事也在仫佬族人中广为流传。据说仫佬族祖先因事犯罪，吃了官司，进了牢狱。牢狱梁、吴二监守同情仫佬族祖先，并于月黑风高之夜偷偷将其放走。本应欣喜，但仫佬族祖先在黑夜中迷失方向，寻不见回乡之路，眼见官兵即将追来，内心十分焦躁。正在此时，空中出现一位白衣姑娘与一匹白马，祖先骑上白马，因而脱险。后来，仫佬族祖先依靠自己的努力发家致富，却忘不了梁、吴监守和白马姑娘的救命之恩，便将其遇难后的被救之日定为吉祥日，用来祭祀与供奉三位恩人，依饭节也就从此开始流传。依饭节具有感恩与祈愿白马姑娘，梁、吴监守保佑的双重意义。

在依饭节开始之前，仫佬族村寨要推选出筹备节俗活动的头首。紧接着，

---

① 由中山大学中文系博士生甘政撰写。

头首按照节俗要求，分派村民们准备各种各样的节俗物品。在宗族祠堂里设置祭堂和祭台是非常重要的，道士法师、村民的集体祈福与祝愿活动均在这里进行。祠堂门外，还要扎上彩门，中间贴上诸如“依饭节某年乐一举，轮千村万户庆万仓”的对联和“恭迎圣驾”的横批。

一般来说，依饭节的仪式活动包括开坛、请圣、点牲、劝圣、唱牛哥、合兵、送圣七个环节。在这几个环节中，祭品贯穿于仫佬族民众酬谢神灵的始终，那么他们将准备什么供奉神灵呢？村民宰猪杀羊，包三角粽，蒸糯米团，并将红薯与芋头做成耕牛的形状。特别是在祭祀请圣阶段，要准备全素供，诸如茶叶、柑橘、甘蔗、芝麻、黄豆、山柰、八角、绿豆、胡椒、花生、黑豆、干切粉。在劝圣阶段，还要准备“浊筵”，即十二种荤菜，如猪头、猪尾、鸡、鸭、猪心、猪肺、猪肝、猪腰、猪肠、猪肚和酒等。“浊筵”是为了让神灵吃好喝好，表达村民对神灵庇护之谢，祈愿六畜兴旺、五谷丰登，以及延续神恩祖德之意。

祭品的美味，带动了我们的味觉，执行祭祀的法师，诵唱的通神之乐，摆设的祭祀场面，给我们带来了视觉与听觉的享受。依饭节的祭祀场面除了祭品，还要悬挂神灵的画像。细细数来，共计三十六幅神灵画像，代表着庇护仫佬族平安顺利吉祥的三十六个神灵。法师作为依饭节仪式的祭祀者，扮演着村民与神灵沟通的中介者。仪式开始之时，一名法师头戴面具，身穿红法袍，脚蹬茅草鞋，伴随着敲锣打鼓之声，跳起了请神接神的舞蹈。还有一名法师，专门诵唱经文。两人相互合作，共同完成依饭节的祭祀过程。当然，仫佬族人不只是倾听法师请神、颂神、祭神、送神的祭歌，也在喧闹、庆贺中与神灵互相诉说着内心所想、所思、所感之事。人们认为，祭神仪式之后，祭品具有了神力，民众分享了神灵赏赐的食物，就具有了无边的神力，可以自由地与神灵沟通，人也可以抵御瘟疫、战胜一切灾难。

不过，随着现代生活方式的不断转变，仫佬族依饭节的仪式活动增添了不少的新内容。2009 年，罗城举办了首届大型依饭节，既有原生态的仪式展演，又有充满了仫佬族风情的抢粽子、草龙舞、仫佬竹球等活动，当然也少不了现代艺术的展览，如奇石、根雕等。节日当天，宾客走过一百多米长的“丰收大道”，走过这条大道，接受稻花的洗礼，祈盼来年风调雨顺、心想事成。细看活动如此丰富，最有趣的要数抢粽子了。比赛前，在场地中间放上水桶，里面盛满了三角形的粽子，三人为一组，三组一同参赛。三人悬空把脚扣在一起，这样就成了独特的“三足鼎立”，其中一人负责捞粽子，然后通过他人把粽子放进远处的箩筐中。粽子是仫佬族的吉祥物，抢得越多，也就意味着福气越多。大型的依饭节节庆活动使传统节俗活动具有了新动力，也向大型旅游文化节俗活动迈进了一步。

第四章　家与祖

家，是以血缘为依据的社会基础组织结构。中国西部少数民族的家庭结构、婚姻形态及亲属观念与内地的汉族社会有所不同，呈现了极为多样化的情形，如母系大家庭、走婚、对偶婚、多偶家庭等，在一些民族中依然存在。这必然会影响到他们的年节祭会。

在中国西部许多少数民族中，祭祖是一项最频繁的活动。祭祖，包括衍生的家祭、族祭、墓祭以及锅庄、灶与“家宅司令”之祀，是最普遍、最庄严的祭礼，也是维系家族或宗族关系的常见形式。祖，是子孙万代的根本，是宗法社会文化的核心所在。祭祖，是为严守祖训祖制使后人永不忘本，由此而衍化出种种仪式，并在漫长的历史中，渐渐固定为专门的节日祭典，渗入了较为复杂的文化内涵。

第一节　祭祖

传统中国家族有关祖先祭祀的形式有寝祭、墓祭和祠祭。寝祭为单个家庭中的祭祀，内容有除夕祭龛、朔望祭祖、中元馈祖、祖先的诞日及忌日之祭。墓祭，即清明、冬至的扫墓。祠祭，又称祖祭，指全家族的春秋祠堂祭祖①。西部少数民族祭祀的形式较为多样，主要有族群性的公祭（一般会追溯至始祖）、家族性的大祭和家庭性的小祭等。不仅每月初一十五，每年大年小节，都要祭祖，有的节日如清明、中元、冬至、朝山节、踏歌节、太平会、祭房头、跳家堂、敬家仙、晒祖公等，一些民族也会专门开展祭祖活动。

① 徐扬杰著《宋明家族制度史论》，中华书局 1995 年版。

一、始祖之祭

九隆神话在古哀牢夷中流传久远，《后汉书·西南夷列传》载："哀牢夷者，其先有妇人名沙壹，居于牢山，尝捕鱼水中，触沉木，若有感，因怀妊。十月产子男十人，后沉木化为龙，出水上。沙壹忽闻龙语曰：'若为我生子，今悉何在?'九子见龙惊走，独小子不能去，背龙而坐，龙因舐之，其母鸟语，谓背为九，谓坐为隆，因名子曰九隆。及后长大，诸兄以九隆能为父舐而黠，遂共推以为王。"南诏第一代国王细奴罗把这个神话奉为开国神话，自命为九隆后裔。哀牢山一带彝族每逢农历四月初八，要远涉山林到保山城东九隆洞来祭礼。九隆洞内原有九隆石雕，形象温厚，嘴里却有三对獠牙，当地民族将其奉为始祖，舞龙祭之。

彝族崇虎，有的支系自称虎族，因此彝族的虎形面具特别多，甚至还有直接在面部及手脚上绘虎纹扮老虎跳舞的。例如云南大理州南涧县彝族每隔三年的首月（虎月）的第一个虎日，便聚集于土主庙，举行祭祀和歌舞活动，庆祝以母虎为首的纪日十二兽神降临。参加舞蹈的巫师有六至十二人，领头的女巫戴虎头面具，跟在其后的一个男巫腰插虎尾，另有一人用葫芦笙吹出虎啸之声。女巫的表演模仿虎、兔、穿山甲、蛇、马、羊、猴、鸡、狗、猪、鼠、牛等十二兽神的姿态，忽而全身蠕动，忽而蜷缩躯体，忽而攀缘腾跃，极富感染力。云南楚雄双柏县彝族过火把节时还使用公、母虎神面具。每个面具都用木料制作，有一对人耳和一对虎耳，大嘴中装两颗野猪或獐子的獠牙。扮演者身披草衣，头戴草帽，赤足。当两个"虎神"舞蹈时，后面的人均蒙面改装，装成牛、马和野兽，跟着"虎神"跳。"虎神"所到之处，人们争相贡献酒和食物，"虎神"则时而用麦秸吸饮美酒，给彝家带来吉祥。

云南彝族的虎头吞口，不管是绘在葫芦上的，还是木雕的，一般都带有一柄长把，依旧保持勺柄状。这种镇宅面具从内地传入彝族地区后，与这个民族崇拜黑虎的传统结合在一起，变成了最能表达彝族文化精神气质的象征符号。楚雄彝族毕摩用葫芦瓢绘制吞口时，总是想方设法地突出猛虎的特征，创造出一种唯彝族所独有的"五虎吞口"。这种面具在一个大虎头内含有四个小虎头，即额头上面有一个，两只眼珠各长一个，口中咬的剑柄头也雕成虎头形状。而且，人们认为，吞口中又以虎年、虎月、虎日、虎时画，并在虎日挂的才最灵验。有些地方的彝族甚至在举行祭祖大典时，把虎头面具挂于门楣上，加以祭祀，表示这家人是虎的子孙，正在祭祖。

云南牟定彝族的祖灵则以山竹为象征，农历正月十六的“天台集会”，是自称“罗罗颇”的彝族奠祭他们共同祖先“默”的集会。这位始祖遇到的不是水灾，而是火难，据说这是人类经历的九次劫难的首难。他因躲于竹篷而幸免于难（竹篷何以御火？神话没做解释），这竹子就被当作祖灵竹子，并荣幸地与祖同名，被称为“默”。后来祖先还主持了氏族分衍仪式，地点在一座名叫大堆子的山上。分衍后的各氏族，定期在这里奠祭他们的共同祖先，相沿成习。

云南鹤庆县彝族农历正月初三到十三、三月十五和立夏，分别举办朝山节，据说与祭女始祖莲母的活动有关。古歌说：“供菩萨不如供祖先。”朝山的目的是寻找莲母老祖，传说莲母老祖九百岁时，她与子孙们住的小凉山起了大火，烧死了许多儿女。后来，蜜蜂救出剩下的十人及莲母老祖。在飞越金沙江时，他们不幸失散，落在各地的子孙繁衍了不同的后代。儿女们怀念莲母老祖，每年数次爬上当地最高的山峰，面向东方，数十只唢呐对天长鸣，高歌狂舞，呼唤莲母。传说莲母老祖与儿女失散后，被蜂王驮到朝霞山，她想念儿女，每日站在山头用竹管呼唤他们，吹得鲜血飞迸，化为火草，泪水也化为两股清泉。所以，朝山节，人们要痛饮山泉，采摘火草，用火草制作衣服，让它作为子孙与老祖相连的象征。人们吹的唢呐，相传也是从莲母吹的竹管演化而来的。

云南省麻栗坡县董干镇新寨村彝族最隆重的节日是“荞菜节”，这是祭祀祖先、娱神娱人的一个盛大民族节日，在每年农历四月的第一个龙日过此节，视同过大年，所以当地又叫“过荞年”。祭祀祖先，彝语叫“美满”（汉译音），意为祭公、母祖先。祭祖先与过荞菜节源于一个古老的民间故事。传说，彝族的祖先居住的寨子有一次起了大火，全寨都化为灰烬，房屋、家具、农具及粮食等无一幸免。正当悲痛欲绝的人们一筹莫展时，有一个人发现废墟的粮仓下面倒扣着一只碗，翻开一看，碗下边罩着的竟是一些荞籽。人们将荞籽播种在地下，荞出苗后见风长，到四五月份青黄不接时，它熟了，使彝寨人度过了灾荒。于是，人们为了感谢荞给他们带来的新生和希望，便把四月的第一个属龙日定为荞菜节，这个节日习俗就这样传承下来了。后来人们每年四月头龙这一天，还要组织人到荞菜地里喊荞魂回家，送到楼上，请其与祖先共享节日的快乐。平时要遵守很多规矩的彝族妇女、儿童，在荞菜节这天，可以与男人一道尽情享受节日快乐。男女老少换上节日的盛装，倾屋而出，在古树林里过荞年。小伙们敲响铜鼓，姑娘们踏着鼓点摆手扭腰舞蹈，还有一些人戴着形状怪异的面具表演（表演者多为女性）。

在云南石屏县，彝族祭祀始祖“阿竜”的节日有三种：每年举行一次的叫“咪嘎好”；举行三年后再间隔三年，这样轮番进行的叫“迎竜”；每逢属马年正月立春后第一个属马日举行的叫“德培好”，是最隆重的节日。相传，这位始祖是一位力大无比的人，带领彝人披荆斩棘，艰苦创业。

一年一度的祭祀也称“祭大竜”。节期两天，第一天正午举行场面壮观的“迎竜”“请竜”仪式（包括取水、洗净“竜卵”、迎“竜卵”及“竜子竜孙”、诵经等）；第二天举行武技、民族民间舞蹈表演、召开联欢会，在此之后十多天内，十二个祭司到各村各户，逐家登堂演唱经文，祝愿平安、丰收富裕、团结和睦。祭大竜的节日场地除原有的阿竜神树龛以外，还要布置由青松林曲折游道、牌坊阁楼和祭坛组成的祭场。其中，主祭坛用十二张八仙桌重叠搭成，高达两丈多。每张桌面摆设一平石谷子，表示一年一祭。坛顶平斗上供置象征彝族始祖阿竜化身的椭圆形石头和一头小猪。坛上椭圆形石头与地面迎竜象征物用两股红丝线相连，表示“血脉相通”。各小祭坛的诵经内容，也是有关祈育求福、消灾祛祸的。他们认为，通过这个节日，逝去的遥远始祖便会保佑“血脉相通”的子孙后代，使他们世世代代兴旺发达。这一祝愿，也体现在庆典开始时用“竜蛋”穿过一个类似女阴形的石孔的仪式中。

云南巍山彝族二月初十至十五的巍宝山盛会（又叫“踏歌节”）规模最大，赶会的常逾万人，其中，主要参加者（彝族和白族）都有祭祖的内容。例如，在巡山殿跳的踏舞，与对南诏国创业始祖细奴罗的祭祀有关。这位始祖发迹于巍山，被当地民族奉为共同祖先，供奉在巡山殿内。而在巡山殿大殿一侧偏殿内，则供奉着附近彝族各姓的祖宗灵位。踏歌祭祀的对象，便是南诏开国始祖和各姓祖宗。

巍山一带的彝族在农历九月初九也要过一个拜祖树的节日，称作“拜祖节”。据说，当地的多雨村、麻秸房过去曾同遭匪劫，村民群起抵抗，但寡不敌众，最后只剩下两男两女躲入一棵空心的大树，才免遭劫难。这四人都感谢大树救了他们的命，所以常去祭祀，临死前又嘱咐后人，将他们葬入大树的空洞中。因此村民每年拜祖节，就来拜祭这棵祖树，祈求祖先的护佑。同时，人们也认为几百年、上千年树龄的大树，生机旺盛，崇拜大树，就可以使祖公像大树一样，永世长存，长年庇荫于子孙。节日前，各家庭要将嫁出的女儿和去别家上门为婿的儿子都接回来，一家人幸福团聚。节日早晨，各家先以户为单位祭拜祖先，早饭后，各家族携带祭品，赶上共同购买的猪、羊，来到祖公树下，杀猪、鸡、羊，并将鸡血抹于树上。然后煮肉、点香、摆供品，老人念诵祷词，全体下跪磕头，请祖公护佑阖族众家，无病无灾，人丁兴旺，多财多福。祷告结束后，人们饮酒娱乐，通过怀念祖公，过一个家族团聚、祈求未来生活幸福的节日。

纳西族每年举办三次祭祖节，分别在三月、六月和冬月。祖灵的象征是“羽布”树（用白栗木或松木表示），两旁插两根代表先祖的小树枝“津西”和“布西”，树下的神石，还要垫上在百草之前最先长出的杜鹃枝和白蒿（所谓“蒿为草之首，杜鹃为木之首”），以此来对应最先出现的人——始祖，并用祭祀来表达后人对始祖的追忆和缅怀。

基诺族始祖祭[①]

基诺族最隆重的节日是过年，过年最隆重的活动是祭祖。祖灵的象征是形制独特的大鼓。大鼓（人称太阳鼓），是他们最神圣的器物，平时安置在村寨长老（寨父、寨母）家中上楼梯进门的第一间屋里，严禁动用。到重大节祭时，才由祖灵的人间代表，村寨里的至尊长者“寨父、寨母”敲响大鼓，召集会议，商定节祭事宜。过年的第一声鼓，也由寨父、寨母敲响。一听到鼓声，全村寨男女老少立刻穿着新衣，聚在一起，共祭与大鼓同在的祖灵。此刻要杀一头猪、两只鸡，并用酒、槟榔和竹筒饭祭鼓。庄严的祭献仪式后，才由寨父将鼓槌郑重递交给舞者。舞者此时不能即刻起舞，而要先请老人起舞，之后年轻人才起舞。祭祖要跳大鼓舞，基诺族称“厄扯嗰”。关于厄扯嗰，民间有这样的传说：

创世女神阿嫫晓白从水里出来时，头戴白色的尖帕，身穿白色的衣裙。她开始造万物，她造的人和万物都会说话。人撵麂子，麂子叫：“不准打！”人砍树，树也叫：“不准砍！”人无法生活，到处乱哄哄的，不成样子。阿嫫晓白想重新造世界，就发洪水淹死万物。

天和地是像碗一样互相罩在一起的，中间有一个口子，流出水。阿嫫晓白把水口堵住，洪水就漫上来了。

---

① 本田野笔记由邓启耀撰写。

发洪水时，阿嫫晓白把自己装进大鼓里，变成双胞兄妹玛赫和玛妞。洪水把世上万物都淹死了，玛赫、玛妞就到天上去要人。天神给了他俩三颗葫芦籽，栽下去，三颗都长出来了。第一颗长出来，被山神要去：第二颗长出来，被家神、井神和寨神要去：第三颗发蓬发得翻过九座山九条箐，结出一个果，被山神要去，结出第二个果，寨神又要去，结出第三个果，长得比山大，把山都遮了。玛赫、玛妞去背水，听到人声不见人，听到人叫不见人。

阿嫫晓白说给他们，把铁烧红，烙开葫芦，他们要烙，里面的人叫："莫往这边烙，会烧死我们！"烙了几次都不成。后来传出个老妈妈的声音："往我这边烙，烙死我也可以。但在天地毁灭之前，你们不要忘记我！"烙开葫芦，出来了许多人。先是控格人（又说布朗族），二是攸乐人（基诺族），三是汉人，四是傣人。出来后各人认地方：傣人认坝子，攸乐认山头，汉人认做生意，控格晓不得做什么，一直发展到现在。

玛赫、玛妞是天神和地神，是两口子，他俩又是阿嫫晓白变的，话是她教的。玛赫、玛妞生了七个儿子，七个女儿。

云南省西双版纳傣族自治州景洪市基诺乡亚诺寨木腊资老人讲述

沙晓桑口译

邓启耀记录

1993 年

另外一则基诺族神话说：兄妹二人躲在牛皮木鼓里，创世神告诉他们，每天用鼓槌敲三次，如果鼓声清脆，说明洪水退了，大地干了，可以用刀划开鼓皮出来。大木鼓在洪水里漂了七天七夜，漂到攸乐山上一个最高处。他们从鼓里出来，大地空无人迹，兄妹二人就在这里居住下来。年复一年，他们感到十分孤独。为繁衍人类，兄妹只好结为夫妻，生儿育女，人渐渐多了起来。

这类神话在基诺山流传很广，而且内容不止这些，它包含了创世女神同时也是人类始祖母的所有经历，上自开天辟地，下至民族由来、迁徙征战、生产方式、生活习俗、社会组织以及民族关系等诸多内容，算得上是基诺族传统口述的一部象征史记和百科全书。为让儿孙记住这事，基诺族让女人像创世女神阿嫫晓白一样，头戴白色的尖帕，身穿白色的衣裙（白底上的花纹是后来加上去的，因为要记录种种关于族群、信仰和灵魂的信息）。他们修好大鼓，在农历十二月丰收喜庆、送旧迎新的日子，搭架把鼓吊好，男的在正面边击鼓边跳舞，女的在背面击鼓伴奏。众人围着大鼓跳舞，以此纪念传说中靠木鼓逃生、繁衍后代的始祖，庆祝新生。这个传说属南方民族中常见的洪水神话，所不同的是，兄妹借以逃避洪水之灾的是大鼓。幸存的兄妹成婚繁衍后代，后代则用大鼓象征这一对始祖，但凡重大年节祭祀活动，便要由始祖在人间的代理人寨父、寨母敲响大鼓，好让后人闻其声而思其本。这种祭祀活动逐渐固定为一个全民共庆的传统节日。

二、家祭与族祭

各民族祭祖总的有两种，即家祭和族祭，家祭是小祭，族祭是大祭。

苗族举行家祭（小祭）时，先请鬼司推算时间，然后由同居一地的亲家门兄弟，在夜里秘密举行仪式，只请一个芦笙手和一个歌手来歌舞。举行族祭（大祭）时，要请一队芦笙手，演奏一套完整的芦笙祭祀曲，如《祭祖祭灵》《呼日唤月》《共享祭食》等，主芦笙手怀抱母笙，背着子笙，呜呜吹奏，并在八十一把刀尖上翻滚腾挪，表演一些惊人绝技。外姓家族则前往道贺，四方芦笙手和歌手云集，大显身手。

中元在农历七月十一至七月十五，俗称七月半、鬼节等，是祭祀祖先和亡灵、迎送鬼神的日子。传统说法是：祖先会从阴间到阳间的家里食奉烟火，家里亲人要热情招待，每天早、中、晚摆酒席敬奉。农历七月初二、初三，家人会将自家祖先、亡人接回家祭献，家堂正中的祖宗牌位上挂历代宗亲亡人名单——“亡单”。每天在吃饭前先燃香、敬酒、献粑粑和饭菜，然后“请亡”。各处坟山的历代祖宗尤其是近三代祖先一定要请到，并要焚化纸钱。献了亡人后，家人方可开饭。从农历七月初九开始，家家户户都开始准备好茶水和糖丝、水果，挂上“祖宗单”（如果亲人逝世的时间距今还不到两年半，则不能上祖宗单，只能另外摆一张饭桌供奉），取一把香，顺着自家祖先坟地方向路上，每隔一段距离插一炷香，称为引路香，把老祖公接到家后，燃香点灯，倒上茶，每天早中晚都要祭拜这些祖先神位。如此一直要献到七月半，其目的是祈求赦免亡人罪愆，保佑他们的后代，也使亡人不致沦为无家可归的孤鬼。初二、初三要“接亡人”，十三日要“送亡人”。还要为亡人准备回程的黄瓜船、柴担、马草等。为防止非正常死亡的“上不得家堂”的各孤魂野鬼与本家亡人“争嘴”抢食，还要为他们专备一个“孤魂包”，洒一碗汤饭。

七月半在古永汉族中是十分重要的民间活动，目的是延续香火，以此告慰祖先。而在古永傈僳族的社会中，七月半却是可过可不过的一个节日，且大多数人选择不过。如果要过，就需要烧纸钱和杀小猪祭祖。在怒江傈僳族的传说中，傈僳族祖先每年要过落叶江去大理赶三月街，需要花很多钱。如后人在七月半的时候不烧纸钱给他们使用，祖先没钱赶三月街，就会导致祖先灵魂迁怒家人，降祸使人得病，牲畜得瘟疫，或是庄稼受灾等。给老人准备好用纸做成的“包封”，也就是给祖先准备的钱，将给每个已逝亲人的钱分别包起来，再分别写上他们的名字。七月十四晚，供完最后一餐，这些祖灵要回阴间，就要给祖先“烧包”。一个人点上一把香，按照接亡人那天的路线插上，一个人端着“水饭”碗，其他家人负责拿包袱，在路边找一个位置进行焚烧，焚化衣冠、包封之类给祖先的钱物。近年来，人们富有了，还制作纸币、纸电视机等焚化，作为馈赠祖灵的高档礼品，还要备些斋粑作为他们在路上的干粮[①]。烧完包后就到河里去漂河灯。

哈尼族“觉扎杂节”祭祖时，寄托着这样的期望：好好按先辈的古规那样传，沿先祖的路那样走，一帆风顺。尽管一些民族的人们无时无刻不期盼千秋万代都能在祖先的庇荫下，顺顺当当过日子，可祖灵的阴影太重，有时也会带来麻烦。某些民族认为，祖先死后“灵气”不散，如有怠慢，灵气就进村扰乱，给人畜带来疾病灾祸。这样，便又产生了一些送祖慰灵、驱抚相杂的祭典。例如，富民彝族的“太平会”就是一种不定期的公祭祖先的集会。这种集会的举办，必须选在村寨遇到瘟疫或其他灾祸，怀疑是祖先灵气进村扰乱的时候。普米族农历二月初十或八月初十前的“祭房头”，也是一种恭请祖先阴魂归去的祭祖活动，至于某些地方的彝族三年一次的“晒祖公”活动，或许已在恭敬中含有某些幽默了。在这些地方，“祖公”是用铜或白银铸成的偶像，平时藏在山洞里。山洞给人“阴”的感觉，祖公也有“阴”的感觉，根据传统的阴阳“辩证法”，“阴”多了或许会破坏“阳世”的平衡，所以，把祖公拿来晒晒，受些“阳气”，便成了一种“有意味的形式”。当然，这种形式已不是审美的，而是巫化的或宗教的了。

白族先祖与民族缔造者祭[②]

白族把对祖先的祭祀转为本主祭祀，有些本主实际上就是自己的祖先。如洱源是大理地区远古文明的摇篮。在它的周围，包括大理、洱源、剑川、

① 斯琴高娃、李茂林《傈僳族风俗志》，中央民族大学出版社 1994 年版。

② 赵寅松撰写，选自杨世钰、赵寅松主编，杨政业分卷主编《大理丛书・本主篇》（上卷），云南民族出版社 2004 年版。

鹤庆、宾川、祥云和云龙等县，现已发现四十多处遗址，其中比较重要的有白羊村、海门口、清华洞、鹿鹅山、打渔村、马耳、佛顶、龙泉、三阳、鹤云、白云、莲花、五台、苍琅、中和、海潮河、金梭岛、大墓坪、五里桥等遗址。它们真实地反映了苍洱境内古代居民是怎样开辟了这块富饶的宝地，从而使大理在唐宋几百年间成为云南政治、经济、文化的中心，势力远达川、黔，声威影响整个东南亚。因此，缅怀祖先开疆拓土的伟业，纪念先人艰苦创业的辛劳，在白族本主祭祀中也占有一定的比重。

丽江白族杜吾村本主叫白王。相传白王到这里以前，九河坝是没有人烟的地方。这里全是深山野箐，坝子是白王来了后才开辟的。现在地皮挖下一尺深就有草皮、草根。他的塑像全为白色，四手四眼。

洱源县城东十五里有座灵应山，山上建有灵应庙。地方志书记载说：神姓张名敬，俗传观音大士制罗刹，有张敬者与有力焉，后死为漏沟之神，有祷辄应。每年农历八月十五，洱源青年男女到这里烧香，一路唱调子，与大理“绕三灵”相似。洱源牛街龙门舍村本主可以说是白王的群体偶像，尊称为“玉印华丛澍雨掌雹景帝”，本主诰写道：“威灵有赫，正直无私，远近舍利，不惮跋涉之劳。诛灭群奸，曾施智勇之略。故主泽被生民，精忠报国。作将军为节度，历相三军。由是敕封景帝，赐爵总兵。玉龙关前，威灵传于万古。莲花蜂下，祭祀享于千秋。逢善则降之祥，有求皆应；遇凶则化为吉，无不灵验。大智大仁大忠大勇，本主大圣华丛玉印景帝。”对本主诰的解释是：在梁段和好之时，段功替元政权梁王出兵作战，不怕远道跋涉，向明玉珍部及妖僧舍利迎战，为梁王收复地理范围相当于今昆明、曲靖、玉溪、楚雄的区域。梁王保为将军，仍旧赐爵总兵。文中“为节度”是指段思平曾任通海节度。“赐爵总兵”指段实。“曾施智勇之略”是指段功伪造明玉珍母家信，迫使明玉珍退兵之事。简言之，龙门舍本主集段氏三代为一身，塑造了一个段白王。

洱源邓川西湖十个村，大族姓氏一张二李三杜，他们信奉的本主可视为氏族部落首领的雏形。西湖张氏大族，由洱源北岸的兆邑搬迁而来，他们共同信奉的本主是“景庄皇帝”，他原是大理国白王的十四代孙。李、杜二姓崇拜的本主是“匡圣皇帝”，包括绿玉池村在内。匡圣皇帝有三弟兄，大哥分封在温水及小邑一带，二哥镇守西湖上游，三弟扼守西湖下游、三道桥、西河埂、草房村及清水沟一带。整个西湖水系的本主神是匡圣皇帝三弟兄，而这三弟兄又共同尊奉其白姑妈，又称白姑奶奶。据说匡圣皇帝三弟兄在治理西湖水资、开垦基业之时，开始各顾各本身，相互不团结，结果谁也没有成功。后来在白姑妈的教导和帮助下，同心合力，团结协作，终于在西湖五登五营创立了基业，被敕封为西湖本境之主。本主庙中除立有匡圣皇帝三弟兄雕像外，白姑奶奶亦被供奉一旁，同享香火祭祀。白姑奶奶生前喜欢喂养白公鸡，不喜欢红公鸡，匡圣皇帝三弟兄则反之。所以每当六月十五本主会期，接本主礼仪均分门外门内，门外必须用一只白公鸡和猪颈祭白奶奶。进门后则用一只红公鸡及猪头、猪腰、猪尾祭匡圣皇帝三弟兄。这一仪式，李、杜二姓子孙尤为虔诚，相沿成习。

洱源邓川元井村本主福民景帝的传说与匡圣皇帝名似而事异，同时列出。相传国光皇帝、匡胜皇帝和福民景帝为三弟兄，国光为老大，匡胜为老二，福民为老三。三弟兄出征在此有功，村民为纪念他们，便将他们立为本主。正月初九元井村将本主接到旧州古牌坊下，使三弟兄相会，唱戏庆祝，多唱《古城会》，取刘、关、张三结义之意。《洱源县旧州本主灵帝碑记》载："兹庙者，原蒙氏时，大理贵族诞育三童。其像奇绝，其性非常，成长好勇，能敌强寇：追及元时克服大理，其童为忿进入邓川，助持郡主阿翁德得力，蒙皇恩宠赐太守，扶镇七方。彼时三童子期而卒，气质为神焉！祷之则喇响感通，求之则鼓声有应，封号能护持邦国光灵帝也。"

在白族本主中，有相当数量是南诏和大理国的皇帝、清平官、大将军，这是因为进入阶级社会以后，本主崇拜开始被统治阶级利用，逐渐由官方提倡和封赠。这种情况连史家也不讳言，《邓川州志》就说："庙祀者，典礼之大，非御灾捍患法施劳民者不得与。今祠宇相望。里巷间妇孺奔走跪拜以有名无实土主者，率东蒙段氏侈号，治侏缡，历数百年而禳祀不辍，岂真功德在民耶，盖民志之惑也久矣，所当祛而定之。"然而，有的地方的本主更多的不是以人间帝王的身份受祀，而是与祖先崇拜融为一体而历久不衰。例如，据《邓川州志》载，段思平，邓川士登村本主，"旧志曰蒙氏酋隆庙，伪谥宣武，岁以三月八日赛会"；赵善政谥惠康，邓川右所本主，"有孝行，正月望日赛会。蒙氏酋隆"；"兆邑土主庙即蒙氏酋隆，伪谥景庄，岁以正月旬有三日赛会"。

赵北仁天惠康皇帝，即赵善政，为洱源县上村、炼城、文强、永和、上中村、下中村等地的本主。旁祀神有应北坤灵应圣母及其他拜把兄弟和家属：赵福天元德景帝、新爷凤凰景帝、三爷凤鸣景帝、换子之神、赵相公之神、四王之神、登王太子之神、五太子之神、四将军之神、六王之神、七王之神、府王之神、赵善政之妹姑四女、白洁圣妃阿利帝母（遵赕之宁北妃）。相传赵善政是洱源上村人，以砍卖柴度日，十分孝敬母亲。有一天他上山砍柴，天空中突然掉下来一块巨石，落地砸成两半，上书“善政为天子”五个赤字。后来赵善政确实做了南诏国后期的皇帝，因此，赵善政“孝行感天，从天坠石为天子”的故事广泛在农村中传播，并为他建庙纪念。接送本主时，要按人间帝王的穿戴、仪仗来接送；如同古代皇帝进城一样。本主接回村后，要杀猪设宴，念经唱戏。本主庙里楹联写道：

作六诏之元魁，乘六龙，骑六马，营谋六合者占六；

为三迤之保障，缉三皇，超三杰，媲美三代位符三。

胜地好风光，背天马，面茈湖，水秀山明，万家烟火咸在抱；

神威昭赫濯，坠金瓯，调玉烛，民安物阜，六诏闾阎悉沾襟。

惠康恤民，百年历史尊本主；

善政有德，数千士庶常爱戴。

又一说，赵善政为肯赕（兰州人），与母亲和妹妹一同迁居到洱源上村。每天砍柴度日，孝养母亲。有一次砍柴到山中拾得几文铜钱，一路走，不断发现更多的铜钱，赵善政一直拾着，忽然到了一所庙中，有神人指点，叫他每日只需来这里拿柴去卖。善政将此事告之母亲，其母不信，尾随去看，果然如此。后来赵善政做了皇帝。

赵善政有个妹妹，名叫姑四女，在善政失败后逃难，要从凤羽东山到西山脚去。由于当时凤羽坝为水泽地区，所以需要船渡过去。当时有一名叫拨宝波的船夫正在水中划船，姑四女请拨宝波渡她过去。拨宝波要酬谢时，姑四女假意答应愿意做他的妻子；拨宝波要信物时，姑四女脱了一只绣花鞋给他。于是姑四女上了船，船到岸时，姑四女逃跑了。拨宝波肩扛木桨去追她。姑四女躲进鹤林寺中，久等不见出门，原来已变成了神。拨宝波久等不见她来，心里又放心不下，于是就变成一株花长在寺门口。后人为他们盖庙祭祀，在如花似玉般的姑四女塑像旁，站立着身穿黑色大襟衣、手持木桨的拨宝波塑像。拨宝波的憨厚粗壮正好与姑四女的美丽妩媚相映成趣，给观者留下深刻的印象。每年洱源上村人到凤羽去迎接姑四女回上村住，使赵氏家族团圆，到鹤林寺门前时口祝“拨宝波失火，姑四女逃出来”。姑四女回村时常有风雨由凤羽方向吹到上村一带，而前去迎接姑四女回家的善男信女总要摘一把野山茶花带回去。

肃恭景帝杨干贞，为洱源县神充村、下营村、大埂村、河埂村、马家营的本主。神充村本主为杨干贞之妻杨娘娘，马家营本主为杨干贞，大埂村本主为杨干贞的弟弟二老爷，玉阿村本主也为杨干贞的家属。

大理国的缔造者、杰出的古代白族政治家段思平也被许多地方奉为本主。洱源县中前所、李周营、赵家营、杨家营都是明代进入云南的军队建立的村寨，但都尊段思平为本主。洱源县凤羽兰林等村尊段氏三弟兄为本主，称号分别是“本主西天得道隐显应化护国先师佑民大帝段思平”，农历八月十五赛会，“本主西天正气险显应化护国先师佑民大帝段思恒”，农历正月初八迎本主，十一日送本主。

与史书普遍记载段思平在通海节度任上起兵造反，灭杨干贞而夺取天下的说法不同，段思平、段思恒、段思宗三弟兄分别做兰林、庄上、铁甲三村本主的民间传说是这样的：

相传段氏三弟兄为其母梦与木头交而托生。三兄弟长大后，周围团结了一批智勇之士。后来，三兄弟聘请怀才不遇、怨愤在家的董迦罗为军师。恰好董迦罗也夜梦三虎入堂，所以三弟兄一到，董迦罗欣然受聘。由于兰林李家跟段思平打天下并做了大官，段思平死后，就被其奉为本主。

段思平的二弟段思恒做庄上村本主，三弟段思宗做铁甲村本主。原来三兄弟连同他们的亲属一百二十人同住在庄上本主庙。后来山洪暴发，本主庙被冲毁才一分为三。

推崇忠贞不渝的爱情，颂扬不畏强暴的女性，无论在白族的口头文学或书面文学中都占有相当的比重。遍布大理、洱源、剑川等地的柏节夫人（又名“白洁圣妃”或“慈善夫人”）被当作本主崇奉，在洱源就有七处以上，它既是祖先崇拜、英雄崇拜的历史真实，又融入了白族人民丰富的情感。洱源凤羽收集到的《柏节夫人祝文》中写道：“操贞松柏，节凛冰霜，绩著前唐，名垂野史。秉千年之烈性，树万古之芳型。裙钗景慕，则效难齐，邓洱尊崇，由来已久。兹逢圣诞，偕老少以欢呼，谨谒愚诚，合明贞而庆祝，伏原降銮来临，咸享素供，谨祝。”

相传唐代洱海地区为蒙舍、蒙巂、邆赕、浪穹、施浪、越析等六诏所据，其中蒙舍最强。为了吞并其他五诏，蒙舍诏主在唐王朝的支持下，假借农历六月二十五祭祖之际，通知五诏来蒙舍祭祖。五诏中独越析不听未到，其他四诏诏主均按期到来。于是蒙舍诏主宴客于松明楼。至黄昏时，四诏诏主尽皆吃醉，蒙舍诏主（因蒙舍诏在诸诏之南，故称南诏）借口烧纸祭祖抽身下楼，依次锁起松明楼的各层门窗，然后放火烧了松明楼，四诏诏主均被烧死。南诏由此吞灭了四诏，接着又消灭了越析诏，六诏统一于南诏。至今人们每年六月二十五燃火把纪念这件事，是为火把节。祖先崇拜是鬼魂崇拜的发展，除了相信鬼魂观念以外，还要有血统因缘观念，祖先崇拜才会盛行。在白族中，清明扫墓、十月上坟送寒衣、七月半祭祖烧衣包、平时逢年过节祭奠祷告祖先保佑赐福是很普遍的。为了能使祖先死后也像生前一样乐得其所，白族在父母到了四五十岁以后，就忙着操持后事：准备棺椁，挖砌墓穴，竖碑立墓，还美其名曰“做喜房”“挖喜井”。人们相信，死后棺椁漂亮、墓室宽大、坟墓壮观就像生前住青砖瓦房，否则就像生前住窝棚草房一样简陋。虽然这当中也有接受汉文化影响的遗迹，但具有本民族特点的是，在远古时候，白族除了分别对各自的先祖崇拜以外，还有共同的对被相传为本民族缔造者白王的崇拜。在白族地区，白王庙、白王城的遗址随处可见，有些地区直接将白王奉为本主。有的却经过历代的演变，曲折地表现为鹤庆、云龙等地本主崇拜中屡次出现的白岩天子。这是因为历史上相传白子国起于弥渡，弥渡又叫白崖的缘故。

水族端节[①]

端节，也称过端，水语称为“借端”“过多”。“借”是“吃”的意思，“端”则含有汉语“开端”岁首之意，有“祭祀”祖先、“共庆丰收”的内涵。“借端”的本意，是到野外吃的意思[②]。

过端节的时间，从水历年末的十二月到岁初的正月或二月（相当于农历八、九、十月间）逢亥日分批分期进行[③]。

关于端节起源的传说故事，有较多的版本[④]。最早整理记录的是《水族民间故事》里的《端节的由来》，其中这样描述的水族的祖先迁徙和端节的起源：古时候，水族先民逃荒到相当于今广东、广西一带，没法生存，又沿河过南丹，到达相当于今贵州三都境内的三洞，从此定居下来。后来，他们思念故乡以及四下分散安家的兄弟姐妹，就邀约来到三洞“拱登”（水语，即祖

---

① 本田野笔记由中山大学社会学与人类学学院博士研究生朱志刚撰写。

② 何积全主编《水族民俗探幽》，四川民族出版社 1992 年版。

③ 贵州省水家学会编《水家学研究》（三），内部刊物，1999 年印。

④ 潘朝霖、韦宗林《中国水族文化研究》，贵州人民出版社 2004 年版。

公的意思），商量往后过日子的事，大家议定三年之后的水历年底，都到三洞来团聚。三年后，他们在团聚的时候和外族人发生争斗，死伤多人。为了避免再出事，就到“团怒姑端”（水语，地名）的山坡上唱歌玩乐赛马。以后，每逢水历年底，人们都从四面八方抬着果实来三洞团聚，头天晚上和第二天早上，总摆上炖鱼、炕鱼、瓜果、豆腐、糯米饭和米酒等祭奠祖先。从此，每年的这种聚会就叫作“借端”[①]。上面这个故事较为详细地讲述了水族祖先迁徙的原因、路线、分散生活、与其他民族的争斗纠纷、以娱乐和祭祀祖先为主体的端节由来。

在《三都水族自治县概况》一书中，这个故事演变成为一个仅仅关于庆祝农作丰收后分散各地的兄弟团聚的版本：“远古时候，有兄弟数人，分家后各居一方，平时很少有机会见面，到了谷子成熟归仓季节，兄弟彼此走访，庆祝丰收。亥日是他们分家的日子，以后这个节日就世代相传而保留下来了。”[②] 而在《水族文学史》里面，这个故事被加了一个端节为何分期分批过的“尾声”：由于当时只有一个端节，而且各地都要上三洞来，有诸多不便，为方便人们互相走访，团圆相聚，后来经大家议定，才分期分批过节。拱登从塘里捕来一篓鲜鱼，叫各支系的头人去抓鱼，然后过秤，根据鱼的重量安排各地过端节的顺序，抓到大鱼的，先过端节，抓到小鱼的，后过端节。为什么选择亥日这一天过端呢？是因为水族有一位远祖在这一天安葬，为了纪念他，才把这一天定为节期[③]。

笔者在访谈期间，听到较多的一种说法则主要强调了端节分期分批过的原因：传说水族的远祖有四个儿子，分别在四个地区安家落户，三年过后，四兄弟遵照远祖的吩咐，纷纷回来向远祖敬献丰收的果实。就在全家欢聚的日子，远祖不幸得病，自知时日不多，便叫老大从鱼塘里捉来一条大草鱼，砍成四段，用菜包好，煮在锅里。然后把四个儿子叫到床前，吩咐说：“我们迁居到三都后，还没有自己的节日，我死后，就以安葬那天为节。你们按各自所得的那段鱼的顺序过节。”结果老大得鱼头，老二得鱼尾，老三得第二段鱼身、老四得第三段鱼身。不久之后，远祖去世，葬于亥日，于是四兄弟以

① 岱年、世杰编《水族民间故事》，贵州人民出版社 1985 年版。

② 《三都水族自治县概况》编写组编撰《三都水族自治县概况》，贵州人民出版社 1986 年版。

③ 潘朝霖、韦宗林著《中国水族文化研究》，贵州人民出版社 2004 年版。

亥为节，并按所得鱼段的顺序，分别纪念远祖。自此之后，水族聚居的四个地区，从农历八月中旬起，每隔十二天的一个亥日，就有一个地区过节。

以上关于端节的传说故事，形式上存在各种细节上的差异，譬如故事中端节的由来，有的是为了纪念祖先（有的是纪念战死的祖先，有的是纪念病逝的祖先），有的是为了庆祝丰收；过端节的顺序说法也不一，有的是按所得的鱼的重量，有的是按所得的鱼的身段。虽然如此，但经过文本分析之后，我们还是能够从这些差异中发现其中蕴含的共同之处，总体而言，这些故事讲述的其实是一个族群内部的分散、团聚和纪念的主题。这个蕴含在故事里的共同内核，我们可以用下面的形式来表示：族人分散居住—丰收后团聚庆祝—逐序分批次过端。某一支系的水族族群最初通过端节的形式，一年一度的交流聚会，互相走动，来达到族群内部兄弟的凝聚和团结，而端节这一文化符号最终却促使这种族群集体无意识的记忆强化了族群认同。

端节从亥日的前一天，也就是从戌日开始。戌日有些类似汉族的大年三十，这一天，必须彻底打扫卫生，特别是炊具。之前可以杀鱼、包韭菜等，也可给小孩买些新衣服等物。

端节忌荤不忌鱼也有一些传说故事：相传水族的远祖有四个儿子分往各地，有一年秋天，他们来看望远祖，远祖十分高兴，上楼取腊肉招待大家，谁知不慎坠楼而亡，众兄弟悲痛不已，决定在吊丧期间食素，并以素食供奉远祖以示尊敬。因为远祖住的地方吃鱼像吃菜一样平常，用鱼作为祭品，就是怀念祖先的故乡。

民间也有另一种说法，据传在古时候，水族地区闹洪水，贫困、疾病、饥饿的阴云笼罩着水乡大地。水族人民想尽各种办法和疾病做斗争，他们采集了九种菜，和鱼虾合制成一种包医百病的妙方良药，摆脱了病魔的困扰。但是后来慢慢地水族人民用九种菜和鱼虾制成的药方失传了。为了表达对前辈的敬慕和怀念，水族人民便用韭菜来代替失传了的九种菜名，沿袭至今，成了鱼包韭菜，并在最隆重的节日里，用这道菜来招待客人，表示祝愿大家健康长寿。

鱼包韭菜，每家每户都做，少则做三四斤，多则做二三十斤。所选鱼为鲤鱼或草鱼，其中又多为鲤鱼，重一两斤。具体做法如下：将鱼剖开，除去鱼杂，洗净，洒上好酒，配以葱、蒜、糟辣、生姜、食盐等调料，再把洗好的韭菜填充在鱼腹中，用稻草绑扎，放入大锅中清炖，或放入甑子清蒸十至十二小时。鱼包韭做好之后，要端端正正地放在供桌上。这种做法，鱼、菜均味鲜可口，鱼骨酥脆，鱼肉肥美细腻，鱼块软而柔嫩，醇香味厚，即使在天气较热的情况下，搁置三五天也不变味。

酒是少数民族节日活动的重要饮料，水族酿酒工艺独特，很早就使用了蒸馏的酿法，发明了用来酿酒的专门器具。酿酒的原料种类较多，主要有大米、玉米、稻谷、红薯、刺梨等。最普遍的就是用大米酿的酒。九阡水族酿造的九阡酒与其他地区水族酿造的酒差别很大，据说主要是由于九阡的水土、温度、湿度等因素造成的。

亥日这一天的上午，大家穿着节日的盛装，挨家逐户去吃祝贺性的新年饭，吃供祭祖先的鱼和豆腐，当地称“吃年酒”。有亲属关系的家庭通常会按事先约定好的顺序前往，场面十分热闹，队伍很是壮观。每到一家，按辈分依序入座，互挽手臂，在祝福的欢呼声中干杯。吃年酒必须家家去到，若有一家未去，就是对东家的极大侮辱。孩子是吃年酒队伍中的重要角色，当地人认为孩子的欢笑会带来好运。

贵州三都水族的端节，大致分七批过完，前后相隔四十九天。根据过端节的区域及过端节的时间，端节大致分为以下两个系统（参见表4－1、表4－2）。

表4－1 第一系统的区域及过节时间分布情况表

第一个亥	鸡场、富河、潘洞等三个乡（现属都匀市的内、外套地区）
第二个亥	水龙乡的拉右、打物等地
第三个亥	水龙乡的水龙、安塘、旁寨等地，大河镇的甲倒、石奇，以及地祥乡（现合并到水龙乡）
第四个亥	中和乡（现为中和镇）

表4－2 第二系统的区域及过节时间分布情况表

第二个亥	三洞乡的水东等地
第三个亥	恒丰乡，廷牌镇，周覃镇的水维，以及独山县的天星屯
第四个亥	三洞乡的上、下三洞
第五个亥	三洞乡的腊岭、马场坪，九阡镇的水昂、系大等地

有些年份，拉右、打物等地和鸡场、富河、潘洞等三个乡过第一个亥，中和乡与上、下三洞同一天过端节，三洞乡的腊岭、马场坪等地最后过端节。此外，塘州乡的水潘地区，在水龙、地祥等地区过之后的午日过端节，牛场乡的行赏地区未日过端节，都江镇有的水族在申日过端节。上述地区的水族人民，对端节非常重视，他们一年只过这一个节日。

笔者 2008 年 1 月 18 日对 WXX① 进行了端节情况的访谈。他一边算着一边说，在此期间，还翻来覆去地思考了挺久，一方面可以看出作为一名水族人对自己民族节日复杂性的费解，但另一方面也可以看出来，尽管水族地区节日如此复杂，但是作为水族的一员，他还是对此比较了解。不过，他并不是以地支纪日的方式说的，而是按自身习惯用数字序列，以及按水族人的姓氏情况来表述的。表 4－3 是根据访谈大致整理出来的。

表 4－3　端节批次分布情况表

第一个端	都匀市王司镇
隔十二天	
第二个端	水龙乡的苗草寨（“苗草端”）
隔十二天	
第三个端	塘州乡“韦姓”和“王姓”过端 独山县天星大寨“韦姓”过端
隔七天	
第四个端	塘州乡“潘姓”过端
隔五天	
第五个端	独山县甲少寨“杨姓”过端
隔七天	
第六个端	三洞乡“潘姓”和“石姓”过端
隔十二天	
第七个端	三合镇牛长区的“王姓”和“杨姓”过端 行赏寨过端
第八个端	扬拱乡水昂村“石姓”过端

从上述描述来看，整体而言，水族端节，分期分批择定日子来过的形式

① WXX，水族，大学本科，三都水族自治县塘州乡下岳村人，2007 年毕业于贵州民族学院行政管理专业，后被分配到九阡镇政府党政办工作。2009 年笔者再去九阡田野调查时，他已辞职去江浙打工。

是确定的。但是对端节时空的具体地域化界定，并不一定十分准确，具体的差异性还有很多，譬如有人认为地祥的端节是在第四个亥日过。这种差异性，应该与是否在整个水族地区进行过关于端节的实地普查有关系。从以上情形来看，估计这种普查并没有进行过，原因可能与普查范围太大有关，也与人力、物力、财力、重视程度等因素有关。但是，从上述的情况来看，这种实地普查应该还是很有必要性的，比如为什么笔者的访谈对象会以姓氏的方式来表述节日？这种按姓氏过节的方式是否表达了宗族内部之间支系的关系？为什么有的地方隔的时间长，有的地方隔的时间短？这些都必须通过田野调查，才能真正将情况了解清楚。

端节的内容，主要有两项，一是祭祖，二是赛马。

《荔波县志稿》对此亦曾有记载："九月节，本属三洞、恒丰等乡之水家，于每年九月至十月之交，逢亥日过节，名曰过多（端节）……在前一日戌日，即将家中一切用具洗涤洁净。下午四五时，陈设鲜鱼、果品、衣服、鞋袜于堂上，恭祭祖先。亥日，青年子弟着鲜衣，骑肥马，到年坡赛马。观众以千万计，极一时之盛。午后回家，大宴宾客，连日饮酒作乐，并击铜鼓助兴。约四五日客散尽始止。"

贵州三都水族祭奠祖先之灵是端节节日活动中的重要内容。不过区别于日常性的宗教仪式活动的最重要一点，在于端节的祭祖是一种宗族性的宗教仪式活动。通过节日仪式中的宗族性宗教的集体行动，可以达成血缘关系、姻亲关系的群体确认。端节里的祭祖仪式主要分为家内祭祖、游端祭祖和端坡祭祖。

家内祭祖。在戌日和亥日相交时，开始祭祖，一直持续到次日端坡祭祖完毕前。端节祭祖期间，全家一般都要忌荤食素[①]，但是鱼除外，且鱼是必不可少的祭品。第一次拜祖仪式，称"初拜祖"，设有三桌，一桌是祖宗桌，一桌为地母娘娘桌，另一桌放置供品，供品有豆腐、糯米饭（有的用糯米粑粑）、米酒、鱼、南瓜等，必须要有酸煮鲤鱼。南瓜长得好，满山都是，故过去端节也有"瓜节"之说。祖宗桌还要供衣服、鞋、帽子以及犁、耙、刀具等劳动工具，过去还会摆上寿衣、烟杆，有的家还摆放铜鼓，都是表示希望

① 据笔者2008年1月18日对WXX的访谈可以发现：现在水族过端节，忌荤素食的习惯有所改变。供桌上的祭品必须是除了鱼之外的素食。但平时的饮食方面可以有鸡鸭肉、香肠、腊肉等。

祖先庇护，年年丰收。

祭祖一般由家庭中地位高或年纪大的人主持。首先在供桌的香炉里插上三炷香，用来敬天、地、祖先。有的人家不烧香，就用燃烧米糠取代，这样表示去世的老人在阴间香火不断。然后用一个酒杯，斟满酒后将酒倒在供桌前，用筷子把每样菜都点一下，表示老祖宗酒也用过了，菜也吃过了。最后，人们开始用餐。有铜鼓的家庭，先在铜鼓上洒米酒，然后将鼓悬挂在堂屋之中敲击，彻夜不停，以烘托节日的气氛。据说，早期供祭后半小时要鸣枪。到寅时，举行第二次供祖，也是设三桌，供品和上一次一样，只是鲤鱼里是包有韭菜的，仍须忌荤素食。供祭的食品是不能拿下来吃的，要一直等到第二天马下了端坡后，才可以取下供品。

在单家独户的家内祭祖完毕之后，人们开始游端祭祖。游端是水族端节在酒桌上举行的一种仪式。游端活动是端节里在自然村寨中以一定的血缘关系为基础的家族内部男性成员之间轮流进行的聚会活动。在第一个开始游端的主人家里会举办第一个祭祖仪式，主人在家族男性代表的面前将供品摆上，烧完纸钱后，添上酒杯和筷子，所有男性成员围绕着供桌，先拿筷子轻蘸杯中酒滴在桌上，以表示敬过祖先，然后左手拿自己的杯子，右手轻抬右边人的杯子，依次下去，绕成一个圆圈，大家一起喊三声“秀”之后，左手抬杯，将自己杯中酒喝完，随后，右手抬起右边人的杯，将杯中酒送入口中。随后按次序，一个男性接一个男性喝，其他男性只是吆喝三声，两轮完毕。喝完酒后吃鱼包韭菜。这一游端仪式必须到每一位男性成员家中轮流举行一遍。

端坡祭祖则相对简单一些。在端坡（也称年坡）的赛马道中央设一个供席，上摆鱼、豆腐、糯米粑粑、瓜果等祭品，由德高望重的长者主祭，长老伫立桌前，神情肃穆，端斟满酒的酒杯，口中念念有词，大多是对祖先的怀念和吉祥如意的话语。祭典完毕，寨老跃身上马，在跑道上遛马一圈，赛马宣告开始。

赛马大会是端节活动的最高潮。人们吃过年酒，从四面八方聚集到祖先传下来的赛马场去观看赛马。参赛者主要是各乡寨选送的，也有自发前来参赛的。如果来参赛的人多，所有赛马者就会被编好组，先分组比赛，然后每个组的第一名再赛一次，之后再分别决出名次。指挥者一声令下，参赛者扬鞭策马，向坡顶冲去，谁先到坡顶，谁就是胜者。胜利者根据名次领取奖金，从最高的600元到最少的50元不等。一部分奖金由村委会提供，另一部分奖金由农户筹集，或者是由一些老板资助。这一天是水族同胞相聚的最隆重的节日，看热闹的人山人海。节日期间，有很多村寨还敲击铜鼓、皮鼓。有些地区还举行对歌和跳芦笙舞等活动。水族青年也乘机物色、结识意中人，当地有歌谣“男骑马去相姑娘，女梳妆去看情郎”。节日期间，整个水族山寨都沉浸在欢乐的气氛中。

端坡赛马结束之后，亥日的晚上以及接下去的几天，基本上是热情好客的主人，设宴招待远道来访的亲友。酒席时，还吃团团酒，以示相亲和睦。因为水族人好客，不管认识不认识，见到了就会邀请，不去的话，会被认为不礼貌，而且水族寨子大多聚族而居，互相认识，一家的客人就是全寨子的客人。所以，客人吃完一家，又吃另一家，被各家邀请，几乎吃遍全寨。从午日至戌日，家家都会传出“秀”（水语，“干杯”）的群呼声，家家都有喝醉的。

傈僳族“家堂”挂牌仪式

家堂算是家庭内部的一个小小的“信仰空间”，通过傈僳族家堂的演变，我们可以看到傈僳族对祖先的认识以及信仰观念的演变。从某种意义上讲，通常情况下，中国民间社会家堂中供的香火能够体现“国家在场”与否以及在场的程度①。云南腾冲古永傈僳族的家堂中央，也叫“堂火”，是用来供奉男性祖先“别扒”的。对别扒的供奉依靠跪拜、献祭物（十个酒碗、蒿子水碗、蜡烛、香）和念诵完成，堂火上没有任何形象或文字来使别扒具象化。女性的祖先“觉很玛”是别扒的妻子，不能进堂火，因此在家堂右边的居室中，以同样高度摆放献祭物，算是供奉女性祖先。天神（木刮尼）和土地神（米拉尼）并不常供，只是在需要的时候才分别在院子里面、家堂里面请来献祭。

搬到花村新村后，开始有人按照汉族的习惯布置家堂。首先是从当时的花村年轻村民组长家开始，之后是窦家，随后是蔡家，现在也只有十家不到，

---

① 陈春声认为，某一“共时态”中所见的关系，不能仅仅将其视为反映特定支配关系的空间结构，要将其视为一个复杂互动的、长期的历史过程的“结晶”和“缩影”。“信仰空间”实际上“全息”地反映了多重叠合的动态的社会心理的“时间历程”。参见陈春声《信仰空间与社区历史的演变——以樟林的神庙系统为例》，《清史研究》1999 年第 2 期。也就是说，在傈僳族家堂的演变过程中，我们不仅应该注意“国家在场”与否以及在场的程度，还应该注意到长期以来，国家力量与古永傈僳族信仰文化间的历史互动及由这些互动所带来的影响。

数量并不多。但就目前整个古永傈僳族中的情况来看，以汉族布置家堂的方式来布置本家族家堂的傈僳族越来越多，尤其是在近年新建的房子中。

笔者以花村傈僳族蔡某某（男，30岁，无兄弟，和父母一起住，有三个孩子，妻子是花村的“吴家窦”）家的挂祖宗牌仪式为例，来具体描述当今古永傈僳族对祖宗牌匾的真实看法。表面上，古永傈僳族对于汉族的祖宗牌匾形式逐渐接受并采纳，但背后还是按照傈僳族自己的祖先观念和天地观念来看待牌匾的内涵。

蔡把挂牌的时间定在2009年6月28日，五月初六，日子是由他根据一本日历选定的。这本日历除了显示农历的日期、节气、星期外，还有对应的星象、号码预测、忌日吉日、所宜事项、方位等。日历上显示，这一天“宜祭祀祈福，出行入学”。不过对蔡来说，选择没这么复杂，他不太识汉字，他认为，如果那一天的日期是用红色标明的，就肯定是吉日了。挂牌时来的人很少，只有一个堂弟及其媳妇来帮忙。

蔡和堂弟先把新的牌匾钉到家堂的木板上。牌匾上的字均为繁体汉字。中间的牌匾为“五福堂”，牌匾左侧为“烛蕊开成福寿花”，右侧为“香烟篆就平安字”。并设天地国亲师位，牌位左侧为“利市仙官”，右侧为“招财童子”。左边的牌匾为“流芳堂”，设家堂神位，上刻“商音济阳郡蔡氏历代宗亲位”，神位左侧为“源远流长”，右侧为“根深叶茂”。右边的牌匾为“奏善堂”，设土地和灶君神位，上刻“本居东厨司命奏善灶君、中宫土地福德正神”，神位左侧为“退水郎君”，右侧为“搬柴力使”。家堂中还有一副对联“祀祖宗百代流芳，祈司命千秋奏善”。中间的牌位，献祭物为：蜡烛一支、香灰炉一个、酒碗六个、蒿子水一碗、公鸡一只、人民币二十元。左边的神位，献祭物为：蜡烛一支、香灰炉一个，酒碗六个、蒿子水一碗、公鸡一只。右边的神位，献祭物为：蜡烛一支、香灰炉一个、酒碗两个、母鸡一只。

牌匾是请西村汉族的木匠做的，工匠一包到底，不但雕刻，还主动为他家寻根溯源。之后建议用“正规”的文字“商音济阳郡蔡氏历代宗亲位”来代替。蔡接受了建议，他并不在乎“济阳郡蔡氏”是否真是自己家的祖先，也不知道汉字代表的意思。他和古永的大多傈僳族一样，对这些牌匾有自己的理解。

在古永傈僳族的理解中，中间的“天地国亲师位”只是“木刮尼”即天神系列的统称，也可以用仪式中经常称呼的“阿巴姑若玛”或“阿冉什若玛”统称。并不含有任何“地、国、亲、师”的含义，也不包含自身的祖先序列“别扒”。一般来说，天神放到中间时，别扒就从中间挪到边上。受访者均认为不会有太多的问题，因为“天是最大”的，而且以前天神只是在院子里面供，放到家堂里面可以经常供奉。左边的“商音济阳郡蔡氏历代宗亲位”就是别扒，即去世且经过特别仪式后的祖先序列，和“济阳郡蔡氏”无任何关系。右边的“本居东厨司命奏善灶君、中宫土地福德正神”之位，其实就是“觉很玛”的神位，她负责大牲口（特别是猪和牛）的顺利生养。觉很玛并未被忽略，只是从家堂旁边的卧室内移到了家堂。傈僳族多从实际的角度考虑，认为新居的房子不适合在居室中点香烧纸，所以移出来方便献祭。显然，这个神位和牌匾上的“东厨司命”“中宫土地”也没有瓜葛，古永汉族通常还会在这一位置摆放财神，也和觉很玛无关。

因此，虽然牌匾被换成与当地汉族家堂的牌匾毫无区别的样貌，但傈僳族并非因此而改变自身的供奉习惯和对供奉神灵的理解。他们与汉族家祭拜的时间、仪式都不一样。如请尼扒而不是“先生”过来主持仪式，献祭的物品也有所区别，汉族供红包、小粑粑、粽子等，傈僳族则供大粑粑、小粑粑、三牲。如果是要“请”别扒和木刮尼或觉很玛下来，还得另外杀鸡或杀猪。

当天挂牌匾的小型仪式，分两个阶段进行。第一个阶段，尼扒首先请自己的别扒和木刮尼下来帮忙，再请蔡家的别扒和觉很玛移动位置，祈祷他们保佑此事顺利进行。此时献茶、献酒，在每个牌匾前杀鸡（别扒、木刮尼前杀公鸡，觉很玛前杀母鸡）。第二个阶段，鸡肉煮熟后，抹上盐巴，再献一次。

牌匾的制作费由蔡征得其父亲的同意后出资，共花了一千八百元。至于为什么花这么多钱来做牌匾，蔡说：“因为想着读书要读汉语，因此弄点汉字来供供它，以后小孩的书也可能读得好一些。”①

如果联系到古永的地域社会中，古永汉族不管识字与否，总会通过碑文、族谱、对联、纸马等一系列文字化的符号，来达成对自身源流、关系、身份等的解释。一些傈僳族在家堂中间挂上汉字的牌匾，代表傈僳族对作为一种文化的表现形式的汉字的认可。

---

① 蔡某某是没受过正规学校教育而愿意学习汉文的傈僳族人，他自己买了一个笔记本，每天都拿着女儿的小学二年级的课本学习写汉字。

越来越多的傈僳族人家开始悬挂汉字牌匾，不仅仅在于“逐渐汉化”，更在于逐渐接受以文字为载体的汉族社会的表述方式。同时，傈僳族以汉族牌匾的形式拜祭自己的神灵系统。拜祭的“形式”和“实质”分离开来，一方面说明了傈僳族较为灵活的处理方式，另一方面也使得笔者意识到，仅仅凭借文化显性特征来判断认同的“客观特征论”面临挑战。

三、墓祭

上坟扫墓、“烧包”，是中国传统的墓祭仪式。

湖南省湘西苗族自治州吉首市边城镇居民对于祖先崇拜十分重视。当地居民每逢正月、清明和农历七月十三，都要为祖先烧包。烧包就是把纸钱放在一个红色的纸包里，在纸包上写上死去亲人的名字，把纸包烧掉。人们认为，这样做之后，在阴间的亲人就能够收到钱了。烧包的时候，需要先在地上画圈，作为烧的范围，这样才能分清所烧的钱是哪家的，不至于弄混，确保阴间的亲人能够收到。正月时，“敬家仙”（苗族叫“打家仙”），“家仙”即已经亡故的亲人的灵魂，被认为具有保佑在世的家庭成员的能力。特别是到了大年三十的晚上，饭菜上桌后，需要先为祖先烧纸钱，才能开始吃饭。

傈僳族清明节在每年农历的二月底或三月初。古永一带的汉族和傈僳族都有“靠柳”的习俗，民间有“清明不戴柳，死后变黄狗”的说法。“靠柳”也就是到祖先的坟前扫墓，将从家里带来的细叶柳枝靠于坟前，进香火、献黄钱，并修整坟山。三天后则要整个家族统一献祭。传统上，献祭后要在各家轮流吃饭聚餐，现在则多在山上统一聚餐。在汉族中，如古永梁姓，有自己家族专属的坟山“梁家大百坟”，本家坟山都要敬遍。而傈僳族的坟山一般离居住地较远，且较为分散。有受访者介绍，怒江一带的部分傈僳族并不过清明节，古永这边的傈僳族受当地汉族文化影响，也过清明节，与汉族的祭祀形式和方法基本一致①。虽然古永傈僳族也在清明节靠柳，但更多限于家庭层面，是较小的家族的支系内的整合仪式，来帮忙的人和吃饭的人基本上是与死者葬于同一坟山的人的直系亲属。而汉族的献祭活动则是较大规模的家族性的活动。另外，在实际层面上，清明靠柳也多为没有成为别扒的“亡人”举行。“亡人”并不是真正意义上的祖先，而处于人世和祖先家园之间的游离状态。靠柳只是用汉族的习俗去表达对“亡人”的追思，而不是更深层次的

---

① 访谈资料：YWC，男，59岁，2008年7月28日，轮马羊肠河河边。

与祖先的交流。

水族清明节①

清明节是许多民族踏青、扫墓，纪念先人的日子，也叫上坟、挂山等，人们都要去看看故去先人的坟墓，在坟上挂一串纸幡，以示此坟有主，后继有人。20 世纪 50 年代以前，清明节非常热闹，宗族、大家庭要组织清明会共同祭祖，并召集所有男性族人共聚祠堂，大吃一顿。这时，大家庭的血缘认同意识被重新唤起。现在，宗族组织不再存在，祭祖仪式也分散到各家各户，但五代以内的大家庭临时组织起来，一同前往坟地挂青祭祖则较为普遍。

清明节扫墓是一个家族一年当中极少的一次全体聚会，也是家族成员们交往联络的最佳机会，所有人对此都极为重视。在贵州，一个家庭清明期间得上两次坟——最先上的叫“大众坟”，多为祭拜本家族的入居始祖或传姓始祖。大众坟上过之后，是家族的各“房”(分支）自己上本支的祖坟，称“小众坟”。小众坟一般为高祖以下的分支，至于追溯至几世、几代，则根据该分支的聚居情况而定。上小众坟的过程跟上大众坟的过程一样，只是规模小一些，这种坟所埋葬的一般为上坟者的直系亲属，最多追至曾祖或祖父一代，人数自然最少。这些坟地通常不在一个地方，故而清明节当天是上不完的，有些还要跑好几天。上坟的目的是为了和逝去的亲人“团聚”，同时给亲人带去食物、衣服等，并祈求得到祖先亡灵的护佑。

上大众坟时，贵州三都、水族清明节全家甚至全族，带上活禽及锅、碗、筷、刀具等，全部出动到祖先的坟墓前，杀活禽，在野外烹饪，祭祀祖先，然后一家团聚在一起，在野外吃一顿饭，热闹而隆重。或者往往在日常生活中表现出来，例如无论何时每次准备饮酒之前，都会拿筷子的反面蘸一下酒水，滴在地上，然后才开始饮酒。

扫墓时，先在坟墓前摆放祭品，有宰杀好的猪一头、整只鸡、鱼、水果、糍粑等。旁边还放着几瓶酒、烟、茶以及其他的物品。热腾腾的饭菜摆放在坟前时，人们便安静下来，自觉地按照辈分站好。几位长者拿着点燃的香和酒在坟前叩拜。

祭祀的程序大致如下：

首先是跪拜仪式。长者拿着祭文念道：“维岁次农历二〇〇八年四月四日

① 本田野笔记由中山大学社会学与人类学学院 2006 级博士研究生朱志刚撰写。

清明节，汝南某氏后裔，恭谨祭告于列祖列宗某公讳某某大人坟墓前，跪！”大家一起跪下。

然后依次举行上香、献帛、献爵、献粢、献香茗、献肴馔仪式。

举行上香仪式时，长者念道：“初上香，亚上香，三上香，上香已毕。”

举行献帛仪式时，长者念道：“初献帛，亚献帛，三献帛，献帛已毕。”

举行献爵仪式时，长者念道：“初献爵，亚献爵，三献爵，献爵已毕。”

举行献粢仪式时，长者念道：“初献粢，亚献粢，三献粢，献粢已毕。”

举行献香茗仪式时，长者念道：“初献香茗，亚献香茗，三献香茗，献香茗已毕。”

举行献肴馔仪式时，长者念道：“初献肴馔，亚献肴馔，三献肴馔，献肴馔已毕。”

长者开读祭文：

春季时光流逝，已经到了分赐新天的清明节，各种色彩缤纷的花已经开放，柳枝花絮即将飞扬。族人以虔诚之举聚于祖先墓地瞻封坟茔南面扫墓，追念祖先的功德高大齐天。报答本根的征南与填南艰辛创业和名垂千古的礼仪不能忘记，立下的坟茔之典和章程应该遵守与弘扬。瞻仰永垂不朽的坟茔，进行祭祀、扫墓，倍感凄然悲伤。传统的孝悌礼仪要重视根本，要报答列祖列宗的德泽，祭祀应该虔诚。

追想祖先的恩泽，宽厚而又渊深。每年缮墓拢土整治和隆重举行大祭，姑且用来回报先辈的神灵。

后裔郑重地备三牲、纸钱、香烛，恭敬地开展祭祀活动，佐以短文禀告，伏望列祖列宗享用祭品，保佑后裔繁昌、万事吉祥。伏维尚飨！

众人三叩首，最后燃放鞭炮。

祭毕，众人就在坟边席地而坐，进行野宴。

酒足饭饱以后，人们一起喝茶抽烟，时间消磨得差不多的时候，女人开始收拾碗筷、洗刷碗碟。

第二天上小众坟的仪式没有这么庄重，一般就是将在家准备好的饭菜、水果等祭品摆放在坟墓前面，男人点燃香，备酒，在墓前叩拜，女人在一旁烧些纸钱，一边烧纸一边说“某某来拿钱啦，某某来拿钱花了”。等男人叩拜完毕，女人也上前叩拜。所有的人都叩拜完了，有的人家坐下来，就地吃饭，也有的人家匆匆忙忙离开，回家去了。

第二节 锅庄、灶与“家宅司令”之祀

一、锅庄石崇拜

西南很多民族的同胞的家里，都有一个最神圣的地方，就是长年不熄的火塘。火塘上支锅的石头或铁三脚架，更是不可侵犯：不准脚踏，不准跨过，不准污损，也不准轻易移动。逢年过节，要先祭火塘；来客迎亲，必迎到火塘屋，火塘屋是家庭的“最上方”，是家庭的支柱或“祖房”，火塘边的柱子叫“擎天柱”，祭天时将圣洁的柏枝拴在上面，结婚时用这柏枝扎成火把去迎接新娘，搬家时要由长者专门照顾锅庄，建新房时要慎重选择火塘的位置，家庭野炊或村社聚餐支起的三个架锅石，虽在野外也没人敢动，祭天时宗族全体成员要对天灶、地灶和柏灶三个灶塘，轮番顶礼膜拜。

祭火塘或祭锅庄（火塘上支锅的三个石头或铁三脚架），是云南很多民族最具特色的节祭活动之一。如果说，祭火神祭的主要是自然之火的话，祭锅庄祭的主要就是文化之火了。如果说，人们还敢对火神驱之撵之的话，对锅庄只有敬之畏之了。虽然二者都有“火”的形式，但各自代表的神灵、所具有的功能和内涵，却大不一样。

普米族过年吃年饭不在腊月三十而在腊月二十九，过年最重要的活动是祭锅庄。这样做的来历有个传说：相传，普米族先民原来住在昆仑山下的西北草原上。有一年的年三十晚，家家户户忙过年，不想遭到外族袭击，血流成河。入侵者的兽行惹怒了山神，昆仑山整个飞起，把入侵者全部压在大山下，劫后余生的普米族先民，虽免遭杀戮，也失去了草原，只得南迁。他们拾起亲人的骨骸，装进羊皮口袋。为记住昆仑山神的救难之恩，还拣了几片崖石一同放入袋内。历尽千辛万苦，终于在云南宁蒗定居下来。这时，羊皮袋里的骨骸与崖石片已融为一体，无法分开。人们只好把它供在家中最显眼的火塘边，朝夕供奉，称为锅庄石。每当老人去世，就要在锅庄石上画一个符号，象征死者与祖同归。腊月二十九日过“团年”时，人们齐聚族长家，举行“开酒坛”仪式。先以酒祭锅庄石，再边饮酒边唱《团年歌》，从清晨唱到下午，唱从始祖到现在的离合悲欢，然后由族长的长子以酒、肉、粑粑等祭献锅庄石，点燃一束松明，插在锅庄石下，泼洒水酒三碗，称“传火”。

彝族的锅庄石，相传是英雄阿依迭古的化身。他死后，尸体被砍为三截，

在三个地方火化立了三个墓，用三个石头作为墓的标记。据说彝族用三个石头支锅的习俗便源于此。人们祭锅庄时，必念阿依迭古的名字。祭词唱道：

现在要来祭，火塘里的火，

火光永不灭……

火伴行人行，火是驱恶火。

火伴家人坐，火是衣食火。

火光多热乎，火是人魂窝……

人有迭古火，才是万灵主，

……火啊迭古火，

黑夜走山路，山路你照亮；

春天来开荒，荒地你烧熟；

夏天虫吃苗，恶虫你烧死；

秋天做祭祀，祭火你点燃。

现在来过年，过年来祭你。

祭你永不灭，照着我们来，照着我们去。

白族祭石头神[①]

白族有祭石头神之俗。云南洱源西山地区与云龙交界处有座很高的大山，名叫兔罗坪。山顶上有古时遗留下的五间石屋，里面有五块大石头，相传叫石头皇帝，管辖所有的山神和野兽。猎人和牧民们非常虔诚地敬奉他。据传西山金涧村有一个木匠，就是因为帮石头皇帝修好了漏雨的房子，得到石头皇帝的保佑而天天有野味吃。在洱源还有彩石庵、石明月等，都是石头崇拜的遗迹，闻名中外的剑川石宝山第八石窟雕刻的“阿央白”，是石刻女性生殖器崇拜的典型。岩石不寻常的外貌和岩石在人们生活上的效用，也造成了白族人对岩石的崇拜，进而把岩石奉为本主。洱源西山本主中有一位就是巨石。相传有两兄弟抬这块石头回家，抬到中途歇脚后就再也抬不起来了。当晚两兄弟梦见石头告诉他俩：“我就是你们的本主，明天你们继续抬我，我不走时你们就在那里给我盖本主庙，我保佑你们清吉平安。”第二天，两兄弟果真照梦中的话去做，把石头奉为本主。

---

① 赵寅松撰写，选自杨世钰、赵寅松主编，杨政业本卷主编《大理丛书·本主篇》(上卷)，云南民族出版社2004年版。

同样，在云南洱源西山栗坪的一个陡崖上，有一座本主庙，庙里供着一尊铜佛，当地白族人叫他“丙桉格怎”，汉意可译为“过路崖神”。根据传说，铜佛是一个白族汉子从云龙背来此地的，其间虽然附会了其他的一些故事，但不难看出石头崇拜先于铜佛而存在的痕迹。

洱源江尾有一位本主叫“石岩本主吕凯”，说的虽然是三国时期的吕凯帮助诸葛亮擒获孟获而被奉为本主，但取名叫“石岩本主”，显然是石头崇拜和英雄崇拜的结合。

洱源县牛街镇白衣庵对面有个石耳朵，放置在古驿道边。据说这只庞大的石耳朵，是三营南大坪本主的耳朵。相传牛街本主和三营南大坪本主关系很好，双方你来我往，亲密无间，并盟誓要好好为地方出力。后来南大坪本主在招待牛街本主时杀了耕畜，遭到牛街本主的谴责，三营南大坪本主知错认错，跪地求饶。但牛街本主怒气不息，拧下了他朋友的一只耳朵以示惩罚，故石耳朵留存至今。

洱源乔后龙底村本主叫“九曲十块古老山神”。据说他是“望天石”，是这座悬崖陡壁山上的山神。东海龙王嫉妒他占地风水好，怕他将来称王称帝，就用朱笔在地图上猛画一竖，结果洪水猛涨，把九曲十块的好风水破坏了。这位山神只好迁居龙底村，成了他们的本主，与合江村、三颗石村本主结为异姓三兄弟。

与洱源县毗邻的云龙县、剑川县、大理市也有将石头奉为本主的情况。云龙白石荞子地等村的本主叫“白岩天子”。大石壁、云开、根子长、香末土等村的本主叫“石岩黑威本主”。剑川县象图村也有将石岩奉为本主的。上述本主的来源，与人们牧羊时经常在石岩、石洞中躲风避雨，躲避野兽伤害有关。鹤庆县北衙村的本主原来也是一块白石头，后来改为“白石将军”。大理市上阳溪内光村的本主却是从洱海里滚上来的一块巨石，因为它横卧在田里耽误农业生产而被当地白族人民烧香礼送到山脚，并在那里为它盖庙祭奠，将它奉为本主。

为什么石头会被作为本主崇奉呢？保存在怒江白族中古老的“桃花节”可以为我们提供有益的启示。

桃花节主要是祭“白王”，祈丰收。通常由年长的人领祭，主祭者要头裹白麻布。祭祀时，祭者要把村中的地名一一提到，主要劳动地点的地名也要逐一点到。祭词一般说：“这一地区、这一地方管天管地的‘摆牙王等支’，把你请，把你请！我们碧江地区管天管地的摆牙王等支，把你请，把你请！……让我们锄头挖到的地方，牛脚踩到的地方，种子撒到的地方，种一颗活一颗，栽一棵结一棵，庄稼比别家长得好，粮食比别家收得多。天上的飞鸟不要吃它，地上的走兽不要踩它，风沙不要吹，雨雪不要下。一年有吃不完的粮，装不完的粮。灾害不要碰上，疾病不要来袭。挖地不要挖着脚，割草不要割着手。过溜索时索不要断，过船时船不要翻。蛇从别的地方走，石头往别的方向滚……”怒江白族口口声声呼喊着“摆牙王等支”，“牙”白语可译作“崖石”，“摆牙”即“白崖”，整个词可以译为“白崖王神”，即古代“白国王之神”。联系上述内地白族本主中供奉的那么多白王神、白岩神，也认为他们具有管天管地，保佑居民清吉平安、五谷丰登、六畜兴旺的职能。我们推测这个摆牙王等支是怒江地区的白族的本主，他的祖先在澜沧江边居住时所供奉的“白子神”是本主供奉的开始和演变，他们与弥渡古代的“白子国”“白崖王张乐进求”有亲缘关系。

自然崇拜在本主中还可以举出剑川马登地区的两尊本主。一尊叫“雪斑景帝”，另一尊叫“黑煞景帝”。这两尊本主之所以被崇奉，是因为马登地区地处高山区，每年雨雪来得比较早，如果马登西边的雪斑山积雪太早，朔风伴随着寒气使马登坝子气温骤降，各种农作物就要减产甚至歉收。为了祈求大自然的庇护，人们就幻想能有一个雪斑景帝来帮助他们驱除雨雪、保佑丰收。过去马登地区很少栽培水稻，小麦是人们的主要粮食作物，而小麦黑穗病又是威胁人们的大敌，所以人们就塑造了一个黑煞景帝来保佑小麦免遭黑穗病之灾。

大理市下关地区地处苍山脚下，洱海之滨，形成一个天然的气流旋涡区，终年大部分时间狂风怒号，素有“风城”之称。横亘大理坝西边高耸入云的苍山顶上终年积雪不化，明朝董难有“极目望点苍，芙蓉有天阙，下有百尺松，上有千年雪”的诗句来描绘苍山的自然景观。飓风有时挟带苍山顶上的冰风雪气横贯大理，给农作物的生长带来消极的影响，人们便希望有专司驱散苍山顶上的雨雪云雾、保佑丰收的本主，逐渐就产生了大角洞幸福旁村本主“镇宁邦家福祐景帝”“大圣妙感玄机洱河灵帝”“沧浪峰霞移溪得道有感龙王”。

这些自然之神，与白族人民祭天神、星神、火神，坝区白族在开秧门或收割时祭田公地母，山区白族在狩猎或放牧时祭山神、羊魂一样，都是白族初民早期自然崇拜的产物，只不过一部分演变成本主，一部分以巫教、巫术的形式保留在白族人民的信仰中。

二、灶与“家宅司令”之祀

在某些民族中，火塘神、火神、锅庄和灶神又有化合之势，有的把火塘和三脚架（锅庄）当作灶神来祭，有的由于受汉文化影响而专祭灶神。

蒙古族流传着一个传说：有一家人的火神见到别人家的火神受敬重，而自己却没受到应有的尊敬，就焚毁了那家的房屋。鄂伦春族有关火神的神话：一位妇女用猎刀乱捣火，触怒了火神，失去了火种。从此鄂伦春族对保护火种的女神一直很尊敬，每次饮食前，都要向火里扔一些食物、倒酒，表示供奉，并严禁将水浇在火上，或烤肉时用刀子叉。满族的萨满神谕中讲道：火神是穿红袍的老妈妈，她的衣衫是天的一部分。而塔吉克族关于火神的传说就显得很浪漫，据说古时的塔什库尔干，原是葱岭（今帕米尔高原）上的一片荒川，丝绸之路的开通使这里呈现出生机。后来，有一位汉家公主嫁往波斯，在经过葱岭时，因前方发生战事交通受阻，滞留在高原荒山中。迎亲的使臣为了安全起见，把公主安置在一座孤峰上，并令卫队在山下严密守卫、保护。神奇的是，公主在孤峰上与太阳神结合，怀了孕。使臣不敢再前往波斯向国王复命，就令兵士们在山上筑宫建城，拥戴公主所生的儿子为国王，建立了盘陀国。人们把王都取名“克孜库尔干”，意即“公主堡”。从此，盘陀王室自称“汉日天种”，称其始祖母为“汉土之人”，并自称为“太阳的儿子”。而这里的太阳神很明显是火神的化身，是人们对光明的追求和向往。在满族先民眼中，火神的形象是变幻不一的。部分藏族先民在屋中火塘上立三块锅庄石，将其视为火神之所在。锅庄石是三条宽两三寸的长条石，刻有海螺等花纹，一直深埋于地下，世世代代不能动。值得注意的是，在中国西南的有些少数民族眼中，火不是以神的形象，而是以鬼的形象出现的。如阿昌族称火神和旱神为“棒头鬼”。西南边疆的傣族、仡佬族、彝族、普米族、纳西族等都有祭灶的习俗，但又没有具体的火神的像，在他们眼中，那跳跃的、活泼的火焰就是火神的象征。

祭灶，在《周礼》中即为“五祀”之一，可见地位重要。

在西南一些民族中，祭灶神主要有几次：一次在农历八月初三，相传是灶神的诞辰；另一次在农历正月里，一般是新春之祭，较流行；还有一次是农历十二月二十四的送灶神。其中，最有趣的是送灶神，据说这一天为“家宅司令”灶神上天奏呈人间善恶的日期。灶君神爷家家都有，关系到各家烟火鼎食之事，又是天帝派往人间刺探情况的探子，深入居家民宅，窥探人们的一举一动，其地位可想而知，所以民间对他一年多祭，生怕怠慢了他。可这位充当天帝耳目的老爷子偏又聋又瞎，常常乱汇报一气，天帝为此降灾于人。因此，民间对此公又敬又怕，又气又爱。平时小心侍奉，到了他上天汇报的日子，更是烧香叩头，甜言蜜语哄住这昏老头儿，特别要祭献蜜糖和糯米粑粑两种供品，为的是灶神嘴里塞了糖，说出来的话会甜些。有的怕他老眼昏花误呈善恶（据民间传说，他已干过多次这类昏事，造成数次大灾），反正求神赐福自有多种途径，灾祸之门漏一不可——索性一堵了之。所以这天要弄许多糯米粑粑祭献灶神，让这位老者吃了黏糊糊的食物后，黏住牙、塞住嘴，什么也别汇报。

第五章　村社与社日

乡村是基于地缘而形成的人群聚落。它们的构成有家族或宗族式的，如以姓氏冠名的村落（张家村、李家村之类），也有多姓氏甚至多民族混居的村落，其形成原因有跨家族联姻、经济共同体、生态或政治移民等。而维系这些不同血缘和利益集团的一个方式，就是对某种地缘性文化象征的认同。在中国民间，这种认同的象征物一般是社神。在不同地方和族群中，它们的称谓有所不同，有的地方叫寨神，有的地方叫本主或土主，并以不同的象征物作为祭祀对象，它们的呈现形式有动植物、人物、灵物、石头或柱状造型物等。由此形成的节日祭祀活动，也有不同的形式。

第一节　祭寨神

一、祭树

在西部，很多民族都有祭树的习俗。各个民族的祭树，不但自有独特的称谓和特定的时令，而且有着截然不同的理念和内涵。村寨中心或附近的大树，常常被许多民族奉为村社保护神，并有相应的节祭活动。

山林民族与山结缘，更与树难分。挺拔苍郁的高树直入云端，在山林民族的心中幻化为一种奇特的意象。它可以是人神交往的通道，可以是天神的象征，可以是祖灵社神的化身，也可以是催发万物的男根。在“靠山吃山”，山林为人们带来福音的地方，人们向树祈丰求吉；在山高谷险，箐深林暗的地方，人们禳祭“鬼树”，以祛疫消灾。

与自然崇拜、祖灵崇拜相关的祭树活动

古老的史诗，定下了祭树神的日子和规矩。彝族古歌唱道：

冬月的时候，

要祭树神了。
白白的香糯米，
装在铜盆里面；
圆圆的大鸡蛋，
放在白米上边；
弥勒的米酒，
斟在金盅里，
摆到神的面前。

彝族祭树的活动很多。巍山彝族回族自治县的彝族农历二月初八的树王节，就是对村前路口、村后山坡上几棵古树的祭祀。树王节里，全村男女老少，除坐月、戴孝者外，齐聚村后一棵大树下，杀一头纯黑毛小猪，烤熟，用猪头、猪膀祭树，其余一家分一份。然后，各家凑一碗米煮一锅稀饭，大家同吃。吃完稀饭，全寨“打歌”，歌唱颂扬种子神“树王”的打歌调。

有关种子神的传说，在弥勒市彝族中也有流传。相传远古时代，天上的种神把种子撒下了大地，地上花草树木萌发。可是人们不知道什么能吃。于是，分辨五谷的神走遍深山老林，尝遍百草百果，分出了五谷。可是人们还不知道怎么栽种。这时，地上的种子神“密枝神”告诉人们种五谷的奥秘，人们才学会耕作，有了充足的粮食。为谢种神，人们每年二月便要择日到密枝林里祭祀种神，由此而演化成“密枝节”。民国《蒙化志稿》记载云南巍山彝族先民“以二月八日为年，是日必将道路拦塞。祀密枝，各村皆置密枝树，祀时以黄牛一绳系于旁祝之。祝讫，一人持利斧劈牛首，后按人数分剖以归，近来此事渐废，多以松枝之有三叉者代密枝树，位置于屋之左右以祀之”①。直到现在，密枝节还是西南彝族十分重要的节日。

云南彝族有几个支系都过“密枝节”，但节日内容及活动形式都大不一样。弥勒市彝族过节时选一男子化装成种神，坐在树下让人磕头拜祭，然后把猪肉稀饭挑到寨子中间的场院上，让孩子们来吃。吃完，孩子们敲打碗筷唱着童谣，挨家挨户要甜酒水喝，化装为种神的人也要挨家挨户去祝福，象征种神赐福人间。石林彝族自治县、丘北县、巍山彝族回族自治县等县彝族

① （民国）梁友檍辑《蒙化志稿》，德宏民族出版社 1996 年版。

的密枝节时间较晚，多在年底。过节的目的在于驱瘟疫，报神功，祈求来年人畜兴旺、五谷丰登，类似地方性的社祭。人们对所祭神树的称呼，也各有不同，或称“祖公树”，或称“山神树”，或称“猎神树”，或用树来象征某些值得纪念的人物，将其作为村社保护神。所以，祭树便相当于祭祖、祭社、祭山或祭猎神等。这种祖树合一、社树合一、山林合一或天树合一的现象，在少数民族中极为普遍。有的民族认为，大树保护了人祖。比如，巍山县彝族每年九月初九拜“祖公树”，据说是因为古时一棵大空心树救了他们的祖先，他们死后亦要求葬于树洞内。布朗族火化祖先一般在特定的树林中，为此，便要在该树林中祭祀祖先和树的神灵。有的民族认为，某人死后化为神树，保佑村社。有的民族祭天立木，将大树作为天地交往的通道。比如，怒江峡谷中的白族祭天牛时将天牛吊死于树上，使其由这里“升天”，他们过新年的祭树也是祭天。彝族、纳西族等民族也有立祭天神木的节祀活动——尽管它们或许还有更多祭祖的内容。怒族的“祭山林节”、拉祜族的“祭龙树”或“太平会”、彝族的“祭叶神”、布朗族的“祭山神”、傣族的祭树以及德昂族对茶王树的崇拜等，都直接或间接地与树的崇拜有关，并均以树作为膜拜对象。

彝族祭树称为“祭龙（竜）”，“竜”被尊为村寨守护神。许多山寨都有神圣不可侵犯的“龙（竜）树”“龙（竜）林”，即使遭遇浩劫毁掉了很多树林，龙（竜）树、龙（竜）林也无人敢动，仍然繁茂葱郁。祭龙（竜）活动之盛，仅楚雄市境内以祭龙（竜）、祭龙（竜）树等称谓命名的村子，就有二十多个，以龙（竜）命名的村子，则多达一百多个。考察彝族、哈尼族、拉祜族等民族的祭龙习俗，除与水和农事活动相关，还与传说中保护村社、氏族或民族的英雄有关。这些英雄的化身多为挺拔神树。祭神树以祭龙（竜）的习俗，也由此而来。作为氏族或宗族村社共同的守护神，族群的兴旺成为龙（竜）的神圣职责。元江彝族祭龙（竜）有三次，最隆重的是二月属牛日的那一次。届时，全村人到龙（竜）树前杀牲祭祀，摆“松毛席”共进野餐。酒宴毕，各家男性到龙（竜）树下磕三个头，取走先备好的三个芦苇筒（内装松尖一截、燃香一炷），掌祭者边打取筒者的屁股边问：“生儿还是生女？”取筒者的回答即是对龙（竜）树的通告及祈祷。若如愿以偿，便要在来年祭龙（竜）的松毛席上敬酒献鸡。镇雄彝族三月属龙日的白龙会，人人争去主持，只好掷骰决定。

云南麻栗坡县彝族倮人崇拜“灵树”，灵树树脚栽立三个石头，每年农历八月吉日都要杀鸡、烧香在树下敬献，年年如此。只要有石头栽立在树脚下的树，任何人不能乱砍伐，这是族规。至于竹筒拴在树上的树，那是生小孩子后将“衣包”（胎盘）装进竹筒里封口后，拿去拴在树上的，寓意小孩和树同步生长。这棵象征小孩生命的树，同样不允许任何人砍伐。每一个结婚后死去的男子都要封一棵“灵树”，村寨四周到处都有他们的灵树，他们通过打卦来确定灵树，无论树木大小，打卦打到哪棵，就是哪棵。

与本主崇拜相关的祭树活动①

一些白族也祭树神，把树作为自己的本主供奉。洱源县凤羽铁甲村的本主一说就是树疙瘩。相传有一天，一个赵姓妇人去山上背树疙瘩。她背了一个很大的树疙瘩往回走，一歇轻，二歇重，三歇四歇就走不动了，她只好回去找自己的丈夫帮忙。第二天，夫妻俩提着斧子、背筐，准备将其劈开后再背回去。谁知一劈，斧斧见血，夫妻俩大惊失色，惊惶回家。当晚梦见树疙瘩说：“我是你们的本主，明天你们继续抬我，到我不愿走的地方，就在那儿给我建本主庙。”洱源上龙门村（又叫“塔坪村”）的本主来源也和铁甲村本主有相似之处。据传上龙门村本主是白王段思贤，又称为大王。有一天，一位樵夫在汉池河边打柴，他口渴了，走到河边喝水，只见河中漂来一团柴疙瘩。他顺手将柴疙瘩捞上岸，用斧砍了一下，只擦破点皮，破皮处流出一滴滴鲜血。樵夫觉得有点奇怪，便将柴疙瘩背回村里。刚好，村里正要雕刻本主段思贤神像，大家就用这柴疙瘩来雕刻。神像雕好放在神坛上，不用点香也能闻到香喷喷的气味。大老爷一侧的“者益嫫”（汉语意为“缝衣娘娘”）据传是赵善政的三个妹妹，封“赵应圣母”，也与树的传说有关。有一年，赵善政母亲生病，三姊妹为救母寻药，踏遍后山山林和大小南极山村，因饥寒交迫，死在树林之中。为颂扬她们的孝母美德，大小南极村将三姐妹奉为村子的本主祭祀。

怒江白族三大支系之一的木家，也流传着他们的祖先是剖木而得的。故事的情节是这样的：从前有一对老夫妇，虽然相敬相爱，但膝下无儿无女，感到十分孤单。有一天，丈夫去怒江边砍柴，看江边漂浮着一段木头，他想

---

① 赵寅松撰写，选自杨世钰、赵寅松主编，杨政业本卷主编《大理丛书·本主篇》（上卷），云南民族出版社 2004 年版。

捞起来劈开后背回家，不料木头中传出婴儿啼哭声，他大惊失色，但终因望儿心切，抖手抖脚地将木头劈开，现出一个活蹦乱跳的小男孩，他便高高兴兴地把这个小男孩抱回家去抚养。小男孩长大后娶妻生子，繁衍后代，自称木家。可见白族将木头作为本主崇拜是有其深刻渊源的。

其他类型的祭树活动

除了上述与自然崇拜、祖灵崇拜等有关的祭树活动外，云南有些民族的祭树，还与树木对人的经济利益直接相关。维西傈僳族自治县白族每年农历正月初三要祭树神，主要对象是经济林木，如核桃树、漆树等。这天，每家到自家林中，家长用斧在树腰上砍三下，将一块油炸粑粑塞进刀痕里，将香插在粑粑上。随后，家长口中念道："某某树（树名），你今年不结果，砍你一斧；明年不结果，砍你一斧；后年不结果，再砍你一斧，希望你能年年多结果！"鹤庆县白族农历八月十六的果子节，则是纪念传说中教人栽树培果的百花仙姑，节日里，家家设宴待客，中午则端着糕饼，吹打唱跳，到江边梨园里去祭供百花仙姑。

傣族祭树称为"额出"，"额"是祭献，"出"是大树，直译即为"祭大树"。哈尼祭树称为"昂玛噢"，哈尼族认为树木根固土地，枝入云端，上通天，下达地。高天引水而化气，落叶腐而化土肥，是水之源、肥之源。保护衍育繁盛的母亲就是保护住了一切生命的根本。

当然，有些民族对幽深的山林也心存疑惧，特别是那些古藤虬枝盘绕、毒虫猛兽出没的原始森林，更易使人感到迷惘恐惧。保山潞江坝德昂族在过完泼水节后的第三天，要祭"鬼树"。祭鬼树须在夜里五更时分举行。二三十个成年人边敲锣边高声念经，手持一块画有各种猛兽异灵的木牌，气氛森严。行至寨外路口"鬼门"附近的鬼树下，将木牌放到树旁，献上祭品，然后悄悄溜回家，表示鬼邪已送出寨子，不再跟来。平时若有人生病，也常常要到鬼树下烧纸叩拜，念经驱邪。类似情况，在一些民族中也较多见。甚至同一个节日，在不同地方便含义不同。如密枝节，弥勒市彝族为祭种神或保护神，路南县彝族则为驱瘟祛灾，因为据他们的传说，有一对恋人在深山密林里狂舞七天七夜后，双双于林中死于非命，其精灵危害山民，所以要祭祀他们，求其不要降灾。

二、祭“色曼”[①]

祭色曼即祭寨神。每年农历五月及六、七月间举行两次。在阿昌族的自然崇拜中，祭祀寨神色曼具有突出的地位。色曼是在建寨前选好的，地点选在头一户起房盖屋的家门方向的背后。如果家门朝东，色曼就在西方，这也就是将来寨子的寨头门的方向，祭过色曼才能破土盖房建寨。

色曼有三种式样：一种是在立起的石柱或木柱上顶一块石板或木板，板用来放供品；另一种是砌宽一米半，高两米余的墙，上面土抬梁，盖上瓦，呈窗台式，台上供东西；还有一种是在供之前临时盖一座小庙。据说色曼有六只手，率将带兵守卫村寨，是诸神的化身，山神、土地、水神都包括在内。阿昌族认为色曼是保佑村寨的，平时祭了，寨子有事，它会来帮忙，所以对它祭拜最勤。每年固定祭祀两次：第一次在农历五月，挑属猪日或属马日、属虎日祭（大多数挑属猪日祭）。主祭者是该寨最初砍草立寨之家的男主人，其他家拼钱凑粮。祭祀的头一晚上要“洗寨子头”，在寨神前插香点燃蜡烛，主祭者跪着请寨神：“明天您不要去哪里，我们要供您了，您不要说不知道明天我们要祭您。”祭祀时，各家选一名男子参加仪式，全寨忌工一日。祭祀时，禁止外寨人进入寨内，认为外人进入会带来不幸，故要重罚违者。为了避免外人进入，祭祀那天，天不亮就要派人到寨子周围的路口插竹片篱笆，以此告诉人们：这个寨子将要祭寨神，请不要进寨。除此之外，人们还要在色曼四周插彩旗、彩伞，有的寨则插木头刀、木头矛，做好祭祀的准备。首次祭寨神是为了求寨神保佑全寨人畜健康，以及农事活动能顺利开展。第二次在农历六月或七月的属猪日（或属虎日、属马日）祭。这段时间雨水多，病多，祭祀是为了求寨神保佑人畜平安。祭物要根据砍草立寨之家第一次是供素还是供荤来决定。如果供物是荤的，要专门杀一头猪，把五脏切碎，和猪血拌在一起，煮熟，与猪头、猪脚、猪尾、猪肚一起供。如果供物是荤的，要请参加祭祀的人吃一餐干饭，并有酒肉招待。如是供物是素的，则用稀饭招待。逢红白喜事、村寨间斗殴、打仗等都要祭寨神，以求免灾得福。

---

① 本部分来自刘扬武、邓启耀《阿昌族的原始宗教残余》，宋恩常编《中国少数民族宗教初编》，云南人民出版社 1985 年版。

第二节　祭社

如果说，祭祖是对宗法文化的一种历史性溯源的话，祭社便是对宗法文化的一种地域性认同了。

在甲骨文中，祖、社两字很相似，都像竖在地面的碑或柱。社与土相关，土中所生之物，如大树、石柱之类，也常被作为社的象征。祭社，在云南古代青铜器中，就有一些反映，且都以碑、柱或砠为中心，以人为牺牲，显然属于重典。这是祭社的较早“实况”记录。在云南少数民族中，土主、本主、寨神、勐神等，早期形象多以树、石为代表，后来将各种人物神灵加进去，泛化为乡里村社或地区的守护神。

湖南省湘西吉首边城镇二月过“社节”，吃“社饭”。这原本是苗族的祭祖节，由于苗汉混居，遂成为小镇的共同节庆。

云南各民族的祭社活动及相应的节日，主要表现在对于土主、本主、寨桩、神树的崇拜上。这种崇拜既可以依附在某种神灵上，也可以依附在某位杰出人物上，还可以依附在某种象征性标志（寨桩、神石、神木等）上。一般而言，社神以及某些英雄甚至外来的传奇人物（如白族把某些民族的豪杰当作本主来崇拜），都可以被视为村社的保护神。

当然，传统村社既是地缘性的集团，同时又与血缘集团甚至功能集团、利益集团紧密相连，所以，祭社中要混合进这些内容，也是自然的了。在红河两岸的彝族寨子里，每寨都有一棵寨神树，树下安放一个面盆大小的鹅卵石，作为神的象征。当地彝族每年正月第一个牛日或龙日，要在这里举行“祭倮”活动。祭倮，彝语称“咪嘎豪”，意为“祭祀神圣之地”。传说彝族祖先在森林里生活，常常被野兽袭击，只得立很多树桩把寨子围起来。后来，有的树桩活了，被崇拜为保护神加以祭祀。在另一个传说中，祭倮实际是祭一位叫可倮的英雄。他为民除妖，保护地方安宁。后人选树立石，奉为保护神。巍山、昆明等地彝族农历正月十五的土主会也是社祭的一种形式。在土主庙里，人们祭庙、拜祖，围绕神树，高歌祭树，有时还要请端公和师娘来跳大神。

哈尼族祭寨神的形式和称呼都较多，如祭寨神、寨石、祭竜、祭龙、祭树节、立寨门、祭“埃玛”（一位护寨英雄）等等。这是哈尼族村社祭祀中较为隆重的祭典，有祭寨神、游寨驱邪、祭水神、喝街心酒（贺生酒）、祭神树等内容，要唱祭词，模拟除妖驱邪的场景。

云南金平苗族瑶族傣族自治县哈尼族农历二月属龙日的“阿玛突”，又叫祭竜或二月年。节日包括祭山、祭祖、祭社林等内容。节日第一天杀鸡祭外鬼，并用竹签编成符，抵御外鬼进入。清晨，全村男女老少都自动去井边淘井，砍草扫地，然后，由“魔巴”或有威望的长老，杀白公鸡、祭水井，同时祭山，因为他们认为水来自于山，山靠林养育。所以，这里的民族一般都将水井造在竜树下。中午祭寨心塔，寨心塔立于村寨中央，用泥土垒成，是建寨的最早地点。祭完，则以寨心塔为“竜头”，每家凑一理想酒席，顺坡往下排，人称街心酒宴，凡男性都得参加，以示全寨同心协力。仪式完后祭竜树林。竜树林为村边的一个茂密树林，林中一草一木都不许乱动，女人则被禁止进入。祭竜树时，魔巴、族长、长老三人带领装扮成一男一女的两个小伙子，敲着锣，带着预先准备好的三个鹅卵石，血祭竜树，三个鹅卵石，一个用本寨处女原红染色，放于竜树根前右侧，表示祭龙（山与龙同一，有龙于山，则水清林茂）；一个用猪血染色，放于竜树正中树前，表示祭社林，包括祖先；第三个石头用狗血染色，放于竜树根前左侧，表示祭鬼。装扮为一男一女的两个小伙子象征童贞，恭立树两旁，三人一边念诵祈求人丁兴旺、五谷丰登、消灾免难的咒语、祭词，一边将三块石头献上，进行拜祭。

祭竜活动一共进行七天，从龙日前三天开始，停止一切生产和集市活动。如有不慎入寨者，则七天内不准出寨。

云南沧源佤族自治县佤族寨子中央所立的寨桩，佤族称“光姆”。立寨桩时要选地，然后在选定地点埋一陶罐，村民投以钱币，将寨桩插入罐口，搭屋遮护。在农历六月祭寨桩，届时，村民围着寨桩舞蹈，进行祭献。

拉祜族有个节日叫“公母节”，每年正月、二月、六月、八月等时间里，都要祭祀用木头雕成的、立在寨心的几根柱子，其中主要有一男性柱、一女性柱，代表“寨心神”，也就是村社的保护神。傣族的祭“社勐”也属同类性质。传说社勐是这地方的开拓者，死后为神。祭祀他，以求其保佑一方平安。以前，每个勐都有社庙，是傣族的宗教活动中心，祭社勐的仪式非常隆重，常由当地土司亲自督办。祭祀时唱的“喊社勐”，明确地表达了人们祈求社神保护的心态：

祭神日一至，
全勐来清扫，

带上饭和菜，
一起来祷告，
望你给吉祥，
盼你给平安，
全勐宽又广，
无灾又无难。
年年大丰收，
钱财样样有。
家家户户乐，
幸福永长久。

阿昌族称比寨神高一级的地方神为“色勐”。建寨时，色勐的祭祀场所要建在寨后的山坡上，要盖一个小草棚，旁边栽一些树，小草棚前面要竖立二人高的石柱（或木柱），柱子上顶一块石板（或木板）。据说，色勐管山管水，能保佑人畜健康、庄稼丰收，所以每年要在栽秧前的四月的属猪天或属虎天祭祀色勐。主献者是乡村里最先建寨的男性长者。每户派一名男子参加，去时自带米去煮吃。每户还要凑钱买猪、鸡等祭品。祭祀之日，人们休息半天至一天，祭时供猪头、整只煮熟的公鸡，并献饭。无关的人通常不进入祭祀场所，如果进入祭祀场所，得出钱，并要参加祭献，吃过饭才能离开。如果发生械斗，参战者得祭献色勐，祈求其保佑自己取胜。

每年正月初六，云南省昆明市西山区沙朗一带的白族要选择吉利方位举行开社仪式。开社是开年动土的祭祀，祭祀的目的是祈求上天在新一年里多多保佑。这天，各家家长带上饭、肉、酒、香等供品到指定的地方祭天，以求保佑人畜平安、五谷丰登。祭后举行挖种仪式，俗称动土，由一人面向吉利方位挖三下，然后再到田地的放水处祭祀田公地母。木匠们还要到鲁班庙或村外树林中供祭鲁班，拿斧子砍树三下。石匠则在村外石头上捶三下，表示即日起可以动土刨木了。

由此可见，对社神的祭祀，在以农为本的“乡土中国”，总不可避免地既包含着对村社乡土一方之神的祭祀，也包含着祈求保佑风调雨顺、五谷丰产的内容。古代祭礼中祭社与祭土地等紧密相连，“土”与“谷”合体而为“社稷”，说明社神即五土之神，能生五谷，而在农业民族中，这也是立族立国之本。所以，社神之祭，才成为中国很多民族通行的传统祭典。

一、白族本主节[①]

本主一词，是局外人所用的称谓。白族语音译叫“朵博”，“朵”意为大，“博”意为祖父。按性别区分，男性本主称为“劳古”，即曾祖父；女性本主称为“劳太”，即曾祖母。本主信仰，起自祖先崇拜，但逐渐发展为村社保护神崇拜。

白族的本主崇拜十分盛行，本主遍及村村寨寨，各村的本主各不相同，祭祀日期也不同。凡天神地鬼、龙王山神、皇帝圣贤、文官武将乃至传说中的英雄人物，都可以成为各个村寨供奉的本主。每到当地本主的祭日，那里的群众通常要举行相应的祭祀活动。逢重大节庆大典，白族地区更是风行“迎神赛会”，举行各种迎送本主的隆重仪式。有的本主祭会，因规模太大，历史悠久，已演变为民族的传统节日。在有的地方，本主节还要表演耍牛舞，举行各种农事祭祀活动。大理白族传统的“绕三灵”盛会，据研究也是古代羌人社祭活动的遗俗。绕三灵活动的中心，即本主庙圣源寺，有对联“本是为民祈雨泽，主乎斯土享馨香”，说明这个活动实际上与栽种水稻前的祈祷仪式有关。

白族传说，世上本无人类，一次宇宙大变动，龙腮中迸出的肉核变成一男一女，男的叫劳古，女的叫劳太。二人结为夫妻，生了十个儿子、十个女儿。十双儿女奔向四面八方，学习生存的本领。后来，儿女们都从自然界的动物如燕子、野蚕、蚂蚁、啄木鸟、蜜蜂、蝴蝶等那里学到了本领，被后人尊为猎神、火神、木神、纺织神、渔神、农神、花神、灶神、药神和歌舞神等。为繁衍人类，劳古、劳太叫十双儿女也配成夫妻，各自到一个地方住下来，子子孙孙又繁衍下去，形成了十个部落。劳古、劳太被后世尊为天公、地母，成了大理某地的大本主，儿女们也分别被奉为十个村寨的本主。白族将一些自然现象、动物、植物、为民除害的英雄、忠良贞洁的女性、帝王将相等都奉为本主。本主神系里有“七十二景帝”之说，这七十二景帝据说就是道教的七十二地煞。此外，本主庙还供奉有孔子、观音、弥勒佛、韦驮、四大天王、太上老君等，所以说，本主崇拜模式是典型的儒、道、释、本多教合一的信仰系统。

本主封号系统，是白族本主信仰模式的显化系统。从本主神系封号，可以直接看到道教、佛教以及巫教对本主信仰体系的影响和渗透。

洱海地区本主神系封号结构：

---

① 本部分撰写人员较多，不同部分请见相关页下注。

这是个宝塔形结构的神系，明显地具有等级区别：中央本主，一般认为是南诏清平官、大军将段宗榜。他是“神中之王”，统管本主神界。段宗榜还兼“九堂神”中的狮子国王——德天心中央皇帝。九堂神中其他神的称号分别是：灵镇五峰建国皇帝、鹤阳摩呵金钵伽罗大黑天神、宾阳王崇建国鸡足名山皇帝、爨聪独秀应化景帝、凤罔阖辟乾坤懿慈圣帝、河龙王妙感玄机洱河神帝、邆赕白姐圣妃神武阿利帝母、桑霖元祖镇子福景帝。在洱海地区，这九堂神是中央本主之下最大的上层神祇，除段宗榜与大黑天神以外，都是古代白族巫教的神祇。

“十八堂神”，还没有查到姓名和封号，但白族学者认为他们均为上层神祇。“七十二景帝”，据说是道教的七十二地煞，属于下层神祇。“五百神王”，传说是“五百金鸡”。“金”在此处是“神圣”之意，因白族先民盛行鸡崇拜，鸡逐渐演变为村社的保护神。五百金鸡是遍布于各村寨的本主。各村寨的本主，分管着人间天上大大小小的事情，有天神、日神、月神、云神、雷神、雨神、星神、山神、海神、猎神、五谷神、水神、爱神、药神、歌舞神、美神和酒神等，各有领地，各司其职。

这个神系封号说明两个问题：其一，从封号的宝塔结构看，显然吸收了其他宗教神祇系谱和世俗君臣结构中的等级概念，“神、权合一”的特点突出；其二，从封号内容看，巫教神祇、佛教神祇、人间君王、道教神祇、自然神祇都有，“多教合一”的特点显而易见。

白族全民崇拜本主，过去，本主是白族人一生的信仰寄托：初生婴儿，要请本主神赐名；学业取得功名，要到本主庙献祭感谢；成婚，新郎要由老人领去本主庙献三牲求护佑；进入老年，几乎无一例外地会自愿加入供奉本主的民间宗教团体，如莲慈会或弥陀会（成员均为女性）、洞经会（成员均为男性），他们除平时伺奉本主外，还承担年节中重大的祭祀本主活动的主要组织工作；人去世，更要祈求本主对亡灵的安抚……按一些白族老人的话说，就是“一辈子都交给本主了”。

在大理，每个村都有自己的本主，祭祀时间不一。

仁里邑是喜洲镇周城办事处的一个大村，喜洲白族的主要聚居地。仁里邑接本主为时三天，全村人要将本主从本主庙里接出来。

下午一点，村中的道路已挤满了人。每年接送，村里都会出动汽车、拖拉机，不分彼此地载着去接本主的人一起出发，再加上走路的、赶车的、骑自行车和摩托车的，山路上人头攒动。由各个自然村的村民组成的队伍，拉着各自的彩车相继走向本主庙。拉车的是清一色的青壮年，车是古式木轮车。尽管现在交通发达，从喜洲到大理，不用再走半天路，但仁里邑接本主至今还用木轮车，因为这是老辈传下的规矩。

各村的彩车来到本主庙所在的古戏台前的大场坝上时，都要燃放鞭炮，全体接车的人在硝烟里憋足劲“啊”地大喊着拉车疯跑，绕着大青树转两圈才停下来。这是各村实力的显示。

接着，人们兴高采烈地把本主从本主庙中背出来，恭恭敬敬放在彩车上。背本主时，本主须面朝蓝天，脸上遮面红旗或黄旗，以免在太阳下走光，对本主不敬。

本主庙的九尊本主木雕像相继被放到彩车上。仁里邑的总本主高仁义，原是洱海沉木，漂到仁里邑村被雕为本主，敕封高明皇帝。这九位本主中，还有沉河登的太子本主、陈家登的高新宫本主、周遇登的七眼将军、大寺登的旧本主、苏家小屋的新官本主、大娘娘、二娘娘等。

古戏台前、村道边站满了人，连大青树上也爬满了人。每户人家门口燃一盆干柏枝、木香和粗大的红香，香烟袅袅。供桌上摆放水果、菜肴、酒水，供桌旁总有七八个老斋奶守候在那里，待本主经过时燃放鞭炮、焚化纸文、擂鼓鸣锣、诵经祈祷、跪拜恭迎本主。

接本主的队伍开始移动。各种响器敲起来了。众人争相拖曳着木车前行，车后紧紧尾随着身穿马褂，头戴瓜皮小帽或毡帽的老头们和颈挂长长佛珠、手拈三炷香的老妇们。至尊的木车上，一些男青年与本主同乘。他们获此殊遇，是因为新婚不久，希望和本主靠近些、熟络些，拉拉关系，希望本主可以看在熟人的面上，保佑他们早生贵子。

拉车的汉子们似乎不买这个账。行进中，他们会突然将车头高高翘起来，又突然放下，让乘车者猝不及防，引起观者的阵阵哄笑。这时，本主脾气也好得很，虽受颠簸之苦，仍笑眯眯的。

最后，本主被供奉于一个巨大的青棚内。人们围着本主通宵达旦诵经歌舞，欢乐三天①。

白族本主是社区内共同祭祀的神灵，不同地区又呈现出不同的特点。

洱源白族本主的祭祀几乎是从农历大年初一就开始了。除了大型的祭祀活动外，平时祭奠不一定都要用雄鸡、鸡头之类，一般是吃什么祭什么。比如，大年初一，白族人家家煮汤圆吃。在未吃之前，就将祭本主的汤圆预先留好，由家长带到本主庙去祭奠。初二，杀年猪的农户就将大年三十杀猪时专门留下的猪头、猪尾巴背到本主庙去祭奠六畜大王，祈求下一年六畜兴旺、去病除灾。平时结婚喜庆，盖房添丁，丧事结束，远出或归来，新生婴儿取名，或招了姑爷改名，都要在本主庙中进行。有时久病不愈，巫师确认被本主摄去魂魄了，还要请人到本主庙中招魂。请一个专人，先用大红纸做一个小纸袋，叫装魂袋。来到本主庙，先将装魂袋同香烛、甲马子、金银纸钱一齐供在本主前。等到用雄鸡、乳扇、米干兰等物祭过本主之后，所请这个人（最好是巫师）就手持一根小棍，在本主旁边和本主庙周围的树丛野草上乱敲，以昆虫敲入装魂袋中为限。然后马上封紧袋口，小心翼翼地装入篮中，背回家后，将装魂袋口打开，供在灶君爷面前，招魂就算结束。一般以取到体形较大的昆虫为好兆头。

有时“问先灵”（白语叫“编细恩”）也在本主庙中进行。在白族地区，问先灵是一种较为普遍的祖先崇拜的习俗。人们确信，人在生前和死后都要到本主老爷处签到，接受本主老爷的保佑或赐福。所以在亲人死后一段时间内，可把专司问先灵的巫师（白语叫“桃细恩闪”）请到本主庙。据说，巫师作法后，可模仿逝者的音容笑貌，将其在另一个世界的情况转告给生者。在祭奠本主的时候，白族人民还有借助本主的神灵看茶预卜来客，看鸡血和鸡头占卜吉凶祸福、财帛多寡的习俗。有人在给本主老爷上茶时，看到茶里冒起的气泡，就能推算当天会来多少客人。有人据鸡血起泡的多少，来占卜财运及本主是否享祭：以血多而鲜艳象征有盈钱剩米，以血少而暗淡预示财

---

① 蒋剑、周凯模撰写，选自邓启耀（文字）主编《云南人文影像》，云南民族出版社 2004 年版。

源枯竭，以泡沫大而多象征本主享祭。看鸡头时，以鸡头天灵盖布满血丝表示主人财帛多，以鸡头天灵盖苍白表示财帛少。如果发现天灵盖上有斑，就意味着主人家今年可能遭遇不幸，主人就会心有余悸，整天惴惴不安。此外，客人们还可以从鸡下巴的分布来占卜主人家的和睦与否，或是否亲仁善邻。通常，鸡头总要敬给最年长的人，让其先看，然后再按照年龄长幼依次传看。

除了遇事则祭以外，大型的祭奠活动通常每年两次。一次是农历六月，家家都要到本主庙祭奠一次，俗称“送平安子”。主要是祈祷平安和合家欢乐，不一定有什么特定含义。有时也和婴儿取名或女婿更名合在一起进行。这种祭祀活动，都要大宴宾客，以客多为荣。樊绰曾在《蛮书·蛮夷风俗第八》中对此种情况做了如下生动描述：“每饮酒欲阑，即起席前奉觞相劝。有性不能者，乃至起前席扼腕顿颡，或挽或推，情理之中，以此为重。”另一次是正月迎本主节。这次活动通常由本主辖区村寨集资举办，由当年家中添了男孩的家庭承头，由本村中有影响的士绅、族长、朵兮薄负责组织。在迎送本主盛会期间，全村杀猪羊，男女老少身穿节日盛装，全村还要耍狮灯和龙灯、踩马、请客、唱戏。届时，唢呐高奏，锣鼓齐鸣，连本村嫁到外地的姑娘都要回来过节。接本主时，各村风俗也不尽相同，有的村让本主坐轿，有的村让本主骑马，有的村让本主坐船，有的村全由汉子背，有的村则用拖车拉……这村接，那村送，热闹非凡。它是白族人民一年一度的民族狂欢节，也夹杂着重大的原始宗教活动，如有些地区在本主节举行“咬犁头”“上刀梯”等活动。它既是象征一年的终结，又是展示来年清吉平安的开端。正如有的耍龙贺词中唱道：“一条青龙东海来，为迎本主耍一台，自从今日庆贺后，阖村得安然。”

下面仅就洱源县凤羽乡义和村迎送自己本主“卫国佑民弘道圣帝大黑天神”的具体情况和平时一次祭祀活动的细节予以介绍，以此展示白族人民日常生活中的本主形象。

大黑天神辖区为义和、上寺、屯户三个自然村。照例，每年正月初五是义和村迎神之期，直至初八送驾，轮到上寺迎接。迎送前的准备工作由当年家中添丁的一家或数家承头组织，自然有许多热心人自愿帮忙采买，扎花轿，排练耍狮灯和龙灯及鹤舞，请唢呐匠，物色唱戏人选。妇女则将村里大街小巷打扫得干干净净，并将迎入本主歇脚的文昌宫也整理一新。白族村寨几乎都有文昌宫，通常情况下，本主庙在村旁，文昌宫在村里。

迎接本主这一天，全村男女老少都拿出自己最好的衣服打扮一新，一早就忙出忙进。中午十二点左右，由年长的人领头，唢呐、锣鼓前导，一路上耍狮灯、龙灯，跳鹤舞。然后全村男女老少手秉香烛，鱼贯出村，向本主庙进发。到了本主庙，烧香磕头，祭奠祷告，然后在激越的唢呐声中，尽情表演。有时还唱戏来取悦本主，礼请本主上轿启程。回村时，仍然和出发时一样，长者、奏乐、耍狮、耍龙、鹤舞前导，青年男子争相抬本主上路，以博取本主欢心。手秉香烛的妇女们跟在后边，最后是看热闹的男女老幼。沿途只要有空旷的地方，总要耍狮灯、龙灯。进入本主辖区的村头巷尾，本主要暂歇一会儿，附近村民立即将早就准备好的汤圆、果酒、包子等供品供在本主轿前，热心的村民还将事先准备好的红糖开水、米酒端给迎接本主的队伍品尝。下午五点左右，将本主迎到事先准备好的神坛（通常设在文昌宫）。神坛内吊着各种五颜六色的彩纸，上书各路神的佛号、道号、神号。神坛前摆着大红香烛一至两对，花瓶一对（内插鲜花），点佛灯、蜡烛，摆水果、红糖、糖果、米干兰、豆腐、馒头。齐备后呈献，请朵兮薄或法师念拜本主疏文：

开辟疆域自古仰赖　　神灵

捍卫人民原系凭依　　赫濯

是以恩推兆姓，援引大众之欢欣，凡属泽及万民、感动各村之迎迓，兹当春王正月值。福主之巡村，照例规定日期，概举迎神之赛会，整齐职事迓。

銮舆于今宵，洁净身心，叩凤车于是辰，三熏赞祝，百拜俯陈，由是约集众姓，于文宫设坛，宜演福主经章，拜礼宝号，保安道场一供白昼良宵等因，今则道场洁备，法事当行，谨具疏文，恭伸礼请：

本境福主　　座下

神慈俯垂洞鉴　　伏愿

銮舆遥临，尝大家之素供；凤车暂住，佑众姓之平安，亘翼默佑花童，人人扶其健顺，永保全村，家家荫以清吉。干冒神威，下情祈祝之至，百拜谨疏。

与神坛内祈祷相映成趣，天井里齐集的群众载歌载舞，欢歌笑语，响彻云霄。直到黄昏，除留下守护本主的人之外，其余的暂回家吃饭。饭后，又齐集本主周围，唱戏娱乐。热心的人自然将早就备下的硕大的干疙瘩捐献出来，供本主老爷和子民一起取暖。在熊熊的火塘边，人们都乐于守护本主，喝酒聊天，乐而忘归，通宵达旦。有的本主辖区包括几个村，那就要你接我送，直到将辖区全部走完，才将本主送回本主庙。所以到了初八，义和村就要办理送驾手续，而上寺村则准备迎接本主。

初八上午十时左右，送驾仪式开始。本主前仍献祭品，杀一只大公鸡，备一块肥肉。全村老少按辈分齐跪，叩谢本主来时赐福、去后留恩。开祭后，读祝文一封：

福主：

国定榆都，神封凤邑。五朝证位，千载覃恩。常捍患而御灾，屡拯民而保国。在当年干戈扰攘，曾频显应于战攻；经此日境土清平，又复堆持乎气运。卫四方而靖镇，疾疫无虞；舒万姓以延康，清宁有庆。瞻依不尽，感戴无穷。伏愿默佑时和岁稔，俯仰皆宽；冥扶国泰民安，蕃昌嗣续。祈来尝之菲献，聊洞乎微枕。

谨祝

最后，全村欢聚吃喝一场，迎送本主就算结束。还要提及的是，迎送本主期间的各种供品，必须每天早晚换一次，以示慎重。迎送本主的各村之间，有时为了争个你先我后，还发生戏剧性的争斗场面。因为在人们的心目中，新春佳节，本主至各村巡视一番，与民同乐，就可去病免灾，保佑各村清吉平安。白族本主是白族人心目中吉祥和幸福的化身。

大黑天神的平时祭奠不分时日，虽然每次祭奠因所祈求的愿望不同而有所区别，但大体仪式是相似的。当全家人商定要去祭奠本主后，就开始着手准备。多数祭品自然是家中自有的，比如各类小菜（如葱、香菜）、雄鸡、腊肉等。有些就需要到街上去买，比如香烛纸钱、本主甲马子一封、米干兰、豆腐等物。出发前，依次将油、盐、酒、茶、米、蔬菜、香烛纸钱、锅、碗、刀、砧、壶、杯等物装入几个箩筐中。大雄鸡自然由小男孩早早抱起，在大门外等待出发。

到了本主庙，支好三锅灶，掌锅的先将各类碗盏用香柏叶或香薷草刷洗干净。陈设在本主像前的有红糖、糖果、茶、酒、香烛、金银纸钱等物。将本主甲马子一封打开，将写有“本境福主”的几张供在本主前。其余的按甲马子上书写的“六畜大王”“痘二哥哥”“子孙娘娘”“卫房圣母”等封号摆设在各自的神坛上。待掌锅的将五颜六色的米干兰、香气四溢的乳扇和豆腐煎好后，本主面前摆六碗叫一席，其余各神面前摆各类都有少许的一杂碗，牧羊人前面还要摆一根事先备好的羊骨头，吃斋人面前只摆素食素果、不摆荤腥。在此期间，有专人去将公鸡用香柏叶或香蒿草从头到脚洗干净。万事准备就绪，就开始第一次活祭。

主祭者抱着大雄鸡跪在前面，其余人按辈分分排跪下，行三跪九叩大礼，主祭者表明祭典的原因、主人的愿望。有时还念本主祝文："云南总本主大黑天神卫国佑民弘道圣帝，座下生而神武，从容沉百万之兵；位更圣聪，感应遍三千之界。保障全滇，六诏元魁，于昭英明。御灾捍患，苍生常坐于福中；护国安邦，香国悉荫于佑下。恩周边徼，泽溥村户，膺上帝之褒封，尊隆洪号；敕善坛以主宰，掌握重权。民等久仗调停，频蒙指示。亲如父母，仰若君师。今逢岳降，共效嵩呼，虔将意悃之报，乞鉴心香之奉。谨祝。"祝毕，在本主座前杀雄鸡，然后将鸡脖子上和鸡尾较华丽、长、大的鸡毛拔下少许，蘸上鸡血后插在本主祭坛的石缝或砖缝里。活祭仅在本主老爷前进行，祭毕，即将全鸡连同前面供好的腊肉一起放入锅中煮，准备第二次祭祀。

待鸡、肉煮得半熟，负责陈设的人再次添酒、茶在神坛上供着的酒杯、茶杯里，有时还再上一次香。然后将全鸡盛在盆中，用两只筷子和菜刀插在鸡翅膀中，让鸡呈昂首挺立状。这次全鸡祭祀，除吃斋人外，其余各神牌位或塑像前都要磕头祭到。

第三次吃前祭，这一次祭要盛一碗饭、盛鸡肉等菜肴各一碗，放置在托盘中，上面横放几双筷子，从本主老爷开始，除吃斋人外，依次再祭一次。祭毕，长者烧化纸钱、甲马子等物。然后就在本主神前摆开地席，你请我邀，开怀畅饮，一醉方休，中间还夹杂着前面述及的看鸡头、鸡骨髂等仪式。

在祭祀本主时，由于各位本主的源流不同，而呈现出不同的禁忌。比如，西山本主九妹妹为一粒米而死；三营南大坪本主犯忌吃牛肉被揪掉耳朵；乔后本主段三爷禁食鱼，祭祀时若误用鱼，其就会发怒，瞬间狂风暴雨；小南营本主禁花椒；阁村本主禁白衣；青山本主禁见羊皮；红山本主禁白布。各有各的特点，充分展现了本主传说的世俗性、民族性和群众性①。

宾川县各村集体祭祀本主，一般是每年祭祀一次，即本主诞辰。这是针对多数村寨而言。本主诞辰祭祀活动，那些人户较多的村寨，经济收入高，

---

① 洱源本主祭祀调查材料由赵寅松撰写，选自杨世钰、赵寅松主编，杨政业分卷主编《大理丛书·本主篇》（上卷），云南民族出版社 2004 年版。

居民比较富裕，那么本主节这天就办得隆重些，规模也大。村寨住户少、经济收入低的村子，在祭祀本主时就办得简单一些。下面介绍比较大的村寨接本主的情况。

本主节之前，从村中比较有名望的老人里选出一位“会首”，有的叫“管事”，由这位会首或管事召集全村年纪较大的人，一起商量如何筹办祭祀活动。一是确定由多少家人负责承办。承办的人家，一般说来要生活富裕一点，有一定的经济能力。孤寡老人的家庭，一般不出钱。规定承办本主会的人家，负担当年接、祭本主会所需要的一切费用，如买猪、米、菜、香纸灯火、彩布等。二是由会首确定组织接本主的队伍。如仪仗队的人员、抬轿或拉龙车的人员、跟在轿后接送的人员等。三是由会首安排“莲池会”的老年妇女烧香念经，莲池会中又由一位识字的“经母”领念《三教同源大全》等经书。四是由会首安排组织表演狮、灯、唱戏，让本主与世人同欢。五是请巫师表演上刀梯。

在祭祀的过程中，有的村寨是由承办的人家买猪、买米，集体祭祀，大家在一起欢聚吃喝，但多数村子是将筹办来的肉、米用来先献本主神，吃饭的只有一些书写对联的老人、主持祭祀的老人、念经烧香的老年妇女，青年很少参加聚餐。多数人户是各家自己备办供品，在献本主神后，各家再抬回去吃。也有处得较好的邻居或亲戚，一起在本主庙或祭祀地点合起来祭供、吃饭。到本主庙或祭场上祭本主的，现在多数是老年人。过去，一般不准年轻妇女参加，因妇女有卫生期，怕玷污了本主神。从多数村寨来看，每到本主诞辰或会期，各家各户准备供品，素食一托盘、荤食一托盘，到本主庙内祭供，烧几炷香，磕磕头，请经母在神前说上几句吉利的话，了各家的心愿。

有的村寨祭祀本主日期有几种情况。一种是会期祭，而不是诞辰祭，如宾川上沧村，原来祭祀日期是每年的夏历二月初六至初十，后改为正月初八至十二。祭祀日期可以更改，说明不一定是本主的诞辰才祭。经调查，有些村寨祭本主的日期有更动，是因为原来祭祀的时间正是栽种或收割大忙时节，无时间去筹办，故改为农闲时间进行祭祀。多数定为正月过年之前，因为过年之后，各家各户要下地干活或外出做工。正月初一到十五是村中人数最多的时期，各家都在过年，接祭本主也是过好年的一项内容。祭祀本主的另一种情况是，一个村子祭两个本主，一个是本村信仰的本主神，另一个是一个地区几个村子共信的本主神。每年至少有两次较大的祭祀活动。通常，祭本村的本主仪式比较简单，而祭地区性的本主则比较隆重，需要将本主神接到村子里供祭一两日，然后才将本主神送回原来所在的村子。

宾川白族除本主神诞辰、会期集体祭本主外，平时家里有人结婚，要到本主庙去献供，感谢本主，家里有人外出或有人生疮患病，也要到本主庙去点香，烧纸钱，祈求本主保佑[①]。

赤男灵昭威光景帝，俗称“红山本主”，是洱源双廊、大理凤仪等地的本主。红山本主庙位于洱海东北角红山半岛尖端，离双廊村五公里。红山本主庙始建年代已难查考，重修于 1884 年，1932 年和 1948 年又经扩建，全院大小共五十二间，总面积约一千五百平方米，楹联、匾额有木雕、石雕共百余块。大殿下堂，供奉着红山本主与大小夫人的座像和出像（座像为泥塑，出像为木雕），北堂供奉着红山本主孙子和孙夫人雕像，南堂供奉着观音公公和大理金龟寺本主雕像。

南面楼阁后花园殿供奉着老太和二侍女塑像。戏台下两边供奉着本主的马夫，二人手握刀柄，各站一边，南牵红马，北牵黑马，当地人叫他们“扯马神”。

相传红山本主为六诏时一员大将，姓段，当时争江山，占国土，相互残杀。洱海东魔王叛乱，红山本主受命镇守红山垭口，巡海搜山，谨防入侵之敌。

一次，段公与长育村一魔王在大剌旁（现大建旁村）北，砂牛半岛垭口大战。战斗中，段公被魔王伏兵暗箭射中左目，因箭头有毒，抢救不及死于良甸村（今双廊村）北，大湖塘边。段公儿子立誓为父报仇，后终于在原战场砍下了魔王头颅，故此砂牛半岛垭口至今称为“无头垭口”。由于段公之子为大建旁村人民除魔去害，被供奉为本主。段公因中毒箭亡于大湖塘边，离红山很近，当地人便在红山建庙塑像纪念他，并冠以“赤男灵昭威光景帝”封号。为使其永保本境，后继有人，又雕了段公孙子和孙夫人像。

农历四月十五为本主会期，红山三面环海，远眺苍山，瑞雪皑皑，近观洱海，白帆点点。岛屿萦环，鱼跃鹰飞，桃红柳绿，气象万千，正如庙联所写：

皑雪拥苍山，百二龙关奔眼底；

① 田怀清调查整理，选自杨世钰、赵寅松主编，杨政业分卷主编《大理丛书·本主篇》（上卷），云南民族出版社 2004 年版。

青天接洱海，三千鳌浪送风帆。

看江山如画，东枕文华，西环洱水，南倚息龙，北耸银苍，浩浩关河更有楼台砥柱，六诏大业昭千载；

喜风物无边，春赛踏歌，夏擎火把，秋会黄花，冬眺瑞雪，融融丽日俱赖政通人和，万家欢乐看今朝。

庙会期间，巍山、祥云、凤仪、大理、宾川、邓川、洱源等地的民众前来游玩、朝贺，其中大理喜洲一带人较多。相传段公生前巡海搜山，死后化身为蛇，时大时小，变化多端，能保沿海船家渔民行船安全、捕鱼丰盛。会期一到，船家渔民，备好三牲，划船至此，前来朝贺、感恩、祭祀、还愿。为庆贺本主盛会，演戏要正对本主，好让本主观看。白天以演唱滇戏为主，伴有赛马、烧香、念佛等活动；晚间还有夜戏、白族调对唱、唱反调和跳神等，非常热闹。每年正月初四，为本主圣诞。因段公之子封在大建旁村做本主，祖孙三代各在两处，所以每年正月初四，儿子要接段公祖孙回大建旁村过年。当天早上，用先备好的两艘大船去迎接。船至红山本主庙前，迎者先到堂上敬香磕头，再端下雕像供入船中，段公与夫人、孙子与孙夫人各坐一艘船。鸣炮三声，起航。船以游玩形式，慢慢划入萝莳曲，让本主观花（相传萝莳曲有本主花园），随后，才航向目的地。大建旁村和康海村人，各拉一辆雕龙画凤、张灯结彩的本主专车，来到双廊街，等候本主到来。

船一靠岸，放炮鸣枪，敲锣打鼓，舞龙跃狮。青壮年男子扑入船中，争抢本主。又照例将本主分别供在两辆木车上，车上有四人掌佛，各掌一尊，车前拴好两根粗麻绳，大炮三声，三四十人手执麻绳起拉。

一路上，龙狮齐跟，鼓乐齐奏，放炮鸣枪，举五色旌旗，抬全佛銮驾，舞红绸，打黄伞，威风凛凛，如皇帝銮舆经过状。凡本主所经路两旁，供斋桌，摆祭品，表示给本主品尝。本主一到，老少一一跪下磕头。

段公有二夫人、小夫人不是原配，不得与本主同车，只能抬着，跟在木车后。观音公公慈善，地方上有“招观音公公者生贵子”之说。故此，由新婚小伙轮流争抢抬着。

车过原战场无头垭口时，掌佛人急忙用红布蒙住本主的眼睛，以免其再遭暗箭伤害，也不允许长育村人站在村前观看。接送本主的人故意大吼大叫，锣鼓齐鸣，以示助威，让本主顺利通过垭口。

车至大建旁村本主庙前，在鼓乐声中，给本主安座。人们将早就准备好的猪头、项圈等祭品一一供上，朝拜，念经。当地经书载："赤男灵昭本是王，六诏之时一将官，后来成神归天位，封景帝镇江山。殿下生来胆气豪，功在正果归阴曹，绿罗山下金身塑，手持宝剑斩妖魔，王孙童子在一方，赫赫威名四海扬，阴曹本是把官做，大显神威在丽江。一堂三代父祖孙，圣诞原来正月间，三村子民来接驾，车子拉到良甸街，五色旌旗空中舞，全佛銮驾排两边。五村齐心迎圣驾，共同享乐太平春。号炮连珠惊天地，鼓乐宣王镇洱西，浩浩扬扬归帝位，太平景象乐长春。"并照样给本主演唱、演戏、要龙、要狮、要凤，让本主愉快地过一天。

正月初六，要送本主至康海村过年。未送之前，备好送神祭品，先到无头垭口祭祀魔王伏兵，以示安抚。随后，方才用两辆木车将本主安全送至康海村供奉，祭奠。正月初七，仍用两艘大船将本主送回红山本主庙安放①。

本主的迎来送往，是本主崇拜中的一个十分隆重的仪式。一般说来，本主的迎送和祭祀是两回事。也就是说，只有大本主才有资格被迎送，小本主一般只是参与迎送大本主的仪式而已。因此，大本主除了供奉在庙中的泥塑（或铜铸）座身像以外，还有一尊木雕的行身像供出外用。而小本主往往只有一个既做座身又做行身的木雕像，平时供在庙里，大本主来巡视时才出去陪一陪客，参加迎送。祭祀则是无论大小本主都能享受得到的。所不同的是，大本主是一方（往往有数个乃至数十个村）公共的本主，平时在大庙中享受一方供奉，出巡时作为上宾享受前呼后拥的迎送和万家香火奉祀的排场。小本主是一村或数村的本主，偶尔出去巡查一下自己治下的田苗，平时在本主庙中享受本村百姓的香火，大本主出巡来到本境时要尽地主之谊，专门陪客，热情迎送。有时一年之内要迎送几个大本主，忙得不亦乐乎。有的本主有自己特殊的爱好和忌讳，祭祀时要投其所好，不能犯忌。本主的迎送和祭祀时间最普遍的是在正月间，称为"迎神赛会"。也有在二三月或七八月的，主要是祭祀，不迎送。迎送本主每年一次，三年一次大会合（又叫三会合）。每年迎送时，按村轮流做会首，在本主所辖范围内迎送各自的大本主。迎送的时间、路线基本有规定，不能随便逾越。旧时，县城及其附近的基本路线是：东山老爷不过路西，西山老爷不过路东，白马将军不出城，白龙老爷不进城。

① 赵寅松撰写，选自杨世钰、赵寅松主编，杨政业分卷主编《大理丛书·本主篇》（上卷），云南民族出版社 2004 年版。

有时遇到特殊情况（如路断等）则需要借路。庙祝在本主庙前烧一塘火，意思是：我不理你，你走你的。借路者即可过去。大会合以各大本主所辖区域的众村共同做会首，在更大的范围内交叉迎送各大本主，通常在城隍庙或“神都千感灵”进行。

1. 西山庙西山老爷的迎送

西山庙西山老爷为坡头邑等十八大村迎送的大本主。每年迎送的日期和路线是：腊月二十九或除夕即大年三十西山老爷出殿，其木雕行身像由坡头邑村迎到本村供奉，初一祭祀一天，下午送出；当天下午沙登村人来到坡头邑迎接，初二供奉一天，下午送去；初二下午河头村来接，初三供奉；初四周王屯；初五罗伟邑；初六柏寺村；初七天王庙；初八中等村；初九东登村；初十迎春尾；十一下城东；十二上城东；十三东园；十四官厢；十五洪家登；十六下来和；十七花树村；十八南北秀邑。从初四开始，均为当天下午迎接，次日下午送出。

正月十八这天西山庙会，西山老爷归殿，秀邑村人大请客。到西山庙赶会的人成千上万，善男信女争相在神像前焚香祭拜，朵兮则在庙外古树下疯狂地跳啊、唱啊；生意人竞相在树林里摆摊设点，招徕顾客。十八村耍龙的（不一定每村都有）都到庙前谢龙，即最后舞一回龙然后就地把龙焚烧。近年来笔者亲眼见到谢龙时都到庙南龙潭出水处舞龙，舞后就地焚烧。

2. 东山老爷的迎送日期和路线

东山庙东山老爷为石朵河等十七村迎送的大本主。每年迎送的日期和路线是：大年三十出殿，由田屯村迎接，正月初一田屯当会；初一下午小水渼来田屯迎接，初二小水渼当会；初三石朵河；初四柳绿河；初五南河；初六赤土河；初七大龙溪；初八波南河；初九天赦坪；初十迎春尾；十一下城东；十二上城东；十三太平三村。当天下午归殿。从初三开始，均为头天下午迎接，当会日下午送。

3. 天子老爷的接送日期和路线

正月初一，逢密村人去孝惠庙（天子庙）接天子老爷等三尊神像，初二在该村祭祀，至今仍然视大年初二为逢密村的“时节”。

初二下午，三贝河（三合）村到逢密村迎接，初三为三贝河村的“时节”。

初三下午，大夫屯到三贝河迎接，初四为大夫屯的时节。初五，城西河村的时节。初六，师弟登（新登）村的时节。初七，大登村的时节。初八，北干弓村的时节。初九，士庄村的时节。初十，南汤乾村的时节。十一，大赤铺村的时节。十二，柳树村的时节。十三，辛屯村的时节。十四，赵家登村的时节。十五，北汤乾村的时节，是日，天子老爷归殿。从初五开始，均为头天下午迎，次日下午送。

以上三个较大的本主庙均由各村轮流接送，日期固定。此外，尚有千感灵庙等亦然。

4. 灵山老爷的迎送路线和日期

灵山老爷（全称“石宝峰顶灵应尊神”）是鹤庆东山片的大本主，号称由四十八个大村迎送。相传灵山老爷与牟伽陀祖师打赌，后来祖师成功地开辟了鹤庆坝，灵山老爷遵从誓言，脸面朝东，永不面向鹤庆坝。2002 年 6 月 1 日，据 70 余岁的原鹤庆县审计局局长、六合毛谷村人杨加注先生回忆，灵山老爷的迎送日期和路线为：

大年三十晚由大福地村人将灵山老爷的木雕行身像和小童子等“偷”到村中供奉起来，大年初一由阿拉河村来此迎接，初二到大箐，初三到三堆石，初四到罗开口，初五到大地，初六到中江，初七到长坪，初八到鹦哥铺，初九到水井，初十到磨刀箐，十一到班登，十二到古乐，十三到松园，十四到碧龙邑，十六到大甸，十七到六合，十八到河东，十九到北邑大村，二十到南坡，二十一到和乐，二十二到黑水，二十三到大稿，二十四到松坪，二十五到咱腊，二十六到石洞，二十七到龙珠，二十八到新庄，二十九到西甸，三十由吉地坪村人“偷送”回灵山殿，即灵山老爷归殿。整整迎送一个月。迎送村庄除白族外，尚有彝族、汉族等，范围包括今辛电、金墩、中江、六合、松桂等乡镇二十九个行政村的范围。

此外，杨加注先生说，黑水原有杨家院、段家院、吴家院、土地岗、毛谷等五个自然村，土地岗和毛谷两村原是黑水人的田房，后发展成为村落，20 世纪 80 年代成立了毛谷行政村，从黑水分离出来。黑水村旧有本主庙，在黑水街西北角。旧时庙门前有一副对联：“殿大庙大威风大，人灵地灵墨水（黑水又叫墨水）灵。”庙祀圣妃白姐，还有一尊配祀神。本主庙门前有大黑天神的画像。白语称本主庙为“斗皤闷”。

黑水村旧时有三个庙会，都在本主庙内进行，即正月初四的本主庙会、正月初七的刘氏太太会、正月二十二的灵山老爷会。

迎送本主时往往是迎的一村直接到送的一村的本主庙或大本主歇脚处迎

接，也有的是送的一村和本村小本主一起把大本主送到村头或两村交界处。迎接的村把大本主迎走后，送的一村即和小本主一起回村，并把小本主送回本主庙。迎接队伍先后次序为：小孩子抱着小童子（木雕小偶像）走在最前面，然后是舞狮、舞龙的龙灯队，洞经会吹吹打打的乐队，端果品、执香的老年人，边跳边唱的朵兮队，大本主则端坐在四抬大轿里，在队伍最后压阵。一路敲锣打鼓，龙狮飞舞，异常热闹。

5. 迎送本主时的一些特殊讲究、忌讳

东山老爷经过土官村高家门口时一定得下轿一次，待高土官家享用三牲路祭后才上轿继续前行。据说因为这里的东山老爷姓高，得享受高家人的祭奉。

灵山老爷到和乐村时必须转过轿子让他回头望一望高耸入云端的石宝山。因为灵山老爷想，我已经离开石宝山老远了，哪天才能回去。想着想着情不自禁地伤心落泪，所以这一天和乐一定会天阴下雨。东山六甲四十八大村迎送灵山老爷时，每到一村都要杀鸡宰猪祀奉他，并把鸡骨头从一村送到下一村，最后回到石宝山归殿时，鸡骨头往往要挑几担。

赵屯村谷王老爷到村南鹤川桥头时要抬着轿子倒退回村，并且要在谷王爷的脸上抹一点香油，表示他在流泪。据说这是因为谷王老爷的弟弟被云南驿的人接去了，他见不到弟弟，因此非常伤心，依依不舍地朝南边望。

祭祀千感灵老爷时不能用鱼。原因一说是千感灵老爷是渔神，鱼是他的兵马；一说千感灵老爷是明代忠臣于谦，花麻痘疹神是余德，于、余皆与鱼谐音，所以不能用鱼祭祀。

祭祀黑龙老爷也不能用鱼，因他姓余。

祭傅国公不能用鸭子和鹅，也不能用羊和鱼。因为鹅、鸭和羊是他的兵马，而吃了鱼，他的箭疮会发作。

茶木箐村祭本主唱戏时不能唱“木莲戏”，因为其中有一出“斩苍龙”，而茶木箐村的本主是应水龙王，如果唱了斩苍龙，就会招来冰雹，还会暴发洪水。诸如此类，不能犯忌。

6. 本主的祭祀和接送仪式

祭祀本主一般在本主庙中进行。有时迎接大本主来村，由于本村本主庙太小或离村较远等原因，也有让大本主在村中文昌宫等处下榻（暂住一晚）的。这时，本村小本主也要被抬来在旁边作陪。

各村迎送本主都有一定的组织，较小的村各家轮流，较大的村分南登北登或南北中登，每年每登轮流出两个人作为承办人。当年的承办人要拼柴米（有的除自家拼凑外，还到各家各户凑一点），在本主驻足处集体开伙，进行祭祀，守卫本主，接待庙祝、朵兮等。

迎接本主的队伍来到送本主一方的本主庙或本主驻足处，要先在大本主面前舞一回龙，表示我们来迎接您了，请到我们村去。此时，少年儿童都争着去抢小童子来抱。有的在这村里有亲戚，亲戚就在前一晚上把小童子拿回家里藏起来，到时再交给他们抱回去。舞龙过后，朵兮祭祀完毕，唱起坛调，众人磕一个头，就争先恐后地去抬大本主和他的随从偶像们。大家热热闹闹地出来，小童子们则早就被小孩们抱着跑到前面去了。

迎接的队伍快到村里时，村头用斗把香面做成的两炷大香袅袅燃烧，发出缕缕清香。路祭的人们早早就在自家门口或路边摆好香案等候着，队伍来到面前时，各家端着三牲、茶酒频频祭祀。祭时，只是站着撒点盐米，拿祭品供供，烧点纸火，并不磕头。队伍过去以后，泼一碗冷水饭，然后撤去香案。

大本主被抬到驻足处，承头人早已把供桌摆好了，大小本主、各尊神像依照庙祝的安排各就各位，承头人连忙烧香点蜡烛，献上供品。此时，朵兮则边敲锣边唱安坛调。既热热闹闹，又井井有条。全村的人都来凑热闹，有的人家当天就端着三牲来祭祀、烧纸、敬香。祭祀的祭品分荤一套、素一套和糖果等供品。荤一套包括：猪头一个（也可以用一块猪肉代替），上插一把刀子和一双筷子，公鸡一只（也有用鸡蛋、鸭蛋代替的），鱼几尾，米一盅，茶、酒各一盅（俗称茶气、酒气），米饭一碗，白豆腐一块。素一套称“干那煎杂”，包括：干那几叶，煎米粉粑粑几个，煎饵饨几片，煎豆腐几块，还有煎乳扇、煎乳饼等几片，茶、酒各一杯，米饭一碗。祭祀以荤一套为主，有时也配以一盘素的。供果则以杂糖几样、红糖一盒、水果几个为主。祭时，把祭品供果摆上供桌后，先撒点盐米，口中念念有词（请神或祷告）敬香点蜡，拿刀把鸡、鸭蛋一剖两半，然后磕头，献酒献茶，最后焚烧纸火，泼冷水饭，祭祀即告完毕。各家祭祀，大体依此进行。祭过以后，把干那煎杂分赠给随本主来的朵兮和庙祝。由于各家都送，朵兮得到的干那煎杂哪里吃得完，往往要用箩筐装载带走。

吃饭前，承头人也要用三牲集体祭祀一次，祭过以后即招待朵兮、庙祝们一起吃饭。晚上，朵兮跳神，斋妈妈念经，都在本主面前进行，村人都来观看。待夜晚人们散去后，承头人和庙祝、朵兮则守候在本主旁，不时添香换蜡烛，服侍本主。

第二天，从早上开始，就有人家来本主面前祭祀，有时还要唱戏娱神。朵兮使劲地跳、唱，村人则自由参加各种活动。待各家各户都在本主像前祭祀过后，时间也差不多了，下一个村来迎接本主的队伍也来到了。于是，朵兮唱着跳着开始起坛。大本主被别的村接走后，朵兮和庙祝也都跟着去了，本村人在承头人带领下送小本主回本村本主庙，然后撤坛。

7. 本主庙会

鹤庆境内的庙会，一般都与本主有关，均在本主庙内进行。较大的而且流传至今仍在进行的有：

天子庙会，正月十五。现在发展成骡马物资交流大会。从正月十三至十七共五天，但十五这天人特多。

西山庙会，正月十八。年年举行，是日，西龙潭畔、西山庙内外人流如织。

千感灵庙会，二月初八。千感灵老爷归殿之日。旧时凡当年种牛痘的小孩，家人都要去庙内谢痘神。

黑龙庙会，二月初八，主要是黑龙水系的各村去祭祀。

灵山庙会、东山庙会，三月十三至十五。

朝霞山庙会，三月初十。

水洞祠会，四月初八。

白马庙会，三月初一至初三，又称“驹子会”，是近年来恢复的一个庙会。旧时由七铺三村轮流当值主办，宰猪杀鸡，大宴宾客，还请戏班子来唱戏，附近村寨的养马人家也都三五成群相邀来“打平伙”，祭祀白马将军。人们用三牲在白马将军像前祭祀，祈求他保境安民，保佑五谷丰登、六畜兴旺、生意兴隆。从庙里出来以后，还要在庙门外供着的两匹白马前烧一些稻草、蚕豆等马草、马料，表示慰问白马将军的战马[①]。

云龙县境内集体性祭祀本主的活动中，最为隆重、最为常见的形式就是

① 陈亮旭、张了撰写，选自杨世钰、赵寅松主编，杨政业分卷主编《大理丛书·本主篇》（上卷），云南民族出版社 2004 年版。

举行“上刀山”仪式和唱戏。前者主要是在山区，后者主要是在河谷平坝地区。前者的主持人都是白族原始宗教的巫师朵习薄，后者的主持人或为火居道士，或为村中德高望重的有一定文化的老人。祭祀本主时举行上刀山仪式是云龙山区最常用的一种娱神的活动形式。上刀山一般又分为两种，一种是祈福性的，即通过举行上刀山仪式来祈求本主赐福，保佑全村一年顺利，能五谷丰登、六畜兴旺。这种祈福性的上刀山仪式通常在本主会期举行。另一种是消灾性的，如本地区接连发生自然灾害、发生人畜瘟疫或是某家有人久病不愈等，就要到本主庙举行上刀山仪式，以祈求本主帮助驱鬼逐疫，消灾免难。后一种上刀山仪式是朵习薄打卦后认为只有这样做才能消灾时才举行，所以，没有特定的时间。

祭本主为何要举行上刀山仪式呢？旧州下坞村张立泽老先生说，相传，过去三崇本主带兵三征麓川，每逢攻城就要架起云梯，从刀尖上踏过去，所以现在上刀山就是要纪念本主和他的将士们的勇敢精神。下坞村的本主会是一年一小会，三年一大会，每逢三年就举办一次大的祭祀活动，称为“做大会”。在做大会时就要举行上刀山仪式，所以在下坞村上刀山是三年才组织一次。到了要上刀山这一年，事前会首就要拿出一斗五升米、一只大红公鸡、几斤腊肉作为劳资，请人在澜沧江东岸海沧村后的“刀杆坪”这个地方（因每次的刀杆都在此地砍，所以得名）砍三棵树做刀杆。做刀杆的树要选用非常直的松树，刀杆的长度是平年砍十二“掰”（掰为当地的长度单位，一掰约为一米五），代表一年十二个月；遇闰年则要砍十三掰，代表十三个月。刀杆砍好后要搁在山上风干，到了腊月三十这一天早饭后全村每户人家要出一名成年男子，到刀杆坪将刀杆抬到山下的澜沧江边，放入江中用水运至下坞村，再将刀杆捞上来。这时全村男女老少早就等候在江边，刀杆捞上来后要由村中的一位老人给每一根刀杆系红彩，称为“挂红”。挂过红后全村人就敲锣打鼓地将刀杆抬回村外的本主庙前。所有到江边的人都要参与抬刀杆，抬不动的妇女小孩都要用手摸一下，表示已抬过刀杆。下坞村的本主会期是农历正月初六，在初五这一天就要把“刀山”捆扎好立起来。刀山的做法是：用两根木杆做刀架，把三十四把长刀相交成剪子口捆在木杆上，呈梯子状，共扎十七级。再用两把大铡刀捆在梯子的首尾两端，捆在顶端的叫“天刀”，捆在梯子底部的叫“地刀”。一座刀山共有十九级，大小三十六把刀。把另外一根木杆做成三把木锁，锁住刀杆架。所谓木锁，就是砍下刀架所需宽度的三根木杆，在这三根木杆的两端分别砍出两个凹槽，把凹槽卡在两根木杆上，用于固定这两根木杆。因分三段来固定，故称为“三把木锁”。刀杆立起来时，并不在地面挖洞，而是竖立在一块长方形的光木板上，立起后，在每根木杆的前后，反方向斜拉一张捕麂子的大网，在网的顶端钉一根木桩，用这四张网的拉力来稳固刀山。

到了初六早上，在太阳刚刚出来后就开始上刀山。上刀山要由朵习薄来上，参加上刀山的朵习薄一般有五至六人，而真正上去的只是三个人。活动开始时，所有朵习薄敲响羊皮鼓，敲锣，摇着串铃围着刀山跳神，恭请各路神灵降临神堂。请罢神后即开始上刀山，首先上去的是“师傅”，即此次上刀山祭祀活动的众朵习薄的首领。师傅上去“破天门”，他背一个竹篮，内装香火、馒头、米面做的寿桃，手拿两沓黄纸（用于垫手），赤着双足，手拉刀子，脚踏刀口爬上刀山。等上到了最顶端，首先要打卦，后念咒语破五方，边破五方边把篮中的馒头、寿桃丢向四方。下面的人则争抢丢下的馒头、寿挑，抢到后拿回家给小孩和老人吃，认为吃了吉利、长寿，或是给生病的人吃，认为吃后会消灾免难。破完天门、五方后还要在刀山上做一些动作，如倒立等，然后才从背面下来。第一个人下来后，第二个人再上去。第二个人上去送“晌午”，即给神灵送午饭。此人上去时也同样背一只竹篮，篮内装着纸钱、香火，还有一些别人托他带上去的东西，如有些人家中有小孩生病，就出几元钱托他带一件这个小孩平时穿过的衣服或戴过的帽子，认为这些东西被带上刀山后就等于是这个小孩也上了刀山，就会得到本主的特殊保护，任何鬼怪都不敢侵犯他，而他所得的病马上就会好。等第二个朵习薄下来后，第三个朵习薄再上去。他上去是砍刀子，称为“收刀山”。他背一把砍刀，爬到刀山顶端后，来到背面，先用手解下天刀丢下来，每下完一级，就砍断这一级捆刀的绳子，把刀子丢下来，直到砍完所有的刀子，上刀山仪式才算结束。上完刀山后，刀杆架要等到半夜鸡鸣前才能撤除。撤时首先解开拉在四个角的大网，然后由几个人一下把刀杆架推倒。刀杆架倒下后往往会断成数段，人们都要去争抢这些木杆，拿回家用于镇邪。

云龙县其他地方的白族祭本主上刀山的活动程式大体和下坞村相同。长新乡箐干坪村祭本主上刀山时，第一个朵习薄上去破天门、破五方时带上去的是一袋五谷种子，在破五方时就把这袋种子撒下来，而在下面的人就跪在刀山四周，拉起衣襟接撒下的种子。如在接到的种子中荞麦多，那就预示着今年家中的荞麦会丰收；如接到的种子中苞谷多，则预示着今年苞谷会丰收。回到家后，要把接来的种子用一块红布包起来，供在祖先灵堂前，等到第二年开始耕种的第一天，全家人来到地头，搭一个祭台，把这包种子供在台上，杀鸡祭献。祭毕就将这包种子撒在地里，每一个角落都要撒到，边撒边喊“这是本主老爷赐予的种子，这是本主老爷赐予的种子”。撒完后才正式开始耕种，并认为这样就会五谷丰登。

遇到了特大的自然灾害，如特大冰雹、洪水，使得大量的庄稼、房屋被毁坏，或遭受瘟疫，造成人畜的死亡等，朵习薄打卦后认为一定要举行上刀山仪式才能消灾时，就在本主庙内举行上刀山仪式。这种消灾性的上刀山仪式的经费由各户均摊。又如，有的家中有人久病不愈，或重病将亡，在请朵习薄看香后认为只有举行上刀山仪式才能解脱时，亦由这家人在本主庙内举行上刀山仪式，费用由病患家出。消灾性的上刀山仪式的程式和祈福性的上刀山仪式一样，上完刀山后要给朵习薄一定的报酬，下坞村过去是给五斗大米（约一百二十五公斤）和一些作为祭品的食物。

唱戏是云龙白族在本主会期间另一项重要的活动内容。本主生辰庆典、正月接本主回村过年等活动中主要的娱神活动就是唱戏，所以在调查中常听到“我们的本主好戏，祭本主就是要给它唱戏”这样的说法。过去在石门井、天耳井、宝丰井、诺邓井这些经济较为富裕的盐井集镇地区，不光把本主接回村时唱戏，就是把本主送回本主庙这一天也要在本主庙中唱一天的戏，甚至有一些个人在祭祀本主时，许愿请戏班到本主庙中给本主唱戏。在一些较为贫困的地区，因经济困难，或因村子小请不起戏班的，也要搞田家乐、耍猴、耍狮、耍白鹤等活动，以娱本主神灵。

给本主唱的戏主要是白族的民族戏剧“吹吹腔”。到了近代，由于受汉文化的影响，县城石门、天耳井、诺邓井、宝丰井等盐井一带的集镇地区改为唱滇戏。唱滇戏的戏班多由这几个地方会唱滇戏的人组成，有时也请大理、鹤庆等地的戏班来唱。但是，直到现在大部分地区仍主要唱吹吹腔。所以，现在云龙县有很多唱吹吹腔出名的村子和戏班，而云龙县的吹吹腔在白族吹腔戏中占极其重要的地位，是南派唱腔的代表性地区，也是至今白族吹吹腔最流行的区域之一。长新乡大达村是云龙县境内以唱吹吹腔而知名的村子，村里几乎每一个男子都会唱吹吹腔，村中有一个始建于清代光绪年间的吹吹腔戏班。该村在正月接本主回村中过年，唱戏是最主要的活动形式之一。在接本主的头一天，即腊月三十日晚上，会首就要写一张大红请帖，送到戏师傅家中，帖书“某某先生：时值正月新春，合村恭迎本主，举行迎神赛会，特请你登台唱戏，以娱神祇。某某顿首”。戏师傅在接到戏帖后就要召集班子的人进行准备。大达村正月迎本主共要唱四天的戏，要从正月初六唱到初九。初五这天下午，全戏班的人员要集中在戏台上祭台。举行祭台仪式时，在戏台的正中摆一张供桌，把有代表性的行头都摆放在桌子上，点起香火，由戏师傅率领全体人员跪拜，祈祷。祭过台后就讨论演出的剧本，并由戏师傅分派角色。从祭台结束直到第二天正式演出前，在这段时间里任何人都不能到戏台上（指前台）。旧州乡汤邓村的吹吹腔戏班在祭台时，同时要祭戏神，据该村的老艺人李春芳先生讲，吹吹腔供奉的戏神是唐明皇。在祭台和祭戏神后还要祭祀本地已逝的知名吹腔艺人的亡魂，祈请他们能在冥冥中给予帮助，能使演出顺利成功。

大达村戏班在初六早上太阳刚升起时即开场唱戏。开场锣鼓敲响第一通后，首先由戏师傅出来敬献天地、拜四方，拜毕，把点燃的清香插在戏台沿口，然后就要请神。请神时第一位要请的是财神赵公元帅。这时，就有一位演员扮成财神，一动不动地端坐在戏台正中的八仙桌上，由戏师傅为其开光。戏师傅右手拿一支未用过的新毛笔，左手提一只大红公鸡，恭拜后用笔蘸鸡冠上的血，点在“财神”的手、脸、五官等处，边点边念：

头戴紫金冠，身穿五彩衣，借你头上一点血，开出神光威。

开头光，头顶日、月、星三光；开脸光，照四方；开鼻光，闻五香；开口光，口口声声说瑞祥；开身光，身骑黑虎广招财；开手光，手持钢鞭常进宝；开足光，足踏祥云下凡尘。

开完光师傅对“财神”三叩首，并大喊三声“恭请大圣开金口!”这时财神才走下桌子，献贺词。财神进场后，下一位出场者为装扮成魁星的人，戏师傅为其开光。其后出场的是装扮成天官的人，戏师傅接着为其开光。在正式唱戏前由这三位神祇出场、开光、献贺词的仪式称为“三出首”。三出首是大达村正月接本主唱戏时必有的戏剧民俗仪式，这一仪式结束后才开始正式唱戏。三位神祇的贺词分别为：

财神：

（诗）昔日修道在峨眉，二十四气紧相随；

跨动黑虎腾云雾，金鞭一举见惊雷。

（白）吾乃镇乙黑虎玄堂赵公大元帅是矣。昨日有白鹤童子报，今有云南省大理府云龙州大达村为恭迎本主，迎神赛会。只见善男信女，善有千般，恶无半点。众弟子诚心默祝，香烟缥缈，感动天庭。吾奉玉帝敕旨，下放凡尘，按落云端一看，此地更是福地，好一个太平景象矣。一来庆贺，二来扫开财门。祝老者增福寿，少者保平安，为农者五谷丰登，为仕者名登金榜出栋材，为工商者端金积玉，财发万万金。庆贺已毕，待吾镇压一番。镇压已毕，有堂归堂，有庙归庙，无堂无庙各散虚空。若有魑魅魍魉在此扰乱者，待吾金鞭一扫，恐君不信，有诗为证：

吾乃本是赵公明，封神榜上第七名；

打开金银宝财库，赐下满斗积金银。

诗已献上，待吾回到天庭交纳玉旨。

魁星：

（诗）得伦天地，道贯古今；

当场助笔，珠衣魁星。

（白）吾乃魁星是也，昨有白鹤童子报，今有云南省大理府云龙州大达村为恭迎本主，迎神赛会。只见善男信女，善有千般，恶无半点，众弟子诚心默祝，香烟缥缈，感动天庭。吾奉玉帝敕旨，下放凡尘，按落云端一看，此地更是福地，好一个文星显达矣。一来庆贺，二来替他点达一番。一点功名显达，二点儿孙出栋材，三点三元及第，四点四季发财，五点五谷丰登，六点禄位高升，七点七星高照，八点八福寿喜，九点九子折桂，十点狮子滚绣球。点化已毕，恐君不信，以诗为证：

青脸红发猪獠牙，满腹文章用斗量；

身骑鳌鱼千山动，丹桂开时万里香。

献诗已毕，待吾回至天庭交纳玉旨。

天官：

（诗）上元一元赐福天，中元二平道法然；

三元三平三大地，一本灵霄奏帝前。

（白）吾乃赐福天官紫微大帝是矣。昨有白鹤童子报，今有云南省大理府云龙州大达村为恭迎本主，迎神赛会。只见善男信女，善有千般，恶无半点，众弟子诚心默祝，香烟缥缈，感动天庭。吾奉玉帝敕旨，下放凡尘。按落云端一看，此地更是福地，好一个吉庆有余矣。特来祝贺。

（唱）福耀光腾下九天，绿园巩固好山川，寿星跨鹤临凡世，仕途繁昌代代兴。正来紫色正扶桑，南极老人赴道场，西望瑶池降王母，北神添岁保平安。长空素夜月华明，命降长蛟下太清，富国三千环世界，贵居十二境宫晨。

（白）南极宫中一老仙，身骑白鹤下云端，手持长生经一卷，赐予合村寿百年。庆贺已毕，老者增福寿，少者保安康，所谋皆遂意，万事大吉祥。

（唱）天有宝风调雨顺，地有宝五谷丰登；国有宝忠臣良将，家有宝孝子贤孙。

诗已献上，待吾回至天官交纳玉旨。

在为本主唱戏的这几天中，每天用的卸妆纸都不能乱丢，要统一放在一个篮子中，等到接本主活动结束的第二天，所有参加演出的人员要到本主庙去杀鸡祭本主，并要在本主庙前把收好的卸妆纸烧掉，表示为本主唱的戏已经结束，祈请本主保佑戏班全体人员清吉平安、一年顺利。

长新乡箐干坪村也是一个有悠久历史的唱吹吹腔戏的村子，也有一个世代相传的戏班子。1985 年云龙县文化馆在该村曾征集到一册绘制于清光绪年间的吹腔脸谱，即可知该村的戏班最迟也始建于清代。而这个村子过去在平时是不能唱戏的，只有到了正月祭祀本主时才在本主庙中唱，唱戏结束后全体演职人员在庙内祭本主，并在本主堂前封箱，戏箱就放在本主庙内。只是在遇到特大的自然灾害时，通过朵习薄打卦后认为要给本主唱戏消灾时，才能开箱在本主庙内唱戏①。

凤仪地区近百个村子，白族人民祭祀本主大致有三种情况：一是平时有事情时祭祀，二是正月过节时祭祀，三是本主诞辰日祭祀。在祭仪方面，既有相同的地方，也有不同之处。

1. 平时祭祀

根据不同目的，祭祀的形式不完全一样。如出行、赶考、外出做生意祈求本主保佑，若简便祭拜，即到本主位前，烧香燃灯，叩拜祷告即可；隆重祭拜，则要备香蜡纸烛、果品茶酒、香斋素馔、三牲等供品，陈设在本主位前祭献，边祭献边祷告。出行者一般说："弟子某某出行某方，祈求本主保佑，沿途好人相逢，恶人远避，清吉出门，平安归家。"赴考者家长一般说：

---

① 谢道辛撰写，选自杨世钰、赵寅松主编，杨政业分卷主编《大理丛书·本主篇》（上卷），云南民族出版社 2004 年版。

“弟子某某此次赴某地应考，祈求本主保佑，如得高中，再行重礼酬谢。”做生意者一般说：“弟子出门做生意，祈求本主保佑，如万事如意，求财得财，空手出门，抱财归家，再行重礼酬谢。”孩子满三周岁，到本主庙给孩子做“三岁”，备香蜡纸烛、果品茶酒、香斋素馔、三牲祭献本主，把孩子抱到本主位前跪拜，披红挂彩，祈求本主保佑孩子无病无痛，快长快大。家有病人，到本主庙“磕平安头”则备香蜡纸烛、茶酒果品、香斋素馔、猪头公鸡等供品，先领牲宰鸡，后再供熟食，并上神疏表文一道，书明某人有灾，祈求消灾，边祭献边口头祷告：“某某土牛木马，冒犯神灵，患有灾星，祈求本主饶恕无知，给予消灾免难，清吉平安。”结婚时，在婚礼前一天的下午，新郎家备香蜡纸烛、茶酒、香斋素馔、鸡蛋一个、猪头足尾一套，到本主位前供斋祭拜，祈求本主保佑新郎新娘百年好合、五世其昌。老人死后，也要备香蜡纸烛、茶酒、香斋素馔、猪头等供品，到本主位前祭供，祈求本主收管某某亡魂，给予早日超生。各家宰年猪都要备茶酒、香斋素馔、猪头去祭供本主，祈求保佑全家清吉平安、六畜兴旺、五谷丰登。

2. 节日祭祀

凤仪白族地区，农历正月各村都过“门前会”，每村会期二至五日，邻近村寨互不相同。各村会期间，人们在门前隆重祭祀本主。会期开始，即在本主位前燃点灯烛，烧香，敬茶敬酒各三杯，干果水果各三碟，香斋素馔各三碗，公鸡猪头各一盘，荤素菜肴八大碗。另置桌子若干张，上摆造型为鸡鱼花鸟、桃梨苹果、石榴佛手等的油炸花样糕点，造型很多，少则数十种，多则上百种。晚上，全村父老齐集本主位前跪拜祝寿，宣读本主诰文和祝文。白天，洞经会的老人烧神疏表文致祭，莲池会的老妈妈拜经赞本主，村民杀猪宰鸡前往祭供。本主庙内，终日香烟缭绕，木鱼声、锣鼓声和唱诵声此起彼伏，还要耍龙灯、狮灯。凤仪城、芝兰、塘子铺等村镇，还在本主庙前“跳神”“上刀山”“抬犁头”，观众人山人海，热闹非常。有二十四个村寨，要祭地区性的本主，将本主神像接到村里与民同乐，俗称“接老爷”。如“苏大龙王”本主，正月初三接出坛，二月初三送归坛，整整一个月在外，周游云浪、洞壁、高仓、长发、清乐、永乐、许长、麻地这八个村，与各村本主共享村民祭祀。“接老爷”更是盛况空前，仅迎神仪仗队就长达一二里。由数骑头仗马开路，接着是表演耍龙、舞狮、花灯、高跷、霸王鞭、绕三灵等的文艺队伍，后面是村老，莲池会老人拈香，洞经会老人奏乐，接下来是肃静、回避、金瓜、月斧、黄伞等銮驾，本主亲属侍从，最后是本主大轿，人们吹奏弹唱着游村过市。将“老爷”接到村里后，全村献上供品祭祀，直到下一个村子把本主迎走为止。

3. 本主诞辰祭祀

各村镇庆祝本主圣诞的仪式，也同门前会的祭祀一样隆重。头天，村里就宰猪杀鸡制作各种供品。本主诞期当天早晨，大家便忙着在本主位前摆设供品，依次点佛灯一盏、寿烛一对，设香炉一座，敬茶敬酒各三杯，干果鲜果各三碟，香斋素馔各三碗，公鸡猪头各一盘，寿面三碗，寿糕一甑。供桌后面，如同门前会一样摆桌子，全村合摆两三桌，村民自愿去摆的也不少。若本主位前已摆满，就摆在与本主同坛的其他诸神位前，主要摆油炸花样糕点。供品摆齐，上午九时左右，全村父老列队向本主拜寿，拜者下跪，宣读本主祝文，读毕，行三跪九叩礼。十二时起，洞经会弹奏音乐，莲池会念经，至晚方散①。

洱海中最大的一个岛名“金梭岛”，又称“海岛村”或“岛上村”，位于湖的东边，离陆地约二百米。1986 年，岛上居民有一百六十四户，全是白族，主要以捕鱼为业。全岛白族供奉一位为民除害的英雄张志忠为本主，尊称为“三星太子”，修有一座本主庙。同时，他们又和陆地上的九个村子一起，奉名庄村老太箐本主庙中的金轮圣母为本主。据说这是一位管水的龙王，是女性。按传统规定，每年正月初五至二十五，十个村子迎送本主金轮圣母。本主神像在每个村子停留的时间是固定的，金梭岛村是迎本主的最后一个村子，祭完后负责将本主送回老太箐本主庙。1986 年农历正月，笔者目睹了金梭岛村白族迎本主的祭祀活动。

正月二十二，金梭岛村村民到岸上塔村迎本主。清晨，全村男女老幼不约而同地会集到三星太子的本主庙里。主持祭祀本主的会长安排杀猪、杀鸡、煮饭的，书写楹联大字的，耍狮、耍虎、打霸王鞭的，给本主三星太子挂彩红、烧香上灯的，负责抬送本主队伍的。安排就绪后，会长在本主庙大殿石坎上宣布接本主开始时，全村人挤在本主庙院心围观，形成厚厚的人墙。一个身着长衫、足穿大红绣花鞋的男性长者，提着一只大公鸡，走上大殿台阶，

① 邹汝为调查整理，选自杨世钰、赵寅松主编，杨政业分卷主编《大理丛书·本主篇》（上卷），云南民族出版社 2004 年版。

用利刀划破大公鸡的冠子，鸡血不断往外流的时候，耍狮子的耍到石坎上面。长者将鸡血滴在耍狮者的鞋子上，接着将手中的公鸡高高举起，大声呼叫着说："求本主保佑全村清吉平安!"跟着就鞭炮齐鸣，表演狮舞、打霸王鞭等舞蹈。还有一人装扮成财神爷，一人装扮成老虎，在院心中表演财神跳虎舞。舞蹈表演结束后，接本主的队伍穿着白族艳丽的新装，手中点燃两炷大香，恭恭敬敬地走到船上，渡湖到塔村接本主金轮圣母。湖上航行了两百多米就到达对岸，船上的男女老少一下子又沸腾起来。船上的踏板还未搭好，有的年轻人一跃跳到了岸上，争先恐后地直往塔村本主庙奔跑，本主庙一下挤得水泄不通，跪在地上给塔村本主"囊聪独秀冠众应化景帝"叩头。因本主庙是重新建的，地点小，不便活动，塔村人便在场地上立起香案祭祀本主。当岛上村接本主的队伍到达时，鞭炮齐鸣，锣鼓喧天，天空突然下起大雪，雪花在人们的衣帽上落得厚厚的一层。接本主的表演队伍冒着严寒，首先给塔村的观众表演狮子舞、财神跳虎舞。"老虎"在场上跑来跑去，"财神爷"步步紧跟。当财神爷踏着老虎脊背的时候，围观的白族群众像下雨一样地往财神爷身上打硬分币。据说在接本主场上能用硬分币打着财神爷，出门做生意就可以"四季发财"；老人打着财神爷，就可以"延年益寿"……接着还给观众表演精彩的"霸王鞭"等舞蹈。雪越下越大，但没有一人离去。接本主前，塔村的斋奶们十分虔诚地跪在草墩上念经，欢送本主。岛上村办会会长宣布接本主开始，话音刚落，接本主的队伍像潮水般地冲进祭祀房内，争着抬本主。抱着本主的人，高兴得活蹦乱跳。据说谁先抱着本主，哪怕是摸着一下身子或脚手，都是十分吉利的，一年四季办事如意，新婚夫妇可以早生贵子。瞬间，立在祭房内的金轮圣母、金花、银花、三姑奶、大爷、二爷、三爷、四爷、五爷、六爷、大夫人、二夫人、三夫人、四夫人、五夫人、六夫人、新王太子共十七尊木雕像被抱入轿中。出门时，鞭炮齐鸣，锣鼓喧天，抬轿的，撑大伞的，扛旗子的，耍狮子的，打金钱鞭的，载歌载舞，跳跃着、狂欢着从村中走过。塔村各家各户门前摆着香案欢送，塔村念经的斋奶跟在接本主队伍的后面，有抬大香的，有敲打铜铃的，有打锣敲鼓的，在缓步送行。一直把岛上村来接本主的队伍送到船上时，斋奶们还不断地跪在雪地上给本主叩头燃香。船离岸后，塔村欢送的人群才返回村中。

岛上村把本主接到村里的码头时，又是一阵轰鸣的鞭炮声和锣鼓声。人们将木雕本主抬下船之后，不直接将其抬到本主庙内，而要先抬着本主沿着村中的大小巷道绕一圈，边走边鸣放鞭炮，要让全村的人知道，本主已接回来，大家赶快到本主庙中参加祭祀。本主三星太子庙里的龛台上供满了本主的雕像，像前摆香案，放着猪头、猪尾、鸡、鱼、肉、茶、酒、杂糖、瓜子等供品。整日都有人专门值班烧香、加灯油。

岛上村在本主庙里举行祭祀活动的两天时间里，要给村里的本主和地区的本主念经读诰，斋奶们十分虔诚地跪在草墩上，敲打着铜铃有节奏地一句一句地宣读诰文。诰文有三篇：一是《老太诰文》，二是《三姑太诰文》，三是《大爷诰文》。《老太诰文》云："志心皈命礼，神功广大，圣德懋昭，储巨源于浪沧，发长源于洱迤。慈云叆叇，处处频监，湫水汪洋，田田灌溉。瞻禾苗之勃勃，咸歌大有之年，睹豆麦之芃芃，共享丰亨之世。有求必应，福荫千家，感而遂通，恩周万井。霖雨苍生，得总爷之卫护，功宣下士，幸娘娘之扶持。宝像庄严，金身灿烂，大慈大仁者，大悲大愿，大圣大慈，敕封本主大圣金轮圣母元君。"诰文中说到金轮圣母"神功广大，圣德懋昭，储巨源于浪沧，发长源于洱迤"是指发源于金轮圣母本主庙所在地老太箐金湫龙潭的一股泉水，这股水灌溉着名庄、文曲、武曲、塔村等九个村子的农田，故又叫"金湫水"。其余两篇诰文的内容大同小异。二十五日海岛村祭祀结束，会长又组织抬送本主神像的人员和送本主的队伍，全村白族如同迎接本主时一样，敲锣打鼓，鸣放鞭炮，打着大伞旌旗，浩浩荡荡地将本主神像送上船，上岸，再送到老太箐的本主庙中，安放完毕，人们再一次烧香叩头之后才返回金梭岛[①]。

二、彝族土主会[②]

土主信仰与土主会

回顾历史，土主信仰是彝族的本土文化。志书上对云南大姚县石羊古镇人口的较早记载有"汉人有三，夷人有七"的记载，一开始石羊地区主要是以彝族为主，随着盐业的兴盛和经济交往的不断扩大，外来人口越来越多，到现在当地已经形成以彝族、回族、白族、苗族、汉族等多民族共存的族群样态。彝族、白族同根同源，后来分化，土主信仰保留了下来，民俗风气也遗留了下来。随着不同地方的移民进入白盐井，多种人群的风俗习惯融合在

---

① 田怀清调查整理，选自杨世钰、赵寅松主编，杨政业分卷主编《大理丛书·本主篇》(上卷)，云南民族出版社2004年版。

② 本田野笔记由中山大学社会学与人类学学院博士生李陶红撰写。

一起，土主作为地方性的信仰，亦被不同的群体所共同信仰。

在当地土主被赋予了神圣的色彩，也有很多关于土主的故事：相传在很久以前，有一个老人，上山采药，看到一棵很茂密的香树，老人想将其砍下做成有意义的东西，左看右看，他觉得这棵树像人形，于是，他就将其做成土主菩萨，以保子子孙孙的平安。这是一则在当地广为流传的传说，在其中可以看到，土主是以当地民众保护神的形象出现的。

当地志书上还有一则关于土主的传说：在白盐井遭遇的一次水灾中，不知道从哪里漂来了一个大树疙瘩，水灾过后，人们返回原处，发现这么一个大树疙瘩仍然还在，于是就用它来烤火，一烧就发现香气扑鼻，觉得此树疙瘩充满了灵性，于是当地人就将其雕成了土主菩萨用于供奉。

民间传说被搬到文献中，虽然内容有所改变，但是其所要表现的土主的神性却是如出一辙，均有神奇的意蕴在里面。传说中提到的香树，听老人说，这种树在云南很是稀少，土主菩萨即是用这种树制作成的，充分说明了土主菩萨在石羊民众心中的重要性。

在当地还流传有“土主显灵”的故事：说的是清雍正年间，云南盐道李卫奉旨来滇赴任，行了一段水路，官船行至洞庭湖，忽然阴云四合，风暴大作，波涛汹涌，李卫的船难以抵挡惊涛骇浪的冲击，眼看官船即将倾覆，情况十分危急，李卫及其眷属、水手都束手无策，李卫只有跪拜上苍，祈求神灵保佑，平安脱险。正当千钧一发之际，骤然天空划过一道闪电，接着天空中隐约出现一位尊神，端驻云间，蓝脸七星，手持宝剑，剑锋直指李卫的官船，顿时风平浪静，险象全消。李卫则叩拜神灵。再抬头看时，神灵已经消失。李卫来到云南后，四处询问洞庭所见神像，有识得者告知是白盐井之土主。李卫以盐道职官巡察至白井，并虔诚地祭拜了土主庙，仔细瞻仰土主神像，果如洞庭所见神像①。

封氏节井浮雕上也刻画了“土主显灵”这一场景。李卫为了感谢土主的佑护，派专人到外地买了一把紫油木轿椅和一副紫油木轿杠，献于庙中专供土主会土主跑马时使用。现在座椅已经不见了踪迹，但是轿杠还是保留了下来。

志书中是这样描写土主会的：“三月二十六日，土主会迎于行台，迎花四

① 张国信《龙女牧羊的地方》，石羊诗词书画协会编印。

日，走马三日，演戏十日，寿期，官民同祝。”[①] 会期最长达十七天之久，可想当时节日的盛大情况。每年的农历三月二十八是正会，之前的几天都要为正会做好准备。首先是选马，也就是挑选土主会跑马时要用的马。谁家有马都会牵出来接受挑选，被挑选出来的这匹马得精心饲养，供土主骑，正会之前是不能被人骑的，也不能让它驮东西。在出会的前一天有专人为这匹马刷洗，洗马的这个人也就是出会那天牵马的人。到了出会跑马当天，要给马装饰上银耳、银铃、银镫，还要给马披红挂彩。人们还要为土主梳洗换衣。每一年在给土主换衣服之前，都要给他梳洗。即脱掉土主的旧衣，用香檀水沐浴土主的全身，脸和手这些露出来的地方要重新上色。土主菩萨是蓝脸七星，蓝色是用名为“斧头青”的矿物颜料染成的，这种颜料涂在脸上是深蓝色，在有太阳的地方呈现出来的是亮蓝色。七星是用水银贴上去的，每年都要修复。土主的衣服分内衣、外衣。外衣有两套，分为坐轿时穿的和跑马时穿的，都是在会前的一个多月到外地买的人工刺绣黄袍，做工很是讲究。轿子形似李卫当年派专人买的轿子，下方配有脚踏板，踏板上有两只土主脚踩的狮子，用银子打制而成，选材和做工也都非常考究。

会前的准备工作完成后，出会当天早上，专门有人沿街敲锣吆喊：“土主出会，请各家打扫卫生，摆香蜡，迎接。”上午土主就要出会了，一般在十二点之前就必须出会，从土主庙沿街往外走，开头的是“小鬼”，小鬼打杆，负责把挡路的行人挡开；后面是鸣锣开道，装扮成狗的形象，穿黄衣裳，这就是“老黄狗开道”。行人规避得差不多了，接着是端“肃静”“回避”牌的，之后是端香炉的，斋公诵经的队伍。土主菩萨骑马沿街下去，沿街各家在门口摆上供品。家家户户顶礼膜拜，一直到白塔位置，骑着马绕塔三圈，然后下来到演武厅停歇三四个小时。烧香化纸的民众从四村八乡赶来，祭拜之后，杀鸡煮肉，煮斋饭，在下午五点之后就抬土主返回，回到土主庙后，给土主脱下骑马服换上轿服，坐上轿子。晚上在庙里的戏台唱戏，唱几天不等，剧目不固定，但多半是与土主有关的。

李毓华的《土主跑马会》[②] 描绘了土主会的盛况：“蓝脸七星灵菩萨，寿诞三月二十八。大显灵威骑骏马，直奔山岗绕白塔。下山过河跑马道，邪魔

① 〔清〕刘邦瑞著，张海平校注《白盐井志》卷二《地理志·沿革》，楚雄州地方志办公室 2014 年编印。

② 大姚县石羊诗书画协会编《石羊诗书画》（总第十四集）。

鬼怪皆镇压。演武厅前摆銮驾，众生上贡敬酒茶。人山人海行礼仪，消灾免难求菩萨。鸣锣开道炮声响，起驾回府乘凉轿。神话故事详记载，浮雕石刻千古佳。”

从土主会到跑马会

中华人民共和国成立初期，面对新的政治、经济形势，意识形态也要做出新的调整。作为代表性的土主信仰被纳入封建思想的行列，在这同时，土主会也就停止了。“文革”时期更是全面禁止有关土主会的一切文化事项，就连仅存的一些遗留物也遭到破坏。改革开放之后，当地人曾多次向政府申请恢复土主会，这个诉求直到2006年才得以实现。2006年，土主会恢复，但它却以另一个名字出现，即跑马会。中断了将近六十年的节日再次走进人们的生活，只有中华人民共和国成立之前出生的人们才有会对消失这么久的节日有比较清晰的印象。樊家模[①]精通道经、风水术等，石羊大多数的祭祀活动都是由他主持的，中华人民共和国成立以前他参加和主持过土主会，现在，他对恢复传统的节日起到了很大的作用，他凭借自己的记忆恢复了2006年的土主会（跑马会）。樊家模去世后，他的徒弟接管了跑马会活动。

由于土主庙在“文革”时期已被毁坏，现在的土主菩萨供奉在圣泉寺里。同样也是在农历三月二十八这天正会，在这之前也要先选马，为土主沐浴、换衣，只是没有之前那么讲究。笔者亲历的2015年跑马会已经改成用小汽车拉载土主菩萨沿街游行。正会这天，来自四周乡镇的人们会聚集在圣泉寺，然后由主祭司开始念祝词，这些祝词通常为道教的经典经文。接着，大家在寺庙里吃斋饭。在十二点之前土主就要跑马了，仿照以前的跑马形式，同时又多了一些舞龙耍狮的，从圣泉寺出来后沿着香水河畔一直到树包塔位置。在这途中，沿街的人家也都在门口摆上祭品，做买卖的人们也在路旁搭建了小摊。前行到了树包塔，转三圈，然后到接官亭。在接官亭停留，土主换衣乘轿，人们烧香祭拜，稍作休息之后土主返回寺庙。在寺庙搭建有戏台，晚上由当地的滇剧团在这里演戏。节日持续的时间没有以前那么长，但是大致沿袭了原来的节日流程。

现在的跑马会是对中华人民共和国成立之前的土主会的记忆与复制，原来的记忆被“复制”到了现在。有些已经不再适应人们的信仰需求的部分被

---

① 樊家模，石羊人，非物质文化遗产、当地民俗文化传承人。

模糊掉，但是主要的一些形式和内容都被保留下来了。在记忆走向现实的过程中，或多或少有些碎片不能再被黏合了，但是人们的土主文化的认同感还是依稀存在着的。

第六章　民族节日与人生礼俗

人从哪里来，到哪里去，是所有民族都关心的问题。它不仅包括关于个人生命周期的种种礼俗，也包括对于族群来自何处、去往何处、如何生存繁衍的探问。所以，从生到死，不同民族都有数不清的人生礼俗和节日祭会。

中国西部少数民族与人生礼俗相关的节日祭会，主要有关于生育的祈育祭、诞生礼，关于少年发育成熟允许进入社会组织或获得相关权益的成年礼，有专为妇女儿童设立的女性节日和儿童节日，专为老人设立的敬老节，以及和丧礼相关的一系列日期固定的纪念或祭奠活动。它们因不同民族的文化传统和宗教信仰而具有不同的表现形式。

第一节　祈育与诞生

中国西部许多少数民族中的男性生殖器崇拜，除了以石祖的形式表现出来，还以木柱、大树、雄鸡腰子、蛇、长形葫芦、牛角等作为其象征物。景颇族目瑙节上的目瑙柱分雌雄，彝族祭龙节里的龙树也用于祈育，哈尼族十月年等节日中男女聚会时跳的鸡腰子舞、生殖舞用性器道具长形葫芦等，都有这个含义。

云南丽江纳西族农历二月祭生育神“观音巴”，要竖一棵象征“观音巴”的树。富宁等地彝族农历四月二十举行葬竹大典，他们认为，自己的祖先出于竹子，为其一裔。不孕妇女向竹求子，生子后，要将少许胎衣、胎血放入竹筒，吊在竹上，表示自己是竹的血裔。人死，也要以竹为灵位，为使其魂能回到竹里，还要到竹篷前设祭。

拉祜族最重要的节日之一是祭寨心神，又叫“公母节”，每年过年、二月十五、六月二十四、八月十五都要祭，寨心神为村落中心高达三米的三根木柱。左边一根为男性柱，顶端凿成矛形，上刻三道粗环纹。右边一根为女性柱，顶端雕成长椭圆形，下刻三道环纹，稍细。公母两柱间夹一专供放置蜡烛祭品的台柱。节日期间，寨中男女老人上山祭过山神、佛祖之后，便聚集于寨心神柱旁，祭献神柱。然后，全寨青年男女云集神柱前狂欢歌舞，过大年时跳十七晚，过小年时跳十八晚，祈求天神保佑全寨人畜兴旺。节日期间，也是男女社交、谈情说爱和举行婚礼的最佳时机。

在某些哈尼族村寨，还秘密地存在着一种“选男神”的活动，这是在他们最大的节日——六月年里举行的。节日前一天晚上，全村男青年齐集山林隐蔽处，由大家公议，选出“男神”。第二天一早，这位“男神”回到寨子，寨里早已守候着的少女们一拥而上，围着他百般亲昵爱抚，以求人畜兴旺，村寨发达。

香格里拉白水台有一块天然形成的男根形石钟乳，婚后不育或想得儿子的当地妇女，前往朝拜。如果生了女儿的妇女还想得一个男孩，便背着女孩来拜，求神“照顾”一下。

对女阴的崇拜也反映在节祭活动中。

剑川石宝山石钟寺石窟第八窟正中莲座上，雕着一具高 0.915 米的女阴石刻。它居中窟，两旁各有一佛“护卫”，可见它的庄严神圣。这女阴石刻，当地白族叫它“阿央白”，意为“姑娘生殖器”，或“生孩子的地方”。每年八月石宝山歌会的一个重要内容，就是去祭祀阿央白。关于阿央白，民间有个传说。很久以前，有位猎手上山打猎，遇到十位美丽的姑娘。他与她们对歌，正对得情投意合，突然天昏地暗，一条黑妖龙来抢十姊妹。小伙子奋力杀死黑龙，救了十姊妹，但她们已无影无踪了。他剥下龙皮做琴鼓，抽出龙筋做琴弦，还把龙头装在琴上，弹着龙头三弦，四处寻找十姊妹，一直找到年老而未娶。后来，十姊妹托梦给他，说她们是山神的女儿。为谢他救命之恩，并使他晚年不感孤独，她们从石缝里给他送来一子，取名石宝，那石缝便叫阿央白。后人设坛祭祀，望有子嗣；有孕者则用香油涂抹在上面，希望顺利生产。石窟里有一副对联点明了阿央白的功能：“广集化生路，大开方便门。”

在云南宁蒗彝族自治县等地，有的山谷也被当作女阴受到崇拜，不孕者多到那里祭祀求育。丽江农历六月的白观音会、永仁彝族农历四月初八的太子会等，都是祈育的祭会。昆明、东川、开远等地流行的三月三节会，男女青年游山戏水，古风依然，与“仲春之月，令会男女，于是时也，奔者不禁”的习俗有关。有人考证，这个节日，是对上古“野合”风俗和生殖巫术的仪式性追忆。这种风俗，在一些民族中，也常常借一些节日，或直露或象征地表现出来。

祈育导向的结果是生育，哈尼族的“贡生节”(“然呢基作色”)，意为“婴孩、祭酒、生食的贡献”，是婚后生育子女的夫妇在当年或次年祭寨节结束后，庆祝生育的节日。孩子满周岁，母亲要背着孩子去祭司“贝玛”那里，敬酒，请贝玛为孩子祈福。节日前，男子上山打猎，准备各种野味；妇女下水捕鱼捞虾，准备酒宴，宴请寨里乡亲。席面上摆着标志孩子性别的生物，生男摆小鸟或松鼠，生女摆一碗蚌、虾，客人则举起酒杯，高唱欢庆新生的“哈巴”歌谣，祝福寨子添了人丁，祝愿孩子健康成长。

随着石破天惊的一声啼哭，面对突然闯入人间的小生灵，人们并不仅仅是心怀喜悦。特别是在长期保持着各种原始信仰的民间社会里，人们或许还会以为，由于那个小小生命的降临，冥冥灵魂世界与芸芸生命世界之间的通道一下子打开了，有关人等不得不对此做出应有的种种反应。于是，对新生命的祝福，对其命运的担忧，对自己后嗣的期待，对其前程的忧虑，来自人生社会的认同，面对灵魂世界的畏惧，所有这一切，在总称为“出生仪式”的一整套民俗礼仪活动中，都或多或少地有所反映。

新疆哈萨克族在第一个儿子出生时，按传统习俗要举行三天的“切列迭哈纳”庆祝仪式，村里的男女老少都聚集到产妇家附近通宵欢歌跳舞。就算仪式有所简化，村里人也会在产妇回来的那天，到她家吃个抓饭，送一些表达心意的礼物。

历史上，西部一些少数民族有人与鬼、灵与肉同生共降的信仰观念。德昂族就曾经认为，婴儿在出生一个月内（有的说是一年内）是一个“鬼娃娃”，要过一个月（或一年）后才算是一个人。红河县哈尼族的传统观念则认为，人一降生，便同时拥有十二个魂，它们对人的安危、祸福起着不同的作用。不仅如此，灵魂还有家族之分，祖灵只保佑自家的后代。滇东北的苗族过去严禁已出嫁的女儿临产前回娘家，怕的就是女儿提前生孩子。在他们看来，把一个外姓旁人生在娘家，外姓家族的鬼魂可能会冲犯自家族姓的神灵，并给全家人带来不幸。哈尼族中的所谓婚后“不落夫家”，也仅仅限于生育之前，孕妇却一律不得在娘家生产，否则将会遭到娘家人及其村落亲族们的谴责。阿昌族的民俗传统则规定，待婴儿满月以后，产妇才可以回娘家。人们认为，如果一个新生命来自灵魂世界，自然会给凡俗的人间带来某种不安。

正因为如此，许多民族都特别忌生畸形儿。云南西双版纳一带的哈尼族以往甚至忌生双胞胎，在他们的观念里，这也是不正常的。也正因为如此，婴儿坐胎时的胞衣同样被认为是不洁的。在传统习惯里，对于胎盘的处理，哈尼族是将其投入火中烧掉，傣族则是埋入楼梯下或道路交叉口，纳西族是埋在十字路口的石板下或山上。如此一来，似乎便切断了由于婴儿降生而开启的同灵魂世界的联系。

既然生命与灵魂相关，出生仪式当然少不了面向信仰世界的祭祀活动。西双版纳哈尼族人家生了孩子，按民间传统要用一只公鸡、一只母鸡、一枚鸡蛋来祭鬼。景颇族人家生了婴儿，习惯上要请巫师来祭家堂鬼，一般是家中供有几个家堂鬼，就宰杀几只鸡来供祭。阿昌族人家在新生儿出世第三天，也要杀鸡献祭，同时给婴儿洗澡“去浊气”。西双版纳傣族婴儿出生一星期，家里同样要祭家鬼，小孩满月时再祭一次。这一类祭祀活动的目的便在于祈祷远在另一个世界的自家祖灵保佑初生的后代平安。

自从婴儿离开母体的那一刻起，亲长对于自己后代的祝福和期待便已经开始。在德宏傣族村寨里，新生儿一落地便要接受洗礼，傣族人称之为“洗头澡”，接着就举行拴线仪式，这些都是为了给婴儿祛邪保命。通海蒙古族人家新添婴儿，便把胎盘埋在房门后的柱子下，以此寄寓孩子长大后能够抱柱扶梁、撑家立业。剑川白族人家小孩出生后，第一个来客登门时必受丰盛饮食款待，客人吃得多则意味主人家的孩子将来不会饿肚子，因而，客人吃得不多主人会不高兴。在永宁纳西族（摩梭人）中间，新生儿出世第三天，家长要为其举行拜太阳仪式，让婴儿沐浴阳光，祈求太阳保佑其平安无事。据说，他们的太阳是一个女人，这无疑是他们母系大家族卵翼的一种神化象征。在滇东北苗族当中，妇女生育头胎满月时，要带孩子回娘家，请婴儿的舅舅为其祝福。这种舅权的表现形式中有母系制的遗迹。

各民族民间到处流行着新生儿“拜干亲”的民俗仪礼活动，也属于出生仪式的范围，同样寄寓着人们对于后代小生命的祝福和期待。就云南少数民族来看，此类拜干亲大致可分为三种情况：一是拜上门来的客人，流行于云南景洪傣族、勐海拉祜族等民族中；二是自己找上门去拜，甚至可以拜巨树、怪石、大桥等物，流行于云南丽江纳西族、大理白族等民族中；三是在村外山路上“撞名”，凡成年男子碰上谁便是谁，无人过路便拜过路的牛羊猫狗，连这也不见则拜路边的树木、石头，流行于滇东北地区及昆明富民县的彝族等民族中。

各民族出生仪式中还有一些内容，包含着农耕民族对于新生儿的特定社会期待。云南红河、元江一带的哈尼族，在婴儿出生的第三天，要为孩子举行一个仪式，根据婴儿的性别，以父母双全的童男或童女为替身，做出下地劳动的举动。与此类似，佤族人生下婴儿满半个月，则由其母亲带孩子下地进行象征性的劳动，通常是由母亲代为拔几把草。这些都表达了人们希望后代继承前辈辛勤劳作的生活传统的美好期待。

人们针对新生儿不同的性别，会有不同的社会角色期待，这一点从一个人出生时便已经开始。丽江纳西族人家生育了头胎，若是男孩便买回一些笔墨纸张，若是女孩则买回一些针线。景洪傣族婴儿诞生满一周或满一月时，家中为之做祭，男孩在祭桌上放笛子、胡琴和杆秤等物，女孩在祭桌上放纺织工具、盐盆和锅碗等物。这些都暗含着社会对于不同性别角色的不同期待，一以贯之，便潜移默化地影响了孩子自身性别角色意识的形成。

在出生仪式中，对于孩子今后的人生角色的社会期待最明显、最集中的表现，大概莫过于平常所说的“抓周礼”。洱源白族小孩满周岁行抓周礼，家中置办一桌酒席，旁边放置大葱、松树明子、算盘、毛笔等物件，由亲长抱起小孩上前，任其自由抓取。他们认为：小孩抓到了大葱和明子，今后会变得聪明；抓到了算盘，今后便能掐会算；抓到了毛笔，今后则能书会写。尽管这难免令人怀疑是出于某种类比巫术心理，但从中可明显感受到长辈对后辈的殷切期望。

为使新生儿得到公众社会的认同的仪式，也是从婴儿一出生就已经开始举办了。在民间礼俗社会，这主要是求得亲族群体和村落社会的认同。景颇族人家生了小孩，要以姜片、干肉、盐巴拌饭，用枇杷树叶或芭蕉叶包成小包，分送自家亲戚每家一包。对方接到饭包以后，都得带上一些鸡蛋前来共同祝贺。婴儿诞生之初较典型的认同仪式，则是所谓的请“三朝客”。巍山彝族在新生儿出生第三天时，不但产妇娘家要送米酒、红糖、鸡蛋到男方家，而且亲友都要送礼表示同喜同贺。瑶族人家同样于婴儿产后第三日宴请亲友，大家相聚在一起共同祝贺。

此类认同仪式中最为普遍的，当然要算中国民间几乎处处可见的所谓做

"满月"。即便是在现代城市中，很多人也在不同程度上以各种形式保留着这一民俗活动。滇东北彝族在摆满月喜酒之际，要由祭司念经祝祷，请一位长辈给婴儿剃除胎发。哈尼族新生婴儿满月，同样要剪胎发。兰坪白族也是如此，而且剃头仪式分外隆重、认真，新生孩子父母两方的亲属长辈全都应当到场，其亲族社会身份认同的意味不言而喻。除了满月剃头以外，常见的做满月形式还有丽江纳西族的"汤饼会"、洱源白族的"满月客"、永宁纳西族（摩梭人）的"满月酒"等，亲族群体和村落社会对于新生儿的身份认同便在这些欢乐的场合中得以实现。

为新生儿命名，不仅使之第一次与人的语言体系发生关系，而且还使其正式归入人的概念系统，新生儿从此作为人们观念上的一个独立的个体，同整个社会联系在一起。各地白族都有较为正式而隆重的命名仪式。在大理喜洲，为头生子女命名须请"粥米客"，往往把产妇娘家的长辈全都请来，孩子的乳名即由他们来取，以后的第二个孩子的名字则可由父方亲长来取。在洱源凤羽，命名仪式在孩子出生满三个月时举行，届时要请来孩子父母双方三代以内的亲属，给孩子取的名字必须得到全体参加者的一致认同，新生儿命名中的认同之意显而易见。最后，全体参加命名的亲长人等按辈分、年龄长幼排序，依次将自己的姓名写下，作为命名仪式的见证，郑重其事，实属少见。

有一些民族的这类命名仪式分明带有一定的宗教文化色彩，主持命名的人须是本民族的宗教职业者。在丽江纳西族信奉东巴教的地区，孩子出生后第七日，人们要请东巴来为之命名。在屏边等地的瑶族村寨，人们婚后生育第一个孩子之际，则要请"目老"（村寨里负责宗教事务的寨老）为其取名。在云南回族的宗教传统中，小孩出生后，其父母须请阿訇念经，并给孩子取"经名"。云南藏族人家有孩子降生，习惯上也要由父母请喇嘛来为之举行命名仪式。在传统宗教信仰为一个民族的传统文化重要组成部分的社会里，带有宗教文化色彩的命名仪式无疑意味着一种最基本的社会身份认同。当然，命名只是一个开始，对于每一个孩子的社会身份的进一步认同，将等待他们成年，成为社会的正式成员的时候再举办相应的仪式。

一、纳西族摩梭人祈育祭[①]

1980 年 2 月，狮子山西侧。

---

① 本田野笔记节选自邓启耀著《泸沽湖纪事》，中国旅游出版社 2006 年版。

狮子山上崖洞很多，它们藏着摩梭人无数的秘密。

笔者在狮子山脚的村子调查时，听说附近的山上有女神洞，村民有求育的就到洞里祭祀。传说，天地初分时，一位女神和石人结为夫妻，繁衍了人种。后人称这石人为“久木鲁”石祖，称女神为“阿移木”（女始祖）。由于它们象征着生生不息的生育繁殖力，所以，每年三、五、七这几个月里，当地普米族和摩梭人，便要互相邀约，到阿布流沟山中的“移木”女神洞中去祈育、朝圣，举行绕山和钻山洞活动。这天，不孕妇女在丈夫、女伴和巫师的陪同下，举火进入女神洞。山洞里有许多石钟乳，形似男性生殖器的，便是久木鲁石祖。祈育时，首先在久木鲁石祖下架三个小石头，中间烧一堆柴火。祈育的夫妻面东，分别向女神和石柱叩头，祈求久木鲁赐育。巫师边烧香边念经：“天让你生孩子，地让你生孩子，左边的人祝你生孩子，右边的人祝你生孩子……在神的保佑下，你会身体健康，生儿育女。”然后，祈育的妇女在女伴陪同下，进入石洞中的水塘洗澡，洗身去邪。他们认为男精为骨，女卵为肉，精卵结合才有骨肉胎儿。不过，当妇女身上附有“乔”这样的恶鬼时，她的生殖器官就会被滞塞，不能受孕。洗身去邪即为“驱乔”。洗完澡，转回久木鲁石旁，祈育妇女接过巫师作过法的一根细竹管，一头含在嘴上，一头插在久木鲁石的凹坑水眼中，反复吸饮三次泉水，称为喝“哈吉”（与精液“达吉”意思相同）。最后，她提起裙子，到久木鲁旁的小石笋上坐一坐，称为“挪窝”。经过与石祖象征性的交合后，她与配偶实际的交合，才具备了受孕的“条件”。

笔者也想去女神洞一探究竟，可是第一次去时，历尽艰辛，不但没有找到女神洞，还差点没赶在天黑前下山。

第二天，按摩梭朋友的指点，笔者再登狮子山，还准备了一些松明。笔者找到了那个山洞。洞里十分黑暗，需要点燃松明才能行进。前洞不大，有几个小的钟乳石，这可能便是人们谈到的生殖崇拜象形物了。石柱上放置有火柴盒大小的脱模泥塑佛像，旁边蜡迹斑斑。据说，凡有不育，摩梭人便会到这些山洞里来，在达巴（巫师）指导下祭祀山神，拉起裙子在钟乳石上坐一坐，或喝几口钟乳石上滴下的水，回家后再行房事，即可怀孕。

同伴发现一条狭窄的横缝，刚好够一个人钻过。在下面时，笔者已被告知，钻过这条石缝可以到达一个更大的厅，里面的钟乳石更多。石缝间的石头被摩擦得有些光滑，看来钻进去的人不在少数。用松明照照，深不可测。

有人试了一下，拿不准还要匍匐行进多久，退回来。大家下意识地离那石缝远几步，仿佛它会变成一张不知什么时候就合上去的大嘴一样。犹豫了一阵，大家还是对石缝那边未知的黑暗心中无数。笔者退出山洞，发现每个人都被松明的黑烟熏成了花脸。

2000 年 7 月，狮子山东南侧。

听说小落水附近的山上有一个女神洞，求育的人挺多，便想去看看，弥补 20 年前知难而退的遗憾。

同行的有宋兆麟老师和他的研究生。乘三轮“摩的”沿公路行至小落水，须弃车登山。问老乡，说要走三个小时。抬头看山，坡很陡。宋老师年纪大，腿脚又受过伤，大家不主张他去，便留在村里做些访谈。笔者和他的学生一起登山。由于山高路远怕找不到山洞，我们聘请了一位摩梭向导带路。

我们的向导名叫争翁基，他说，近年来旅游的多了，也有一些人会想去看看女神洞，给他们做向导，收点辛苦费。

路果然很不好走，坡度大，很多地方在岩石和灌木间直上直下。山上小岔路不少，要没有向导，还真不容易找。

埋头走了约莫三小时，争翁基说声“到了”，顺他所指抬起头，见山洞藏在岩石和树丛中，有风马旗在洞口飘动。从一个独木梯爬上去，才是入洞之途。洞口崖壁上涂满汉字，均是游客到此一游的留名。

洞里虽然黑，但借着手电筒的光，依稀能看个大概。这是一个人来得比较多的山洞，入洞路径的石头被踏得没有了棱角，特别是那些不知是天成的还是人为的、长得极像男性生殖器的钟乳石石笋，“龟头”部位油润光滑，显然是经过上百年的抚摸了。在它们旁边大多有一摊蜡迹或一盏泥陶灯盏，说明它们是享受供奉的灵物。而山洞顶部下垂的钟乳石，则挂着缕缕白线。争翁基告诉我们，每月初五、十五、二十五，不育或希望结缘的人们点松明或蜡烛进入山洞，焚柏香，手摸肖似阳具的钟乳石石笋，举行祭祀仪式和祈祷；或向悬空的钟乳石抛出白线，看自己的“缘分”将和谁连在一起。

有一刻女神洞突然很安静。争翁基点燃了蜡烛，烛光使白线在黑暗中拉出几道柔和的弧形。置于女神洞里的阳具万古不变地坚挺着，指向暧昧的虚空。人在其中游动，带进光，带进梦想。还有那些若有若无的白线，把分离的山洞（阴）和石笋（阳）、愿望和事实连接起来，天造地设地感应阴阳。人们进入女神玄门，在与外界日常状态的暂时隔绝里忽如处于母体中的混沌情境，一种延续千百年的设问和游戏，通过神授人为的祭祀接受暗示并仪式化地传了下去：我是谁？我从哪里出？我和谁命运相连？……

二、白族太子会[①]

每年农历二月初八，云南剑川寺登村最为隆重的太子会拉开帷幕。太子会被当地人认为是“白族的春节”，其参与人数和组织规模都是一年所有节日中最为隆重的。

太子会举行前几天就由老年协会召集本村当年结婚的新郎及家长组成“二月八传统盛会组委会”，商议节日的组织安排工作，着手备办节日所需物品。节日的组织工作则由村里专门成立的“寺登村二月初八传统盛会筹备组”负责。在农历二月初一召开筹备会，确定了大会中负责各事项人员的具体分工。如 2012 年二月初八太子会的负责人员如下：

总理：欧金华、赵福雄、李德斌

提调：赵贵生、和金全、赵贵玖

主祭：本村八十岁以上者

陪祭：本村六十岁以上者

引礼：杨仕俊、杨锡和

赞礼：欧仲清、杨海林

册祝、读祝：段圣昌

浇打醋汤：焦贵标

陈设：妈妈会

大乐：赵贵生、赵春武

细乐：刘仲越、欧贵育、张金才、段伯山、欧汉先

饵饼：赵德珍

果品：杨贵庆

抬蒿火：欧泽明、杨金奎

旗手：南北会首

装四帅：焦曙、赵四华、杨灿秋、赵增健

背敕印：本村六岁以下男女儿童

太子游四门：本村新郎

① 此部分由杜新燕撰写，部分内容刊于《西南民族大学学报》2014 年第 5 期。

抬圣驾：本村新郎

净水：焦贵标

表礼：本村六十岁以上男女

维护秩序：寺登村委会

鸣炮：本村新郎

招待会友：段定和、赵福珍、赵莲珍、杨金玉、欧树翠、欧如玉、段佑安、杨海玉

抬花手：欧泽会、张长妹、施金美、施爱菊

财务和生活：本村新郎

搭牌坊：南北会首

确定好具体分工后，各组按照所负责的事项开始筹备太子会。太子会的祭祀地点设在本主庙。本次太子会的一切费用由村里当年结婚的新郎家共同承担，会上的饮食由新郎的家人备办、烹煮。新娘们帮厨，新郎们抬桌椅板凳，端茶倒水。

二月初八一大早，新郎及家人们在本主庙里忙碌，帮忙扎轿子、为客人端茶倒水。新娘们聚集在一起淘米、洗菜、洗碗。新郎的母亲、姑姑们在厨房里忙着准备早饭。本主庙里来的客人较前几天多了很多，附近村落的人们都聚集过来。还有不少来沙溪旅游的外地游客，大家带着好奇的目光颇有兴致地拍照，四处游走等待着太子出游。中午十一点，吃完早饭后，新郎们将太子像和释迦牟尼像搬到院子中，神像前摆上供桌，阿吒力们在供桌边念唱《释教祈嗣求寿表法事》，念经的妇女们围着供桌成一圈高声唱和。十一点半，由本次负责为太子准备新衣服的新郎家为太子换上新衣：一件黄马褂，一件红色长衫，一双马靴，一顶冠帽。成年释迦牟尼则仅穿一件黄色的袈裟。服装上的不同，区别出了村民眼中释迦牟尼生命历程的不同状态。少年时代，他还是皇宫太子的身份，成年之后，他却已出家为僧，披一件袈裟就可以了。每年太子会都有人专门准备神像的服装，释迦成年像的袈裟只要求全新，少年像服装则在全新之外还要求没有明显的线头缝接痕迹，衣服拼接处没有疙瘩，靴子要由新郎家自己做，鞋面不能钉钉子。负责准备神像衣服的 OYHY 说：“这次太子会就是跟神求小孩子的，衣服有疙瘩和拼接地方，靴子上有钉子会触霉头，事情就不顺利了。靴子又要自己做，请人做太子就投生到别人家啰。我和老妈妈也不知道怎么不用钉子钉便把靴子做起来，想来想去就拿

502 粘，看着也很好看嘛。”①

太子的塑像为坐像，约真人大小，梳发髻，面相为少年男子。村里人牵来事先买来的马，将太子扶到马上，用绳子固定好，再给太子穿上黄外衣，这样既能保持太子在马背上的平稳又不致给人五花大绑的感觉。马由新郎家事先在附近几村购买，太子会举办前半年新郎家就要提前做准备。太子骑的马必须同时满足以下三个要求：一是颜色必须是纯净的枣红色，不能夹花纹；二是不能被阉割过；三是年龄要在两岁左右。当地如果没有合适的马，就要到外地买，一定要想办法买到合适的马，绝不能用其他马替代。因为马在节日中被赋予了象征意义。红色、没有阉割过的年轻小马，其象征意义都指向生殖，颜色象征喜气及外貌，阉割与否及年龄象征了是否具有旺盛的生殖力。

同游四门的释迦牟尼坐像也是真人大小，发髻盘在头顶上，脸型为方正的四方脸，耳朵较大。释迦牟尼坐的是一顶由五颜六色纸条拼成的白鹤轿子。白鹤在当地人看来是生活在神仙居住之地的动物，神仙多是驾鹤而游的，坐白鹤轿子象征了他飘然出尘的神仙状态。

之后再由村里六至十岁的男孩子穿上元帅服“装四帅”，作为随从护送太子。女孩也穿元帅服背敕印，即太子用的印。

队伍准备好后，新郎们分成两队，一队牵马，一队抬轿，开始向庙外出发游四门。村里的人家早把庭院打扫干净，在门前点上香，太子像从自家门前过时，人们争着往他身上扔硬币，以求多子多福。簇拥着太子像的游行队伍从本主庙出发，来到四方街，在兴教寺门口停片刻再出发。神像在村里东、南、西、北四个角落绕一圈回到本主庙门口，太子像直接被送回庙里，载着释迦牟尼像的轿子则停下来面向西方休息。当地人解释，这是为了让他看看家乡，顺便看看村里的庄稼，之后才将其送回本主庙。神像回到本主庙后，新郎的奶奶或女性长辈要轮流将六元钱放到太子像的手中，让他去花。村民希望能生一个像太子一样聪明、善良的孩子，所给的数目六象征的是“顺利”。

太子会这一节日反映出当地人用宗教信仰表达渴望生命延续的理念，反映出白族本土信仰对生命起源与归属的基本理解。太子会的起点和终点设在本主庙。本主是白族社会的重要神灵，一个或几个白族村落有一位本主。在

① 访谈人 OYHY，男，58 岁，访谈时间：2013 年 3 月 19 日，二月八太子会现场，访谈地点：寺登村本主庙。

白族人心目中，本主是无所不管的神，村民的大小事务都要求得本主的庇佑。村民认为，将节日起点和终点设置在本主庙，可以借助本主的神力实现生命的延续。

第二节　儿童节

在讲辈分、重长者的传统社会里，“黄毛小儿”原是没什么地位的，逢年过节也不过是个凑凑热闹的角色罢了。专为儿童设的节日，在中国西部一些民族的节日习俗里，也可找到一些例子。

云南丽江纳西族的儿童节叫“建丹节”，又叫“牧童节”，每年农历二月初八、十八、二十八这三个逢八日，居住在丽江坝区的纳西族要过这个节。节日的主角是牧童。这一天，所有的牧童都要相互邀约，或是凑钱，或是凑物，一大早，便三五成群，带上准备好的肉、菜、点心、果品等食物，分别到事先约定的山林、古庙或公园，然后选一处有水有树、无人管束的地方，作为聚餐和游戏的落脚点。地点一定下来，小伙伴们分头行动，有的挖土架石，支锅搭灶；有的拾柴生火，担水洗菜；有的带的是熟食糕点，便手忙脚乱削竹当筷，择地列碗，不等弄妥，就你一把我一把，拣好吃的吞下肚子。一边吃，一边吵吵嚷嚷、打打闹闹，还扯开嗓子唱这首建丹节歌：

我们欢欢喜在一块来，
我们欢欢喜一块吃饭来，
我们欢欢喜一块喝酒来，
我们欢欢喜一块吃肉来。

酒不知是从什么地方弄来的，一个个喝得小脸通红，兴高采烈。唱够叫够，摸摸肚儿也圆了，便又一窝蜂满山乱跑或做游戏，或钓鱼打鸟，直玩到日头落山，才结伴而归。

据说建丹节起源于主人对牧童所定的施舍日子。凡二月逢八，雇有牧童的牧主，都得给牧童放一天假，请他们吃一顿好饭或给一些好吃的糕点、糖果。牧童们多半喜欢带着好吃的东西去野餐，“打平伙”，一起游戏。由此而演变成牧童节。后来，也许是牧童们长大了还十分眷恋这种自由自在的好时光吧，一些青年也过牧童节，不同的是，聚会者常常成双成对隐入树林，很少有过去的那种成群结队的“阵容”了。

云南宁蒗彝族自治县永宁摩梭人的牧童节是在冬月十二过小年的时候。过小年当地又叫“牛马年”。这一天，放牧牲畜的孩子们，可以得到家长给的猪腿、鸡蛋、糌粑和塞有荞面的肥肠等食品，上山野餐。他们还要到牧场上栽棵松树，祭祀山神，请山神保佑牲畜兴旺。

云南大理白族自治州剑川县沙弥白族的儿童节叫“把志节”，听来很带成人气。相传古时候，每逢农历二月初八，当地有钱有势的人都要到魁阁里看戏。乡里人好凑热闹，听到锣鼓响就围了去看。谁知那些有钱人不但不让人们看戏，有的还用香油和锅烟灰搅在一起，抹在鞭子上，乱打来看戏的人们。大人受不了这气，当然不去了。可是，孩子不懂事，偏吵着要去。父母没办法，只得把家中最好的东西拿出来，让他们上山放羊时做午饭吃，并教育他们做人要有志气，不要去沾那些有钱人的光。年复一年坚持下来，便形成了牧童节。每到二月初八，当地的牧童就要身背竹箩，带着丰盛的食品，赶着羊群到涧边溪旁，三个一伙，五个一群，将各人的食物合在一起，打平伙。由于有上面那段故事，这种一年一度的聚餐已成为一种把志自强的象征。所以，才称之为把志节。

第三节　成年节

在未成年的少年儿童眼里，成年人的世界总是一个充满各种诱惑的世界。当然，要想进入这个世界，未成年人的成长过程中存在着种种考验，而成年那一刻更有可能面临考验。

成年并不仅仅是一种生理过程，更是一种社会过程，是充分享有公民权利和履行相应社会义务的一种身份认定。在现代法治社会，少年男女成年的标志是符合法律对成年公民年龄的规定。

而在奉行传统习惯法的村落礼俗社会，成年的标志便不是年龄大小，而是必须通过一种叫作“成年礼”的民俗仪礼。一般地讲，成年礼只是一种仪式，而不是节日。不过，也有的民族，将成年礼作为节日的一部分，定期而行；或将节日的意义赋予到成年仪式中，这样的成年礼，就有些节日的意味了。

基诺族的成年礼多在十三至十七岁举行，但男女之间形式及内容都有很大的不同。男孩的成年礼显得更复杂、更有刺激性、更像一种考验。具体时间对受礼的男孩保密，以埋伏捕获的方式将其挟持到受礼场所，待预定的若干受礼者到齐，立即剽牛祭祖。祭过祖先的牛肉分成若干份，用芭蕉叶包成小包，每个受礼者面前放两包。这是一种身份的象征，意味着祖先已经批准受礼男孩成为村落社会里成年的正式成员。随后有一个仪式，由村落长老领唱自己民族的史诗以及社会生活中的各种习惯法规，对受礼的男孩们进行训诫。天黑之后，全村寨男女老少来到仪式活动场所，大家围着篝火彻夜歌舞，以示庆贺。最后，受礼者回到家里，拿出那两包牛肉与全家人共食，其父母在祝福之外继续施以相关教育，并赠送农具和成年人的衣物。女孩的成年礼只在家里举行，由父母赠送成年服装、饰品和编织工具，再告知成年女性应当遵守的一些规矩即可。

在云南少数民族中间，更多民族的成年礼已经开始趋于简化，不再具有十分固定的仪礼形式。较为常见的一种方式是，少年男女到了一定年龄，便由伙伴或自行在身上施以成年人才能有的某些标记，或者是改换成年人才能穿的衣服，以此向人们显示自己已经成年。另一种常见的方式是，孩子长到某个年龄，家中父母便为之安排专门的住所，准其同异性有情人交往，这本来就是成年的生活权利之一，因而也就作为成年的一种标志。

滇西北彝族的成年礼主要是给受礼者更换服装，以此标志他们已经成年。男孩的成年礼多在九、十一、十三岁时举行，地点在家里的火塘边，主持者多为原始宗教的祭司或家中男性长老。其内容除了向神灵和祖先祈祷以外，主要是以一种仪式性的程序给受礼者换裤子。女孩的成年礼多在十三、十五、十七岁时举行，届时不得有男性参加，地点是在自家羊圈里的羊粪堆旁，羊粪肥地，希望该女孩以后能够子孙满堂。仪式中，向受礼的女孩祝福之后，由一个膝下子女众多的妇女替她脱下小女孩穿的“小裙子”，再由主持祝福的年长妇女为之换上成年女子穿的“大裙子”，而后在场的女人们一块儿吃肉，大家纷纷向受礼的女孩祝贺，并对其进行成年后所需知识的传授。

云南宁蒗彝族自治县普米族的成年礼与附近永宁摩梭人的成年礼有许多相似之处。除夕之夜，年满十三岁的少男少女分别聚在一起，彻夜不眠，一边玩耍，一边注意地聆听外面的动静，似乎是为避免再犯古老神话中的人曾犯过的那个错误。一旦听到雄鸡报晓，他们立刻赶回自己家中，迎接那重获“新寿”或“再生”的第一天。给男孩“穿裤子”在自己家堆放粮食的屋内进行，多由受礼者的父亲主持。受礼的男孩两脚分别站在粮袋和猪膘上，由其父为之易服，换上成年男人的衣裤并佩腰刀，象征受礼的孩子此后变得更加勇敢、勤劳，同时祈求祖灵保佑后代过上富足的日子。给女孩“穿裙子”在自己家的牛圈或羊圈门口进行，多由受礼者的母亲主持。受礼的女孩站在喂牲畜的料槽内，由其母为之换装，穿上成年女子的衣裙，并佩戴装饰品，寄寓受礼的女孩以后会变得更加能干、漂亮，家中六畜兴旺。

一、摩梭人穿裙子礼①

云南宁蒗彝族自治县永宁摩梭人的成年礼都在十三岁时举行，具体时间是受礼者满十三岁后的第一个农历大年初一的早上，分别称为“穿裤子礼”（男）和“穿裙子礼”（女），仪式活动的核心内容是为受礼的少男或少女换穿象征成年的裤子或裙子。

农历腊月三十日晚上，年满十三岁的少男少女由母亲或舅舅给他（她）们洗净全身，收拾打扮，请来达巴念经，亲朋好友也登门祝贺。然后，同一村寨的孩子们集中在一起，男孩由成年男子和男性长老率领，女孩由成年妇女和女性长老率领，分别同食共宿。在此活动过程中，长辈们彻夜给他们讲故事、说规矩，对即将成年的孩子们进行文化传统及道德规范方面的突击强化教育。大家点燃篝火，手拉手跳锅庄舞，场面异常热烈。直到第二天天亮，孩子们才由各家家长领回，到家中为其举行穿裤子礼和穿裙子礼。

守岁时不得睡觉，因为这关系到“换年”和“换寿”这样的大事。传说：

在一切不死不生的创世时代，人和动物才刚刚出世，人兽杂处，没有什么生死伦常之序。人和万物没有寿限，到处是老人老事物，活得无聊，活得越来越不耐烦。天神阿巴都觉得这样不行，天要换年岁，人兽也要有个寿岁。于是，天神决定在新旧年交替的时候，给天下万物定寿岁。他选择年终的最后一天夜里，在新年来到时按应答先后“给命”。天神说：“我宣布寿岁的时候，谁答几岁，就活几岁。”

年岁交替的时刻是在夜里。我们摩梭人的祖先曹直鲁耶贪睡，没有守岁。所以，天神爷叫一千岁时，他没听见，夜行的雁鹅（天鹅）“啊！哦”应了一声，这一千岁就被雁鹅得去了。天神爷又叫一百岁，黄鸭答应了，黄鸭便可以活一百岁。天神爷叫六十岁，狗答应了……这样一直喊下去，天神爷叫

① 本田野笔记主要节选自邓启耀著《泸沽湖纪事》，中国旅游出版社2006年版。

到十三岁，这贪睡的祖先曹直鲁耶才迷迷糊糊哼了一声。人醒来，寿岁早已分完。曹直鲁耶很懊悔，觉得十三岁又活得太短了，很不情愿，就去找天神吵。天神说没有办法，所有寿岁都各有其主了，你想活得长，就去找其他动物换寿岁吧。人去找了很多动物，它们都不愿换。后来，天神帮他说话，和狗商量，狗可怜人，答应与人换寿岁，条件是让人养起。从此之后，人才能活六十岁，而狗只能活到十三岁。天神为人和狗换过寿岁后，嘱咐人："狗的寿命换给了人，从今以后，人不能用脚踢狗，不能用扫帚打狗，不能用开水烫狗。要用头酒敬给狗，拿好茶给狗喝，大年三十晚上吃年饭时，首先要给狗敬饭。记住，你们人啊，一定要这样报答狗。"

人命是用狗命换来的，要不人就只活得十三岁了。人现在能活六十岁，是狗换给、神赐给的，十分神圣。为了让人永远记住这事，每到换年之际，人要守岁。等旧岁过去，新岁开始的时候，凡满十三岁的女娃娃男娃娃，都要脱去旧装，换上新衣，表示活完了人的十三岁，开始活狗换给的寿岁。由于狗对人有恩，所以人不能打狗，要一辈子养狗、敬狗。每年大年三十的时候，首先要给狗敬酒敬饭。头酒头饭、好茶好肉，都先给狗吃，向狗叩头，说些感谢的话。狗吃饱了，才轮到人吃。由于狗的寿命换给了人，所以，我们摩梭人每到十三岁，天神赐给的人寿过完，开始过狗寿的时候，就要搞一个换装仪式，女孩子换裙子，男孩子换裤子。举行过穿裙子或穿裤子礼的人，就算成年了。

讲述人："达巴"翁争，摩梭人（49 岁）
翻译：农布，摩梭人
讲述地：泥鳅沟中村
记录：1981 年 1 月

按规矩，孩子要回到正房，唤狗进屋，喂它一团饭、一块猪膘肉，对狗说："人只能活十三岁，狗能活六十岁。我们换了岁数，人才能长命。我们很感谢你！"

者波村的女孩叫次尔那措，是喇嘛取的名，刚满十三岁，还没开始发育，不过是个大孩子罢了。她有两个妈妈（一位叫阿咪，是生身母亲，一位称阿妈）、两个姐姐、一个阿乌。另一位女孩叫阿纳俄泽，是海渔阁村的。她家院子很大，正房门窗雕了花，漆得富丽堂皇。楼上的经堂宽敞明亮，神龛、佛像布置占满一大面墙。女孩的穿衣礼仪式比前一家繁多，几位长辈女性围着

她团团转。阿纳俄泽自豪地告诉我们，她有三位“妈妈”，她叫她们大妈、二妈、三妈，有时也称为大妈妈、小妈妈。三位妈妈对她都很好。看她们端详阿纳俄泽的神情，照顾女儿的一举一动，别说我们这些外人，据说她们自己也很难弄清谁是自己的生母。其实，认生母的想法是汉族的习惯，并非摩梭风俗，有谁问这样的问题，妈妈们就会说：“这有什么要紧？我们都是你的妈妈！”在摩梭人家，谁是谁的儿女并不重要，她们习惯把所有的孩子都视为己出，待同儿女。后来我翻阅当时的调查笔记，发现那些唱妈妈的歌，最多的是“养我的妈妈”的话语，却难寻“生我的妈妈”的字样，也不见我们习惯的“生我养我”连说的句式。在我的笔记本里，我还看到这样一段似有所指的歌词：“妈妈养大我，我应该奉养她；你没有养我，我也不养你。”因此我忽然想到，“养”，在摩梭文化中，应该是一个关键词罢。

次尔那措的穿裙子仪式在大房子内火塘右侧的“女柱”边举行，由喇嘛主持，给她穿衣打扮的是母亲。祭过神灵和祖先之后，女孩靠近公共住宅“一梅”内火塘右前方的“女柱”旁，站在猪膘和粮袋上（象征衣食不愁），右手拿手镯、串珠、耳环等装饰品（象征美丽），左手捧麻纱、麻布（象征能干）。然后，家族的巫师或祭司达巴祭过神灵祖灵，再让属相与她相合的女性亲人长者为她脱下童装，换上高领大襟衣、百褶长裙和大包头，在她腰间扎上一条宽大的绣花腰带，使她腰板硬挺，显出成年的样子。她向长辈叩头敬酒，长辈们赠予礼品，表示祝贺。男孩的仪式大致相似，只是所站位置为左边男柱旁，手持银圆和尖刀，由男性亲属为他换裤子。

穿好裙子，女孩的姐姐手举一根燃烧的松明，上楼到舅舅的经堂，向舅舅和祭司达巴叩头。他们为女孩祈祷，祝福她“像雁鹅一样活一千岁，像黄鸭一样活一百岁”，并在她脖上挂一根羊皮绳，作为吉祥佩饰。举行完穿裙子礼，亲友来贺，向女孩赠送丝绒、纺织工具、衣服和装饰品，祝福女孩富有而漂亮，生出九男九女。仪式完毕之后，大家按辈分就座，摆上丰盛的食品，一边畅饮“苏里玛”甜酒，一边高唱成丁祝福歌，祝愿她早日出落为一个能干而漂亮的摩梭姑娘。

二、瑶族“度戒”①

一些民族认为，人有两次“出生”：第一次由母亲将他生出来，第二次则

① 本节撰文：邓启耀、申旭，取自云南对外宣传品制作中心编《云南人文影像》，云南民族出版社 2004 年版。

由社会将他“生”出来。前者是生理行为，后者是文化行为。这第二次“出生”，就靠成年礼来完成。

尽管人从离开母体的时候起，就已经诞生了，但是，在西南瑶族中，有这样的习俗：没有经过“再生”仪式的人，只是“生人”或“生肉”，神灵不承认。为获得这种承认，以再生形式进行的度戒，便不知不觉笼罩在神的灵光之中了。

云南富宁县、河口瑶族自治县等地瑶族男性，十二岁以后举行成年礼仪度戒。举行度戒仪式有固定时段，一般在农历十月至次年正月，有的地区则定于“盘王节”举行。据传说，盘王造了天地后，伏羲兄妹成婚生下一个肉团，剁碎撒掉，撒在山上的变成瑶族。瑶族住深山头，病多妖鬼猛兽多，人死了很多。祖先盘王教瑶族度戒，才得安宁和生存（再生）。因此，人们选在盘王节上度戒，既为纪念盘王，又以此表明自己是盘王的子孙，新的再生是由他给予的。

蓝靛瑶与成年礼有关的度戒，又称“过法”或“功德修成仪式”等，是一次模仿脱胎换骨的再生仪式。经过了度戒仪式的男子才被承认是盘王（盘古）的子孙，可以编入瑶族族籍，列入族谱名册，也才有权接师父的香火（为下一代男孩做师父），受到族人尊重。

瑶族男子一般在十五至二十五岁（有的地方年龄不限）时，由老人根据孩子的生辰年日推算吉年、吉日，举行度戒仪式。整个过程需三至七昼夜。瑶族认为，世界上存在着天道、地道等六个道，其中四个道为“利道”，两个道为“害道”。度戒在“利道”时进行，又分为“度道”和“度师”两种，“道”为文，“师”为武；既度道又度师，表示文武双全。度道仪式在家中举行，度师则先在户外“度天台”，然后回到室内“度地台”。

度戒仪式按如下程序进行：

烧香。烧香在度戒七天前举行，由盘王在人间的代理者“师父”领受戒者去烧香。受戒者剃头洗身，戴一篾帽，象征胎儿在母腹中不见天日。他除被称为辛恩（胎儿）之外，还要模仿胎儿的行为，不言不想不仰卧，做好重新“投生”的准备。他在每个师父家烧两天香，等于到一个师父师母肚里怀胎三个月，“三元师父”一人怀孕三个月，七日后怀胎九月，即可“临产”。度戒所用的法器还少不了面具，瑶族人称之为“神头”。其形状像瓦片，上面画成各种神灵头像。面具上不留任何空洞，当度男清醒时，把它顶在额上，

“睡阴床”时将它拉下来盖住面部，从而隔绝了同周围环境的视觉交流，以便被引入迷魂失神的状态，到阴间“拜访神灵”，获得新生。对于通过度戒仪式的瑶族来说，面具已不仅仅是人神交往的媒介，而且成了他们第二个自我和新生命的象征。在此期间，度戒者要一直躺在床上（但不许仰卧，认为仰卧会触犯天神），不可见天（戴笠，象征在母腹内），不得吃油荤食物，不得出门，除与戒师交流之外，不得与他人讲话，要专心听戒师传授本民族和家族的历史、宗教伦理规范和为人处世的道理等。模仿胎儿的行为度过难熬的“被孕期”。当然“胎教”是少不了的，模仿胎儿的受戒者，在“孕育”的七天里，要一言不发地聆听再生父母即师父师母孜孜不倦的教诲：从盘古开天辟地以来的本族历史，传统法规俗尚，到有关度戒是脱胎换骨，再生父母高于一切的信条，都必须牢记在心。师父还要庄严地向神灵唱道：“这个娃，没有爹，没有娘。来找爹，来找娘，三元师父一个怀孕三个月，日满到五台山去生……”尽管这个时候，“这个娃”的亲生父母正在外面忙着——为自己孩子能够顺利“脱胎换骨”而付出大量精力和财力。

度戒。“临产”时，师公身披红法衣，道公穿着绣有日月星辰及神像、龙像的道公长服，引教[①]身着绿衣，头戴白罗，和持彩旗、敲锣鼓的众师父领“胎儿”回主家。经过一系列祭神诵经仪式后，便开始了下一个程序。

度师公戒。这是整个仪式中最重要的一个环节，隆重而庄严。师父们在房外不远处的一块平地上搭一张方桌，象征五台山。桌下用植物藤织一张五角大网，网底垫以谷草和三床被子，象征母腹。仪式之前，师父、歌手、度戒者围高台跳舞。然后，“胎儿”由师公、道公、引教等引导，爬过象征刀山的楼梯，登上“天台”，在桌上两脚交叉正襟危坐，腰间系一条白布带，白布带另一头系在引教腰上，象征“胎儿”和“父母”脐带相连。再经过一些仪式后，“引教师”解开与其相连的布带。“胎儿”十指向内交叉捏紧，双手抱膝，缩成一团，仰面滚下“五台山”，谓之“翻云台”，象征他从天而降。他落入网被里，象征落入母腹，人们把网被打开，象征他从母腹中降生。如他落进网被中仍然双手抱脚，呈坐姿，说明度戒成功，众人拍手欢呼。师公、道公、引教赶忙去轮流用长法衣角裹住“胎儿”，每人喂他三口甘露水，喂三

---

① 师父、师公、道公、引教等均为度戒者共同的度戒师父，由十余人组成，分为文（道公）、武（师公）、引教人、证明人和执笔人等。

口三色糯米饭，象征哺乳。接着让他跪读戒书。

度道公戒。度道公戒主要是向度戒者灌输道教的知识，进行传统社会规范或伦常道德等的教育。此时，“婴儿”身穿道服，虔诚地坐在戒堂中央，由道公象征性地为他剪头发，为他在额头上盖“玉皇”印表示祝贺，并接受道公戒（十大戒）。受戒毕，“婴儿”回到屋中央，祖父及七位师父抬着装十大戒纸灰和米、白布的簸箕随着锣鼓声绕受戒者舞蹈。每人一次，举簸箕过头顶，绕一圈，一屈膝，一鞠躬。受戒者拉开衣角，道公将簸箕里的物品全倒进受戒者衣服里。师父用三根拴着铜钱的线系于受戒者头上，在他面前放一碗清水（“甘露水”），然后第一、二、三师父分别拿一图章并用剪刀将线剪断，待铜钱落水后检查受戒者鼻孔是否流血，以无血为度道成功。接着是“脱胎”仪式：将白布的一头拴在道公腰上，另一头拴在受戒者腰间，然后再用剪刀剪断白布，意为师父生下他后要剪脐带。脱胎之后，师父向受戒者出示阴阳牒，同样分阴牒阳牒一式四份。烧掉阴牒，留着阳牒，由度戒者终身保存，以供镜鉴言行，死后持牒到阴间阴阳两牒对合。如犯戒则对不合，将在阴间受难。至此，受戒仪式结束[①]。

这个例子很典型，经过了成年礼通常必经的三个阶段：分离、隔绝、重聚。这些过渡仪式，使昨天的男孩以今日的男子汉身份出现，“士”别七日，即当“刮目相看”，成年礼意味着往日的孩子已经成年，可以结婚、自谋生路、参加社会活动，并扮演新的社会角色。

对于行成年礼的孩子来说，无论从文化氛围上还是心理上，都相当于一次新生。也象征地表演着这种“新生”。例如，行成年礼的瑶族男孩，剃头洗身，头戴篾帽或被盖，象征胎儿受孕于母腹；他腰系白布带，象征与“母亲”脐带相连；他落入网被，象征落入母腹；他从网被中出来，象征从母腹中诞生；人们剪去连在他与道公腰上的白布带，象征割断脐带，“婴儿”正式出世……这些“过渡仪式”环节，旨在制造一种“脱胎换骨”、重新做人的文化和心理氛围。在形式上，它与诞生礼有相似之处。不同的是，诞生礼是将婴儿从阴间或灵界引渡到人间，得到血亲的承诺；成年礼则将“婴儿”从血

---

① 除作者调查资料，还参见洛岸沙玖、孙敏、李昆《瑶族“度戒”》，载《云南民俗》第6集；赵廷光《论瑶族传统文化》，云南民族出版社1990年版；郭武《道教与云南文化——道教在云南的传播、演变及影响》，云南大学出版社2000年版；“民族问题五种丛书”（云南人民出版社、云南民族出版社，1981—1983年版）中的相关内容。

亲那儿引渡给社会，得到社会和神灵的承诺。第二次“割脐”（剪断腰系的白布带），象征这是一次非同寻常的“再生”；而师公道公的地位，与父母一样重要，甚至更为重要。因为父母只是人间的守护者，师公道公则是灵界的代理人；父母创造了一个新的肉体，师公道公则创造了一个得到神灵允诺的新的灵魂。

第四节　妇女节

一些民族有许多专为妇女而设的节日。

最为流行的古代妇女节，是人们熟知的乞巧节（又叫七夕节）。牛郎织女的故事，在中国许多民族中都很流行。传说只有每年七月初七晚，喜鹊为他们搭桥，两地分居的夫妻始得见上一面。照理说，这本该成为“夫妻节”的，不知什么原因，乞巧节却渐变为“妇女节”。这天，在一些民族中，妇女们照例要祭祀魁神，拜月，“穿针乞巧，以瓜果祀织女星”。穿针引线，是节日的主要内容。似乎女儿家的命运，天生就和针线系在了一起。

少女的节日，以云南红河哈尼族农历二月初二的“姑娘节”和四月属猴日的“仰安娜节”最有特色，在这两个节日中，少女是所有活动的主角。在哈尼族奕车人山寨里，引人注目的是那一朵朵蘑菇样的白伞。而每把伞下，必有一位头戴白巾、身穿“却奄”和紧身短裤的奕车姑娘。她们在白伞青衣的衬托下，愈发显出青春的健美与活力。她们成群结队，弹弦吹叶，唱着“阿茨”山歌和“哈巴”规矩歌。求爱的小伙子用青松毛轻拂姑娘的脸蛋或大腿，以此试探对方的心愿。要是姑娘同意，莞尔一笑，便将白伞罩住恋人，隐入绿树花丛之中。

怒江地区的傈僳族农历正月初一到初十的“澡塘会”（又叫“汤泉会”），据说是为了纪念一对可爱的姐妹。她俩一个是瓜子脸，一个是月亮脸，人长得漂亮，又能歌善舞。天女嫉妒了，让天神把姐妹俩变成“尖山”和“团山”。姐妹俩遭此厄运，仍不屈服，尖山往上长，要刺破青天，团山往下伸，要堵住怒江，淹没天空。天神只得在尖山顶上钉下九颗铜钉，罩上一口铜锅，在团山脚下钉了七颗铁钉，罩上一口铁锅，用巫术暂时取胜。后来，两山脚下流出两股热泉，人们都说，这是姐妹俩不屈的心中流出的热血。人们每年到此赴汤洗礼，学姐妹俩对天歌舞，用坦然直露的方式，明示对偏狭神女滥施权术之劣迹的蔑视。

抛开那些神话的象征不谈吧，就从世俗的节日里，人们或许会看出，女人的节日，也反映了女人的一生，酸甜苦辣，何味不有？

一些传统的妇女节，与婚姻对女性的影响相关。

剑川白族妇女农历正月十五“青姑娘节”，祭奠的是一位不幸的童养媳。传说青姑娘从小父母双亡，被迫做了童养媳，受尽恶婆婆的虐待。她每天如牛似马地干活，等待她的却是一顿顿的毒打。她实在难以忍受，在元宵节那天跳河自尽。青姑娘的悲惨遭遇，激起白族姑娘的义愤，她们便将这天定为自己的节日。每到这天，就抬着精心扎绘的青姑娘像，绕遍村中巷道，既是对青姑娘的祭奠，也是对一切恶婆婆的抗议和示威。

曲靖某村彝族、汉族两族妇女每年农历三月第一个属马日，要过一次叫作“搭清”的节日。过节这天，男人在家料理家务“锅边转”，女人收拾打扮，结队到山上野餐。大家喝酒唱调，扬眉吐气，连小女孩也沾了光，大家为她们夹菜，再不用顾忌那些男人定的规矩。红河哈尼族“三月喜欢年”中最隆重的时刻，是接媳妇回婆家过节的礼仪。人们说，过完“喜欢年”就该栽秧了，媳妇是栽秧能手，节前得送她们回娘家高兴高兴，到过节时再由丈夫亲自去请。媳妇的到来如同贵宾所至，婆婆家全家人列队在家门口等候，放鞭炮欢迎。媳妇则给孩儿们分发象征吉祥的红蛋，让他们放进棕叶编的挂兜，挂在胸前，如同授勋一样。类似的节日还很多，如富民彝族的“姑娘节”、鹤庆白族的“娘娘会”等。

少数民族妇女中亦不乏巾帼英雄。有些妇女节即源于此。壮族的“娅拜节”是纪念一位带领族人抗击外族侵扰的女英雄。她的勇敢和智谋，让敌人闻风丧胆。后来，她有一次解甲下河洗澡时被藏伏的敌人杀死，尸身逆流而上，以身向族人通报敌情。族人将她死的这天定为节日。鹤庆白族农历五月十三的“耍青旗会”，是纪念远古传说中一位牺牲自己，战胜祸害人民的蜈蚣精的女英雄格嫫的祭会。这个祭会只有妇女参加。她们用竹篾和纸扎裱一条青龙，上山舞耍。当年结婚的妇女，还要头顶一块青色围腰，手舞同样的一块，一起舞耍，称为“耍青旗”，以此纪念格嫫。

民间传统的妇女节，当然还远不止这些内容。对于默默无闻、辛劳终年的妇女来说，妇女节是对她们存在价值的一种肯定。当然这种肯定，或许更多的是象征性的。只有当妇女的地位在事实上平等了，妇女节所弘扬的那些古老或现代的意义，才不再只是象征性的吧。

水族“苏宁喜节”[1]

苏宁喜节，也被称为娘娘节、妇幼节，苏宁喜是水语四月丑日的意译。

苏宁喜节的节期为水历四月（相当于农历的十二月）的子、丑、寅三天，其中又以丑日为正日。这个节日仅被三都水族自治县恒丰乡和勇村、恒丰乡板孔村、独山县本寨乡甲典村这三个村的吴姓作为辞旧迎新的新年来隆重庆祝，其他地区包括九阡的村寨也会当作节日来过，只是内容相对简单一些。

和勇村除了古养寨为布依族过小年之外，其他八个自然寨皆为吴姓，族人按“世锦应文廷，耀天永大昌，祖宗恩泽远”来取名，现在主要是“大、昌、祖”这三辈的，约一千二百人，一起过娘娘节。

在水历四月子日的前一天晚上就要杀好猪，准备好肉。子日的早上，要杀母鸡，用一刀草纸蘸上刚杀鸡的鸡血，蘸了鸡血的草纸放在供桌上。而整鸡放在稀饭里煮熟，然后才拿出来放在厅堂里的桌子上供。然后要煮熟猪肉、鸡蛋、糯米饭，还要包好粽子，鸡蛋和糯米饭要染成红色。子日那一天，要割白纸（也可以是彩色纸），把割好的白纸剪成手拉手的一排纸小人，然后把新剪好的纸小人，粘贴在上一年过节时留下的纸小人之上。纸小人通常贴在厅堂中一角的墙上，也有的贴在厅堂中橱柜的柜壁上（橱柜壁上贴纸小人，橱柜上摆供品）。在供桌边上，还插上缠有纸须的竹枝。鸡供完后，拿下来切成许多份，放入碗中，同时，在碗里装上糯米饭、猪肉、粽子。家中有多少个人就装入多少个碗中，表示家中每一个人都有传承下一代的责任。再把装好各种食品的碗放在供桌上供，如果亲友来家中过年，就从供桌上取一碗给其吃。供桌上还必须要有大块的肥猪肉，或者是大块的板油，据说是为了给娘娘洗头之用。再摆上装了酒水的酒杯，备上碗筷，点上香火。供完之后，必须由家中的妇女用筷子蘸供桌上的酒水，洒在桌上，然后妇女和儿童吃供娘娘这一桌上的供品。

与此同时，家中的厅堂里还有一张桌子是用来供祖宗的。两者供的时间没有区分。主要是供的食品与供娘娘有所不同，祖先桌上供的是猪肉、猪脚、猪脑壳等。供完后，必须由家中的男子用筷子蘸供桌上的酒水，洒在桌上，然后家中的男子吃供祖宗这一桌上的酒水。

---

[1] 本田野笔记由中山大学社会学与人类学学院2006级博士研究生朱志刚撰写。

丑日这一天，也摆供桌，但没有子日那么隆重。有的寨子主要是丑日供奉，但仪式过程是一样的。丑日这一天，主要是各家各自接待来家中过节的亲朋好友。基本上是流水宴，客人随时来，主人家随时杀鸡，做菜，做饭，一起喝酒、聊天，气氛热烈的时候，还会唱水歌来敬酒。客人到主人家做客，一般会带一些糖果之类的东西作为礼物，给小孩一些钱，类似汉族的压岁钱。

到了寅日，才能搬动供祖宗的那张桌子。而供娘娘的那张桌子是永久性地放在该处，平时也供，只是供得没有过节这么隆重庄严，有时候仅是放上一个碗，就表示供奉了。

在娘娘节的这几天里，妇女和儿童会受到特别的优待。平时再凶恶的男人也不能在这几天打骂老婆孩子，否则就被认为会得罪“尼杭”，招来祸患，甚至还可能会带来断子绝孙的严重后果。而少年儿童则穿新衣，吃红鸡蛋，还提着小竹篼，结队挨家挨户去讨象征长寿幸福的红糯米饭、红鸡蛋、肉、糖果等，少年儿童到主人家来，是大吉大利的事，表示这家人将会儿孙满堂、人丁兴旺。

笔者随后在小九阡大寨访谈了当地娘娘节的情况，受访者 WXR 说，小九阡在娘娘节期间，只是会包一些粽子，煮一些红鸡蛋，剪一些五颜六色的彩纸条缠在小竹棍上，然后带上香火，到一座桥边，插上香，点燃，插上小竹棍，摆上一点供品，供完后就吃红鸡蛋和粽子。其中，桥是很有特殊意义的，可以是大河上的大桥，也可以是小溪上的一块石板桥，甚至可以是田埂上一块简单的石头桥。主要是看主人家在自己的小孩出生时候认的是哪座桥。水族的小孩出生的时候，通常会请水书先生推算其八字，如果不是很好，则要自己去修一座桥，意思是通过行善事多积德，来保佑自己的子女。而修桥也是根据家庭的经济情况而定的，没有钱的人家，也可以在稻田边的田埂上放一块较大的石头作为桥。人过得越多的桥越好。每年到娘娘节的时候，就要去供桥，每次供桥还要带上樱桃树枝，放在桥边，无论大小长短。第一次去供桥的时候还要杀鸭，或用猪肉来代替，但不能用鸡来供桥。

受访者 WXR 说，水族基本上都会过“娘娘节”，但是重视程度都比不上和勇村。这种重视主要体现在过节的时候，是否供祖宗、杀猪、穿新衣、给小孩钱、走亲访友等方面。

第五节　敬老节

传统社会、传统文化和传统民族心理，皆以传统为本。对传统最熟悉的，莫过于辈分高、经验丰富的长老。他们自然而然地成为传统社会的主要支柱，受到全社会的尊重。无论所尊者是男性长老还是女性长老，基点都在“老”字上。经验代代承袭，前辈德高望重，是传统社会的公式。

传统的节祭活动，几乎全由老人来主持。不仅如此，在许多民族中，还专有为老人设立的节日。

每年农历冬月十五，是云南新平县哈尼族的老人节。节日早上，小伙忙挖松，妇女忙做饭。太阳偏西，在栽满象征老人延年益寿的青松树下，坐满全寨的阿公阿婆。当主持人宣布老人节开始，铓锣一齐击响，青年男女捧上米酒和茶水，中年男女端着糯米和鸡蛋，敬献给青松下的老人。接着，小伙子弹响小三弦，姑娘唱起歌，老人们兴高采烈地跳起了老人舞“阳猛套”。跳完舞，人们入席进餐，席间，主持人请老人当众轮流讲述一年来子女对他们赡养的情况。人们听完每位老人的叙述，对尊长敬老、孝顺父母公婆的晚辈给以赞赏，对不孝不敬的人给予批评。这种当众披露的办法，足以造成强大的舆论和心理压力，使任何“不肖子孙”望而生畏。最后，老人们向大家讲本民族的历史和传说，续家谱，告诫后人不要离根忘祖。直到圆月偏西，各家才搀扶老人回家安歇。

云南省文山壮族自治州壮族的老人节，当地叫“祭老人厅”，时间在农历正月底二月初举行。祭老人厅起源于一个古老的传说：古时候，有位年轻的首领，由于不听老人言，打了败仗，差点毁乡灭族。后来，听从了老人计谋，用火攻杀绝了当时占优势的敌人。从此，人们就盖了一间房子，专供老人议事、聚会之用，并由此设祭，相沿成习，已成为人们尊祖敬老，祈求丰收的传统节祭活动。祭老人厅是件大事，各家节前即准备好过节三天的食品。这三天内不搞生产，不动刀锄，只吃现成的。祭老人厅由寨老主持，请“魔公”（祭司）念经，全寨各户派一个代表到老人厅参祭、聚餐，席间不许谈笑，不许出现有伤大雅的事。由于祭老人厅关系到村寨本年度能否风调雨顺的问题，所以居住在壮寨的其他民族，也要严格按这里的习俗办事。

为使老人延年益寿，身体健康，有的民族还有专门的长寿经会或求寿道场。香格里拉、丽江等地纳西族分别在农历正月、三月和九月做会，为老人和族人求寿。这天，祭司东巴用麦面捏制三十七个菩萨像，砍来十三根香树、十三根青竹，插在十三尊神面前，燃香念诵《长寿经》，遍请诸神，并给族人叫魂，向神请寿。

在历史发展过程中，人们逐渐形成了敬老爱老的习俗。逢年过节，遭灾遇祸，都要给在世或去世的前辈设敬老宴，以求神灵保佑。设敬老宴时，人们念诵祝词：

祖父、祖母、母亲、父亲，
你们裤子的口口，
你们裙子的门窗，
是生莲花的水，
是出后人的井。
是你们造出我们的手脚，
是你们制成我们的身子，
我们的魂是你们给的，
我们的命是你们赐的。
你们艰难地生育我们，
你们辛苦地抚养我们。
我们托你们的福，
我们感你们的恩，
喝水要想源头，
生火要拜石头。
今天，我们为你们摆酒……

中国各民族素有尊长敬老的习俗，有关老人的节日或祭会活动，也名目繁多，形式各异。现今，这些传统美俗还具有无形的感召力，成为我们民族倡导的社会风尚。近年法定重阳节同时又为敬老节，用意便在这里。

第六节　悼亡祭

人们常常会问：人死后到哪里去呢？这是一个很难回答的问题。童年时代的人类用神话回答这个问题，用葬礼解决这个问题。神话说，人从葫芦里出来，所以，人死后也要回到葫芦里去，让他的灵魂和始祖团聚。在送魂的祭典中，巫师敲着手鼓，念诵长达数千行的咒语或祭词（现在的人叫神话史诗或叙事长诗），不能念错，更不许“整理加工”，不然，还乡的灵魂便会走错路。化了装的舞队敲鼓击锣，在灵前挥刀开路，护送死者灵魂沿着古歌叙述的民族迁徙之路，象征性地溯回祖地。笔者有一次在云南永宁摩梭人地区调查时，参加过一次葬礼。当清一色男低音伴着鼓铎之声为死者灵魂唱叙创世古歌时，笔者感到一种强大的威慑力。它震撼着在场每个人的心底，一股无形的力量似从遥远处被召唤来，将千古以来人对生与死、灵与肉等问题的思考，通过音色特异的鼓铎声、吟唱声，化为一种象征、一种暗示。长期生活在这种文化情境中的人，不能不在心灵深处留下它巫化的痕迹。

死亡，是个体生命的结束，人生历程的终点。但在许多民族的传统观念中，死亡，不过是肉体的消亡，灵魂仍以另一种方式存在着，在另一世界生活着。为此，众多的丧葬仪式或祭亡节会，便成了人与灵、此界与彼界交往的约定方式。

对亡灵的祭奠，四时都有。成为节日的，主要有春天的清明节、秋天的中元节、冬天的上冬坟等。另外，在一些少数民族中，还形成了自己特有的鬼节或祭灵节祀活动。

清明节不仅汉族过，在西部，彝族、白族、拉祜族、纳西族、阿昌族、壮族、傣族、水族、瑶族、布朗族等民族都有不同方式的清明祭扫活动。例如，清明插柳的习俗，相传出自春秋时代介子推以死谏君为政清明的故事。这种习俗现在汉族中早已少见，但在彝族、白族、水族等民族中，仍有清明插柳或“挂青”的习俗，只是用意略有不同。有的以柳枝插坟春发千枝象征祖灵保佑子孙兴旺昌盛，有的则以青枝白幡象征生者死者世世清白。扫墓踏青的习俗，在各民族中较为普遍，添坟土、铲草皮、烧香磕头、缅怀死去的亲人或为国为民捐躯的烈士，是清明节沿袭至今的主要活动。

中元节又叫鬼节、烧包节、七月半、盂兰盆会等。西部有的民族认为，人有三个灵魂，人死后一个留在家里，要时时祭献；一个埋在坟里，清明节要奠扫；一个回到祖地或阴间，到“鬼节”时要迎回家来与亲人团聚，过完节再送回去。有的民族认为，中元节是阎王给阴间诸鬼放假的日子。这天，鬼纷纷回到人间，索要衣物供品，与家人相会。还有的民族则将佛教故事融于传统节日中。虽然相关的说法多样，但祭祖招魂、慎终追远的古意，却是共同的。

中元节的主要活动是在黄昏或夜晚，将献给亡灵的纸钱、冥衣等“送”到它们手中，即把彩纸糊裱的元宝、衣物等用火焚化，让风吹走或由河水带走。所以，这天晚上，郊外路边，处处火光闪闪，黑影绰绰，模糊的祈祷声断断续续，朽薄的纸灰随风飘旋，给“鬼节”之夜增添了许多神秘色彩。迷信的人这天晚上一般不出门，因为传说这晚孤魂野鬼四处游荡，生怕冲撞邪秽，遭瘟挨缠。这种无形的禁忌，在有的地方甚至从七月初（接祖灵）一直延至月底（送祖灵）。

不过，在云南鹤庆县及茈碧湖畔的白族中，阴森的七月已被欢乐的灯会代替。七月初七和七月十五中元节，鹤庆白族要举办传统的漂河灯活动。茈碧湖稍晚，在七月二十二和二十三两晚举行海灯会。节日里虽也有焚化衣包、悼念始祖、追荐忠魂的内容，但因来漂灯和观灯的人多，杂以敲锣打鼓，唱歌跳舞，气氛欢快，哪里还有多少“鬼气”呢。这种“人鬼”同欢的习俗，可能与云南少数民族中常见的“以生接死”“以喜冲丧”的特异丧葬礼俗有关。例如，独龙族奠亡，“众人聚饮歌舞，并与亡人食”。哈尼族丧礼“忽饮忽泣……扇环舞，拊掌踏足，以钲鼓为乐”。彝族、景颇族等送葬，或跳舞或狂醉，气氛热烈，如办喜事（所以民间又有“红白喜事”并称的说法）。

在许多民族的传统观念中，善者的死亡并不是真正的死亡，他的灵魂或精气还将与后代同在。麻栗坡县彝族传说很古的时候行“腹葬”，以让死者的血肉与自己同存。元江哈尼族在老人即将断气时，长子迅速用衣角蒙住老人的嘴，嘴对嘴吸三口气。白族老人弥留之际，儿孙轮流把老人背靠自己胸膛抱在怀里。这些仪式，都体现了接气继宗、血肉相连的古老观念。怒族的祭词说：“一代死了一代生，一辈老了一辈青，不死没有再生呀，不老没有再青呀!”这种将死与生联系在一起的意识，使一些少数民族的传统丧葬仪式或悼亡节会，常常富于生的暗示。壮族三月三的歌圩，即有这一意味。节日里，一边是男女群集，彻夜对歌；另一边是歌圩附近的坟头，插遍招魂纸幡，这种截然对立的情形同列于一时一地，或许正是生死嬗变中化死为生、变悼亡为祈生的传统象征方式。

西双版纳某一基诺族聚居区，在寨子里老人去世后，要进行“阿嫫松铁祭”，意思是“今晚要跳鬼”。三位领舞的男子均作女人打扮，他们上穿各色彩布缝制的基诺族女装，下穿短裙，小腿绑白布、扎马铃，一律跣足，头戴马铃，插枝叶，面罩干笋叶做成的脸壳。

维吾尔族“香妃墓会”[①]

维吾尔语称“阿帕克霍加麻扎尔”，维吾尔族传统纪念活动，流行于新疆南部一带。每年夏季举行，时间长达三月之久，尤以七月的每个主麻日最盛。

香妃墓位于喀什市东郊，是当地最大的陵园。香妃系清乾隆皇帝的宠妃，名为帕尔汗。传说其祖是十五世纪南疆维吾尔族伊斯兰教白山派的首领。香妃返疆，逝世后葬在此地。墓宇始建于公元1640年，整个建筑由墓宇和经堂组成，墓宇高二十六米，顶为穹窿形，直径为十七米，造型甚为雄伟。墓旁的驼轿相传是香妃当年从京城回疆时乘坐过的。

每年此时，远近成千上万的穆斯林便成群结队到墓地朝拜。每天午前，经楼上发出礼拜的号令，人们便进行礼拜。礼拜结束之后，妇女接近墓宇，诉说各自的心事，有求家庭、夫妻和睦的，有祈生儿育女的，还有卜问儿女婚事的。更多的人则在陵园内畅谈。青年男女还要歌唱舞蹈一番。这天，也是展卖各种杂货食品的好机会，人们可购买自己所需的东西。入夜，人们制作各种民族风味的饮食，亲朋好友聚餐，老人们还要讲述有关香妃及其祖先的传说故事。除维吾尔族外，蒙古族、回族、柯尔克孜族、塔吉克族等也前来参加。

回族游咸阳王墓[②]

云南昆明等地回族的传统纪念活动，每年农历六月十四举行。

咸阳王即赛典赤·赡思丁，元代著名回族政治家。在其担任云南平章政事（行政长官）期间，曾对云南的政治、经济、文化建设事业做出了卓越贡献。受到各族群众的尊重。同时，赛典赤及其子孙又是云南回族的先辈，回族姓氏中的十三姓如马、赛、闪、忽、合、纳等姓都是他们的后裔。赛典赤病逝以后，葬于昆明松华坝，另在市郊五里多建衣冠墓一座。云南昆明等地回族每年必进行一次游咸阳王墓的活动，至其衣冠墓前为其扫墓，一些清真寺还专门组织回族群众前往松华坝祭扫，以示怀念。

---

① 周鸣琦、李人凡主编《中国各民族年节祭会大事典》，陕西人民教育出版社1995年版。

② 周鸣琦、李人凡主编《中国各民族年节祭会大事典》，陕西人民教育出版社1995年版。

塔吉克族“巴罗提节”①

塔吉克语音意合译，意为“点灯节”，塔吉克族传统宗教节日，流行于新疆塔什库尔干地区。

节前，家家户户用一种名为“卡乌日”的草裹上棉花，涂上酥油做成火把。节日头天晚上，全家人团聚，由家长按辈分依次叫家人名字，每人点燃一根卡乌日，家长带领全家在火把前祈祷，求真主降福，保佑全家平安，牲畜兴旺。之后大家便围坐在卡乌日四周吃晚饭。入夜，每家都用长杆扎一个大卡乌日，插在房顶上，以召吉祥。在卡乌日的照耀下，村村烛火通明，男女老少欢歌嬉戏，彻夜不眠。

第二天，各家由家长带领，拿着自制的酥油灯，酥油馕和熟羊肉等供品，来到祖墓祭祀扫墓。请宗教人士主持，由家长先在坟墓上点燃三五盏酥油灯，并摆设供品，再在每个墓堆点燃一盏用麦麸皮、面粉、酥油搅拌而成的“依德”（招魂灯），然后全家跪在墓前默默祈祷。祈祷完毕，同来祭祖的亲友互相交换祭祀食品，并跪在坟墓旁共同享用。节日乃告结束。

① 周鸣琦、李人凡主编《中国各民族年节祭会大事典》，陕西人民教育出版社 1995 年版。

第七章　交往游乐的节日

在人类社会，为了争取更多的交往和发展空间，除了血缘群体、地缘群体和业缘群体的聚会之外，一些跨家族、跨村社和跨民族的节日聚会，也为一定区域内不同群体的交往创造了机会。这类节日聚会，形式多样，有歌舞、娱乐、游戏、竞技、宴饮、经贸等，而内容多与择偶有关，所以，常在春天或农闲时分举行。特别是春暖花开的季节，是西部一些民族交往游乐类节日最为密集的时节。在这个时节，不同形式和内容的“花节”“花会”“花街”“歌会”“赛马会”等，纷纷登场。

第一节　歌会舞节

清明前后足欢娱，
博濑滩头记早趋。
翠盖云鬟来丽者，
青衫雾縠走狂奴。
未知东道谁为主，
不信罗敷自有夫。
翻笑江南逞游冶，
杏花春雨太模糊。

这是一首描绘“陇端节”盛况的古诗，描绘的是西南壮族、水族等民族的节日。

云南富宁壮族农历一至四月间的陇端节又叫陇端街，意为“到宽阔平坦的地方去”。陇端节历史悠久，相传其起源于对壮族英雄侬智高的纪念活动。节日期间，人们盛装歌舞，热闹非凡，一台台壮戏连日连夜地表演，白天演武戏，夜里演文戏。俗话说“无戏不陇端”。除了看戏对歌，年轻人在节日里异常活跃。他们通过对歌跳舞互相认识，加深情谊，并根据才貌人品等的比试，推举本年度最佳“风流人”。“风流会”上结识的青年男女，把随身带的食物凑在一起，同进野餐。所以，陇端节又被称为“赶风流歌会”。

有些白族地区的本主庙会本身又是歌会，洱源茈碧中央本主河头龙王的庙会就是这样，伴随着一个优美的传说至今不衰。相传黑谷山东麓的小河村有一位能歌善舞、心灵手巧、美丽无比的白族姑娘段小菊，求亲人不绝于门，都遭拒绝。原来小菊在割山草时经常跟一位放羊的白族小伙子唱歌对调，两人早就情投意合。后来在一次龙王庙会上，人们发现小菊已微笑着倒在龙王段老三的塑像前死去，就纷纷传言小菊被段老三娶去做媳妇了。第二年会期，小河村的人宰猪杀羊、唱歌对调，庆贺本主与他们村姑娘缔结美满姻缘。庙主官营村认为这有损本主尊严，召集邻近各村赶走了小河村人，结果当年官营村疾病蔓延。第二年七月二十三日会期，官营村人主动塑了段小菊的像，并邀请小河村人对山歌，从此歌会流传至今①。

一、水族“卯”坡对歌②

贵州三都九阡水族青年男女一般十六七岁就开始社交活动，也就是开始自由寻找恋爱对象，主要借助于民族节日集会及公共场合的活动来寻觅意中人。自由婚，是完全基于正常的自由恋爱、自主自愿结合的婚姻形式。如“端节”的“端坡”赛马，“卯节”的“卯坡”对歌，六月六的“采花椒节”“挖苦蒜节”（过去有，现已基本消失）以及赶场天③。这些都是水族青年男女谈情说爱、寻找对象的好机会。每到这些节日，青年男女尤其是女子就会穿上民族盛装，他们从各地会集，成群结队地互相对歌，在对歌中产生爱情之后，再通过“草标传情，隐密谈恋”，情投意合地逐渐建立感情。一般是在

① 赵寅松撰写，选自杨世钰、赵寅松主编，杨政业本卷主编《大理丛书・本主篇》（上卷），云南民族出版社 2004 年版。

② 本段田野笔记选自中山大学民俗学专业朱志刚博士论文，2013 年。

③ 赶场天，是除了节日场合之外最主要的九阡水族青年男女的恋爱场所，当地人认为赶场天的日子通常是好日子。每到赶场的时候，青年男子便会暗暗留心并跟踪青年女子（一般可以通过女子的服饰判断其结婚与否），不论之前认识、了解与否，当某个青年男子对某个青年女子有意的时候，就会试探她的心：或趁她购物之时帮她付账，或悄悄地把人民币折成带角的形状并插入女子的帽子里。如果该女子也对这个男子有意，便会接受该男子的上述行为，否则就会坚决拒绝。

男女双方产生了感情之后，男子便约会女子，双方约好相见的时间和地点。有的男女各自去约会点，有的男女还会约各自寨子的青年（各自只约同性，不约异性）同去。先到的一方会在路口，以打草标、撒树叶、插树枝等做标志，并以草标、树叶、树枝的偏向，指明自己秘密隐藏等待的具体地点。这些地点通常是能瞭望四周而他人又难以察觉的高坡或树丛。有的男女还带糯米饭，走到离家很远的地点，以免被熟人碰见。如果久等不到，要离开的时候，便解散草结，折断树叶，拔倒树枝，但又要留下这些草、树叶、树枝曾经分别被打过结、撒过、插过的痕迹，使后到的一方知道对方之前已经到此，现在已经离开，不再等待。双方到约定地点相会后，开始唱情歌，互有对答，都是男女成对，各有明确对象。如在同一次活动中，男女数量不均衡时，部分男女便会自觉地离开，并互相保密。在坡上唱合心之后，就先后离开，另找更僻静的地方，条件成熟的会互赠礼物，表示定情。当地人普遍认为，还是自由自主婚姻好一些，只要儿女本人认为对方人品好，双方自主自愿便可结婚，儿女自己的事自己办，好坏也不会埋怨父母和媒人。“还是自由婚姻好，只要自愿，冷水泡饭也是合心的，不自愿，顿顿有肉吃也不好过。”

卯节第二天中饭过后，下午两点左右，是最热闹的时候，基本上水族地区的许多乡镇的人都聚集在当地寨旁的卯坡。一般是未婚的青年女子和男子，有时候也有已婚的喜欢凑热闹的中老年人，一拨又一拨地涌往卯坡。

卯节的高潮，是卯坡上青年男女的对歌。会唱水歌的青年男子和女子，成群结队的，围在一起，坐着或站着唱水歌，不会唱的就在一旁看热闹。通常是一个男子和一个女子对唱，其他的男伴和女伴在一旁陪着，帮着和声或起哄。水各大寨附近有两个卯坡，卯节当天去大卯坡，第二天去旁边的小卯坡，也被称为辰坡。

小卯坡上所有的对歌基本上是自发进行的。但也有这样的情况，比如，未婚的青年女子到了小卯坡，不管愿意与否，马上就会有一大群青年男子围涌上来，他们手牵手，拦住未婚女子，与其对歌，如果女子不愿意唱，想走，男子们也不让她们走出人墙。这时候，只有女子的长辈或认识的男伴从旁来解围，女子才能脱身。

当然，无论是大卯坡还是小卯坡上，还是以你情我愿的男女对唱为主。有的青年男女在对唱的过程中产生好感，之后进一步认识，逐渐产生感情，最后缔结婚姻。据说，在卯坡上对歌对出感情的，不尽兴的晚上还可以到女方家去唱，女子在家里唱，男子在女子家的门口唱，可以一直唱到天亮。在最后的歌声中，男女双方约定好下次见面约会的时间。比如，当地的某一个赶场天，青年男女通过进一步的交往，最后缔结婚姻。

卯坡上的热闹一直要持续到天黑，这也意味着卯节的过去。但是卯节的热闹氛围还会持续较长的一段时间，大约一个星期。这段时间主要还是亲戚、朋友、同事等客人的人情往来和吃迎相送，因为有的人住得很远，卯节的当天可能恰好又没有空，所以会晚些来。只有等到这些客人逐渐稀少了，卯节才算是真正的过去了。

二、傈僳族“阔什节”澡塘歌会①

傈僳族好歌舞游乐，专门有一个澡塘歌会。澡塘歌会其实是傈僳族阔什节的一项活动。阔什节即傈僳族的新年，一般在每年樱桃花开时，大约农历十二月初五到第二年正月初十这段时间，因此习惯上把这个月称为“过年月”。1990 年《怒江傈僳族自治州自治条例》实施，把每年公历的 12 月 20 日定为傈僳族阔什节的法定节期。

阔什节要洗尘，人们举家到露天温泉沐浴，不避异性。在怒江边被硫黄熏成黄色的岩石堆中，如果腾起一阵热气，多半就是一处温泉，是傈僳族男女老少的聚会之地。温泉附近的梯田，冬天都休耕了。梯田里，错落有致地搭了各式各样的帐篷，那是远道而来的歌者、沐浴者歇息的地方。田埂边几块石头围拢或土块堆在一起，就是一个简易的小灶，炊烟缕缕，飘出漆油煮鸡（当地人叫“厦拉”）和烤土豆的味道。

沐浴和对唱“摆时摆”歌，是聚会的主题，所以，这个聚会就叫澡塘歌会。他们在温泉附近打秋千，搭帐篷过夜，野炊，男女轮流在露天温泉洗澡。洗澡时不忌外人，有时男男女女同在一起，也没有谁见怪。洗完澡，神清气爽的四方歌手云集赛歌对调，一边喝酒，一边对唱“摆时摆”歌，要连唱几天几夜，喝到昏天黑地，唱到地老天荒，尽兴方散。对歌多是和异性相对，情歌居多，连老年人都沉醉在曾经的浪漫故事之中。傈僳族传说，在很久以前，人间被滔天洪水淹没，人畜死光，只剩兄妹二人。为传下人种，兄妹结为夫妻，生儿育女，开荒种地。春播时，没有谷种，一只黄狗向天神讨来五谷送给兄妹，才种出了粮食，兴旺了人烟。人们为感谢带来谷种的狗，就把

① 本段田野笔记来自周凯模、邓启耀 1995—2008 年期间的多次考察。

按属相推算的旧年十二月到来年一月间定为阔什节，酿酒、宰猪、歌舞、洗浴、舂粑粑，庆祝远古的那次新生，并把舂出的第一块粑粑先喂给狗吃。怒族拜年从初一开始，除给长辈拜年，还要给自家的牛和狗拜年。行半跪礼，喂它们油煎面饼和肉汤。他们认为，牛耕田、狗撵山，辛苦了一年，理当得到回报。

傈僳族在阔什节里还有一些独特的习俗，如打转秋、“穿针引线”、沙坑埋人等。转秋是秋千的一种，打秋千者围一根中轴旋转，可以多人一起玩。“穿针引线”极其惊险：由姑娘头顶一枚鸡蛋，小伙子用弩箭射之，既显示了小伙不凡的身手，更表露着姑娘敢以性命托付的信任之情，以此连接起爱侣之情，便在情理之中了。沙坑埋人，则诙谐有趣：姑娘们要想知道小伙子的心上人是谁，就群起把他埋入沙坑，只剩个脑袋。谁来救他谁就是他的情侣。

近年来，怒江傈僳族自治州政府为了以旅游推动怒江地区的发展，把傈僳族传统节日阔什节作为一项重要的非物质文化遗产来开发。2008 年由州政府组织的“万人摆时摆”是一场规模空前的盛会。开幕式上，参会者同唱傈僳族民歌“摆时摆”，歌声响彻怒江峡谷，极其壮观。开幕式结束后，来自不同村寨的傈僳族、怒族、汉族、白族（那马人）等，意犹未尽，在广场上燃起无数篝火，围着篝火继续“摆时摆”，直至夜深。

三、白族石宝山歌会①

农历七月二十七、二十八、二十九三天，是一年一度的石宝山歌会。石宝山附近的群众及与剑川邻近的几个县洱源、兰坪、丽江的白族都要来歌会上对歌、拜佛、游玩。

2013 年，笔者随沙溪几位村民一起上山参加石宝山歌会。石宝山山门外搭了一个宽敞的舞台，剑川县文体局组织的民间文艺队穿了白族盛装在表演白族传统的《弦子弹到你门前》《白月亮白姐姐》等歌舞。大门上一块红色布标“热烈庆祝第二届白族文化节隆重开幕”格外醒目。过了山门，一路上都是盛装而来参加歌会的人们，不时有人放声唱调子，互相调笑。天上下着小雨，山上有些寒意，但人们对歌的热情不减。

一个中年汉子不时对前面的几个妇女唱几嗓子：

高高山上花盛开，朵朵鲜艳惹人爱。

---

① 本田野笔记由杜新燕撰写。

想采这朵那朵鲜，要采只采花一朵，

哪朵花最艳？[①]

前面的几个妇女听到歌声，都低下头吃吃地笑，也不答话，只顾朝前走。中年汉子继续唱道：

小妹小妹好身材，走起路来身子摆。

腰肢摆了像杨柳，脸似桃花放异彩。

温柔大方逗人爱，开口说话哥开怀，

石宝山上遇着你，前世修着来。

几个妇女害羞地低着头继续往前走，中年汉子也追随而去。随行的村民低声告诉笔者，他这样做便是不识趣了，唱歌传情，如果对方也有意，则会回唱，若不会唱的也会暗示。

吃过晚饭后，天色暗淡下来，不少人赶着往回走。有一个六十岁左右的老年男子背着包准备下山，刚跨出寺门，一个老年妇女马上唱了起来：

阿哥哟，月亮照上石宝山，妹把阿哥送下山。

送上三里情未了，阿哥离去妹心伤，

莫非阿哥不把妹来想？

老年男子明显有些窘迫，边快步走边唱：

人家蝴蝶双双舞，阿哥离去步难移，

蝴蝶被逼离花蕊，苦痛无法提。

旁边几位老年妇女见他急于脱身的样子，都哈哈大笑起来。

夜色愈发深浓，忙了一天的人们聚集起来开始对调子，寺里对歌的声音此起彼伏。不知何时，寺庙大殿里及走廊外人们都已展开了铺盖，三五成群蜷缩在被子里聊天。只听得到处人声鼎沸，对歌声、笑语声响成一片，笔者定睛细看，围在一起的人有男有女，大家无所顾忌，或欢笑或低语。笔者因第一次近距离参加石宝山歌会，原有的文化观念还不能完全消除，看到这样的场景未免感到有些不好意思，不知此时该不该去打扰他们。

笔者往寺外走，树林深处有歌声隐隐传来：

男：哥妹相好要学石榴开花红一朵。

女：你说正合了妹意。

---

① 石宝山歌会中的几个唱段，均为演唱者用白语演唱，杨红霞译为汉语。

男：你听小哥说给你，莫学蚕豆开花起黑心。有心采你花这朵，啊依哎哟。

女：啊嗬嗬，真的吗？

男：爱你叶子又绿花又香，看看满山鲜花开红了，哥说采花动真格。

女：要是小哥有情跟妹来。

男：小哥爱你爱你真爱你，爱到石头开花山走路，不怕山石砸着脚，不怕旁人说闲话，你敢吗？

女：小妹和你摘把叶子当床睡，揶把松毛当被窝，大白月亮当火把，明来明去怕哪个？

石宝山的很多寺庙都有佛教或洞经科仪音乐演奏，石宝山歌会也是一些宗教组织的会期。寺庙里到处挤满了人，有参与宗教活动的人员，有来山上还愿烧香的善男信女，也有慕名而来的外地游客及大理电视台等媒体的人员。在山路上行走，一路上听得乐声悠扬。

石宝山歌会期间，几乎每个寺庙都有阿吒力组织和人员活动。在歌会开始的一星期前，掌头大法师就通知各会员上山，会员们安排好自己的家庭事务，带上生活用品就相约来到山上。到了山上就开始做祈福消灾的法事。每个寺庙正殿里阿吒力坛场布置得颇为隆重，以海云居为例，坛场从普通的设内外坛换成了“摆五方”。摆五方就是除惯有的外坛之外，按照东南西北中的方位设五张供桌。正中供“圣诞会上诸佛菩萨”牌位，红烛八只，四色礼一份、茶三杯、酒三杯、斋饭三碗、糖果一盘、瓜子一盘、饼干一盘，法事用金刚铃、柏枝、降魔印、钹。西方供奉的是“西天东土历代祖师”牌位及画像。祖师身着红色袈裟，盘腿打坐，眉毛漆黑浓密，络腮胡，卷头发，画像旁边书对联“诵经保平安，消灾增福寿”。东方供奉的是“东土历代祖师”，南方供奉的是“南天东土历代祖师”，北方供奉的是“北天东土历代祖师”，画像中人物的衣着属于中国古代王者服饰，头戴王冠，手拿朝笏，脚穿黑色靴子。东方和西方供桌上方悬挂用粉色、黄色、红色三色拼成的城门图形，称为“天门”。西方的两道门上书“天门”“地户”，东方的两道门上书“魂路”“出恭”，所书字体基本与画符的笔法一致。“魂路”旁悬挂的条幅是：“奉请西方王、广目大天王，由是大龙王，结成莲花界。”“出恭”旁悬挂的条幅是：“奉请北方主、多闻大天王、由是乐义主，结成韬魔界。”“天门”旁悬挂的条幅是：“奉请西方主、增长大天王、由是巨沛龙，结成灌顶界。”

“地户”旁悬挂的条幅是：“奉请东方主、持国大天王、由是彦达缚，结成金刚界。”正前方的门上书“出恭”“入敬”，“出恭”旁边的条幅是：“一报天地盖载恩，二报日月照临恩，三报国家水土恩，四报父母养育恩，春多吉度息灾殃，夏保安宁寿延长，秋免三灾增福寿，冬保谷畜财丰旺。”“入敬”旁悬挂的条幅是：“一为天龙八部众，二为人民寿无疆，三为合坛增福寿，四恩三有尽沾恩。”外坛供桌上共有五条幡，其上分别书有“中央世界法信佛如来”“北方世界成就佛如来多闻天王黑帝大将军”“南方世界宝相佛如来增长天赤帝大将军”“东方世界阿弥佛如来持国天王青帝大将军”“西方世界寿尊佛如来广目天王北帝大将军”。通往正殿门的两边悬挂道德规范。

右戒语：“凡我淄流同演谐恭，秉心励节写字者，字样端正，不可遗错洗补。进奏朝圣者不可笑语喧哗，表白者高声朗奏，句读分明，不可相连。主仪者依经讽诵密语不可减省，不蹈清规，分裂二为戒。”

左箴规：“一凡我斋主精白一心原非二年，朝拜者五体投地不可左顾右盼。送馔者，天斋者务须洁净，不可先尝后献。侍奉香烛者，净一巡察，不可懒惰睡眠，欺心上天。”

法坛设置好后，第一天作开坛法事，请各类神佛光临法场。后面几天有信士来寺庙里捐功德，请求消灾、求寿、求子、超度亡灵等，就专门为他们谈演祈福消灾法事。阿吒力组织的后勤和总务人员负责备办伙食，招待来寺里的客人。

金顶寺则是剑川的“舍由”们集会的场所，舍由们也早早来寺里住下，为人们寻找逝去亲人的亡魂。当地舍由被称为“剑川十八姊妹”，互相之间以姐妹相称。没有人来的时候，姊妹们坐在一起聊天，显得无比开心。

当年有人亡故的家庭，会选择在石宝山歌会时带上米、肉、菜、香和纸钱来金顶寺找舍由问祖。很多村民也会带上香和纸钱到各寺庙烧香，捐点功德钱，祈求消灾免难。

四、彝族天峰山歌会①

云南祥云县普淜天峰山在每年农历二月十五也举行一年一度的民族歌会。数百年来，天峰山歌会都令人向往。歌会这天，来自大理州祥云县、弥渡县及楚雄州南华、姚安、大姚等县的以彝族为主的各族同胞从四面八方赶来，

---

① 本田野笔记由赵功修撰写。

云集天峰山，会聚在老君殿下的打歌场欢度节日。竹笛吹起来了，唢呐响起来了，三弦弹起来了，山花般靓丽的彝家少女，带着山月般的娇羞，笑盈盈地登场了，随着音乐翩翩起舞。打歌就少不了打歌调："会打歌呢来打歌，不会打歌来瞧着，阿苏支呢瞧着，爱玩爱要呢听着。"歌者向周围观者发出了盛情的邀请，"芦笙一响，脚板就痒"，别看平日里搬山移石的彝家人，打起歌来却一点不含糊，随着音乐的变化，舞步不断翻新，队列的形式也就变化多样，有大圆圈构图，有两横行，二、四竖行等，打歌的套路也不胜枚举，有"三跺脚""六步翻花""三翻三转"等，有的直接模仿劳动情景，如"七月种茄"，有的模仿飞禽走兽动作步态的。音乐有时舒缓，有时激越，乐至而舞动，慢则婀娜多姿，柔情似水，快则激情四射，热情奔放，看似随心所欲，却又井井有条，充分彰显舞者的激情与活力，在歌舞中释放热情，在打歌舞中传递欢乐，在打歌调中歌唱幸福生活，歌唱甜蜜的爱恋。"打歌打到太阳落，跳起黄灰做得药。"

节会期间，人如潮，歌如海，热闹非凡。身着节日盛装的人们，在打歌场上手拉手围成一圈，芦笙、三弦、笛子奏着悠扬动听的乐曲，人们踩着舞步，或热烈奔放，或舒缓柔情，常常通宵达旦。

夜幕降临，熊熊的篝火燃起来了，圆圆的明月升起来了，把夜晚留给年轻人吧。在打歌场上早已眉目传情，情投意合的年轻人，在夜色中走进密林，互诉衷肠，爱情的种子会在歌声中萌动，开花结果。

天峰山彝族歌会起源于天峰山的老君圣诞会，据考证，天峰山的老君圣诞会已有五百多年的历史。史料记载，从明代开始，每年农历二月十五，天峰山举行盛大的老君会，数以万计的彝族、汉族同胞聚在老君山，举行洞经会，在打歌场上载歌载舞。乾隆五十七年（1792 年）所立碑文记载："每逢二月十五日，四方民众，蜂拥蚁附，云集天都，吹笙鼓舞，夷人尽欢腾之，歌尚存上古之淳风。"

随着参加老君圣诞会的各族群众越来越多，老君圣诞会除了举行盛大的诵经拜唱活动外，各族群众还一起打歌狂欢、对歌、踏春赏景。

五、土族花儿会[①]

2006 年 7 月 8 日，笔者到达青海省海东市下辖的互助土族自治县丹麻乡

---

① 本田野笔记由邓启耀撰写。

的时候，正好遇上农历六月十三的土族花儿会。丹麻的土族花儿会，当年被国务院列入第一批中国国家级非物质文化遗产名录。

丹麻的土族花儿会又被称为“丹麻戏会”“丹麻场花儿会”等。

不过，舞台上的表演毕竟是表演，观众只能界限分明地在下面观看，河滩上的那个场地才属于他们。

小河里水不多，露出鹅卵石的河滩零零散散的有些人，河岸两边的草地上则挤满了一群群席地而坐的人，有老有小，看得出是一家人。大家围着带来的大饼、水果等食品，边吃边聊天。有的还带着帐篷，白天遮阳，晚上住宿。年轻人在其间来来往往，寻朋访友，找到能够一起唱花儿的对象。如果没有血缘关系，不沾亲带故，就可以相约一起唱花儿。

丹麻花儿会本来是土族庙会，为的是祈风调雨顺、五谷丰登。传说，古时曾连旱三年，民不聊生。后来，有一男一女来此唱歌祈雨，终得甘霖，但二人也变成两棵树。相传唱歌可以祈雨，由此相沿成习，成了花儿会。

六、柯尔克孜族“玛纳斯奇”①

玛纳斯奇，柯尔克孜语音译，意为《玛纳斯》演唱会。柯尔克孜族民间艺人说唱《玛纳斯》的比赛、集会，流行于新疆克孜勒苏、阿合奇一带，每年秋季择日举行。举行婚礼等重大礼仪的时候，说唱《玛纳斯》也是必有的节目。

《玛纳斯》是柯尔克孜族的一部长篇民间英雄史诗，约八部，二十余万行。长诗描述了英雄玛纳斯一家八代统一柯尔克孜族部落，与统治者卡热马克可塔依斗争的英雄事迹，表现了柯尔克孜族人民渴望安定、自由的理想。长诗的故事跨越几个世纪，是柯尔克孜族人民世代集体智慧的结晶，是反映柯尔克孜族古代政治、经济、宗教、道德、哲学、风俗民情等的一面镜子，被称为“柯尔克孜族历史的百科全书”。正因它有如此重要的社会价值和广泛影响，故在每年秋季草肥羊壮之际，柯尔克孜族人民都要择日举行《玛纳斯》演唱会。

届时，草原上远近闻名的《玛纳斯》演唱艺人们云集，大显身手，成千上万的农牧民扶老携幼前来观听。说唱比赛时，歌手艺人们要各设讲唱坛，

① 周鸣琦、李人凡主编《中国各民族年节祭会大事典》，陕西人民教育出版社 1995 年版。

他们一边讲唱，一边以乐器伴奏（主要乐器是库姆兹），观听者可穿梭在各讲坛间听，在所有参加比赛的艺人中，以演唱时间最长、声音最嘹亮者为优胜者。人们要为他敬酒挂彩，并尊其为“玛纳斯大师”。《玛纳斯》演唱会结束，主办者还要宴请所有参加演出的艺人。

第二节 酒会

酒，在西部少数民族中，恐怕是消耗最大的一种“饮料”了。一些少数民族素有豪饮之风，平时亦有以酒当饭者。如有客至，主人必以酒相待，不喝干他端来的三大碗，他就与你没话可说。到了节日佳会，更是“醉饱歌舞”，酒气四溢。有的民族，逢年过节，还有“抢客”之俗。他们认为，谁家客人多，谁的人缘好。“抢”得客来，必以好酒好肉相待。

酒有不同的酿法，也有不同的喝法。傈僳族、独龙族等民族唇口相依的“同心酒”，彝族一杯轮喝的“转转酒”等，都是团结一心的传统象征方式。怒江傈僳族最常饮用的酒是杵酒。没有杵酒，傈僳人家就没有歌声。唱到高兴时，就喝起了同心酒。人们相互搂着，脸贴脸，嘴贴嘴，同喝一碗酒，以不漏一滴为佳。历史上，傈僳族若在土地、山林、婚事等方面发生争吵，双方在官司断定后，都要拿出杵酒，大家一齐喝，并举杯唱道：“同在一天下，同住一地上，从今天起呵，让仇随河去，让恨随水漂。”傈僳族人说，喝过同心酒，那感情是永远难忘的。

若到藏族家中做客，清醇的青稞酒、鲜甜的酸奶以及浓郁芳香的酥油茶是好客的主人待客的佳肴。酸奶像雪山一样晶莹洁白。香格里拉的青稞酒，是以高原主粮青稞为原料，尤以龟山泉水酿造的中心镇青稞酒为上乘，色青，味醇，喷香四溢，不浓不烈。酥油茶用当地出产的木碗装着，从铜壶里倒出来，热气腾腾，在火塘边的羊毛毯上盘腿坐着慢慢品味，那温情比高原的太阳还温暖。

敬天、敬地、敬族人，在一般节祭活动中，酒必不可少。哈尼族的“十月年”，称“年首扎勒特”，多以农历十月的第一个属龙日为岁首。在十月年里，最有特色的是各寨举行的街心酒宴“姿八夺”。哈尼族姿八夺意为轮流喝酒，是一次以酒为中心来维系族人关系的大型聚会活动。哈尼族的街心酒宴，男子入座，女子歌舞助兴。

在一些民族的节日里，敬人的是酒，祭会中敬祖神的也是酒。无论祭天地日月、山神水鬼，还是祭祖灵社神、耕牧渔猎诸神，酒是万不可少的。以酒为祭的仪典数不胜数，最多的恐怕是农事祭祀了。

哈尼族的“三月喝秧酒节”即为一种。农历三月，看到秧苗长出五片叶，哈尼族便要选一个属猪日过此节。为什么要属猪的日子呢？据说古时祖先看到在猪滚塘的稀泥里，谷苗长得最饱满，才学会了开水田。节日里，各家在秧田的排水口摆上米酒、米饭和蛋、肉等祭品，饭要用七里香花的汁液染黄，以祈秧苗长出金黄的谷粒。各家家长对秧田致祷词。

祭完，举家再设酒宴欢庆。节后，才可栽秧。

到了农历八月，连天的梯田泛起一片杨梅色的时候，哈尼族奕车人另一个与酒有关的节日“卡奴抽扎”（喝新谷酒节）便来到了。八月上旬，各家在选好的吉日中午，由家长割回一把即将成熟、颗大粒多的谷穗，用稻叶捆扎，倒挂在堂屋右方后山墙上，请家神保护。随后，勒下谷粒百十粒，有的炸成谷花，有的放进酒瓶泡酒。当天午餐杀鸡宴客，共喝新谷酒。席间，主人将泡有新谷的米酒斟给客人喝，客人庄重地举杯吟唱酒歌，祝粮食堆成山、米酒喝不完。全家老小也举杯相祝，吃奶的婴孩，也要在小嘴上抹几滴酒。据说，新谷酒可使全家终年无病无痛，幸福安宁。这顿饭以吃得饱为好，人们认为，喝新谷酒节吃得饱，秋收新谷上场时，仓里还会剩有吃不完的陈粮。

少数民族除了有许多以酒为庆为祭的年节祭会，还有以酒为名的节日。普米族农历四月五日的“苏里玛节”，就是地道的“酒的节日”。苏里玛酒是云南宁蒗一带普米族和摩梭人特有的家酿粮食酒，用新麦酿就，色微黄，味清醇，度数低，类似啤酒，是当地民族节祭喜庆活动的必备之物。普米族专为此酒设节，可见珍爱之甚。苏里玛节这天，普米人家纷纷打开酒坛，取出苏里玛酒，尝酒庆节。各家除了开怀畅饮之外，还广赠亲友尝新。人们喝百家酒，看谁酿酒的手艺高，酿得甘醇，酿得醉人。酒酣兴来，老人们聚拢一起，边饮酒边唱“酿酒歌”“吃酒歌”等调子，摆古道今，互示祝贺。

第三节　鼓节①

鼓，在西部一些少数民族的历史文化中，也许是最有意味的器物之一。他们爱鼓，凡有喜庆节日，鼓声必定是节祭开始，牵动人们心弦的动力之源。当荒僻的山乡突然响起鼓声的时候，不用问，你就会知道，一定有什么节祭庆典活动要开始了。

鼓的种类很多。有木鼓、铜鼓、大鼓、扁鼓、鼗鼓、象脚鼓、单面皮鼓等。

佤族的木鼓是一种形制古老的鼓。它由整段木头挖槽镂空而成，音色脆亮。佤族认为，木鼓本身是鬼，是保寨子平安的，它又是“通神之器”“神灵佑物”，一敲响木鼓，神就知道了。祭祀用过的木鼓，平时不准乱动，只在祭祀、报警、节日喜庆时敲打。农历四五月间，佤族要盖木鼓房，到七月至十月期间，便可举行拉木鼓盛典。传说，人类从“司岗”（山洞或葫芦）里出来后，什么事也不会做，谷子长得很差，地神发怒，想用洪水淹没大地。人们赶紧祈问天神，并召集树、草和动物来商量，决定学鸟啄木，砍回一段原木造木鼓敲打，祭祀鬼灵，平息神怒。人们模仿女性生殖器造出了木鼓，但敲不响。人们给木鼓盖了房子，剽牛、砍人头祭鼓，木鼓才敲响。猎头祭鼓的习俗，到20世纪50年代才消失，但木鼓的原始韵味，一直保留到现在。

在青藏高原生活的藏族，鼗鼓和灯烛，是他们向神佛顶礼膜拜、奉达祈意的共有方式。

时至今日，鼓仍是一些民族宗教活动中常用的器物。在高原曲折崎岖的山路上，笔者碰到过手摆小鼓，尘灰满面，磕着“长头”去朝圣的人；碰到过身背大鼓，头戴面具，行傩驱邪的人群；还有黄昏时分召唤人魂、牛魂或谷魂的多民族歌谣，伴着鼓铎声，在山野里拉出阵阵回音；数以千计列队回环踏歌，按着长鼓和象脚鼓鼓点的指示去溯祖寻根的景颇族人。

在不少民族中，鼓的民俗的或宗教的功能还在或显或隐地发挥作用。一般而言，年轻一辈可能只会随鼓点节拍歌舞了，而老一辈人对关于鼓的来历

---

① 本节田野笔记节录自邓启耀著《鼓灵》，江西教育出版社、海天出版社1999年版；《创世女神的身影》，选自邓启耀主编《云南人文影像》，云南民族出版社2004年版。

的传说、在什么时间和地点敲等习俗，却还是记忆犹新的，每到重大年节祭会，他们会态度严肃地向人们一一道来，认真表演。山地鼓灵，似乎只有在这个时候，才又显现了它的那几乎隐没的历史面目，传达出有关民族传统文化的种种古老信息。

或许是大鼓多与大地（神）相关，大地母亲又与生育相关吧，鼓的祭祀，常常暗示着生的祈祝。

每逢过年过节，基诺族都要跳大鼓舞，祭祀创生万物的创世女神，基诺族称“厄扯咽”。关于厄扯咽的民间传说，在本书第四章中涉及基诺族始祖祭的部分已有详述，此处不再赘述。在丰收喜庆、送旧迎新的日子，人们搭架把鼓吊好，男的在正面边击鼓边跳舞，女的在背面击鼓伴奏。众人围着大鼓跳舞，庆祝新生。

象征与祖灵同在的大鼓，平时不许任何人动，只能安置在村寨长老“寨父、寨母”家上楼梯进门的第一间屋里，到重大节祭时，才由祖灵的人间代表，村寨里的至尊长者“寨父、寨母”敲响第一声大鼓，通知全体族胞共祭与鼓同在的祖灵。此刻要杀一头猪、两只鸡，加上酒、槟榔和竹筒饭祭鼓。庄严的祭献仪式后，才由寨父将鼓槌郑重递交舞者。舞者此时不能即刻起舞，而要先请老人起舞，之后年轻人才起舞。

石屏彝族每年农历七月十五的“跳鼓坡节”，是用象征的方式与“母山”交配。据说，石屏的龙马山是母马变的。每年，母山发情，吼叫寻偶，吼声十分可怕。住在山下的彝族先民为使母山的欲望得到满足，就用牛皮绷成大鼓，由男子抬到山上去敲，边打鼓边跳舞，名为“踩山”。这样做之后，母山果然不叫了，而且那一年苞谷收成相当好。以后，由男子跳鼓踩山的习俗，便逐渐演变为一个节日。这一天，强壮的彝族汉子先喝个半醉，然后抬鼓上山，在粗犷的鼓声中，出手抬脚，扭腰晃胯，随性舞动，暗示永不衰竭的生育能力，促发母山多多受孕结果，保佑人畜兴旺、五谷丰登。

哈尼族奕车人在新年“扎特特”（十月年）和农忙后的节日里，要按古规举行各种祭献祖先及神灵的仪式，求得丰收，求得生命的延续。人们敲着铓鼓，对鼓扭摆狂舞。有规律的三声击鼓各有其意：一声寓意人口繁衍，二声寓意五谷丰登，三声寓意六畜兴旺。这是人与天神约定俗成的文化密码，为求新年、新人、新谷的兴盛，人们总要以这种方式与天神“摩米”进行一次对话。鼓里放有五谷及象征人丁兴旺的青草，舞者不时对鼓模拟各种性交动作，希望那象征母体的大鼓肚子里所装的一切，能通过这建立在交感巫术心理基础上的仪式，达到人们祈求的结果。

在一些民族中，人鼓交合的仪式已转化为鼓鼓交合的象征了。拉祜族、佤族等民族将鼓分为雌雄，人们认为二鼓相敲，同声相应，即可达到预期的效果。景谷县拉祜族每寨都建有鼓房，内有直径一米多的一公一母两个鼓，母鼓比公鼓略小。每年农历二月初八全寨祭鼓，人们在鼓房里放鲜花、献盒饭，全寨男女老幼在鼓前磕头祭拜。祭司用糯米花和茶水洒向空中，大家伸手争着去接，称为“接福”，据说谁接得多谁就会得到很多的幸福。随后，将接得的米花供在家里，以求今年庄稼丰收。

表达对亡者的祭奠，也是鼓的一大功能。铜鼓在云南一些民族里用途很广。用于葬礼的有彝族、苗族、布依族等民族。彝族花倮人的铜鼓舞源于一个农家女与龙王儿子恋爱的传说。铜鼓是龙王为亲家葬礼送的礼物。后来，凡是有家室、后代的人死了，都要跳铜鼓舞。不过，由于铜鼓是龙王送的，所以，在农历六月六郎节至八月尝新节期间，禁击铜鼓。据说是担心这时敲了龙王送的铜鼓，就会引来雨水，影响庄稼收成。

昭通地区的“四筒鼓舞”，由九至十二个持鼓、锣、镲等乐器的舞者，边击乐边起舞，因其中四人身挎筒状皮鼓而得名，又因“乡人丧礼之用”而称为“跳丧鼓”等。舞蹈伴随丧礼进行，具有替亡灵开路、惊驱鬼魅的作用。纳西族骨葬时请东巴跳“起鼓”，也有类似的作用。

还有些民族传统有祭鼓节，既为奠死，也为祭生，既慰远逝的祖灵，也慰活着的后裔。鼓，在生死之交的关键时刻，扮演了举足轻重的角色。建水龙岔河岸哈尼族每年农历正月第一个属龙日，要过铓鼓节。相传很早以前，哈尼族迁到这里的时候，这里山高坡陡，云雾缠绕，瘴疫遍地，人畜经常死亡。他们的首领在芒脑山顶选了一棵枝叶繁茂的大树作为龙树，带领全寨男子，向龙树献祭品，并把农耕的过程及人们的心愿编成铓鼓舞，向龙树表达族人的诚意。龙树被感动了，三天后，云开雾散，瘴疫也被热烈的铓鼓声吓跑了。从此，人们得以安居乐业。为永传祖先留下的这一古规，后人在铓鼓节期间，祭龙树、跳铓鼓。铓鼓节的三天里，当德高望重的“龙头”敲响第一声铓鼓，男人们便争先恐后敲鼓打铓，饮酒歌舞，尽兴欢娱。

苗族丑年十月第一个丑日（或卯日）开始为期十三天的祭鼓节，是一次规模巨大的全氏族性祭祀活动。通过祭祀象征祖灵的牛皮大鼓，祈求祖先减免灾难、赐福儿孙。据苗族神话，姜央从蝴蝶妈妈生的十二个蛋里孵出来后，智挫水龙、老虎和雪公而坐天下，开田拓土，繁衍子孙。后来不知过了多久，发生瘟疫和旱灾，死了很多人。姜央认为，因为没祭祖，祖先生气而降灾，只有祭祖，才能免灾。由于人类的妈妈妹榜妹留是从枫木树里生出来的，所以，必须敲击枫木，才能唤起她的灵魂。这就要做鼓来祭。

过祭鼓节时，首先要举行醒鼓仪式，以唤醒祖先。届时，设祭念咒，祖先入地，灵魂升天，快快苏醒，欢度鼓节。接着要举行砍鼓树和凿鼓仪式，均有严格的祭仪。举行换鼓仪式时，大型祭鼓活动才拉开序幕。节日第一天，祭司、鼓头及各家男性长者，到人迹罕至的藏鼓洞，把上届存放的旧鼓及祭祀用的其他器物搬回寨子，换以新鼓，众人围着新鼓起舞。第二天举行“引鼓”仪式，即正式接祖灵。据说，祖灵寄附在一棵大楠木（原为枫木）上。祖先曾从这棵树爬上天，现在，祖灵也要从这棵树下来，所以，要全寨出动，隆重迎接其回寨。待祭司念祭词请祖灵入鼓后，全寨人昼夜吹竹跳鼓，热闹异常。接下来的杀牛祭鼓、淋花竹、盖灵房、送鼓、洗鼓等祭仪，在日期选择、活动内容及形式等方面，都严格按古规进行，一丝不苟。

鼓还有驱鬼镇魔的作用。木鼓和铜鼓在许多地方被视为“神灵之宝”，认为其能制伏和驱逐妖魔鬼怪，保佑人畜平安。所以，通常将鼓置于祭祀场所或被认为有鬼祟的地方供奉。景颇族目瑙节中敲击的长鼓，被认为具有通神镇邪的作用。“荪目瑙”第三天跳的“脑定”或“龙洞戈”舞，亦是以鼓伴奏的驱外鬼之舞。葬礼中，也要化装为野人，打着木鼓跳“革崩冬”驱逐鬼怪。苗族鼓舞，据说也来自一个英雄战胜恶魔，剥皮蒙鼓，剔骨做槌以驱邪的传说。

由此可见，在这里，鼓不只是一种乐器，它或象征母体，人兽皆本于它；或形似女阴，血祭（历史上曾人祭）之后便可化生万物；或是送葬的指示，亡灵将循着鼓声回归祖地；鼓分阴阳，声联生死，既为祭生，也为奠死，生死灵肉，由鼓而发。

第四节 花会

花的节日，大都与春暖花开、男欢女爱的内容有关，花开意味着万物复苏。人们春情萌生，谷物也感而勃发。彝族说，不赶花街，庄稼就长不好。

怒江白族三月的桃花节，主要是祭白王，祈丰收。节日里人们唱歌跳舞，尽情娱乐，第二天便开始生产劳动，不得含糊。对于许多少数民族来说，情爱和生育能力是美的重要内容。壮族的花街，云南剑川白族的梨花会，峨山、新平、双柏等地彝族的赶花街，男女青年经过“跳乐”，互送一块白手巾，就可能结为终身伴侣，父母也信赖在花街上选出的对象。

“踩花山”是苗族最隆重的聚会时间，有的地方定在每年农历正月初三到初九，也有的地方定在农历六月初六。滇东北和滇南一带苗族，每年农历六月初六过踩花山节。传说古时苗族战败流落异乡，想起祖先东逃西散的苦，伤心落泪。有一年六月初六，祖先显灵，劝他们不要太难过，应该到高山顶上吹芦笙、唱歌跳舞给祖先看。说完天上落下一朵花，挂在一棵树上。大家围着这棵树歌舞、吹芦笙，这年的庄稼长得特别好。从此后，每年六月初六，苗族同胞都要穿上节日盛装，到高山上栽一棵花树，举行对歌、跳芦笙舞、斗牛、跳狮子舞、爬花杆等活动。其中，引人注目的是爬花杆。谁爬得高，就把一个猪头和好酒奖给谁。

踩花山苗语叫“厚道”，主办人叫“九厚道”，由没有子女的家庭承办。主办人家在踩花山场树立二三丈高的踩花山竿——龙竿。

龙竿两侧各吊一块青布，青布下端接一段红布，长约三丈。届时，男子围绕龙竿吹芦笙跳舞，男女青年利用集会的机会相识，彼此赛歌，山歌内容多半有关男女爱情。主人备酒招待。经这些富有生之活力的青年男女以歌舞“熏染”过的龙竿及龙竿上的青红二色布料，似乎由此而染上了生的灵气。主办人家用龙竿大竹做床睡觉，用吊在龙竿上的青红布料做衣服。认为这样一来，他们便可得到子女①。这种习俗，在《丘北县志·人种》中亦有记述：“婚姻于交聘金后，即领而配，不择日时。数年后无子嗣者，许以踩花山，祈神佑之，有效则踩。踩必三年，头年三日，次年五日，三年七日，远来者不拘多寡，主人必招待之。”苗族不孕的夫妇，为了求子，也常承头筹办踩花山的人们需饮的酒。节日里，将酒壶挂在事先栽好的松树上，专供青年男女在树下唱歌跳舞，据说这样做后，不孕夫妇便会受孕得子。

哀牢山一带的苗族，爬花杆时，要推选一个最漂亮的姑娘和一个最勇敢

① 参阅宋恩常《云南苗族宗教概况》，载《云南少数民族研究文集》，云南人民出版社 1986 年版。

的小伙子出来。姑娘向小伙子献上大红绣球和芦笙，小伙子爬上花杆，将它们挂在顶端。全场欢呼："好！好呀！"然后，在狂欢的乐舞中，小伙子手持花伞挨近姑娘。全场欢呼："拢呀！拢呀！快拢呀！"直到小伙子用伞罩住姑娘。如果他们喜结良缘，便成为苗山上公认的最美好的一对。

以花字命名的节日还很多，如怒族的鲜花节、纳西族的香竹花会、白族的松花会、傣族和壮族的花街和采花节、阿昌族的浇花水节、土族的花儿会、景颇族的采花节等。日期不同，内容形式也不一样，有的祭祖，有的拜神，有的游乐，有的贸易。还有一些民族节日，节名虽无花字，却与花不无联系。如鹤庆白族的果子节，即为祭祀传说中的百花仙姑，感谢她教人种植果树。一些节祭活动，也少不了花的装点。

景颇山的花开得早，景颇族的采花节也来得早，春节后几天就到了。早早的，各村寨男女青年便云集花山，小伙子鸣枪放炮，姑娘则采来鲜花铺满会场。树枝上吊着熟鸡熟肉，要吃到它，必须用枪把线打断。枪法好的伙子，自会受到姑娘们的青睐，喝到她们献上的香酒。要是有意，还会收到姑娘私下赠送的筒帕、绣花腰带和绒花彩帕呢。

白族农历二月十二或十四的花朝节，传说是花王的生日，也是百花朝拜花王的日子。这一天，住在山区的人翻山越岭，采足一百种野花，在山乡公用泉水边，举行祭花神的赛歌会。住在坝区的，则用早已培植好的各种鲜花，搭成花山，祭祀花王。三天的赛花会期，万人空巷，人们涌向花街，在花间对歌赏花，盛况空前。

双江县班丙区大南质乡的布朗族，每年农历二月初八过插花节，节期一天。届时，全寨妇女手持旗幡，列队上山采花。采来鲜花后，她们把花插在寨心中早已竖好的一棵花树上，树上挂满纸条纸幡。全寨人围着花树，在蜂桶鼓、象脚鼓、锣、铓等乐器的伴奏下，手搭着肩，跳起欢乐的舞蹈。妇女们一边跳，一边向花树抛撒爆米花。围着花树跳过一阵之后，大家手牵手，边跳边沿着村寨绕行，表示村寨的团结和兴旺。跳完绕寨舞，姑娘小伙弹着牛腿琴，吹着"咪箫"和口弦，到邻近村寨串寨，找伴侣，谈情说爱。

生活在怒江峡谷的怒族，每年农历三月初五，要聚集在贡山县捧当乡吉木斗村，采集鲜花，到离此不远的仙人洞祭祀阿茸。阿茸是怒族民间传说中开渠道、架溜索的女英雄，后被坏人害死在山洞里，化为石像。山洞中被传为阿茸双乳的钟乳石会流出涓涓细流。为纪念阿茸，人们每到她殉难的日子，就到山上采摘鲜花，一为献祭那如花的神女，二为带回家去，求取吉祥。人们在她仙逝的山洞旁举行祭祀活动，在挂满各种神图、祭幡的祭台祭祀仙女，然后云集山洞，敬献鲜花，捧接双石上流下的清水（又称“接山母神的奶水”），敬献给喇嘛，也自饮并带给家人饮用，据说可消灾免难、明目爽神。回家后，将采来的鲜花和松柏一起插在房屋中柱上，全家人传喝“山母神的奶水”，围柱歌舞，祈祝幸福永在。

元江县傣族（俗称“花腰傣”）在农历五月六日至七日过“花街节”（又叫“赶花街”）。届时，男青年相聚唱调、丢包，如果小伙子看中了哪位姑娘，他便把包好的食品塞到姑娘带的小竹篓里。要是姑娘接受，交往乃至爱情也就开始了。

一、彝族插花节①

1991 年农历二月初八，海拔 3600 米的云南县华山开满了山花。当地彝族摘来各色鲜花，编扎成花团锦簇的牌坊、花棚，象征吉祥如意。人们在房前田间和牛羊头上插花，祈愿五谷丰收，六畜兴旺。人们也互相插花，寄托和顺安康、情长意远的祝福。林下花间，男女老少和着芦笙的节奏围成圆圈“打歌”，青年情侣欢声笑语，缔结友谊，寻找佳偶。大姚县彝族一年一度的插花节到来了。插花节在“文革”中被禁，1982 年，据说来自昙华山九十九山头的九十九个毕摩用九十九把长号恢复了插花节。后来，这个节日越来越火了。由于这个节日的活动相当热烈，所以有人又把它叫作“过大年”。

彝族农历二月初八的插花节，因一个传说和根据这个传说编创的舞剧而闻名四方。关于插花节的来历，老人们都摆得出一通“古”，但说法太多，谁也闹不清谁说的才是“正宗”了。

楚雄彝族传说：不知什么年月，世界洪水滔天，灭了人烟。有两兄妹躲进葫芦逃生，成为唯一的人种。兄妹成亲后于二月初八这天生下个肉团，用刀劈开，现出五十童男、五十童女。血红的胞衣被甩到树上，就开出了马缨花。有的传说则说，哥哥死后上了天，后来挂记地上的儿孙回到人间，化为马缨花树，所以，人们又把马缨花树当作彝家的祖神。

笔者见过舞剧的照片，标的是“彝族舞剧”，但动作似乎有点类似芭蕾。也见过介绍插花节来源的小册子，讲的是插花节的来历，照录如下：

① 本田野笔记摘自邓启耀著《访灵札记》，上海文艺出版社 2000 年版。

传说很久很久以前，昙华山上有一个名叫咪依鲁的姑娘，长得像鲜花一样的美丽。她会绣花，绣出的花朵能引来蜂蝶翻飞；她爱唱歌，歌声能引来林中的百鸟张望；她会耕地、绩麻、牧羊……

一天，她在放羊的山坡上，一边绩麻，一边放羊，唱起了动人的放羊调。优美动听的歌声，飘过了高山深谷，深深打动了在远山打猎的青年朝列若的心，迷得他忘了打猎，循着歌声，翻过无数山岗、垭口，越过无数深谷溪流，挨近了咪依鲁，在半山坡一片雪白的花丛中和她对歌。歌声传递了心愿，定下了两人的终身。

那时，昙华山有个极其凶残的土官，他在高山顶盖了座“天仙园”，欺骗彝家人民：“我请了仙女下凡，在天仙园教人织布绣花，每寨都要将最漂亮的姑娘送去伺候仙女。”实际上，凡是抓去的姑娘，都一个个被土官任意糟蹋蹂躏。就在咪依鲁和朝列若约会的一天，土官派人来说：“天仙园选中了咪依鲁，必须在三天之内送去，否则，杀死全家，烧光寨子。”咪依鲁的阿妈哭得死去活来，要跳崖自杀，乡亲们纷纷躲进密林，咪依鲁绝不让乡亲们为难，也不让阿妈遭罪。为了拯救受苦受难的乡亲姐妹，她摘了一朵含有剧毒的白花，插在头帕上，毅然登上山顶，瞒过戒备森严的家丁，只身闯进天仙园。土官从没有见过这样美丽的姑娘，也没碰到过这样爽快的事，高兴得垂涎三尺，连骨头都酥了，立即传家丁端来了酒，准备和咪依鲁畅饮。咪依鲁对着凶残的土官面不改色，取下头上的白花泡在酒里，举到土官面前说：“愿你我永远相爱，共同干了这碗同心酒。”说完自己先喝了两口，才递给土官，土官早已如醉如痴，接过酒碗，一饮而尽。顿时，他觉得天旋地转，倒在地上。

朝列若捕获了金色麂子扛回来，得知咪依鲁进了天仙园，他怒火燃胸，别上快刀，张弓搭箭，呼叫着咪依鲁，向天仙园奔来，吓得土官的家丁拼命奔逃。朝列若找到了咪依鲁，她早已闭上了美丽的眼睛。他伤透了心，抱起咪依鲁，走出天仙园，边走边哭、边走边喊叫他的心上人的名字，走遍了昙华山的山山岭岭，哭干了眼泪，滴出了鲜血，鲜血把山山岭岭的白马缨花染得血红。从此，昙华山就开遍了鲜红的马缨花。

彝族人民为了怀念这位献身除恶的姑娘，每逢二月初八这天，采来朝列若用血泪染红的马缨花，插在门头，拴在牛羊角上，别在农具上，把马缨花视为吉祥、幸福的象征。这一天人们穿上色彩鲜艳的盛装，头上插着鲜花，带上美味佳肴，来山顶团聚。招亲呼友，举杯助兴，共祝吉祥、幸福。未婚青年男女，在围着篝火欢唱起舞中，选定自己的情侣，互送鲜花，作为定情礼物。

这个传统节日，世代相传，直至今天。

这个文本与笔者见过的另一文本一样，只署某某搜集整理，而未注明何地何人讲述等情况，这在民间口述文化的调查中是很不规范的。而且，整理本的用词遣句也不像民间讲述人的作风，笔者怀疑其中加入了整理者个人（或组织）的语言。

数年之后，又见研究彝族文化的学友唐楚臣君的文章，考证说马缨花是彝族“继原生图腾虎次生出现的一个宗支图腾”，证据是这样一些传说：

传说一：洪水滔天，淹没了一切，世上只剩下两兄妹躲在葫芦中随水漂流，在山顶获救。兄妹俩以烧香、滚磨、滚簸箕为卜。天意难违，只好成了亲。十二月后的二月初八这一天，妹妹生下了一胎，不成人形，是个肉团团，金龟老人用刀把肉团团劈开，出现五十童男、五十童女。金龟老人用刀一挑，把流着血的血胞甩到一棵小树上。从此，这棵树就开出了红彤彤的马缨花。五十对童男童女相婚配，繁衍出众多的人。

传说二：洪水泛滥，天下人都淹死了，唯有阿卜笃慕藏在木桶里随水漂流，流到浴尼白遇救。阿卜笃慕和天上的三个仙女结婚，生下六个儿子。阿卜笃慕就在浴尼白给六个儿子分家，老大老二留在云南，老三老四去四川，老五老六搬到贵州，留在云南的老大生了十二个儿子，这十二个儿子除小儿子没有变外，别的都变成了树木、鸽子、野物等。老二名叫阿窟，他的儿子变成了棵马缨花。

传说三：洪水泛滥时，世上的人都淹死了，只剩下了人种阿卜笃慕兄妹俩。后阿卜笃慕和妹妹及三个仙女结婚。每个仙女生下九个孩子，四九三十六人再繁殖出天下各族人。阿卜笃慕死后，上了天。后来他挂记地上的儿孙，又下地到了人间。他靠在一棵树上就不见了，树上开了红艳艳的马缨花。后来人们就把马缨花木当成了彝家的祖神。

还有这样一些习俗，例如某地彝族大祭祖时，把马缨花木挖成木槽，内放两个竹根，祭完埋入祖坟。把马缨花木锯开，写上祖宗的名字，幼子刺血点在上面，合拢后刻成人像，代表祖宗。在世系上，过去有的彝族以动植物为姓氏，其祖先也以该种动植物为象征，后来虽仿汉姓，但“马缨花李”“松树李”“竹根李”却无法攀亲，“马缨花李”和“马缨花张”，则为同宗，还有一些相应的禁忌和礼俗，都有图腾的意义。随着社会发展，作为图腾的马缨花渐渐变成风物化、审美化的图案。

敬慕楚臣兄敢在图腾上下笔，且论述得头头是道，免不得对云南名花之一的马缨花以及由此生发的文化有了兴趣。

20世纪90年代，商潮涌动。“文化搭台，经济唱戏”的观念深入穷乡僻壤，于是，又纷纷有党政部门出面组织民俗活动。原有的民俗被重新包装改造，没有的民俗被“整理”创造，以便迎合中外客商的不同口味。一时间，各种“节”多得眼花缭乱，引得各方好事者赶街一样赶了这垡赶那垡。插花节似乎也没例外。

笔者便赶了一次插花节。

节日从农历二月初七开始。据说这算是过大年了，可是村边麦地里，还有一些收割麦子的人。山坡上，披着羊皮披肩放牛的老人也不时可见。直到第二、三天，笔者去村里访问，仍见到不少在地里干活和在家里纺布的人。看来不是所有人都放假狂欢或禁止动土的。

二月初八是节日高潮，听说乡政府在昙华山组织了很多活动。沿公路上行，海拔越高，马缨花越多，越近会场，身穿鲜艳服装的彝族行人也越多，一看就知道是去赶会的。

到车终于被人流堵住的时候，昙华山主会场也就到了。

一上昙华山，笔者的眼睛就不够用了，到处是花！山上、箐沟里是花，房梁门窗、牲畜圈头插花，彝女身上绣满花，连牛角马脸上也插花，全是大红的马缨花。

通往跳歌场的路，两三公里外停满车辆，两三公里内摆满各种摊点，卖小吃、农具、衣物。人挤人，人看人。

山头一块平地是跳歌坪，也是主会场。为方便观摩，搭起了一个戏台，挂上红布标。在有关领导的主持下，彝族巫师，一位老毕摩表演了插花仪式。

但老毕摩大约不太习惯在这种场合中表演，在一片噼啪作响的快门声中和摄像机镜头前，表情尴尬地按规定程序弄过几招，便知趣地退到一边，看着报幕的主持人发愣。一群身穿传统服装，肩上却斜挎一块广告布标的彝族男女青年，有些拘谨地为中外来宾表演彝族集体舞“打跳”。还有许多经过整理加工的节目，看她们一式的昂首挺胸和弓箭步，便知是当地文工团的作品。表演一完，人忽地散了，还原成满山遍野的人流。许多人家搭起窝棚，架锅煮肉，看样子是要在山上住几天。树丛里东一群、西一群的人在游荡，不知是为了聚得更紧还是为了与别的群体交融。特别是年轻人们，东张西望，花枝招展，好像都在寻找什么。交游、交友乃至发展恋爱关系，是民间节庆常有的内容。对于搭不进经济戏台里的大多数山民来说，一年一度的插花节，真是一个串亲访友的好日子呢。

和小青年盯的目标不一样，笔者喜欢找老年人聊天。话题中，自然少不了插花节，昙华区公所卡拉底乡一位姓李的彝族老大妈告诉笔者，打跳，今年是第十二年。过去不在这儿打跳，而是在另一座山上跳，今年才改的。笔者想知道被改掉的还有些什么，便问起被当作插花节来源的咪依鲁斗土官传说，谁知李大妈和她的同伴都说，过去没听说过这个传说，“是文化馆的某某在某年自己编出来的”。笔者多年从事民间口传文化调查，知道曾有一些人擅长“加工”民间文学，弄得研究者很头疼，需要从许多伪民俗、伪歌谣、伪传说中筛出真货。这次虽不敢说咪依鲁传说就属此类，却至少提醒笔者得换种问法。

笔者问：“为什么过插花节？”

李大妈说：“撵鬼。鬼是家里人死后变的鬼，所以花要在家中到处插，把花插在家堂处供祖先，把花到处插，是要撵家里的鬼、所有的鬼。插花，鬼害怕，人喜欢……”

李大妈说汉语时，把“x”音发成“s”音，“uan”音又略带“a”味，笔者曾误把“喜欢”听成“死花”，加上心里暗有一种为“学术”寻找新说的期望，导致对被调查者话语的误读，曾不断追问什么是“死花”，使一个普通词汇悄然趋向了神秘。

事后，笔者总结教训：调查中的误读，随时可能发生，真要万分慎重；如果再以此为例进行误导，那更要麻烦许多后人呢。

二、布依族三月三染花饭

乌蒙山南麓山清水秀，山有密林，水无污染，是个很养人的地方。每年油菜花开的时候，田野里便溢满各种色彩，形成秀丽而壮观的大地艺术，吸引很多画家、摄影家到此。

布依水乡地处罗平八大河乡的三江口一带，海拔只有720多米，碧水长流，万山青翠，物产丰厚，风景很好。到布依村寨做客，是种享受。最好能在三月初三去做客，三月三是布依族众多节日中最盛大的一个，也可以说是他们的年节。每年农历的三月开始，村村寨寨便忙着杀猪、杀鸡、泡糯米、染花饭、编蛋、装彩鸡蛋。别看花饭五颜六色，鲜艳得让人不敢下口，但看到她们的制作，你便可完全放心，因为这些花饭，颜色虽奇，却都是用采自山野的天然食用染料（如黄饭花等）染的。染好的糯米饭，糯软油亮，还散发着不同的野花野草的清香。小孩佩戴装有彩蛋的挂饰“蛋包”，象征吉祥。男女青年举行盛大的游山、对歌和交友活动。

在罗平多依河、八大河一带，家长们还要下不少功夫给孩子们制作极为精致的小水车、水枪，还要扎竹筏等，一直忙到三月三这天，全村人便要到寨子每年约定的河畔或神树下进行祭祀。在三江口，年年都是由黄泥河两岸的两个村寨共同出资，在河东岸沙滩上杀猪祭龙、祭河神。祭祀一般在午饭后，太阳当顶的时候，由摩公主持，杀牲祭祀，然后用大锅在河滩上煮熟祭品。傍晚，老百姓便一家一户围成一圈在河滩上吃祭饭。年年如此，直到现在依然不变，那场面既朴实又令人感动。

在多依河畔则可看到另外一番景象，每过中午，青年们歌声如潮，回荡在山谷，水上竹筏，穿过覆盖在河上的绿荫，争相竞划，蔚为壮观。浅水处，一架架水车架在河中央，溪水流过，水车也随着飞快转动，一张张童稚的笑脸映在清澈见底的河里，嬉戏的儿童们更是拿着一支支水枪互相汲水对战，歌声、笑声、汲水声交融在布依水乡节日的气氛里。

三月三，是布依族对水依恋的情感的真诚外露。

第五节 赛装节

金沙江流域彝族的赛装节（云南永仁县在农历二月十五，大姚县在农历二月二十八），历史已经相当久了。在传统文化漫长的积淀过程中，它和其他许多事物一样，与神话、传说等紧密地联系在一起。

在云南永仁县中和乡有一个彝族居住的寨子，名叫直苴。每年农历二月十五这一天，村民们都要举行为期两天的服装赛事，人们称之为赛装节。

这个节日起源于一个古老的传说。

在八百多年以前，有两个年轻的彝家猎人朝里若、朝拉若兄弟，打猎时为追赶一头麂子来到了直苴这个地方，发现这里森林密布，土地肥沃，很适合人们居住。兄弟俩从挎包中拿出三颗谷种，撒在地上，对天发誓道：“假如这个地方能让人居住，撒下的谷种虫不吃、狗不咬、鸟不啄，秋来谷穗长得像马尾巴一样长，我们便到这里来住。”当秋天来时，兄弟俩再次返回这里，果真有三大串长得像马尾一样长的谷穗。于是，兄弟俩就带领父老乡亲，从他们的原居地搬到了这里来住，并将这里取名为直苴，意为肥沃的地方。寨里的长老为使他们找到满意的妻子，在春耕前的正月十五举行全寨姑娘的服装比赛。由于兄弟俩年轻力壮，勤劳勇敢，全村的姑娘都喜欢他俩，都想嫁给他俩。全村的姑娘衣服做得一个比一个好，一个比一个漂亮，两兄弟按自己的愿望选择了把新家园山水绣在衣服上的姑娘。

赛装节的习俗由此沿袭至今。劳动者对美的理解，常与勤劳灵巧联系在一起。

人们为了纪念这段美好的故事，每年农历二月十五这天，都要过赛装节，妇女们身着绣花盛装，男人们则身披黑色全羊皮，肩挎绣花背包，在村中半山坡的一块平地上，手牵着手，在弦子、笛子声中，尽情地“打跳”。男女青年借此机会谈情说爱，寻找如意伴侣，而直苴妇女们的绣花手艺也就随着岁月的流动，年复一年，越做越精，越做越美。仅仅一套服装，盘花、贴花、补花、挑花、刺绣和绲边等工艺全都用上，用料讲究，色彩协调，在如今种类繁多的彝族服饰中堪称一绝。中和乡副乡长殷必聪在赛装节上曾随手指着一位妇女的服饰解释道：“头饰上的凤凰和蝙蝠象征富贵，服饰中的藤条盘花纹代表人们上山砍柴背柴用的绳子，一道道红、黄、绿相间的布条镶拼表示稻田、土地，铜钱绣花纹祈求富有生财，三角形谷斗和树下跳歌挑花图案表示丰收和打跳，朵朵山茶花、马缨花象征妇女美丽善良，青春永驻……”

大姚彝族的赛装节又叫服装节，每年农历二月二十八举行。当地彝族传说，一位年轻猎手骑射比赛夺了第一，在由他选择意中人的赛装会上，他在众多的爱慕者中选择了用飞鸟羽毛织成锦衣的牧羊姑娘。从此形成了赛装节。还有一个传说是纪念一位叫米波龙的彝族姑娘。她舍身除霸，死后变为美丽的小鸟。姑娘们为了纪念她，模仿她斑斓的羽毛绣衣，穿成锦绣。节日期间，当地彝族姑娘们身着花衣，齐聚在三台区跳歌场，围成圆圈，撒上松毛，在小伙的月琴、唢呐伴奏下挽手起舞。爱美的姑娘们，一套衣服不够，还要在跳歌场附近的松林里藏几套甚至十几套新衣。跳完一圈，悄悄回松林中再换一套新衣，又来跳，以此比试姑娘灵巧、富足和美丽。

苗族的足迹，遍及高原。武定、禄丰、昆明等地的苗族在踩花山节期间，妇女们有穿衣、绩麻、编草鞋的比赛。穿衣赛从山脚起跑，每隔几十米，按顺序放着各人的绑腿、裙子、上衣、腰带等。参赛者边跑边穿，直到山顶，快者为胜。绩麻赛则是在固定时间里绩麻成线，以线长者为胜。编草鞋也以速成为胜。胜利者当然是能干强健的人。同时，也就被认为是美的人。和景颇族男子佩刀、傈僳族男子佩弩弓一样，在这里，严酷的或者神秘的自然，生存的艰辛所要求人具备的品格、技能等，被赋予了美的含义。一种质朴的智慧，使生活成为美丽的画卷。

第六节　其他赛会

一、蒙古族“那达慕”大会①

“那达慕”是蒙古语，意为“娱乐、游戏”，是内蒙古、甘肃、青海、新疆等地蒙古族人民一年一度最为盛大的节日，与“祭敖包”有一定延续关系。但据铭刻在石崖上的《成吉思汗石文》记载，那达慕大会起源于蒙古汗国建立初期。公元1206年，成吉思汗被推举为蒙古大汗，为了检阅部队，维护和分配草场，每年夏秋之际举行“大忽力革台”（大聚会），将各个部落的首领召集在一起，议定有关军事和牧场方面的大事。大会期间，为表示团结，鼓舞士气，祈庆丰收，就要举行射箭、赛马、摔跤等比赛。射箭、赛马、摔跤等也是蒙古族男子必须具备的基本技能。同时，那达慕期间要进行大规模祭祀活动，喇嘛们要焚香点灯，念经诵佛，祈求神灵保佑，消灾消难。后来，那达慕逐步变成了由官方定期召集的有组织、有目的的游艺活动，相沿成习，成为固定的节日形式。时间大致在农历六月初四举行，为期五天。

现在的那达慕大会更多地具有民俗意义。每年夏季牲畜肥壮的季节，各地农牧民骑着马，赶着车，带着皮毛、药材等农牧产品。成群结队会集于大会的广场，并在会场周围的绿色草原上搭起白色蒙古包。

蒙古式摔跤比赛是那达慕大会最有特色的项目。摔跤手要身着摔跤服“昭德格”。其坎肩多用香牛皮或鹿皮、驼皮制作，皮坎肩上有镶包，亦称泡钉，以铜或银制作，便于对方抓紧。皮坎肩的中央部分饰有精美的图案，图案呈龙形、鸟形、花蔓形、怪兽形。摔跤手的套裤用十五六尺长的白绸子或

① 本部分介绍来自360百科 http://baike.so.com/doc/1347226-1424231.html。

各色绸料做成，宽大多褶，裤套前面双膝部位绣有别致的图案，如孔雀羽形、火形等吉祥图形，底色鲜艳，图呈五彩。其足蹬高筒马靴，腰缠一宽皮带或绸腰带，著名的摔跤手的脖子上缀有各色彩条“江嘎”，这是摔跤手在比赛时获奖的标志。按蒙古族传统习俗，摔跤手不受地区、体重的限制，采用淘汰制，一跤定胜负。比赛前先推选一位族中的长者对参赛运动员进行编排和配对，蒙古长调“摔跤手歌”唱过三遍之后，摔跤手仿古代骑士挥舞双臂，跳着鹰舞入场，向主席台行礼，顺时针绕场一周，然后由裁判员发令，比赛双方握手致意后，开始激斗。

蒙古族从小就在马背上长大，号称马背上的民族。驯服烈马、精骑善射是作为一个优秀牧民的标准。赛马也是那达慕大会上重要的活动之一。比赛开始，骑手们一字排开，个个扎着彩色腰带，头缠彩巾，只等号角长鸣，骑手们便纷纷飞身上鞍，扬鞭策马，气势磅礴。先到达终点者，成为草原上最受人赞誉的健儿。

射箭比赛也吸引着众多牧民。蒙古族射箭比赛分近射、骑射、远射三种，有二十五步、五十步、一百步之分。近射时，射手立地，待裁判发令后，放箭射向箭靶，优者为胜。骑射时，射手骑在马上，在马奔跑的过程中发箭，优者为胜。比赛不分男女老少，凡参加者都自备马匹和弓箭，弓箭的样式，弓的拉力以及箭的长度和重量均不限。比赛的规则是三轮九箭，即每人每轮只许射三支箭，以中靶箭数的多少定前三名。

那达慕大会现在增加了武术、杂技、马球、田径、拔河、排球、篮球、套马、赛装、下蒙古棋、摩托车越野、蒙古舞蹈和蒙古歌剧等精彩表演。

那达慕大会也是农牧物资交易会。除了工业品和农副产品外，还有具有民族特色的食品，如牛羊肉及其熏干制品、奶酪、奶干、奶油、奶疙瘩、马奶酒、手抓肉、奶豆腐、酸奶等。

那达慕大会不仅是民族特色体育文化的交流大会，而且是草原文化、经济和信息的交流大会，展示了草原浓郁的风土人情和内蒙古的资源优势和发展前景。

二、藏族斗牛节[①]

早上九点多吃过早饭之后，大哥就开着家里的拖拉机载着他的两个女儿

① 本田野笔记由中山大学社会学与人类学学院2008级硕士研究生余婵娟撰写。

以及笔者去腊普河那边的加木克河边空地看斗牛。路上，大哥又带上了次里大爹和村里的其他几个老人和小孩。经过塔城镇街上的时候，两个女孩下车买了一些零食和几瓶水（大家似乎都做好了在那里观看好几个小时的斗牛比赛的准备，塔城镇的街上停了很多农用拖拉机，大家都在购买观看斗牛的食物，就像我们看电影买爆米花和可乐一样）。这样，到十点多的时候，我们才到达斗牛的地方。英村的牛还在来路上，维西的牛也还没有运到，河边的高地上就已经坐满了人。

好几天前，村里的次里大爹就告诉笔者，英村的牛要和维西来的牛“干一架”。实际上这只是英村和成光家跟维西的一户人家约好的一次私人之间的斗牛，输了的人是要付给赢了的那方钱的。英村传言的赌金有一万两千元、八千元、四千元不等……后来村里也没有人知道真正的赌金是多少了。

笔者在路上碰到了塔城镇办公室主任 CJ，他跟镇政府的几个工作人员也开着车去看斗牛。到了斗牛的河边空地之后，笔者跟他们聊了一下，问他们是不是怕在这么多人观看斗牛期间发生什么事情，他们笑了，“我们也只是来看斗牛的”，末了还补充一句“我们塔城的牛跟维西来的牛斗嘛，要来支持一下的”。笔者跟两个女孩到河边的高地上找位置，抬头一看，上面密密麻麻坐满了人。大家都兴奋地讨论着：“英村的牛，赌金四千呢。”“维西的牛凶不凶呀？”“没有看过维西的那头牛。”“英村的那头牛过年的时候得了塔城第一名呢。”……我们好不容易找到一个位置，大哥说小孩和妇女不要到下面斗牛的平地上去（当天在场的女性很少，大部分都是男人和小孩），要不然“牛一凶起来，跑不及的”。男人们都围在平地周围，兴奋地讨论，等着斗牛到场。斗牛平地的对面就是加木克，那里的高地上也坐着一些人在等着看斗牛。五六个喇嘛也从加木克那边下来，跟围在平地周围的男人们说笑，等着斗牛到场。

快 11 点的时候，英村的斗牛先到场了，大家纷纷评价起这头公牛：“毛色黑棕，这样的牛有劲。”“看着很凶呀。”“牛角怎么那么短呀？”“短好，短粗的就不容易断。”“就是矮了点。”……过了不久，维西的公牛也到了（是用车运来的）。这头公牛一进场便引来大家的一阵喧哗：“这头的颜色很浅呀，还有点白色。”“这头看着不是很凶。”“角又长又尖的呀。”“这头比英村的那头高一些。”……两家人分别在场上准备，三个男人负责维持斗牛期间双方的秩序。11 点 17 分的时候，两头牛被拉在一起开始“干架”。大家看得津津有味，第一个回合，英村的牛被维西的牛推到平地边上，掉头就走，坚持了两分多钟。观看的人们都很失望："这头牛怎么这么没干劲。""这头牛一点都不凶嘛。""这头牛怎么没有过年的时候斗得那么凶了。"……第二个回合，英村的牛好像不是很有心情跟维西的牛斗，一直往后退，而维西的牛则步步紧逼。第三回合亦是如此，英村的牛被维西斗牛的牛角戳出了血。所以在 11 点 23 分的时候，两家的主人就带着自己的牛离场了。大家还没有回过神来，两头牛真正斗的时间不超过五分钟，很多男人很不爽："英村的牛怎么这么没干劲？""怎么这么快就斗完了？为什么不继续斗了？""英村的牛被戳出血了！""两家人商量不斗了！""输了两千块钱。"……很多人坐在高处看着两头牛离去，大家遗憾地讨论一番，便各自开着拖拉机回家去了。

回到村里之后，大家又带着遗憾讨论了一番。大哥告诉笔者："凶的牛，有时能坚持十多分钟呢！""今天英村的那头牛不知道怎么了。"因为斗牛的时间太短，维西那头斗牛的主人答应将原定四千元的赌金降为两千元。

中午吃饭的时候，一家人讨论起斗牛的事情来。家里的爷爷说："怎么今天的斗牛这么短呢？"大哥说："今天的成光家的那头牛不行，还被戳伤了。"于是两个儿子和父亲说起了以前自己家的那头公牛："我们那头牛拿过春节斗牛比赛的第一名的，后来卖了。"孙女跟爷爷说："阿尼，我们再买一头吧？"大儿子提议："隔壁家的那头牛不错，拿了好几年的冠军了。他们家光卖牛就赚了不少钱呢。"爷爷说："嗯，他们家的牛很厉害，看看他们家的母牛什么时候生。"一家人又从公牛聊到家里的公鸡，家里现在的那只公鸡是今年春节斗鸡比赛时候的冠军，爷爷花了五十块钱从村里的一个小孩那里买来的。现在那只公鸡可神气了，天天站在家里院子的大门上面，昂首挺胸的。

这次斗牛过得太快，英村的人都觉得很没意思，他们对那头牛很失望："是不是有点老了？""要找一头小一点的。""我们家那头比这头厉害多了！""这头牛以前很凶的呀。"……英村的男人们在随后的几天内都在讨论这次异常短暂的斗牛，并且为主人家输了两千块钱而可惜。大家都认为，维西的牛以前都没有这么凶的，肯定是成光家的那头牛出了什么问题。大家又说起当天下午塔城村和机枝也有人斗牛，机枝的牛输了："今天我们村和机枝的运气都不怎么好！""我们下次要找一头牛跟他们斗！"英村的男人们认为，成光家的那头牛已经没有以前那么厉害了，以后跟维西人斗牛要选另一头。于是，这次本身属于私人博弈性质的斗牛俨然成了英村的一件公共事务。

在这次私人博弈性质的斗牛比赛中，除了两头斗牛的主人，其他人并没有利用这次斗牛比赛赌钱。牛的主人和博弈并没有得到关注，牛和斗牛比赛才是人们关注的对象。两头斗牛分别来自英村和“维西那边”的某个村落，这次斗牛比赛因而就上升成为一次关系到英村，甚至是整个塔城声誉的事件。由于人们对斗牛的热情以及人们的地缘意识，使得这次私人博弈成了英村的一个公共事件。同时，斗牛比赛本身的冲突特性可以视为不同地域和群体之间的某种类型的关系的一种显性表达。通过这样的一些事件，人们不断建立起对外面的世界和人群的认识，并增强对自身所在群体和地域的认同感。

三、柯尔克孜族“冬希曼节”①

新疆柯尔克孜族的传统集会活动，每年秋收时择日举行。

届时，人们身着民族服装，会集于草滩平地，进行叼羊、赛马、马上打靶、飞马拾银、二人秋千、歌舞等各种娱乐活动，以欢庆丰收。过去飞马拾银一般是把一块银圆或更贵重的东西用绸子包着，放在草地上。有时为了考验骑手的马上本领，还在草地上挖个坑，把东西放在坑里。谁能飞马拾起来就奖给谁，甚至再奖以小羊羔、小牛犊、小马驹等，以示赞赏。现在发展成分组竞赛的活动。跑马距离，从五十米以外起跑；拾“银”以三次为限。根据跑马的速度、拾“银”的技术和三次拾“银”的总数计算成绩，进行奖励。跑马太慢，甚至停马拾“银”者判为犯规，无权受奖。

柯尔克孜族的荡秋千与众不同。在两副近三米高的三脚架中间搭上三股套马的缰绳，下垂离地二三十厘米。每次两人相对而立，各人腰背部搭上一股缰绳，手臂展开扶住绳子。上方先用脚蹬地，使绳子悠荡起来，然后轮流使劲，秋千可以荡得很高。秋千下面再丢或放一些手绢、毽子等小物件，两人比赛看谁能拾起或拾起的更多。还可用拾起的小物件抛打对方，互相游戏。柯尔克孜族姑娘很喜欢这项活动。

过节时，人们还相互送礼，以讨吉利。

---

① 周鸣琦、李人凡主编《中国各民族年节祭会大事典》，陕西人民教育出版社1995年版。

第八章　傩祭

在中国，傩祭历来很重要，古籍对此记述颇多，各民族也大多有不同形式的傩祭之俗。《礼记·月令》说："季春，命国傩九门磔禳以毕春气；仲秋，天子乃傩以达秋气；季冬，命有司大傩旁磔以送寒气。"之所以要行傩祭，磔犬于九门，有许多阴阳五行的道理在其中。《礼记·外传》解释道："天以一气化万物，五帝各行其德。余气留滞，则伤后时，谓之不和，而灾疫兴焉。"为使"天道"与"人道"对应正常，顺应时序转位，则行傩祭。比如，按五行观念，可通过"抑金"（犬属金，杀而抑之）达到"扶木"（春属木，扶而使春气顺达）之目的。由于灾疫之本在阴阳之气不调，五行之序不顺，傩的目的在于"顺天和气"，所以，一般在时季节令更换、新年旧年交替时举行，天人交感的巫术色彩是很浓重的。而且，一些活动的功能和祭社、祈神、迎气之类的巫术活动相反，傩主要是一种禳除礼仪。祈神、迎气等为迎为祈，傩祭则为送为驱。

傩祭的内容，主要是禳鬼逐疫。傩祭的形式，主要是幻面崇拜，即头戴假面具挨户逐邪或在季节年关交替时化装舞蹈，以驱逐陈秽邪气。西部不少民族都有这类充满巫术气氛的节日仪式活动，尽管这类活动不一定以傩名之。历史上，云南的一些县志记述了其中的一些活动。如《马关县志》载："清醮会，每三年一举办，于二三月择吉行之，盖为祈雨消灾，祷福祈年也。挨户捐资，无敢不出。请道士设坛，本地经生设经堂讽经。醮期七日，以第四日行香最为热闹。行香抬瘟神像、灵官像出游。……第七日醮完毕，以流殍乞丐饰作无常小鬼等丑态恶形，挨户惊吓儿童，谓之扫荡。"云南红河哈尼族，每年农历七月中旬属蛇日，举行全寨性驱病神祭祀活动，叫"米杀杀"或"赶病神"，与清醮会的形式有些相似。会期停止生产，由众多未婚青年和儿童，用锅烟或各种颜料涂抹面孔，手握刀枪、铜器、铁链等物，装扮神兵，在祭司的祈祷祭词声中，走家串户驱赶病神，每进一户人家，“神兵”便挥舞器械，一边呐喊，一边模拟与鬼魂拼搏状。楼上楼下，里屋堂屋无处不到。主人撮一大碗米给驱病神的队伍，在火塘内丢一把辣椒，让辣味充满屋子，等“神兵”走后，再用扫帚清扫。“神兵”遍撵全村各户后，立即杀狗，用狗血淋寨门和进出寨子的路口，据说是堵塞鬼路，阻止病神进入。最后在村外杀猪宰鸡祭神，求神护佑。祭完，取少量供品埋入土中，其余的供参加撵病神的人们聚餐。吃不完的严禁带回寨内，只能撒在山野。有的村寨认为这里是村人和野鬼的分界线，在此祭祀能绝鬼路。这些仪式，与古代傩祭十分相似。除此之外，白族“闹春日”涂脸闹春、壮族过年戴草面具跳草人舞等，性质与此都有相似之处。而且，不仅有禳鬼逐邪的内容，也有酬神祈年的含义，将逐除仪式与祈求仪式合为一体。这也符合傩祭的历史发展情况。

云南壮族只在“开年节”表演的草人舞，节期全村聚于寺庙，支锅聚餐。夜晚人们点燃火把，敲响锣鼓，在“开年歌”的歌声中，十六个小伙子全身裹满稻草，戴着草编面具，进行各种表演，通宵达旦。

为什么在开年节跳幻面之舞呢？我们试比较一下古代的“大傩”：“大傩，逐尽阴气为阳导也，今人腊岁前一日击鼓驱疫，谓之逐除是也。”所谓逐阴导阳，用意仍是顺天和气，在季节时岁更替时调和阴阳之气，理顺五行之序。这种观念，在民族民间传统节日中，不是通过语言表达出来，而是通过某种表演形式体现出来的或象征、暗示出来的。

鹤庆彝族白依人农历腊月二十九到正月初二举行的“苏比阿里鲁”活动，文山壮族春节期间的“侬伢歪”活动，都有化装（身披蓑衣、脚裹棕皮、脸抹锅烟）或戴面具（牛魔面具）舞蹈的内容。幻面者或在寨中聚舞，或挨家挨户按仪轨行事，都有这样一个目的：驱鬼压秽、求吉祈安。

随着时间的推移，傩祭或醮会渐渐转化为傩仪或一般民俗活动，幻面舞蹈也变成了狂欢化装舞会，其中一些则演变为民间戏剧，如地戏、关索戏、端公戏、梓潼戏等。傩祭或醮会的传统文化功能，也在不知不觉中产生了位移，从巫术、宗教趋向审美。

第一节　清醮会

除了虎头面具之外，彝族的“三国人物面具”也是较有特色的。楚雄高峰乡一带彝族在火把节开展玩火把、耍大刀活动前，要制作三个纸糊彩绘的面具。面具有一米多高，白面者是诸葛亮，红面者是关云长，黑脸者是孟获。相传当年诸葛亮用“七擒七纵”之计降服南蛮首领孟获以后，将关公七十二路刀法传授给当地民众，并教他们如何从事耕作。在彝族传说中，孟获俨然成了无所不能的镇魔辟邪的神人和风俗礼仪的创始者。因此，孟获同诸葛亮、关云长一样，得到彝族百姓的世代景仰。

在节日活动中，要对这三个面具“开光”。第一天为“开光点眼”，主持仪式的毕摩挤出公鸡冠子的血，分别点在三个面具的眼、耳、鼻、嘴上，同时毕摩口中念念有词。次日，由涂花脸的青年人组成的大刀队，到各村献耍祈祥。第三天，四乡民众在抬着三个大面具的人的引导下会聚于火把山上，手持大刀、面涂花脸的年轻人列成战阵，领头者为戴白、红、黑三色面具的“蛮兵”。听到三响土炮声，这支队伍即围绕三个巨型面具操练，继而冲上山头四处冲杀。“激战”两个多小时，将三个大面具纵火焚毁。

一、贵州屯堡“打清醮”①

贵州屯堡一些大姓每隔五年要举行一次大规模的打清醮活动，最后一次打清醮在20世纪40年代举行，当时全村的村民都参加了这次集体性的祭祀活动。关于打清醮的原因，笔者访问的几个老者一致说是由于年景不好，出现了瘟疫，遭了难，猪、牛、鸡死了很多，怕是得罪了神灵。为了祈求来年清吉平安，日子好过一些，由乡老出面，大家凑点谷子。以前打清醮的法师是谁，大家都不清楚，最后一次请来刘村的黄聚刚的父亲建醮酬神。

首先由各家族选定的公正之人成立一个临时的筹备组织，负责具体事务。这些人先去各家凑点谷子，换油点灯，当时庙里有一些庙田，租给村里的一些人耕种，庙里的和尚负责收租，除去花费后的余粮，就给村里打清醮时候用。

举行仪式的程序：

第一天：设场，设醮棚，准备所需的各式物品。

第二天：开坛、取水、扬幡、迎神、签榜。

开坛。向各方神灵禀报这场法事的缘由、规模、主祭者名号和参与者，宣告法事开始。

---

① 本田野笔记由中山大学社会学与人类学学院博士研究生牛加明撰写。

取水。一般都是去河边取水，每年建醮都择吉向取水，每年方向不同。然后进行净坛仪式，边诵经边用水和公鸡的血洒遍醮场。

扬幡。把幡在醮场四角竖起。

迎神。将土地神、观音等外神和祖先家神的神主牌位（竹签上贴红纸，纸上写字）安放到醮场的主神坛。

签榜。用白纸黑字将全村的每个人（不论老少男女，只要是在世的族人和未曾出嫁到外村的女子，甚至刚出生的婴儿）的名字写在榜上，然后张贴在庙墙上。

第三天：三朝三忏、事幽。

三朝三忏是醮期中的常规仪式，此礼的意义在于向三官三元三品大帝祈愿，为民消除罪障。从建醮的第一日开始，上午为早朝，中午为午朝，下午为晚朝。会首带领各个家族推选出来的成员，在道士的安排下，根据不同的时辰，叩首，听和尚念经，为全村祈愿。

事幽是给孤魂野鬼施舍食物。要点燃 360 支蜡烛，摆上 360 个杯碟。因为人们认为这个仪式是和“鬼”打交道，所以仪式过程中有严格禁忌：不能呼名字，并且女人和孩子不能观看。女人不能观看，因为女人被认为阴气较重，容易中邪。孩子不能观看，因为孩子被认为能看到成人看不到的东西。

第四天：道士带领众会首，挨家挨户去驱邪，每到一家，先净水，然后用桃木剑劈四下，画符贴在门上，再进入另外一家。

第五天：散醮、放生、谢幡。

在神坛前读出长长的、所有参与打醮家户的名单，然后焚烧这些名单，同时也烧纸钱、元宝等。其后是放生，念过简短的放生度亡经，把一些事先准备好的小鱼、小虾放入河中。放生之后是谢幡，把原来插在醮场四角的幡竹拔起。至此，仪式结束①。

① 与打清醮的仪式过程相关的内容由刘村的黄聚刚提供。黄聚刚，1939 年生。刘村乡现存唯一一个地理、丧仪、动土等方面皆通的法师。其自称是佛家，祖师普贤。“文革”前跟着父亲学艺，后来因为父亲被批斗，将家里的科仪书藏到亲戚家，1990 年才开始为人做法事。由于现在年龄已大，最近几年屯堡地区丧仪、风水方面的事情比以前更为兴盛，所以找他做事都已经很难。2007 年 1 月，笔者在一家举办丧仪时陆陆续续地对他进行了访谈。2007 年 7 月，笔者带了一些佛经和佛教音乐给他，顺便问起打清醮的事情，他自己不知道具体的过程，但是父亲留下的手抄科仪书中有一些关于步骤的记载。

二、"地戏"与"跳鬼"[①]

地戏，老百姓称为跳神，作为学名，现今所见文献中，首次出现于清代道光年间的《安平县志》卷五：

本城（正月）初六日，南门迎大王菩萨、灵官菩萨。初八日，东门迎傩神、雷神。立春之日，桩扮故事，花爆。抬春牛芒神，随地方官迎春东郊。初九日，中十、宁夏等寨迎杨泗将军。十三日，羊昌河等寨迎关帝圣君。十八日，车头等寨迎关帝圣君、杨泗将军、葛公；大王下、小王下等寨迎大王菩萨。皆新衣锣鼓，花爆旗帜，男女老幼，沿途塞巷，观者如堵墙。余村则鸣锣击鼓，歌唱为乐，尽元宵乃止。

元宵遍张鼓乐，灯火爆竹，扮演故事，有龙灯、狮子、花灯、地戏之乐。庶民绅士，各燃其祖坟，存其时食[②]。

康熙年间《贵州通志》中的《土人跳鬼图》[③] 描绘了两个戴着面具的武将手持大刀对阵，一人击鼓，一人打锣，四周有村民观看。目前，学者所引证的关于地戏起源的资料，大部分都用到这一图。要想厘清地戏的起源，对地戏的性质有一个清晰的认识，必须要回答以下几个问题：谁是土人？什么是跳神，什么是跳鬼？

（一）谁是土人？

我们还是去文献中寻找有关土人的记载。

《明实录》中有关土人称呼的部分记载：

命靖远伯王骥会同左侍郎侯琎并贵州都、布、按三司出榜晓谕各处军职土官，有能出米二百石赴贵州普定等卫缺粮仓分纳者，量升一级，三百石者升二级，土人，旗人、舍人、余丁，民人出米二百石者，土人，民人量与驿丞、河泊等官，旗军、舍人、余丁授以所镇抚。三百石者土人、民人授以县佐、巡检，旗军、舍人、余丁授试百户，若赴龙里兴隆等卫缺粮仓分纳者，各减其半，授官如例[④]。

四川乌蒙军民府土官撒姑遣头目，并云南寻甸军民府土人阿卑，关索岭

---

① 本田野笔记（节选）由中山大学社会学与人类学学院博士研究生牛加明撰写。

② 道光《安平县志》卷五《风土志》，贵州人民出版社2006年影印本。

③ 高伦编著《贵州地戏简史》，贵州人民出版社1985年版；沈福馨《安顺地戏应属傩戏》，《安顺师专学报》2005年第1期。

④ 《英宗实录》（卷一九〇），台湾"中央研究院"历史语言研究所校印本。

巡检司舍人李荣等俱来朝，贡物。赐彩币、钞、绢有差[①]。

万历《贵州府志》载土人事项，其分布及风俗如下：

乌撒卫（今威宁）“土人多牧胡羊，岁凉取毛以为毡”。

镇远府施秉县“土人，九月祀五显神……吹匏笙，连袂宛转，足顿地以为乐，至暮而还”。邛水司（今三穗）之土人，“略同镇远县之俗”。

黎平府曹滴洞司之土人，“葬以鸡卵卜地，掷卵不破云吉地，葬之”[②]。

洪武二十五年（1392 年）设有思州守御千户所，而千百户以土人为之。至洪熙元年（1425 年）革去，千百户改为正副长官，守御遂废。后因残破，又议调平、清、偏、镇四卫官军共一百六十九员，各赴府防守。至万历元年复又撤去。今虽召募革兵一百二十名，每名月给银一钱八分，米三斗，把守关隘，然亦生苗等耳，非久安长治之术也。旧额土兵一百二十名，每名月给银四钱五分，以充守御，然皆柔懦不堪[③]。

清康熙十四年（1675 年）《贵州通志》卷二九：

土人所在多有之，盖历代之移民也，在广顺、新贵、新添者，与军民通婚姻，岁时礼节皆同。男子闲贸易，妇人力耕作。种植时田歌相答，哀怨殊可听。岁首则迎山魈，逐村屯以为傩，男子装饰如社火，击鼓以唱神歌，所至之家皆饮食之。在黎平府曹滴司者，多思播流裔[④]。

贵州巡抚田雯康熙二十七年（1688 年）作《黔书·苗俗·土人》：

在黎平府曹滴司者多思、播流裔。

广顺、贵筑、贵定一带土人，岁首则迎山魑，逐村屯以为傩，男子装饰如社火，击鼓以唱神歌，所至之家皆与饮食[⑤]。

清康熙三十一年（1692 年）《贵州通志》卷三〇：

文字如前文所引，增加了一幅一人打鼓，一人敲锣，三个妇女围观的图画。旁边注有《土人跳鬼图》。

清乾隆二十五年（1760 年）庚辰科解元余上泗《蛮峒竹枝词》：

---

① 《景泰附录》，载《英宗正统实录》（卷五一），台湾“中央研究院”历史语言研究所校印本。

② 万历《贵州府志》，贵州人民出版社 2006 年影印本。

③ 万历《贵州府志》卷六《安顺州》，贵州人民出版社 2006 年影印本。

④ 康熙《贵州通志》，贵州人民出版社 2006 年影印本。

⑤ 田雯《黔书·苗俗·土人》，贵州人民出版社 2006 年影印本。

土人岁首跳神以为傩，所唱皆杨家将，有六郎、七郎、八郎之称。附诗：

伐鼓鸣铮集市人，将军脸子跳新春。全凭认得杨家将，看到三郎舌浪伸。

清乾隆年间蒋攸铦《黔轺纪行集》有《黔阳竹枝词八首》，皆咏黔阳苗类风俗。其八云：

健妇锄犁号土人，田歌亦解敬如宾。匏笙谱就丰年曲，丛拜村头五显神。

清嘉庆年间《百苗图》中有关土人跳鬼的图画[①]：

现存的《百苗图》有几个版本里面有人持锣鼓、拿大刀、戴面具（或拿面具）的图像。

清道光七年（1827 年）刘祖宪修《安平县志》卷五：

土人所在多有，县属西堡尤盛。相传为明洪武时，屯军之眷属亲戚，与屯军先后至者，因其居土日久，故曰土人。一曰旧人。一说，土人，楚人也。元末从陈友谅反，及明太祖灭友谅，分兵剿其余党，反者皆逃入夷蛮中，以避诛戮。一名里民子。衣尚青，妇人以银索盘头，与屯堡人无甚差异。妇女不缠足，男子娴贸易，耕作多妇人为之。称曰县民，以别于屯军也。岁时礼节，俱有楚风。正月自元旦以至十五，击鼓以唱神歌，装扮傩神，沿村逐疫。所至之寨，必款以酒食。（今酒食亦少）九月祀五显神，远近咸集，戏舞终日，至暮乃散。今与汉人通婚姻。其读书之士，亦有食饩登乡榜者[②]。

道光时期的《安平县志》《永宁州志》等书对屯堡人和土人进行了详细的区分，并对屯堡人和土人的来历做出了解释：

屯堡（人），即明洪武时之屯军。妇女青衣红袖，戴假角。（以银或铜作细练系簪上，绕发髻一周，以簪绾之，名曰假角，一名凤头笄。）女子未婚者，以红带绕头上。已嫁者，改用白带。男子衣服，与汉人同。（徐志稿）男子善贸易，女不缠脚，一切耕耘，多以妇女为之。（通志）家祀坛神。多力善战，间入行伍。衣冠与汉人无异。

屯堡（人），即明洪武之屯军。妇女蓝衣白袖，男子衣服与汉人同。男子

---

① 杨庭硕等编撰的《百苗图抄本汇编》对现存的各个版本的土人跳鬼图做了详细考证，将土人认定为专事商贸活动的土家族。“土人各处有之，贵阳、广顺二处与汉民通婚姻，男多贸易，女勤耕作，种植时田歌相和，情趣可人，岁首伴傩击鼓以唱神歌，所到之家皆与饮食，居近水者，性最好斗，今已淳良矣。”杨书认为上述引文记载了土家族击鼓为节，集体耕作的生产习俗。参见杨庭硕、潘盛之《百苗图抄本汇编》，贵州人民出版社 2004 年版。

② 道光《安平县志》卷五《风土志》，贵州人民出版社 2006 年影印本。

善贸易，女不缠足，一切耕耘多以妇女为之。繁花、六保汉人村寨附近居多。

土人，相传为明洪武时与屯军先后至者，因其居土日久，故曰土人。一说旧人。一说土人，楚人也。一名里民子，衣尚青，与屯（堡）人无甚差异。妇女不缠足，男子娴贸易，耕作多妇人为之。岁时礼节，多有楚风。正月自元旦以至十五，击鼓以唱神歌。顶营司属陶家寨、簸箕田、阿黑寨居多，大坝、大坪间有之①。

咸丰《安顺府志》对安顺的屯堡人、里民子等民族做了详细记载：

郡民皆客籍，惟寄籍有先后。其可考据者，屯军堡子皆奉洪武敕调北征南，当时之官，如汪可、黄寿、陈彬、郑琪，作四正。领十二操屯军安插之类，散处屯堡各乡，家口随之至黔。妇人以银索绾发髻分三绺，长簪大环，皆凤阳汉装也。故多江南大族，至今科名尤众。余皆勤耕务本，男妇操作，风俗皆同。已见于前，故志其始末于此②。

里民子，相传皆外省籍，其流寓本末无考，衣尚青，妇人不缠足，耕田。土人相传自明初来，无考。(永宁有之。)③

仲家，有黄、罗、班、莫、柳、文、龙等姓，亦传奉调而来。身穿重甲，因名仲家，其本末无考。其种有三：补笼、卡尤、青仲。男子剃发以青布裹头，衣服与汉人同，妇人长裙细折，多至二十余幅，衣甚短，彩布一幅，围腰若绶，仍青布袭之，蒙髻皆以青布，好楼居，皆奉正朔④。

1932 年出版的《平坝县志》从主客视角对平坝的人群进行区分。

有“土人”“客家”之名目。“客家”指汉族，即外来之意；“土人”对客家而言，即主人之意。一般人之所谓“土人”，具两种范围：一则概括一切“苗”“仲”“革老”“杂色”；一则谓“土人”即“楚人”之讹，“宋家”系“楚人”，“土人”即专指“宋家”。总之，“苗”“仲”“革老”“杂色”诸族与汉人皆自外来，不过较汉人早耳，故土人，客家之说，当作来居之先后论，不可作绝对土著之原始人与外来人观也⑤。

1934 年任可澄主修的《安顺府志初稿·民生志》中也有关于土人的

① 道光《永宁州志》卷一〇《风土志·苗俗》，贵州人民出版社 2006 年影印本。
② 咸丰《安顺府志》卷一五《地理志·风俗》，贵州人民出版社 2006 年影印本。
③ 咸丰《安顺府志》卷一五《地理志·风俗》，贵州人民出版社 2006 年影印本。
④ 咸丰《安顺府志》卷一五《地理志·风俗》，贵州人民出版社 2006 年影印本。
⑤ 《平坝县志·民生志》，贵州人民出版社 2006 年影印本。

记述。

（二）“跳神”还是“跳鬼”？

将《土人跳鬼图》和实际中的地戏演出进行对比会发现，土人跳鬼和地戏之间相差极大。

其一，表演时，地戏的“脸子”（面具）都是顶在头上，脸子下缘和演员的上眼睑齐，演出时演员只能用余光来判断同伴的位置，而《土人跳鬼图》中的面具是直接戴在脸上，而不是顶，这明显不符合地戏的表演方法，反而与一些少数民族的傩堂戏表演极其相似。顶在地戏中具有双关意义，不仅仅是将脸子顶在头上称为顶，更为主要的是在地戏演出时扮演某一个角色也称“顶将”，而不说装扮、扮演等词。

其二，地戏演出时“面罩青纱”，青纱透光，比较薄，演员可以透过青纱看到外面的情况。一方面观众看不到演员的表情，另一方面也增添了神秘感。《土人跳鬼图》中则不见有青纱蒙面的特点。

其三，地戏中，武将表演的时候，身上都插有威武的靠背旗，一般都有四面旗，脸子上有高挑的雉尾。《土人跳鬼图》中，两个武将身上根本见不到有任何旗帜的痕迹，也不见雉尾。

其四，一锣一鼓的伴奏是地戏的一大特点，但是并非只有地戏才有一锣一鼓伴奏，在许多少数民族村寨的仪式表演程序中，他们使用的伴奏乐器大多是一锣一鼓，我们不能仅仅凭借使用乐器相同就将跳鬼认为地戏演出。

其五，屯堡妇女通常身着大襟大袖长袍，长袍的颜色有青色、蓝色、紫色、粉色、绿色、白色等，系“丝头腰带”，后吊长长丝绦，在袖口、衣襟处镶嵌美丽的花边。长发挽髻套上马尾编织的发网，插银质和玉石发簪，腕戴银手镯，耳吊银质玉石耳坠，脚穿尖头平底绣花布鞋，额扎白布带（老年人多扎黑布带）。《安顺府志·民风》载：“屯军堡子，皆奉洪武调北征南。妇人以银索绾发髻，分三绺，长簪大环，皆凤阳汉装也。”再看《土人跳鬼图》中妇女的衣饰，既没有丝头腰带，也不是大襟大袖的长袍。

其六，田野考察中，当地老百姓这样告诉笔者：“土人跳鬼，屯堡人跳神。我们屯堡人跳的是神戏，演的是神灵，土人跳的是鬼戏，他们演的是鬼怪。”这是老百姓自己对地戏和周围少数民族的傩戏的区别的理解，这也间接说明了土人的跳鬼不是地戏表演。

通过以上分析我们可以看出，明朝安顺一带的土人是指相对于屯军以外的人，清代以后的土人称呼虽有所变化，但首先要说明的一点是，土人都和屯堡人无关。咸丰时代称呼屯堡人、里民子、仲家（今日部分布依族），土人所指也是屯堡人之外的人。道光年间的多本志书均将屯堡人单列，和土人并称。民国时期的文献中，土人也不包含屯堡人。因此，将《土人跳鬼图》引证为康熙时期的地戏表演场景，明显站不住脚，《土人跳鬼图》展现的明显不是地戏表演的场景。

地戏被看成傩，或许与地戏的活动时间和大家熟知的傩事活动时间紧密相连有关，二者可能存在一些内在的关联。

1. 时间上的一致性

地戏表演时间分为两段：一是每年正月，二是农历七月半左右。重点是在元宵节时表演。而古代傩事活动，一般都在腊月或岁末举行。张衡的《东京赋》就有“卒岁大傩，驱除群疠”① 的说法。《后汉书·礼仪志》中记载：“先腊一日，大傩，谓之逐疫。”南北朝时期宗懔记，当时的南方，十二月初八，“村人并击细腰鼓，戴胡头，及作金刚力士以逐除”②。《东京梦华录》和《梦粱录》也记载，两宋时期，十二月有人装成神鬼、判官之类，走街串巷，称为“打夜胡”。清代，山西寿阳正月十六“撞钲击鼓，挨户作驱逐状，略如古人之傩，谓之‘逐虚耗’，亦曰‘逐瘟’”。这种情况现代还有遗存。河北武安（旧属河南）固义的“捉黄鬼”活动在全村主要街巷绕行，邑城镇白府村的“拉死鬼”及其路神行列、井陉南王庄乡下属九个村子的“撵虚耗”等，都要经过家家户户门外的火堆。青海黄南藏族自治州的年都乎土族村落，每到岁末，村里都要由年轻人装扮成虎，然后为全村家家户户驱疫纳吉，祈福禳灾的活动。

为什么腊月的傩事活动在民间记载较少呢？据赵世瑜先生考证，古代傩事活动，一般都在腊月或岁末举行，至此后移了一二十天，但基本上还是在宽泛的大年期间，像正月十五之夜妇女的“走百病”，也具有同样的“逐疫”的含义，而腊月驱傩活动的踪迹却难以在地方文献中见到。其之所以有如此变化，一是因为上元张灯本自佛教以光明逐黑暗的象征，发展到民间“走百病”“照田蚕”“除虚耗”等祈福免灾的习俗，与驱傩逐疫的目的相通，故而

① 〔汉〕张衡撰，张震泽校注《张衡诗文集校注》，上海古籍出版社 1986 年版。

② 〔南朝〕宗懔撰，宋金龙校注《荆楚岁时记》，山西人民出版社 1987 年版。

可以合二为一。二是因为古代社祭传统中也有以巫术形式祈年免灾的活动，社祭的演出逐渐发展为社火，与傩事活动也有类似之处。而上古社祭与傩仪的重要性也类似。因此，传统的岁末傩仪与二月初的社祭有可能逐渐向对方靠拢，最后选择了元宵这个居中的节日，集中展现源自于社祭，却又在华北汉族地区保持傩事活动痕迹的社火[①]。

2. 表演形式上的一致性

地戏被视为傩事活动的另一个原因在于它的"面具"。傩事活动的重要特征之一就是它是一种模拟性表演，就是它的假面化装[②]，而地戏被视为傩，也是因为地戏的表演者戴上面具进行表演。《周礼》记载的方向氏"黄金四目"，宗懔记载的"戴胡头"等，可能就是戴着面具表演[③]。长沙马王堆汉墓棺画里有戴面具者的形象。民国时期山西《闻喜县志》中有"乡村竞闹社户，所扮鲍老张翁、鱼龙柳翠诸戏外，……间涂面演拳棒武技……"[④] 的记载。现今蒙古族"呼图克沁"、贵州德江部分傩堂戏等，都是戴面具的表演活动。

历史上除了傩要戴假面外，也有非傩而戴假面的。《隋书》记载"人戴兽面，男为女服，倡优杂戏，诡状异形"[⑤] 的演出。《旧唐书·音乐志》中有关于"代面"的记载[⑥]。《东京梦华录》中有关于百戏"抢锣""硬鬼""舞判"[⑦] 等表演的记述。《元史·礼乐志》中记载的乐队[⑧]，以及很多戏曲中的"跳加官"等，都说明了假面的使用。其实川剧的变脸也是一种假面。

但地戏的戴面具表演，与傩的装扮，应该有很大不同。

---

① 赵世瑜《明清华北的社与社火——关于地缘组织、仪式表演以及二者的关系》，《中国史研究》1999 年第 3 期。

② 赵世瑜《明清华北的社与社火——关于地缘组织、仪式表演以及二者的关系》，《中国史研究》1999 年第 3 期。

③ 〔南朝〕宗懔撰，宋金龙校注《荆楚岁时记》，山西人民出版社 1987 年版。

④ 民国《闻喜县志》，见《中国地方志民俗资料汇编》（华北卷），书目文献出版社 1989 年版。

⑤ 《隋书》，中华书局 1973 年版。

⑥ 代面出于北齐。"北齐兰陵王长恭，才武而面美，常假面以对敌。……齐人壮之，为此舞以效其指挥击刺之容，谓之《兰陵王入阵曲》。"参见《旧唐书·音乐志》，中华书局 1972 年版。

⑦ 〔宋〕孟元老撰，邓之诚注《东京梦华录》，商务印书馆 1959 年版。

⑧ 戴红发青面具……戴孔雀明王像面具……戴毗沙神像面具……戴龙王面具……乐工八人，冠霸王冠，青面具。

3. 地方传统风俗的傩仪多

贵州一带有多傩事、多巫事的传统风俗。明嘉靖《贵州通志·风俗》载："除夕逐除俗，于是具牲礼，扎纸船，列纸马，陈火炬，家长督之，遍各房室驱呼怒吼，如斥遣状，谓之逐鬼，即古傩意也。"黔人多"信鬼尚巫"[①]。这种除夕逐鬼的民俗，与古傩逐鬼驱疫并无二致。

康熙《贵州通志》记述外来移民的习俗说："盖历代之移民，在广顺、新添、新贵者，与军民相通婚姻，岁时礼节皆同。……岁首则迎山魈，逐村屯以为傩，男子妆饰如社火，击鼓以唱神歌，所致之家皆饮食。"这是描述紧靠黔中腹地或屯堡地区边沿，岁首时民间装神驱鬼的傩活动。清中后期，道光《安平县志》则阐述了屯堡地区民间扮演"傩神"的活动。"县属西堡屯……岁时礼节俱有楚风。元旦以至正月十五，击鼓以唱神歌，装扮傩神，沿村逐疫。"此述与康熙《贵州通志》中所载如出一辙，巫傩在荆楚最为盛行。古傩中，如方相狂夫，就要扮成"巫神"去驱鬼逐疫。"大傩"中更有"十二神追凶恶，逐恶鬼……"《安平县志》中所述正月新春屯堡中"扮傩神，沿村逐疫"的活动，应该是屯堡村落的打清醮活动，也正是古傩中方相狂夫扮巫神，传至明清时的真实写照。

4. 地戏表演中含有的祈福禳灾情节

地戏表演中可能会出现的开财门仪式、扫场仪式，都需要演员戴上面具，扮演神将，去一些家户中扫除污秽，驱邪逐疫。这也是一些人将地戏视为傩的一个重要原因。

开财门仪式不是地戏的必经程序，仅在村民有这方面需要的时候才举行这一仪式，而且也很少举行。过去举行这一仪式的主要目的是通过开财门让主家请客吃饭，现在一般是给一点象征性的礼金。无论何时举行开财门仪式，都是要主家邀请地戏队演出才能去的。即便是旧社会，也不是给每家都举行开财门仪式的。只是为发出邀请的人家开财门。

5. 对《安平县志》有关记载的解读

《安平县志》载"元旦以至正月十五，击鼓以唱神歌，装扮傩神，沿村逐疫。"许多研究地戏的学者将这几句话合并在一起考虑，认为"击鼓唱神歌"是地戏表演，戴着面具表演地戏是"装扮傩神"，然后逐户驱疫。

---

① 嘉靖《贵州通志》，贵州人民出版社 2006 年影印本。

屯堡村寨春节期间有三个大型活动，即花灯、抬亭子、打清醮。击鼓唱神歌是花灯表演，装扮傩神是抬亭子仪式，沿村逐疫属于打清醮仪式。除了打清醮仪式，其余两个活动现在许多屯堡村寨仍然在春节期间表演。

花灯表演时候用胡琴、锣鼓伴奏，男执扇，女拿帕，在锣鼓声中边唱边舞，曲调高亢，内容很多，既有历史故事也有根据现实生活改编的。这与击鼓唱神歌是一致的。抬亭子也叫抬菩萨，演员装扮成“汪公”“关公”“五显”等当地信奉的神灵，固定在一个铁杆之上，由村里的德高望重之人抬着在村内沿各条路巷走过，路过各家门口时，要燃放鞭炮，气氛十分热烈。这与装扮傩神的记载类似。根据调查和口头咨询屯堡的老人，在他们印象中，这种沿村逐疫的活动是打清醮，不过自从中华人民共和国成立后，已经没有多少人知道打清醮的内情了。一次偶然的谈话中，笔者了解到屯堡村寨打清醮的事情，在打清醮的最后，道士先生要带领会首挨家挨户作法驱邪，并在门上贴上黄符。

传统的地戏表演有两个时间段：一是每年正月间，从初三或初六开始，一直到正月十五结束，叫“跳新春”；还有一个时间段是在每年农历七月半左右，稻谷扬花时节，正好处于农闲时间，一般表演两三天，也叫“跳米花”。跳新春和跳米花都是在本村寨内表演。有的时候，地戏队在本寨表演一段时间后，接到其他寨子的邀请前去表演，当地人称为“跳寨戏”。

在本寨表演时，地戏的表演程序主要有：开箱、参神（或参庙）出马门、扫开场、下四将、设朝、正式演出、扫收场、封箱等。

开箱仪式包括请神、点鸡、请脸子、点将等几个过程。

在开始跳地戏的当天，将头一年演出结束后封存于木柜（俗称“神柜”）内的面具（俗称“脸子”）从存放处（庙内或家户中）抬出，木柜前安放桌子一张，桌上摆设香烛、糖果、刀头（猪头或猪肉一块）、雄鸡、豆腐、米饭、酒、茶、纸钱等供品，供桌两边摆放鼓和铜锣。

请神。上午 11 点左右，领队率领十一位演员，在供桌前焚香点烛，虔诚叩拜，敬请本戏的众位“神灵”下界来到人间[1]：

丁亥年来七月间，香烟渺渺飘上天，

① 开箱要讲究时辰的选定，一般是请一些阴阳先生择好吉日吉时，才开始准备开箱等仪式。“神头”率领所跳剧目中正方元帅、将军，在供桌前焚香点烛，虔诚叩拜，高念开箱祝祷词，敬请本戏的众位“神灵”下界来到人间，而且只请正将人物，不请反将。

本村开箱要跳戏，奉请天上众神仙，

弟子今日把香敬，众位神灵请下凡，

众神纷纷来下界，酹爵献诸敬神明，

纳福吉祥来跳戏，男女老幼保平安，

众位神灵来到此，今村老幼喜盈盈，

开开柜，开开箱，迎请众神来戏场。

吉日良辰来到此，保护我村男女老幼大吉大利福寿长。

念到这里，外面的演员将鞭炮点燃。

日吉时良，天地开张，

吉日开箱，五世其昌。

弟子吉日开脸箱，虔诚奉请焚宝香，

奉请紫微星下界，福禄寿星请到场。

酹酒三尊，弟子开箱，

一开天长地久，二开日月华光，

三开三官献宝，四开四季安康，

五开五谷丰登，六开六畜兴旺，

七开七星高照，八开八百寿长，

九开久长久远，十开金玉满堂。

点鸡。念完开箱词后，胡永福拿出早就准备好的一只红公鸡，双手捧鸡，对着神柜三作揖说道：

仔鸡仔鸡，仔鸡不是平凡鸡，头戴红冠子，身穿五彩红毛发财衣，日在昆仑山上叫，夜在人间窝里啼，要问此鸡来何处，听我弟子表根底。王母娘娘捡来一窝蛋，拿来孵得一窝鸡。一只飞往天宫去，封在天上是金鸡，一只飞往山中去，封在山林是野鸡，一只飞往田里去，封在田坝是秧鸡，一只飞往家中来，封为五更报晓鸡，一只飞在弟子手，拿来做个开箱跳神兴旺鸡。

接着，他掐破鸡冠子，然后用鸡血点柜，边点边说：

仔鸡点柜头，子孙发达做诸侯；仔鸡点柜腰，脱掉蓝衫换紫袍；仔鸡点柜脚，十代子孙九高科。

请脸子。另一个神头杨正文上前念敬神词：

香蜡烟火进天庭，奉敬各路过往神灵，

众神齐相聚，弟子把酒斟，

虔诚三献礼，弟子奉尊神。

男女老幼齐叩首，财源滚滚涌进门。

天无忌，地无忌，紫微星官到此地。

邪魔妖怪都回避。

众星在此，大吉大利！

开箱跳神，万事如意！

完毕后，从队伍里走出几个老年妇女，她们对着神柜叩首①，开始唱佛歌。胡永福将神柜里面的面具取出来，然后摆放在一张铺有白布的门板上。摆放的顺序是仁宗皇帝在中间，狄青、刘玉等元帅放在皇帝左右，下面一行放反将，也是皇帝在中间，元帅大将分两边。小童脸子放在最边②。

神头点将。胡永福的爱人端过一个大脸盆，里面盛满了水，另外一个帮忙的妇女从煤球炉子里夹出一块燃烧着的木炭，放在水里，水汽升腾时，演员一个个依次从上面跨过去。据说如此可以冲掉人身上的污秽之气，以免对神不敬。之后，用盆中的水净手，从胡永福手中恭恭敬敬接过面具戴上。帝王的扮演者戴好面具后，文臣武将的扮演者再戴面具。其说法为："天为大，君王为上。先有君，才有臣。"③

参神④仪式包括参寺庙门、参关羽及观音、参土地等环节。

参寺庙门。秦焕英举着一面上面写有"五虎平西"的旗子在前，萧家先举着一面写有"宋"的旗子在后，杨正文、胡永福带领穿戴整齐的演员一起来到正果寺内，进行参庙仪式。

两个小童走到寺庙门口，一左一右站立，他们手摇着扇子来回交叉走动。胡永福走上前对着关闭的正果寺大门作揖。参拜时候的唱词一般是七字一句，主帅唱完一句，众人跟唱最后三字。

---

① 村里的佛头、其他观众也可以前往叩拜"脸子"。

② 面具摆放顺序：正将必须在上面，反将在下面。戏里有皇帝，皇帝在中间，元帅大将分两边，红脸小童在最边，和尚、土地在小童的边上。有的村落只敬正方，不敬反方。

③ 有的村是文臣武将的扮演者戴好面具后，帝王的扮演者再戴面具。其说法为"有兵有将，才能保主登上龙位"。

④ 又称参庙，是演出前的仪式之一，要先参拜村内大庙，接着去参拜土地庙，然后是水井、池塘、路桥、神树、门楼等。在正将元帅率领下，到村庙、土地庙去参拜庙神。反方人物不参加参庙仪式，皇帝也不参加参庙仪式。

领：庆祝中元喜洋洋，元帅带兵来开门。众合：来开门。

领：此木不是非凡木，天上桫椤树一根。众合：树一根。

领：王母娘娘行善事，降下一枝寺庙门。众合：寺庙门。

领：张良老师来砍树，砍下一枝去造门。众合：去造门。

领：鲁班先师来打造，造成金银扇两门。众合：扇两门。

领：造成财门三尺三，白日造起晚上关。众合：晚上关。

领：一对金狮两边站，两扇门上有神灵。众合：有神灵。

领：雕龙画凤样样有，玉石栏杆两边分。众合：两边分。

领：门前有棵摇钱树，日落金来夜落银。众合：夜落银。

领：神灵保佑民安乐，早受民香晚受灯。众合：晚受灯。

（念）：参拜已毕，百事大吉！

参关羽及观音。小童推开大门，众人走入室内，胡永福上前对着关羽塑像和观音塑像作揖，然后开口唱道：

领：庆祝中元贺佳节，元帅带兵来参神。众合：来参神。

领：上参玉皇张大帝，下参地府十阎君。众合：十阎君。

领：参了五百阿罗汉，又参三千谒谛神。众合：谒谛神。

领：关爷手执青龙刀，关平周仓两边分。众合：两边分。

领：观音手执净水瓶，金童玉女两边分。众合：两边分。

领：只因神灵多护佑，保佑五谷得丰登。众合：得丰登。

领：六畜成行家禽广，百姓无灾无难星。众合：无难星。

领：你在村中坐神位，日管阳来夜管阴。众合：夜管阴。

领：百姓求神拜庙宇，早受香来夜受灯。众合：夜受灯。

领：自从今日参过后，万紫千红日日新。众合：日日新。

（念）：参拜已毕，百事大吉！

一旁的几个群众将早已准备好的鞭炮点燃，在震耳欲聋的爆竹声中，地戏队员又敲锣打鼓来到土地庙。

参土地。戴狄青面具的是正方主要元帅的扮演者，这次他上前领祷参拜土地神。其唱词为：

领：庆祝中元贺佳节，元帅领兵来参神。众合：来参神。

领：村中老幼多行善，齐心合力安地神。众合：安地神。

领：土公土婆当堂坐，招财进宝两边分。众合：两边分。

领：土地乃是寨门主，日管阳来夜管阴。众合：夜管阴。

领：土是中央一戊己，万物皆由土中生。众合：土中生。

领：自从今日参过后，保佑周村百事兴。众合：百事兴。

领：良辰吉日参过后，万紫千红日日新。众合：日日新。

（念）参拜已毕，百事大吉！

为什么要参神？领祭者解释，庙里供奉的是村子的保护神，他们天天住在村子里。脸子是天上的神，是请下来的，他们不是村子里的常住神，两路神灵碰到一起会打架，都管不好事，临时下凡的神仙要参拜本地的神仙，就像历史上那些过路的官员到了一个地方要拜见那些当地官员一样。有一年一个寨子开箱后，没有参拜本地神，后来村子里就闹事，死猪死牛的，人也不好，庄稼也长不好，就是因为没有参神，本地神仙生气了，不管了，不帮你了，寨子就会闹灾殃。

地戏演员参土地庙后，敲锣打鼓来到演出场所。这次表演场地在上街的一个三岔路口，正好是当地各姓氏居地的交叉点。

出马门。双方主要人物出场亮相。锣鼓声响，全体地戏演员从场边鱼贯进入场子。先是正方人员，顺序是先出小童，继出副将、主将，主帅最后上场。随后，反方人员也依此顺序上场。双方人员出齐，围圈站定。出马门结束。

扫开场。两个小童[1]手持花扇、手巾，不断摇晃手中的扇子，一会左一会右，在锣鼓声中边走边念词：

一对童子一双双，金銮宝殿侍玉皇，

天宫领了玉帝旨，差吾下界走一场。

玉皇差我无别事。庆祝中元扫校场，

自从今日扫过后，全村老幼得安康。

两小童边舞蹈边念，边用手中道具模仿扫地的动作。

扫开场来扫开场，扫开乌云见天光，

扫条大路好跑马，扫条小路好排枪，

扫个大场卖牛马，扫个小场卖猪羊，

扫个文场卖笔砚，扫个武场卖刀枪，

---

① 扫开场仪式出场的两个小童属于地戏中的正方角色，大多数由儿童扮演。在正式表演中，他们是冲锋陷阵、传书报讯的小卒，在扫场仪式中，他们是天上的神灵——和合神仙。

吉日良辰扫过后，清吉平安万年长。

念完这段扫场词后，两小童手把手把住对方肩膀，在场中转动，继续念道：

和合二神仙，两手把住肩，

有人侍奉我，金银财宝万万千。

这时候，狄青的扮演者走上前把两小童双手分开，说："二位童哥请回去。"两小童接着说："奉请元帅下教场。"

下四将。首先是正方狄青的扮演者舞动手中的兵器出场，他边舞边唱：

少年英雄志气强，官封都督平西王。掌管雄兵百十万，无敌上将也投降。咱乃总兵元帅玉面虎狄青是也。因我主要取西辽珍珠旗，今与番兵对敌，本帅亲自上阵，要那番兵番将个个投降。

接着，张忠的扮演者舞动手中兵器出场：

少年英雄志气强，天盖山中二大王，弃暗投明归宋主，管叫西辽拱手降。吾乃巴山虎张忠是也。

反方元帅秃天龙的扮演者上场：

咱家为人性子横，奉令来此守关门。大宋人马来到此，杀他片甲不留存。咱乃安平关主将秃天龙是也。

乌麻海的扮演者上场：

力大无穷真可夸，东国英雄要算咱。老练江湖逞威风，阵前斩将笑嘎嘎。吾乃东国吉林关主将乌麻海是也。

四将混打成一团，做几个套路，然后围绕场子旋转一周。

设朝①。鲍中明饰演的黄门官出场，念：

位列上中下，才分天地人，五行生父母，八卦定君臣。老汉乃黄门官是也。想我主五更三点登殿，须上朝见驾，来自朝房，未曾登殿，暂且打坐一时，候主坐朝上殿见驾。

包拯、呼延赞等大臣的扮演者一一登场，自报家门。

黄门官打扫金殿，有请万岁登殿。

宋仁宗的扮演者登场：

---

① 只能正方设朝，反方不能设朝。即介绍主要人物，其顺序是先黄门官，再出将帅，最后出皇帝。

朕乃大宋天子嘉祐王仁宗帝是也。自从登基以来，风调雨顺，国泰民安，文有清官包文正，武有良将狄青为国出力，扶保宋室江山，四方小国年年进贡，岁岁来朝。

他一掀衣服，坐在临时放置的一张凳子上。

黄门官的扮演者唱：

春风动，海水潮，架上金鸡把翅摇。众合：把翅摇。

清风吹动金铃响，有道君王设早朝。众合：设早朝。

做击鼓动作，唱：

朝鼓一下响，文武尽皆知。朝鼓两下响，文武整朝衣。朝鼓三下响，齐进玉丹墀。

文武群臣边唱边行参拜步。

领唱：文听鼓响朝皇帝，武听钟响拜明君。众合：拜明君。

领：三百文来四百武，同上金阶拜主人。众合：拜主人。

领：拜罢已毕平身起，文武左右两边分。众合：两边分。

领唱：君王殿上开金口，众位爱卿听朕云。众合：听朕云。

领：有事出班来启奏，无事退班出朝门。众合：出朝门。

设朝结束。

正式演出。整部《五虎平西》可以分成十几个小故事，设朝以后，可以随意选择一段有趣的折子演出一场。2007 年 8 月 24 日这天演出的是狄青大战乌麻海一节。

扫收场。演出结束后扫收场，由一个和尚和一个土地来主持。领队扮演土地，他站在桌子上，从桌子上跳下来，边上场边走边念：

打扫堂前地，炉内烧高香；

诸神来到此，除祸免灾殃。

轻轻作个揖，一年大吉利；

轻轻磕个头，一个好到头。

土地出来喊三声，喊得天摇地也崩。众合：地也崩。

五瘟喊上高山去，众姓人等得安宁。众合：得安宁。

……

秦朝明扮演和尚，敲着木鱼，边走边念：

和尚出来喊三声，喊得树倒水也浑。众合：水也浑。

口嘴是非喊出去，众姓人等得安宁。众合：得安宁。

和尚本姓高，上树掏核桃。

核桃落下来，打个大青包。

揉又揉不散，捏又捏不消。

请个先生来号脉，药方要得刁。

半天云头老鸹屁，火塘长出的马鞭梢，

雷公菩萨的胡子，闪电娘娘的眉毛，

东海龙王的眼泪水，城隍老爷的烟枯膏，

虱子的苦胆，虮子的尿包，

热成汤药灌下肚，寅时吃进卯时消。

和尚的扮演者：

一辈子讨不到一个好老婆，

想拿泥巴捏一个，睡到半夜不热和；

想拿石头打一个，摸到浑身硬戳戳，

想拿竹子编一个，抱起是个空壳壳。

土地、和尚走穿花步相互碰撞。

土地：土地出来撞和尚，一年四季大发旺。

和尚：和尚出来撞土地，一年四季大吉利。

土地：和尚，你从哪点来？

和尚：西天雷音寺来。

土地：来干哪样？

和尚：来画扁。众合：化缘。

土地：你从西天来，经过哪些地方？

和尚：多了，有肚脐眼上盖章（众：印度），有读书娃娃编课本（众：蒙自），有朗朗晴空无朵云（众：昆明），有大姑娘改嫁（众：兴仁），有三双草鞋拼个数（众：六枝），有姐绣荷包（众：郎岱）。

……

土地：你从西天来，带来哪些经书？

和尚：哦！你问这个哟！有《大乘经》《地藏经》《金刚经》《观音经》《三元经》《血盆经》《玉皇经》《救苦经》。

……

和尚：你有几哥弟？

土地：惊动锣鼓点，掏开牛耳听。

大哥坐在南天门，又会武来又会文，领了玉皇亲敕令，封为南天土地神。众合：土地神。

二歌坐在三关口，又会武来又会文，领了玉皇亲敕令，封为三关土地神。众合：土地神。

三哥坐在桥梁上，又会武来又会文，领了玉皇亲敕令，封为桥梁土地神。众合：土地神。

四哥坐在田坝中，又会武来又会文，领了玉皇亲敕令，封为秧苗土地神。众合：土地神。

五哥坐在寨门口，又会武来又会文，领了玉皇亲敕令，封为寨门土地神。众合：土地神。

六哥坐在堂屋中，又会武来又会文，领了玉皇亲敕令，封为家神土地神。众合：土地神。

只有小弟年纪小，也会武来也会文，领了玉皇亲敕令，封为扫场土地神。众合：土地神。

……

土地：和尚，我们打搅众大施主这么些天，就好好帮他们扫扫场，扫得人人清吉，个个平安，老的无灾，小的无难，牛马成群，六畜兴旺。扫个五方五龙归位，扫个一年到头五谷丰登。打起锣鼓，惊动四方，土地开口，和尚帮腔。

二人模仿扫地动作。

土地的扮演者唱：

一扫东方甲乙木，扫场老人来赐福，
但愿祖代受皇恩，五子登科受天禄。
二扫南方丙丁火，招财童子笑哈哈，
年年红运年年有，勤俭换来财宝多。
三扫西方庚辛金，过往神圣降福临，
读书儿郎多长进，不中状元中将军。
四扫北方壬癸水，心诚求得神圣灵，
福禄寿喜年年进，锦上添花万年春。

五扫中央戊己土，风调雨顺添福禄，

五谷丰登粮仓满，金鸡高唱红日出。

和尚的扮演者：

扫了五方，再扫个满实满载满堂春！

一扫一本多万利，二扫二喜双临门，

三扫桃园三结义，四扫四季大发财，

五扫五龙来戏水，六扫六位高高升，

七扫七星来高照，八扫八仙来临门，

九扫久长又久远，十扫福寿满门庭。

十一扫个千儿万，十二扫个万儿千，

千儿万来万儿千，荣华富贵万万年。

土地：扫了满堂春，再扫个清吉平安福寿万年！

土地、和尚领唱，众合。

土地：虫旱涝灾—— 众合：扫出去。

和尚：五谷丰登—— 众合：扫进来。

土地：杂疫杂瘟—— 众合：扫出去。

和尚：六畜兴旺—— 众合：扫进来。

土地：三灾八难—— 众合：扫出去。

和尚：清吉平安—— 众合：扫进来。

土地：亏本亏利—— 众合：扫出去。

和尚：一本万利—— 众合：扫进来。

土地：亏心魍魉—— 众合：扫出去。

和尚：忠心厚道—— 众合：扫进来。

土地：背祖叛国—— 众合：扫出去。

和尚：精忠报国—— 众合：扫进来。

土地；不恭不敬—— 众合：扫出去。

和尚：孝敬老人—— 众合：扫进来。

土地：不吉不利—— 众合：扫出去。

和尚：万事如意—— 众合：扫进来。

土地：不名不利—— 众合：扫出去。

和尚：名传千秋—— 众合：扫进来。

土地：扫场已毕，百事大吉。

封箱。鞭炮声中，众演员把各个脸子一一放到铺上白布的门板上，摆放顺序仍然是皇帝中间，大臣两边，上方正将，下方反将。领队燃香点烛，念祈祷词：

众姓人等供奉神，祈保全寨得安宁，

士农商学都兴旺，万事如意万年春。

另外一个人打开神柜，把脸子一一摆放进神柜内。摆放一个，领队就高喊一声“请某某归神位”。摆放顺序是反将在下方，正将在上方。和尚、土地、小童在最上方。摆放完以后，领队燃香念祝词：

今将众神来封箱，祈保老幼得安康，

来年风调并雨顺，人兴戏旺万年长。

在鞭炮声中，几个演员把神柜抬起，放到平常安放的地方，即领队家中的阁楼上。

扫场结束。

跳寨戏[①]。地戏的演出除了在寨子内演出以外，有的时候还会接到其他寨子的邀请，前去表演。例如和周村同乡的兴红苗族寨子，由于没有地戏，所以每年都要花钱请周村或者鲊陇的地戏队前来表演，这种邀请是一种礼仪性的，村邻之间的友谊交往和技艺交流。周村上街的神头杨兆文告诉笔者，要去寨外演出的程序很多，大致包括下帖、择吉、辞寨、接风、正戏、收兵、扫收场、回村寨等。2008 年 8 月 3 日，鲍屯举行屯堡文化活动周，他们电话邀请上街地戏队前去表演[②]。

下帖。邀请的村寨派和周村关系较为密切的人下请帖。请帖一般红纸墨书，现在写毛笔字的人少了，找人写请帖也麻烦，因此很多时候就去商场买请帖用，有的时候直接电话联系。周村的地戏队员聚在一起开会后，表示同意，就告诉来人，等候他们择吉看好日子再启程。

择吉。邀请的村寨请人择吉选定好接风和送行的日子，现在一般通过电话告诉周村的神头，以便按时起程。

---

① 本节所记内容系下街地戏队员周承玉专门讲述。

② 这次去鲍屯的演出中，下帖、择吉、辞寨、接风、参桌几个程序被省略。下帖直接由电话邀请，择吉也转化为鲍屯屯堡文化周的开幕式，直接在村子里坐上租来的一辆面包车就去鲍屯了。

如果脸子在出村演出前还没有举行开箱仪式，那么出村前要先举行开箱仪式。如果已经举行过开箱仪式，就不用再举行了。这时举行的开箱仪式和在村内表演时举行的开箱仪式基本一样。

辞寨。元帅率领众兵进行辞庙、辞寨仪式。

元帅的扮演者唱道：

今日逢开是良辰，

元帅领兵发出营，

行前辞别众神圣，

唯望护佑全村保安宁。

元帅及兵将的扮演者来到寨门口，村中老幼要在寨门口举行送行仪式，一般由德高望重的老年人捧酒向元帅送行，唱“送行词”：

手提酒壶把酒斟，敬奉元帅众将军。

万马军中你为主，扶得我主锦乾坤。

人人都是英雄将，各显神威有美名。

今日逢吉出门去，全村老幼来送行。

兵到贵地排兵阵，十将交锋九将赢。

吉日得胜回城转，再来迎接众神兵。

请饮三杯上马酒，一路平安到贵村。

元帅的扮演者接酒，喝后要唱“答谢词”：

元帅领兵要出门，承蒙乡亲来送行。

接过父老酒一杯，敬天敬地敬神灵；

接过两杯家乡酒，敬国敬君感皇恩；

接过三杯亲人酒，感谢送行老幼们。

今日辞别分两路，只待十五月又明。

元帅的扮演者唱完，念道：

感谢已毕，百事大吉！

鸣炮，启程出寨。

接风。到达邀请的村寨以后，在当地朋友的介绍下，地戏队员先进行了参寨门土地仪式，唱“参寨门土地词”：

元帅领兵来贵村，参拜寨门土地神。

土公土婆当堂坐，金童玉女两边分。

你领玉帝观圣旨，来做人间土地神。

土地乃是寨门主，日管阳来夜管阴。

土是中央一戊己，万物皆由土内生。

自从今日参过后，保佑贵村百事兴。

（念）参拜已完，百事大吉！

参完寨门土地，又参寨前大树（俗称神树），唱“参神树词”：

神合大树在村庄，前人栽培数年长。

古树一株培风水，村中清吉无灾荒。

六畜兴旺田禾茂，五谷丰登装满仓。

良辰吉日参神树，日兴月旺永久长，

（念）参拜已毕，百事大吉！

参完神树，又参水井（俗称龙井）。元帅的扮演者唱“参井神词”：

今日逢开是良辰，元帅领兵参龙神。

水晶宫内众神圣，龙王在上听我云：

水是西天真命宝，流来人间养万民。

水流万国九州地，有水万物能生存。

自从今日参过后，井不干竭水常呈。

（众念）参拜已毕，百事大吉！

参完水井，来到寨门口，邀请地戏队前来表演的村寨的全村寨老幼，在村寨门口迎候。路口摆放着三张桌子，第一张桌子上摆酒壶一把，酒杯三个，邀请村的一位年长者主持接风。唱“接风词”：

时逢正月贺新春，众神龙驾来寒村。

途中行程多辛苦，备酒三杯接风尘。

你保宋王建功勋，我敬英雄众神灵。

请饮三杯接风酒，略表寒村一片心！

元帅的扮演者要接酒，唱“参桌词”[①]：

冬去春来喜气生，元帅领兵来贵村，

承蒙父老好美意，摆桌斟酒接风尘。

先奉一杯敬天地，二奉美酒敬众亲，

① 以下参桌唱词系上街地戏队杨兆明讲述。

余下一杯不敢饮，诚望亲收坚库存。

（念）参拜已毕，百事大吉！

参完第一桌后，来到第二桌。桌上摆放米粉一碗，碗上横一张用竹编的小拱门，此哑谜隐喻周村地戏队所表演节目中的安平关。另一位元帅的扮演者上前参桌[①]，唱“参桌词”：

一张桌子四角方，上面摆了油米糖。

一张红纸写安字，安平关中战争忙。

狄青带兵安平关，不知参来当不当？

参完第二桌后，又参第三桌。第三张桌子上摆放了一块砖头[②]。据其象征意义唱“参桌词”：

一张桌子四角尖，上面摆了一块砖。

要问这砖是哪个，愿贵地子子孙孙大专生。

不知参来对不对，谅请主家放过山。

（念）参拜已毕，百事大吉！

正戏[③]。接风仪式结束，地戏队在鞭炮声中进入演出场地。当天只扫开场，下四将、设朝等仪式与在寨内表演相同。第二天才开始进入正戏演出。

演出时间一般根据约定时间来，可能会持续三五天，也可能一两天就结束。主要是看主家的时间安排。一般是上午演出，中午由主家招待，下午村子里的村民可能会请地戏队去开财门，下午元帅带领士兵穿戴好就过去开财门。开财门的程序和在本寨演出基本一致。开完财门，大家就把脸子供在这家村民的神台下。排放顺序：上面两行是正面军队，下面是反方军队，中间是皇帝，两侧是元帅和先锋。大家在村民家中吃酒的时候要有村内几位长者陪同，由于过去没有电视也没有娱乐节目，吃完酒一般就是围绕着火炉烤火，神头就会点评当天的节目哪位表演得好，哪几个地方要注意。同时安排次日

---

① 此哑谜如果答对了，就可继续往下参桌。如果答得不对，就要由地戏队的其他成员继续上去参桌，直到答对为止。如果地戏队的成员实在答不出来，只好婉言请主家高抬贵手。但这样一来，地戏队的声望就会受到影响。

② 参桌所出哑谜，通常会根据此地戏队演出中的情节和人物来设置，考验所邀地戏队的应变能力、知识水平和对所唱故事的熟悉程度。

③ 本次上街地戏队去鲍屯演出只表演了十五六分钟，当天去的有五六支队伍，系鲍屯村组织的一次集体娱乐活动。邀请周村等地戏队去的目的是为了活跃气氛。表演完毕，鲍屯村的领导封了一个红包给胡永福，队员们在鲍屯休息了一会儿，又集体返回周村。

的出场顺序，由哪位顶什么将，哪位负责做其他工作。同时，大家也会在一起背诵次日的唱词。过去大多数村民都不识字，所以晚上的这次集合有着重要的意义，神头或地戏队里识字的人就会把次日的唱词念给大家听，哪位该唱什么，谁在先谁在后都交代清楚。住宿一般是由村里统一安排，有亲戚的可能会住在亲戚家里，没有亲戚的则住在小学或者庙里。

收兵。地戏队演出结束后。元帅要唱“收兵词”：

今天逢开是良辰，元帅收兵转回城。

一收东方甲乙木，收转青旗青号兵，

二收南方丙丁火，收转红旗红号兵；

三收西方庚辛金，收转白旗白号兵；

四收北方壬癸水，收转黑旗黑号兵；

五收中央戊己土，黄旗招展黄回程。

自从今日收兵后，祝贺贵村万事兴。

（念）收兵已毕，百事大吉！

扫收场。内容和在村内演出一样。主家要在村口摆送行酒，对主将一一敬酒（只敬正将，不敬反将）并唱“送行词”。地戏队从下场口向村外走去。戴脸子的演员直接上了停在村外的汽车。既不能向欢送的乡亲父老打招呼，更不能回头。据当地习俗，顶着脸子的演员不能回头打招呼或致谢，否则将造成神圣“翻脸无情”的遗憾和带来不吉利。

回村寨。外出演出的过程结束。

第二节　驱瘟逐邪

“困扰仪式”（rituals of affliction）[①] 在世界许多民族中普遍存在。所谓困扰仪式，主要针对涉及病痛、厄运、意外事故乃至生活不太顺心等所进行的驱赶、禳祛、转移等仪式。在中国西部少数民族中，这类不定期的仪式有转化为定期节祭的趋向。

没有谁不怕病。在医药条件较差的山乡僻地，瘟疫更是人人畏惧的凶煞。

---

① ［英］维克多·特纳著，赵玉燕、欧阳敏、徐洪峰译《象征之林——恩登布人仪式散论》，商务印书馆 2006 年版。

关于瘟神的信仰，在中国民间由来已久。《搜神记》载："昔颛顼氏有三子，死而为疫鬼：一居江水，为疟鬼；一居若水，为魍魉鬼；一居人宫室，善惊人小儿，为小鬼。"

在少数民族的民间信仰中，瘟神的种类很多，有专职的，也有业余的；有的统管人间瘟疫，有的专司某类疾病。例如，怒族祭祀的众鬼中，"普于"专司风湿、关节炎和腰痛，荨麻鬼专司皮肤病，"享北于"专司无法治愈的慢性病（故又称"痨病鬼"），"密起"专司眼病，"八喝"专司儿童疾病等。在景颇族祭祀的众鬼里，一些自然界的鬼神如太阴太阳鬼、虹鬼、藤子鬼、蚂蚁子鬼等，除了自身具有的"专职"的功能外，还会在祭祀不周时"咬人"。据说，被太阴太阳鬼咬者眼睛疼、心疼、肚子疼（源于一个太阴太阳鬼的孩子的心被其父母错吃的神话），被虹鬼咬者发疟疾、耳聋，被藤子鬼咬者手颇痛，被蚂蚁子鬼咬者会眼耳生病或全身溃烂。这些，都以相应的神话传说为据。

为祛瘟神疫鬼，民间形成了众多的祭会祀仪。方志记述了其中一些活动。如云南《马关县志》载："清醮会，每三年一举办，于二三月择吉行之，盖为祈福消灾，祷雨祈年也。挨户捐资，无敢募不出。请道士设坛，本地经生设经堂讽经，醮期七日，以第四日行香最为热闹。行香抬瘟神像、灵官像出游。第七日醮事毕，以流殍乞丐饰作无常小鬼等丑态恶形，挨户惊吓儿童，谓之扫荡。"

红河哈尼族每年农历七月中旬属蛇日，举行全寨性的驱病神祭祀活动，与"清醮会"的形式有些相似。会期停止生产，由众多未婚青年和儿童用锅烟或各种颜料涂抹面孔，手握刀枪、铜器、铁链等物，装扮神兵，在祭司的祈祷祭词中，走家串户驱赶病神。每近一户人家，神兵们挥舞器械，一边呐喊，一边做出与鬼魂拼搏的样子，楼上楼下、里屋堂屋无处不到。主人在这时撮一大碗米给驱病神的队伍，并在火塘内丢一把辣椒，让辣味充满屋子。待神兵走后，再用扫帚清扫。神兵遍撵全村各户后，立即杀狗，用狗血淋寨门和进出寨子的路口，据说是为了堵塞鬼路，阻止病神进入。最后在村外杀猪宰鸡祭神，求神护佑。祭完，取少量供品埋入土中，其余的由参加撵病的人们聚餐。吃不完的严禁带回寨内，只能撒在山野。有的村寨认为这里是村人和鬼的分界线，在此祭祀能绝鬼路。

除了以人扮演鬼神驱瘟逐病外，在一些民族的传统节日中，还习惯以火、水、酒等物驱瘟祛灾。彝族火把节以火遍照屋角地头，傣族泼水节以水净身除邪，纳西族每年十月的"克赤得热"（驱恶鬼）祭祀中以弩射杀代表恶鬼的祭牲，用刀劈砍鬼王木牌，等等，都是用这些东西的神力，去对付幻想中的瘟神恶鬼。

有一些祭仪，已经演化为传统的习俗活动。文山壮族春节里跳的“棒棒灯舞”（“侬伢歪”），便是群众性的祛瘟神舞。传说很久以前，天空飘来一个牛魔，躲在山洞里，使壮族的耕牛发瘟病。为除掉瘟神，壮族老人出主意，叫八男六女举着灯笼火把，敲着锣鼓，击棒跳舞，引诱牛魔出洞。牛魔见灯火闪闪，歌舞欢腾，忍不住伸出头来观看，立刻被埋伏的人把头砍掉。此后，人们就在春节期间跳棒棒灯舞。舞时要祈祝、烧香、敬老人厅，还要戴牛头面具。跳完舞，当晚便将灯笼、棒棒、牛头面具等送到寨头烧掉。

借用天神之威震慑瘟神或瘟疫，也是民间常有的一种方式。在白族地区，许多村在庙里供奉着大黑天神。据民间传说，巡天神向玉皇大帝进谗言，说苍山洱海一带的百姓男不耕、女不织，上不孝、下不养，变懒变坏了。玉帝听了，立刻派一个天神带上瘟药下凡到大理去。天神来到一个白族村庄时，只见男人们忙着犁田，女人们忙着栽秧，与巡天神说的很不一样。在村口，他又遇上了一个白族女人，手里牵着个三四岁的小孩，背上却背着个六七岁的孩子。天神不解，便问：“为什么你背着大的，反让小的自己走？”那女人回答说：“小孩子是自己生的，大孩子是前娘生的，他已经没有妈妈，我怎能亏待前娘的孩子！”大黑天神不忍心伤害这样好心肠的女人，便悄悄告诉她：“今晚大理坝子要遭大难，快回去在家门前栽上一棵青松，门头挂一双新草鞋，这样才可以消灾免难。”女人回家把消息告诉丈夫，夫妻俩连晚饭都顾不上煮，忙着把消息传给各村乡亲，一传十，十传百，村村寨寨的百姓都做好了准备。夜里，天神准备挨门挨户去撒瘟药，却只见家家门前都栽上了青松，挂上了草鞋，没有可撒的人家了。他方才知道那女人为了让乡亲们免遭灾难，通报了消息。天神左右为难，决心牺牲自己拯救下方生灵，便把瘟药全喝到自己肚里，立刻全脸发黑，浑身发肿，从天上掉到地下。白族人民把他尊为“大黑天神”，把他奉为本主，并在他死去的三月初三举行祭祀。这种崇拜几乎遍及云南大理、巍山、洱源、剑川等地。

鹤庆彝族每年农历正月十六的“炙狮子”活动，也是意味深长的驱瘟祛病的传统祭会。相传这一祭会始于宋朝，所谓炙狮子，就是自己身上哪个部位疼痛，便点一团艾绒，放置到旧县衙门前的一对石刻狮子的哪个部位上去，或点燃一炷条香，用香火烧点石狮子的身体。由于这一习俗，每年这天，县衙门前挤满了身有疾苦病痛的人，燃香点火，向永远不知痛痒的石狮身上去灸。

一、傈僳族“冲喜”“保驾”[①]

傈僳族在家人遇到灾祸、生病等情况下，举行冲喜、保驾等仪式。

比如，某人出了车祸，家里的人认为他可能是流年不顺，因此请人来挂红冲喜。

祭祀人准备一床被单、两块红布、一挂鞭炮，还有两包用红纸包成保温杯大小的鸡蛋糕，表示金银财宝，然后举起装有这些物品的托盘，对着家堂中间念诵：

腾冲县古永乡猴桥镇花村新村某某家中，今年做活不顺、开车不顺。今年进入二〇〇九年五月二十（农历），我来帮他冲喜挂红。挂红之后，齐齐天地星君、五大圣人、灶君菩萨、本家三代宗亲、山水、望门龙神、送财送喜。大慈大悲、光大灵感、救苦救难观世音菩萨。奉请文武财神保护保佑给小三（苏武强的小名）挂红冲喜之后，心想事成、万事如意、财发万钧、开车顺利、找财得安。大小车辆出入四方，桥梁路基稳固，永保平安。空手出门，抱财回家，财出四海。凶星退位，吉星照临，口舌埋藏。好事相逢，恶事不遇。有灵有感，赐福天佑。添福添禄，加福加寿。

同时，把两米长、一尺宽的红布挂在当事人身上，即挂红。若为男子，红布从左肩搭到右腰；若为女子，红布从右肩搭到左腰。祭祀人一边念：“一道花红，两道花红路基昌，今日挂在你身旁。你遇着口舌，帮你采花挂红后，你添福添禄，加福加贵，荣华富贵，百万富翁万万年。”其他人回应：“哦!”祭祀人接着念：“一道花红，两道花红路基昌，今日挂在你身旁，今日采花挂红后，你添福添禄加寿缘，男是挑水桶，女是蓄水缸，荣华富贵，装的钱是赚得几千几万百万元。”其他人帮腔式回应：“哦!”

然后把用两张红纸包的二十元钱递给当事人，念：“此钱不是非凡钱，我今日赐给你钱，今日赐了小钱后，从今以后添福添禄加寿缘。荣华富贵、百万富翁万万春!”“哦!”再倒啤酒给当事人及其配偶喝，称为冲喜，念：“冲杯喜酒喝过后，添福添禄百命长寿万万年。”“哦!”

在家里的念诵就告一段落，祭祀人来到门外，在当事人的车身上挂鞭炮，车头挂红布一条。特别吩咐当事人要平稳开车，不能“打岔”，即不能停下，

---

① 本田野笔记由中山大学社会学与人类学学院博士研究生熊迅撰写。

也不宜和车外的人打招呼（主要是不能因此而使车停下来），但可以和车内的人说话。因此车不间断地开动也是保证仪式顺利的方式。

车开出花村的弹石路，走上大路后就可以停下，在路边挑新鲜完整的树枝，折上一枝拿回车中，再回到家里。这枝树枝将被用在出车祸的地方“叫魂”，人们认为，这样做能尽快使当事人因车祸而被吓跑的魂魄回来，解除他这段时间心神不宁的状态，并让以后的事情顺利。当事人再次开车到出事的地方。祭祀人一手拿一个装着米饭的碗，一手拿着树枝摇晃，口中念道：

腾冲县古永乡猴桥镇花村新村某某某，今天我来帮你叫魂。怕是车祸吓着了，你这段时间心神不宁的。我来叫你回家来了，回家来穿衣吃饭了。大江大河你不要去，庙前庙后你不要走。上坡下坡你不要去，沟沟坎坎你不要走。我叫你的三魂七魄都回来。不管你到哪里，东南西北，四面八方。我来叫你回家了。隔山隔水不要怕，有路有桥你回来。我叫你回家穿衣吃饭了。今天叫魂过后，大小车辆出入四方，桥梁路基稳固，永保平安。空手出门，抱财回家，财出四海。凶星退位，吉星照临，口舌埋藏。好事相逢，恶事不遇。有灵有感，赐福天佑。添福添禄，加福加寿。

随后把米饭倒在路边，把树枝扔掉。

回到家堂之后，当事人的父亲杀鸡，请自家的“别扒”（祖灵）下来保佑平安。这个简单的仪式就结束了。

又如，孩子身上长疮、脚上长疤等小疾病，多请尼扒来打卦和治疗。

一个孩子（女孩，两岁）脸上长水泡，每夜都哭很久，于是就请了人“打刀卦”（这个打卦的人不一定是尼扒，会打卦的人都可以，关键是要准确）。打着了过后就要“刁”，即通过口述，告诉可能影响孩子的“尼”，如果这个孩子的病好了的话，再来献这些尼。这次打卦，认为导致孩子生病的是雷公、雷母。打卦者不会念诵，因此在八月初六这天早上，又请了另外一个尼扒为小孩献鬼。

地点选在花村寨子后面的山坡上。一般来说，不能在家里面献，只要是在山上就可以，不一定是在自己家的山林里面。

尼扒用两个大的树杈相对插在土里面，距离约为半米，以此为基础用木棍搭出两个台子，把草席铺在上面，最上面的一个平台离地面约两米，摆上六个酒碗，中间是蒿子水碗。第二层摆两个酒碗，一支香。

尼扒跪在支架的前面，念诵与打雷有关的神：

雷公什扒、雷母什妈、厉持什扒（打雷公）、厉持什妈（打雷母）、幕孤什扒（乌云公）、幕孤什妈（乌云母）、图雾什扒（吹风的动作）、图雾什妈、滴腻什扒（追的动作，乌云追或者遮住太阳）、滴腻什妈[①]，这一家以前打卦问着你们了，问卦查着你们了，我们就来献一献，我们就来摆一摆，摆下了就让她好了，她不好的就帮解了。

然后“领牲”[②]，由小孩子的父亲抬上来一只小猪（公母均可）、一只鸡（公鸡），由尼扒杀掉，并把血摆在台上（流出的猪血摆在上面的台上，鸡血用一个小碗摆在下面的台上）。此时，母亲抱着小孩在后面看。因为在乌云挡住太阳，打雷的过程中风是在下面吹，所以图雾什扒、图雾什妈是摆在下面的平台上。一段简短的诵念结束后，一家人来到尼扒的家里，开始煮鸡肉、猪肉和米饭。

肉煮熟后，还有一个献的过程，将煮好的整鸡、猪头及四只猪蹄分别装入两个盆中，撒上盐巴。尼扒端着这些祭品和酒、饭再次来到平台面前，重新换酒，摆上祭品，点上香。再次诵念，主要内容和领牲时的内容一样，但多了这几句话：

上前（刚刚）还只是献一献，上前只有酒气，还不有（没有）饭气，饭的味道还不香。上前只是献献，还不有把饭煮熟、还不有把肉煮熟。现在饭也煮熟了，肉也煮熟了，酒也添上了。你把她放了，不要拖累她，肉熟了也来吃，饭熟了也来吃。你把她蒙着的，你把她放掉。你已经放了她，你吃了回去就得了。

之后大家一起用餐。猪肝、猪肠、猪血和鸡血给尼扒和阿沃妈。鸡腿留给当事的小孩。

用餐毕，仪式就结束了。由于该仪式仅仅是针对小孩生病的小型拜祭，因此不需要请别扒下来帮助。尼扒也不会得到专门的牲口来送别扒上天。不过，在第二天的早上，要请尼扒去吃余下的鸡肉和猪肉。

再如，因为最近一段时间，笔者的访谈对象之一尼扒身体很不好，经常感觉“没有力气”，即四肢酸软、手脚无力。他开玩笑说其实这是一种“懒

① 后面的这几个名字，实际上是打雷时候各种事物运动的拟人化，用作雷公和风的代名词，和雷公有相似的意义。

② 这个名词是尼扒用汉语表达的，表示在神面前杀牲，等献祭的牲口煮熟后，还有献的过程，基本上所有献神的仪式都会有这两个阶段。

病”，不想做事情，早上起不来，等等。同时，他的父亲最近也没有胃口，吃不下饭。因此请另外一个关系好的尼扒打刀卦和麻布卦，查出来需要举行一次安土和保驾的仪式，为两个人“接气”。

另外，最近当事人经常梦见其死去的母亲，打卦后还查出来他前段时间到山里面去挖路（水电工程路）赚钱，可能在山上“魂掉了”或者被母亲“带走了”，需要为他叫魂。

在这次的仪式中，一些老人被请过来，除了尼扒一家外，还有花村余家的所有老人，姻亲家的老人也被请过来。年轻人中，除了两个儿子和他们的媳妇以及媳妇的兄弟外，还有不少“撞上”的——经过门口看到里面在做准备工作，就自觉到院子里面帮忙，其中一些还留下来吃饭。

图 8－1 是保驾仪式的示意图，其中的 A—E 为每次拜祭时的顺序。这种献祭的方式是一种模式，只要是在家中举行的仪式，A、B 是必不可少的，C、D 视打卦的需要而定，但十分常见。

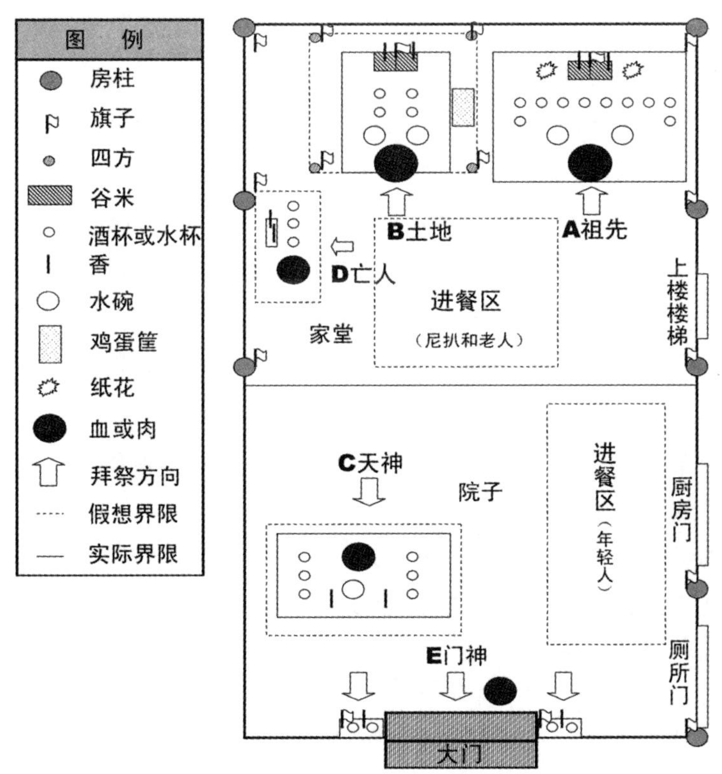

图 8－1　“保驾”仪式的空间分布和人群活动示意图（俯视）

A 为主持仪式的尼扒供奉自己的祖先别扒之处，在一个半人高的桌子上摆放祭品，别扒的“活动区”就是这张桌子。桌上放着一个敞口木盒，盒中装五斤左右的粮食（通常为一半谷子一半米），粮食上面插三炷香，两边各插较大型仪式中常用的纸花秆一支，两旁各放五个酒杯，一侧放一个蒿子水碗（下面压二十元钱），另一侧放一个净水碗（下面压十元钱）。仪式结束后，钱归尼扒所有。

B 处为管理房子的土地神“米拉尼”，拜祭物均用一个包装袋垫着放在地面上。木盒上插两炷香，还有五面纸马旗（竹签上插有黄钱一张、三角形红色小旗一面，以及纸马，纸马从左到右分别是：本命星君、龙王、土地正神、天地、土科）。前面放两支蜡烛、四个酒杯。比包装袋更大的方形假想区域四角，分别放一炷香、一面纸马旗。前面放一根蜡烛、一碗米、一碗谷子、一碗茶、一碗酒。和刀杆场的空间安排含义一样，表示土地管理者的“中土”和“四方土地”。代表这一家每个人灵魂的鸡蛋，也放在米拉尼区域的右侧。在叫魂的仪式中，尼扒把鸡蛋从米拉尼区域内拿出来，分给每一个人。整个仪式空间，只有别扒和天神“木刮尼”的区域内不插旗子，这两个区域代表傈僳族自身信仰中的神所在的区域。

C 处为木刮尼祭拜台，在半人高的桌子上放六个酒杯、两炷香、一个蒿子水碗。由于保驾是在家中举行，因而不需要拜祭山神“米斯尼”。

D 处为“尼波”即亡人的供奉处，亡人还没有经过认树仪式成为“别扒卡”（祖先），只能在地面上或一条小板凳上设供拜祭。拜祭物也相对简单，一个酒杯、一个蒿子水杯、一个水杯即可。

E 处为门神即“大门什扒、大门什妈”的管辖区域，以公鸡血和肉拜祭。左右门柱即“门柱什扒、门柱什妈”也是拜祭对象，按从大门出来的方向，左边放一杯茶、一杯酒、一炷香、一面朱雀旗、一面招财旗。右边放一杯茶、一杯酒、一炷香、一面青龙旗、一面招财旗。

上述的拜祭物，是在仪式一开始就准备好的，但在仪式的过程中会经常更换。除此之外，以黑色的圆形表示仪式中的献牲，即动物在这里被宰杀，并且血液和煮熟的肉分开献。

仪式过程：

领牲。首先是需要尼扒为当事人请各处的神灵下来领牲，并把血液作为拜祭物置放在供奉区间，其他人不参与念诵，但可以帮忙杀牲口、烧纸等。尼扒跪在堂屋右侧供奉处请自己的别扒，要先叙述请别扒的原因，介绍当天要做的事情：

呔！我请帮我头上看的什扒（相当于别扒），我请帮我身上看的什扒（照顾健康的神）。什么地方都可以看见的神，什么东西都听得到的神。看得很远的神，听得很清的神。我们看什么也看不见，我们听什么也听不见。我请我的别扒们。这一家按照辈分排下来，这一家按照“蔡路”（蔡姓家族的系谱）排下来，就这样下来，就这样骑得了（烧纸马）。你们快顺蔡路下来了，我们倒了酒倒了茶。倒了酒的快去喝，倒了茶的快去喝。

水碗什扒、水碗什妈、净水什扒、净水什妈。今天是这样，今天是二〇〇九年农历五月二十。不是有别的什么事情找你们老人家，不是有别的什么人要找你们老人家。这里就是他大舅（按照自己儿子的角色叫）这一家人（包括其父亲、两个儿子和儿媳、孙子和孙女）我来帮他们安土，来帮他们献土。他这一家人，我来找相帮的。我过一天是一天，我耳朵听不见，我眼睛看不见，我来找你们相帮。你们可以造土的要帮造，可以帮祭土的要帮祭。就把你们都集中起来，让这些人不会生病，让这些人找钱找得着，让他们和好人相逢，让他们遇不着恶人。以前我们造过土，造过了还要祭，现在我们要祭土。祭土以后要祭着财路，祭了以后要走好的路。要祭儿子路、要祭姑娘路（儿子和姑娘都长得好）。你们要好好地帮祭土，好好地帮做事。

祭过土之后，整过事之后。他们说来帮打保驾，来帮整保钱。土地公来帮叫，土地母来帮叫。保驾整过后，这样帮了后。你们来帮我们叫魂，你们来帮着开财门，帮开着金山，帮开着银山。开门出门，抱财回家。

领牲即请神灵们下来领受献祭的当场杀的动物，通常是猪和鸡，领牲的动物性别要和被献祭神灵的性别一致，如别扒前面就要杀公鸡。尼扒一边杀一边念：

你们什扒们，你们别扒们。不是白白叫你们，有三岁的马来带你们。（通常，鸡相当于马，鹅蛋相当于鹅。）你们经常来帮忙献鬼，你们经常来帮忙做事。来带这个三岁的马，来骑这个三岁的马。（打卦的时候）让它双脚双手地出，不要给它单脚单手地出。（鸡卦）有脚就出脚，有手就出手。来领受！

尼扒接下来为管理家土的“米拉尼”领牲，按照古永傈僳族的习俗，当在家或坟山（阴宅）上要请这种正神为中心、土科为四方的米拉尼时，需要献“五牲”（其中有猪、鸡、鹅、鸭等），以及献纸马“土科”。当天的仪式只献了猪一只、鸭一只。鸡和鹅分别用蛋代替。和别扒不一样，米拉尼没有具体的名字，被统称为“你们”：

呔！你们鹅蛋去找吃，猪肉去找吃，鸡肉去找吃，现在就要祭土了，现在就要领牲了。好好地帮忙，好好地做事，不要有什么差处。你们把鸡拿去得了，给你们五样（五牲）得了。鸡卦要双脚双手地出，要双脚双手地出。这些你们拿去，给你们一人一个，给它们双脚双手地出。

随后，尼扒在堂屋左侧地上请死去的亡人领牲。念诵对象为余国有的妈妈：

酒位茶位摆着了，香也点了，你来闻。今天是二〇〇九年农历五月二十。你老人不是因为别的什么事情叫你。你太阳不到就死了，月亮不在的时候就死了。你的小人这一家人经常梦着你，你经常托梦给你的这一家人。后来你的小人他吃饭吃不香，喝酒喝不下，上坡的时候脚沉，下坡的时候膝盖又难过。你赶快来吃，你赶快来领。不要带着那难过人的魂魄去，不要带着那难过人的魂魄到处走。我给你三岁半的母鸡，你来拿这个三岁半的母鸡。你要让它双脚双手出，不要单脚单手出。你的丈夫这个人，还不能带着他走，还不能带着他到上面。也不要带着他上家堂。这样以后，到他老的时候，到他完结的时候。阎罗王来领的时候，鬼王来拉的时候。到那个时候他就会跟你来了，那时候你要好好地带着他走。你把鸡领去，你把鸡领走。蒿子水去喝，酒去喝。蒿子水去喝，茶去喝。来领受！

这一家人哪一个都不能领他走，这一家人哪一个都不能乱来领。你的丈夫你也不要领他走。不要乱来帮领，不要乱来打扰。活的人和活的人在一处，死了的人不要和活人在一处。肉魂都不要分开，魂魄都不要走开。你把鸡领去就可以了，你把茶喝去就可以了。

献牲。领牲结束后，尼扒休息，一些人帮忙做稍后要烧的元宝，另一些人收拾杀过的鸡、猪，煮熟后盛在盆中，供尼扒献牲之用，即对各方神灵的再次献祭。此时要更换茶、酒，献上米饭。首先献牲给别扒：

人家献十回都不好呢，人家整十回都不好呢，我们整一回就整好了，我们整一次就好了。不要让它变成害，不要让它变成毒。不要给它掉，不要给它有不好。这家人过了今天这一晚，这家人过了今天这一天。大的和老的不要搞错掉，老的和年轻的不要搞错掉。不要有什么差错，不要有什么毒。是你们什扒别扒辣糙，不是我辣糙。是你们什扒别扒赢，不是我赢。我耳朵听不见什么，我眼睛看不见什么。你们经常做事情，你们经常帮献鬼。你们耳朵听得见，你们眼睛看得见。不是我强，不是我赢。是你们什扒别扒强，是你们什扒别扒赢。你们肉位有九位，饭位有七位，一个一位拿来吃，一个一位拿来喝。你们能看得透心，你们能看得透眼，你们能看得透双脚，你们能看得透双手。来领受！

接着献牲给“尼波”。由于打卦查得余高友父亲的疾病是其死去的妻子来招魂所引发的，所以拜祭尼波时专门以她为对象。此时余高友父亲需要坐在尼扒后面，手里拿一根五色线做成的“绳子”，由尼扒牵着拜祭，拜祭完成后，尼扒割断绳子，象征性地表示当事人与亡人的联系已经中断。这根绳子最后被绑在当事人的右手腕上。

呔！不死的人魂魄不走，不死的人鬼不来。他三姑（以自己的孩子的角色），刚刚是领牲，刚开始是领受。你的这个侄子，经常梦见不好的东西，经常梦着你的坟山。太阳不在了人就死了，月亮不在人就死了。他活着就帮他活，他有病就帮他好。让他的魂魄回来，让他的魂魄好。今天以后，今天晚上以后，阎罗王来领的时候，鬼王来领的时候，你才帮领去。阎罗王不领你不要乱领，鬼王不拉你不要乱拉。不能你拉一半，不能你老公拉一半。阎罗王鬼王来拉的那一天，他就会跟随你走。阎罗王不来，鬼王不来，你不要和他乱说话，不要让他做梦梦着你。不要让他头重，不要让他膝盖弯。吃饭让他香，喝酒让他香，睡觉让他香。坐就让他坐得稳。刚刚才是领牲，刚刚只有酒位。现在肉已经熟了，现在饭也已经熟了。有来打的鬼，有来咬的鬼，你们搭伙吃，你们搭伙喝。给你老公做梦香，头给他不沉。那么就这样，阎罗王来的时候你才可以管着他。那么就这样，天亮的时候才献给你了。你是太阳不亮的时候就死了，你是月亮不在的时候就死了。你不要让他的手伸开，你不要让他的脚伸开。吃饭让他香，喝酒让他香，睡觉让他香，坐就让他坐得稳。

保驾。保驾是在C处，为老人和当事人“解”，隔开折磨人的鬼，即“打保驾”。除了在“木刮尼”处献牲，摆放米饭和煮熟的猪肝外。还需要从天上“接气”下来。两位当事人余高友和他父亲坐在C处的空地摆放的小板凳上，双手举起，其余的年轻的亲属（血亲姻亲，男女不限，身体健康即可），斜身站在两人身后。每位老人身后有三个人，他们分别用右手抓住两位老人伸起来的手，或者手握成拳头，放于老人头顶，他们的左手则伸向后方或前方，手掌呈勺子状，表示从天上接气，又通过右手传到当事人身上。尼扒则拿着酒碗向天空敬献，并念诵：

阿巴姑若嘛、阿冉什若嘛（天神的一种统称），什么地方都可以看见的人们，什么东西都听得到的人们。看得很远的人们，听得很清的人们。保驾什扒们，保驾什妈们刚才还只是酒位，现在肉味已经香了，现在酒味已经香了。饭位有九位，肉味有七位。你来九个我不见，你来七个我不见。九个来九个吃，七个来七个吃。一个一位去吃，一个一位去喝。吃了过后喝了过后，过了今天晚上，过了今天，吃饭给他们香，睡觉给他们香，坐让他坐得稳，不要让阎罗王拖走，不要让鬼王拉走。不要让他见着鬼，不要让他梦着不好的。保驾以后让他头上满，保驾以后让他身上满，满到一百三十岁，满到三百六十岁。给他太平无事，清吉平安。酒碗肉碗找来放，树位找来给他，石位找来给他安着，太阳位找来安着，月亮位找来安着。

九位找来安着，找上坡脚不沉的，找下坡膝盖不难过的，找吃饭给他香的那种，找喝酒给他香的那种，找来阎罗王不见的那种，找来鬼王不见的那种。你们什扒别扒们，你们阿巴姑若嘛们，阿冉什若嘛们，到这里了就过来一下，来接着（气）就安给他。过了这天晚上，过了这一天，吃饭让他香，喝酒让他香，睡觉让他香，坐就让他坐得稳。给他像太阳一样，给他像月亮一样。呔！姑若嘛们，什若嘛们，来九个就吃九个，来七个就吃七个。来领受！

你们（前面提及的所有神）叫着的都领着去吃，吃了之后都来帮做。找树位来放，找着石位来放，找着太阳位来放，找着月亮位来放。把气放给这一家人，把气放给这一家人。三天不到就有气，三天不到就可以做活。推树树就倒，推石头石头就倒。给！

放给他“有气”（力量、活力、强壮）。你们多放几回，你们快点帮放给。慢了蚊子都来咬了！（其他人笑。）快点帮放给，找树位来放，找着石位来放，找着太阳位来放，找着月亮位来放。龙位来放给，酒位肉位都来放给！你们（前面提及的所有神）鬼去找鬼，你们鬼去和鬼商量。见着的都来放给，接着的都来放给。放给阎罗王不见的那种，放给鬼王不见的那种。过了今天晚上，过了今天，吃饭给他们吃得香的那种，喝酒给他们喝得香的那种。一个都不要分开，一个都不要走。见着的都来放给，接着的都来放给。你们来九个我不见，你们来七个我不见。来九个么就给九把（气），来七个么就给七把（气）。呜，呜（吹的拟声词）！

接下来其他人要配合尼扒吹气，用嘴巴向自己的右手处吹气，把从上天取下来的力量吹到当事人体内。这个动作要重复多次，基本的念诵内容也跟着重复，其基本的结构如下：

给他们气，你们要放两三回，你们要不停地放给。过了今天晚上，过了今天，吃饭给他香，喝酒给他香，睡觉给他香。让他坐得稳，让他碰不着口舌。上坡脚不软，下坡膝盖不扭着。找龙位来放给，蛇位来放给，找树位来放给，找石头位来放给，找太阳位来放给，找月亮位来放给。

放给他们气。过了今天晚上，过了今天。像太阳一样，像月亮一样。上坡像鹿子一样跳得，下坡像鹿子一样跳得。

你们先吹，你们吹了我们再吹，我们只是相帮的子弟，这是你们什扒别扒辣糙，不是我们辣糙。好好地帮吹，不要让他见着鬼。你们什扒别扒，你们从前都帮我们保驾。保得头上都满了，保得身上都满了。一百三十岁，三百六十岁，不要给他见着鬼。你们来帮保，不可能帮不着。你们来帮整，不可能整不着。现在准备保他了，这些都放给他了！

有十二个纸火，你们好好地拿去。有大锞的银宝，好好地帮领受去！不要惊吓着我们的气，不要惊吓者我们的功。不要给我们的气进去，不要让我们的功进去。来帮忙的这些活着的人，不要给我们的气进去，不要让我们的功进去。给！

接着在米拉尼前 B 区献牲：

呔！中央土地什扒们，中央土地什妈们，四门土地什扒们，四门土地什妈们。今天是二〇〇九年农历五月二十的晚上。你们的土地上，有这么一家人，有气的这么一家人，有功的这么一家人。今天晚上我来找你们老人，做一个中人。安土么么们，土主么么们，四门什扒们，四门什妈们。我说了一天，你们要随我说的去做，随着我做的去做。过了今天晚上，过了今天，给这一家人气，给这一家人功。一个也不要给他去阴间。不要给他去吃阴间的饭，不要给他去喝阴间的酒。让他做梦香，让他头好过。生着儿子给他活，生着姑娘给她活。不要让人家来惹着我们，不要让人家害着我们。不好的东西不要让它进来，多嘴的东西不要让它进来。一直好好的，不要让谁去阴间。你们和财门什扒，你们和财门什妈，你们鬼和鬼商量，把不好的帮隔去，把财气招进来。开的财门不要让它高了，不要给它矮了。高了财进不来，矮了又漏财。不要给它高了也不要给它矮了。给他开着金山，给他开着银山。家土什扒们，家土什妈们，土地什扒们，土地什妈们，土主么么们，四门什扒们，四门什妈们，一处有三对纸火，你们中土是积钱的，你们中土是积好的，大锞银宝你们拿去，大的纸火你们拿去。一定要好好地拿去。来领受！

此时，保驾的部分已经基本完成。献祭物被抬回灶房重新处理。在堂屋、院子、厨房处均可摆放饭桌。尼扒、老人在堂屋中聚集吃饭，其他人则在院子里和厨房里吃饭。晚饭过后，再一次献米拉尼，一边念诵一边把写有每个人名字（或者能够辨认的符号）的鸡蛋和一块肉发给对应的每一个人。由于大儿子已经分家分出去了，因此分发鸡蛋只限于当事人的父亲、本人、二儿子一家人：

我们已经祭土了。四门什扒们，四门什妈们。祭着财路，祭着好的路，祭着儿子路，祭着姑娘路。土主么么们，土主老爷们，都已经祭在堂火里面。（开始烧纸火。）这一回你们四门土主们，要帮叫人的魂，要帮叫人的魄。这家人都来了，这家人是我的三舅家（按照自己儿子来称呼），不要给他去阴间的路，不要给他去阴间的河。如果去了阴间，就把他找回来。不要给他吃阴间的饭，不要给他喝阴间的酒。不要让他的魂魄出去了。让这个儿子也不要给他去阴间的路，不要让他去阴间的河。他去哪里找钱，他的魂魄去哪里，也要帮着领回来。给！

给这个姑娘（二儿子媳妇，重复念诵）。

给桥兴（二儿子的大儿子，十三岁，桥兴是桥名，汉族取的名字），他去读书，他的魂魄在哪里（重复念诵）。

给桥妹（二儿子的大女儿，算是桥名，跟着大儿子的桥名排下来），（重复念诵）。

给娜娜（二儿子的小女儿，这个名字是父母起的小名，是汉名。由曾经当过老师的二儿子取的）。

开财门。尼扒拿着煮好的鸡肉、米饭摆在大门前。跪下，面对打开的大门念诵：

呔！我叫财门什扒们，我请财门什妈们，我请门柱什扒们，门柱什妈们。我请东方财门什扒们，我请南方财门什扒们，西方财门什扒们，北方财门什扒们。四方八面，我请财土什扒们，财土什妈们。刚才还只是领牲，只是酒气，肉还不有（没有）香味，饭还不有香味。现在肉已经冒香味了，饭已经冒香味了。今天晚上来帮叫财门，财门这样开了过后，这样整了过后。今天晚上给他家开着金山，给他家开着银山。出了门以后，过了桥以后，脚能踩着财，找钱的钱找得着，抬起手脚就叫他走得好。不会被人家来咒骂，不会被人家来招惹。让他们家太平无事，清吉平安。好人相逢，坏人遇不上。

你们（上述所有神）倒两行酒喝两行酒，倒三行酒喝三行酒。财门不要给它高了，不要给它矮了。高了财不能进来，矮了就要漏财。过了今天，脚落地一天，找钱就找得着。抬手就抬得着好的，出门脚就踩着财。你们财门什扒们，财门什妈们，门柱什扒们，门柱什妈们。该吃的快来吃，该喝的快来喝。来领受！

念完后，尼扒回到 A 区，快速地向别扒请求保护，喝一杯酒后带上刀、一碗饭和一块肉走出门外并关上门。尼扒手捧米饭和肉，背对大门念诵：

你们什扒别扒们，快来帮开财门。财门开了以后，开着金山银山。嘟！

然后把蒿子水倒在门口，一边用蒿子叶擦门框一边继续念：

门柱什扒们，门柱什妈们。你们黑的东西帮忙洗去，有洞的帮补补。开着金山银山。不好的帮把门封了，不好的不要进来。黑的好好帮洗洗，洗干净了，不好的也洗去了。什么不好的东西你不要让他进来，进来的东西你们要帮招呼。东方出门抱财回家，南方出门抱财回家，西方出门抱财回家，北方出门抱财回家。空手出门抱财回家。开着金山银山。一子落地，万财归来。财门大打开！

然后手拿砍刀，推开门，其他人在屋里等候，等推门进去的时候都配合尼扒发出“哦!”的喊声。开财门时尼扒还需要撒米、谷子、钱。儿媳妇用围裙接住，此后，这个象征生活富足的布包就挂在厨房门口。

为了检验开财门的效果，需要用卦具来打卦。卦具由竹根制成，竹根沿纵向剖成两半，每一个都有一面弧形（竹根外表面），一面平整（剖面）。“朝上”即为弧形的在上，平面接触地面。反之则为“朝下”。如两面都朝上则为阳卦，如果两面都向下即为阴卦，如果一面向上一面向下即为顺卦。这次开财门需要连续三次阳卦，再连续三次顺卦。如果结果不符合，就要再次重复开财门的念诵和用蒿子叶擦门框的动作。这次一共做了五次才圆满完成。

如果打卦顺利，里面的家人就可以出来了，年轻人把在别扒处插着的纸花，一块长一米半、宽半米的红布拿出来，把红布横挂在门上，上面斜插两朵纸花。象征性地表示红（鸿）运当头，金花银花开得旺。

此后需要再次感谢别扒和土地：

经常来献鬼的，我请帮我头上看的什扒，我请帮我身上看的什扒。什么地方都可以看见的人们，什么东西都听得到的人们。看得很远的人们，听得很清的人们。安土的什扒，土主的什扒。打保驾的什扒，保全的什扒。你们什扒别扒。献了一天的鬼，到了最后了。来吃饭得了，来喝酒得了。别人整十回不灵，我们整一回就整好了。不要给他成毒，不要让他的名字不见。我的耳朵听不见，眼睛看不见，你们耳朵听得见，眼睛看得见。不是我有神力，不是我厉害。是你们什扒别扒，你们经常献鬼，来吃肉来喝酒。给你们纸火，给你们大锞银宝。你们大的、高的（什扒），不要吵架，不要互相争吵。大锞的银宝平分，金金银银都平分。多做的拿大份，少做的拿小份。你们有好鬼才有好人，没有好鬼就没有好人。我耳朵听不见，眼睛看不见。你们眼睛看得见，耳朵听得见。我们做什么都要请着你们。你们好好的，一斤一两都拿去，纸火一人一对都拿去。你们什扒别扒，你们大的高的神，我们献鬼也是要结束的，来喝酒，来吃饭。来领受！

开财门到此就完成了。准备进入叫魂的程序。

叫魂。所有的人围着堂火坐成一圈，中间摆放一个簸箕，家里面几口人就摆几个碗。另外还要放米饭两碗、碎肉一碗，再用一个容器装猪头、四只猪脚。簸箕里要插一对香。酒不能是白酒，而是自家酿的褐色的水酒。尼扒坐的位置最靠近主人家的家堂。参与者每人手里拿一根蒿子枝，一边摇一边跟着尼扒念诵。每人要用石灰在额头点上一点做记号，以防叫的时候被别扒带走。叫魂的活动不限于亲戚，寨子里面的人都可以参加，甚至来寨子里玩的外人都可以参加。参与者的责任是营造热闹的气氛，吸引魂魄归来：

你们胡子长的人，你们家里帮看着的人（别扒）。

你们打铁的先人，你们披着铁甲的人。

你们在晚上帮我们看的人，你们比我们强的人。

你们家堂里面供奉的人，你们帮我们挡鬼的人。

一辈子的叫魂的人，一辈子的叫魄的人。

这一家人去阴间不好，这一家人去阴间不对。

这一家人做了不好的梦，这一家人没有力气。

不要让他们去阴间了，不要让他们去阴间的河了。

请你们别扒去帮找，请你们铁匠[①]去帮找。

阴间有河不好过，阴间有岩子地不好走。

---

① 该尼扒的别扒中有名为铁匠的。

我们家是热热乎乎的，我们家是热热闹闹的。

我们的地方样样都有，我们的地方样样都好在。

我们的地方酒也有，我们的地方谷子也有。

好看的衣裳挂在墙上，好吃的肉摆在碗里。

我们家是热热乎乎的，我们家是热热闹闹的。

这一家的伙子人，这一家的姑娘人。

你们外面的地去不得，你们远地方去不得。

大岩子地去不得，范鸡①地去不得。

大岩子地的鸟大去不得，大岩子地的蚊子多去不得。

大岩子地的老熊大去不得，大岩子地的阴狗多去不得。

蚊子不咬都出血，老熊不咬都出血。

大岩子地去不成，大岩子地不好在。

一家子人回来吧，回来种谷子种苦荞。

一家子人回来吧，回来喂猪喂鸡喂牲口。

阴间的地走不得，阴间的河过不得。

当家的人快回来当家，做事的人快回来做事。

领着小人快回来，领着姑娘快回来。

快回来吃酒，快回来吃肉。

菜是热热乎乎的，饭是热热乎乎的。

快回来穿衣裳，快回来嚼草烟。

堂火里面来坐着，房子里面来睡着。

快点回来把酒吃了，快点回来把肉吃了。

来领受！

重复诵念两遍或三遍，视打卦的情况而定。如第一次就为顺卦，则重复诵念两遍就可以了。否则就要重复诵念三遍。第一遍是帮当事人家里面叫，包括该家的直系亲属，叫完后喝酒吃肉。这些人每人还有一个鸡蛋，写上所代表人的名字，表示该人的魂魄。但由于花村没有人会写傈僳文，所以以前基本不写，只是由尼扒念，现在则多写汉名，尼扒念诵时则使用傈僳名或亲属称谓。之后再为所有的参与者叫魂，每叫一次都喝酒吃肉一遍。叫魂完成

① 一种白色的野鸡。

后，今天的仪式就结束了。尼扒拿着献祭别扒的公鸡回家。

第二天早晨尼扒需要“回堂”，用昨天带回的公鸡在自己家的家堂上面拜祭。把昨天被请下来帮忙的别扒们送回去，并顺带感谢昨天仪式中所有的神灵（尼波除外，因为其是当事人家的亡人）。这是几乎每一个由尼扒主持的仪式都会涉及的过程。因此可以看作一个通用的仪式休止符：

今天是二〇〇九年农历五月二十，你们什扒别扒，我不是有什么别的事情叫你们，你们不要有伤心处（因为做了一天的事）。那这样，你们姑若嘛们，你们什若嘛们，家里面的神，把你们都叫来一处吃，把你们叫来一处养。你们鬼和鬼商量，你们不要吵架。把你们全部高高兴兴聚在一起，你们不要再有伤心处。太平无事，清吉平安。这一家人的人，这一家人的功，不要给哪个人去阴间。不要给他吃阴间的饭，不要给他喝阴间的酒。让他做梦头好过，让他脚能踩着财。不要让他遇着穷处，不要让他遇着歹人。好好地帮看。好好地帮瞧。你们姑若嘛们，你们什若嘛们，给你们三岁的一个鸡公，你们什扒别扒，给你们一匹三岁的小马。给你们在一处，你们高高兴兴的，不要有什么差错。让他太平无事、清吉平安。像太阳一样，像月亮一样。给你们姑若嘛们，你们什若嘛们，家里面的神，喝敬茶，喝敬酒。你们这样的大，你们这样的高。好好地帮看，好好地帮瞧，来拿领牲，来拿鸡公。来领受！

你们保驾的神，从今以后到节日才叫你们，到节日才给你们了。帮你们聚拢在一处后，你们要好好地在一起。三岁的小马，好好地拿去。双脚双手地给他出，不要给他单脚单手地出。来领受！

二、彝族“跳虎”①

1993 年 10 月中旬，朋友约笔者去云南省双柏县看“跳虎”。笔者觉得奇怪，不是说“虎节”在正月么，怎么 10 月也有？朋友说，他们去，是为完成海外一本服装杂志的创意拍摄——穿轻丝现代时装的模特与披粗毡的化装虎人合影，是表演性的，因此，我们所看到的“跳虎”，就不是在特定的时间（农历正月初八至十五）、特定的地点（不是在双柏县法脿乡小麦地冲彝村，而是在县城附近的彝寨——因为怕再往里边走条件太差模特受不了），为特定的目的（崇拜或祭祀）所表现的文化原型了。尽管这样，人却是真的——“跳虎”的舞者就是小麦地冲彝村的彝族。经县乡政府协调，他们按规定时间

① 本田野笔记摘自邓启耀著《访灵札记》，上海文艺出版社 2000 年版。

赶赴选定的村子，与拍摄者会合。尽管不大愿意，但县里说服他们，为了向海外提高双柏的知名度，以利于今后招商引资，还请他们积极配合工作。

顾全大局的村民冒着细雨按时赶来了。模特要化妆，由专业化妆师为她们上妆，躲在一个布帘子后换衣服，很费时间。扮演老虎的村民也要化装。他们用手指蘸了墨汁和颜料，在脸上和赤裸的上身画虎纹，三下五除二就完了事。

笔者向几位彝族老人打听“跳虎”的事。

彝族老人说：“‘跳虎’，彝话叫‘罗麻则’。‘罗麻’就是指老虎，‘则’就是指跳。老古辈时就兴跳了。”据说，自称“罗罗颇”的这支彝族之所以人丁兴旺，是因为年年都要“跳虎”；而附近的另一支彝族由于不“跳虎”，就衰落了。

“跳虎”源于何时，为何而跳？连这几位彝族老人都说不出来了，因为会念经文的祭司已死去多年，而活着的长者都说，他们小时候，见过“跳虎”过“虎节”，当时他们被告诫：这是自古就有的古礼古规，至少在清代志书中就有记载。直到 1952 年，新任的彝族乡长认为这是搞迷信，禁了。1987 年，又是这位乡长在退休之时，带头恢复了这个“古礼”。一年后即被负责文化工作的干部发现，将它作为一种“活化石”挖掘了出来。

按“古礼”，老虎节从农历正月八日开始。

先接“虎神”。彝族祭司毕摩带四五个男子，到村西头的石闸门举行接虎神仪式。所谓石闸门，是矗立如门的三道石门。第一道为有座子的青石，后两道为羊肝石，皆自然生成门的样子。传说，有三个神人想把麦地冲淹掉，就各自挑了两块大石头到三家厂（今易门铜矿）堵江。挑到这里时，公鸡叫了，神人弃石而逝，他们挑的石头就留在了这里，形成三道石门。村民出外，都要从那儿过一过，讨个吉利。彝族老人说，即便在兵荒马乱的情况下，从石闸门送出去的人，都能平安回来。

毕摩带人来到石闸门，对石柱群献祭烟、酒、茶，杀一只红公鸡，拜并念道：

天地三界，

大金（清?）国南安省管（辖）下，

楚雄府管下，双柏县管下，

雨龙白竹山来脉山管下，

法乌龙寺大庙管下，

狮子来脉山管下，石闸门管下，

麦地冲本经土主管下，

上有天地三界，下有地府二神，

来领牲！领生在前，回熟在后。

祷完，折青松枝一小截，破为两半，带皮凸面为背，木芯为面，将两段松枝掷于地上，一正（面）一反（背）为顺卦，两正（称阳卦）两反（称阴卦）皆为逆卦。掷三次，如均为逆卦，说明村里有问题，或是某神没请到，它有意见。毕摩急忙再祈祷一遍，重新念过诸神大名，然后再掷卜三次。这三次中，只要有一次讨着顺卦，就算“顺了”，众人立即烧香磕头，表明虎神已经请到。

在村西的石闸门请到虎神，并在祭祀场地吃过饭，毕摩又带人到南边的土主庙遗址，杀鸡献土主“咪司”，卜选“虎人”。小麦地冲土主的形象，据说是一位八臂大神，他骑白牛，一手托日，一手托月，其余六手各拿金铃、兵器等。土主庙毁于“文革”期间，未能重建，现在要祭，只好在过去神龛的土坎下，摆个简易神座，插一枝削去一面皮的松枝，代表天公地母人祖。神座前撒满青松毛，摆一个盛有米和盐的升斗，插香三炷，用大树叶编成酒杯茶具，斟酒献茶于神座前。祭司跪在神座前，手拿两截剖开的青松树枝，为跪在身后的四排男子一一掷卜，选出神灵允诺的扮虎之人。

化装表演是虎节里最有特色的一项活动。初八这天只化装成四只老虎。扮虎者各取当地出产的灰黑色山羊毛毡毯一床，用棕绳分扎毡毯的两角做虎耳，另一边则卷扎起来做虎尾，披在身上，即成虎形。扮虎者还要绘面涂身，用红、黑、黄、白诸色在脸上身上描绘虎纹。黑色用锅烟灰，黄色用黄连根（切开用酒泡，即出黄色），红色用一种叫红秋的染料，白色用石灰膏。现在用墨汁和广告色，色彩更艳一些。

初八是“出虎日”。傍晚，身穿无领长衫，头戴篾帽的“黑老虎头子”率众虎入村，在村中稻场上宣布虎节规矩，诸如禁白、禁打伞、禁男女嬉闹等。然后，他手持一根竹竿，上挂一个钻孔的葫芦，内装火灰，一边抖动长竿，一边绕场行走，将火灰撒向围观的群众，同时高声呼叫：

卖药！卖药！

卖癞子药、摆子（疟疾）药、

漂沙（妇女不孕）药、

头疼发烧药、烟袋脖子（甲亢）药……

我葫芦里有九十九种药，

能医九十九种病，能镇九十九种邪，

能克九十九种魔，快来买药！

快来买六畜消瘟免疫药！

快来买五谷生长灭虫药！

快来买救苦救难免灾药！

罗麻！

随着“罗麻”（老虎）这一声喊，放在场子东西南北四方四路的四门铁炮一齐轰响，四只老虎的扮演者抖动着挂在脖上的铜铃，从四方舞蹈入场，敲着羊皮扁鼓的四个鼓手、一个锣手随行伴奏。虎队按以下套路跳虎舞：

老虎出山。（彝族老人说：“老虎住山上，人请它回来嘛。”）

老虎放爪。（彝族老人说：“脚爪放开，容易下山。”）

老虎开门。（彝族老人说：“进村，要过石闸门。”）

老虎蹉脚。（彝族老人说：“像人走山路，路烂了，跺跺脚上的泥。”）

老虎搭脚。（彝族老人说：“意思是老虎过山沟了。”）

老虎勾脚。

老虎擦屁股。（两人边舞边互相挤擦臀部、胯部。彝族老人说：“这还不懂么？就是要干那种事了！”他们一边说，一边用手势比一个性交的动作。）

老虎亲嘴。（舞者脸擦脸。彝族老人说：“还是那个意思：男欢女爱嘛。”）

老虎穿衣。（舞队互相穿插运行。彝族老人说：“老虎亲嘴之后，它喜欢了，就要穿花，耍了。”）

老虎前对脚。（舞者朝前踢脚互碰）。

老虎后对脚。（舞者朝后踢脚互碰）。

龙摆尾。（列队边舞边回旋运动。彝族老人说：“排队绕弯弯，表示快完了。”）

与此同时，全村男女老少，也都围着众虎，随着虎铃和皮鼓有节奏的响声，有的吹竹箫，有的弹弦子，有的唱“阿索喳”情歌，有的跳传统的“合脚舞”或即兴歌舞，全村狂欢，直到深夜。

从正月初九开始，每天的舞蹈都在前一天的基础上增加一个扮演虎的舞者，一直增加到虎的扮演者有八位为止。从这天开始，每天的舞蹈形式也有所改变：初九表演犁田，初十表演耙田，十一表演撒种，十二日表演拔秧，十三表演栽秧，十四表演薅秧，十五表演收割。

正月十五是老虎节的最后一天，叫“八虎拜年日”或“斩扫祸祟，送虎东归日”。这天，要再次卜选扮虎者。全村成年男性，不论婚否，都要聚集到土主庙遗址，由毕摩用松枝打卦，毕摩念一个人的名字，便如此祷告一遍：

某某人来选老虎，
山神老祖同意么就给个顺卦，
阿波索波（土主老爷），
正月十五是黄道日子，
我们今日来送老虎，
某某人，我们选他做老虎，
你同意么就给个顺卦。

送出八名扮虎者之后，虎队在黑虎头子的带领下，连同两位扮猫者、两位扮山神者、四名鼓手、一名锣手，共十八人，挨家挨户去扫邪除祟。这一活动从天亮虎时（寅时）开始，到夜里鼠时（子时）结束。

这天，太阳初升，鼓队便敲响羊皮扁鼓，招来全村村民。

挂葫芦卖“药”的黑虎头子，当众再度宣布虎节戒律：禁穿白，禁打伞，禁男女纠缠、扰乱秩序。接着，黑虎头子又一次抖动挑在竹竿上的葫芦，高声叫卖葫芦里那些消灾免难的药（依然以火灰为象征）。铁炮鸣响，八虎的扮演者从四方入场，率众起舞。

当村民纵情歌舞的时候，在锣鼓的伴奏下，虎、猫、山神的扮演者一边跳跃，一边挨家挨户扫邪送祟。每到一家，虎队在院子里跳虎舞，公母二猫的扮演者则直入户主堂屋，一边打闹，一边把户主准备好放在家堂供桌上的一块腊肉、一碗米以及一些钱（六分、一角六分、三角六分、一元六角不等，只要面值中有六均可）倒进羊皮口袋里，双双携手退出。

两虎的扮演者匍匐于门槛上，扮成山神的两个毕摩左手拿三炷香，右手拿铃，抬起左脚跨在虎的扮演者的背上，念咒词道：

老虎耍一耍，家家耍一耍，
耍到某氏门中，
头疼发热耍出去，
鸡猪鹅鸭不顺的耍出去，

牛马六畜不顺的耍出去，

烟袋脖子耍出去，

眨巴烂眼耍出去。

金银财宝耍进来，

五谷六米耍进来，

牛马六畜耍进来，

细脚细手（好人才）耍进来，

搽脂抹粉（喻漂亮女人）耍进来，

六年老米挂脖子（喻存粮多得变成难下咽的陈仓米），

三年腊肉哈喇气（存肉多得变味），

烤茶要嘎香，烤酒要嘎辣，百福百寿耍进来。

哪家好么某家（指户主）好，

哪家旺么某家旺！

念完，在门口插香三炷，三出三进先拜天（正堂），转出来再三出三进拜地（门），拜完，与两虎的扮演者一同退回院子，接着跳虎舞。跳了一会儿，主人抬出米酒和糖水，老虎头立发一声吆喝："老虎请外客！"虎队一边跳舞，一边帮主人敬酒、递水，送给围观群众喝。最后，虎队再跳三圈虎舞，这一家即算"打扫"完毕。接着再进第二家，一一逐户"打扫"，直忙到夜里。

等家家的邪秽祸祟都扫完，老虎头即带领虎队和由十五岁以下童男童女组成的香火队，边舞边向村外走，并象征性地由虎队背着两个山神的扮演者走一段路。到达村南一座叫"送魂梁子"的山头上，众人在专门送鬼的场地再狂舞三圈，然后停下，在石虎前插下数百炷香火，卸去虎装和其他装扮，全体人向东跪拜，毕摩祝云：

……千年万载成立的虎节古礼，

合村人等，祭送老虎！

众人齐念：

消灾解难，兴顺万事！

毕摩再祝祷：

合村人等，

祭送火神娘娘、水神娘娘！

众合：

除祛百病，人畜安康！

叩首祭送完毕，所有在场的人共同分食猫的扮演者从各家叼出来的腊肉（只许用手掌捧着吃，不准用碗筷），“虎节”即告结束。

上面记述为两位60多岁的苗姓彝老介绍的虎节简况。化装跳虎祈吉驱灾，是虎节的主要内容，十分显然，这个活动，至少与古代以虎御鬼辟恶、镇压祸祟的“驱傩之礼”是相关的。在汉墓壁画中，虎神“强良”作为打鬼吃妖的“十二神兽”之一，立于门旁。虎节跳虎并逐户驱扫邪祟，以及在门头悬挂虎头“吞口”辟邪的习俗，当与古代傩祭相关。“傩”音与“罗”相近，小麦地冲彝族称虎为“罗”，是否正如彝族学者刘尧汉先生所言：傩的原义是虎，虎是傩祭主角呢？至于虎节由猫虎的扮演者表演的耕作舞，是否也与古代“迎猫，为其食田鼠也；迎虎，为其食田豕也。迎而祭之”的蜡祭相关呢？而虎图腾与傩，又有什么联系呢？所谓“傩蜡之风”，是中国传统社会的一个重要文化现象，它们如今还这样独特地合成在、保留在云南的一个小山村里，难怪研究者们纷纷前往求幽索隐，视为“活化石”了。

三、傈僳族火把节①

在西南许多民族中，傈僳族有较为隆重的火把节习俗。火把节在农历六月二十四，之前的几天时间，各家分别从山上找掉在地上的松树枝，将其晒干捣碎，再准备一些柴，劈好，一把把地捆起来，用来做火把。有的人还在里面加一些硬松油春的松香粉末。二十四日当天，天黑之后，年轻人和孩子把松油洒在火把上，举着火把来到田里转圈，然后把火把插到田里驱逐害虫。这时田中的秧苗已长高，举火把的人边走边念“秋（烟熏）魇（瘴气）解魇，秋蛇虫蚂蚁”等。随着人数越来越多，整个古永坝子中星星点点，到处有火把在绕动，十分壮观。之后还要在自家房前屋后和菜地边绕行，边走边念：“火把节，小瓜葫芦广广（果实累累）结……”再将香炉中烧化的香灰兑清水，洒在房前屋后。火把节的主要目的，是要驱除黑暗、害虫和邪气，祈求丰产丰收。

对腾冲古永傈僳族而言，此时庄稼没有成熟，火把节也不重要。由于周遭的民族都过火把节，部分傈僳族也受此影响。至于在怒江一带傈僳族中流传的火把节传说，讲述的是傈僳人受到诸葛亮的保护，当地人为他南

① 本田野笔记由中山大学社会学与人类学学院2007级博士研究生熊迅撰写。

征的军队提供夜间照明的故事，后来就演变成了火把节[①]。古永傈僳族基本不知道这一传说，极少的报道者模糊地知道与诸葛亮有关。对大多数古永傈僳族来说，火把节意味着一个时间的节点，在节日中，家庭成员可通过烟熏的方式来驱除毒虫、清洁房屋，一家人也借节日之机改善一下生活，或者向祖先献祭。

笔者以花村尼扒老蔡家的火把节为例，来说明傈僳族如何整合不同的民俗。农历六月二十四是火把节，汉族需要转田，傈僳族则不用。火把节表示一年就要到一半了，花村的尼扒[②]（巫师）决定拜祭负责大牲畜生长的"养生嬷嬷"和负责猪圈平安的"米拉尼"，此外还要献家堂。他说：之所以要拜祭，一是因为上半年猪长得好，没有生病；二是因为前年一次"耳朵叫"（耳鸣），请另外一个尼扒打卦过后，查出来是三崇老爷引起的，"许"[③] 之后慢慢就好了，因此今天也要"谢"三崇老爷。

早上，尼扒搭着侄儿子的摩托车去市场上买了两只鸡，回来的时候他的三女儿也到家里来了，带了一头小母猪作为见面的礼物。儿媳妇在外面忙着收拾带来的猪。

大约十点钟，尼扒的朋友过来帮忙，他则忙着在别扒的桌子前摆上十个酒杯、一碗水、一碗蒿子水，并在碗底压上二十元钱，请别扒下来享用。由于三崇老爷是汉族，因此不能在家堂上和祖先一起拜祭，而要转过身来，在朝向大门口的方向跪下，请三崇老爷来享用茶饭。这一天，尼扒的邻居以及一户汉族人家都邀请他去主持献祭祖先的仪式，因此他需要赶快做完家里的仪式。

请别扒后，要到家堂右侧的卧室拜祭养生嬷嬷。

养生嬷嬷是直系的女性祖先，也包括"妈扒""辟妈"等。据说，她们的力量会使牲口得以平安。女人生小孩、女人生病、为小孩起名字时也会请求她们的庇护。其供奉位置在正屋右侧的屋内，为一个用木板搭建成的一人高的平台。总的说来，养生嬷嬷的管辖内容基本上和傈僳族日常生活中的女

---

① 斯琴高娃、李茂林编著《傈僳族风俗志》，中央民族大学出版社 1994 年版。

② 访谈资料：CDG，男，65 岁，2009 年 8 月 14 日，CDG 家中。

③ "许"是一种仪式技术，多由尼扒代替当事人来操作。一个人在身患原因不明的、较轻的疾病时，往往先打卦查，然后向可能造成这种状况的神或鬼许愿，承诺在病愈之后，要另行献祭仪式，即"谢"。如果身体没恢复，则不用献祭。

性分工一致。虽然在一些仪式中，她们和别扒一起被召唤，但力量小一些。而且不能在家堂里面供奉，因为过去人们认为“女人的地位没有男人高”。她们在过年、火把节，以及通过仪式治疗一些特殊疾病（如妇科病）的时候被供奉。供奉时需要两炷香、两个酒杯、两张红纸、两只小鸡。这些小鸡要由“家里面的女人”吃掉，家里面的女人包括嫁进来的媳妇，出嫁的姑娘不算在内。因此尼扒在拜祭的时候，回来过节的三女儿不能进门，留在身边帮忙的是他的儿媳妇。

尼扒开始拜祭并念诵，念诵的基本内容分为两部分：一是感谢养生嬷嬷以前的照顾，二是希望她们以后继续照顾。念诵的调子和跳嘎时的调子类似，每两句内容相似的句子为一组，通过和祖先对话的形式念出来：

这么长的时间你们一直帮看着，病的时候你们也来招呼（帮忙），你们好好地看着这一个家，平常打卦的时候也叫着你们。以后你们也要让家里面顺顺利利，看着大门和屋门，一般的疾病不要让它们进来。

念诵完成后杀两只小母鸡，用鸡血献养生嬷嬷，煮熟后再把鸡肉端上来献一次。之后，尼扒端着蒿子水、净水、米饭、一只煮好的公鸡、纸火，来到猪圈。该猪圈建在刀杆场的边上，是尼扒的儿子自建的，当时向吴家冲村民买了一小块地。除了猪圈，还建了一个烤酒的灶房，每次烤酒留下的酒糟正好做猪的饲料。

尼扒在猪圈中间摆上祭品，点上香，找了张纸板垫着跪下，开始拜祭猪圈内的米拉尼。尼扒说：“去年猪圈修好后就献过一次，献过后猪都没有死掉的。虽然也有猪生病，但后来都活过来了。其他家的猪就死掉不少。所以要感谢米拉尼。”除此之外，因为他的老婆一直腰痛，经另外一个尼扒打卦，说是和猪圈的米拉尼有关，也需要献祭，所以尼扒这次就一并献祭。拜祭的内容为：

今天这一天，今天这一夜，我媳妇身体不好，我老婆腰上不好在。打卦打着你米拉什扒，算卦算着你米拉什妈。你好好地帮着她，你好好地帮看着她。不要让她腰上痛，不要让她身上痛。

念完后，点上六对锡箔做的纸火，整个仪式就算完成。之后，他又赶往另外两家，分别请每家的别扒和养生嬷嬷下来领受献祭和香火，过程及内容与在家里举行仪式时相类似。可以看到，虽然是过火把节，但尼扒的行动和火把节并无太多关联。笔者在火把节当天，并没有看到花村傈僳族人做火把、围着篝火起舞。倒是观察到好几家都在忙着举行和身体健康、牲畜兴旺有关的仪式。而在商业场所，一群傈僳族小伙姑娘又被召集起来，为宾客们表演三弦舞助兴。

四、怒族祭病鬼[①]

怒族祭祀有关疾病的鬼，主要有关节鬼、冷鬼等。各种鬼管各种病，祭不同的鬼唱不同的祭祀调。

怒江峡谷湿度大，来自雪域的江水又极寒冷，走路涉水难免受寒，所以这里的人易患关节炎。人们认为这是一种叫“关节鬼”的邪灵祟人所致，谁关节痛，谁就要祭关节鬼，故祭关节鬼这一仪式较为流行。

祭关节鬼不杀牲。只用一块石头，上面竖把砍刀，刀把靠在病人疼痛的关节部位，祭司左手扶着刀把，右手持把镰刀，随着《祭关节鬼古歌》的节奏，用镰刀在砍刀背上上下下来回刮动，唱“撰！撰！撰！”（意为“打！打！打！”）时，用镰刀背使劲敲打砍刀背，然后将石头、镰刀、砍刀一齐扔出屋外，扔到很远的地方。意思是表示所有的鬼都祭了，让它们不要再跟着人了。

这个仪式不在野外而在家中举行，波郁祭司在他家火塘边完成了这个祭祀。被烟熏得漆黑的小木屋里，闪烁的火光使祭司的脸显得变化多端。老人专注地与“鬼”搏斗，镰刀使劲地刮着砍刀背，头上冒着汗珠，口中念念有词，时而沉缓，时而激愤。火苗忽高忽低地蹿跃，小木屋里一片莫测高深的气氛。老祭司被旧毡帽半掩着的脸，也忽明忽暗地闪烁着不可捉摸的神情。

祭关节鬼的祭词：

今天我要说的这件事，人类的儿女子孙，蛇氏族的后裔，舅女的祖业挫败了，侄儿侄女难度光阴，父亲的家业挫败的时候，舔吃我儿女心肝的鬼儿子（来了）。天神会来拯救我儿女。这儿女是神赐给的。儿女长大了的时候。这是神特意赐给的，他是跨出门槛不转背斜瞅父母的好儿女，不点松明冲撞日月光辉的好儿郎。剧烈疼痛难忍，狠心糟蹋欺负。我用特别锋利的刀子刮不掉时，我用特别发亮的刀子削不掉时，我去碧巧请祭司看，我还要去找三面石卜卦。瞧，白人挑选野豆角一样；看，怒苏人挑选傈僳一样。他是不偷盗的儿女，他是不偷窃的儿郎。

① 本田野笔记由周凯模、李卫才（怒族）、邓启耀合作撰写。

长得像花一样美丽，长得像手镯一样漂亮。瞧，关节鬼像旋涡水一样转来的时候，我用闪闪发光的刀子没有刮不掉的。用特别发亮的刀子刮下去，我用能削干柴的刀子刮下去。咻咻！咻咻！咻！咻咻！咻咻！咻！瞧！厩里冬天的猪血，吃肉喝血不消喂给你。你像狗眼睛瞧着院坝里的干柴，喏！去喝水中央水鸟的血。今天我要说的这件事，去喝箭竹地里鸟的血。我是征服关节鬼的人，他不是偷盗的儿女，他不是偷窃的儿郎。

长得像花一样美丽，长得像手镯一样漂亮。刮刮！刮刮！刮！刮刮！刮刮！刮！瞧着，喝家里公鸡的血吧，去喝箭竹地里鸟的血吧，去喝凤尾竹地中箐鸡和鸟的血吧，去喝歇在园边树公鸟的血吧。吃肉喝血不消喂给你，喏！喝吧！喝吧！母亲不在世了祖业败，父亲不在世园边篾片断了。你喊哑了自己嗓子，你挥酸了自己的手。你阿妈去箐沟里挖芋头，你阿爸去拿丢失的园边棍。回去看守你的家业，回去重建你的家园。你住处是有鬼气味的地方，你舔吃的地方是上面凹箐沟里。刮刮！刮刮！刮！他不是偷肉装进自己背篼里的人，他不是偷蜂放进自己篮子里的人。他是天下拴猪一样受主宰的人，他是跨门槛不转背斜瞅父母的好儿女，不点松明冲撞日月光辉的好儿郎。回到你住的地方去，不要狠心咬人，不要狠毒糟蹋。回去看守房屋，回去重建家园。打打打打打打打！啊！嗬嗬！

要是有人突然肚子绞痛，祭司会认为他是被“冷鬼”缠上了。驱鬼的办法是用刀锋刮病人的肚子，然后把刀扔掉。

祭冷鬼（刮冷鬼）祭词：

呸！不知羞的树皮脸，不知耻的“白得烙”。父亲的那份饭也不留给，母亲的那份酒也不留下。只会用赖草秆秆做草垫，只能用江柴秆秆做枕头。这里不是你居住的地方，回到你住的地方去吧。把你丢到最肮脏的地方去，把你扔到不干净的地方去。呸！

祭关节鬼的音响很奇特：火塘里的木柴噼啪响着，祭司波郁老人沙哑苍老的声音，配着镰刀刮刀背的尖利金属声……虽在家里，却令人脊背发凉。

第三节　消克年除口舌

俗话说，谁人背后无人说，说说倒也罢了，就怕招惹上了口舌是非。“人言可畏”“恶语伤人六月寒”“一言以丧邦”，言语的力量不得不令人畏惧，口舌伤人变成是非的事情实在太多，需要通过某些仪式来化解，才能寻得一个清静的所在。

一、怒族“消克年”[①]

云南怒江傈僳族自治州一带的怒族怒苏人认为，做了噩梦，梦见不吉利的事，像河水干、太阳落、老树倒、山洪冲、石头滚、乱麻缠，或是人畜不兴，年成不好，便是撞上凶灾克年的“克鬼”了。就要请祭司用去邪的山茅草把克鬼刮掉。这种祭祀的祭场，必须设在离家一公里以外的山坡上，祭品用一只大红公鸡或一只小公猪。

祭克鬼祭词：

看管田地的神灵，管辖石崖的神灵，创造蚂蚁的神灵，管辖奇峰异石的神灵，管辖雌雄飞鸟的神灵，管辖森林树木的神灵，管辖高山平地的神灵。房后竹林地里，有屠杉树的地方。房前屋后的地里，管辖吟歌台的神灵，管辖下面平地的神灵。在房屋坡地里，管辖匹河野鸡来的地方的神灵，全都来帮我打官司。今天来帮忙祭克鬼，你瞧！儿女被鬼克了。今年年景不好，月亮不圆。今年克我的时日到来的时候，我从村头请到村尾，请他们帮忙也请不来，现在我来请你了。从白人到怒苏人中间，在雪白的刀子和磨石中间，我只用泼水做我的通事。在天地之间，用云雾和星星做通事来了。我不用空嘴来喊你，公鸡不叫就准备，天不亮就准备。我卖田卖地，卖房又卖三脚架，卖柴又卖草烟叶。清洗碗盏擦竹杯，拿来茅草秆，拿来上好的烧酒，拿来金花和银花。这些全都来做我的通事。

今年年景不好，说我被克了，说我被害了，说父子相克了，说母女相克了。我拿来白花花的鸡蛋，拿来雪白的白绵纸，炒金花，炒银花，赐给我一百岁，赐给我一千年，脚断接脚，头破包头，叫我瞎子睁眼。

我的梦兆不吉利，对我的儿女梦兆凶多吉少：常梦太阳落下山，常梦月亮爬上山。种地盘田不吉利，玉米上垂吊阴间篮，藤上一个节子结两个黄瓜；饲养家畜不吉利，孵出的鸡有大又有小，倒霉两只小鸡体相连，一窝里只下两个小猪仔，癞狗爬屋顶；看见屋角角，看见怪虫。别人的命好，别人的八字硬。常梦在我家里吃肉，常梦吃牛肉，常梦酿酒，常梦聚集人群，常梦请客；常梦剥树皮，常梦山洪冲下来，常梦滚石头，常梦老树倒，常梦河水涨，

① 本田野笔记由周凯模、李卫才（怒族）、邓启耀撰写。

常梦江水涨，常梦太阳落，常梦太阳升，常梦河水干涸，常梦江水干涸，常梦家人穿蓑衣。

来，帮忙用茅草捆刮掉，给你带来鸡身子吃，换回人身子。人肉是酸涩的，鸡肉是香甜的；人头是小的，鸡头是大的。让我找钱装满衣袋，让我狩猎装满口袋，让我找蜜装满竹筒，让我种地粮满仓。

不要让我去坏地方，不要让我在阴间，阴间里有野狗咬；不要让我在阴间，阴间有阴鸡啄；不要让我在雪山上，雪山上有寒气；不要让我在坡坡上，会刮阴风来；不要让我在箐沟里，会冲下来山洪，石崖崩塌下来的；不要让我去河边，河边河水涨。

回到阿爸居住的地方，回到阿妈生活的地方。今天都来做我的伙伴，今日都来做我的通事。三岁的公鸡现捉给你，刮掉我的病魔。像蜕蛇皮一样蜕掉，像剥树皮一样剥掉。

不要伤害人命，去害那只鸡命吧。不要伤害这群人的性命，他们是来帮忙煮饭的人，他们是来帮忙烧火的人。你在阴间写我的死书，还我在人间的活书；你在阴间写我的病魔书，还我在人间的长寿书。现在用生肉来喊你，现在用生盘缠叫你，等一会用熟饭来祭供你。

创造人类主宰万物的神灵，创造日月的神灵，创造三星的神灵，创造飞禽走兽的神灵。现在请你抓起这头猪的脚，刮掉这不好不干净的邪鬼。

食物饮料我不刮，刮掉病魔。喷给那些不好的歹人，喷给我的同辈人，喷给我的老耿，喷给那些诽谤我的人。不要克不要，不要凶不要，不要死不要，不要病不要，两折折拢刮掉它，三折折拢刮掉它，我编起角刮掉它，我交叉起来刮掉它。

财气我不刮，口福我不刮，美酒我不刮掉，高兴又欢喜。哞！哞！刮掉不好不干净的脏东西，一刮，两刮，三刮，四刮，五刮，六刮，七刮，八刮，九刮，给不均匀的由能人自己分吃，吃这个去吧！去吧！

二、怒族祭“诅咒鬼”“心疼鬼”①

祭祀伤人命魂的诅咒鬼、心疼鬼（嫉妒鬼）。

波郁老人认为语言的魔力最深不可测，仇人的毒咒可以置人于死地，好祭司的咒语也能化解一切灾难。

---

① 本田野笔记由周凯模、李卫才（怒族）、邓启耀撰写。

祭诅咒鬼祭词：

今天我要说的这件事，人类的儿女子孙，天神抚养的儿女。石崖神，舅父的祖业挫败了，侄儿侄女难度光阴。父亲的家业挫败的时候，天神会拯救我儿女生命。

这儿女是天神赐给的，这个可怜的儿女，她是跨出门槛不转背斜瞅父母的好儿女，不点松明冲撞日月光辉的好儿郎。

亚夸倒下来的时候，从河尾来打猎的，戳刺身体，疼痛难忍，刺痛身躯，日夜难熬。我的狗跑出去没法拴住的时候，我的梭子没法斗的时候，我的纺车没法转动的时候，我去碧巧看相又打卦，去看三面石，去看祸福凶吉。

今天，我要对诅咒人说，我一听见就带来值钱的祭品，带来一个身附病魔的病人，梦见值钱的栏杆掉落在右边，带来一个被亚同肯诅咒的病人。我的九只鸡不知道祭给谁的时候，我的九簸箕盘缠不知道祭给谁的时候，我去碧巧看相又打卦，去瞧三面石，去看祸福凶吉。

今天，我对诅咒人说，拿来九只鸡祭给诅咒儿女的鬼，捉来九只鸡祭给害人的大马蜂。你去诅咒生有翅膀的鸡，今天要解掉拴在病人头上的铁链子，解掉缠在身上的藤篾条。

今天我要说的这件事，不要死钻硬戳心窝，不要狠刺躯体。他不是偷肉装进自己背篼里的人，他不是偷蜂蜜装进自己篮子里的人。他是天底下低头忍让过日子的人，他只是会吃别人给他糠皮的好儿郎。

不要死钻硬戳心窝，不要硬刺躯体，不要乱翻动肝脏躯体，不要乱蜇心肝肺脾，不要糟蹋肝脏心窝，不要戳躯体，不要刺身子。不砍竹节下扣子，竹子不死；不砍实心竹下扣子，竹子不死；不砍竹节下扣子，竹子不死；不砍实心竹下扣子，小竹不倒。

砍竹子下扣子时，我这蜂儿牛羊夸；站起来有人家高了，生活也像别人一样自在。高节的竿竿不倒，河尾的猎物不能打，不能戳躯体。喝这鸡血陶醉吧，吃这猪肉吧。鬼啊，歇在这个肮脏处去吧。诅咒人，去吃那飞着的大马蜂吧。去诅咒生有翅膀的东西，像人们忘了刺一样忘却了吧。今天我所说的这些话，叫你听在耳里记在心里。

你露出咬人的凶模样，咧着嘴，龇着牙。不要挡住我狩猎视线，不要挡住我射箭视线。等会儿我从高山砍来竹节子，把它推到下面去。不兴的不要面向我，不好的不要碰撞我，死神不要跟着我。

今天这件事，亚托肯的诅咒人，夜晚不要去巡视，不要去害人，要歇歇在蚂蚁身上，要诅咒就诅咒蚂蚱。揩九次身上的病魔，揩四次身上的病痛，身上不要染上病魔。说了不要不听话，不要歇在高竿竿上，河尾的猎物不要射。

哦，揩掉！揩掉！解掉一个疙瘩，解掉两个疙瘩，解掉三个疙瘩，解掉四个疙瘩，解掉五个疙瘩，解掉六个疙瘩，解掉七个疙瘩；喝了鸡血陶醉吧，吃了鸡肉腻烦吧。咻！咻！咻！

诅咒人也喝血吧，亵渎者也喝血吧；我所喊的都来吃祭品，我不是用嘴巴来哄骗。喝血吧，让碓舂不细的鬼、诅咒人，喝血吧。

哦！天色昏暗时喝血吧，太阳刚出山时喝血吧，不要客气。天神也喝血了，獐子也喝血了。不让死钻硬戳心窝，不要狠刺躯体肝脏。喝鸡血去吧，吃鸡肉去吧。

亚托肯的诅咒人喝血吧，诅咒人的灵魂也喝。咻咻！咻咻！咻！今天，我砍来竹节推下去，今天，我认真挑选，选出上好的祭品祭给你。梦见诅咒人在左边，梦见亵渎人在右边。这对夫妻还没有同居共同生活，剩有冬天煮的饭也受诅咒，她只去看姑娘伙伴做针线处。亚托肯的诅咒人，亚沙瓦的亵渎人，儿女被诅咒而生病了，儿郎被亵渎而害病了。他是天底下低头忍让过日子的人，他只是会吃别人给他糠皮的人。今天这件事，去里屋冬天养着的公猪那里，吃那沙沙和糠皮去吧。瞧，用竹节实心竹下竹扣没有扣不住的。到院坝狗眼睛那里去吧，砍了骨头祭给你。

拿来女人冬天捻的一卷麻，拿出男人的一份穷家产，我为你下竹扣。酒罐里溢出的酒汁，不让他嗅。

不要刺心窝窝，病人好了我下竹扣，人病不好我不下竹扣。不让他离开阿妈的床边，不让他离去阿爸的卧室。去里屋冬天养着的公猪那里，吃那沙沙和糠皮去吧。

从路边来的雀鸟在竹扣里没有下不着的，砍九截竹节推下去，用实心的竹竿扒下去。亚托肯的神，创造人类的神，人类的儿女。害人的邪鬼，诅咒的人，诅咒人的灵魂，你一无所有了吗？

不要喝人血，人血有毒，做旧赖鬼不好；不要吃人肉，人肉有毒，味道麻又辣。喝这鸡血陶醉吧，吃这鸡肉去吧。邪鬼，到肮脏的地方去吧，恶鬼，去吃会飞的马蜂去吧。

麦子地中间獐子和野鸡不会来，深箐里有公箐鸡，坡地里有公野鸡，箭竹地里有竹鸡，凤尾竹地里没有野鸡和血雉，地中间有野鸡，水中间有公水鸟。天色昏暗的时候，我砍下竹节去下扣子；大地没有漆黑的时候，我砍下竹节下竹扣。不兴的事不要碰撞我，不要梗死我。我不离开阿妈的床边，我不离开阿爸的卧室，我从左边河射到右边河，我把诅咒人的灵魂射下去。

我从左边到右边，用实心竹推下去，用实心竹割破掉。没有不生病的儿女，留一条天赐的活命；没有不下雨的天，雨后必有晴天。

带来一个亚托肯的诅咒人，带来一个诅咒人的灵魂，带来一个被人诅咒的儿女，带来一个被邪灵害病的儿郎。我砍来竹节把病魔推下去，缠住牛羊夸的那只鬼，用实心竹推下去，用实心竹扒下去。

亚托肯的诅咒人，诅咒害人的邪灵：你自己诅咒自己，日落一样落下去；你自己亵渎自己，更换月亮一样了断你自己。祭给你，不要不领受，送来祭品不要拒绝吃，不要戳身子，不要刺躯体。

不要狗一样睡一窝，不要猪一样睡一堆。诅咒人，没有草垫，用赖草秆做草垫，亵渎人，没有枕头用柴坨坨做枕头，带大芋头去天上吃，不种地也不消盘田，到天上去吃吧。

我用骨头堵塞你的路，我用斧头砍断你的去路。叫你，你就来，用骨头把诅咒人推下去，不要叶渣灰尘一样飘过来。喏！喝这鸡血走吧！吃鸡肉去吧！喝猪血去吧！吃猪肉去吧！这里不是你居住的地方，这里不是你的歇脚处，走吧！

陌生人是许多地方的人都特别防范的。在怒江地区，如果谁肚子疼或心口疼，正巧之前家里有来客，便会认为是客人的魂灵嫉妒而作祟，就要祭心疼鬼。

祭心疼鬼祭词：

呸！不知害羞的母狗脸，不知羞耻的母猪相，乱咬人家的肚子，乱翻人家的肠子，说别人吃些什么？吃肉？或许舔蜂蜜？今晚上，来了老姆登人，今夜里，来了知子罗人，乱讲别人吃东西，乱说别人喝饮料。我不吃不喝，先供给你们。人家吃米饭，你乱讲诽谤人家；人家吃鸡蛋，你乱说，毁损别人；人家吃公鸡肉，你也乱讲别人。野地里的野公猪一样，嘴馋心黑，嫉妒别人吃东西。

嫉妒别人吃东西的，不知是在村头的女人，不知是村尾的男人。供给乱讲别人吃东西的人，端给乱讲别人喝饮料的人。吃不了的揣在裙口腰里去吧，喝不了的带回去喝吧。七个人排在一起吃，九个人排在一起喝。你讲别人吃东西，你拿去吃吧；你说别人喝饮料，你拿去喝吧。

把你丢进大河里，把你扔进大江中。说别人吃什么香的？讲别人喝什么甜的？乱咬，乱戳别人，不知羞耻讨乞不止的人。

你饿了，做讨乞别人的乞丐。不知是村头的？不知是村尾的？有亚托肯村人，有亚沙瓦村人。他们的名字提不完，他们的事情讲不完。你嫉妒，你自作自受吧；你挖苦，你咎由自取吧。

不知害羞的母狗脸，不知羞耻的母猪相。呸！把你丢进最肮脏的洞里，把你扔进不干净的狗屎堆里。你这卑鄙无德的人，没有礼貌的人。呸！

祭司波郁老人喋喋不休骂了好半天，才把所有的脏话和诅咒说完，同时把冷饭狠狠撒出去。

三、傈僳族“赶口舌鬼”[①]

在傈僳语中，“哑洌”、“瘪洌”、“滑亥皮苏克”（找肉魂的）、“哑亥皮苏克”（找谷魂的），统称为“口舌鬼”，即看到人家生活好就要害人家的鬼，被视为一种类似于巫术的邪恶力量[②]。

赶口舌鬼的仪式一般只在晚上举行，但仪式的准备工作下午就开始了，通常要先到街上买两只牛脚，褪毛后长时间煮制。尼扒提前削树枝制作用来象征口舌鬼的物品：将直径约十厘米、长约一尺的小树干纵剖两半，取其中一半，一端削成斜面，一端削尖。在纵剖面上用木炭画上一个人，头顶再画上老鼠、蚊子等被认为是有害的生物。削成的斜面处于动物的上方，画上太阳或月亮。因为口舌鬼有四种，因此需要制作四个这样的物品。最为突出的地方是，这些小人的胸口，都画上一个圆形的圈，表示心脏的位置。它们被放置在竹子和草编成的边长为一尺半的托架上，两边再摆上同样处理的树枝，但画着树枝图案。托架四角都插着用白色草纸做的小旗子，另外插两朵纸花、四炷香、一个鸡蛋。整个托架主要用来形象化地表现口舌鬼所在的空间。在

---

① 本田野笔记由中山大学社会学与人类学学院2007级博士研究生熊迅撰写。

② 在丽江附近的纳西族地区也有“口舌是非鬼”的观念，但与古永傈僳族不同的是，纳西的东巴是“供养口舌是非诸鬼”的，其仪式叫作“祭崩”。举行仪式的同时，还要广邀宾客。所以其是一个献祭的仪式而非驱赶的仪式。参见鲍江《象征与意义——叶青村纳西族宗教仪式研究》，中央民族大学博士论文，2003年。

接下来的过程中，口舌鬼会被尼扒在仪式中杀死。

在做保驾之前已经请过自己家的别扒下来。吃完晚饭，尼扒就开始装备自己：背上砍刀，带上匕首状物品，帽子后檐、后腰及胸前各别上边长为一尺的棕毛毡一块，用来挡住可能遭到的鬼的袭击，左手拿一根一人多高的梭镖。尼扒把刚才做好的托架放在堂屋内靠门口的位置，口舌鬼的头朝向门外。尼扒在地上用两把砍刀交叉起来呈剪口状，刀口向外，脱掉鞋子后右脚踩在砍刀交叉处。右手拔出砍刀，用刀背大力敲击放在旁边的一个犁头。发出当当之声，同时大声念诵：

呔！阿破！阿铁！（驱赶的拟声词，模仿用刀敲响器的声音）哑冽什扒、哑冽什妈、瘪冽什扒、瘪冽什妈、滑亥皮苏克、哑亥皮苏克。不知道你们是不是某家的口舌，这一家人，这一家有功的人，成天干活稻谷好的人，看了说能吃了的人，去找钱说找到钱的人，找好的说又找到好的人。你口舌什扒，你口舌什妈，你黑口舌什扒，你黑口舌什妈，今天晚上你们的吃什扒来了，你们的吃什妈叫过来了。这一家人，这一家有功的人。你们拿走肉魂还肉魂，你们拿走稻魂还稻魂，你们拿走财魂还财魂，你们拿走好的魂还好的魂。你们在干活处拿走，就还在干活处。你们在做饭处拿走，就还在做饭处。你们在篮子里拿了就还在篮子里。你们在泡酒处拿了就还在泡酒处。你口舌什扒，你口舌什妈。养牲口说牲口好了的人，养鸡说鸡好了的人，做饭说饭好吃的人，泡酒说酒好喝的人，赶蜜蜂说赶着蜜的人，去找钱说找到钱的人，找好的说又找到好的人。这一家人，这一家有功的人，你们在这一家待得长了，你们在这一家在得长了。你们高高兴兴地回你们的家，你们高高兴兴去找你们的身。你们高高兴兴地去找你们的大儿媳妇，你们高高兴兴地去找你们的小儿媳妇，给你们一只鸡头鸡身，给你们一头猪头猪身，给你们一只牛脚牛身。你们的兄弟姐妹有四个，一个给你们两面旗。这一家人，这一家有功的人。过了今天晚上，过了今天，你们拿走了财魂还财魂，你们拿走了好的魂还好的魂。在支扣子的地方拿走的就还在支扣子的地方。来拿领牲，来拿鸡位，来领受！

之后杀一头猪、杀一只小鸡，把血液洒在口舌鬼的象征物上面，再念：

你口舌什扒呢，你口舌什妈呢，给你们一头猪头猪身，给你们一只牛脚牛身。不要让它们（各种好的魂）过坡，过坡了要帮堵上。需要堵的时候帮整整，需要堵的时候帮献献。让它出肉，让它出粮出米，不要让它出死的病的。你们还肉魂、还米魂，还儿子魂、还姑娘魂。来领受！

其目的是通过献祭，让口舌鬼拦住被赶走的当事人灵魂。很快，煮熟的小鸡、猪身、牛脚骨头，还有一碗米饭被端上来，尼扒继续念诵。

呔！（刚才提及的所有的鬼），刚刚还只是领牲，刚才还只有酒位。煮肉肉还不冒香气，煮饭饭味还不香。唖务妈（大吃的女人，意为喜欢眼红人家的食物）来吃得了，多务妈（喝得多的女人，含义与上面一样，她们也是口舌鬼的一种称呼方法）来喝得了。有人这家人，有功这家人。不晓得你们是不是蔡家的，不晓得你们是不是佘家的。不晓得你们是不是汉人，不晓得你们是来自哪里的。不晓得你们的名字，不晓得你们是不是我们的人。我找来香火，我找来猪身，我找来鸡身。你们兄弟姐妹四个，你们这样这家人。你们拿了肉魂还肉魂，拿了稻魂还稻魂，你拿了儿子魂还儿子魂，拿了姑娘魂还姑娘魂。你们拿了一种还两种。口舌什扒、口舌什妈，你们在支扣子处拿了还在支扣子处，你们在生儿子的地方拿了就放在生儿子处，你们在抱女儿处拿了就还在抱女儿处。你们放回你们拿走的地方。你们这样大，你们这样高，你们这样辣糙，你们这样强。找钱让他们好找，找好的让他们好找，脚落地就踩着财，手抬起来就拿着好的。唖冽什扒、唖冽什妈、瘪冽什扒、瘪冽什妈、滑亥皮苏克、唖亥皮苏克，你们来吃，你们来喝，来领受！

到此为止，仪式仍然和献祭天神、土地的仪式一样，主要目的是请口舌鬼过来享用拜祭物。但之后，放置口舌鬼的托架及拜祭品被抬到门外并转向180度，小人的头部对着大门，口舌鬼马上从被供奉的对象变为被追杀的对象。其后画着的四个小人形象被拿下来，并排直插在堂屋门口的空地上，小人面对大门。尼扒拿起梭镖，念诵：

呔！（刚才提及的所有的鬼），你们上不得天，你们进不得地。你们说你们要上天，大蜜蜂来赶你。你们说你们要进地，土鼠来翻你。我是让你们见好的人，我是让你们见吃的人。我是让你们变高的人，我是让你们变强的人。我讲的话像打雷一样打呢，我做事像打闪电一样打呢。唖务妈你来吃，多务妈你来喝。吃了喝了还回来，吃了喝了交回来。你们拿了肉魂还肉魂，拿了稻魂还稻魂，你们拿了儿子魂还儿子魂，拿了姑娘魂还姑娘魂。（当事人把含在嘴里的肉又吐出来。）吃还给你们，喝还给你们。

助手拿起弓弩，对准小人胸口的圆圈位置射箭，小人应声倒地。助手同时大声说："呔！口舌什扒们，口舌什妈们。不是哪个什么都能看见，是我让你们什么都看见。露着胸接着了！”旁边的其他人帮腔齐声道：“倒了倒了！”接着从右往左依次射翻口舌鬼，由于弓弩力量很大，用竹签削成的箭深深地插进去，不会掉出来。尼扒每次都问：“你是不是着了（被射中）？口舌什扒、口舌什妈，你们是不是着了？”旁人均道：“口舌什扒、口舌什妈先去了！”射完四个口舌鬼后，尼扒也在同时把手中的梭镖扔出，扎在口舌鬼的象征物旁边的地上。

尼扒进入堂屋，端起蒿子水碗出门，向外喷蒿子水，使这一块空地洁净。其他两个相帮的人拿起托架和祭品（鸡、猪、牛脚的骨头和部分肉、鸡蛋）快速走出院子，尼扒用一束竹片做成火把，三人一起走到河边。把能吃的肉、蛋快速吃掉，骨头扔进河中，口舌鬼的象征物、托架、尼扒身上的棕毛毡等全都烧掉。表示口舌鬼被赶出这一家，再也不能回来。仪式基本结束，由于今天还同时请了保驾和土神下来，能够赶走口舌鬼也有他们的功劳，因此尼扒回家后，面对家堂的位置念诵，烧纸钱，感谢保驾和土神：

咊！我请土主什扒们、土主什妈们。我请保驾什扒们、保驾什妈们。请你们一天，把口舌什扒、口舌什妈送出去。刚刚给你们打十二对纸火，一次性给你们。这是你们的茶叶钱，你们一个也不要闹架。你们这样高，你们这样大。去哪里献鬼，不是我辣糙，不是我赢。请你们吃酒，请你们吃肉。别人献了十次不得，我们献一次就行了。不要让他成毒，名字不要让它掉。有鬼毒才有人毒，有鬼名掉才有人名掉。我的耳朵听不见，我的眼睛看不见。都是你们来做的，都是你们来帮的。你们吃肉，你们喝酒。

尼扒第二天回去后再“回堂”，感谢别扒的帮助，整个仪式结束。

四、傈僳族“赶咒神”①

赶咒神与赶口舌鬼在某种程度上类似。“咒神”是古永汉族对因眼红而陷害他人的鬼的称呼，并有相应的仪式专用纸马。傈僳族的仪式中也有专门针对咒神的称呼“克让哑”，即遇到有人诅咒或者眼红而遇到的陷害人的鬼。有

① 本田野笔记由中山大学社会学与人类学学院2007级博士研究生熊迅撰写。

时候诅咒并不是针对受害者，只是恰好遇上了[①]。人们认为，咒神多半是在汉族的地盘中游荡，遇到咒神会身体不好，打刀卦时能打到。

当事人一直身体虚弱，近段时间觉得胸口闷，打刀卦打着是咒神，便要赶咒神。咒神归天神、当事人的别扒或别的神收养，因此献它的时候还要顾及养它的神。而这次打卦并未能确定这个咒神是哪个神所收养的，只是知道是咒神，因此很多神都要一起请。还要请汉族的神“三朝老爷”。

尼扒先请自己的别扒，接着请其他的神下来帮忙，拜祭的台子摆在堂屋门口的位置，用一张小桌子。拜祭物同别扒的拜祭物，杀公鸡一只：

呔！我请帮我头上看的什扒，我请帮我身上看的什扒。什么地方都可以看见的神，什么东西都听得到的神。看得很远的神，听得很清的神。我请什扒们，什妈们。我请三朝老爷们，我请三朝百祖们，我请别扒们。你们从大到小顺着下来，你们从老到少这样下来，嘟！今天是二〇〇九年七月初七，请你们老人们来不是别的事，有这样一家人，有功的这家人。他舅这个人，一天有气不有气，一天有功不有功。吃饭饭不香，喝酒酒不香。做活做不得，睡觉睡不好。他的儿子、儿媳、女儿晓不得什么，晓不得是不是有咒神。要你们来帮看，要你们来帮瞧。来帮收拾咒神，来帮赶走咒神。他来请我帮忙，他来叫我帮忙。我耳朵听不见什么，眼睛看不见什么。是你们什扒、别扒看得见，是你们什扒、别扒听得见。不要一人叫两功，不要一人叫三功。有敬茶去喝，有敬酒去喝。用净水的拿净水去用，用蒿子的拿蒿子去用。你们还要去帮叫姑若嘛们，还要去帮叫什若嘛们。说是有咒神来帮收拾，说是有咒

① 此处的诅咒虽不能在严格意义上看作巫术，但是笔者仍旧认为其具有巫术性质。笔者此处想要讨论的并非是这种诅咒是否属于巫术范畴，而是意在指出这种违反“道德”的诅咒行为所带来的后果，对受害人以及其所处的社会所带来的影响。这种影响包括了受害人的行为（比如被动接受或主动反抗），也包括了受害人对这一影响所持的观念（如对诅咒行为的解释，对这一后果采取或宽容或仇恨的态度等）。玛丽·道格拉斯在《洁净与危险》中认为：在小规模社会中，一个人做了在道德上被认为是错误的事，那么要么是“违规者成为自己行为的受害者，要么是某个无辜的受害者遭受危险的冲击”。而在这种危险的情境下，当“自助成为纠正错误的唯一方式时，人们为自保而组成团体来为其成员寻求复仇”。同时，祛除危险有两种截然不同的方式：“一种是无须追寻危险源的原因并且不寻求附加责任的仪式；另一种是忏悔仪式。”而献祭就属于第一种方式。古永傈僳族显然是属于无辜的受害者，而他们所采取的祛除危险的方式显然是献祭。但是笔者认为，这对他们内心的认同仍然形成了影响，虽然行为上他们并未采取“复仇”行动，但却在观念上将危险源隔离开来。

神要帮赶。你们还要帮叫米拉什扒们，还要叫米拉什妈们。也叫他来帮收拾，也叫他来帮补。不是白白的叫你们，三岁的公鸡有一个，三岁的小马有一个。你们什扒、别扒们，心见到拿去了，眼见到拿去了。要双脚双手地出，不要单脚单手地出。脚不要给他长，手不要给他短。我耳朵听不见，我眼睛看不见。你们从老到少下来，把他弄干净了，把他弄白了。

随后要请拜祭当事人的父亲，他以前是很厉害的尼扒。因此也算是尼扒要请的别扒。尼扒按照亲属关系称呼：

呔！我请我的三舅，你三舅什么都能看见，什么都能听见。你是献过了的别扒，你是辣糙的尼扒。你和我的三舅妈，酒位茶位有两碗，你们一人一碗来喝。今天不是什么事情要叫你们，今天是你的儿子这个人，吃饭吃不香，喝酒喝不香。他的儿子儿媳妇都不晓得是不是你的咒神，不晓得是不是你管的咒神。三舅你倒着敬茶去喝，你倒着敬酒去喝。你也是什扒，你也是别扒。我们不晓得什么，怕是你带着一句咒着他。你儿子我的表弟，他吃饭饭不香，他喝酒酒不香，睡觉睡不着。打卦打着有咒神，怕是你带着一句。今天是叫你帮退了，今天是叫你帮收了。你眼睛看得见，耳朵听得见，你有三岁的公鸡拿，你有三岁的小马骑。如果是你的话，你也来帮拔，如果是你的话，你也来帮收拾。收拾了给他像树一样清秀，像清水一样干净。像树褪皮一样褪去，像竹笋褪皮一样褪去。他虽然是一个上门的人（当事人是缅甸人，因为妹子嫁过来这边，他也跟着来上门），他也是来追随你的。你是太阳不在就死了，月亮不在就走了。你也是有儿有女的，你有三个儿子。你种的根你种的头（你生下他们），说说让它们不要来领。过了今天晚上，太平无事，清吉平安。这是三岁的马，这是三岁的马来骑。三舅你来拿去，好好地让他白，好好地让他干净。收拾了以后，头上给他长命，脚上给他长命。一百三十岁，三百六十岁。等一会儿，肉你们夫妻俩搭伙拿去吃吧，三舅你拿去用吧。来领受！

再杀猪并请天神：

呔！我请我们地方的阿巴姑若嘛，阿冉什若嘛下来。我请什么地方都可以看见的神，什么东西都听得到的神。看得很远的神，听得很清的神下来。我请缅甸地的姑若嘛们、什若嘛们下来。我叫不到的你们自己叫，我请不到的你们自己请。下来受敬茶敬酒，敬茶敬酒拿去喝。蒿子拿去用，点着香火拿去用。今天是二〇〇九年七月初七。你们来，不是因为别的事情叫你们，有这样一家人，有功这家人。他舅舅这个人，吃饭吃不香，喝酒喝不香。他的儿子姑娘这一伙人，老了也不晓得（不知道他是否会死）。不知阎罗王见了没有，不知鬼王见了没有。不知是否有咒神，不知是否有咒神。不知是不是走路碰着了，不知是不是落脚落手碰着了。不知道你放在哪里，不知道是不是我三舅咒着了。他来请我帮忙，他来请我帮做。我耳朵听不见，眼睛看不见。我请着你们姑若嘛们，什若嘛们。敬了一天心见了，敬了一天眼见了。如果是咒神，让他脱了让他干净，让他脱了让他好。过了今天，过了今天晚上。让他吃饭香，让他喝酒香，让他睡觉香，让他坐得稳。不要让阎罗王见着他，不要让鬼王见着他。让他像太阳一样，让他像月亮一样。让他太平无事、清吉平安。

不是白白地叫你们，有献牲敬你们。用畜生的身体换人的身体，用畜生的手换人的手。换了让他好，换了让他有气。不要让他有咒神，不要让他有咒神。不要让他过坡，过了坡的帮补补。都拿去得了！来领受！

领牲完成后，分别献牲，之后仪式结束。第二天早上回堂：

呔！上面提到的所有帮忙的神（包括别扒，不包括咒神）。我去献鬼，我去做事。今天早上给你们回堂了，回了堂过后呢，帮保护这一家人，帮这一家人顺利过。不要让哪个去阴间，不要让哪个吃阴间的饭。不要让他头沉，不要让他身上难过。什扒、别扒，不是我强不是我赢。你们才是献鬼的，我只是请到你们。我耳朵听不见，眼睛看不见。你们什么都听得到，什么都看得见。你们是什么都晓得，所以才请你们献鬼。今天早上给你回堂，喝回堂酒吃回堂饭。你们这样大，你们这样高。每次去帮别人献鬼都好。别人献十回都不得，我们献一回就好。别人补十回都不得，我们补一回就好。不要让它成毒，不要让它掉名字。你们什扒别扒们，倒了两行喝两行，倒了三行喝三行。领受了！十二对纸火。你们一个分一点，你们不要闹架。你们什扒、别扒们，你们每个人分一点。来领受！

仪式中并没有针对咒神的特别的献祭和念诵，而是把咒神看作附属于天神或者当事人家中别扒、亡人的。因此仅仅通过请下别扒下来帮忙“退”就可以了。

第九章　宗教节日

中国西部少数民族文化传统差异很大，宗教信仰极为多样，其宗教节日，也根据各民族的传统信仰而呈现不同的形态。其中，最为复杂的是民间信仰，名目繁多，几乎囊括社会生活的所有方面。关于民间信仰涉及的节日祭会，我们在前面已经做了大量介绍，这里就主要介绍佛教、道教、伊斯兰教、基督教，以及宗教化了的儒教等。总体来讲，西北各民族以信仰伊斯兰教为多，部分民族亦信仰佛教（主要是藏传佛教）、道教和基督教中的东正教，同时，萨满教的部分节祭活动也会混杂在部分民族（如哈萨克族）的节祭活动中；西南各民族以信仰佛教（包括藏传佛教、汉传佛教、南传上座部佛教等）和道教为多，部分民族信仰伊斯兰教和基督教（包括新教和天主教），个别地方儒释道“三教合一”，形成特殊景观。当然，各民族原有的民间信仰，也会或多或少地与之互嵌在一起，由此形成相应的宗教节日系统。

第一节　佛教节日

佛教的主要节日即佛主、护法神将和菩萨的圣诞、成道日子。主要崇拜释迦牟尼佛、弥勒佛、药师佛等佛主偶像，韦驮、伽蓝、四大天王（东方持国天王、南方增长天王、西方广目天王、北方多闻天王）、哼哈二将等护法神将，另外还有十二圆觉菩萨、十八罗汉等。

主要信仰藏传佛教的藏族、蒙古族，重大的佛教节日有跳神法会、转山节、传大召、酥油灯节、晒佛节、释迦牟尼成佛日、菩萨或教宗成道日等。

全民信仰南传上座部佛教的傣族，重大的佛教节日有泼水节、关门节、开门节、赕塔等，均与佛教有关。

云南大理白族自治州的白族、彝族等民族，信仰较为复杂，除了民间信仰，儒、道、释在大理地区也有群众基础。如大理地区流布最广、人数众多的民间宗教组织“洞经会”“莲池会”等，其成员“见庙烧香、见佛跪拜”，其节祭活动囊括佛教、道教和民间信仰（本主崇拜、土主崇拜），各种名目的节日祭会特别多。

表 9-1　云南大理地区佛教节日祭会

节日名称	流行地区	时间（农历）	活动场所或活动主要内容
观音会	云南洱源茈碧	正月初一	到观音寺，吃素，念《观音经》
弥勒菩萨圣诞	云南巍山	正月初一	贺弥勒菩萨圣诞
定光佛圣诞	云南巍山	正月初六	贺定光佛圣诞
标山会	云南洱源茈碧	正月初七	标山寺，吃素，念《十八罗汉经》
本主大黑天神生日	云南洱源茈碧	正月初八	本主庙，吃荤，念本主诰
松花会	云南巍山	正月初九	主要在巍山小寺
放生节	四川江油市	二月	集中在匡山佛爷洞放生
南天门会	云南洱源茈碧	二月初一	赵天子庙，吃素，念《四愿经》
文昌会	云南巍山	二月初三	拜文昌，求功名
雪山太子会	云南洱源茈碧	二月初七	标山脚，吃荤，念《雪山经》
释迦牟尼出家节	云南巍山	二月初八	纪念释迦牟尼出家
花朝节	云南大理	二月十二	贺花王生日
释迦牟尼涅槃节	云南巍山	二月十五	纪念释迦牟尼涅槃
观音会	云南巍山、洱源	二月十九、五月初五	去观音寺，吃素，念《观音经》
普贤菩萨圣诞	云南巍山	二月二十一	贺普贤菩萨圣诞
龙华会	云南巍山	三月十五	去巍山慧明寺
文殊菩萨圣诞	云南巍山	四月初四	贺文殊菩萨圣诞
太子会（太子沐浴会）	云南巍山、洱源茈碧	四月初八	吃素，到崇圣寺观音寺，上《释迦表》《祈让表》《地藏表》，念《太子经》
鳌鱼会	云南洱源茈碧	四月十六	观音寺，吃素，念《鳌鱼经》
药王菩萨圣诞	云南巍山	四月二十八	贺药王菩萨圣诞

（续表9－1）

节日名称	流行地区	时间（农历）	活动场所或活动主要内容
伽蓝菩萨圣诞	云南巍山	五月十三	贺伽蓝菩萨圣诞
陆皇会	云南洱源茈碧	六月初一到六月初六	吃素，到崇圣寺、观音寺，上《开堂表》《观音表》《颂圣表》《释迦表》《祈让表》《地藏表》，念《陆皇经》
韦驮菩萨圣诞	云南巍山	六月初三	贺韦驮菩萨圣诞
观音菩萨成道节	云南巍山	六月十九	纪念观音菩萨成道
标山会	云南洱源茈碧	六月二十九	标山寺，念《十八罗汉经》
普度会	云南洱源茈碧	七月十二	本主庙吃荤，念《普度经》
大势至菩萨圣诞	云南巍山	七月十三	贺大势至菩萨圣诞
地藏王菩萨圣诞	云南巍山	七月三十	贺地藏王菩萨圣诞
中元节（又名：佛欢喜日、河灯节）	云南巍山等	七月十五	漂河灯祭祀亡人
八月十五会	云南洱源茈碧	八月十五	观音寺，吃素，念《八月十五经》
观音菩萨出家节	云南巍山	九月十九	纪念观音菩萨出家
阿弥陀佛圣诞	云南巍山	十一月十七	贺阿弥陀佛圣诞
释迦牟尼佛成道节	云南巍山	十二月初八	纪念释迦牟尼佛成道

一、关门节和开门节

关门节和开门节又叫“进洼”和“出洼”，是信仰南传上座部佛教的傣族、德昂族、阿昌族等民族民俗化了的佛教节日。关门节时间在傣历九月十五日（约为农历六月中旬），过节之前，当地信众打扫寺院，用佛幡、剪纸、灯笼等装饰寺院。进洼期间，寺院里的佛爷停止外出，专心净居念经。信众以食物、鲜花、经书、衣物和钱币供养。三个月中，老年人每隔七天到寺院住下听经，直到傣历十二月十五日（开门节）。开门节后，僧侣即可外出。两节相间三个月，是全年最大的斋赕时期，各村都举行盛大的“赕佛”活动。

傣族“立圜”①

云南省瑞丽市勐卯镇姐东村傣族在进洼期间，也就是每年的7月初至10月初，死者家属会为死去不到三年的死者立圜，以悼念亡灵。

早晨八点，死者的亲属来到奘房，由一人带着念经（贝叶经）。念经结束后，坐在后面的较为年轻的女性把拜佛的东西抬出来拿去倒掉。有许多小盘子装了水果、小零食、豌豆片、米饭等，还有花和小旗子。

接着，两个男性从左边楼梯下去，一个手里拿了“圜”最顶端的东西，另一个手里拿着拜佛的大盘子，上面放了一个木制挂钩。把它们拿到立圜的地方。紧接着从公房走过来一个男性，选好位置后，开始在地上挖坑。两个男性把既长又粗的竹子搬过来，并想办法把顶端戳空，好把圜的顶端插进去。据说这么长、粗的竹子来自缅甸。

几边同时开工。一些女性把长条形颜色丰富很漂亮的挂件拿到场地上，许多人排成一队将它展开；一些女性拿来了甘蔗、芭蕉叶捆扎成的漏斗状物体。还有三位女性往又粗又长的竹子上系由核桃、芭蕉、木瓜、橘子、姜及其叶子串成的挂件，上面还插上了小旗子。

坑挖好后，一个人把之前拿来的颜色丰富的长条形挂件挂在木质挂钩上。两位男性用两根较细的竹子掌握方向，许多人一起把粗粗的竹子立起来。一些人不断地摆弄竹子底部的土壤以固定它。固定好后，有人搬来甘蔗、芭蕉叶捆扎成的漏斗状物体，在漏斗上垫了塑料袋，然后把大盘子里的拜佛用的食物（水果、饭菜）倒进去。倒完以后，把小旗子插在旁边。然后点上蜡烛、香。漏斗上放三根蜡烛，地上插香及剩下的蜡烛。就这样，整个仪式结束。

二、烧白柴②

德昂族烧白柴

德昂族是一个典型的跨境民族，分布在中国、缅甸、老挝、越南、柬埔寨等国。德昂族在中国境内主要聚居在云南省德宏傣族景颇族自治州的芒市、

---

① 本田野笔记由中山大学社会学与人类学学院本科生潘欣撰写。

② 本田野笔记由云南省德宏傣族景颇族自治州党校杨海东撰写。本文所有材料均是2016年2月12日—23日，杨海东和加拿大麦吉尔大学东南亚山地民族研究所博士后徐义强副教授调查整理所得。笔者在全国唯一的德昂族乡——三台山乡的帕当坝村目睹和参与了德昂族砍白柴—削白柴—晒白柴—洗白柴—拼白柴—堆白柴—烧白柴—祭白柴的全部过程。为保护当事人隐私，本文所提到的人名已经过适当技术处理。

盈江、瑞丽、陇川、梁河及保山市的隆阳区潞江乡、临沧地区的镇康、耿马、永德等地，总人口约 1.74 万。德昂族是中国西南地区一个古老的民族，其在悠久的历史发展长河中创造和积淀了奇特纷繁的民族文化。烧白柴是德昂族传统节日文化的重要组成部分，是德昂族劳作生息过程中创造积累下来的对自然、社会的独特理解和对人与自然、人与社会之间关系的特殊处理方式，是既具有世俗性（村寨集体休闲、欢娱）又具有神圣性（人神沟通、向神祈福趋吉）的仪式过程。

烧白柴是德昂族重要的传统宗教节日之一，每年于正月十四和十五两天定期举行。烧白柴选用的树木主要是野蒿树、年枣树、盐霜树三种，但现在基本固定选用盐霜树。据帕当坝赖主任说，因为每年各德昂村寨都举行烧白柴仪式，野蒿树、年枣树长得缓慢，而盐霜树长得比较快，大约一年就能用于烧白柴仪式，所以近年来村民们都砍盐霜树用于烧白柴仪式。

烧白柴节到来之前，德昂族各户村民都会自发地准备一些盐霜树枝条，因而在节日前夕，凡路过德昂族村寨，都会看到数目不一的盐霜树枝条。

正月十四这天，在中午十二点前，各户把自己事先准备的白柴搬运到村里选定的烧白柴地点，午饭后，村里的老人和男青年自发性地组织参与堆白柴活动。

堆白柴需要准备以下材料：盐霜树枝条、青竹、芭蕉、干草。盐霜树枝条用于堆叠或装饰，青竹用来做立柱、火把杆和捆拴竹篾，芭蕉用于边角装饰，干草用于引燃。

堆白柴主要有三大事项：一是立好堆白柴的基座和框架；二是编制白柴堆顶角和边角装饰；三是捆塞白柴。根据白柴堆的不同部位、结构，德昂族村民自主选择擅长部位操作。还要对白柴进行挑拣，堆立基座框架要选用较粗且长的盐霜树枝条，编制顶冠要挑选约六十根较直的盐霜树枝条，剩余的就用于捆扎、塞填。

堆立白柴基座框架。首先，选择一个点，竖立一根青竹，作为整个白柴堆的中心，这根中心竹的高度决定了整个柴堆的高度。在同一对角线上，相距中心竹一米和两米之处，分别选定四点，衔接围成互相嵌套的两个正方形。第一个正方形的四个角，分别竖立四根六米高的青竹作为立柱。中心竹比周围四根立柱高一米。第二个正方形的四个角，分别竖立四根五十厘米高的盐霜树桩，并分别在其顶中劈开留缝，分别用四根削尖底部的三米左右长的盐霜树枝条，倾斜四十五度插搭，盐霜树枝条倾斜交会于中心竹约一米高的部位，在交接点用竹条捆扎固定。至此，白柴堆的骨架搭立完成。随之，顺着倾斜的盐霜树枝条，再搭长一米左右的盐霜树枝条，交接点用竹篾固定，搭至与立柱交会时，又顺立柱而上，接着搭盐霜树枝条，并将其捆扎于立柱上。与对面的盐霜树相接时，又接着搭盐霜树枝条至立柱脚。接着，在盐霜树枝条围成的空间中，铺上更多的盐霜树枝条。之后又顺立柱搭盐霜树枝条，直至将盐霜树枝条用尽。最后把四根立柱与中心竹用竹条捆牢，并捆缚干草包裹，待放顶冠。为增添烧白柴时的热闹氛围，在堆白柴的过程中，每隔一定距离，还会捆扎一盒一千响的鞭炮。

在堆立白柴框架基座同时，捆白柴的人也随之塞缝。为增强白柴可燃性，塞缝的枝条多劈分为二，以捆式和独条式交杂填塞，不论长短粗细，塞尽所有村民捡拼的枝条，就算是碎片也不留。

有两位手巧心细的村民，用芭蕉和竹条编制围栏形的装饰品，放置于白柴堆边角，还捆扎了一个用于引火的长火把。

村里的一位德高望重的老人负责编制白柴堆顶冠。编制顶冠框架时，将一根青竹一剖为四，围成一个边长为一米的正方形四棱锥，棱锥每个面都用一分为二的盐霜树枝条捆扎，还将盐霜树枝条削割成锯齿似羽毛状，捆缚于四条棱和四条底边，作为装饰。顶端竹口插有一个二十厘米左右长的锯齿羽状尖头。最后，在整个白柴堆的最高点插上盐霜树枝条。把编制好的顶冠放于立柱顶端，套牢。预示堆白柴仪式结束，各自可以回家准备祭品和吃晚饭。

晚上九点，月亮约升至白柴堆顶端，全村男女老少齐聚，面朝白柴，直视月亮，蹲拜。年长者排头献祭并念词诵经，其余人整齐有序跟随蹲拜，两掌并合定于胸口，身体微前倾，目光直视前方，静心倾听长者诵词。祭拜完毕，长者点火把并引燃白柴堆顶捆扎的干草。顷刻间，柴堆燃起，鞭炮雷鸣，火焰飙涌，火花四射，刺破黑夜，光照大地，明遮月色。村民们敲击象脚鼓，擦拭铓，挪动舞步，热闹纷腾。

象脚鼓构造奇特，由鼓面、鼓腔、鼓腰和鼓尾组成。巧妙利用声学原理，使象脚鼓的声音既洪亮浑厚，又传播遥远。据德宏州文化局资料显示，象脚鼓是国内唯一一种可任意调节鼓膜振动频率的鼓具。敲鼓之前，鼓手将糯米饭捏碎，在鼓面中心粘一个直径约十厘米的圆圈，意在通过不断调节糯米饭直径的大小、厚薄而改变鼓面振动的频率，直到鼓手满意为止。象脚鼓有丰富的鼓语，不同的鼓点，代表不同的含义。舞者对鼓语心领神会，做出同步反应，达到人与鼓的完美统一。击鼓的方法多样，指击、掌击、拳击、肘击、膝击、脚跟击，变化多端，不同手法产生不同音效。

火势旺衰暗预未来一年时运，因而火势旺炽时，全民欣喜而狂欢，火势衰微时为祈求旺势，村民更是疯狂热舞，整个场景热闹纷腾，无人孤独，无人受斥。笔者和徐老师及几位缅甸朋友，虽不是德昂族，也非本地人，但仍被热邀狂舞。无一人顾忌炭星烧灼，反之渴求落坠自身，因为德昂族认为此种炭星是吉祥物，落在身上的越多，预示自己的好运越多。

约在夜晚十一点二十分，白柴烧尽，德昂族村民狂欢瞬止，仅留几人看守火堆，等待炭火熄灭。其余村民有序回家休息。次日，清晨六点，村里几位有名望的老人赶赴烧白柴地点取灰，到奘房祭拜，告知佛爷白柴燃烧的事。至此，该年度的烧白柴仪式结束。

烧白柴仪式作为德昂族宗教信仰的单位承载体，表征、传达、彰显了德昂族的宗教信仰。同时，德昂族信仰的交杂也赋予烧白柴仪式多重象征意义。据史籍记述和德昂族民间流传的说法，德昂族烧白柴仪式的缘由共有三种解说。

一说是为动物祈福。据说，德昂族烧白柴原本是烧一堆白骨，把被冻死的动物或受害而死的动物的白骨垒成一座塔，点燃烧之。祭拜是为了纪念为人类而献身的牛、羊、象、狮四种动物的灵魂，祈盼它们来世脱离苦海，一路走好并升天。由于后来没有更多的动物的骨头，就用白柴代替白骨，举行相应的纪念活动。

另一说是祈求风调雨顺。据德昂族传说，开天辟地时，人间不分昼夜，不分春、夏、秋、冬，没有季节轮回，有时长期天寒地冻，冷得人畜不能动弹，植物被霜冻死；有时长期炎热难耐，热得山枯地裂，河水冒烟，人畜中暑而死，大火不断，防不胜防；有时长期倾盆大雨，洪水泛滥，人畜被淹，庄稼被冲。由于四季不均，给人类带来灾难重重，民不聊生。为此，德昂族希望以最纯朴和最善良的方式感化上苍，求得上苍的恩赐，祈祷风调雨顺和人畜安康，作物生长收成好，把不利农耕生产的灾害都赶走。

还有一说是为佛祖驱寒。在远古时期，德昂族不断遭受各种灾患。后来，佛祖来到德昂族村寨，帮助德昂族人民料理生产生活、解脱灾难，为感恩佛祖，德昂族于每年正月十四举行烧白柴仪式，为佛祖驱寒。

烧白柴仪式作为德昂族宗教信仰的表征和解释手段，仪式中的一些禁忌同时也作为强化德昂族宗教信仰行为的规范而存在。在烧白柴仪式中主要有以下禁忌：一是忌女性参与堆白柴的过程。（这与其传统观念中认为女性“不洁净”、带有“污秽”有关。人们认为，若让女性参与堆白柴的过程，则是对佛祖的不敬。）二是忌白柴污曲。（人们认为，白柴的直与曲、洁与污，象征着品性的善与恶。笔直、洁净的盐霜树，象征着善良与虔诚；弯曲、受污的盐霜树，则象征着狡诈与不诚。）

其实，在宗教观念中存在“污染”这一概念，其指的是人或物对神圣的侵犯，通过禁忌以避免污染扩散。德昂族不让女性参与堆白柴的过程，视女性不洁，实际上是强势社会群体与弱势群体的相互关系的体现，在男性支配的社会，弱势的女性常常被形容为污染的根源。在烧白柴仪式中，白柴是代替德昂族实现人神沟通的纽带、桥梁，因而白柴既是德昂族宗教信仰的解释手段，也是表征德昂族宗教信仰的一种形式。烧白柴仪式中，挑选白柴的标准和付出的时间、精力，投射了参与者宗教信仰的虔诚程度。

烧白柴既是德昂族宗教信仰的表征，也是祈福积德的方略。烧白柴仪式中与功德累积相对应的形式有两种：一是提供白柴数量多寡与功德累积多少相对应；二是堆白柴过程中参与程度高低和功德累积多少相对应。

三、浴佛节

浴佛节是信仰南传上座部佛教的傣族、阿昌族、德昂族等民族重大的传统节日，各族对此节的称谓有所不同，如傣族叫泼水节，德昂族近年改称浇花节，也有叫佛诞节的。时间在傣历六月十二日的傣历新年（约清明节后七至十天），为期三至五天，属于一年之首的宗教节日，傣语称为“尚罕”“京比迈”（新年）。浴佛节的称谓，原与“佛生时龙喷香雨浴佛身”的佛教传说有关。习惯上则以泼水和献花等特征来称这个节日（“厚南”，泼水节或花节）。浴佛节是云南德宏傣族景颇族自治州、西双版纳傣族自治州等地傣族、阿昌族、德昂族等民族送旧迎新，互相以水祝福的传统节日。

佛教传入傣族、阿昌族、德昂族等民族地区后，当地民族的神话传说和习俗渗入其中，形成由采花和泼水摆组成的独具特色的泼水节以及相应传说，如七女除魔传说、孤儿和公主传说等。节日的主要活动是浴佛、泼水、赛龙舟、赶摆等。泼水节期间，差不多所有人都湿淋淋的，到处水花飞溅。年轻人敲着象脚鼓，跳起了孔雀舞，互相扔掷香包，传递情谊。浴佛前举行献花献水仪式。架起水龙亭，姑娘们把漂有鲜花的清水，从雕龙的水槽里倒进去，淋浴佛像后再接回家供奉。人们向佛敬献供品，并用树枝、香草蘸清水滴洒，祈祝吉祥。节日之夜，燃放孔明灯，将燃灯礼佛之心，寄给上苍。

傣族泼水节

西双版纳的泼水节留给人一种湿淋淋的印象，水花把人人都塑成一些半透明的裸体。其实，传统的泼水仪式是很神圣的，而且和北回归线一带的节气、物候相关。

在傣历新年的除夕，男女青年就已成群结队到山上林中采来鲜花。其中一种叫锥栗树花的，花只有米粒大，黄白色，很香。采够了，用花塔将花抬回寨子。

第二天过泼水节。泼水节的来由，最初起源于天竺、波斯等国，曾经是婆罗门教的一种宗教仪式。婆罗门教每年有一个宗教节日，要到河边沐浴，洗去身上的罪恶。一些行动不便的长者，便由家人取水回来象征性地泼洒在他们身上。由此相沿成习。在印度古老神话和佛教仪轨中，滴洒净水和在圣湖、神河中沐浴，象征消灾纳福，使死者复生。印度至今仍有此俗，恒河的沐浴节，有着非同一般的意义。在佛教中，还传说“佛生时龙喷香雨浴佛身”，于是泼水节又有“浴佛节”之说。

泼水节的来历，民间有很多传说。其中有一个流传最广：远古有个凶恶的魔王，他的本领很大，水淹、火烧、弓箭、刀矛都不能伤害他。他独霸一方，时常外出抢掠金银珠宝和民间美女，谁也无法阻挡，他的七个妻子都是他抢来的民间美女。她们对他恨之入骨，却无法逃走。有一天，魔王得胜归来，醉醺醺地在最宠爱的第七个妻子面前夸耀自己的本领。他妻子便乘机试探道：“大王本领举世无双，天下无敌，什么也不怕，一定可以长生。”魔王听了得意忘形，无意中把自己的保身机密泄露出来。原来，只要拔掉魔王头上的一根头发，拴住他的脖子，就能把他勒死。她立即把秘密告诉了魔王的其他六个妻子。她们乘魔王睡熟，轻轻从他头上拔下一根头发，用它紧紧勒住他的脖子。刹那间，魔王的头颅果然扑通一声掉落在地上。但她们没有料到，滚到地上的头颅顿时冒起了浓烟烈火，许多魔鬼在火光中向她们扑来。魔王的第一个妻子急中生智，赶快把恶魔的头抱起来，烈火这才熄灭，魔鬼也消失了。她们试着把魔王的头埋下地，地面上发出恶臭，寸草不生；她们把它抛进河里，河水马上滚沸成灾。为了不再使别人受害，她们七个只好轮流抱着魔王的头，每人抱一年。轮到下一个人接替的时候，大家为了洗去一年中魔头流到她身上的污血，就向她泼水。这样每人抱了一年，过了七年，魔王的头才完全死去，不再流血、不再着火。后人为了纪念这七位妇女，每年，到了魔王被勒死的这一天，人们就互相泼水，泼水逐渐成了一种习俗。

缅甸、泰国等东南亚国家流传的泼水节传说，与云南傣族的某些传说，也有许多细节上的相似之处。

节日的清晨，傣族人到山上采来鲜花，到井里取回清泉，有的还在水里掺进香水。泼水节里首先要浴佛。泼水开始前，老人把能够搬动的佛像从佛龛里取出，放进水龙亭的水伞周围。大家列队持旗，男子们有的敲排铓和象脚鼓，有的放火药枪，姑娘们挑着一桶桶浮着鲜花的清水。大家来到水龙亭，争着向龙身的槽里灌水，龙嘴喷出晶莹的水流，冲转水伞，把一股股清水旋转成五彩的水花，洒向四方的佛像。

人们一边欢叫，一边去接沾过佛的“灵气”的圣水，用鲜花和树枝浸水，相互淋洒，表示祝福。这时的泼水，是很文雅庄重的。用花枝蘸点水，洒在对方身上，意思就到了。当象脚鼓敲得群情振奋，孔雀舞撩得人心沸腾时，泼水的狂欢也就开始了。俗话说“水花放，傣家旺”，水是吉祥的象征，幸福的赠品。人们毫不吝惜地将吉祥水泼向别人，也希望得到多多的祝福。有情人不是在水的交融里暗传心曲，就是用飞传的花包巧送情吻。水，这情爱与友谊的媒介，把参加泼水的人们的心连在一起。

在年轻人中，泼水多少掺进了一些相互挑逗、游戏的成分。有人在水里掺进芭蕉杆的溶液，泼在衣衫上洗不掉。恶作剧的小姑娘，会把路人脖子上的衣领拉开，灌进一桶水。

在节日里，傣族群众要举行堆沙、泼水、赛龙舟、丢包、放高升、赶摆等活动，期望从此驱走昔日的灾难和病魔，祈求新的一年风调雨顺、五谷丰登、人畜两旺。清早，先采来鲜花制作花房，然后挑来清水泼到佛像上为之洗尘，接着大家便互相泼水，往往泼得浑身湿透。傣族认为以清水互相泼洒，可以表达祝福、消除病魔和应节气，因此泼得多是友善的表示。被泼者都报之以笑脸。这一嬉戏，直到街中水流成河为止。

泼水节里最紧张的活动，要数赛龙舟了。与水同行的人流，从四面八方向江边聚集。江边，早停满了彩绘的龙舟。准确地说，雕绘于舟上的并不是龙，而是形似龙的傣族吉祥物“昂”（“龙舟竞渡”，有人考证源于古代魂舟送渡亡灵的习俗，傣族丧葬歌中也有人死后希望“金船”将魂送渡彼岸的说法）。清一色装扮的傣族小伙分两排坐在龙舟上，握桨待命。有的龙舟上全是衣着艳丽的傣族姑娘，显得格外惹眼。一声号令，只见水花飞扬，万舟竞发，逆水而上，锣声、水声、喝彩声，此伏彼起。江中百舸争流，岸上众人齐呼，盛况空前。

赛龙舟，据说是为了纪念一位战胜暴君的民族英雄艾洪鳖。相传，古时有个暴虐无道的君王，他最宠爱的小女儿丢包择偶，不选有钱有势的各勐王子，单单选上穷苦的孤儿艾洪鳖。暴君为了找借口杀死艾洪鳖，要他捕捉活鹿、麂子、飞鸟和青鱼，艾洪鳖都办到了。最后，暴君要和他赛船，要是青年输了，就要杀头。青年想，君王的船，船坚桨快，我的船小，不过是一叶破舟，但为不屈服，还是同意比赛。青年的志气感动了天神和龙王，龙王送他一条龙舟，天神化作一阵狂风为他助威。比了几次，暴君和他手下的几条船都输了。他们心生毒计，想用几条大船压碎小船，把艾洪鳖淹没在旋涡之中。正在这时，江上怒涛翻滚，白浪滔天，小舟突然藏身于巨浪中，暴君及其手下的几条大船互相撞击，沉入汹涌的大江之中。青年艾洪鳖终于与三公主结为良缘。后来，他继承王位，成了新的召勐。在他的治理下，百姓安居乐业，地方太平。为庆祝胜利，感谢神灵，人们每年都要举行赛龙舟、放高升活动，表示神人同乐，消灾求福。

赛完龙舟，舟子们把最好的龙舟拖上岸来，用车推着串寨游行。龙舟船手变成舞者，歌着舞着，一家家串去。每到一家，照例边舞边喝酒，接受主人赠送的钱物。这样一家家喝下来，没走几家，舞队中不少人已经东倒西歪了。可是，铓鼓声和人们的欢叫声，却让他们停不下来。

傣族放高升很有特色。用竹筒打眼填药，装上引绳，孔朝下绑在一根长长的细竹竿上。有落地响、空中响、单响、双响等种类。人们在江边空地上搭起竹架或竹梯，一排排高升就从架上发射。高升放得越高越吉祥。如果泼水节期间有天水（雨）降临，便预兆着天神下凡与民同乐，今年必定风调雨顺、五谷丰登。

*盈江以傣族为主导的大型泼水节活动*①

2016年德宏州的泼水节阵仗可不小，史无前例的五县市联合举办，每个

① 本田野笔记由中山大学社会学与人类学学院硕士研究生蒋孟洋、宋佳秀、程静撰写。

地方的泼水节举办时间相互交错，从4月8日开始，一直持续到4月17日，整整十天。之所以决定先去趟盈江，是因为笔者从德宏本地的一个微信公众号“掌上德宏”上了解到，盈江将会是吹响泼水节号角的第一站。

近年来，德宏州大力开发大盈江、瑞丽江的旅游资源，以此来推动该州的旅游产业转型升级，并希望通过若干年的不断努力，将大盈江、瑞丽江打造成为与西双版纳比肩的国内外知名旅游景点。这次德宏的芒市、盈江、陇川、瑞丽，西双版纳的景洪一起举办泼水节，实际上也是构建政府领导思想下的“腾冲—盈江—瑞丽—芒市”文化旅游经济圈的一个环节，以此将当地的旅游事业发展推进一步。

盈江县位于云南省德宏傣族景颇族自治州的西北部，面积大约占德宏州的三分之一，其西、西南、西北三面与缅甸联邦接壤，与缅北克钦邦首府密支那和重镇八莫邻近。自秦代起，这里就是中国内地通往一些东南亚国家的主要商道，如今盈江县已被云南省列为省级开放口岸[①]。盈江县政府亦将出境长线游作为发展潜力项目之一，大力推广。而盈江县周边的保山腾冲、瑞丽早已成为西南民族风情游的先发之地，对盈江县借力发展当地的旅游业具有引导作用[②]。而且近十几年来，随着政府招商引资力度的持续加大，盈江县也成为当地有名的“翡翠毛料城”与“坚果之乡”。盈江县种植的坚果品种为澳洲坚果，也称作夏威夷果，素有“坚果皇后”之称，在世界坚果市场非常受欢迎，前景广阔。

盈江县自身的自然地理优势亦成为发展旅游的有力支持。盈江县地处横断山脉西南端，北部山地高耸，东、南部被当地大盈江水系横贯南北，因此地势呈东北高、西南低之态。除大盈江水系外，该县境内尚有另外三条水系，分别是西北山区的勐戛河水系、西南低山低坝的羯羊河水系、东南部松油岭中山地区的龙江水系，均为伊洛瓦底江上游支系。在这四条水系长期的侵蚀作用下，盈江县境内拥有十个海拔各异、大小不一、起伏平缓的平原及盆地，而盈江坝亦成为云南省八大平坝之一。

2016年，盈江县举办泼水节的地点正是位于盈江坝的旧城镇，位于现盈江县城平原镇以东，两地相距十九公里，经318国道大约一小时车程便可抵

① 《盈江县志》编纂委员会编《盈江县志》，云南民族出版社1997年版。

② 《盈江县旅游发展“十一五”规划》，http://wtgdlyj.dhyj.gov.cn/index.php/cms/item-view-id-24.shtml。

达，此地有“盈江县东大门”之称。旧城镇曾是盈江县原县城，1958 年县城迁址平原镇。据旧城镇党委书记刀小发介绍，因旧城镇生态环境良好，拥有天然湿地、湖泊，因此旧城镇如今的发展方向已经被定位为发展旅游业。旧城镇的旅游发展规划：以凤凰温泉、香额湖湿地、大寨民族村落、浑水沟（亚洲第一坝）等景点为核心，以傣戏文化为代表，引进腾冲银杏村等旅游地区的经验，把旧城镇建设成为盈江民族生态文化旅游重镇①。2015 年 10 月，旧城镇政府还举办了首届香额湖文化节，提升旧城香额湖的知名度，打造城镇旅游品牌。

往年，盈江县泼水节一般就近在盈江县城平原镇的盈江广场举办，为期两天。

第一天上午，在平原镇勐町村拉勐村民小组举行采花活动，具体流程有采花、嘎秧联欢、山歌对唱、民间体育活动、泼水祝福、品尝特色小吃等。

第一天下午，在盈江县城广场举行泼水节前的“赏剑”活动，具体流程有祈佛、嘎秧联欢。

第二天上午，在盈江县城广场举行泼水节开幕式，奏国歌、领导致辞、民间文艺会演、泼水节传统祭祀仪式、嘎秧、泼水狂欢。

第二天下午，继续在盈江县城广场跳嘎秧舞、泼水狂欢。

第二天晚上，进行傣族民间文化表演，“光邦”、象脚鼓、武术、傣剧等，燃放烟花②。

而由于今年是五县市首次共同打造推广傣族文化生态旅游的品牌而联合举办泼水节，因此这次盈江的泼水节的活动安排亦颇为丰富：

4 月 8 日

上午，旧城镇榕树长廊采花活动

下午，香额湖竖“赏剑”活动

晚上，民族团结餐

4 月 9 日

上午，开幕式

下午，泼水狂欢

① 德宏网 http://www.dehong.gov.cn/news/yj/content-23-26369-1.html。

② 2015 年盈江县泼水节流程资料来自云南旅游政务网 http://www.ynta.gov.cn/Item/20639.aspx。

晚上，傣剧专场演出

4 月 10 日

上午，傣族山歌大赛

下午，泼水狂欢

晚上，颁奖晚会暨闭幕式

在这三天之中，旧城镇榕树长廊设有美食一条街。

看得出来，今年泼水节的时间要比去年的更长，举办的文化展演活动亦多于往年，规模亦要大得多。

4 月 8 日的早上，笔者早早地坐上了平原—盈江的城乡公交，沿着 318 国道一路向东，半个小时左右，来到了盈江县旧城镇。笔者乘坐的城乡公交车是平原镇自己的拉车队组建起来的，每天数次往返于平原镇与周边乡镇之间。每辆车都是只有不到二十个座位的小客车，按照乘客人数收费，每人七元。

半小时之后，笔者在旧城镇的公交车暂时停靠点下车了。这条街比较宽阔，足以容纳两辆轿车交错行驶，街道两边是一些杂货店、建材店，公交车暂时停靠点附近是人流密集处，周围散布了几家临时搭建的烧烤摊和凉粉摊，还有一些街边的小商店已经早早在路边支起了摊，卖起了水枪和宽帽。笔者下了车跟着人流往前走，街道上的男男女女穿着特色鲜明的傣族服饰，小伙们穿短衫、长裤，戴颜色鲜艳的头巾，傣族的姑娘们穿着鲜亮夺目的筒裙，走在路上摇曳生姿。年轻女孩子们的服饰色彩鲜艳，把花朵别在头上一侧，长长的一串花朵垂到耳边，为容貌增色。姑娘们浓妆艳抹，一个个都画着非常艳丽的节日妆容，筒裙的款式亦非常多样，露肩、薄纱、透背等。傣族男女大多斜挎着一个白色方形垂穗布包，包面上绣着一些简单的图案，颜色饱满。笔者跟着人群到一个巷子口左拐，这是一条比刚才窄的巷子。两旁的住家门口站着各家的小孩，小孩们手里拿着水枪，向空气中喷射着水柱，一个小孩的水柱飙到了对门的电水表上，但却无人在乎这件事。

笔者沿着这条蜿蜒的小巷仿佛走了漫长的一段路，直到两旁榕树林立，枯叶铺地的林间通道，通道右手边就是一个沙地广场。最后笔者来到一个沙地广场，各个村寨的代表在这里排成几列纵队，每村男女各一队，各村寨队伍首尾相连，从广场外围跳着傣族舞步，缓缓向内收缩队伍规模。广场中央有一个锣鼓队，共放有六排打击乐器，两边还有几个鼓手正敲着圆锥形腰鼓。旁边还有很多记者围着拍照，交流这次泼水节的采访安排等内容。

在广场的一角停着一辆载货卡车，载着一车的水花树的枝叶，跳舞结束，人们纷纷挑选一些拿在手中。最开始的时候，笔者站在广场另一侧的外围，这一侧往外退就是混着牛粪的泥泞的泥潭，笔者站在高地上时不时就能嗅到阳光炙烤下牛粪的原始味道。鼓点一停，林间通道尽头的舞台上乐声响起，一位头戴牛皮帽的傣族男歌手正在载歌载舞。人们踏着他的歌声，走到卡车旁摘下一枝水花树的枝叶，拿在手中，向舞台的反方向走开去。他们的目的地是香额湖，泼水仪式正式开始的地方。

笔者跟着人流缓缓地向香额湖走去，那里正有老人在湖边的空地扎“赏剑”（用竹子和绵纸制作而成，预示着幸福和吉祥，当地老人称之为“水花”）。周围集聚着人群，盛装的傣族男女、游客、警察、捣乱的小孩等。进入香额湖的主区域，先要经过一个水池，通过水池的甬道很窄，又是必经之地。简直是傣族男青年进行泼水运动的绝佳地点，通过那个甬道就像是泼水节的序幕，几桶水向你扑面而来，从上而下的水帘让你无法呼吸。

香额湖便是今年盈江县泼水节的主要场地。香额湖前两年被盈江县政府开发成香额湖生态风景区，风景秀丽，自然植被、飞禽保护良好，素来有“大盈江白洋淀”之称。湖边种着一片片芦苇，靠近陆地的地方新开辟了一片空地，旁边立着一个崭新的竹亭，很多傣族妇女穿着多彩的民族服装在竹亭中休憩。镇政府在湖边新修设了景区码头，一排排的竹筏正停靠在岸边，待参加泼水节的人们划去湖中央游玩。

上午的主要活动就是由当地有经验的老人带领，傣族男性老人与男性青壮年一起竖赏剑。而各个村寨的傣族青年会穿着统一的服装，拿着刚刚采的花绕着香额湖畔的小路，去到龙亭处。下午香额湖边的活动则更加丰富多彩。下午傣族男女围在赏剑周围，一起跳噶秧舞。人们跳累了，就会退出，继而又有人加入舞者的行列。旁边看热闹的人朝里面的傣族青年泼着水，大家的脸上都笑盈盈。不跳噶秧舞的人会从湖边的浅潭里用水桶舀水，几乎见人就泼，也不管认识不认识。浅潭里还有不少在里面戏水的人，小孩子比较多，他们在里面游泳、玩水，不亦乐乎。整个香额湖畔场面热闹而混乱。下午五点左右，香额湖边来了十几位佛爷诵经，当天的仪式便算结束。笔者也搭乘最后一班城乡公交回到平原镇。

4 月 9 日早上九点多，盈江县旧城镇的民族文化广场，各村寨的男女青年依旧穿着代表本村的特色服装，等待着盈江县傣族德昂族泼水节开幕式的正式开始。上午十点，中共盈江县委常委县委办公室主任、县傣学会副会长项仕保主持开幕式，中共盈江县委副书记、盈江县县长、盈江傣学会会长岩补宣布泼水节正式开始。之后，十五位佛爷在广场的龙亭边诵经祈福，广场内的傣族青年纷纷下蹲，双手合十。过一会儿，傣族各村寨年轻的姑娘有组织地端着装有清水的银钵，来到领导、嘉宾面前，手捧清水，洒在他们的肩上，以示祝福。上午十点四十，旧城镇民族广场内，傣族青年们跳起了万人噶秧舞，里里外外将广场围了很多圈，整个广场水泄不通。随后还进行了光邦鼓表演、万人合唱等文艺表演。

下午，旧城镇的街道上多了不少身穿现代服饰的青年男女，他们挎着水枪，提着装满水气球的水桶。村寨的小道中挤满了人。笔者戴着草帽，紧紧跟在傣族老人的后面，傣族青年们看到我们这样做，反而更是趁机拿水气球来泼我们。我们一行人就在不断被泼之中踉踉跄跄来到了香额湖畔。我们手中没有任何泼水的工具，为了避免被泼，只能一路不与手里拿水枪的人对视，低头快步走过。

人们在香额湖边开始了盛大的泼水狂欢，傣族青年们热情地互相泼水。我们这帮外地人经过昨天的热闹之后，除了师兄以外，剩下的人都来到了盈江县开辟的“民族文化与手工艺展区”。政府为了全面宣传泼水节，专门组织了一个临时的民族文化展演。其中有傣族的一些传统服饰、传统文字、用傣文写的关于泼水节的歌谣、一些传统的用具等，以及德昂族的一些传统用具、传统服装、饰品、书籍等。这些展示物品都由相关的民族文化精英负责布置展出。这里的文化展品大部分是关于傣族的，德昂族的只占很少一部分。其中德昂族的传统文化展示由赵家祥老师负责，服装、饰品等的展示则是由何玉占阿姨负责。赵家祥老师是德昂族的资深研究专家，何玉占阿姨是德昂族传统服饰制作、宣传的中坚力量。笔者之前搜集的关于德昂族的书籍，其中就有赵家祥先生撰写的。下午五点多，我们从展区离开，与师兄会合，乘坐城乡公交离开了旧城，回到平原镇。那时傣族青年也纷纷结束了一天的狂欢，浑身湿透的他们与我们一起挤在窄小的公交车内，狂欢的气氛尚未散尽，而车内亦弥漫着狂欢之后的疲惫。

晚上，香额湖畔举行了大型的文艺会演，但因为交通不便，笔者并没有观看。

4 月 10 日，旧城镇主要举行了泼水节的闭幕式。笔者吃完早饭便早早来到旧城镇民族文化广场，那里正在搭台准备举办盈江县傣族德昂族泼水节的山歌大赛。人们正在已经搭好的舞台上准备舞台设备，还有一批武警在场外的棚子里驻守着。舞台正前方的右边是一个建有运动设施的小型广场，好多家长带着孩子在这里做运动。大约到了九点半，终于开始唱歌，身穿草绿色傣族服饰的男主持人用傣语主持，并介绍参赛选手、参赛曲目等。笔者在观看比赛的途中遇到了一位景颇族阿姨，她告诉笔者，泼水节每一年都是这么热闹，香额湖是自己成长的地方，自己很熟悉，现在政府打响宣传旅游区的旗号，因此人增加了很多。

在盈江旧城泼水节期间，当地的傣族老人负责制作赏剑，并负责主导立尚剑、请佛、赕佛等仪式。当地奘房里的佛爷们主要是在泼水节的第二天在赏剑前进行诵经祈福仪式，届时，以老人为主力军，带领年轻一辈参与整个仪式。各个寨子聚集而来的、身着节日盛装的青年、中年男女则负责前往大榕树旁的空地，开展采花活动和一系列的文艺表演活动、特色体育民间活动，他们也是泼水狂欢的主力军。青年男女在泼水节的热闹氛围中，互相追逐，用泼水传达情谊。傣族的小朋友们，手里握着五彩斑斓的水气球和水枪，在人群中穿梭嬉戏，或在节目舞台前的水池里酣畅玩耍，互相洒着水花。

同时，以政府、地方为主导力量，利用微信等传播媒介，发挥重要的宣传作用，大力为旅游业发展造势，各地慕名而来参加泼水节的游客熙熙攘攘，媒体的工作人员也不在少数。盈江县政府要求每一个寨子不同支系的傣族、德昂族等派出一定数量身着本支系特色服饰的青年男女参加泼水节开幕式以及文艺表演。在盈江旧城香额湖畔开阔的泼水广场上，在节目表演的广场上，都可以看到上万人围成圆圈，他们身着艳丽的服饰，共同起舞，宛如一条游动的彩色巨龙。香额湖泼水广场和节目广场的文艺会演，包括傣剧、傣族歌舞表演、山歌比赛等，充满民族特色的艺术表演形式感染着从四面八方前来的游客，当地的民族文化特色及艺术通过这样的形式得以传承和发扬。

德昂族浇花节①

田野调查中对浇花节的了解及对节日氛围的感受

本次田野调查一共历时 12 天，自 2016 年 4 月 6 日至 4 月 17 日。本次田

① 本田野笔记由中山大学社会学与人类学学院硕士研究生蒋孟洋、宋佳秀、程静撰写。

野调查期间正值云南德昂族群众欢度浇花节。德昂族泼水节由于申报非物质文化遗产（以下简称“申遗”）的需要，已改名为浇花节。该节日是德昂族的重要节日之一。人类学将节日等仪式视作文化展演的窗口，对了解一个地方的整体情况具有重要意义。今年三台山德昂族乡浇花节的节庆活动在出冬瓜村举行，该乡是全国唯一的德昂族民族乡，基本保留了德昂族的民族文化。目前保留有百年奘房、传统古民居、老佛爷塔、水鼓传承艺人、德昂族酸茶制作、织锦艺人、古神树、农家乐、原始溶洞等古老的民族文化，是德宏州乃至全国德昂族较为集中、民族文化保留较为完整的乡镇。

三台山德昂族民族乡主要居住着德昂族“布列”“梁”两个支系，近年来，随着很多缅甸媳妇的嫁入，也有一些饶迈、饶静支系。村子位于云南省德宏傣族景颇族自治州芒市（2010 年由潞西市更名而来）中部，距市府所在地 22 公里处 320 国道两侧，是通往瑞丽、畹町等国家级口岸的重要交通要塞。出冬瓜村位于三台山德昂族乡东北部，大部分耕地、林地海拔高度在 1000—1200 米之间。东邻勐戛镇，南邻勐丹村，西邻帮外村，北邻风平镇。辖出冬瓜一、二、三组、四组，早内，早外，兴龙寨，毕家寨 8 个村民小组。现有农户 396 户，有乡村人口 1694 人，其中农业人口 1685 人，劳动力 1067 人。

村子经历过搬迁，出冬瓜是村寨的汉语名称，据说是因为村子出产冬瓜而得名。Mangdunzhong 是村寨的傣族名字，Gunglelai 是村民搬迁到此地之前该村寨的汉语名字。之前在李晓斌老师的文章中看到过与村子搬迁相关的信息，这次田野调查时间比较仓促，没有来得及向村民证实一些具体细节。

“网易旅游”这样介绍这个村子：“在这个小小的山村，美丽的白塔是这个村寨中最具特色的标志。在蓝天、白云和阳光的映衬下，白塔散发出的威严和神秘令人心驰神往。围绕在白塔周围的座座青山和排排茶树述说着这个古老民族厚重的茶文化，镶有满口金齿、善武的淳朴德昂人在千年古树下，在百年寺庙前唱起那低沉的调子，一直延伸到历史的天空。”

需要提前说明的是，本次浇花节期间正值云南省非物质文化遗产中心前来拍摄纪录片，仪式或者活动常常被拍摄者打断要求重来，笔者感觉可能和以往的浇花节活动存在差异。再加上，记录和讨论相关节日的文章不在少数，在本报告中，笔者就按照时间顺序，如实记录节日的具体步骤。

4 月 11 日

还未到浇花节，笔者先针对一些事项询问了房东赵腊退。

赵腊退说，浇花节的时间不是每一年都固定，一般闰年（大年）是四天，平年（小年）是三天。浇花节期间，第一天第一次取水和第三天最后一次取水都必须去泼水洼取水，每个寨子的泼水洼都是不一样的，泼水洼的水源是自然出来的，没有什么污染，很干净。一般是年轻人帮老人去泼水洼取水，取回来以后要给老人发“烟”，还要给老人洗脚，送给老人衣服和粑粑，以示尊重老人。每个泼水洼旁都有大榕树，取了水的人，经过大榕树的时候，很多人都会把取来的水往自己头上淋一些，以示自己得到了祝福。

在浇花节到来之前，人们会做泼水粑粑，送到岳母家，还会组织青年组，男女之间互相送竹篮和挎包。浇花节期间，还会请佛爷来写对联，参加节庆活动的人会绕着奘房逆时针绕一圈，如果有幸见到佛爷，男性会主动给佛爷洗脚，预示自己得到了佛爷的祝福，有些男性还会跪在外面，弯下身去，请佛爷踩着自己的背过去，预示自己得到了佛爷的祝福。

赵腊退说德昂族的泼水节其实比傣族要早，但浇花节这一说法却是德昂族的一些文化精英为了“申遗”而说出来的名字。具体怎么来的也不是很清楚。

4 月 12 日

今天是浇花节前一天，各家各户拿糯米来磨成糯米面，以备今晚做泼水粑粑。男性老人将新鲜的竹子做成竹筒储水，等浇花节时取水用。家里的老人则聚在村活动中心，扎龙亭，编制需要用的竹器。

以前村民们用木材和竹篾在奘房前临时搭建佛房，浴佛用的转水花筒、龙身水槽等器具都要在浇花节之前搬到佛房去。现在，村民们制作了一个铁质的佛房（在笔者的访谈中，村民直接称其为“龙亭”）。他们将龙亭和两个“龙槽”存放在村文化室（距离活动中心约两百米）。浇花节时，将它们都搬到活动中心的篮球场上，把转水花筒放进龙亭中央，两米多长的龙槽通过底部的孔连接着转水花筒，六米左右的龙槽呈十字交叉固定在两米多的龙槽之上，同样通过底部的孔来输送水，龙亭中的一切都按照传统的方式安置妥当。

4 月 13 日

笔者早上七点半起床，八点多一点就来到了活动中心，准备跟随村民一起去采花。身穿德昂族传统服饰的人们在活动中心会合，在鼓队的带领下向山边进发。鼓队中的乐器包括两个水鼓、两个铓、两个镲。人们在整齐雄浑且具有号召力的鼓点声中缓缓前行，鼓队以及打头阵的多是中年男性，他们背后都背着小竹篓，小竹篓里横绑着一根铁线，锋利的柴刀就被固定在小竹篓里。队伍的后半部分则是身着民族服饰的德昂族妇女。一路上，鼓队作为方向引导核心，互相配合敲打出富有民族风情的乐声。因为非遗中心的人员一路上都在跟随拍摄，所以人们的有些动作和过程在组织者的指导下反复被展演着。

德昂族每逢喜庆和春节之时，村寨里的艺人们都要跳自己传统的水鼓舞——“格楞当”（德昂语）。跳的时候，鼓手身穿节日盛装，将鼓横挎于胸前，右手在鼓的大端，左手在鼓的小端，交替击打，另有铓手和镲手配合共舞。一般情况下三人便可进行表演，有时也可增至七八人甚至十余人不等。

艺人们共同围绕一个假想的中心展开舞蹈，时分时合，有时蹲身如蓄势待发之状，有时向中心聚合，身背相倚，动作敏捷优美。鼓点时而急骤如风雨，时而缓慢沉着。整个表演过程开合得体，舒张自如，舞风古朴庄重，民族特色浓郁，有着较强的艺术观赏性。

笔者跟在侧边。队伍里有两个鼓、一对铓、一对镲。铓的声音一高一低，每一个节奏会换一个脚步。演奏乐器的均为男子。一路有两个小朋友跟着。到了野味小卖部所处的路口，队伍停下，非遗中心的人开始出现，人们陆陆续续也开始会集在此。夹杂着鼓队，大家往采花的方向走。到了采花地点，山的那边是乡政府，可以远眺。非遗中心的摆拍，完全让笔者感受不到正常的程序。一次一次安排人们的位置，一次一次重来。听说今天采花的位置和以前并不一样，以前是在山下。不知是不是为了满足拍摄需要，还是像某个老人模模糊糊说的那样，下面的树都被砍了。人们都穿自己民族的服装。笔者跟随德昂族村民来到山边，他们用柴刀砍倒一些“泼水花”，或是用手剔下一些泼水花的枝丫，扛在肩上或是拿在手中。问了一位唱歌的老人，说采的花叫“水梨花”，德昂话叫“波何儿吧”。大家采完花，一行人在鼓声中往活动中心走。大家到了活动中心，在篮球场上伴着鼓声跳了一会儿舞，把花插到围在龙亭周围的竹篾里，整个龙亭被装饰成一个绿色的、鲜活的树丛。

之后，大家各自回家吃早饭。老年女性们在十一点之前拿着早已准备好的供品（水果、米饭等一些家中常见的食物），她们用圆形竹桌摆放供品，再将其放在龙亭面前。十一点左右，活动中心区域的人渐渐增加，鼓队再次集合众人一起去奘房接佛。现在的人比采花时候多了很多，特别是德昂族女性。

到了奘房以后，男女分开，从不同的门进入奘房。进入奘房的男性比较少，进入奘房的女性，尤其是老年的女性最多，她们跪坐在佛像前的地毯上，听着前方佛爷对浇花节好日子的诵经祝祷，偶尔发出整齐浑朗的应答声。

笔者在一边看，大叔、爷爷们跪在前面，奶奶们跪在后面。每个人都很虔诚地合掌念经。念完，大家起身，笔者也跟着出门，到了路边等待，有大叔从屋内拿出了一排貌似是木质的武器模型，和一个几何形写满奇怪文字的敲击物。

念经结束以后，一部分女性退出到奘房外，另一部分女性留下来把奘房里佛像旁边的日常用品搬出奘房，一些男人则负责将佛像放在小型圆柱式的竹制圆盘桌子上，抬到奘房外面。女人们将手中的炸米花纷纷扔向佛像，为自己求得平安和祝福。人们也互相撒炸米花以示祝福。每一个阶段性的仪式完成，人们都要放鞭炮以示完结和祝福。出了奘房的人们已经排好队，有的人手上拿着佛像，树后有人放鞭炮，大家在拍摄者的指挥下调整队伍，顺着奘房外的大路离开。队伍中，人们的排列顺序如下：抬旗子的人、抬兵器的人、乐队、抬佛像的人、拿花束的人、女人。队伍后面有人放鞭炮，送佛像到龙亭。一些老年女性手里抬着奘房里日常被供在佛像面前的一些物品，如净瓶、鲜花、纸折的金山银山、旗子、经幡等。

人们回到活动中心，由男性将佛像（大约有二十座）放入龙亭内，将一些献供的花放在佛像旁边，再把用圆桌放置的祭品摆放在龙亭前。这时候大家在鼓队的号召下前往泼水洼取水，人们拿着竹筒及容量大约为一升半的塑料瓶、小桶等容器，取了水以后，再次回到活动中心。大家在地上铺了席子，男性在前面，女性坐在后面，几乎占了半块篮球场。在念经人蒋金祥的带领下，大家祝祷唱和，经文的韵律给人一种很震撼的感觉。念完经以后，人们象征性地往地上洒了一些水，然后起身将自己从泼水洼取来的水倒入横着的龙身，水顺着横着的龙身缓缓流进朝向大家的竖着的龙身，然后通向龙亭中宝塔状的浇水器，随着水压加强，宝塔状的洒水器开始旋转，水从宝塔的每根空心铁管的小孔中流出来，细细的水柱旋转洒在佛像上，谓之“浴佛”。

据村民介绍，这个龙亭以前是用竹子搭建的，后来才有人供了这样一个铁做的龙亭，年年都可以用。一般家里吃什么就拿什么来当供品，但要将其包裹在芭蕉叶里。有一个传说，以前有一个鬼想伤害佛，可是佛法无边，那些有杀伤力之物靠近佛的时候都变成了柔软的叶子，失去了杀伤力。人们为了纪念邪不压正，就在芭蕉叶里面包上食物，用来供奉佛。老人们都说，有些供品在献后可以吃，有些则要拿去扔掉，扔掉的供品不可以捡来吃，否则在死后就会变成黑色的老鹰。

在进行完这个庄严的仪式以后，人们渐渐离去，只留下两个老爷爷在篮球场旁边的活动室内看守着龙亭。他们在活动室内铺了草席，一直守在这里，不回家，直至 4 月 15 日将佛像送回奘房以后才回家。在此期间，村里的人会给他们送饭。

到了下午四点半左右，人们再次聚在篮球场上，准备去泼水洼取第二次水。这个过程中没有了非遗中心拍摄组的存在，村民们显得很随意。穿红 T 恤的叔叔打着水鼓，身体动作极其丰富地配合着鼓点的节奏。一路上，老人，小孩都走走停停，迈着德昂族特有的鼓点舞步，人们欢声笑语，十分轻松，享受这个过程。在泼水洼前面的平台上，人们围着大青树跳着聊着，坐在一旁观看的人们有的在嚼“烟”，有的在聊天，不同于上午取水的时候，航拍一出现，大家的眼球全被那个无人驾驶飞行拍摄器给吸引了，在一次次的安排重演下显得紧张且盲目。但是下午大家自己去取水的感觉就很放松和自然，男人们还抢着乐器，奏着不同风格的声乐。在大青树最内围的爷爷对着坐在土台的爷爷挤眼睛，场面十分和谐温馨。

人们再次回到活动中心，将水倒入龙亭，人们之间也开始互相泼水，以示祝福。

之后人们再次散去，准备晚上的念经、跳舞活动。

回到住处，赵腊退说今天一共四次浇水，到了岔路口基本都跳舞。队伍里负责唱经的先生叫蒋金祥，以前当过佛爷。笔者询问为何由他唱经而不是由佛爷唱经，赵腊退说，毕竟佛爷是主管奘房的。民间的有些事项，他不方便出来。各司其职。

4 月 14 日

今天是浇花节最重要的一天，出冬瓜有五组村民小组都会聚在此欢庆节日。人们自带采花，来时鸣鞭炮，村中歌舞队在场中跳舞。

笔者到了活动中心以后，已经有很多人在准备中午的祭拜仪式：有的人在烧热水；有的人把各式各样的供品放到龙亭前面，装满龙亭前的十个大供篮、一个小供篮；有的人在修补前一天用坏的象脚鼓。人们将以村为单位的“份子钱”（米、香）等，放到村活动中心的老人身边。老人念经祈福。一会儿，佛爷来了，手提银色小桶。大家开始在活动中心中央铺席子，合并供篮中的供物。

之后，笔者随着浩浩荡荡的欢迎队伍来到出冬瓜活动中心岔路口挂横幅的地方，鼓队在这里热情欢迎来自其他村寨的德昂村民前来参加“浇花节”。上午十一点左右，一些受邀村寨的代表陆续到来，其中一些寨子有自己的寨旗，上面的图案有老虎、兔子、太阳灯等。据说这次前来参加交流的村寨有早外、勐节路、风吹坡等。勐嘎风吹坡村代表前来。先献龙庭，后村代表献老人，老人念经。有村民说，这其实是给场地费。又有外寨代表来了，其衣着明显与该村村民的衣着不同，女性穿绿上衣，自带插花，没有旗子。随后是傣族代表前来，来自仙港。将近中午十二点，所有受邀的村寨的代表都已到齐。

大家跪在篮球场上，准备稍后在佛爷的带领下开始念经。念经祈福时，先是在蒋金祥的带领下，向龙亭念经，据说是念给佛爷，然后佛爷再念给佛。在此期间，佛爷一直坐在龙亭前面。之后由一个“老人头”式的人开始跟佛爷一问一答进行念经。然后佛爷念经，大家回应。整个过程进行了半个小时左右。念经结束以后，大家纷纷把从家里带来的水倒进龙亭里，这算是今天的第二次浴佛。

吃完午饭之后，笔者再次回到活动中心，人们还围成一个圈，打着鼓之类的，仍然没有停歇的意思。下午两点半左右，人们在篮球场上铺了蓝色的毯子，开始节目表演：一群阿姨和姐姐跳舞，叔叔吹口琴，老奶奶吹叶子。当时的室外温度很高，但是大家仍然热情高涨，坐在烈日下观看节目。下午三点十五分，大家在鼓队的集合下，一起到泼水洼取水。大约四十分钟以后，他们取水回来，大家把水倒进龙亭。这是今天的第三次浴佛。人们还互相泼水，以示祝福。现场洋溢着欢乐的气氛：有的人搜寻着人群中熟悉的面孔，满怀祝福，将水泼到对方身上；有的人拿着塑料瓶或者是小桶，占领制高点，尽可能将水泼到每一个人的身上；有的小孩拿着水枪互相追着闹着。笔者躲在两位奶奶身后留意着欢乐的水花，想要将这些动态的满足和幸福留在手机里，但是笔者发现手机屏幕承载不下这些欢快的场景。

晚饭是十家人一组，九家人凑六百元给煮饭的一家。一家负责两桌，主要是要招待外面寨子来的贵客。做好的饭菜用三轮车运到活动中心，摆上桌子，大家共进佳宴。一些受邀的村寨的代表和这个村子的人也有亲戚关系。

下午五点，大家在篮球场上吃饭，由于人太多，人们分期分批进餐。

人们除了浴佛，还互相泼水，以示庆祝。

饭后，很多人回家了，只有少部分人留在活动中心，负责打鼓之类的事宜。晚上八点左右，人们陆续前来参加晚上的跳舞等娱乐活动。晚上九点以后，来的人才稍微多了一点，大家都围坐在场边，看着打鼓的人带着一部分女性围成圈在跳舞。晚上十点多的时候，变换音乐，舞步节奏加快，人们情绪激昂、热情高涨。晚上十二点左右，活动中心的乐声才停息。

4 月 15 日

上午十点多，笔者来到活动中心，这时候已经有一些老人聚集在这里，但是因为下雨，所以来的人并不是很多。上午十点半，奶奶们从家里带着水和供品前来活动中心，有爷爷和叔叔专门负责将奶奶们带来的“小板”里的供品腾出来，放到活动室准备好的“大板”里。一些阿姨、奶奶在雨中打扫篮球场。扫完地以后，来的人更多了，鼓队的人也来了很多，他们开始敲鼓，但是没有人跳舞。上午十一点左右，佛爷从奘房来到活动中心。这个时候，太阳已经把篮球场晒得差不多快干了。奶奶们围坐在篮球场上，由佛爷领着念经。念完以后，她们把自己从家里带来的水倒进龙亭，然后跟着鼓队到泼水洼取水。取水之后，人们在大青树下跳舞打鼓，但因为担心再次下雨，跳了一会儿便启程，带水回到活动中心，把水倒入龙亭里。然后，各自回家吃午饭。

下午两点半，活动中心里仍然有一些爷爷奶奶。守龙亭的两个爷爷在糊纸，用白纸糊成房顶的形状，三个奶奶在糊一些小白幡。三个叔叔在编制类似泼水节第一天用来放供品的喇叭状竹篓，还削了一些同样长度的竹篾，并编了五个大小不一，一面可以插在地上的圆形竹篾。一些叔叔在活动室里吃午饭，午饭是各家提供的食物。

大约下午三点半，叔叔们编好了竹篾、竹器，和佛爷一起从活动中心来到奘房，叔叔们在奘房外的佛塔旁，用编好的圆形竹器和泥土垒起一个五层的像佛塔一样的“扎地”，并且用同样长短的竹篾将其围起来，在其正前方留一个小竹门。据佛爷说，这代表佛塔，每年都会做一个新的，有保护村寨的意义。

下午四点左右，扎地完工，叔叔们准备洗大佛。

浇花节的三天当中，每天都要打水去龙亭浴佛，早中晚各一次。

一些体积比较小的佛像被请到活动中心的龙亭那里去接受供奉和沐浴，但是一些体积比较大的佛像和奘房里固定的佛像则无法移动，因而，在浇花节的最后一天，人们便直接到奘房清洗沐浴这些佛像。

原则上，洗大佛的水需要去到泼水洼取，但是因为距离太远，后到来的人们洗大佛时，直接从奘房旁边的自来水管取水了。

叔叔们从奘房里把一些体积比较大的佛像抬出来，摆放在奘房左边的走廊上。这时，活动中心的人们跟着鼓声去到泼水洼取水。在取水过程中，有一个很重要的步骤，即遇到大青树就需要在其根部浇一些水。据一个叔叔介绍，一路上有二十多棵大青树。

下午四点半左右，已经有一些奶奶把从泼水洼取来的水提回来了，她们将塑料瓶里的水直接洒在佛像上，桶里的水则用一种泼水节常见的红树的树叶蘸了以后洒在佛像上。左边门廊下有一块刻有铭文的佛碑和一个金色的孔雀神，人们也要为它们沐浴。奶奶们沐完佛以后，拎着水来到佛塔，从右手边开始，将水洒向佛塔的四角、周身。佛塔后面的念经房同样也需要这样为之沐浴。念经房后面一棵长在竹丛中的大青树也被沐浴。之后，奶奶们开始绕着奘房，给每一棵竹子洒水，也有一些人将水倒在竹子的根部。这个过程一般一次就完成了，但是有的人则会绕着奘房走上好几次，不停地沐浴奘房的柱子。

奘房中，叔叔们用水和毛巾为最前面的大佛沐浴，从身体、袈裟开始，然后用梯子搭着，开始擦洗大佛的头。奶奶们用毛巾和水擦洗大佛前面的四尊佛像，从左边靠内的佛像开始擦，然后擦右侧的佛像，接着擦左边靠外的佛像，再擦右边靠外的佛像。从头部开始擦，接着依次擦脸、手、上身、下身、坐台。一开始进来的四个奶奶都先后为四尊佛像完成了沐浴。沐浴的时候，奶奶们可以跨越平时女性不可以跨越的那一条界线。

洗完以后，奶奶开始用小小的扫帚打扫奘房内部。笔者问奶奶是否需要帮助，奶奶明确表示只有老人才可以扫。

奘房外面，前来洗佛的人越来越多，既有年轻的女性也有年长的女性、还有一些大人带来的小孩。看到这一幕笔者很开心，因为笔者觉得小孩在这个耳濡目染的过程中能将很多传统的内容融入自己的记忆中，从而将自己民族的文化传承下去。小孩子们也学着大人的样子开始洗佛、洗柱子。

下午六点左右，活动中心的人们已经将第一天请出去的佛送回了奘房。

这时，大家早已开始在奘房外面泼起了水，场面十分热闹。因为水易于获取（附近有自来水），所以泼水时，大人、小孩，水枪、水桶、塑料瓶全部上阵，一片欢乐的景象。

接近七点的时候，泼水基本结束，阿姨们和奶奶们在奘房里跪着，佛爷在大佛前开始念经，这个过程持续了半个小时左右。晚上七点十五左右，佛爷将精心调制的圣水装在自己的小桶里，请台下的一个女子直接用小桶里的红树叶蘸了水洒在大家身上，奶奶们和阿姨们都很高兴，争先恐后地抢着迎接圣水，并用手中的容器装一些带走。

大约七点半，这个过程结束，大家聚集到奘房外的佛塔前面的扎地旁边。此时的扎地上插满了奶奶们糊的小纸幡和爷爷们用纸糊的房顶状之物。佛爷的代理人带领大家一起念经，奶奶们阿姨们坐在一旁虔诚地祈祷。这个过程大约持续了半小时。随后，大家各自归家。至此，浇花节三天中的重要仪式告一段落。第二天早上在扎地旁还有一个念经活动。

德昂族的浇花节和傣族的泼水节还是有很大区别的：泼水节的感觉就是一直都在泼水，但是德昂族浇花节期间则倾向举办仪式性的活动。也许可以从德昂族佛教信仰的各个方面来深入了解一下。

4 月 16 日

今天是浇花节的尾声，早上七点多，奶奶们聚集到奘房，佛爷代理人、爷爷，带着大家一起念经。之前曾带领念经的人蒋金祥因为前一天泼水感冒，所以不能参加这次活动。每个奶奶拿着一个板，板里有供品、食物、三炷点燃的香、一些点燃的蜡烛。她们抬着板开始念经、祷告。八点二十左右，奶奶们跟着念完经，有的奶奶从板里拿出一些泼水粑粑来吃，过了一会儿，便把板里的供品放到奘房外路边的树下。奶奶们说，这些供品已经被佛享用过了，直接拿出来放在路边的树下就可以了。之后，奶奶们回到奘房，开始继续念经。

大约八点四十，爷爷把佛像前的蜡烛放到佛像的左边，两个老爷爷依旧坐在佛像的右边，这时候佛爷来到了奘房，他坐在佛像的正前方，面对大家，手里拿着一个半圆形的扇子，开始带着大家念经。奶奶们一边念经，一边把瓶子里的水滴在面前的不锈钢小口缸里。九点多一点，念经结束，奶奶们把剩下的水倒在门外之丢弃供品的地方。

大家陆续前往奘房对面山上的佛爷墓祭拜。一棵大青树旁有两个佛爷墓，两个爷爷分别到两个墓前面点燃了香烛，并念经祭拜。这个时候，一个叔叔在墓地旁燃放了鞭炮。之后，佛爷来到其中一个墓前，开始念经祭拜。在整个过程中，奶奶们坐在离墓地有一段距离的地上观看，也有一些简单的念经祝祷的举动。

九点四十左右，祭拜仪式结束，一个叔叔放鞭炮，大家各自下山回家。

据说到了晚上，每一家还会有一个给老人洗脚的仪式，由于中午笔者便离开了出冬瓜村，所以无缘观看这一过程。

出冬瓜村的德昂族的浇花节则始终都围绕着浴佛进行。浇花节德昂语称“红帕”，就是浴佛之意，反映出其与佛教的密切关系[①]。在以往的一些调查报告中可见，出冬瓜村之前的浇花节浴佛仪式在奘房前举行，如今，出冬瓜村浇花节的浴佛仪式在村里的活动中心举行，活动中心围绕着“红木树”[②]，建在出冬瓜村的最高点，内有一块篮球场、一个卫生公厕、两栋约一百平方米的二层灰砖青瓦房，当中摆放着节日活动所使用的桌椅板凳、乐器等。其中一间房子里摆放着通知村务用的广播器、话筒、音响、水鼓、席子等，另一间房里摆放着象脚鼓、镲、水鼓、电视等，所有的物品都为村务和节日庆典所用。

德昂族浇花节与其佛教信仰的联系

德昂族浇花节的起源与其民族对南传上座部佛教的信仰密不可分。出冬瓜村的大多数民居都在正屋的墙壁前面摆放佛像和祭品，长久以来坚持供佛，村中专门建有奘房，当中供养着一位佛爷，每户村民轮流给佛爷送饭。德昂族历史上曾经信神祭鬼。有一段时期，疾病夺去了很多人的生命，人们陷入了巨大的恐慌。此时，德昂族人民听闻奘房里的佛爷和拜佛的人都不生病，

---

① 李晓斌、段红云、王燕《节日的构建与民族身份表达——基于德昂族浇花节与傣族泼水节的比较研究》，《中南民族大学学报》（人文社会科学版）2012 年第 4 期。

② “据有关记载，现在的出冬瓜村是 1781 年从现在村子南面山上的老出冬瓜寨迁移至此址的，当时带领大家迁移的领头人叫赵帅宝。搬迁至此后，当时将寨子取名为‘曼登钟’，这是傣语，意思是‘红木树’村，因为当时此地上长有红木树，故取此名。后来因为村里人不习惯这种叫法，很多外人也都不知道，为了便于与外界的联系与沟通，人们还是习惯叫迁移前的老寨名‘出冬瓜’。迁移时，全村有 10 余户、60 余人，房屋全是茅草房，道路全是羊肠小道，2009 年 8 月，全村已有 225 户、921 人，人均纯收入 1650 元，房屋变成了砖瓦房，道路也都变成了弹石路和水泥路。村中的老红木树更加枝繁叶茂，已有 200 多年的树龄。为了纪念建村 228 年，喜逢中华人民共和国成立 60 周年，特立此碑。出冬瓜自然村 2009 年 8 月 31 日”（摘自出冬瓜村活动中心红木树前的石碑。）

于是纷纷开始到奘房里拜佛求福。他们到了奘房，喝过“生灵水”，不再患病，于是更加崇信到奘房拜佛。在此期间，奘房的佛爷还在这些德昂族信徒中将一个名叫苏米卡的聪明机灵的孩子培养成为新一代佛爷。之后，他又教授了更多的学徒，佛教奘房文化也因此得到广泛传播，到奘房拜佛的习俗也在德昂族中流传下来[①]。如今，奘房里的佛爷也会从村子中挑选聪明机灵的孩子，让其跟随自己学习诵经、唱经。

此后，条件好一些的德昂族村寨都会在村里建奘房，供养佛爷。佛爷则在德昂族的日常生活和与佛教有关的民间节日中承载着重要的仪式主持和代表功能。浇花节期间，“请佛”仪式既代表请佛爷，也代表请佛像，在龙亭前和奘房的念经活动都由佛爷或佛爷的代理人来领导村民完成。在佛爷念完经后，佛爷的代理人和佛爷及村民有一个诵经问答的环节，佛爷的代理人向佛爷问道，转而带领群众集体诵经回应。参加浇花节节庆活动的人，有幸见到佛爷，部分男性会主动给佛爷洗脚，以示自己得到了佛爷的祝福，有些男性还会跪在外面，弓腰请佛爷踩着自己的背过去，以示自己得到了佛爷的祝福。佛爷去世以后，村里人会为其修建特殊的坟冢——佛爷墓。在浇花节的第四天早上，佛爷带领在奘房念完经的老人们集体前往佛爷墓，举行祭拜活动。

出冬瓜村有一个巨大的藏经洞，据当地村民介绍，在“文革”时期，村民们为了保护佛经和佛像，把它们都藏到这个巨大的山洞里。

出冬瓜村的奘房外面建有一座多角鎏金佛塔和一栋木质的诵经房，奘房平日里都开着门，人们可以随时到奘房里拜佛。但是，奘房作为信仰圣地，对女性有着一定的限制：女性不能从前方侧门进入，只能走后方的正门；释迦牟尼佛像前有一条界线，女性只有在完成特定的清扫工作时，方可越过那条界线；等等。

浇花节的前两天，浴佛都是在活动中心进行，老人们每天平均去龙亭浴佛三次，上午第一次带去的水都是从家里接的自来水，中午和下午则是去泼水洼取的水。浇花节的第三天，老人们（主要是女性）带头取了水到奘房，进行大规模的浴佛活动。这时，女性可以越过界线去清扫佛像前的一些器具以及奘房内界线以外的一些佛像，释迦牟尼佛像则只能由男性来清洗。

另外，在德昂族传统的生态观念中，对当地人常称为“大青树”的大榕

---

① 赵家祥著《德昂族历史研究》，德宏民族出版社 2008 年版。

树这一自然神的崇拜，构成了德昂族佛教信仰与原始崇拜结合的综合信仰观念，且都与浇花节关系密切。德昂族将大榕树视为吉祥的象征，繁茂的大榕树象征着子孙满堂、村寨兴旺[①]。出冬瓜的村寨里有很多大榕树，有的大榕树树龄逾百年。据村民介绍，每个村寨的泼水洼都要选在一棵大榕树旁，喻示着人们对大榕树的崇拜和信仰。在浇花节取水的时候，人们取了水后都要聚集在大榕树下，敲象脚鼓和铓等，老一辈的人还会在树下唱歌，欢庆、祝祷一番才往回走，回程中，人们每遇到一棵大榕树，都会往其树根泼洒一些清水，以示祈福。

可以看出，浇花节作为与佛教信仰息息相关的节日，其整个活动过程都围绕着供佛、请佛、接佛、送佛、浴佛、奘房拜佛进行，节日、仪式与佛教信仰、自然崇拜融合在一起，形成一套独特的民族文化体系。

德昂族浇花节的故事传说

在现实生活中，很多信仰南传上座部佛教的民族都过泼水节，泰国、老挝称之为“宋干”，缅甸称泼水节为“摩诃丁键”，中国傣族称泼水节为“尚罕”或“尚键”，这些名称均为梵文的音译[②]。德昂族的文化精英们则将梵文音译的“尚键节”独立构建成为本民族的浇花节，并且申报成为德昂族的非物质文化遗产。在此过程中，德昂族对尚建节的来历有着本民族的传说、阐释。这个传说也是一个与佛教信仰密切相关的故事：

开天辟地之时，有一尊万能的圣佛能够赐给人们幸福生活，下凡来到人间帮助德昂族解脱灾难，料理生活。为了不惊动凡人，他化身为奘房里的佛爷，为人们做了很多好事，受到人们的膜拜和信奉。但是人们生活中复杂的难题日益让圣佛不堪重负，他悄悄返回了天界。圣佛走了以后，人们又陷入了无尽的苦难之中，圣佛不忍看着人们受苦，于是再次下凡，但是他不再去奘房，在人间停留的时间也不长，他知道哪里有灾难，就去哪里的河里洗澡，用自己沐浴之后的水来搭救受苦难的人们。然而因为当地已经遭难多年，一开始的时候，并没有显著的救助效果。一天，德昂族的一个老人在田间劳动时，发现一个满身金光的人在河里洗澡。老人询问后得知，他是“帕丙昭”（天上的多尼圣佛），为救苦救难而来到人间，并说明自己会在清明节后到有

---

① 李韬、李蔬君《德昂族的传统生态情结》，《今日民族》2001 年第 8 期。

② 李晓斌、段红云、王燕《节日的构建与民族身份表达——基于德昂族浇花节与傣族泼水节的比较研究》，《中南民族大学学报》（人文社会科学版）2012 年第 4 期。

苦难的地方去洗澡，但具体的时间尚未确定。圣佛话音一落便消失了。老人十分惊讶，又怕惹怒天神，于是三年都未曾向任何人提起，但是他发现圣佛沐浴过的小河旁的庄稼长势非常好，年年丰收，喝过河水的人也百病全消，身强体壮。老人很疑惑，于是他向“大崩纳”（大天师）叙述了自己见到帕丙昭的经过，请求大天师查出帕丙昭下凡的具体时辰。大天师足足翻了七天经书，推算了书中七十二个时辰所指的时间，他测定帕丙昭下凡的时间应该是清明节后的第七天到第九天。他说，连浇三天的水，总会遇到帕丙昭下凡的时辰。然而，清明节这天，大天师梦到帕丙昭对自己说，他不会再下凡了，如果人们想念他，就照他的相貌雕刻成像，经常给雕像洗涮换单，他在天宫也能感受到。后来，老人根据帕丙昭的嘱咐，雕刻了很多佛像，并把清明节后的第七天至第九天定为尚建节。每年过此节时，人们都会给佛像做转水亭，把佛像请到亭子里浇洗三天，同时供奉很多食品[①]。人们还用浇过佛像的水互相敬浇、泼洒，以示祝福。在出冬瓜村的浇花节中，人们第三天在奘房浴完佛、奘房、佛塔、诵经房之后，便在奘房外的空地上展开泼水欢庆，互相祝福，但其规模和寓意则与盈江的大型泼水节存在差异。

关于德昂族的浇花节的由来，还有一个故事：从前，德昂族有一个忤逆不孝的儿子，他常常虐待自己的母亲。有一年清明节后第七天，儿子上山干活，看到雏鸟反哺的情景，顿时了悟，决心以后好好侍奉母亲。这时，母亲正向山上走来为儿子送饭，不小心滑了一跤，儿子想要赶来扶她，她却以为儿子要过来打自己，于是一头撞死在了树上。儿子痛悔莫及，把树砍下，雕成一尊母亲的雕像，每年清明后第七天都把雕像浸到洒着花瓣的温水中清洗，以示悼念和忏悔。日久天长，逐渐演变为为长辈洗脚的习俗。在出冬瓜村，泼水节的第四天中午到晚上的这段时间，家里的年轻一辈都为长辈洗脚，以示尊敬和孝顺[②]。

另外，德昂族浇花节中悼念祖先和缅怀前辈的寓意还来自德昂族对“扎地”的祭拜。扎地是德昂族的祖先母神像，她象征着德昂族对先祖的纪念和传承。祭扎地便是希望神灵保佑全家、全寨清吉平安、消灾解难[③]。德昂族传

① 赵家祥著《德昂族历史研究》，德宏民族出版社 2008 年版。

② 关于德昂族浇花节的来历，有七个不同的故事版本，但是当地文化精英多认同这两个版本。“申遗”资料中，还涉及另外一个故事，是关于七仙女下凡沐浴的故事。

③ 赵家祥著《德昂族历史研究》，德宏民族出版社 2008 年版。

说，很久以前有一位勤劳能干、容貌秀丽的寡妇，独自养育着五个孩子，生活艰难。她不忍看到自己的孩子挨饿受冻，辗转到一个富有的头人家去借粮食。头人觊觎貌美的寡妇，借给她很多米和钱。后来，寡妇得知头人是一个心肠歹毒、作恶多端的人，于是开始拒绝头人的施舍，并想办法筹集粮钱还债，但是由于无法筹齐，一直没能还清债务。头人垂涎寡妇已久，想要娶寡妇为自己的小老婆，但贞烈的寡妇不为所动，接连三次拒绝了头人。头人策划了抢婚，将寡妇硬蒙上眼睛强行绑上了花轿，抢婚当天，寡妇的四个儿子想要阻止头人，却在拼打中被残忍杀害。寡妇听闻儿子的惨叫声，顿时昏迷过去，半路醒来的寡妇以小解为由，下轿以后，一头撞死在一棵紫金杉树上。寡妇的小儿子隐姓埋名，长大以后在乡亲们的支持下为家人报了仇。乡亲们将头人一半的财产分给了小儿子。有一天晚上，小儿子梦见妈妈和哥哥们向他要饭吃，他的妈妈还告诉他，要是想念他们，就砍下紫金杉树做成墓碑，竖立在家旁边山坡的最高处，他们的灵魂就会来保佑他。后来，小儿子将树干竖立在中间，代表母亲的遗像，将树杈竖立在四周，代表哥哥们的遗像。竖碑时，当地的大主爷给了小儿子很多钱，赶了七天七夜的大摆。从那以后，人们每个节日都要去祭拜扎地[①]。在出冬瓜村的浇花节中，第三天，人们在到奘房浴佛之前，会把用竹篾编好的扎地竖立在佛塔旁，以供人们拜祭。第四天早上，老人们在奘房诵完经后，再次拜祭扎地。

在德昂族的浇花节中，佛教信仰与缅怀祖先、尊敬长辈的道德观念互相渗透交织，形成了德昂族节日文化的一个重要部分。

出冬瓜村浇花节与周围寨子的往来

三台山乡是德昂族的聚居乡，各个寨子之间保持着亲密的关系，有的寨子还是从所谓的老寨中分出去的新寨，在出冬瓜村浇花节的第二天，邀请了周围的寨子来共同庆祝节日。据当地人说，他们也会被邀请到其他的寨子去过浇花节。当天，各个寨子的人们到泼水洼取水，一起在活动中心的龙亭前诵经、浴佛、表演节目，晚饭期间，本村村民设宴招待外寨的德昂族兄弟姐妹，齐聚活动中心，共享盛宴。这对德昂族内部村落间、支系间通过亲缘和地缘巩固文化共通、交流共同信仰、传承民族文化有着重要意义。

当中也有一些从缅甸嫁到出冬瓜村的女性，她们也过浇花节，在节日仪

① 赵家祥著《德昂族历史研究》，德宏民族出版社 2008 年版。

式中扮演着身着德昂族服饰的普通村民角色。

浇花节在现代社会情境下的一些变迁情况

浇花节期间，书中描写的青年组织、青年男女互传花篮、花包作为信物的一些场景已经不见踪影。众多的仪式活动，尤其是祭拜活动，参与者多为老年人。从制作龙亭周围的装饰品到请佛、浴佛、诵经等，主要的参与者是已婚夫妇、中年男女、老人。只有部分男青年参与到节庆时的乐器演奏和舞蹈表演中。未婚的年轻女性则几乎不见踪迹。学龄孩童则跟随长辈，在整个节日过程中嬉戏。在这次田野调查中，正好遇上相关拍摄人员，因此，出冬瓜村的文化精英们和小组干部们的动员力度比较大。总体来说，浇花节的活动都是在当地村小组干部、文化精英和老年人的带领下进行的，年轻人对传统仪式的参与力度则似在减弱。

四、观音会

大理白族三月街的原型是观音会，历史上是佛教讲经的会期。据说观音会已经有一千多年的历史了。民间传说，观音菩萨是在农历三月十五这一天来到大理的。当时，大理地区有个名叫罗刹的妖怪，鸟头长翅，在海里兴风作浪，危害乡里。他爱吃人眼，每天要吃几十双人的眼睛。观音变成梵僧下凡，巧用螺蛳化人眼，骗过了罗刹。后来又与罗刹打赌，成功使大理脱离了罗刹的魔爪，并将作恶的罗刹埋进山里。为纪念这一胜利，人们每到观音下凡大理的这一天，就要聚集在传说中观音与罗刹斗法的场地，听讲佛经、歌舞欢庆，相沿成习，演变为大理地区最隆重的节日。

在历史发展的过程中，观音会逐渐演变成了三月街。据历史记载，三月街已延续了四百余年。关于三月街的起源，据白族佛教故事集《白国因由》记述：隋末唐初，恶魔罗刹久踞大理，人民深受其害。唐贞观年间，从西天来的观音终于制服了罗刹，使百姓各安其业。之后，“年年三月十五，众皆聚集，以蔬菜祭之，名曰祭观音处。后人于此交易，传为祭观音街，即今之三月街也”。三月街的这种特色，一直保留到了清末民初。历史上，大理是贯通中土和天竺的要冲。人们借每年三月十五在“苍山下贸易各省货”。大理乾隆举人师范有诗曰：“乌绫帕子凤头鞋，结队相携赶月街。观音石畔烧香去，元祖碑前买货来。”描写的就是当时盛装的白族妇女结伴相遇，在三月街上易物、购货的情景。

五、观音成道日[①]

巍山彝族回族自治县位于云南省西部，大理白族自治州南部。当地道教、佛教、伊斯兰教、基督教等宗教信仰，以及彝族土主崇拜、白族本主崇拜等民族民间信仰并存。全县共有600多处宗教活动场所，民间小寺小庙近400个，有一定规模的宫观寺院208座，已依法登记开放64座，其中道教宫观26座、佛教寺院14座、清真寺23个、基督教堂点1个（2014年数据）。

巍山圆觉寺（大寺）是县城南诏镇最大的佛教寺庙，也是巍山县佛教协会所在地。由于常驻僧人仅两人，常驻居士约四人，规模较小，且交通不便，不通公路，信众又以中老年人居多，经常上山做会的客观条件受限，只操办观音会等佛教盛会。另外，由于当地佛教、道教融合较为明显，也会受到道教影响，和道教信众同过一些节日。

佛教传说里六月十九这一天是妙善公主成道证果之日，现千手千眼观音菩萨相，于是后人便把这一天定为观音成道日。对于圆觉寺的僧侣及附近的信徒来说，这一天举办的观音会是非常重要的盛会。附近较小的佛教寺院（如大李清园的观音寺、巍宝山的观音殿）为了赶圆觉寺这一天的观音会，把本寺院的观音成道法事活动提前一天举行，以便信众可以在正日到圆觉寺参加观音会。

以下主要记叙的是巍山圆觉寺六月十九观音菩萨成道日的情况。

农历六月十九前两天就有居士、信众托圆觉寺住持仁智法师供养观音，如玄珠寺的居士特意上山交一百元供养钱给法师，托其买水果、纸钱帮忙敬佛。这一天早上八点三十左右就陆续有信众来到了大圆觉寺，带上百合花、香油、供果等。（平日里较少有人来圆觉寺，来的也多半是游客。）大多数人是从县城来的，走路约四十分钟，也有从大李清园（当地人口中的“后面山上”）来的。九点左右，当家师父将莲花状的唱佛机插入大殿前广场插高香处，开始循环播放一整天，营造出佛殿的庄严肃穆感。信众进寺都较为恭敬，有一位女士手持百合花径直走了进来，突然想起自己忘记了鞠躬，又退后几步到香炉附近拜了拜再走向大殿（真如殿）。

除了常规的法事活动，随着新媒体的发展，佛教徒的微信朋友圈的传播同样凸显着节日的气氛。这一天他们的朋友圈内容均是与观音菩萨相关的内

① 本田野笔记由中山大学社会学与人类学学院硕士研究生陈达理撰写。

容：有抄录《观音菩萨普门品》段落的，有转发观音成道的传说故事的，也有将观音画像配以大慈大悲等文字的。一些无法来到现场的信众也可以通过新媒体了解观音会的进展情况。

两位男居士在天王殿与大殿中的广场右侧摆放桌椅，负责在此写供表、记录功德。他们说今天是来当义工的，昨天曾在巍宝山观音殿帮忙做会。上殿拜佛的信众均会经过此处，大多会前来“供表”或“挂功德”（书面语称为“写缘”）。共有两类疏文，印在桃红色或黄色的纸上，分别是《求学疏文》和《清吉消灾疏文》。主体内容已打印好，负责供表的居士手写上日期（佛历二五五九年六月十九）、供表人的家庭住址。再把疏文折叠好，放进红色的“表”中，在表上面写上所求佛的殿址，如求学的就写“文昌宫中”，求观音的就写“紫竹林中”，再在其下写上当家法师“释仁智呈进”。整套包括一份疏文、一副表、四份金银钱纸（五张为一份）、四份锞子（金银元宝）、九炷香，共花费十元钱。所有这些都放进一个表盘（几家人可共用一个表盘），再将表盘用双手托举到头顶，恭敬地放入所求佛殿内安放。如求观音的供在观音殿内。待今日所有法事活动进行之后，再从殿内请出表盘，将其放入火炉焚烧。至此，供表仪式结束。

值得注意的是，并非所有人都是来此写表，然后烧。有一部分是自己将写好的表带来烧，而且都为道家的表，上面有八卦图案。当笔者询问此事时，信佛的居士以“他们不懂”做解释，但也并未觉得不妥，似乎已习以为常。携道家表来烧的人家则表示：“这些无所谓，只要心诚就可以，反正是求财求平安，都是一样的。”有的是请村子的先生写好带上来，还有的自己家就有道家先生，“会写表”，因此就在家写好了，今日带到圆觉寺中来烧。这一细节可从侧面反映出此地佛道融合的现象非常普遍。刻意地区分似乎只存在于学术界和宗教人士内部，而对于普通百姓来说，并不会严格区分。比如，笔者参加的佛家老居士出殡仪式，所有仪式按佛教仪式来操办，但是会出现太上老君的形象。又如，玄珠寺严格来说是道教寺庙，但同样有观音殿，且由佛教协会统一管理，驻寺的居士都是佛教徒。再如，巍宝山作为著名道教圣地，也有观音殿，并由道教协会管理。

上午的活动中，两位男居士在大殿前广场负责供表和功德。旁边有三位从大李清园来的彝族奶奶在柏树下负责折壳子、分纸钱。其余女性除了正在为自家供表的，都在斋房准备中午二三十人的斋饭（洗鸡枞菌、炒菜、煮饭）。另有三五个男子在大殿南面厢房旁的系风亭前闲聊。仁智法师在他的客厅中用毛笔在红纸上书写各位求福消灾人士的名字，写好后将其供在大殿右侧的延生牌位上。

一切准备工作就绪后，十点五十左右，法师和居士上殿诵经。一位居士敲钟三声，所有居士开始到大殿门口左右侧进行准备。先穿海青，而后将缦衣顶在头上，双手合十恭敬礼拜后，穿好缦衣。待仁智法师进殿后，各位居士依次入殿。整场法事活动中，法师持引磬、板等法器，居士持鼓、铃铎、铛子、铪子、木鱼等法器。

按照常理，观音会应当诵唱《观世音菩萨普门品》，但是由于居士多为文化程度不高的中老年女性，能够熟练掌握经文的并不多，所以包括本次的诵经活动在内，诵唱的都是《药师经》。

观音会前夕，县城一家人有亲人发生车祸，请求上山为其做会求福渡劫，因此仁智法师特意安排他们参与今日的法事活动。法事活动照常进行，在此过程中，法师手持一小瓶清水，用柏树枝叶向在场的居士、信众洒水赐福。

与此同时，另两位居士开始供斋。按照大殿、韦驮殿、弥勒殿、观音殿、地藏殿的顺序进行。供斋时，需将盛供菜的小碗依次举过头顶，再恭敬端放于佛像面前。十一点二十左右，大殿的法师和居士已供斋完毕，从大殿出来，依次来到韦驮殿、弥勒殿、观音殿、地藏殿这几个殿礼佛诵经，然后再到大殿延生牌位处，最后回到正殿。至此，上午的诵经活动结束。法师和居士皆从大殿旁的两道门出入，不走正门。因为正门是供神出入的，人只能从旁门出入。法事活动结束后收供菜，全体人员前往斋堂（五观堂）吃饭。

下午一点三十，开始在大殿拜唱，一共进行了三场，同样也是唱《药师经》。不同的是上午只是念诵，下午则是唱经。听起来像是分声部的。由于是星期一，还有人回去上班，下午信众明显少了一些，大殿唱诵者中加入了几位男性居士。有信众托举着表站了二十分钟，再拿去观音殿供。全部诵经活动结束后，下午四点二十左右，法师将延生牌位上写有名字的红纸取下，送到大殿广场火炉处焚烧。最后回到大殿，整天的观音会结束。由于昆明有一位老居士去世，仁智法师在活动结束后就驱车前往昆明为她举行超度仪式。其他居士、信众也在晚饭后纷纷离去。

六、“塔摆”

塔，矗立，仿佛升向无极的意象。浮屠层层叠起，如同通往天国的梯级塔；雄伟崇高，更使人仰视、使人崇拜。傣族的“塔摆”（有的地方叫“塔”），就是对象征佛性的塔的祭奠。塔摆一年两次，春秋各一次。春天，把长方形布片拼成的袈裟铺在地上的一次祭奠，称“摆广姆”。秋天，把钵覆扣在袈裟上，再使手杖竖立在钵上的一次祭奠，称“摆少三”。传说，两千多年前，一个信徒问释迦牟尼：“用什么方法能表达对您的敬意?”答：“把长方形布片拼成的袈裟铺于地上，把钵覆扣在袈裟上，再使锡杖竖于钵上。”释迦牟尼死后，弟子火化遗体，骨殖变为一些色白而透明的珠子，称为“舍利”，人们按佛祖意思建筑，就成了佛塔的雏形，并把舍利藏于塔中。塔成了藏佛舍利的地方。

而傣族的塔，却有不少埋的是“救世动物”的遗骸，所以塔上常刻塑有各种动物或奇兽。云南陇川景坎有座佛塔，当地人称“广姆”（金塔），据说塔内埋藏有一只玉兔的遗骨。民间传说，这只玉兔曾救人出火海，是善的化身。所以，当地傣族、阿昌族等民族，对它的祭祀相当隆重，每年的塔摆（“广姆摆”），节期一至三天，是德宏傣族规模较大的一个节日。这个塔，由于名气较大，连印度、泰国等佛国都视其为佛光宝地。每年塔摆期间，人们穿戴一新，跳着孔雀舞，敲着象脚鼓、抬鼓和排铓，举着彩旗和形形色色的供品，涌向装饰一新的金塔。人们在象脚鼓面上粘了一些糯米饭，好使它的声音更柔和深沉些。金塔四周祭幡林立，人们围着金塔祈祷、捐功德，诵经声、铓鼓声、歌舞声、欢笑声连成一片，偶尔，有几声铜钟鸣声悠远浑厚，使佛塔显得更为庄严壮观。夜晚，烛光闪闪，天灯悬空，朦胧的塔影和隐约的鼓声，使这个热带的小坝，增添了不少神秘的色彩。

傣族还常在节日里堆沙塔，其用意是祝祷吉祥如意，祈求来世幸福。有的地方，把泼水节叫堆沙节，这天要到河里抬沙，行祭，到佛寺堆沙。有的地方则在村寨发生流行病时堆沙塔。全村老人跪请老佛爷连续念经三晚，堆沙塔五百或一千，塔内放几个小钱，塔四周点油灯，塔上面悬挂一纸虎，经念完后，小孩群起而上，将所有沙塔随意踏坏，以此除邪。

云南怒江茨中村傈僳族村民每年年初一都会到各个自然村的小白塔烧香。茨中村是一个由五个自然村构成的行政村，各村都有自己的山神和小白塔。每年的元宵节，全村的男性都会到吉天天古大白塔烧香。

大理白族地区有很多古塔，星罗棋布，遍及城乡。著名的大理崇圣寺三塔，形似西安小雁塔，是唐代典型塔式之一。塔前照壁上，镶有大理石镌刻

“永镇山川”四字。由于大理古为“泽国”，水患较多，民间“世传龙性敬塔而畏鹏，大理旧为龙泽，故为此镇之”。崇圣寺三塔主塔千寻塔出土的金属工艺品大鹏金翅鸟，便是明证。洱海沿岸的白族，每年从农历七月二十三日到八月二十三日，有时间长达一个月的“耍海会”，其中一项重要活动，就是祭祀蛇骨塔。关于蛇骨塔的来历，民间有个悲壮的传说。相传，南诏时代，洱海里有一条妖蛇作乱。它本为魔王所变，时常跑到洱海里兴风作浪，淹没田宅，吞食人畜。南诏王布榜，招募勇士。绿桃村的石匠段赤城决心为民除害，他浑身缚满钢刀，手持利剑，入水与妖蛇恶斗。力不能胜，乃自让妖蛇吞下，在蛇腹内上跳下刺，左右翻滚，刀尖刺穿了蛇腹，洱海水均被血水染红。数日后，蛇尸浮上水面，人们将蛇尸打捞上来，剖开蛇腹取出英雄的遗骨，葬于马耳峰麓羊皮村之阳，建塔其上。为纪念这位舍己除妖的英雄，人们把巨蛇的尸骨烧化制成塔砖，修建灵塔，俗称蛇骨塔。义士段赤城也被当地村民奉为救民护邦的本主，建祠祀之。每年农历七月二十三，据说是段赤城的诞辰，四方村民便云集西洱河滨，泛舟耍会，俗称“捞尸会”“赛龙神会”“耍海会”，纪念英雄旧事。除了泛舟耍海，象征性地再现除妖、捞尸的场面，还要列坐水旁，藉草酣歌，再向后辈讲述一些有关英雄出世、蛇骨建塔等等传说。这个节祭活动，时间长达一月，沿岸布列十余里，真可谓盛况空前，有碑铭咏道：

……

赤城段公有侠行，
翻江倒海屠长鲸。
慷慨捐躯葬蟒腹，
四境黎民庆重生。
蟒灰垩塔埋忠骨，
矗立山川仰令名。
……

七、灯会

燃灯点烛，是礼佛功课之一。全民信仰南传上座部佛教的傣族，在浴佛节的夜晚要在佛寺和地上点烛，燃放热气灯笼（孔明灯）。这个习俗与“佛舍利放光雨花”的神话故事相关。如星的灯海，是佛性遍在的象征。

壮族河灯节[1]

广西壮族自治区桂林资源县放河灯的习俗由来已久。

据说地官生日在七月十五，称中元节，地官的主要职责是为人间赦罪。中元节放河灯，可能与纪念地官和土地祭祀的风俗有关。《梦粱录》中记录了中元节祭祖放河灯的习俗："此日都城之人，有就家享祀者，或往坟所拜扫者。禁中车马出攒宫，以尽朝陵之礼。及往诸王妃嫔等坟行祭享之诚。后殿赐钱，差内侍往龙山放江灯万盏。"在资源县，放河灯、唱山歌的习俗被完整保留下来，并且节日内容愈来愈丰富，影响力也逐渐扩大。

资源历史上曾隶属于楚国，当地人继承了楚人温柔质朴、吃苦耐劳的文化传统。《西延轶志》记载："资源县风俗俱遵古礼，风气崇俭朴而泯浮华，士农工商各安常业，故人心重礼仪而鲜诅诈。"资源县的河灯节在每年农历七月半（农历七月十三至十四）举办，是这里一年一度的传统节日。资源县的河灯节有"三绝"：水上灯绝、耳畔歌绝、身边舞绝。

每年农历七月十四，县城风雨桥河段两岸人山人海，很多身在异乡的资源人也纷纷回乡，在清风徐徐、月色醉人的晚上放逐河灯，许下心愿。人们纷纷带着河灯，沿河漂流，各式河灯竞相绽放资江河面。河灯大小不一，形状各异，样式百变，有奇花异草、飞禽走兽、龙凤呈祥、麒麟献瑞、神龟贺寿等。万盏河灯漂流水面，灯火辉煌，璀璨耀眼，仿佛水面上闪烁的不只是一盏盏简单的河灯，更是一件件美丽的工艺品。

观灯人群相互喝彩，期盼祖先保佑国泰民安、风调雨顺、人旺家旺。节日当晚，河岸上人山人海，水面上灯光闪耀，好像繁星点点在夜空一般。水中璀璨的灯火和夜空中闪烁的星星互相辉映，让人分不清哪儿是天，哪儿是河，可谓灯光、月光相融，流光如水，水天一色，天与河的界限已经模糊，只有地上的人们，说着、笑着，展现着"火树银花不夜天"的人间胜景。看那河岸上的古城，空中的五彩焰火，河中各样造型的河灯，编织了一幅有人、有情、有美景的美丽民俗画。

河灯节期间的资源县，不仅有河灯万盏漂流资江，还是歌舞的海洋，灯节与歌节合二为一。河灯歌节与资源县人中元节祭奠先祖的习俗有关，资源县五排山区是苗族、瑶族聚居地。相传中元节是苗族祖先定居五排之日，为了

---

[1] 本田野笔记由中山大学中文系博士研究生甘政撰写。

缅怀祖先，资源人在每年的七月半举行歌会，男女老少相聚河畔，互对山歌，歌声悠扬，此起彼伏，连续三天三夜，以此怀念祖先，诉说人间世事，抒发男女爱情，赞颂美好生活，并且盛行放河灯祭神祭祖。外来客商也纷纷效仿争相投放河灯，求个吉祥平安。

过去的河灯节，节日内容还比较单调，只有放河灯、唱山歌和赶圩场这类传统活动，如今的河灯节又推陈出新，增添了很多新的内容，如民间体育、曲艺、舞狮等。各乡的舞狮队、舞龙队、河灯队、艺术表演队，会集于县城，大显身手。夜幕降临时，人们将自己制作的各式各样的河灯点亮，一起放到江中，望着河灯随波而去，以此寄托对先人的怀念之情，并祈祷先人保佑子孙后代。放河灯的景象十分壮观，五彩缤纷，满江辉煌。赏灯之后，便是彻夜的文艺表演和山歌比赛。第二天，街上人山人海，四面八方的客人聚集在喧闹的集市上，让人分不清歌声、叫声，看不清灯流、人流。

资源县现在的河灯，花样迭出、形态各异，寓意着幸福平安。你可不要小瞧一盏小小的河灯，它可是经历了很长的发展历程呢。最初，资源的河灯样式比较少，只有三种："敬神灯""莲花灯""粽子灯"。敬神灯的框架用四根灯柱制成，用透光皮纸糊好再写上吉祥话。莲花灯因形状似莲花而得名，把彩纸剪成莲花的样子，糊到碗周即成。粽子灯则用"禾蔸纸"包松脂渣，包成粽子的形状，再固定到木板上。后来，河灯有了更多花样，例如"龙凤灯""走马灯""罗汉灯""八角灯""宫灯""长龙灯"等。

随着技术的改进和时代的发展，制灯技艺也有了不断的改进、提升，河灯样式也越来越丰富，种类层出不穷。现在的河灯制作并不复杂，一般都是用各色的蜡光纸糊成的，把一张正方形蜡光纸的四角粘起来。灯芯一般都是用麻绳做的，这样的灯芯，燃烧时间长，抗风性强。在放河灯前，将河灯底部浸入蜡烛油中，然后趁蜡油没有凝固时，把河灯放在沙子上，有些沙子便粘在了河灯底部，这样就增加了河灯的重量，让河灯不容易被吹翻。年近六旬的手工艺人倖文顺是资源县城里有名的河灯制作工艺传承人，现在继承这门手艺的年轻人已经不多了，像倖文顺这样继承了家族传承了一百六十多年的制灯手艺的手工艺人更是凤毛麟角。看似简单的一盏盏河灯，其实融入了制灯艺人的心血，是祖祖辈辈技艺的结晶。

藏族燃灯会（祈愿大法会）[①]

在青藏高原的格鲁派寺院中，不论是西藏的哲蚌寺、色拉寺、甘丹寺、扎什伦布寺，甘南的拉卜楞寺这些名刹大寺，还是佑宁寺、隆务寺、吾屯寺等数以百计的小寺院，正月十五都有酥油花供奉活动，但这些酥油花都是佛像和花木鸟兽等的单个塑制，没有像塔尔寺一样形成组塑，表现一个完整故事的。

据说，酥油花与西藏的本教有关，最初是施食供品上的小小贴花，但最终却在青海塔尔寺形成了每年一度大型的酥油花灯会，这与塔尔寺的地位密切相关。

首先，塔尔寺是宗喀巴大师的诞生地，是藏传佛教的圣地，也是安多藏族聚居区最大的宗教活动中心，所以一直以来备受中央政府的重视。继而塔尔寺的地位日益提高，规模日益扩大，僧侣虔诚向往之心日益强烈。僧人们相信酥油花是宗喀巴大师梦境的传说，无比崇敬地要让大师梦境在家乡年年重现，而信众也会争相观赏、进献香钱。从而提高了塔尔寺在信众当中的地位。如此往复渲染的宗教心理，形成了根深蒂固的酥油花情结。再加之塔尔寺有雄厚的经济实力，拥有年复一年专人制作和展出大型酥油花灯的条件。

其次，塔尔寺地处多民族文化交汇点的湟水流域，这里从明代以来杂居着汉族、藏族、土族、蒙古族、回族、撒拉族等，形成了儒家文化圈、藏传佛教文化圈、伊斯兰教文化圈相互交叉的多元文化格局。他们在文化上互相学习、互相促进，特别是前两个文化圈之间，具有明显的融合性和趋同性，因而使塔尔寺艺术迥别于藏式艺术，呈现出一种吸收其他民族文化后的新颖奇特的样式。也可以说酥油花是多民族文化相互融合的产物。

最后，竞争机制是塔尔寺酥油花繁荣并独秀于藏族聚居区的重要原因之一。塔尔寺的酥油花院分为两院，20世纪50年代以前，上院由西纳部落主持，下院由龙本部落主持。这两个部落是创建塔尔寺的六大部落中的两个部落，地处寺院西北的西宁西川。因其建寺之功而在塔尔寺中拥有相当地位，故分别主持上下酥油花院。20世纪60年代后，这种特权被打破，各地艺僧都有进入酥油花院的可能，老一辈艺僧将技艺和方法利用口传手教的方式，传

---

① 本田野笔记由中山大学社会学与人类学学院本科生石楠撰写。

递给下一代艺僧。但不论何时何代，他们的制作程序和规则是一致的。两院艺僧在元宵节前三四个月便开始设计、制作酥油花，但直到展出之前，双方互不来往，尤其是对设计、制作情况严加保密。双方艺人竭尽全力，力求从题材到雕塑技艺都出奇制胜，高过对方一筹。

关于燃灯会使用的酥油花的来历，有两种说法。

吐蕃迎佛说认为，641 年，唐朝同吐蕃联姻，文成公主被迎到拉萨时，带去了一尊释迦牟尼十二岁等身像。后来将佛像供奉于拉萨的大昭寺，藏族人民为了表示敬意，在佛前献了供品。按印度传统的佛教习俗，供给菩萨的供品有六色，即花、涂香、圣水、熏香、果品和佛灯。可当时已是草枯花谢之际，鲜花无法采摘，只好用酥油塑了一束花献于佛前。其实，在雪域，人们已经开始制作酥油花了，此时的酥油花已较之前有所发展。吐蕃人民用酥油做成花献于佛前，以示崇敬之心。后来，各藏传佛教寺院相继使用，视为佛教珍品，献酥油花逐渐成为正月祈愿大法会的重要内容。

再现胜景说认为，1408 年，农历正月十五，宗喀巴为了纪念释迦牟尼，在拉萨大昭寺举行了盛大祈愿法会，为唐朝文成公主带来的释迦牟尼像饰以金冠，献了披肩，同时献了一束酥油花。法会毕，宗喀巴因劳累过度，呼呼入睡。梦中自己来到一地，这里高山峻岭如林，仙池碧湖结冰，寺院殿脊、苍松翠柏和道路院地全被白雪覆盖，看上去，虽说洁白壮观，但却显得单调凄凉。宗喀巴正观赏感叹时，文成公主突然出现在眼前，但面带愁容。宗喀巴问她为何烦恼，文成公主回答说，酥油花勾起了她对故乡长安的思念之情，并称，若每年都能看到秀美逼真的酥油花，就不会再思慕长安的春景了。宗喀巴听后思谋一会说："公主放心，从今以后，大昭寺年年举行祈愿大法会，并设宏大酥油花架，供公主观赏。"宗喀巴醒后，立即招来制酥油花的能工巧匠，分为两组，吩咐他们每年各塑一组酥油花，互相保密，相互竞比，看谁塑制得更巧妙美丽。

次年（1409 年）农历正月，拉萨大昭寺又举行了正月祈愿大法会，会上首次塑制了大型搭台式酥油花，展出了文成公主进藏和亲的故事，塑制得十分精美壮观。摆设时间与宗喀巴梦文成公主的时间相合，在农历正月十五夜黄昏时摆上灯，翌晨黎明前撤灯。从此相沿成习，年年如此。这架酥油花集中表现了世界从黑暗迎来光明灿烂佛光的动人情景，大师把这一宗教活动定名为"觉额却巴"，意为"让宇宙充满光明的正月十五众生供奉集会"，俗称燃灯节[①]。

但也有学者表示，真正的酥油花应起源于民间，而且存在的时间已经十分久远了。他们认为藏族、蒙古族以及其他高原民族，在日常生活中，会在打酥油之余，随手用酥油捏制一些小物件，送给自己的孩子当玩具。这种情形恰如汉族妇女在揉面时，也常会顺手捏制一两个小面人，给孩子当玩具。酥油花的产生，在历史的脉络上，应该是首先起源于民间，而后才兴盛于寺院的[②]。

酥油花通常在正月十四制作完毕，不会提前，也不会推后。因为正式展出的时间是每年塔尔寺的正月祈愿法会（藏语“却处曼兰”）。法会从正月初八开始，正月十七结束，一共十天，十四、十五为正日。十四日上午在辩经院（俗称社火院）跳“大威德金刚舞”（宗教面具舞蹈，又名“法王舞”），十五日上午“浴佛”，晚上举行规模盛大的酥油花灯会。

笔者于正月十五早早来到塔尔寺。八点半的时候，僧人们就开始搭灯棚了，展出的地点每年都是固定的，上花院的灯棚在辩经院的南面，下花院的灯棚在辩经院的东面，两灯棚相距约一百米，灯棚呈正方体状，边长约十米，高约十五米，北、东、南三面用精美的堆绣连缀，每面墙上都有二十八幅。上下三层，围成一个锦棚，上方有一个罗盖，层层叠叠，象征着天，西面则用于安置酥油花。地面上有五个深孔，专门用来插高达三十多米的粗柱子，搭酥油花架子光有力气是不够的，还得有技巧和经验，而且酥油花架完全是凭借人力搭建起来的。木料、牛毛绳、麻绳是搭建酥油花架的基本材料。

正月十五早晨，上下花院已经允许俗人入内，进行简单的参观。人们只能站在门口看看酥油花，有的人拿出手机拍照，虔诚的信众也会在酥油花前磕头，同时也会向功德箱中捐钱。据统计，2014 年去塔尔寺看酥油花的有十六万人。笔者到的这年，为了做好安保工作，青海西宁市、湟中县派出公安、武警、消防人员三万多人。

笔者早早来到塔尔寺，没想到前来等待观看酥油花及磕长头的人已经很多了。藏族男女身穿新皮袄，脚蹬藏式皮靴、头戴皮帽，前来参加这个如此不同的节日。而正月十五这天，各大经堂、佛殿也全都对信众开放。据传说，

---

① 韩生魁、马光星编《塔尔寺的传说》，青海人民出版社 1990 年版。

② 马福海《也谈塔尔寺的酥油花》，《青海民族学院学报》1989 年第 2 期。

塔尔寺的菩提树上有十万片叶子，每片叶子上都有佛像。因此，只有朝拜的人磕够十万个长头后，才能进殿朝拜，为佛祖献上哈达，给酥油灯添上自己带的酥油，并捐赠一点自己对于佛祖的敬意。

转佛塔。灯会当天，很多民众早早到塔尔寺，围绕佛塔顺时针转，以示祈佛及祈愿。转佛塔的次数是根据自己的心愿和活佛的指点而定的。但多数民众都想多转几圈，为此，他们小跑前进，转佛塔时或口诵“六字真言”，或诵其他祈祷经文，心神专一，十分虔诚。

磕头。灯会那天，藏族人朝拜佛像、佛塔、活佛以及拜长者都要磕头。而磕长头，一般是在举行宗教活动的寺庙中进行。磕头者两手合掌高举过头，自顶至额再至胸拱揖三次，然后拱腰到佛像脚下，用头轻轻一顶，表示诚心忏悔。有些人在塔尔寺周围绕着莲花山磕十万零十个长头。每个人都很虔诚，以求平安幸福。

下午四点整，公安和武警开始清场。笔者有幸没有被清走，跟着中央电视台的摄像、记者一起目睹了酥油花被摆出来的过程。负责搬运的僧人将酥油花从花院用四轮推车推出。其他僧人也将花架的装饰、铁栅栏一一抬到下花院的花架下面。

准备停当后，僧人首先架起智慧剑，把它放在整个酥油花架的最顶端，象征着智慧从天而降。接下来，僧人们要吊起的是麻尼轮盘。吊起麻尼轮盘的过程并不轻松，麻尼轮盘由十二个麻尼轮组成，其中有两个麻尼轮是长四米、腰长为三米的等腰梯形，虽然美观，可是吊起来却很吃力，僧人们一起用藏语喊着“一、二、三”的口令，在花架踏板上站着五位僧人，花架背后站着八位僧人，他们负责拉绳子，以便将麻尼轮吊起来。下面还有许多僧人用铁叉支撑，前前后后有二十多位僧人参与这项工作，上下同时用劲，在下面看着的人都很紧张，由于在花架距离地面十米处，左右两方的僧人用力不均，导致麻尼轮左高右低，底下的僧人赶快指出，但是努力了两次后，麻尼轮的左右两侧还是不在同一水平线。而且有的麻尼轮已经脱离了之前摆放好的位置，不禁让笔者也捏了一把冷汗。笔者问旁边下花院的艺僧昔热紧不紧张，昔热点点头说道：“紧张啊，但是紧张又有什么用呢。只要酥油花一出下花院就已经不归下花院管了。”在调整了大概有五分钟后，僧人们又吊起一个五米长、腰长一米的等腰梯形骨架，骨架的左右两侧各有一个麻尼轮，中间是空的。麻尼轮全部吊起后，接下来僧人们吊起来的是佛龛。佛龛明显要比麻尼轮重得多。一个僧人先在地面与展台间架起了两个一米多宽、三米长的木板。五个僧人通过木板与地面产生的坡度将佛龛推向展台，展台上和花架后面的八个僧人将佛龛托起，花架上方的僧人使劲拉着绳子，同时下方还有一位僧人用铁叉支撑着佛龛。四分钟后，佛龛已经在花架上固定好了。僧人们一刻不停地将主佛吊起。主佛要被放置在距离地面十米左右的位置。前来安置主佛的僧人有十八个。明显看得出，此刻，僧人们比之前放置其他饰物要慎重得多。由于主佛较沉，僧人们在休息片刻后，才将主佛抬到指定位置。接下来放置主佛两侧的童男童女。随后将两个大板安放在童男童女的两侧，这三个步骤的完成不超过六分钟。按照寺院的传统，酥油花不仅要比谁做得好，而且还要比谁装得快。下花院将所有的酥油花摆好，用了不到半个小时。

还值得一提的是，酥油花在底盘上被定位时与地面形成了一定的倾斜度，形成观赏者从下往上目视的最佳仰角，而酥油花作品便会产生一种从上而下的俯视角，特别是主佛和人物，他们的目光就会与观众对接，产生凌空飘逸的神秘感。

同时，僧人还在佛前摆上柿饼、苹果、腰果、橙子、糖果等，用白纸叠着红纸垫着。既然是燃灯节，当然也少不了酥油灯。经笔者细数，供台上有六十盏酥油灯。酥油花和供品全部摆放好后，音响里播放着之前由花架音乐乐队录制的佛教音乐，有《八仙》《八谱》《顺风点》《尤斯格日》等。此时，寺中的僧官（包括住持、大法台、铁棒喇嘛等）再次诵经、念珠、洒圣水、撒五谷为酥油花开光。寺中的其他僧人由之前拍照的喜悦与观看酥油花一点点被架起来的紧张，转换成了一种严肃的虔诚，也都纷纷跪下磕头。

晚上七点，酥油花灯会正式开始。寺中活佛与僧官会带领着僧人献哈达、撒五谷。随后，民众排好队，分批进入观看酥油花的通道进行参观，有的献哈达，有的丢香钱，僧人们则不时地诵经，这样一直持续到晚上十二点。随后，僧人们便会将酥油花撤走，并将场地清扫干净，不留丝毫痕迹。仿佛对应着宗喀巴大师当年梦中的情景一般，待到大师一觉醒后，所有的花草、明灯都化为乌有。塔尔寺的酥油花也因此一直让民众流连忘返。塔尔寺设有酥油花馆，但是由于场地限制，只能每年展出一个花院的作品，上下花院的作品轮流展示。2014 年，在酥油花馆展出的是上花院制作的酥油花。而下花院的酥油花在正月十五展出后，将由僧人抬回下花院中闲置。藏历十月来临之际，将这些酥油花砸碎，变成制作新酥油花的黑酥油原料。

一年一度的酥油花展就在这周而复始的过程中，在青藏高原上展现着它的美丽和神秘。

蒙古族“祖鲁节”①

每年农历十月二十五，在新疆巴音布鲁克地区奎克乌苏村一个叫“乔隆格尔”的冬牧场，蒙古族都要过祖鲁节。它是由佛教点灯仪式演变而来的宗教节日，民间俗称点灯节，又称降生节，认为过了此节，人便长了一岁。

相传，在藏传佛教始祖宗喀巴大师圆寂之日，信众通过点亮酥油灯以驱散黑暗，让世界被照亮。

在乡镇一级或县一级区域，或者说凡有寺庙的地方，祖鲁节的整个活动和其中的高潮部分，都会以寺庙为中心展开。这天，大家首先要打扫房屋和畜圈。晚上，把事先做好的酥油灯放到专门制作的灯盘上，一盘佛灯三十三个、七十七个、九十九个不等，所有灯都点着后，大家磕头，求菩萨保佑人们长命百岁。礼仪毕，回住室共吃祖鲁饭。被精心布置的庙堂，人人焕然一新的着装，被点燃的蜡烛和佛灯，依照严格程序推进的仪式过程。仪式年年被重复、被强调，通过诵经、礼佛的一系列活动，藏传佛教最基本的价值观念被再一次强调，日常纷纭的心事与行为被重新规范。

在更偏僻的深山牧区，没有作为典型信众空间的寺庙，没有喇嘛，藏传佛教的信仰与执守，混同于（或被淹没于）每天琐碎的、不断发生的游牧场景与生活中。乔隆格尔这个地方，是新疆和静县巴音郭楞乡奎克乌苏村的若干个冬牧场之一，每年到这里冬牧的只有两户牧民，一户是彭才一家，一户是乔隆巴图一家，相邻最近的牧民也在数公里之外。所谓的冬牧场，就是天山无数纵横山脉中一座庞大山脊两旁的两条沟谷，每年的十月进山，到来年的三月再出山转往春牧场，整个冬牧季长达五个月，祖鲁节就在这期间过。

特定的山地环境，成为巴音布鲁克蒙古族游牧生活的特定场域，应该说也是以祖鲁节为代表的整个文化系统所在的空间与环境。

从最外在的表现说，乔隆格尔的出牧和牧归会比别处晚，总体时间短。每天，太阳扫过山脊照亮顶空，这段时间比山外相对平坦的草原地带晚数个小时之久，而所谓天黑的概念也是在太阳从山背后掉下去的一瞬就来临了，自然环境决定了出牧或牧归的节律。

① 本田野笔记由刘湘晨撰写。

从居住的木屋或角落木（蒙古族的简易毡包）到畜群游牧的山地，距离远，加之雨雪无常，这种作业条件相应决定了山地游牧两性角色的不同分工。相对而言，放牧以家庭中的男性为主，采摘祖鲁节所用的柏树枝和芨芨草也是由男人来完成的。做饭，或者有关祖鲁节的所有准备环节，都是由家庭中的女性成员来完成的。

山地环境和基于山地环境形成的特定的生产方式，是与文化系统相对应的另外一个系统。

相对于有寺庙的城镇或都市，在山地草原，祖鲁节原本的标识和边界会模糊。比如，在乔隆格尔，彭才家镜框里的是佛祖像与财神像，乔隆巴图家的佛像除了佛祖还有一位现世年轻活佛的画像。在祖鲁节的整个仪式过程中，被提到的对象有佛祖、宗喀巴、土地爷和腾格里（天），对象不统一。

祖鲁节的重要环节就是制作酥油灯和点灯的环节。点亮的灯会摆放在木屋或毡包里挂佛像的案前。另有两个环节值得注意：一是由家庭中年纪最小的成员将火把点着，通过烟道捅向屋外；二是将众人的火把捆在一起，在屋外空旷的地方点燃，然后众人围着火把祷告、跪拜、磕头、诵赞词、唱赞歌、转圈。赞词的对象和内容更复杂，佛祖、腾格里、诸路神仙和生活中的所有祈愿都会被提到。其中，火把捅向屋外是给畜群的祈愿，空旷之地众人的火把是给天神腾格里的祈愿。

在巴音布鲁克蒙古族区域的所有节日仪式中，都少不了为畜群祈愿的内容——畜群的繁育发展状况影响着人类的生存状况，来自腾格里（苍天）的眷顾则维系着人类的生存，由此，形成了蒙古族最基本的天地人文观念，从久远贯穿到今天，构成巴音布鲁克蒙古族的心灵史。

点灯是祖鲁节的核心内容，两家人聚在了一起，另有一个邻居加入，从节日相关人员进入仪式环境开始，沏茶，敬祖鲁茶，敬酒，唱祖鲁节的祭祀歌，点灯……一直持续到室外众人点燃火把祭拜，三家人的心理投射和交流状态，尽在其间。

八、“盂兰盆节”①

佛教信众把农历七月十五称为“盂兰盆节”，“盂兰”是梵语音译，即“倒悬”，形容苦厄之状，“盆”为汉语，指盛供品的器皿。“盂兰盆”即为解

① 本田野笔记由中山大学社会学与人类学学院硕士研究生陈达理撰写。

救倒悬之苦。佛教认为供奉此具（把百味盛于盆中，供奉三宝）可解救已逝父母、亡亲的倒悬之苦。在《盂兰盆经》[①] 基础上形成的中国节日“盂兰盆节”，实际上是佛教文化与中国本土礼俗文化密切融合的产物，是祭祖古俗、道教中元节、佛教盂兰盆节的混合体。由“斋僧”到“祭祖”“荐亡”“祀无主孤魂”，盂兰盆会供佛及僧的意义逐渐淡化。如今，盂兰盆节，寺庙里的佛事活动主要有拜《梁皇宝忏》[②]、诵《地藏经》、念佛、“三时系念”[③]、“瑜伽焰口”[④]、早晚诵《盂兰盆经》、早中奉食、烧“戒包”、供“幽冥灯”[⑤] 等。盂兰盆节举办的一些佛事活动统称为“盂兰盆会”。

关于盂兰盆会发源于印度[⑥]还是佛教传入中国后“土生土长”[⑦] 于中国这一问题，目前还没有定论，但中国在东晋年间或南朝箫齐初年就已开始举办盂兰盆会。

关于盂兰盆会的最早记载见于南朝梁宗懔《荆楚岁时记》：“七月十五日，

---

① 《盂兰盆经》全名《佛说盂兰盆经》，又称《盂兰经》。记述了佛陀大弟子目连因不忍其母堕饿鬼道受倒悬之苦，乃问法于佛，佛示之于七月十五众僧自恣日，用百味饭食五果等供养十方佛僧，即可令其母脱离苦难。

② 《梁皇宝忏》即《慈悲道场忏法》，为笃信佛教的梁武帝请宝志禅师与多位高僧所集，俗称《梁皇宝忏》。佛教相信拜此忏能让身心在忏悔中破除心碍、除罪生福且济度亡灵。

③ “三时系念”是元朝的中峰国师所提倡的佛事，即把佛事分成三段时间来共修。“系念”则意为用身、口、意来观想佛经里的道理和极乐世界的净土。

④ “瑜伽焰口”全称是“瑜伽焰口施食仪”，本是佛教密宗的一种行仪，后被广大佛教寺院采用，一般在黄昏或夜间行此佛事，需要四个小时以上才能完毕。“瑜伽”为梵文音译，那密部的总名。据清初宝华山德基大师的解释，其意是：“手结密印，口诵真言，意专观想，身与口协，口与意符，意与身会，三业相应，故曰瑜伽。”“焰口”是饿鬼道中鬼王的名字，因他口吐火焰而意译为焰口，又可理解为脸上冒火，故亦译作“面燃”。瑜伽焰口是根据《救拔焰口饿鬼陀罗尼经》所做的一种施食饿鬼的佛事，据说能令饿鬼得度，也是追荐亡者的佛事之一。除了施舍食物以解除饿鬼的饥虚之外，最重要的是为其说法，使其皈依，为其授戒，令其不再造罪受苦，以祈早日脱离苦海，成就菩提。

⑤ 在牌位旁燃灯一盏，为亡灵提供光亮、指引方向，灯光荧荧，昼夜不息，曰“幽冥灯”。

⑥ 一说是源于印度婆罗门教中的祖灵祭仪，其在时间、轮回观念、供物、供奉对象和供祭目的等主要方面都有相同之处。考虑到印度佛教产生的本土文化背景，说佛教的超度仪式源于婆罗门的祖灵祭，应当是大致不错的推论，之后这一仪式又在印度佛教中演变成“腊佛”仪式。参见陈洪《盂兰盆会起源及有关问题新探》，《佛学研究》1999 年刊。

⑦ 另一说为盂兰盆会发端乃汉族祭祀祖先之古风，后来因道家的提倡而成“鬼节”。参见范军《盂兰盆节的宗教源流》，《华侨大学学报》（哲学社会科学版）2006 年第 3 期。

僧尼道俗悉营盆供诸佛。”这一天，人们将百味食置于盂兰盆中，供养三宝和十方僧众，宣称以此功德可使离世的父母脱离苦海，往生极乐世界，还可为在世的父母增福延寿。可见，盂兰盆会起初为佛教度七世父母，以盛食奉佛献僧的一种法事。

后来，佛教的盂兰盆会渐渐与儒、道、俗相趋同，渐次发展演变。它受到中国传统“孝道观”的影响，并与中国传统家族祭祀的祭祖文化密切融合。渐渐的，佛教僧人已不再是中国家族祭祀活动的局外人，而变成整个祭祀活动中的核心——僧侣与祖先的亡灵一起享受世人的供养与献食。其次，《盂兰盆经》中强调对僧侣的供养饮食，要借僧众的力量才能救赎祖先的亡灵出离地狱[①]。这一说法也能在早期中古道教“饭贤”的仪式之中找到文化源头。随着时间的推移，法会在祭祖的同时又有荐亡孤魂野鬼之务。特别是宋代以后，佛道两家互相渗透，此日遂成施食饿鬼之“鬼节”[②]。

盂兰盆节作为一个宗教节日并非限于中国，而是整个汉语系佛教地区共有的节日。尤其是在日本，盂兰盆节是一个盛大的民间传统节日。

大慈寺举办盂兰盆会的概况

成都大慈寺位于成都市中心，坐北朝南，前为糠市街北口，后为蜀都大道大慈寺路，是一座历史悠久、规模宏大、高僧辈出、文化积淀丰厚的中国名刹。高僧中尤以在此受戒的唐代玄奘法师、在此住持的新罗国王子无相禅师、在此出家赴日弘法的宋代道隆禅师最为著名。他们都是国际文化使者，古往今来深受佛教徒及世人景仰。所以成都大慈寺自 2004 年 4 月 8 日恢复开放以来，每年都有许多来自日韩等国的社会团体和海内外代表团来访。

大慈寺的始建年代，据宋代普济《五灯会元》所载印度僧人宝掌“魏、晋间东游此土，入蜀礼普贤，留大慈”推算，当为 3 世纪至 4 世纪之间，距今已有 1600 多年。

唐玄宗、唐僖宗敕建、扩建大慈寺，共有九十六院，有“精妙冠世”之

---

① 这也是如今人们参与法会的众多活动，如写牌位、写戒包等的原因，因为他们认为只有僧人在法会中虔诚念经才能超度亲人，也只有僧人一边念经一边燃烧戒包，亲人才能如愿收到“钱”（而普通人家自己买纸钱随便找个地方燃烧并不能使亲人如数得到全部的“钱”）。

② 谢婉若《浅析盂兰盆会在中国的民俗化》，《株洲师范高等专科学校学报》2004 年第 9 期。

壁画千余堵[①]，占地一千余亩，世称“皇家寺院”“震旦第一丛林”。唐天宝十五年（756年），安禄山攻陷长安，唐玄宗在成都避难时，见大慈寺僧人英干在成都街头施粥，救济贫困百姓，并为国家祈福，他深受感动，乃为英干敕书“大圣慈寺”匾额，赐田一千亩。大慈寺在唐宋极盛时，占有成都东城之小半，是成都朝圣、讲经、游览、商贸之中心，月月有庙会、天天是集市，并形成有名的“和尚街”。这些特殊的历史文化现象，在全国也是独一无二的。

明宣德十年（1435年），大慈寺毁于火灾，明末复毁，清顺治年间重修，同治六年（1867年）再次重修，中轴线上建筑为山门殿、弥勒殿、观音殿、大雄宝殿、说法堂及藏经楼、接引殿（1958年辟东风路拆除），两旁建筑为客堂、斋堂、禅堂、戒堂等，共占地四十余亩，山门殿上方，刻有四川按察使黄云鹄榜书“古大圣慈寺”石匾，各殿堂石柱上，刻有清代名士顾复初等撰书的楹联。

1965年，为保护玄奘顶骨舍利[②]，大慈寺将舍利移至文殊院代为保管，后历经“文革”，辗转多次，至今玄奘舍利仍被保存在文殊院。1981年，大慈寺成为成都市文物保护单位。1983年，改建大慈寺为成都市博物馆。2003年底，经成都市人民政府批准，成立大慈寺恢复开放筹备小组。2004年4月8日，大慈寺正式对外开放。2005年6月25日，大恩大和尚荣膺“成都大慈寺中兴第一代方丈”。

盂兰盆会概览

法会习俗之写牌位

牌位，又称灵牌、灵位、神主、神位等，写牌位即在木牌上书写逝者姓名、称谓或书写神仙、佛道、祖师、帝王的名号、封号、庙号等内容，以供人们祭奠。

大慈寺的牌位的价格从20元的小牌位（纸质牌位）至8800元的总主供牌位不等。

牌位的写作规则是将自己或要帮忙写的人的名字纵向写在左方阳世某某拜荐处的中间。大慈寺的牌位共有以下八种：

---

① 目前大慈寺壁画尚未公开展出。

② 玄奘法师的顶骨舍利为其头部灵骨的一部分，直径约3厘米，原安放在圆形玉盒中，现安放在鎏金小塔内，供奉于成都文殊院的佛殿中。

一是“故地基主”牌位。这是因修建现在自己所居住的地方而受难的生灵以及现在与你共同居住在一地的生灵的牌位。据义工们表示，来写这个牌位的人大多是新搬了住所或是觉得自己所住之地不太“干净”的人。但在笔者观察期间，没有人来写这个牌位。

二是“堕胎流产婴灵”牌位。据义工们表示，来写这个牌位的大多是曾经堕胎或流产的母亲，尤其是最近堕胎或流产的母亲。笔者看到一位白发苍苍的奶奶来写这个牌位，从访谈中得知，她年轻时曾流产过。当笔者问她为什么过了这么多年还特意来写时，她表示：自己心里一直因为曾经“扼杀”了一个生命过意不去，虽然当时是迫于无奈，但每年这个时候，自己都会来写这个牌位。

三是“过去现在所畜　所杀　所食　所伤　一切有情众生”牌位。

四是空白牌位。这个牌位是专门为超度亡故亲人而设置的，空白的部分先横向从左至右写上自己对亲人的称谓，如慈父、慈母，再纵向写上亲人的名字。

五是过去、今生被本人及亲人所吃杀的鸡、鸭、鹅、猪、牛、羊、犬、兔、马、驴、鸽子、蚂蚁及一切飞翔、蠕动类生灵的牌位。

六是“一切梦境有缘众生”牌位。这是做梦梦见的任何生灵的牌位。笔者问义工：“为什么梦到它就要为它写牌位呢？”义工回答：“为什么偏偏是你梦到它呢？为什么你梦到的偏偏是它而不是别的生灵呢？”笔者哈哈大笑说：“我不知道啊。”义工回答：“世间的一切都不是无缘无故的，你梦到它肯定是有原因的，原因通常就是你曾经做过什么影响了它或对不起它的事，所以你才被它‘惦记’。”笔者恍然大悟道：“啊？那该怎么办呢？”义工回答：“每年这个时候，给它写牌位，让法师帮你超度。它被超度了，就走了，就不会来找你了。”

七是“累世父母师长　十方法界一切有情众生　历劫远亲债主”牌位。据笔者观察和了解，写这个牌位的人数仅次于写空白牌位的人数。笔者访谈得知，他们写这个牌位，是希望自己几生几世欠下的债能够被偿还，进而远离灾祸，得佛庇佑。

八是“一切梦境”牌位。这是做梦梦到的任何事物的牌位。笔者向义工了解这一个牌位与“一切梦境有缘众生”牌位有什么不一样，他们表示，这个牌位的内涵更加丰富。

在调查过程中，笔者也体验了写牌位。笔者向义工们请教：自己前一天梦到了奶奶，但她只是出现在梦境中，什么也没说，什么也没做，这样的梦境意味着什么？义工们告诉笔者：这意味着你的奶奶“没走好，需要超度”。笔者在写奶奶的名字时，刚写完第一个字，一名义工对笔者说：“你要把字写大点，写清楚点，不然你奶奶认不得。”于是，在后面的书写过程中，笔者把其余字写得大了一点。

写完牌位之后，义工会给写牌位者一张发票，并且根据发票右上角的编号为你的牌位编上号。这样，法会当天，写了牌位的人就可以根据发票的编号，在“受食坛场”寻找自己写的牌位，以了解寺庙是否已经超度到自己写的牌位。

让笔者印象深刻的是最远处一位带着孙儿来写牌位的奶奶，她一边手把手地教孙儿写牌位一边教导孙儿：“你吃过它们的肉，给它们写这个超度，好让它们不痛苦，它们不痛苦就不来找你的麻烦。”这时，跟他们一起的另一个奶奶（应该是孙儿的奶奶的朋友）接着说：“以后看到蚂蚁都不要踩死，蚊子蟑螂都不要打，回去跟爸妈妹妹都说不要打。”小孩的奶奶接着嘱咐道：“写慢点，字不要写得那么草，要不然它们认不到、收不到。”

法会习俗之写戒包

在法会开始之前，大慈寺一共有两个地方售卖戒包。一个是在藏经阁侧面的路上，那里设有大慈寺新建毗卢殿工程募捐处的摊位。这个摊位从大慈寺扩建之始，决定修建毗卢殿之时就设在这里，这次法会也将它作为一个临时卖戒包的主要场所。

写戒包的规则：

戒包封面：在戒包封面的中间空白处，先横向写上已故亲人的称谓，再在其下纵向写上已故亲人的姓名，接着在封面左侧的“阳上”（健在的人）下方纵向写上自己的姓名以及年、月、日。然后再在“阳上”左方的“地址”下方纵向写上自己家的具体地址或寺庙地址（地址原本是写具体的烧戒包的寺庙地址，但也可以写自己家的地址）。

戒包内部的黄纸：在黄纸中间的空白处（“设坛奉”的上方）写上寺庙的名字（意为在这个地方设坛奉食），接着在寺庙名字左方的“等设放焰口”上方写上收戒包之人的名字（也可以多写几个已故之人的其他亲人），然后再在左下方“承杖佛力早生莲界”下面写上已故亲人的姓名，最后在最左边的下方写上做法事的大师的法号。

在写戒包的过程中，有两点要注意：一是全部尽量纵向写，尤其是戒包内部的那张黄纸（除了戒包封面中间的已故亲人的称呼需要横向写）；二是写的字尽量大，尽量清楚，因为义工们说如果写得小或不清楚，会影响逝去的亲人“收钱”。

观音殿门口的阿姨教笔者写戒包的规则和募捐处的奶奶教笔者写戒包的规则基本一样，但有两个不同之处：一是她们用黄纸包纸钱的方式不一样，阿姨让写五张，然后将纸钱分成五份，其中两份比较多，另外三份比较少，然后分别用五张黄纸包上，再将它们叠好放入戒包内；二是阿姨特别嘱咐，在把戒包放入烧戒包的口袋的过程中，一定要双手拿，而且要横着拿，并且在将戒包放入烧戒包的口袋时，要闭上双眼，心里恭敬地默念三遍“平安顺利，平安顺利，平安顺利”。

笔者问：“这边写了烧和自己在家里烧有啥子不一样呢？”

阿姨耐心地解释道：“肯定不一样噻！这边师傅给你念咒语，做法事，那么虔诚！这些都是心诚则灵的嘛，直接就送给亲人了。你写的，自己烧的，不一定收得到的嘛！那么多孤魂野鬼咋个抢得赢嘛？到手了没得几块钱了，他们根本不够用！他在那边就过得不好，他不好你就不好。”

于是笔者买了一个戒包来写。笔者一边写，阿姨一边指导：“妹妹你写完，我给你包起，三张一小包，装三小包，剩下的两大包，一共五包。”

笔者疑惑道：“这是啥子讲究嘛？”

阿姨说：“是噻，这是最规整的。一个亲人一大包，这样包好烧，一年烧这一次，（他们）就够用了。”

笔者问道：“我刚刚看到有个阿姨一包写了三四十个人，每人两三张，那样可以不？”

阿姨激动地说：“哎呀！我那天也是看到（顺便也跟旁边的阿姨手舞足蹈地讲）有个女娃娃在这儿写了多半天，一包写几十个人。她还问我，这样可以不？嘿！我咋个好说呢，我只是说，这个看各人。但我咋个好说嘛，你一包分那么多个人，每个人怕分得到几角钱哦，哪里可能够用嘛，硬是[1]想得出来。”

盂兰盆会中的法事

法会过程包括开坛、洒净、悬幡、请水、拜忏、回向、三时系念、供灯、

[1] “硬是”，四川话，“简直是”的意思。

诵《地藏经》等。

盂兰盆会的第一天，大慈寺中的人们在忙碌而充实中度过。

早八点，大慈寺方丈大恩法师率领四众弟子在藏经楼坛场举行了本次盂兰盆会的开坛洒净仪式。约五百名信众及游人参加了洒净仪式以及接下来的佛事活动。

在现场可以看到，整个藏经楼按照佛教仪轨被布置成法会主坛场，最正中是鲜花、香灯和水果簇拥的法台，供奉着佛陀像以及大功德主禄位。而坛场两侧，则全部供奉的是诸众善信及六亲眷属的往生莲位。

自这日起，在为期半个月的时间里，大慈寺将率领四众弟子全天拜忏、诵经以及进行三时系念和放焰口等佛事活动。

洒净仪轨如理如法地进行着，被迎请至坛场主法的大恩大和尚，展具、拈香、持咒，在声声佛号中，将杨枝净水洒向大地，洒向虚空，洒向法会的每一个角落。

“宝幡长空缭绕，到场瑞彩堂堂，恭望圣贤垂降格，愿临法会鉴修崇。”

洒净之后，便是悬幡。“南无地藏王菩萨摩诃萨”的高大黑幡在风中缓缓招展，大众合十祈请，至诚礼赞。在佛教仪轨中，发符悬幡是一场法会真正开始的标志。它祈请诸佛菩萨降临，祈求护法龙天护佑，感召六道众生前来闻法受益。

“菩提树下香风动，正觉山前花雨飞。观音柳头甘露水，龙王激浊流无竭。”

把请水作为法会的一个重要环节，是由于本次法会专门在观音殿后的悲愿池启建“幽冥宝坛”，以“极乐号”为慈航普度超荐堕胎婴灵，所谓“大慈大悲愍众生”，故而，请水实则蕴含对观世音菩萨大慈大悲的礼敬与学习。队伍从悬幡处一列排好，前往幽冥宝坛。

在信众即将到达幽冥宝坛时，一位和尚会给大家每人发放三炷香，可以看到每位信众在拿香之前都会恭敬地鞠一个躬，以表虔诚和敬意，然后再将请到的香在宝坛前的香炉中插好。

《梁皇宝忏》一直是每年盂兰盆会的主要忏法，在第一天的紧凑安排中，礼拜《梁皇宝忏》的活动从上午十点就开始了。

按照一般人的体力和精神状况，拜忏一整天都会极其疲惫。然而，法师们和居士信众们却要连续礼拜十五天，实在需要很大的毅力和愿力。

第一天的拜忏，参与者挤满了整座藏经楼。为方便信众拜忏，寺庙将

《梁皇宝忏》的内容投影到殿内两边的荧幕上。

当第一天的拜忏完成后，法师们带领大家来到幽冥宝坛前，将拜忏功德回向给堕胎婴灵们。回向即把自己所修的功德，回转归向与法界众生同享，为亡者追悼，期亡者安稳，同时也使自己趋入菩提涅槃之境，使功德有明确的方向而不致散失。

第一天的法事到此结束。

盂兰盆会的首日过后，还要行三时系念、供灯等法事。“香花灯水果，茶食宝珠衣。”佛前十供中，供灯位列第三，功德十分殊胜。因为供灯代表以光明、智慧照耀别人，牺牲自己，舍己为人。

参与盂兰盆会的人中，老年人（几乎都已经头发花白，六十岁以上）占大多数，且大多数已经皈依，所以比较清楚每项活动的情况和规则。法会中也不乏年轻人或中年人参与，但数量较少。在笔者采访的六十个人中，中青年只有八人。而老年人中，女性占大多数，男性所占比例较小。老年人在参与法会的众多活动时往往积极性很高。比如，法会第一天拜忏时，由于参与的人太多，藏经阁内已没有位置，很多老爷爷、老奶奶便去其他殿里借来蒲团，挤在殿内或铺在殿外拜忏；写牌位和写戒包时，他们常常会一个人写很多个，有的甚至把家族里所有去世的人都写了一遍。

关于参与者对法会和法事活动的看法，几乎人人都认为参与法会的活动，比如写牌位或写戒包是寄托对逝去亲人的哀思并超度他们，以达到你好我好大家好的结果。否则逝去的亲人在“那边”过得不好，你在“这边”也会受到影响，进而过得不好。也有很小一部分人是因为最近自己或家人运气不好，所以参与这些活动以求转运和佛祖护佑。

为在灾害中遇难的同胞举办的首七祭法会

2015年8月19日，大慈寺特意举办“2015天津塘沽爆炸事件与陕西山阳泥石流遇难同胞首七祭法会”，方丈大恩法师率四众弟子深切悼念和超度在这两起大型灾难事故中遇难的同胞。

“过河”①

“过河”仪式是贵州某些村寨规模最大的佛事活动，一般每逢龙年举行一次，当然也有在鸡年、马年举行的，马年求马到成功，鸡年求吉祥如意，但

① 本田野笔记由中山大学社会学与人类学学院2006级博士研究生牛加明撰写。

规模和影响不及龙年。“过河”是信佛的妇女十分重视的一项佛事活动，妇女一生至少要“过”三次“河”，修佛才算功德圆满。

周村上街的佛头告诉笔者，参与活动的修佛妇女先到举行“过河”仪式的地点“挂名字”，先在村庙中坐忏，满忏坐十天，半忏坐五天。会请僧人来诵经，或请其领诵经文，旨在宣传信佛就要讲孝道、行好事。过河那天，排成长队准备的妇女们，先经过一排用纸扎出的菩萨像，如十殿阎君、东西二岳、观音菩萨、西方接引等。“过河”的人要在这些菩萨面前投香火钱、叩头，求他们保佑。求得菩萨的保佑后，开始过“血河”。所谓“血河”，其实就是一条真实的河流。妇女们排着队，从桥上走过。妇女们上桥之前也要投香火钱、叩头，请“血河将军”保佑。过完“血河”后还要过“旱河”，从陆地上一块指定的地方通过。过“旱河”的含义是妇女要洗清自己身上的污秽。当地人认为，妇女生小孩有了污秽，要洗清之后才能见佛。过了“旱河”，观音菩萨来接其上西天，然后由接引佛接引去见如来，这时就修成了佛家弟子。参加“过河”仪式的人会在奉上香火钱后得到沿途关口开出的票据，每过一个关口，都有一张票据，表示已经过关，放行。

“过”了三次“河”的信徒就可以“发船”了，“发船”的时间一般选在龙年十月。村里主持佛事活动的老佛头帮助安排，请人看日子、念经。然后买一只纸扎船：船正中扎两个水手，船上有间小房子，装满纸钱（冥币），将要求“发船”的妇女平时朝山、过河的票据放在船中用火烧成灰，又用一个布袋装好，等日后成神放进棺材，置于死者身边。有资格“发船”的信徒一般都是年过六旬的太婆。“发船”当天，她的儿子、媳妇、姑娘及其他亲戚等都要向她庆贺，还要买纸钱、爆竹、衣服、鞋等物品送她，庆贺她福寿双全、功德圆满。按屯堡人的说法，妇女“过河”不是自己受用，而是代表全家，为一家人求平安昌盛，所以全家人尤其是丈夫都会支持她。

中华人民共和国成立后，“过河”作为迷信活动被取缔。改革开放后，一些村寨又兴起了“过河”仪式，如吉昌屯、双堡等都举行过。2000 年，九溪也举行了一次过河仪式，从 2 月 13 日开始坐忏，共有五六百人参加。

九、朝山与转湖

云南怒江地区茨中村傈僳族村民们年初一要到山上敬奉两位主山神，一位是“吉茶果”山神，另外一位是“阿杜白丁”山神。佛教徒在清晨烧香的时间，也是根据农时安排来确定。农忙时候为上午八点，农闲时候为上午八点半。烧香要放入自己种植的几种谷物：稻谷、大麦、小麦和玉米。花生、豆子等其他作物不能使用。寺庙喇嘛对烧香有很多研究，供奉谷物更为严格。他们主要是根据经书来进行精确分类，并且根据经书解释供物的内涵。

茨中本教的神圣地区是风水林“封山”。茨中村背后有一座小山名叫封山，是村里的长老们长期吩咐后代祖祖辈辈不得砍伐山上林木的神圣之地。茨中村背后封山的半山腰，有一片长得特别茂盛的小树林，叫作“及查合”，这是村里唯一的一座风水林，主要种植栗子树。这个神圣的地方，自古以来一直不准村民随意砍伐。风水林的区域种植了栗子树，但是其他地方种的却是松树。风水林有一个泉眼，村民把这个泉眼的泉水引入了龙巴西卡自然村。

茨中村的神山名叫阿杜白丁，关于这座神山来源的故事，可以询问附近寺庙的喇嘛。据说很久以前，有七个兄弟从远方来到茨中村，准备到卡瓦格博雪山，但为降伏山上一条巨龙，七个兄弟全部身亡，他们的身体化作神山阿杜白丁上的岩石。这些石头常年积雪，不会融化。阿杜白丁神山一直守护着茨中村祖祖辈辈的乡亲父老。

茨中村藏传佛教的几个神圣地域。茨中村的每个自然村庄都有各自的神山。茨中村村民有每年的年初一到各自然村的小神山烧香，在年初十到茨中村的大神山转经，在藏历年羊年到德钦县主神山梅里雪山转经的习俗。

藏族“萨嘎达瓦”（转苯日神山）①

苯日神山横亘在西藏林芝县内的米瑞乡、林芝镇之间，雅鲁藏布江北岸，318 国道以南。海拔 4500 米，是本教和佛教共奉的神山。在笔者去过本教寺庙以后才知道之前的谬误（包括自己认识、判断的和文献中的）。所谓苯日神山不是一座山而是群山，有许多个山顶，其中，藏传佛教徒所攀爬的那一座，是小范围内最高的，也是最经典的一座，自然也是大多数文献上所指的那座——这导致这一座山常常被直接等同于苯日神山。而这就导致了明显的误解，将本教之苯日神山与藏传佛教之苯日神山在空间分布上对立起来了。实际上，本教的许多寺庙就分布在苯日神山的另一部分。此调研报告写的是通俗理解中，即佛教徒口中的苯日神山。

每年的藏历四月三十日，苯日神山将迎来全年最盛大的节日，“萨嘎达瓦”是一个隆重的节庆。而 2014 年是藏历木马年，是属木马的苯日神山的本

① 本田野笔记由中山大学社会学与人类学学院本科生刘烨撰写。

命年，因此，今年的藏历四月三十日是每十二年中最重要的时间节点。当日清晨五点半，下了一晚的雨刚停，天色仍漆黑，毫无亮意。笔者匆匆饮过两碗热腾腾的酥油茶后，从米瑞乡的小旅馆走出，向苯日神山进发。为了抄近路——这是前一天一个当地人告诉笔者的，笔者途经两个村子，从种满了青稞的农田中穿行而过，青稞高大而密集，常常湮没田埂。也许因为露水——但更显然的是前晚的雨水——青稞的穗子上都挂着饱满的水滴，田埂上的杂草也是晶莹一片，才穿了几块田，笔者牛仔裤膝盖以下的部分已全湿透，由于相似的田块在阴暗的光线下难以辨认，笔者还多次走错了路。等东绕西绕终于走上正路时，冲锋衣和鞋也湿透了。不知不觉，天也亮了一半，可借助自然光行路了。在最初阶段的小路上，一直只有笔者一人，四周静谧，笔者不断地陷入到底是要多拍照还是先赶路的选择困境中。很快，笔者便从挨着农田的山腰小路走进了密林，路两边是茂密葱茏的灌木，有数米高，都有刺，分木刺和叶刺两种，轮番出现。道路非常狭窄，最窄处仅容双脚。这条小道没有任何经幡，更没有任何垃圾——这应该就是山间小溪干涸或改道后形成的自然道路。笔者一路埋头前行，不敢往别处看。不时有小鸟起落林间造成一些声响，此外也有两三头牦牛出现在林间——多陡的地方它们都能去。在闻其声却不见其身时，笔者都会很紧张，不确定是否碰上了什么大家伙。终于，笔者听到潺潺溪水声，两分钟后便走出这片灌木林，来到一片开阔的草地，草地上有十来头牦牛吃着草，小溪从另一个方向流过。草地上出现人走的痕迹——一条被踩秃的线条，顺藤摸瓜，两座木屋出现了，木屋后依稀可见大路和重重叠叠的风马旗。

笔者进到木屋里打听，里面无比简陋，可谓家徒四壁，看上去只是一个临时窝棚，地上的柴火堆上正煮着已沸腾的牛奶。屋中的一男一女热情招呼笔者坐下，给笔者倒了一碗热腾腾的牦牛奶，然后将一块固体酥油滑进碗里，很快，碗里腾起了油花。女子不会说汉语，但男子的汉语却很流利。他叫扎西。他告诉笔者，最早的朝圣者昨晚就开始爬了，往前走一会儿就有些家庭旅舍，他们会住在那儿，休整一下，凌晨四五点又开始接着爬，现在六点过，应是高峰，你一会儿会碰见很多人。

直到那时，笔者也并没有为爬山做太多的准备。扎西领笔者走出木屋，说："看，这里有大路，勉强可以通越野车，往上走一小会儿就只有步行的山路了，路旁全挂满经幡，你跟着走不会迷路。"最后，他把手往山顶一指，说："那儿，全挂满了经幡的地方，到时候你就从那儿翻山下去。"

笔者当时大吃一惊，完全没想到所谓转苯日神山是要完全翻越这座大山。山顶在很远的地方，从未想过自己会在毫无准备的情况下攀爬这样的高山。笔者在到来之前读到的内容，都让笔者以为苯日神山转山是山上特定的一小段路，因而，随身带的登山物资很少，情况顿时有些尴尬了。

苯日神山的山脚，即转山道的起点在海拔 2700 米左右的米瑞乡，从林芝县城顺尼洋河而下，需两小时车程。从这里爬升到海拔 4500 米的山顶（口），只能挑选坡度稍缓的路线蜿蜒而上。总体来说，山道非常陡峭，在笔者爬过的所有山中当属第一，且根本无"路"，脚踏之处，或是已被踩硬的泥土，或是高低不平的碎石，或是树根外露形成的"阶梯"，目测爬山路线的平均斜率都在 40 度左右，根本由不得转山者从容地走路，朝圣者基本上都是手持竹竿或木棍，俯身艰难前行。

但是笔者不愿退缩，便在还没下定决心前继续上路了。刚开始走不久，笔者意识到接下来自己可能严重缺水，便在山道两旁尚有人家时，讨了四碗茶，喝到饱。感谢过他们，笔者继续前行。很快，山道瞬间收窄了，山势也陡然抬升，稀稀拉拉的民房逐渐隐去了。昨晚的雨让山路非常泥泞，从这时起，山道旁的全是乔木，挂满了经幡，让狭窄的山路看起来像一条彩色的甬道，又因树荫遮天，使得能见度降低了。笔者独自前行了一会儿，后面终于传来了稀稀拉拉的人声。几拨藏族男女青年先后超过了笔者，他们的速度很快，笔者只能侧身先让路，毕竟道路太窄。这一时段是笔者整个爬山过程中最累的，也许是身体还没适应，心肺功能尚未过瓶颈期。仅仅是停下来从书包中取出水都很吃力，还不如埋头前行。笔者问周围的人还需多久才能登顶，有人说要两小时，有人说要四小时，有人说快的话两小时，慢的话十小时，可见要根据登山者的具体情况而定。笔者继续前行，山道的坡度非常陡，以至于必须时刻把步子迈得很大，这样才能奋力踏上一个又一个带着前人足迹的台阶。

山高林密，在最初的四分之一到三分之一的路程中，笔者根本看不到任何远景，就像穿行在一个不知通向何处的甬道中一般。突然在某一处，在越过一条小溪后，发现走到了一个突破口，走出了压抑的密林，景象一下开阔了许多，充足的阳光洒了进来，扭头即见被大雾遮蔽的天空。这里的树林非常茂密，树间有藤蔓等次生物垂吊而下，雾气环绕其间，湿度极大，甚至有一些热带雨林般的景象。

再往高处走，视野越来越开阔，山间雾气弥漫，以不同规模、不同密度、不同速度从密林中掠过，使得笔者每一次抬头看到的风景都有所不同。笔者终于把相机挂在了脖子上，再没有取下来。而在这之前的路程中，笔者大部分时间把相机背在包里，因实在没有精力拿出来更无心拍照，唯恐拖慢了速度而远离了转山的群体。

在一个拐角处，笔者发现密布的经幡后似乎还有路，便翻过去，发现有一家四口人，父母、女儿和祖母坐着休息。此地是一块突出的巨石，前方就是深谷，但风景绝好，之前弥天的大雾，现已被强风吹散了许多，可窥见远方雄伟苍劲的山。在距离和光的作用下，远山显示深邃的苍蓝色，线条尖锐而凌厉。此时笔者才发现自己所在的高度似与远山的山顶几乎持平。云雾在山间环绕，山脚的雅鲁藏布江和农田依然笼罩在一片白色里，高空的白云亦被强风撕开一个口子，露出了浅蓝色天空，景象十分壮观。

笔者在山崖上掏出相机连续拍了多张，近处的经幡也进入了笔者的镜头，这些经幡一直延伸到笔者看不见的深谷中，很难想象挂经幡的人当时经历了怎样一番艰险才把经幡挂上，但是他们还是会这样做。在西藏，笔者见过许多陡峭的山坡、绝壁和远远望去人不能到的地方，都挂着或鲜艳或暗淡的经幡。笔者时常想找个机会，跟随这些挂经幡的人，看看他们是怎样克服艰难险阻才挂上了经幡。转经是藏传佛教中修行的重要形式，这个对普通民众而言最可行的方式，也是一个实体空间运动与心灵图示的巧妙结合，将内心的修行渴望转接到日常生活中的身体行为。到寺庙朝拜，在大小线路中都讲究转，手拨弄转经轮是转，沿着转经轮绕行也是转，手持小型的转经轮也会不停地转。将经文和符语写在幡上，挂在野外，让风自然来吹拂，借助自然的力量来转动经幡。而这带着吉象的风则会继续吹到海角天涯，所到之处福撒人间。

笔者身旁的这家人显然已经转过多次山了。母亲和女儿会说汉语，她们告诉笔者：这个地方可供人休息，因为这一段路窄，一堆人在路边休息会挡着别人。往大石那边过去两三米，便是约定俗成的便溺之所。天气好时，从这儿能看见远方的南迦巴瓦峰，阳光下的白雪闪得人不敢直视。笔者很感谢这家人给自己一把奶块，但自己显然已经不能给他们任何东西，因为自己身上已经没有什么登山物资了。

不一会儿，一直压抑在云雾中的太阳终于逐渐显露了出来，让整座山亮起来了。亮度的提升也使得经幡的颜色鲜艳了不少。山路的陡峭毫无减缓的迹象，在一些地方，人们必须手脚并用，有三处湿滑的大木梯，每次上下只容一人。

笔者认为，经幡挂在路旁，还能使人容易识别道路，并多少有一定的围挡作用，给人以安全感。山路上不时有路牌写着藏文，藏族同胞告诉笔者，这些多为宣传警戒类标语，如防火和严禁盗伐等。此外，山上几乎没有其他设施，没有厕所、垃圾桶，防护措施也基本没有，笔者仅在一处陡崖边看见过两根很细的铁链，勉强做安全防护之用。

笔者大约是走到上山途中即前半程三分之一时碰到江羊仁青一家人的，他们一家十来口人，大叔江羊仁青和他夫人、女儿、老母，以及旁系亲属。大叔五十多岁，女儿二十三岁，老母已六十八岁高龄了，队伍中最小的是个十来岁的小男孩，他们从青海玉树特意赶来，接下来还要去山南、拉萨、日喀则，最后到阿里，参与木马年冈仁波齐圣山转山。让笔者吃惊的是，他们前一天刚转完一次，当天是转第二遍了。且不说他们的精神如何，他们的身体就已经很棒了，老太太、小孩儿跟包括笔者在内的中青年人的速度没有区别，路途中没有谁停下来刻意等谁。老太太不会说汉语，但她嘴里不断地重复冈仁波齐。在与他们的谈话中，笔者突然注意到身旁有很多人拿着很大的麻布口袋在沿途捡垃圾，主要以拾捡塑料水瓶为主，一是这些东西降解最慢，对环境破坏最大，二是它们有一定的回收价值。江羊大叔说，这些回收垃圾的总共有五十人，全是他们一家特意在本地临时雇来的，每个垃圾回收者跟他们一起转山，每人将获得两百元报酬。实际上，两百元报酬对于他们的劳动量来说是偏少的，但是他们表示心甘情愿，因为他们认为，这样做将为自己增加福报。

笔者随后的路途都和江羊仁青一家人及五十个拾垃圾者共同前行。

途中，有一个自然形成的很小的石洞（如果纵深再短些，也许称其为“石缝”更恰当），江羊一家人依次从这个缝里穿过，让笔者也跟随他们从中穿过。这个石洞内部很平整，比较阴湿，有积水，可能是昨天下雨造成的。笔者目测后，认为自己很难穿过，并担心被卡在其中，甚至引起了一瞬间的幽闭恐惧症，但在猫腰埋头往前走了几步后，还是勉强算穿出来了。江羊大叔说，穿这个洞可以避免死后到地狱去受苦。他说：“你想，到时候你要过多少关啊，这个洞提前一穿，以后那些苦路就免除了。”捡垃圾者因为手中提着大袋子，不方便通过此洞，只能绕行。

钻洞、过桥等本身属于物理世界现象与行为，但因为其本身带有通往、通达和连接的作用，因此常常被人们作为象征两种世界的中介，为其赋予大量的人文意义，洞、桥等也成为通过仪式中不可或缺的“道具”。如果再说大一点，转山也是同样的道理，藏族认为山是人所能到达的离天最近的地方，是大地与上天的中介，因此转山成为重要的宗教仪式。如果说文化是人类适应自然的方式，那么宗教产生的土壤和其生态学也有密不可分的关系。在西藏平均海拔 4000 米的高原上，高山、深谷、旷野和雪山这些“超大尺寸”的日常景象也许的确会在此地人群的世界观的塑造过程中发挥作用。这种环境中产生的世界观，是一种更适宜于神佛存在的世界观。

再往高处走，高大的乔木逐渐减少，地貌相对裸露，遮挡物的减少使得视野愈加开阔。含氧量因逐渐减少与心肺功能逐渐适应的效应相互抵消了，使得身体唯一明显感到的变化是腿脚的疲劳。山势陡峭且无阶梯，因此很多时候步子必须迈得很大，也须相当使劲。大雾依旧是全天的主题，但是好在也有大风，所以雾象变化万千，不时地会散开，将山下的农庄和河谷不断地呈现出来。在很多时候，笔者所在的山像浮在云端的仙岛，高度莫测，与山脚下的世间分了开来。

在笔者坐着休息的时候，江羊一家与笔者分享了许多食物，包括酸奶和饼子，如果没有他们的慷慨，笔者包里那些可怜的食物是绝对不够的。

终于走到了接近山顶的一刻，线条弧度和视野的变化，硕大的山峰突然如金字塔般矗立在眼前。山峰并不尖锐突出，呈现出敦厚和静默之感，山顶只有低矮的植被，经幡被系在土地上的突出的石块和插进去的木桩上，紧贴地面，像挂饰一样横向铺满山头，其中有一处摆出了一个佛教中的雍仲符号。雾气依然很大，而由于疾风的劲吹，雾色的变化也非常迅速，毫不夸张地说，十秒钟前还能看得清楚的山头，在埋头走了几步路之后，再抬头时已是雾蒙蒙。当笔者再次举起相机对焦时，大雾已彻底遮蔽山头，山峰和环绕着的经幡完全消失。笔者见证了整个变化过程。但再往前走几步，山头又依稀可见了。笔者行走的路线并不是从这个山头直接翻越，而是面朝其左侧的一个小缺口，目测比山顶低 20—30 米。接下来的这段路让笔者胆战心惊。在基本接近山顶的地方，要横向地向左穿插而上。这条横向的小道尽管坡度比之前缓了很多，但非常危险，相当于在陡峭的山坡上横着踩出一条路来，路宽平均不到一米，在前进方向的左侧即是深谷，没有任何防护措施。笔者只能全身向右（山顶一侧）倾斜。若笔者单独一人，也许真不敢走这条小道，但是和江羊仁青一家人一起则不同了。当你看着十来岁的小女孩儿和年近七十的老奶奶都毫不犹豫地大步向前时，你便没有任何畏缩的理由。

我们在这条路上走了几分钟，全程除了笔者停下来拍照外，大家只盯着面前的路，不敢到处看，以防踩虚。

经幡像墙一样引导着我们。除了地面上，垭口附近所有地方都被经幡覆盖了，如盖被子般捂得严严实实密密麻麻，根本不露任何缝隙。山顶上能清晰地看见飘荡的雾气向我们袭来，时厚时薄，时疾时缓，笔者用一段录像记录了当时的情况。山顶上是一片倾斜但平缓的旷野，非常辽阔，与笔者想象中的完全不同（准确地说，笔者也无力再做任何想象）。平缓面中部延伸到远处又骤然沉降下去，消失在视野中，显然形成了一个山谷。而道路则隐约始于左侧的山肩上。笔者从未见过这番景象。我们在这片平地上休息了十五分钟左右，阳光猛烈，大家都趴着或躺在草地上，笔者喝完了最后一口水也躺下了，两腿伸直时情不自禁地发出了一声叹息。

旷野非常安静，拾垃圾者在离我们较远的地方，能隐约听见他们说话。下山时，大家的步行速度普遍较快，不太费劲，却也慢不下来，再没有力气约束膝盖了。由于休息的次数比爬山时明显减少，因此，大家交谈的机会少了很多。道路依旧很窄，不存在二人并行的情况。拾垃圾者的大麻袋也越来越鼓了，之前他们还能提着袋子或扛着袋子走，现在只能用绳子将袋子绑在身上。

下山的时候，天气非常晴朗，阳光普照，路边开满了一簇接一簇的杜鹃花，非常艳丽。

我们并没有真正地走到山脚，而是在半山腰从一片小林中斜插过去，竟直接到了绕山而行的318国道上。江羊一家将在这儿等候他们预约好的车辆，笔者一一谢过他们后，提前搭上了去往林芝县城的班车。

十、会街

会街，阿昌话叫“熬露”，每年农历八九月间举行，是迎接佛祖返回人间的日子。传说，佛祖释迦牟尼为母亲上天念经三日（相当于地上三月）返回人间时，佛光普照，青龙白象呈祥。阿昌会街必要青龙白象，即源于此。青龙衔花、白象驮塔，是阿昌族兴盛吉祥的象征。鞭炮响过，青龙白象舞队欢乐的表演就要开始。“烧白柴”是阿昌族佛教节日的活动之一，以使佛暖和，求佛保佑。阿昌族会街上，小伙子身挎象脚鼓，一边敲击，一边表演民族传统舞蹈。阿昌族的吉祥物青龙造型稚朴可爱，甚得孩子们的欢心。

十一、送龙节

送龙节为西双版纳大勐笼傣族特有的节日，每逢盛世，庄稼好、生活富足时就举行送龙节节庆活动。所谓“送龙”，并非送走“龙神”，而是送祭品给龙神，祈盼龙神开恩照顾，带来好日子，所以要报答、感谢龙神。

送龙节一般在春节之前，节日活动由佛爷出面组织，家家户户有的送美食，有的送衣物，富裕的甚至送金银首饰、钱币、毛毯等，人人都可参加，外人也欢迎，无大禁忌。

各类物品送到佛寺后，佛寺组织巧匠编扎“龙宫”，外裱剪花彩纸，富丽堂皇。做好龙宫，佛爷念经、祭祀，把各户送来的礼物一一扎放在龙宫上，全体参祭人员敲锣打鼓，把龙宫抬到勐笼河边，再次举行仪式后，把龙宫放在竹筏上，让竹筏在一片祝祷、诵经声中随流漂去，就算送给龙神了。

十二、法会

藏族祈福法会①

每年春节，云南怒江地区藏族在元月初一这天，村里的老人会根据村中“神牛”（通常是那些已经超过十岁的老牛）夜间睡觉时头部所处的方位，确定当年神灵所在的位置。据说各家圈里的大部分神牛，夜间睡觉时，头部的方位都会保持一致，由此成为当地村民确定当年神灵所处方向的指南针，进而确定村民前往拜祭的位置。

比较著名的寺庙位于茨中村附近十五公里左右，名叫玉竹寺（有的藏族同胞称之为“龙路顶喇嘛寺”）。玉竹寺以前有一百多个喇嘛，现在只有六十多个喇嘛。玉竹寺每年的藏历六月十一日、十二日、十三日都有跳神活动。相传，这个跳神舞蹈最早是由莲花生大师那里流传下来的，由大喇嘛根据藏历经书的描述，编排完成。村民说，玉竹寺的跳神舞蹈中，莲花生可以变化为八个佛像。寺庙的僧人头戴面具，身穿各种服装，扮演莲花生，进行跳神表演。莲花生的服装分为白色、红色和黄色。黄色服装是以黄色袈裟形式出现的。

---

① 本田野笔记由中山大学社会学与人类学学院2006级博士研究生魏乐平撰写。

藏族的“跳神法会”（阶冬节），与傩祭有相似之处。信仰藏传佛教的藏族在藏历十二月三十日，即藏历年的除夕，要举行一年中最隆重的跳神法会。这一天，既是藏族同胞把九样食物烩煮，在一起聚餐的节日，也是藏传佛教的佛寺举行面具舞会的日子。各寺庙的喇嘛穿上特定的服装，头戴各种造型的面具，在铙钹、鼓、唢呐、海螺、法号等乐器的伴奏下，表演带有一定情节的跳神节目，通常可持续好几小时。这种活动之所以安排在新旧交替之时，据说是为了借助神力驱鬼压邪，除旧岁，迎新年。

十三、其他节祭

升小和尚①

几乎所有傣族都信奉南传上座部佛教。西双版纳傣族男孩成长到七八岁时，按例都必须举行一个仪式——升小和尚（傣语称为“博帕”）。仪式后，男孩正式成为小和尚。20世纪50年代前，这基本上是每一个傣族男孩必经的成长仪式。

小男孩做和尚、进寺庙相当于入学。在寺庙中跟随佛爷学习傣族文字、佛家经文、戒律、算术、历史、地理、动物、植物等众多学科，并通过多年的修行，逐步成长与学习的过程，成为一个受人尊重的合格男性。其中，不同年龄段有不同的级别以及相应的仪式，多数人在寺庙中做到“帕”或“都”后还俗，时值18—20岁。而后开始考虑成家并成为主要劳动力。

升小和尚是傣族男子成人的一个重要标志，过去，没有做过小和尚的傣族男子，很难在傣族社会中得到认可。

升小和尚的仪式由其教父、教母（傣语分别称为“波哇”“咪哇”）操持。

过去，傣族的每个家庭都必须在合适的时候认领一个别人的儿子作为教子，为其操持升小和尚以及升佛爷等仪式。这种行为是为自己积公德的方式之一。

升小和尚的仪式非常隆重，通常需要两天时间。远处的亲戚好友、寨子中甚至全坝子中的傣族都会前来参与庆贺活动。

出家做和尚前，小男孩需要先到寺庙中学习半年到一年，相当于“预科班学习”。经历过此阶段的小男孩，傣语称为“卡勇”。卡勇要接受大佛爷的“剃度”（傣语称为“酷活”）。掌握一些基本的傣文、熟背升小和尚仪式中必诵的经文和戒律。

① 本田野笔记由陈俊东撰写。

升小和尚的时间通常安排在傣历四月（公历二月），时值农闲。吉日由佛爷择定。

波哇、咪哇必须提前发帖、带口信，通知各地的亲朋和寨中乡亲。最重要的还必须准备仪式中所需的肉、菜、米饭、桌椅、碗筷等。

凌晨五点，寨中乡亲就会过来帮忙。男人杀猪、宰牛，女人做饭、拣菜。波哇、咪哇则陪前来的亲友聊天。而卡勇只能坐在客厅中临时布置的床上等待，当天他不能够下地。波哇必须陪同“波章”（寨子中的一位老人，据说能与佛主、佛爷、鬼神对话），并希望他向各路的鬼神传达其诚意。波章总要忙着为前来祝贺的亲友念经祈祷。亲友们会带来蜡条及手帕包裹的钱（2—3元），跪在卡勇的面前，聆听波章的念经祝福，随后将带来的蜡条和手帕包“赕”给卡勇。

中午十二点，是卡勇净身的时间，下午四点左右，开始举行“博帕”（将男孩送到寺院的仪式）。

所有人拿着波哇、咪哇为卡勇准备的东西，一同送往寺庙。其中包括自行车、袈裟（傣语称为“帕拱”）、生活用具、学习用具等。

送卡勇进寺庙是最热闹的仪式。男人们乘着酒性唱着、跳着、敲着铓锣、打着象脚鼓，甚至边跳边喝酒，并不时传递着酒瓶或酒杯。女人们高兴地围在队伍边上、而小孩们就在其中窜出窜进。

过去，卡勇要么由波哇背到寺庙，要么骑马到寺庙。而今，自行车、摩托车、拖拉机、卡车、轿车都用上了。

如果一个寨子中有几个卡勇同时举行仪式，将更加热闹，送各个卡勇的几支队伍从不同的方向进入寺庙，整个寨子的热闹程度不亚于泼水节。

进入寺庙后，波哇、咪哇将家中带来的垫子铺在寺庙大殿中供卡勇坐卧。

寺庙外，早搭上了临时的棚子，波哇、咪哇继续陪大家聊天。而财力厚实的波哇还会请来歌手（傣语称为“赞哈”）为大家唱歌助兴，直至天明。

第二天举行“滴水”仪式①（傣语称为“亚喃”）。早上十点左右，全村男女老少又集中到寺庙中，等待佛爷（僧侣中年纪、学识、辈分较高的人）为卡勇正式举行博帕仪式。

① 傣族很多宗教仪式都有“滴水”的环节。水是傣族文化中人与佛的沟通媒介，所有的祈祷都将通过水传递给佛，而佛的祝愿也将通过水传递给善良的人。

佛爷盘腿、手持金扇面门，坐于“滇桑”之上，卡勇跪于佛爷面前。村民环跪于卡勇之后，通常有百人之多。气氛安静肃穆。

首先由波章手捧“坝”（竹编的小桌子，上放蜡条）上前与佛爷“对话”（请求佛爷为卡勇授戒）。波章每说一段，跪拜于身后的信徒就会跟随重复一遍。而佛爷会相应作答。

之后，佛爷向卡勇提问，主要是考察卡勇对经文、戒律的掌握情况。测试通过后，佛爷就宣布卡勇的法名。波哇、咪哇为卡勇脱去衣服，佛爷为卡勇穿上袈裟，并在他的头上系上银箔，其上刻有卡勇的法名。

穿戴完毕，升小和尚者继续跪在大佛爷面前，等待又一轮的问讯。此时，他已经不再称为卡勇，而是改称为“帕”。例如，原来叫“岩香”的男孩，就被称为“帕香”。

波章将蜡条拿到佛主面前，点燃。佛爷念经，所有信徒跪下，并拿出小瓶子或小茶壶，将里面的水慢慢倒入盆中，口中念念有词。随后，信徒们轮流跪行，到佛主面前，燃蜡拜祈。

仪式结束，帕回到自己的床上，他们必须在大殿中留住一日，才能搬到正式的僧侣住房中。

在这一天内，帕已经可以下地活动，但活动范围仅限寺庙之内，并且要头顶黄布，步伐轻巧，每一步不得超过一尺。

将来的日子，他们主要在寺庙中度过，每天有规律地学习和念经。做和尚的时间长度完全可以由自己决定，少则半年，多至十年。需要还俗的时候，只需要向波章和村委会提出申请即可。如今，一些家庭在将孩子送入寺庙的同时，也会让孩子就读村中的学校，接受汉文化的教育。放学后，他们又回到寺庙。

傣族拖佛爷[①]

云南德宏傣族景颇族自治州陇川县景坎乡88岁的大佛爷岳喊2001年8月去世，已经半年多了，遗体还一直存放在奘房旁的棚子里。

大佛爷岳喊，是陇川县景坎乡名气很大的一个人物。他在20世纪50年代就做佛爷了。“文化大革命”横扫一切，他被迫还俗。他是本乡本土资格最老的佛爷，他的去世，自然成为陇川县景坎乡的一件大事。

---

① 本田野笔记由邓启耀、蒋剑撰写。

佛爷们推算举行葬礼的时间，算来算去总是“日子不合”。请来缅甸的佛爷，结论也一样，不能马上举行葬礼。陇川很热，平均气温 30 多摄氏度，按规矩，佛爷的遗体不取内脏，又不像埃及等地方那样干燥，灵柩停放在露天，没有冰柜，遗体的保存很不容易，但寺庙和村民用各种药材将佛爷的遗体包扎起来，再用塑料布包紧，据说就可以防腐。

2002 年 3 月，佛爷们推算的好日子终于来临，人们决定按传统形式举行葬礼，恢复中止了半个世纪的“拖佛爷”仪式。

仪式共进行三天。第一天，来自瑞丽、盈江、缅甸等地的佛爷集中到陇川县景坎乡的奘房，与佛爷的亲友一起商议葬礼规格、程序等内容。按规矩，佛爷共分“法基”“召基”“召门”“召尚”“布奘”五个等级，资格越老，彩轿扎得越高，最高可扎八层。以大佛爷岳喊的资历，本应该成为第一等佛爷的，由于曾被迫还俗，只好降下一等。也就是说，为他扎的送葬彩轿，要打些折扣，只能扎四层。

葬礼规格确定之后，第二天开始扎彩轿。各个村寨的村民，带来彩纸、鲜花、青竹和木料等，在长者的指挥下，先用竹木扎制骨架。底座用坚实的栗木制作，扎得像橇，以便拖动；上层的中央主体是塔形彩轿，周围用竹篾扎四个“昂”（一种类似龙的神兽），前后各两个，护卫着彩轿。扎彩轿整整花了一天时间。

第三天是正式“拖佛爷”的时间。早晨七点，大佛爷岳喊的所有亲人，都跪在停放灵柩的地方。人们把装有佛爷遗体的棺材从他们身上抬过，众人簇拥着棺材，向彩轿方向行走。老人们一路走，一路抛撒米花和糖果。奘房离彩轿约一公里，将棺材放到彩轿上后，众人停下来，准备吃午饭。午饭由奘房招待，荤素都有，老人吃素，年轻人吃荤。

饭后开始“拖佛爷”。各个村寨的人涌向彩轿，彩轿前后各系有三根用竹子纤维搓的绳子，每根长十多米。每村从到场的村民中推选出一群人，拉起系在彩轿上的绳子，待象脚鼓敲响，长老一声令下，掌握彩轿前方绳子的，使劲往山上拉，摸到彩轿后方绳子的，则拼命把彩轿往后拽。长老吹哨裁判输赢，输的一方下场，换上另外一批人。就这样，放有佛爷棺材的彩轿，被拖得时进时退，半天走不出原来的场地。人们说，老佛爷要升天了，大家舍不得他走，要拖住他，让他在人间多停留一些时候。

在太阳快落山之前，人们终于将彩轿拖到了预定的山脚下。人们把棺材、彩轿和佛爷穿用的衣被堆放在柴堆上，棺材上方悬挂一块画有一只大蜘蛛的白布，旁边插四根鲜嫩青竹，竹尖有四片叶子，叶片上分别藏一些吉祥物。

举行了一些仪式之后，棺材被打开了。人们惊讶地看到佛爷的遗体完好无损，甚至没有什么异味。这当然被归功于那些防腐的药材。当天被选来浇油的是一位来自缅甸的老板，他捐了一些功德，才获得为佛爷的棺木和柴堆浇油的殊荣。

点火的是村寨中的年纪最长者，在他即将点着火的一刹那，所有未婚的小伙子蜂拥而上，争抢竹叶上藏着的吉祥物。拖佛爷用的竹篾绳子，也被人们争抢一空。每家都要割一截，挂在自家门头上，以示吉祥。

一个半小时后，佛爷的遗体完全焚化。长者捡了骨灰，放进一有盖的黑陶罐里，埋到附近的奘房旁边，葬礼即告完成。当然，为了庆贺佛爷升天，乡里还要搭一个戏台，请缅甸来的艺人，唱三天三夜的傣戏。

第二节　道教节日

在西部信仰道教的一些民族中，一年常规的节祭活动主要有三个大会：正月十五的“上元会”、七月十五的“中元会”和十月十五的“下元会”。信徒们在庙里坐忏五天，听道士们念经。三个小会：二月十九“观音会”（观音的生日），祈求风调雨顺；六月二十四的“雷神会”，祈求不下“白雨”（冰雹）；冬月十九的“太阳会”，祈求风和日暖，顺顺气气。除此之外，还有正月初九“玉皇会”（玉帝生日）、三月初三“蟠桃会”（王母娘娘生日）、五月十八“张天师圣诞”等。这些会都要举行念经活动，即使家里有事情脱不开身，妇女们也会自己在家一边劳作，一边自言自语地念经。

每月初一、十五，人们还要到庙里或在家里吃斋礼拜，烧香念经，平时坐在一起也喜欢唱经歌。经歌的内容包括劝孝、劝善，指责社区中的各种不良行为，诸如懒惰、不敬不孝、吃喝嫖赌之类。经歌的取材十分广泛，除了专讲英雄征战的唱本外，还有劝善、讲孝、宣扬因果报应一类的民间传说、民间故事。贵州九溪市场上即可买到刻印本经歌《孝女哭娘》、《目连救母》、《英台小调》（梁山伯与祝英台）、《血河经》、《金铃记》、《摇钱树》、《张五姐大闹东京》、《罗成全集》等。

表 9－2　部分地区道教节日祭会

节日名称	流行地区	时间（农历）	主要内容
祭天	云南怒江、丽江九河等地	正月初三至初六	祭天以祈人丁兴旺，五谷丰收，后演化为祭本主活动
财神会	云南洱源凤羽	正月初八	拜财神
玉皇大帝会	云南洱源茈碧	正月初九	吃素，到崇圣寺上皇表
元宵会	云南洱源	正月十五	观音寺，吃素，念《三元三品经》。原为民族宗教集会活动（“三元”指三教同一的儒释道），在凤羽曾属于全民性节日活动
给龙王拜年	云南洱源茈碧	正月二十三	龙王庙，吃荤，念《龙王经》
文昌会	云南洱源茈碧	二月初三	观音寺，吃素，念《文昌经》
雪山太子会	云南洱源茈碧	二月初七	标山脚，吃荤，念《雪山经》
财神会	云南洱源茈碧	二月十六	山神庙，吃荤，念《财神经》
蟠桃会	新疆天池、云南洱源	三月初三	观音寺，吃素，念《蟠桃经》
太阴会（晚上做）	云南洱源茈碧	正月初六、三月十三	本主庙，吃素，念《太阴经》
龙王会	云南洱源茈碧	五月初五	水头陆官庙吃荤，念《龙王经》
龙王会	云南大姚石羊镇	正月十三	请戏班唱戏，祭龙王
谢龙王会（感谢龙王降水栽秧）	云南洱源茈碧	五月十三	水头陆官庙吃荤，念《龙王经》
张天师圣诞	云南巍山	五月十八	祭祀张天师
雪山太子会	云南洱源茈碧	六月二十八	标山脚，吃荤，念《雪山经》
开阴门	云南洱源茈碧	七月初一	本主庙，念《阴经》
大庙会	云南洱源茈碧	七月二十三	海边大庙，吃荤，念《龙王经》
祭白龙	云南昆明西山区	八月初八	杀白羊祭主管冰雹的白龙，以消雹灾
九皇会	云南洱源茈碧	九月初一到初九	观音寺，吃素，念《九皇经》

（续表 9－2）

节日名称	流行地区	时间（农历）	主要内容
祭主宰神会	云南昆明西山区	十月初二	祭主宰天地人三界的大神“乌松博”和“乌松咬”，求其保护庄稼
五谷会	云南昆明西山区	十月十一	杀猪祭五谷太子和牛，请五谷太子回谷仓，在牛圈上插松枝和白花
下元会	云南洱源茈碧	十月十五至二十二	本主庙，吃素，念《中元经》
太阳会	云南洱源、昆明西山区	十一月十九	本主庙，吃素，念《太阳经》，纪念太阳的生辰
地母会	云南洱源茈碧	十月二十八	本主庙，吃素，念《地母经》
送灶神	云南洱源凤羽	腊月二十三日	家家做素席，送灶神

一、太阳会

太阳会是一个道教节祭，时间在农历十一月十九，传说这天是“太阳星君”的诞辰。云南昆明西山区彝族、白族、汉族等民族信众，这天要用素食祭祀太阳，念诵《太阳经》，赞美太阳给人温暖，促生五谷：

太阳出来满天明，
昼夜行来不住停。
天上无我无昼夜，
地下无我少收成。
纯阴无阳物不变，
饥死凡间苦众生。
日光菩萨正东来，
天堂地狱九重开。

念完还要烧纸化钱，磕头祈祷。

二、太阴会

太阴会有两次，一次在农历正月初六新月初升之时，一次在农历三月十三月将圆之际。云南昆明西山区彝族、白族、汉族等民族办太阴会时，要在月升之夜，由妇女主祭。祭会参加者多为老年妇女，她们用糕点、瓜果等素食设祭，待月亮刚刚在夜色中透亮，即点香三炷，烧黄药三叠九张（取天长地久之意），对月磕三个头，跪念《太阴经》：

混沌初开即有我，

我是天上月光神。

日管阳来我管阴，

阴阳配合重建顺。

昼夜轮流照乾坤，

……

经文历数月亮的功劳，认为甘露为月所生，万物得以滋润，孤月巡夜冷冷寂寂，一夜千辛万苦只为生灵得照，将月人格化为温柔的夜之使者。它滋养万物的功能，与民间精于农艺者重视月华之照、露水之滋的风习一脉相承。

三、龙王会[①]

农历正月十三是龙王的寿辰，也是云南大姚县石羊镇龙王会的会期。乾隆《白盐井志》载："正月十三日，作龙王会，五井五庙轮当会首，庙内修斋，庙前演戏。"[②] 相传，洞庭龙女到此牧羊，羝舐土，挥之不去，掘地获卤泉，朝廷便封龙女为郡主，石羊为将军，立庙祀之。在掘卤之处塑立"卤水龙王"像，于每年的农历正月十三举办龙王会，对郡主和将军进行祭拜。

每年逢龙王会会期，由石羊镇的观、旧、乔、界、尾五个盐井轮流办会，邀请川滇各地的官商，邀请戏班搭台唱戏，同时，跑马灯昼夜连台，活动长达半月之久。由某个盐井值办节日，就于正月十二之前在该盐井的神台前面搭好戏台。开茶馆的、卖小吃的也在这里做生意。各乡的人也都赶着来看热闹。每天三场戏，早上的戏从九点演到十一点，下午的戏从一点演到五点多钟，晚上的戏从八点演到十二点，戏场非常热闹。正月十二晚上有个祝寿活动，五井的灶户到总龙祠，吃晚饭以后就开始祝寿，三跪九拜后放土炮、行礼、念祝文，到了正月十三就出会。有专门的人一早起来就敲锣，高喊"龙王出会请各家赶紧打扫、分享"。同时，从南关到北关，每家每户都会收拾干净屋子，在门口摆上烛台、祭品，等待龙王在当天的十二点左右出会。在正月十三之前，要将泥塑的龙王像的全身都贴上金箔。一年贴一次，年复一年

① 本田野笔记由中山大学社会学与人类学学院博士生李陶红撰写。

② 乾隆《白盐井志》卷一《风俗》，转引自杨成彪主编《楚雄彝族自治州旧方志全书·大姚卷》，云南人民出版社 2005 年版。

下来，龙王身上的金箔越贴越厚，在阳光的照射下熠熠生辉。出会之时，用八人大轿抬龙王，一般由两三班人员轮换。抬的人都是斋客，形成一个专门的群体，群体之外的人群是不可能参与进来的。人们将龙王从龙王庙里抬出来，沿着香水河岸的大道行进。轿前有鸣锣开道者、举“肃静”“回避”牌者、持旗及伞盖者、提灯提炉者、诵经者。游行队伍打头的是身穿华服骑在马上的童子，其后就是龙王的塑像，之后有一群敲打乐器的斋客。龙王神像每到一户人家门前，这家人便上前来焚香膜拜。队伍沿街分别经过五井。每个井都有龙祠，到一井的龙祠，则把龙王塑像置于神台，稍事休息，十多分钟后再将龙王塑像从神台抬出，继续游行，最后来到置办当年龙王会的盐井。龙王游遍五井后便供奉在总龙祠的神龛上，所有灶户依次为龙王行礼。置办当年龙王会的盐井要设台唱戏。第一场是固定的“踩台戏”，请神灵保佑这个台不出事，戏唱完也要踩台。唱戏一般持续两三天，最长的时候持续半个月之久。唱戏期间，人头攒动，因又有在听戏人群中做小买卖的人们，就更显热闹了。龙王会同时也是当地商贸活动的最佳时机，龙王会前几天，所有的空地均被号好，摆小摊、摆茶铺的较多。过去，龙王会上还有人卖从相隔近一百公里的昙华山的雪（彝族人用篮子将雪背来卖，用大片的叶子盛上雪，中间放上糖，清甜可口）。

这个节日是以龙女牧羊传说故事为基础衍生的庆祝、纪念的节日，同时也是一场物资和文化的交流会。从历史上办会的隆重程度，可以一窥当时石羊的经济繁荣程度，那时石羊的经济非常繁盛，能够吸引区域的民众、各地的商人参与其中。

据当地人的回忆，龙王会的具体内容如下：一是祭祀龙王，意为纪念龙女牧羊发现盐卤，当地得以开井煮盐；二是要龙灯、社火，祈求龙王多出卤水，盐丰财旺，风调雨顺；三是跑马，节日期间在民间挑选优良骡马，装配彩套在街区跑彩马，意为促进地区发展骡马饲养，推动当地的商品运输；四是开展商品交易，节日期间四方商贾云集，购销两旺，促进经济发展；五是开展各种庙会活动，祈求土地爷及各路神仙保佑地方平安；六是组织开展各种文化体育活动，节日期间要龙灯、办社火、抬菩萨游街、赛马、赛秋千、唱大戏、唱花灯，昼夜连台，各种活动丰富多彩，预示地区繁荣[①]。龙王会一直延续到1950年才停办，1986年起又恢复，同时改名为“开井节”。开井节这一名称似乎和“龙女牧羊的传说”更为贴近。白天耍龙舞狮，扮社火（古代人物）游街；晚上唱滇戏、花灯，放电影、录像、烟花，参加活动的人近万人。

龙王会的主要组织者是灶户群体，同时由全民参与，以期卤水不竭，盐业兴旺发达。盐商会的主要组织者与参加者是白盐井盐商。历史上，盐商会于每年农历的二月初八举行，庆祝群体是白盐井的商贩——代抄商，代抄商到盐场公署买入盐票，再卖给需要买盐的商贩。代抄商有十多家，在当地实行垄断，代抄商一般还兼开马店，这又方便了其与盐商的联系。由此说来，代抄商是联系盐官和盐商的中介。代抄商作为利益既得者，盐商会所用资金便由代抄商筹备，代抄商也成为盐商会的主要参加者。代抄商供奉的神像为盐商太子，时值盐商会，代抄商会带上盐商太子游街，会期一般为一到三天。

白盐井当地俗话说“捏水成团，火中求财”，这里的“水”专指卤水，意指从卤水中来获取食盐，通过煮盐来获取生计和财富。在当地，盐与火也就具有了必然的联系，食盐的获取必须通过柴薪的燃烧来形成转化，由此，当地也就催生了对火的崇拜与信仰。当地建有火神庙（地址位于今大姚二中内），供奉阴地公，建有戏台，当地民众会于正月初一等特定的时间来进香。每年亦举办火神会，火神会由灶户主办，由五井轮流做东。火神庙有戏台，活动期间唱戏，为期四五天。其他节日如土主会、财神会等，主要由灶户、盐商群体来操办，也成了名副其实与盐相关联的节日。当地举办节庆活动的各种开销是一笔重要的开支，历史上，经费也有多重来源：一是来自于盐业生产所得，盐税中包含的地方建设经费中的一部分用于举办节日的开销。二是来自于民间筹款，当地的一些家族以捐献田租等方式，参与到节日的筹办中来。

1986年的开井节，石羊镇的各家各户张灯结彩，门前街头都是灯火。灯的种类有宫灯、宝莲灯、青蛙灯、八角灯、走马灯等。镇上还举办了很多活动：彩车游行、滇剧演出《龙女牧羊》《唐僧取经》《龙凤呈祥》、高跷《笑

---

① 苏平《恢复石羊开井节纪略》，中国人民政治协商会议大姚县委员会编《大姚文史》（第七辑），2010年印。

和尚戏柳翠》、龙灯狮舞等。滇戏击乐、唢呐曲牌，应有尽有。正会的晚上放烟火，当天晚上还有周边的少数民族专程赶来庆贺，有彝族跳脚队、唢呐队、芦笙队、花灯歌舞队等的表演，电影录像的播放也是通宵达旦。

自 1986 年以来，开井节在政府主导、民众参与之下，一直延续至今，每年农历正月十三过此节。节日当天，来自周边乡镇、村落的民众都到石羊古镇来参加盛会。与旧有的节日仪式相比，仪式的功能大大弱化，祭拜龙女的仪式活动简单了很多。对于过节的民众来说，这天的主要活动是观看文艺演出、打跳欢庆，品尝石羊美食，购买当地特产等，亦不失节日的气氛。张兆祥的《石羊古镇开井节》用诗的形式描绘了开井节的节日盛况，其中有“洞庭龙女来牧羊，卤郡泉涌卤汁香。物阜民丰赖盐丰，新春佳节庆龙王。巨龙腾空临街舞，金狮欢跃喜气洋。彝族舞蹈通宵跳，滇戏花灯更风光。集市贸易人潮涌，物资交流汇四方”[①]。

四、天师诞[②]

世传五月十八为张天师圣诞，然而也有正月十五等说法。张天师确切诞辰由于年代久远，史料湮沉，现已不可考证，然而多地道教宫庙也多以五月十八为庙会，巍宝山道教正一龙门派便是依据这个时间来庆祝张天师诞辰的。

天师一词最早出自《素问·上古天真论》：“乃问于天师曰：余闻上古之人，春秋皆度百岁，而动作不衰。”此处的天师是黄帝时的官名，为帝王之师，而道教中的天师却有不同的含义。张道陵作为代天行法的教祖，被道士及信奉道教的道民尊称为天师。关于张道陵天师称号的由来，道经宣称太上老君神授于汉安元年（142 年）。刘宋道经《正一法文天师教戒科经·大道家令戒》载：“老君授与张道陵为天师，至尊至神，而为人之师。”唐朝道士孟安排《道教义枢》卷二说得更清楚：“汉末，天师张道陵精思西蜀，太上亲降，汉安元年五月一日，授以三天正法，命为天师。”[③]

143 年，张道陵在四川鹤鸣山创立五斗米道。秦汉时，民族迁徙，一部分从蜀地南迁的道士、商人、军人等把鹤鸣山的五斗米道带到了巍山彝族先民所在地区。三国东汉时期道教在巍山就有传播，道教应是在南诏时期在巍山广泛流传。

---

① 大姚县石羊诗书画协会《石羊诗文书画专辑》（第十一辑），内部资料。

② 本田野笔记由中山大学社会学与人类学学院硕士研究生潘宇萍撰写。

③ http://www.daoisms.org/article/sort018/info-17193.html.

南诏时期，从南诏王细奴罗到第十世劝利晟都崇奉道教。在继天师道之后传入巍山的是全真道。唐代，相传八仙之一的吕纯阳曾到巍山传布道教，他将巍山东山的栖鹤楼作为道场，带徒授教，传播天仙派。此地遂被巍山民间洞经会和圣谕坛奉为真官。栖鹤楼相传是吕祖的显化地，至今香火旺盛，当地的彝族、汉族等族信众常到此祭拜。吕纯阳是否真的到巍山传过道教，资料不足，难以佐证，但唐代吕祖天仙派在巍山已有一定程度的传播和发展。

从明代开始，巍宝山的道教主要是全真道。这时期，根据有关资料记载，“青衣道士”、王旻、陈广玄等全真道士先后在巍山东山的玄珠观等道教宫观中修炼，传授全真道。

明末清初，湖北武当山羽客沈妙章在巍宝山辟基建宇，把巍宝山正式开辟为道教的十方丛林，使巍宝山全真道教盛极一时，在国内享有盛名。随后相继又有四川青城山、贵州丹霞山等道教名山的高士来巍山修炼，传播发展全真道。这一时期，重修和新建了许多道观，从巍宝山脚到山顶，这些殿宇错落有致地分布在巍宝山的前山和后山。明清时期，巍山境内除巍宝山发展为全真道丛林外，其他道教丛林还有太极顶、降龙寺、东山玄珠观、延真观等多处。明代以来，太极顶被道教开辟为全真道的道场，每年农历正月初七至初九为朝山会，朝山群众多达数千人。

清代是巍宝山全真道的鼎盛时期。清康熙五十四年（1715 年），蒙化府境内发生天灾，很多人染疾，久治不愈，巍宝山道人用“神人点化”之说，治愈了当地彝族以及其他民族所患的疾病。随后，当地民众中兴起每年农历二月初一至十五朝圣巍宝山的山会，使巍宝山道教香火越来越旺，也使巍宝山成为中国西南的道教名山。巍宝山全真道龙门派清朝中期进入巍宝山，发展迅速，很快从前山发展到后山。每年农历正月十九为邱处机祖师的圣诞，巍宝山道教丛林组织及民间信教群众团体，在文昌宫做会，纪念邱祖。清代到民国年间，全真龙门派在巍宝山传了二十一代。

民国时期，巍山的全真道开始衰微，在巍宝山出家修炼的道人已逐渐减少。据调查，共有住山道人十九人。

中华人民共和国成立后，住山全真道人还有八人。

巍宝山道教在彝族民间也有发展。在巍山彝族地区，民间广为流传的道教主要是正一道即天师道，明清时期是极盛时期。巍山坝区、山区都有正一道道士，“专恃符箓，祈雨驱鬼”，“打斋求雨，祈求丰收”。正一道在巍山彝族地区有一定的基础，当地彝族民间凡有婚姻丧葬红白喜事，或人染疾病，或做寿，都要请正一道道士诵经做法事，设斋坛诵经，祈求平安。

此次张天师诞辰法事是由巍宝山文昌宫正一道第十八代弟子永仁道长主持的①。

农历五月十八召开法会，准备活动很早就开始了。前一天得知文昌宫要召开天师诞辰的法会，笔者就起了个大早，五点半到了文昌宫，大殿里已经有诵经和演奏洞经的道长在做准备了。法事六点钟准时开始，得知当天的法事主要诵《太上洞玄灵宝高上玉皇本行集经》(简称《皇经》)。据道长介绍，这部经是非常尊贵的一部经。在巍宝山能诵读下来的道长没有几个，在云南之外，这部经需要筑台传诵。在几十年之前，只有男性可以诵读这部经。几十年之后，在当天的法会上，笔者看到的是女道长主要负责诵读经文，而男道长负责乐器的演奏。整场法事下来，用到的乐器有十六种之多，诵经加奏乐的道长共十一人。法事开始之前，道长们调试乐器，布置法场，两张黄绸缎的条桌分布祭坛两侧，桌上放着木鱼、铜锣等打击乐器，祭坛桌案上点着一对红烛，再上一层的供桌上供着鲜花和水果等供品，主神是金阙右相文昌帝君。正对主神的案桌前放着一个写有“文昌宫功德箱”字样的功德箱，前方放置绣有三个八卦图的长条形蒲团。门口一张板凳上放着一个铜质的盘，里面装着半盘水，水上漂着几片花瓣。大殿进门右侧是演奏乐器的区域，靠墙放着三条长凳，墙角附近的方桌上放着十余种弹拨乐器。大殿右侧的墙上挂着各种横条幅，写着“有求必应”等字样。大殿右侧供着圣帝次子赐禄神君，左侧供着圣帝次子赐福神君。大殿左侧开设了一处公德登记处，背后的墙上依旧挂着祈福的横幅。

法事于六点开始，一位便衣道姑在蒲团上叩拜三下，然后将三杯水供在主神的祭台上，分别在左右两侧的副神祭台上祭上两杯水。诵经正式开始，诵经分为三个阶段，第一阶段是《皇经》礼请，持续时间一小时。左右两侧的条桌边各站三位女道长，右侧靠近主神祭台的道长开始诵祷词及张天师在魏宝山的神号。念完后击鼓承上启下，肃静三秒钟之后，六位道长开始诵经，此时，大殿右侧，演奏洞经的道长在一旁试音。女道长正式开始诵读《皇经》卷一的部分内容，一边的男道长开始演奏洞经。卷一诵读完毕后，音乐停止，

① 蔡华《道教在巍山彝族的传播与发展》，《西南民族大学学报》2004年第10期。

插诵《三清经》。第一部分诵经完毕后，每位诵经的道长依次叩拜后离开大殿。此时是早餐时间，吃的是巍山特色食品粑肉饵丝。整个文昌宫内此时几乎没有信徒，稍后，信徒会从巍山各个片区来，观里的道长和帮工的信徒正在为准备信徒们的饭菜而忙碌着。笔者从永仁道长那里得知，当天有三轮流水席，每一轮是三十桌，每桌八到十人。每个信徒需要购买饭票，每张饭票四十元，包括早饭和正餐。

吃完饭稍作休息后，第二阶段的祈福法会开始了。此时，道长们已经换上黄绸缎的道袍，诵经人数也由开始的六人增加到七人。一位身着黑色道袍的女道长叩拜一次之后，分别给主神祭上三碗米饭，给副神祭上一碗米饭。诵读《皇经》时，除了在条桌边的七位道长敲打木鱼、锣鼓外，大殿右侧已经没有了洞经演奏。在诵读中部和下部经文时，身着黄色道袍的道长们时不时起立、合掌鞠躬、坐下。诵至经文中部和下部衔接处，那位身着黑色道袍的道长手持一炷香，跪在蒲团上，口中默念经文。八点半，香客开始陆续到大殿来叩拜、烧香、献上供品。供品有水果、花生等。但是据笔者统计，前来叩拜的更多的是妇女，而男信徒此时正坐在观内的休息处，抽烟聊天。《皇经》中部和下部的诵读又持续了两个小时，最后七人一齐唱诵经文，依次进香。

张天师诞辰的祈福法会的关键环节到此结束。接下来。来自巍山各个乡镇道观的道士诵经演奏洞经。法会持续到十二点。之后，召开由县政府领导和各个片区各级道教协会组织的道长们出席的道教协会工作会议。会议之后开始九十桌流水席。三十桌一轮，九十桌流水席持续到下午五六点。

五、太平会①

太平会，祈求太平之意，属于道教的节日范畴。每年旧历三月第一个庚申日起会，甲子日送会，为期五天，每天的活动内容不同。主要的活动地点在玉皇阁，活动前扎大佛（高约一丈）、五瘟神、龙船等。五瘟神为人身动物头的造型，动物有五种，分别为红色的公鸡、绿色的鸭子、白色的兔子、黄色的老虎、黑色的毛驴。第一天迎佛请水，道士持宝剑，后有两人抬瓦罐，走到白盐井的每一口井，打上一点每口井的卤水，到玉皇阁。将瓦罐倒置，如果瓦罐中的卤水不流出来，则象征着当地来年平安。第二天，抬上扎好的诸神到南关口子，人们纷纷来磕头还愿，直至会期结束。第三天搜街办社火，

① 本田野笔记由中山大学社会学与人类学学院博士生李陶红撰写。

意在将五井所在的妖魔鬼怪收走，社火有装扮桃园结义、唐僧取经、观音菩萨等，八九岁的儿童扮演小和尚等。社火少则七八台，多则二十多台。游行的队伍中，为首的是步行的人员，其后是骑马的人员，随后是社火，最后是用八抬大轿抬的灵官。队伍在街道上游走一圈后返回玉皇阁。在出发前有"开关"仪式，仪式后，队伍中的成员就不可以说话、笑、喝水等，直至游行结束方可解禁。第四天"问社官"，社官是管理这个地方的神灵。有人装扮成社官、土地神，众人就向社官、土地神讨吉利的话语。第五天送佛，借助瘟天君的手送瘟神，祈盼当地居民可以过上幸福太平的日子。五瘟神从玉皇阁起身，一直到北关的祭祀坛，还愿的人到此聚集，纷纷用纸向瘟神印脸谱，贴到家中作为辟邪之物。人们将五瘟神送出北关外，再将第二天停放于南关的诸神抬到北关外烧掉。道士砍烂瓦罐，鸽子从道士的袖中飞出，根据鸽子飞的方向来预测来年白盐井的年景。

六、朝斗会

云南巍山彝族回族自治县巍宝山斗姆阁。在云南方志中，有关"朝斗会"的记述较多，不少民族或地区，都要在每年农历六月初一至初六朝拜南斗星，九月初一至初六朝拜北斗星。

南斗星下降之期（六月初一至初六）及北斗星下降之期（九月初一至初六），各族信众接踵而来，在道观中以素食祭献星神。道士身披道袍，手执法器，应节吹打，并一日三次念诵《斗母经》《皇经》等，烧斗香无数。最后一天送圣，唢呐、洞箫、笙簧、钟磬等一齐鸣奏，斗星神位在香火中焚化，随缕缕青烟升上天空，祭会方告结束。由于南斗六星主管人间生育繁盛，北斗七星主管人间灾厄水火，所以仪式虽同，所祈不一。

对南斗星和北斗星的崇拜，在古代民间信仰中占重要地位。特别是北斗星，不但在制定历法方面作用突出，而且在"天人感应"的古老意识中被赋予许多特殊功能，如古籍所说的能"齐七政，分阴阳，建四时，均五行，移节度，定诸纪"等，它们主"州国分野，年命寿夭，富贵爵禄，岁时丰歉"。民间信仰认为，"南斗注生，北斗注死。凡人受胎，皆从南斗。所有祈求，皆向北斗"。到了后来，北斗星日愈人格化，变成了上古帝王的化身。

长春洞朝斗会①

山坝子里的云南巍山，因地理位置偏僻，许多传统的民风民俗，远离

---

① 本田野笔记由中山大学哲学系 1997 级本科生李文撰写。

“现代化”的熏陶，得以保持活态，也为民俗学的考察提供了丰富的资料。道教便是很有考察价值的课题之一。在巍山期间，笔者有幸接触到了形形色色的道人，在县城与周边村落调查期间，有幸邂逅几位正一教火居道人，从而接触到了复杂的道教科仪，也对道人的生活有了一定了解。后来，笔者上了巍宝山，入住长春洞，与山上的全真清修道人相处了一段时间，对他们的修行生活有了一定了解。这些生动的个案使得资料式的概述所损折掩盖的丰富内容得以再现，也纠正了过度泛化带来的偏颇。更重要的是，只有这些鲜活的道人、民间信众的活动才是道教兴衰最直接、真实的体现。但在正式开篇之前，仍有必要对巍山道教的历史进行一下概述，以便澄清我们所立足记述的是怎样一个平台。

巍山道教有着厚重的过去，据地方史籍和金石记载，其地道教始自汉唐，兴盛于明清。清康熙五十六年（1717 年），举人杨士誉撰写的《巍宝山青霞观常住田碑记》中有言：“蒙阳巍宝灵山，创自汉，唐、宋、明迄我国朝，其为滇人之敬而信，信而从者，匪朝伊夕久矣。”汉代在巍山兴起的道教主要是天师道，知名的道士有孟优，即土帅孟获的哥哥，在巍山传授道术和道医，为人禳灾治病，传说巍宝山为其修炼之处。据明代李元阳《万历云南通志》中记载，汉代滇西有名道士杨波远，常骑三角青牛出没于苍山、巍宝山、鸡足山和洱海之间，传布道教，为人祈福。到了唐代，南诏蒙氏王族崇奉道教天师道，使之在巍山得到广泛传播。并在巍山境内兴修了巡山殿、云隐寺等大批道教殿宇，祭祀王族祖先细奴罗及太上老君等道教神仙。这一时期到巍山传教的知名道士杜光庭即是四川青城山天师道人。另传说唐代吕纯阳曾以巍宝山栖鹤楼为道场带徒授教，传布天仙派全真道。至今巍山民间还流传着许多吕纯阳巍山传道度人的故事，民间流传的清代木刻善书《暗室灯注解》《指迷金图》《吕祖度仙姑》《吕祖因果说》等据说都是吕祖传道时流传下来的。巍宝山现有《栖鹤楼记》《金阕选仙吕大真人降笔》两块碑文，是借吕纯阳之笔撰书的。南诏第十一代主劝丰佑时，改崇佛教密宗，道教始废。

明初，巍山设立蒙化卫，大批来自内地的官兵多信仰道教，从而使道教在巍山再一次得到传播发展。明末清初，湖北武当山羽客沈妙章在巍宝山辟基建宇，把巍宝山正式开辟为道教的十方丛林。从明末到清代，是巍山全真道的极盛时期，巍宝山、太极顶、降龙寺、玄珠观等都发展为全真道教丛林。特别是巍宝山，住山清修道人来自全国各地，人数多达上百人，前期以全真天仙派为多，如沈妙章便是天仙派“妙”字辈弟子；清朝中后期全真龙门派在巍宝山兴盛，天仙派衰微。道教宫观从巍宝山山脚修到山顶，前山准提阁（头天门）、甘露亭、报恩殿、巡山殿、文昌宫、主君阁、太子殿、玉皇阁、青霞观、三皇殿、观音殿、魁星阁、斗姥阁等十三座，后山三清殿、碧云宫、云鹤宫、苍夫子殿、朝阳洞、培鹤楼、道源宫、三公主殿、财神殿、含真楼、长春洞、望鹤轩等十二座。民国时期，巍山的全真道开始衰微，在巍宝山出家修炼的道人急剧减少，据统计，这期间巍宝山共有道人二十二人，居士七人，还有吃长斋的斋主五人，僧尼四人。中华人民共和国成立后，巍宝山住山全真道人还有周圆义、熊至宽、萧命性、张长发、郑心元、胡皈贞、冯志周、庙道人等八人。“文革”期间，巍宝山宫观被毁，道人被批，走的走，死的死，仅剩的道人周圆义被赶到巍宝山下前新村，直至1994年故去。道教名山巍宝山成了一座空山。

而与之相对的巍山民间广为流传的正一道，则从汉以来，在民间始终兴盛不衰，明清时期也相当兴盛。巍山坝区、山区都有正一道道士，为人祈神治病，打醮求雨，祈求丰收。两汉至明代，巍山的正一道主要是张天师的五斗米教，明清有江西龙虎山、湖北武当山的道士布道，有灵宝、清微两派。两派都有不少道士世家。坝子北部大仓、永建及山区马鞍山、紫金几乡为灵宝教，由龙虎山西河派传授发展，用正一西河派道谱。坝子南部庙街、巍宝、文华及山区青华、鼠街、龙街、牛街等乡镇为清微教，由武当山和巍宝山龙门派传授发展，用巍宝山邱祖龙门派道谱。可见从历史上，全真道与正一道界限远不是那么分明，有很多交错混杂的情况。“文革”期间正一道同全真道一样，受到破坏，但“文革”以后，又很快复兴。道人为民众作法祈祝，逢神仙寿诞忌日，到村中、宫观庙宇作会。

除了全真、正一以外，还有由道教衍生出来的洞经会及圣谕坛。洞经会始于隋唐，明代为鼎盛时期，是一崇奉道教的群众性宗教组织。随着明朝在云南设卫屯田，派驻屯兵，洞经从四川等地传入云南，同时传入巍山。清代以后，纯道教的洞经会只有巍山城区继续存留发展，成员多为信奉道教的地方绅士、文人学士和退出官场的地方官吏以及部分有文化的民众等有一定社会地位和威信的人。在各道教神灵的会期，他们往往雅集在相关道观殿宇中，谈演各类洞经，祈求神灵赐福。会期中的衣着、吃食、排场、允准进庙进香的人等等都有讲究。平时逢有乡人做寿及为死者满年超度亡魂办会，受人之请，洞经会也会集众到该户庭院中设坛谈演洞经祈祝，不计报酬，视作善事。

清初，顺治、康熙都信奉道教，登基时分别颁布了《世祖章皇帝圣谕六训》《圣祖仁皇帝圣谕十六条》，以纲常伦理训诫百姓。当时巍山官员将之“遍发府属三十五里，城市山村火头彝猓，广布宣讲，化导愚民，务令家喻户晓讫”（清《蒙化左土官记事》）。这些圣谕被乡村间的各洞经会接受，每遇会期，先向皇帝的万岁牌位行大礼，宣讲圣谕，然后才念经，这些洞经会先后改名圣谕坛。后来，乾隆皇帝开始偏重佛教，圣谕坛也开始吸收佛教的成分，成为儒、释、道三教合流的民间宗教组织。但从其供奉的六圣、九圣牌位，及经书类别来看，仍以道教为主。洞经会、圣谕坛由于是借用道教的经籍、神仙发展起来的，与同样基于民间的道教正一道有着众多关联和交错之处。因此也成了笔者关注的对象。

为了便于观察，笔者住进了长春洞。长春洞是整个巍宝山建筑群中最为精美、保存最为完整的宫观。整座道观由前殿、大殿、厢房、花园、藏头等组成。巍宝山全年还有三次比较大的朝斗会，分别是：正月二十五、二十六、二十七三日朝东斗；六月初一到初六日朝南斗；九月初一到初九日朝北斗。

过去，乡绅们用收上来的地租，在巍宝山前山文昌宫办会，场面很大，相当讲究。历史上，女人以及老百姓都不能进庙烧香，而是转到长春洞等其他地方。进入文昌宫（龙潭殿），听得里面竟异常热闹，忙进去看，着实吃了一惊。一座庙里竟然有一百多人，熙熙攘攘的。问了才知道是甸尾厂、林旗厂的村民在作会。当天是农历六月初一，初一到初六是朝拜南斗六司的良辰，历年他们都在这儿请先生集体作会，这次举办三天。文昌宫基本是按“四围一天井”的样式布局的。正殿对着正门的照壁，其他几围都是厢房，中间天井是一潭池水，也就是龙潭了。四壁的龙头吐着泉水。潭中央建了一座凉亭，有石桥与岸相连。出名的是亭下面的《打歌图》，画的是彝族打歌的场面，同类题材的作品很少见，所以资料价值相当高。在潭水的侵蚀下，画面部分已经褪色脱落了，随着涨落的水平线，留下了些湿痕、霉渍。几个先生（民间道人）在殿里敲打念唱，殿外还有些先生在准备表文、诰书。好多女人围在先生面前，等着请先生给家中的亡人写道表。一帮阿婆围坐在照壁下准备纸钱、香烛。孩子们在院子里追逐打闹。厢房里的床铺都住满了，没门没窗的廊下铺了通铺，能睡下好多人，而且不用花钱。后院里有个食堂，正是吃饭时间，坐满了人。作会时吃得要比平时丰盛讲究，以示庆祝。饭钱按人头兑份。长辈用餐之后，才轮到晚辈用餐，据说这是祖上传下的规矩。也有甸尾厂、林旗厂以外的其他村子的零散村民来赶会、挂单。附近山上的一些彝族也来了。

一些信众赶着骡马，一队队地从后山小路上来。男人在前面赶骡子，骡背上驮满了粮食，锅碗瓢盆。女人们跟在后面，也背着不少东西。长春洞里一下子喧闹了起来。道长收拾出几间客房。男人卸东西，女人们就开始在厨房里忙起来。菜、肉、米、面，他们都带上来了。转眼间，一口很大的锅便已架在灶上，火旺旺地烧起水来了。笔者进厨房跟女人们搭话。她们是头批先来准备的。

下午，村上的好多人上来。几进客房好久没打扫了，也没床，空空的。男男女女只管把地板扫干净了，一通地草席过去。被子便放下了。

下午，村里一帮先生过来了。他们开始准备香火纸钱、表文、诰书等。在庙门口立了两炷大香，前殿外设了幡坛。大殿里是主坛，准备就绪，开坛。开坛迎六司，吹吹打打，一队人到庙外泉边请水。由村上辈分高的人请水，拿着水壶，上面插着柏枝，系着江布条，灌了水回来，在各坛前放置一杯，香、花、灯、水、果五供养齐全了。接着便立幡。幡布卷着挂上去，散开来，里面裹的纸钱、硬币撒落下来，以图吉利。先生在坛前开念诰书、表文，请六司神仙下凡，欣享供养。念过、焚过。法事算正式开始了。

洗澡堂村的人还在陆续来。女人们已经把饭菜做好了，一盆一盆的菜，一碗一碗地分出好多份来。因为是头天，要吃斋，所以都是素菜。没有桌椅，便在院中间一圈一圈地席地围坐了。一个个的大碗摆在中间，顺手拿个树枝来垫着，便开吃了。

晚上念了一会儿经，仪式便暂时毕了。大家伙坐在院中间聊天、休息。

第二天清早，院里几个女人正在磨豆腐。没想到她们把做豆腐的工具都扛了上来。

中午的时候，朝斗会到了高潮。山下又来了好多人。山上的一些彝族也来了。几个先生在殿内随着木鱼的节奏敲铓。中间休息的时候，道长说了念唱中几处应注意的地方，重新示范了一下。

朝斗会第三天再有半天就结束了。最后一晚，按惯例，大家一起打歌。笔者之前以为只有彝族才打歌，没想到这些先生都是像样的歌头。白日里作会用的笛、笙等，现在仍然派得上用场。他们站在殿前天井中间，跺着脚，吹起了打歌调。村民都围上去，跺着脚，跟着走起来。大家兴起，对起歌来。

接着踏歌，换了好几种步子。巍山附近东山、马鞍山、青华、南头巍宝山的打歌各不相同，调子不同，跳法也不同。大家玩到很晚。最后，先生拱手高声说了几句话，大意是：洗澡堂的老少乡亲，这几天怕是照顾不周，对不住了，来年再来。大家笑起来，便散了，去睡了。

第三天一大早，几个简单的法事便作毕了。这早就开荤了，加了几道肉菜。洗澡堂的村民也开始收拾东西，准备下山。

七、中元“讲目连”[①]

2015 年 8 月的一天傍晚，笔者和云南省巍山彝族回族自治县巍宝山长春洞道观的肖遥道长，从巍山县城北郊步行回南诏古镇，路过群力门外一个乡村小寺，听里面有洞经音乐演奏，便从侧门走了进去。里面的人都认识道长，热情招呼。问起来，才知道是道教龙门正一派的一些居家道士（当地俗称“先生”），正在举行农历七月中元节开始阶段的“讲目连”法事。法事是村民出资请先生来做的，为期四天，当天已经是第三天了。

北坛寺位于南诏古镇原北大门小河桥边，曾有迎恩坊、老君寺和当时府县政权举行交接仪式的接官大厅等建筑。明崇祯十五年（公元 1642 年）进行规模化建设，形成结构宏伟的建筑群。经数百年社会变迁，这些建筑损毁严重。2003 年，村民自发筹资重建了老君殿、文昌殿、财神殿等[②]，使之成为周边村民和城郊居民表达传统信仰的一个公共空间，凡有社区祭祀和宗教仪式，都在这里进行。

讲目连仪式在寺内庭院、几个神殿和侧门外一个大厅堂里同时进行。正殿老君殿在老君和观音座前，供奉有各种祭品和符箓，两侧墙上也挂满了封好的文牒，侧门附近用黄纸、白纸和木凳、遮棚搭建了一个接送亡灵的金银桥，旁边的大厅堂专为亡灵立幡设位，几面墙挂满了写有死者姓名的黄纸牌位。笔者去的时候，几位先生正在一张铺了蓝纸的大桌子上，用白米撒出一个穿斜格短衣、手持法杖的人物形象，并摆放祭品。他们说这是目连。就是这位叫目连的孝子，为使已故母亲的灵魂不受难，自己下到地狱，救母魂于血海之中。他的故事在民间流传很广。老百姓虽然不可能出入地狱为亲人免难，但他们举行法事，以象征的方式，小心翼翼地用米描绘、拿纸印制各种

① 本田野笔记由邓启耀撰写。

② 据寺内《重修北坛寺碑记》所述。

神灵符像，吟经诵赞，奏乐祭献，请来神灵，祈求它们到那另外的空间，帮助自己为亲人送去寒衣、祭品，甚至打通冥府衙门的关节，使自己亲人的亡灵早日超生。看到这些先生用米“绘”出的图像，以及那墙面上不知贴过多少回，斑斑驳驳间依稀可见的诸灵符像，笔者有些感到震撼。这种信念支撑着他们，把制作符像、举行祭祀，融入自己的生活和传统。年复一年，他们都要省出钱，请来这些据说可以通灵的先生们，做一场法会，让自己的思念和供奉，托这些神灵的化身，帮他们送达彼界。

第二天，笔者决定继续参与观察。因道长是道教全真派出家道士，不太介入正一派民间道士的法事活动，天刚亮，笔者便独自重返北坛寺。先生和斋奶们早已到位，他们都认识笔者了，称笔者为“道长的朋友”。庭院里，几个老人和妇女在印有红色符章的“文凭”上填写名字。祭堂内，另外一些老太太在粘贴信封。信封是用白纸专门制作的，一面刻印有童子站在莲花上的“青华诰”，一面刻写“虔备冥财一封上奉”字样，装进一封纸钱并填写收寄信的人（魂）名址，以保证能够准确“寄”到另外一个世界。这次法会需要超度的亡灵有上千人，每份送往冥府的文件都需要填写受托人家报上的死者姓名、离世时间（阴历）等内容。这些事，在这天务必全部做完，工作量很大。

先生们得书写大量疏文和专牒请柬，呈送元始一炁万神雷司诸神。就像给亡灵信函的名址等相关信息必须一个个填妥一样，法事所请诸神的名号，更是一点也不能马虎。在印有图案或符章的封套上，先生们把诸神名号（如“北魁玄范府神虎何乔二大圣同三元五道追摄等神”“五阳宫主炼朱将军”“斗甲百解颛张二使者”等）一个个写清楚。专牒用白纸做封套，盖红印符章，封套下方粘贴传送专牒的披甲骑马使者或“云马”符像码子①。疏文用黄纸书写，黄纸封套，红纸题签，盖有红色符章，封套下方粘贴“清吉平安”太极八卦符像。写好的文牒安放在殿侧墙上，根据向诸神上表的仪式程序，逐渐取下，配乐念诵表文，经先生诵经呈报灵界，获得护佑后，再和相关符像码子及准备送奉亡灵的冥钱一起焚化。

笔者向一位负责书写文牒的赵姓先生（法名赵诚通）请教仪式过程，他告诉笔者：

---

① “马子”或“码子”，是巍山当地人对雕版木刻符像的称谓，做法事的先生写给笔者的是“码子”，故沿用。其他地方有“纸马”“纸符”“纸火”“甲马”等叫法。

这是“中元祭鬼”开始阶段的讲目连法会，阴历七月初一开始，连做四天。

第一天：一早摆坛，开始写文书。开坛、上表、安幡、安灶君、上咒、拜社长、破五狱、消灾赦赦、斗姥金光忏、恭朝斗姥静斗灵章、安奉龙鸾、初霄告息。中午开始念经，演奏洞经音乐。吟唱《救苦洞经》《报恩经》等。

第二天：开坛筵静、安幡、监斋、祭大法天师、祭祖先、举杨三清圣号广宣扬、玉光请恩、玉光三转、雷霆三转、救苦三转、敬诵《南斗六司真经》、恭朝南斗灵章、安奉龙鸾、二霄告息。

第三天：开坛筵静、观音三转、报恩三转、敬诵《北斗延生真经》、恭朝北斗灵章、安奉龙鸾、三霄告息。

第四天：开坛筵静、文昌三转、延生三转、三官三转、顺正星辰、送真返驾、赈孤利幽、颁发“文凭”、烧包送祖、酬谢雷将。

先生的叙述，只是一个粗略的概要。在讲目连的仪式过程中，有许多细节只有在实操现场才可以观察到或访谈到。其中，与图像、行为等视觉表达形式有关联的法事如：

第一天，主祭先生在主殿老君像前的升斗上贴一张“当生本命星君”码子，诵经并宣读诰文，确认“大中国云南省巍山县在城外”的乡亲，已经为本乡亡灵在诸神这里挂了号。然后参祭者在先生带领下，把“放假”出地狱的亲人亡灵集中请回专设的祭坛供奉。

迎接已故先人回来时，让亡灵从侧门进来，把写有亡者姓名的黄纸灵位，从黄纸、白纸、遮棚和木凳搭建的金银桥上经过，接入侧院大厅堂的祭坛，集中供奉。灵位是印在黄纸上的雕版木刻碑牌状图案，刻有“佛光普照”的双重飞檐上挂有垂缨，下面荷花托护，中间写有亡人姓名。这些灵位挂了满满几面墙壁，据先生说有上千人。厅堂正面设坛祭祀，供奉一切天仙道地狱道、地祇人伦、饿鬼畜生，并专设红色的“卫国尽忠前方阵亡将士”及各得道祖师灵位。墙壁张贴上呈元始一炁万神雷司的文牒，申明“大中国云南省巍山县在城外文明街北坛寺下民……恭祈恩造介福，幽冥普度，六道四生三途万类一切孤魂集此，善利拔度孤幽形魂超升脱化”云云。

第二天，先生在主殿门后柱上，贴上一张“解结”码子。晚上，还要配“太岁”码子一个，东西南北中五方“土神”码子五个，“出堂”码子二十四个，进行祭祀。太岁码子意指时间，东西南北中五方土神码子意指空间，

“堂”（或“下堂”“起盘子”）码子，则是用来送出祭坛的各种邪灵煞神，如白虎、羊希、哭神、替身、消神（枭神）、五路刀兵、血腥、众神、桥神、路神、水火二神等。出堂祭祀仪式需用簸箕一个，先把这些邪灵煞神的码子放进去，再放入黄纸钱三十六张、白纸钱三十六张、金银元宝三十六个（代表天上三十六神及地上七十二煞）、香一把、铜钱五枚、花纸旗一面、内装生肉熟肉各五块的碗。先生对其作法后，查看煞神所在方位，再让人拿出去烧了。

从巍山民间流传和仪式使用的符像码子看，此类凶煞邪灵数量众多，有道教系统里的阴界冥神，也有民间信仰中的本土鬼灵。它们特性不一，作祟的方式也各不相同，祭祀起来也比较复杂，如“白虎”码子，本属方位神、护卫神，但不知怎么，无论在风水术还是民间信仰里，它都是个引起麻烦的家伙。比如，人老爱吵架，口舌是非多，跟人过不去，就是撞到白虎了。人有白虎找，走投无路，心乱。祭献盐饭茶酒、三牲，用蒿子擦锅。泔水也先摆献，祭祀完才拿去喂猪。

由于所祭亡灵离世的方式多种多样，所以，还要将“过关”码子贴在供桌边上，以呼应祭堂里灵位之间悬挂的招魂纸幡。过关码子有“水关”“火关”“天吊关”“短命关”等三十六种，说明人一生可能遇到的三十六种关口，过不了这些关口的，便有相似的死法。祭堂里悬挂的招魂纸幡，所祭祀的，也就是这类“水溺火焚石压土埋游魂”“时气瘟风麻痘夭亡之众”“他乡外郡此界废命之徒”等。

第三天，先生带领参祭者循环往复地祭祀诸神众鬼，逐次把上奏不同神灵的一封封表文念唱宣读，配以相关祭品和需要震慑的“恶煞”码子，一一焚化。傍晚，先生和参祭的老人用米描绘目连图像，进行祭祀。

第四天，除了例行的祭祀，最要紧的是为人举行“顺星”（顺正当事人的命运之星）仪式，为神举行送真返驾、酬谢雷将仪式，为亡灵举行颁发“文凭”、烧包送祖仪式，兼及赈孤利幽，即用绘制目连图像的米熬成粥，于仪式结束时泼到寺外、路口等处，施舍给那些无人祭祀的孤魂野鬼。

顺星仪式，一般在仪式结束阶段进行，用“替身”码子和“解结”码子来做。这天一早，几位斋奶每人手持一面小纸旗，上粘一个从替身码子上剪下来的小人，跟随做法事的先生在几个大殿之间行走。嫁祸于替身的方式，是一种渊源古远的传统巫术。凡有邪秽在身，恶煞纠缠，即用这个码子作为自己的替身，让其代为受过。解结码子贴在大殿门后的柱子上。这是一种在许多仪式（老人去世、做五七、脱孝、上房、谢土、上坟等）中都会使用的符像。人们认为，人与人相处，总会发生一些纠葛或冤结；做仪式的时候，也会有一些不干不净的东西闯进门来纠缠，所以，要在门后贴一个解结码子。

仪式结束时，参与者都要做一个解结仪式：在正坛前添设一香案，摆五供养，一盆水，将布条裹着一串铜钱，结成一股辫子的“顺心结”，挂在贴有解结码子的房柱上。亡人去世满三年用孝布（白布）；家道不顺、人有病用青布。布条结十二个疙瘩，代表一年十二个月，闰年结十三个疙瘩，先生称之为“消灾延寿解释消灾方”。参祭者每人手中持香一炷，由一位斋奶摇法铃在前引领众人绕主坛走八卦，向众神行礼。每转一圈，即让一人解开一结，并解下一枚铜钱，于案前烧掉解结纸马，连同铜钱一并投入水中。然后，所有人每人喝一口盆里的水，斋奶将水中的铜钱捞出，从铜钱入水后阴阳两面所占比例，看卦象是阳旺还是阴旺。铜钱正面为阳，背面为阴，阳多则吉，阴多不好，阴阳对半为平卦。

在这次讲目连仪式中，人们把“翻解冤结”码子与“当生本命星君”码子一起焚化。

在一次次程式繁复的祭祀中，先生们要对不同神灵念诵不同的经文，不同仪式配置不同的符像，演奏不同的洞经曲目，与之相应的仪式动作、供奉祭品等，也各有讲究。在整个法会中，时间节点、空间关系、寺庙建筑、神像雕塑、符箓意象、实物祭品、礼仪行为、洞经音乐、口诵和文字经本等形式，都是仪式的重要构成元素。

在几天的祭祀中，既要不断以香花果水敬奉诸神，也要安抚可能窜入的邪灵。不同仪式常常会配以相应的符像码子。直到诸神开恩，同意给所祭亡灵颁发赦罪免难的“文凭”，于是鼓乐齐鸣，将所有文牒、码子、纸钱等悉数焚烧。在烧包送祖时，为避免孤魂野鬼争抢，还有专门赈孤利幽的仪式，把米做的目连符像收拢施粥，晚上在寺外地上燃灯施粥，供那些在正常法事中抢不到吃食的残疾野鬼食用。最后，酬谢雷将，送诸神返驾，功成圆满。

第三节　儒与儒教节祭[①]

祭孔大典是云南大姚县石羊古镇的传统盛会，在石羊古镇延续了近六百

① 本田野笔记由中山大学社会学与人类学学院博士研究生李陶红撰写。

年。祭孔是伴随石羊古镇历史上庙学的兴起而开启的，现存于石羊古镇文庙内的《新建文庙记》中就有记载“白井为姚郡附近，专理鹾郡，故不设学，而独有先师庙，主榷者率博士弟子春秋讲学行礼于中，仿古家塾党庠之制，用敷文教云”。这清晰记载了文庙的祭孔仪式及其主要的功能，只是当时祭祀仪式还较为简单，功能还不甚明显。其后因孔庙的兴建，伴随儒学风气的日渐盛行，当地形成用尊孔祭孔的方式来促进学业的特别仪式。雍正年间，白盐井提举添置了祭孔的祭器和乐器。乾隆三十五年（1770 年），当地用于祭孔仪式的本金已有四百余两，其所产生的利息足以用于祭孔的专项开支。

历史上，当地的祭孔大典大多数情况下都是由官方来主持的，并非是由民间自发组织起来的，参与其中的人也是有一定身份地位的人，并非所有的平民百姓都能参与其中，因此能回忆盛会具体情况的人也少之又少。有幸的是，张国信老师亲自参与了 1948 年的一次祭孔大典，并且能清晰地回忆起当年的节日盛况。

据张国信老师的回忆，祭孔盛会于当年农历八月二十七日举行，当日正是孔子的诞辰。祭祀必须按照一套完整的祭祀礼仪来进行。先期做好各项准备，主祭一人，陪祭二人，清朝时期由提举做主祭，民国时期由县长做主祭，陪祭选的是当地德高望重的老人。其他参加人员的选择也较为严格：清代必须是考过功名的人才有资格参加，民国时期只有县政府的科室人员、中小学教师才可参加这一盛典。过去，祭孔成为仅仅被当地上层人士把持的文化资本行为。

孔庙有配套完整的、专门用于祭孔的乐器和祭器。乐器主要有鼓、编钟、编磬、钹、凤箫、龙笛、排箫、琴、瑟、笙、埙、筑、篪、筝。祭孔时，每种乐器的排列都有固定的次序和位置，用儒家专用的乐曲和乐章演奏，如“嘉禾之章”“龙虎之章”等。专用的祭器有尊、爵盏、云雷尊、牺尊、象尊、壶尊、登、簋、豆、笾、俎、牲俎、大炉、提炉、鼎、烛台、九龙烛台等。祭品：除主要祭品牛、羊、猪外，还有太羹；稻、粱、黍、稷等五谷；韭、芹、笋等蔬菜；栗、枣、苓、芡等果品；鱼、鹿、兔等制成的干肉或酱肉；白饼、黑饼等点心。盛放祭品的祭器和摆放的位置都是有严格规定的，这些祭品、祭器一一按规矩陈列开来，琳琅满目，场面十分壮观。

祭孔大典主要包括乐、歌、舞、礼四种形式，乐、歌、舞都是围绕礼而进行的，所有仪式都要求“必丰、必洁、必诚、必敬”。农历八月二十七这天清晨，参加盛会的人们，包括主祭和陪祭，都集结在棂星门一带。典礼开始，由赞礼者按照程序唱呼进行，当唱呼主祭、陪祭到位时，才由向导引领着主祭、陪祭分别由东西两侧台阶，上到天子台进入大成殿，站到各自的位置上，向导退下，其他人只能在棂星门参加典礼，此时乐工们也都按照指定的位置各自一一就位。乐章开始，接着领唱者、演奏者紧随跟上，奏响了祭孔乐章，把典礼引向高潮，三章演奏完毕，接着就是行三跪九叩大礼、献爵、献各种祭祀食品。接着读祝文，祝文是一篇颂扬孔子的骈文诗。这些礼节完毕，再行一跪三叩礼，这才宣告礼成。最后一项就是分胙肉，由执事人员将祭祀用过的牛、羊、猪，按照参加盛会的人员数量，其中包括乐工、勤杂人员等，每人一份，领胙者并不计较数量的多少，因为是至圣先师用过的，能分享一点，也就意味沾上了孔夫子的福气①。

张国信老师是1948年当地祭孔的参与者，当时他特意将祭孔圣文抄录了下来，对于还原历史中的祭孔盛典大有助益。

丁祭孔圣文

维

某年岁次某某，某月某日，后学某某某等

谨致祭于

至圣先师之前曰：道贯古今，德配天地。万世千秋，深仁大义。□维至圣，集大而成。礼明乐备，玉振金声。一德心传，生民未有。教宣杏坛，斯文在兹。春秋享祀，黍稷维馨。无分南北，逢此上丁。旧典难忘，乐章迭奏。肃我冠裳，傧我笾豆。大哉圣德，民无能名。升堂入室，终和且平。稽首威仪，必诚必恪。泽及万民，颂声同作。跄跄济济，将事庭燎。两阶舞羽，佐以笙箫。敬布祝词，书之方册。神之听之，来歆来格。

张国信老师亲历的这次祭孔大典是中华人民共和国成立前的最后一次祭典。1948年以来，当地的祭孔仪式一度中断，直到2006年应旅游之需，在政府的主导下才又重新兴起。以下是2014年祭孔大典活动议程。

---

① 张国信《石羊的祭孔习俗》，载中国人民政治协商会议云南省大姚县委员会、教文卫体史资料委员会编《大姚县文史资料》（第四辑），2005年印。

表 9 - 3　2014 年石羊孔子文化节主要活动日程表

<table>
<tr><th colspan="2">时　间</th><th>活动名称</th><th>活动地点</th><th>备注</th></tr>
<tr><td rowspan="9">9月28日</td><td>7：30—9：30</td><td>穿越之旅——大姚至石羊自行车挑战赛</td><td>金碧工业园区工业大道至石羊古镇接官亭</td><td></td></tr>
<tr><td>10：30—11：00</td><td>祭孔大典庆典仪式</td><td>石羊孔庙广场</td><td></td></tr>
<tr><td>11：00—11：30</td><td>祭孔大典祭孔仪式</td><td>石羊孔庙内</td><td rowspan="2">9 月 29 日—10 月 7 日，每天都在相应时段举行祭孔仪式和取卤仪式。</td></tr>
<tr><td>11：40—12：20</td><td>取卤仪式</td><td>盐文化博物馆、晒盐篷</td></tr>
<tr><td>12：30—13：30</td><td>长街宴</td><td>石羊古镇新区</td><td></td></tr>
<tr><td>14：00—14：30</td><td>彝绣服饰展演</td><td>孔庙前广场</td><td></td></tr>
<tr><td>14：50—16：20</td><td>石羊精品文艺节目展演</td><td>孔庙前广场</td><td></td></tr>
<tr><td>15：00—18：00</td><td>招商引资推介会</td><td>香河酒店会议室</td><td></td></tr>
<tr><td colspan="2">9 月 29 日
9：00—12：00</td><td>大姚名特小吃大赛</td><td>香河酒店</td><td></td></tr>
<tr><td colspan="2">9 月 28 日—30 日
14：30—16：00</td><td>石羊精品文艺节目展演</td><td>孔庙前广场</td><td></td></tr>
<tr><td colspan="2">9 月 27 日—
10 月 7 日</td><td>石羊特色商品展销会</td><td>石羊古镇新区</td><td></td></tr>
<tr><td colspan="2">9 月 28 日—
10 月 7 日</td><td>石羊古镇诗书画交流</td><td>石羊镇弘文轩</td><td></td></tr>
</table>

从 2014 年祭孔仪式的活动议程来看，与 1948 年以前的祭孔仪式相比，现在复兴的祭孔仪式是在原有基础上的继承与再创造。从祭孔的时间来看，原有祭孔的时间均将孔子诞辰农历八月二十七这天作为祭孔约定俗成的日子，节日时间被固化，且选取的日期因是孔子诞辰而具典型性。复兴的祭孔大典，选取国家法定节假日——国庆节作为祭孔的时间，主要为了较大限度吸引前来石羊孔庙的人群，以扩大石羊孔庙作为旅游景点的宣传力度。从祭孔的参加人群来看，历史上的祭孔，祭祀群体为当地官员和读书人，祭祀群体为小众，庄严肃穆的祭祀仪式成为他们享有功成名就的表达。但当下复兴的祭孔仪式，成为众人均可参加的开放型仪式，祭祀群体中有学生，有地方官员，

有各地受邀嘉宾，更有众多的地方民众，展演性质的祭孔大典更多成了全民的狂欢。从祭孔的具体活动而言，历史上的祭孔仪式活动较为重视冗繁的祭孔仪式本身及其所代表的象征意义。而复兴后的祭孔仪式，在复原历史祭孔仪式的基础上，更多地增加了其他活动。在增加其他活动这一点上，复兴的祭孔仪式增添的较有特色的活动为取卤仪式。取卤仪式成为石羊古镇过往的盐业时代的展演平台。将取卤仪式整合进祭孔大典中，其实是将历史上分属于其他节庆仪式中的取卤仪式嫁接到祭孔大典中，意在借助祭孔大典这一被打造的平台，尽可能多而全面地展现石羊古镇的文化资源魅力。除此之外，长街宴、民族服饰的展示、诗书画展览等也被移植到精心设计的祭孔大典中，于当地人而言，这样的祭孔大典显然成为可以全面展示当地文化的一扇窗口。在此期间举办的商品展销会也促进了当地商品的流通。于当地政府和当地民众而言，复兴的祭孔仪式是展现石羊古镇文化资源的难得机会，而这一文化资源依托的又是过往的盐文化资源。这一展示窗口亦得益于外来嘉宾、媒体、采风团队等的参与，祭孔大典实则成为表现石羊古镇文化资源与魅力的契机。

第四节　伊斯兰教节日①

伊斯兰教节日，主要依据伊斯兰教历确定，其中，圣纪节、开斋节、古尔邦节并称伊斯兰教三大节日，是回族、维吾尔族、哈萨克族、乌孜别克族、塔吉克族、塔塔尔族、柯尔克孜族、撒拉族、东乡族、保安族等信仰伊斯兰教民族的传统节日。各地信仰伊斯兰教的民族根据自己的文化传统，还有其他衍生的宗教节日。

一、圣纪节

每年伊斯兰教历三月十二日。

相传伊斯兰教历三月十二日是伊斯兰教圣人穆罕默德的生辰和忌日，统称为“圣纪”。届时，世界各地的穆斯林举行各种形式的纪念活动，既缅怀先知降临人间，又悼念先知与世长辞。

穆斯林对圣纪非常重视，以表示对这位伟大人物的尊敬与爱戴。纪念先

① 本节中除田野调查外，部分内容的写作参考了周鸣琦、李人凡主编《中国各民族年节祭会大事典》，陕西人民教育出版社1995年版。

知，感赞先知开创伊斯兰教的新纪元，把穆斯林引向安拉嘉许的道路；学习先知无限忠于安拉的崇高品质以及平等待人接物的美德。届时，各地清真寺装饰一新，人们一早就聚集到清真寺礼拜，聆听阿訇吟诵《古兰经》，赞颂先知。讲述至圣穆罕默德的生平和功绩，并宰牛宰羊进行会餐。有的穆斯林还要向清真寺献财物，称捐“功德”。

云南昆明等地回族将圣纪节称为“圣节”。云南昆明等地回族有特别重视做圣节的传统，无论城区还是郊区，无论大清真寺或是小清真寺，每年都必须筹办一次圣节纪念活动。城区五坊清真寺做圣节，回族群众往往相互邀请参加并捐功德支援；郊区回族村寨除了请附近回族穆斯林外，还请昆明市区各清真寺阿訇、教民光临。

圣节前一两个月，昆明城郊各清真寺就开始了组织筹备工作，管事乡老为挂功德四处奔走，购买牛、菜和其他食品，有的则专门负责节日的宣传工作。节日这天，各清真寺张灯结彩，拉起的横标上面写着中文、阿拉伯文对照的纪念穆罕默德诞辰的字样，清真寺大门扎起牌坊，挂起彩旗，两旁有类似学习穆圣美德，遵从穆圣教诲的对联和各色宣传标语。清真寺庭院清洁，鲜花盛开，大殿中央灯笼高挂，彩绸飘飘，一片节日气氛。市郊各地回族老少换上新装，戴上小白帽，前往附近的清真寺，沐浴后步入大殿。各位阿訇高声敬诵《古兰经》，接着赞圣，一赞一贺，声音洪亮和谐，感情激昂。赞毕，清真寺掌教阿訇做圣节演讲，引用《古兰经》《圣训》讲解穆圣创教的史迹和感应，赞颂穆圣的美德和作风，说明教民纪念圣节的缘由和意义。演讲完毕，凡参加圣节的回族群众都顺序上座，在服务人员的招待下就餐。昆明回族做圣节的规模一般都很大，往往设席逾百，参加圣节的回族群众多达三四千人。牛菜如有剩余，即采取包份子、搭熟肉的方式，送或卖给附近教民。教民认为圣节余下的牛菜是甜的，一般都乐意接受。

二、斋月

每年伊斯兰教历九月。

斋戒是穆斯林必当遵行和完成的五功之一。《古兰经》中说：“信道的人们啊！斋戒已成为你们的定制，犹如它曾为前人的定制一样，以便你们敬畏。”（2：183）“赖买丹月中，开始降示《古兰经》，指导世人，昭示明证，以便遵循正道，分别真伪，故在此月中，你们应当斋戒，害病或旅行的人，

当依所缺的日数补斋。”（2：185）[①]

初一的傍晚，信仰伊斯兰教的群众齐集清真寺的宣拜楼上，翘首向西方天空寻找月牙，称为“瞧月”。如果看见月牙，即称“见月”，那么，当晚即要进入斋月。若因气候条件不能见月，则可顺延，直到初三晚上。封斋的天数，有时为二十九天，有时为三十天。经过一月的封斋，于伊斯兰教历九月的最后一天寻看新月，见月后的次日即行开斋，斋月宣告结束。

回族把斋[②]

笔者第二次来到云南省巍山彝族回族自治县大围埂村的时候，正好赶上斋月中的“盖德尔夜”。

伊斯兰教历的九月是穆斯林的斋月，每个身心健康的穆斯林都要在这个月里守斋戒，每天从日出到黄昏，停止一切饮食。而这个月中，有一个特殊的夜晚，称作盖德尔夜。据说这一夜是《古兰经》初降的夜晚，从那一夜开始，安拉共用了二十余年的时间陆陆续续将《古兰经》颁降给他的使者穆罕默德，所以这一夜也称为“前定之夜”。

这一夜，究竟落在斋月的哪一天，《古兰经》中没有明确指示，但根据《圣训》，那是斋月的最后十天中的某个奇数日的夜晚，多数地方习惯认为是在斋月中的第二十七夜。所以在沙特阿拉伯等国家，人们会在斋月的最后十夜里，不眠不休地礼拜、诵读《古兰经》、做“堵阿”（祈祷），坐静反省。而在中国，穆斯林通常会在斋月中的第二十七夜守夜，一宿不眠地祈求安拉的饶恕和引导。《古兰经》中说：“我在那高贵的夜间确已降示它。你怎能知道那高贵的夜间是什么？那高贵的夜间，胜过一千个月。众天使和精神，奉他们的主的命令，为一切事务而在那夜间降临。那夜间全是平安的，直到黎明显著的时候。”[③]（97：1—5）这一夜，清真寺整晚灯火通明。在晚饭过后不久，晚七点半左右，清真寺的“邦克”声又响起了，随后，人们到清真寺参加盖德尔夜的宵礼。

晚七点四十五分，笔者来到大围埂清真寺，大殿内已经人声鼎沸。人们

---

① 中国伊斯兰教协会推荐译本：马坚译《古兰经》，中国社会科学出版社 2013 年第 4 版。

② 本田野笔记由中山大学人类学系 1997 级本科生杨美健（回族）撰写。

③ 中国伊斯兰教协会推荐译本：马坚译《古兰经》，中国社会科学出版社 2013 年第 4 版。

围成整齐的四方形，排班跪坐在殿内，开始诵读《古兰经》。最靠近大殿门口坐东面西的一排人，大多穿着绿色或灰色的长袍，头上缠着长巾，他们都是村中在宗教上最有学识的人，那一排位置是规定留给他们的，而其他位置则按照各人来的先后顺序排列。

大殿门外，密密麻麻地排满礼拜者的鞋子，其中既有制工考究的牛皮鞋，也有普普通通的土布鞋，从中也可以体会到伊斯兰的平等精神。无论贫富贵贱，人人平等，都在同样的地方叩拜安拉，都有接受安拉引导的权利，安拉面前，只有信道与否、虔诚与否的区别。

“开《古兰经》”，即聚众诵读《古兰经》。在当地，开《古兰经》共有三种形式：第一种，每人轮流念一两段“核听”（《古兰经》著名选段，通常要求背诵）。这种开经形式，规模较小，通常在“游坟”的时候采用。第二种，称为“开经”，《古兰经》共有三十卷，开经便由三十个人，每人手拿一卷，同时诵读不同的《古兰经》篇章，一般三四十分钟便可念完一遍。这种形式使用的场合最广，主麻日、红白喜事、亡人忌日、游坟、节日都可使用。在今晚的盖德尔夜便是采用这种形式的。第三种形式，称为“圆经”，意为“圆满完成”，由参加开经的人轮流每人念一段，合起来刚好把三十卷《古兰经》中的最后一卷或半卷念完。念完之后，还会唱颂动听的诗歌来赞美圣人。这种开经形式也应用得很广泛，除了主麻日以外的任何场合都可以使用。不论哪种开经形式，结束之前都会由阿訇带领做“堵阿”（祈祷），最后以一句“安赛俩目尔来库目”（愿真主赐你们平安）结束。

随后，伊玛目走到大殿的最前方，原来各种坐向的众人迅速起身，面向西面，排列在伊玛目身后，在其带领下，开始礼拜。斋月中，礼完宵礼的九拜以后，还要跟随伊玛目礼二十拜特殊的“泰勒威哈”拜，每两拜道“赛俩目”，每四拜之后间歇片刻，集体诵念“赞主词”。礼完二十拜泰勒威哈后，人们就可以自由安排这晚的活动，既可以留在礼拜殿，也可以选择回家或串门，但无论在哪里，都会围绕做礼拜、诵经文，或讨论宗教问题等，人人都希望在这夜尽量多做善功，争取尽量多的回赐。

女人这个时候很少出现在清真寺，她们一般留在家里或到亲戚朋友家，几个人聚在一起，由其中一个经文念得比较好的人，带领大家礼拜。

由于盖德尔夜也是高贵之夜、平安之夜，同时再过几天就是开斋节了，因此今夜也充满了节日气氛。晚饭做得特别丰盛，亲戚间互相串门，聚在一起，还准备很多水果、糖、瓜子、松仁等食品。休息时，一家人都围坐在火炉旁边，边烤火边聊天边吃东西，心情十分轻松愉快，一方面心里因为自己为安拉做了很多善功而感到充实，另一方面又享受着天伦之乐，所以每个人脸上都洋溢着幸福的笑容。

凌晨五点，天还没有亮，四周一团漆黑，但把斋的人就要起床，在黎明之前吃“封斋饭”，笔者也不例外。笔者所住人家的女主人马大妈，起得比其他人都早，当笔者来到厨房的时候，她已经差不多准备好封斋饭了。在心中默念了“台斯米”后，便开始吃封斋饭。

六点十五分，天开始吐白，东方显露出微弱的晨曦光亮。这时，清真寺响起阵阵锣声，广播也提醒大家：“封斋的时间到了！封斋的时间到了！请大家封斋。”于是，大家都放下碗筷，然后去刷牙，清除饭菜在口腔留下的气味。接着稍事休息，便净身做晨礼，怀着饱食后的感激，在旭日渐升的安宁中感受到与安拉接近。礼拜后做简短的“堵阿”，为安拉斋戒一日，诵词一般为“我举意封主命的斋，自晨至昏，虔诚为主”，或“主啊！我只为你而封斋，我只凭你的供给开斋”等。

在接下来的一整天，把斋者都不进任何饮食，不吃营养药物，禁止男女房事。此外，还不能发怒，要抑制妒忌，对人宽容，与人为善。先知穆罕默德说过：“谁在斋月里继续说谎，行为虚假，他的斋戒得不到安拉的认可。”又说：“许多封斋的人实际上并没有守斋，只是白白地受了一天的饥渴。”可见，斋戒的完美成效，既是由于肉体的忍耐，又来自精神的坚韧。

人们相信，饮食与精神有着密切的联系，当一个人有意识地抗拒饮食欲望的时候，他的思想境界就得到了升华，因为他用理性和意志与人性中动物的本能在对抗，并取得了胜利。通过斋戒，可以切身体验贫苦人与旅行者的饥渴之苦，培养怜贫济困的恻隐之心。终日饱食的人很少想到食物的可贵，在斋戒中饥肠辘辘时方能联想到生命对饮食的依赖，认识到平常随时饮食的福分是安拉的恩惠。

斋月中，由于早起，而且整天不吃不喝，所以白天的时候，除了去清真寺礼拜，人们一般都留在家中休息，以减少体力的消耗。因此，村子的小道都是空荡荡的，来往的人很少，除非碰上“街子天”，赶街的人才多一点。

随着黄昏日落、白昼隐去，一天的斋终于把完，人们接着便行昏礼的拜功。昏礼以后，人们才回家吃“开斋饭”。

三、开斋节[①]

开斋节（伊斯兰教历十月一日），阿拉伯语“尔德·菲图尔”的意译，波斯语称为“肉孜节”。是信仰伊斯兰教的民族共同的节日。

开斋节，庆祝一个月的斋功圆满完成。是日，穆斯林前往清真寺参加会礼，听伊玛目宣讲教义。教法还规定在节日行以下事是可嘉行为：在开斋节晨礼后迅速少许进食，以表示戒满开斋；清洁口腔；沐浴更衣；穿洁美服装；交纳开斋捐；心口默诵赞词。

开斋节始于伊斯兰教历二年（623 年）。此后，每逢此节，世界各地穆斯林都以热情和虔敬的心情参加节日活动。各地的风俗习惯，庆祝形式不尽相同：有的炸油香、制美食互赠或款待亲友；有的请阿訇诵经祈祷；有的聚会联欢等。

回族开斋节[②]

伊斯兰教历十月一日，一年一度的斋月结束，迎来了伊斯兰教的盛大节日——开斋节。这是回族最重要的节日之一。这天，家家户户都热气腾腾，阖家欢庆。

开斋节这天，村里的人一大早便起来礼晨礼。同时，生活富裕的家庭按人数（包括儿童、客人等在内），以每人施舍一人一餐的价值，向清真寺交纳“开斋捐”，主要用于救济贫苦的人家、外地来求学的学生等，或者用作清真寺组织宗教活动的费用。

晨礼过后，人们回到家里，按照传统习惯，吃一些甜食，如糖饭、油香茶等，表示戒满开斋，向真主感恩。然后男人们便沐浴更衣，前往清真寺参加盛大的会礼。

上午九点，笔者也随马校长和马大叔前往清真寺，感受节日的气氛。从家门开始算，每经过一道大门或门廊，都要唱大赞词（真主至大）三遍。他们唱得娴熟流利，听上去轻松愉快，充满了节日的喜悦。来到清真寺，同样每进一道门，都唱三遍大赞词，然后来到礼拜大殿前的大平台。

这天，清真寺热闹非凡，寺里寺外喜气洋洋，一片欢腾。男女老幼穿戴整齐，戴上簇新的礼拜帽和飘逸的盖头，人们互道“赛俩目”，彼此祝贺节日

---

① 参考《中国穆斯林》编辑部编撰《开斋节的由来与现实意义》，中国伊斯兰教协会网站 http://www.chinaislam.net.cn/cms/zt/2015zy/log/0gni02015.html。

② 本田野笔记由中山大学人类学系 1997 级本科生杨美健（回族）撰写。

愉快。

聚集在平台上的人越来越多了，人头攒动，远看就像一片白色的海洋。人差不多到齐的时候，伊玛目和阿訇、吾梭等就走到人群前面。这时，人群开始安静下来，并十分默契地排列整齐。伊玛目开始诵读《古兰经》章节，内容都是围绕赞主、赞圣的。每念完一段，群众都跟着附和念大赞词，并跟随伊玛目向前走几步。当伊玛目念完第十段的时候，便刚好走到礼拜大殿的前沿。

这时就由事先挑选好的两对小男孩诵“开天堂门”赞词，寓意通过做许多善功，逐渐向天堂靠近。念完以后，两对小男孩一起把大殿门推开，人们便怀着进入天堂的虔诚和喜悦心情，一拥而入。

进入大殿后，人们迅速跪坐下来，排成整齐的四方形，准备开《古兰经》。在靠近大殿门口的中央，空出一块地方，放着一案台儿，台儿上放着香炉。大殿内香烟缭绕，诵经声不绝于耳。

开完《古兰经》，九位伊玛目、阿訇、吾梭、哈吉等在教门上有威望的人，便走到大殿的“凹壁”跟前，连续念七遍大赞词。然后由德高望重的教长宣讲伊斯兰教教义，先用阿拉伯语宣讲，后用汉语宣讲，说明节日的重大意义。接下来，便由伊玛目带领众人，进行集体礼拜。

会礼之后，人们按照惯例，全村男子都要带上油香、毯子上山“游坟”。先在“古坟”，即年代久远的坟中间铺上毯子，然后按辈分、年龄大小跪坐在毯子上，围成一个大四方形的圈子，每人依次诵上一段《古兰经》，表示对死者的悼念，同时让活着的人领悟死亡之路的必然和末日的审判，劝活着的人不要贪恋尘世的名利，多做善事，弃绝恶行，做一个正直、虔诚的穆斯林。这种轮流念经的仪式，称为念“苏勒”。“苏勒”是阿拉伯语，原意为“章”，即《古兰经》的一章或几章。诵读完之后，又以家族为单位，在自家祖坟中间铺上毯子，进行一番和祭“古坟”一样的做法。最后，大家便在坟地上吃油香，修整坟墓。至此，“游坟”便算告一段落。

从墓地回来，全家人共享佳肴，庆祝开斋节。许多杂居在城镇或出门在外的回族，到了这天都要赶回来和家人共度佳节。许多人家都炸油香，制作精美的食品待客、馈赠，人们互相走访，探望老人，互致节日的祝福和问候，呈现出一派和睦、欢乐、吉祥、安宁的气氛。这时，姑娘和姑爷就会带上油香和各种各样的礼物，到岳父母家拜候，俗称“拜开斋”。整个开斋节的热闹氛围要持续三天以上。

苏布特村哈萨克族肉孜节[①]

肉孜节（又叫开斋节）是哈萨克族等信仰伊斯兰教的民族的节日。男女老少成群结队去拜节。在库尔德乡苏布特村，大家穿戴最新、最好看的服饰，在村里互相拜节。首先由小辈给长辈拜节，有的人也通过电话拜节，年轻人则是通过手机短信的形式拜节。除了拜节，还要开展具有本民族特色的多种体育竞技活动。家家户户都要准备丰盛的食品，尤其像“包尔萨克”等油炸食物是不可缺少的。斋月里封斋的人家，会宰羊煮肉，准备好丰盛的晚餐。

乌孜别克族肉孜节[②]

乌孜别克族肉孜节与信仰伊斯兰教的其他民族相似。节日期间，每个乌孜别克族家庭都准备了十分丰盛的食品，人人身着节日盛装，走亲访友，互相问好，表示祝贺。虔诚的信徒日出以后还要到清真寺，参加集体礼拜。

四、古尔邦节

古尔邦节，阿拉伯语称“尔德·古尔邦”或“尔德·艾祖哈”，“古尔邦”和“艾祖哈”都含有“宰牲、献牲”之意，故而也把这一节日的名称汉译为“宰牲节”“献牲节”。时间定在伊斯兰教历的十二月十日。

节前，家家户户均须打扫房屋，还要精制糕点，诸如炸馓子、烤饼干、做蛋糕等。节日清晨，穆斯林要沐浴熏香，严整衣冠，往清真寺参加会礼。穆斯林在清真寺握手，互道节日幸福，然后由“伊玛目”带领，边诵赞词，边步入礼拜大殿，举行节日会礼。全体穆斯林面向圣地麦加方向鞠躬、叩拜，伊玛目宣讲教义，最后大家相互拜道“赛俩目”。礼毕，举行宰牲仪式。经济宽裕的人家均须宰羊、牛或骆驼。所宰牲畜必须头角端正，体窍完整，健壮，没有任何缺陷。经挑选的宰牲若是幼畜，羊羔一般必须满两岁，牛犊、骆驼羔一般须满三岁。宰牲时，其主人必须在场，并由阿訇念“清真言”。按照习惯，屠宰的牲畜不能出卖，除将规定部分送给清真寺外，剩余部分用以招待客人或赠送亲友、济贫施舍，也可自食。所宰畜血、畜粪及食后骨渣余物均须深埋，不得乱扔，以防玷污。宰牲典礼结束后，开始访亲问友，馈赠油香，主人按照传统礼节摆出丰盛的宴席，与客人同食牛羊肉、糕点和瓜果等，并

① 本田野笔记由中山大学人类学系2009级硕士研究生艾德来提（哈萨克族）撰写。

② 严敬群编著《中国节日传统文化读本》（珍藏版），东方出版社2009年版。

互相祝贺，共叙家常。有的游坟扫墓，诵经祈祷，缅怀先人。

苏布特村哈萨克族古尔邦节①

关于古尔邦节的调查，笔者是在库尔德乡苏布特村做的，因为这里居住的全是哈萨克族。节前，人们会把屋内屋外打扫干净，制作多种点心。古尔邦节那天，全村男子在上午八点钟集中到村西北的公共墓地悼念亲人，因为附近没有清真寺，因此，村里的毛拉达也会在此时把大家集中到坟地前，给大家读经文，重申伊斯兰教戒律，对这一年村里发生的事情进行评价，对于符合伊斯兰教的教义的行为和好人好事给予表扬，对于违反教义的行为进行批评、规劝。之后，对全村人进行祝福。仪式完毕后，男人们各自回家，宰杀牲畜，准备过节。宰羊时，依据传统，不绑羊的后腿。把羊宰好后，将羊肉切成大块煮熟，单独放在一个大盘里，客人来拜节的时候，首先诵经，然后就可以食用了。根据传统，羊肉要分成三份：一份自家人享用，另一份分给亲戚朋友，还有一份救济穷人。分送宰牲畜的肉时，宰牲的血液、骨头等要留下深埋，不可以随意丢弃。哈萨克族在古尔邦节还要开展对唱、舞会、赛马、叼羊、姑娘追、摔跤等传统娱乐活动。

塔吉克族古尔邦节②

新疆等地信仰伊斯兰教的塔吉克族的宗教节日，时间为伊斯兰教历十二月十日。

塔吉克族过古尔邦节，与维吾尔族、乌孜别克族等民族有相同之处，也有不同之处。塔吉克族有关古尔邦节起始的传说、节日礼拜、用作牺牲的牲畜（羊与牛）等基本与信仰伊斯兰教的其他民族一致。不同之处在于，塔吉克族在一年前就开始做古尔邦节的准备。还在产羔时期，将要作为古尔邦节的牺牲的羊做上标记。节日来临时，把作为牺牲之羊抬到屋顶宰，并将羊血涂于孩子们的额头和面颊上。羊要整煮，煮熟后，将其原封不动地拿到“加玛艾提哈那”（宗教活动场所），交给有关人士。做完礼拜，众人围坐在餐布周围，分食羊肉。食毕须祈祷，接着大家三五成群地去拜节。依照习俗，节日期间，姑娘和媳妇不做针线活、不纺线。边远山区的牧场一般没有公共聚会场所，牧民们聚集到约定的地方做古尔邦“乃玛孜”，一起进食作为牺牲之

---

① 本田野笔记由中山大学人类学系2009级硕士研究生艾德来提（哈萨克族）撰写。

② 周鸣琦、李人凡主编《中国各民族年节祭会大事典》，陕西人民教育出版社1995年版。

羊的肉。古尔邦节的第二天，每家都要宰牲畜并备好祭品，拿到墓地祭奠亡人。

五、登宵节[①]

又称“登宵夜”或“米尔拉吉”，中国塔塔尔族等信仰伊斯兰教民族的传统宗教节日，每年伊斯兰教历的七月二十七日。

《古兰经》载：“赞美真主，超绝万物，他在一夜之间，使他的仆人，从禁寺行到远寺，我在远寺的四周降福，以便我昭示他我的一部分迹象。真主确是全聪的，确是全明的。”[②]（17：1）为纪念穆圣夜行登宵，形成此节。

届时，各地清真寺灯火通明，信众聚集寺中，静听阿訇讲述圣人登宵神迹，以示纪念。节日这天，要通宵达旦地做礼拜、祈祷、说吉利话，严禁粗言秽语。

六、皮里克节[③]

皮里克节是塔吉克族众多节日中最为隆重的节日之一。“皮里克”，直译成汉语是“灯”“灯芯”的意思，“皮里克节”就是灯节，伊斯兰教历的八月十四、十五两天。1999 年的 11 月，笔者有幸来到平均海拔 4000 多米的帕米尔高原，亲历了这一难得的盛事。

在当地朋友的建议下，笔者去了提孜那甫乡，来到该乡一大队一小队阿里甫的三舅阿里甫·夏的家。他们热情地接待了笔者。虽然已经是中午了，但是阿里甫的亲戚们还在忙着为节日做准备，他的舅妈正带着一帮女孩（应该是阿里甫的妹妹们）做“皮里克”（油烛），有二十厘米长的，也有三十厘米长的，都是用帕米尔特有的“卡乌日草”草秆，外边缠包上一层棉花，蘸些羊油做成的。当时笔者不明白为什么会有两种规格的油烛，就悄悄地问阿里甫，方才知道：长的是家人用的，每人两支；短的是祭祀祖先时点的，每个人拿一支。

下午三点多，他们全家上下、老老少少几十口人聚在门口，带着油烛和大包小包的食物，准备到先祖的坟上去祭奠。墓地离村口不远，几分钟就到

---

① 周鸣琦、李人凡主编《中国各民族年节祭会大事典》，陕西人民教育出版社 1995 年版。

② 中国伊斯兰教协会推荐译本：马坚译《古兰经》，中国社会科学出版社 2013 年第 4 版。

③ 本田野笔记由中山大学人类学系学生聂爱文撰写。

了。在一个比较新的坟前，妇女们开始祈祷哭泣，并念着去世者的名字，将一支支油烛插到坟上，每支代表家族内一个人的心意。但是，一直有一点令笔者不解，按道理，明天才是祭祖的日子，可是为什么今天他们就去祭拜？阿里甫解释说，按塔吉克族的习俗，第一天是“家里的皮里克”，第二天初夜才是“墓地的皮里克”；但是如果家族里有年内去世的亲人，就要在家里的皮里克前，先到墓地上来祭奠。因为他二哥是年内才去世的，所以整个家族的人要先来祭奠他，然后才各回各家，过家里的皮里克。妇女们哭完后，将带来的食物在先人的坟前一样放一点，剩下的分给大家享用。这次祭奠就差不多结束了。

大概黄昏时分回到家，没有休息，便开始了家里的皮里克。笔者和阿里甫一家围坐在他们家大厅的土炕上，中间放了一只盛满河沙的大盘子，只听阿里甫的舅舅呼唤着每个家人的名字，每喊一个就在盘中插两支油烛，被叫者要立即答应，然后呼唤下一个。笔者正看得入神时，只听老人呼唤“米满”（客人），于是全部人都看着笔者，笔者先是一愣，旋即赶快答应。看着老人也把代表笔者心意的两支油烛插到盘中，虽然紧张得有点不知所措，但还是特别的感动：他们才和笔者相识，就已经把笔者当作他们中的一员，这是多大的信任和包容啊！油烛全部插完后，大家在老人的祈祷下将它们全部点燃，一家老小眼望着燃烧的油烛，互相祝福，祈求真主保佑，欢笑着品尝节日的美食……

第二天大清早，就已经有邻居和朋友来拜年了，阿里甫用可口的点心和“肚巴”招待他们。所谓肚巴，就是一块羊肝、一块羊尾油与另一块羊肝、另一块羊尾油摞在一起，沾着盐巴或者盐水吃。这可是塔吉克族的美食。礼节性的拜年结束后，就要宰牲了，为夜间举行的墓地的皮里克做准备。每家每户都特意为亡故的亲人宰牲，根据家庭贫富情况，富的可以多杀，贫的可以少杀或不杀。总之，每家每户都尽力做些好吃的，携往墓地祭奠亲人。因为阿里甫家是提孜那甫乡的大户，所以每年的这个时候，少不了要宰上六七只羊，笔者也大开眼界，见识了一番塔吉克族的杀牲技术。他们宰羊是很有讲究的：一定要在屋顶上杀，让羊血流到屋墙上，并把最先流出来的血抹在小孩的脸上，据说可以保平安。黄昏时分，笔者随大家来到墓地，这里已集中了三四百人之多。各家各户都将带来的吃食集中在一起，带来的熟羊肉多得堆成了山，旁边还有一堆油炸的熟食。有的食品，笔者连名字都叫不上来。

然后，由族里的长者主持，给所有的来者分食，不管带来多少、带来什么，在这里绝对是按人分配，人人有份。平均分配完后，各家蹲在自己的先人墓前祈祷、祝福，点燃献给祖先的小油烛。这时的墓地一片灯火，既神秘又壮观。

最后，人们将分得的食物各自带回家。回到家后，每户人家都在自己的房顶上或大门前点起火把，祈求真主降福。黑夜降临后，人们在空地上跳舞做游戏，并燃起篝火，不断地在火上跳来跳去，据说这样可驱邪得福。

此时，帕米尔的乡村一片篝火，一片欢乐……整个高原的夜空被火光照耀得如同白昼。

第五节　基督教节日

传入中国的基督教，有天主教、新教和东正教等教派。西北的俄罗斯族信仰东正教；西南的部分苗族、傈僳族、怒族、景颇族、拉祜族等，近一两百年才从传统的民间信仰，改信新教、天主教或某些小教派；在滇藏交界处和怒江峡谷，亦有少量藏族信仰新教或天主教。这部分民族改信基督教后，他们的节日系统随之改变。其他基督教节日，在传入少数民族地区的过程中，也有了一些在地化的表现。

一、圣诞节

圣诞节是纪念耶稣诞生的节日，每年的 12 月 25 日过此节，以感念上帝把独子献给世人的恩典。圣诞节通常会举行三天的活动，从 12 月 23 日到 12 月 25 日，由乡村或社区的教堂负责组织和筹款，村里所有基督教信徒都会集中到某个教堂参加集体的庆祝活动。

俄罗斯族圣诞节①

生活在中国西部的俄罗斯族，主要聚居在新疆维吾尔自治区西北部和内蒙古自治区东北部的呼伦贝尔市等地，传统信仰为东正教。俄历一月七日为俄罗斯族的圣诞节。节日来临，俄罗斯族都要用柏树或松树布置成华丽的圣诞树，准备丰盛的节日食物。

① 周鸣琦、李人凡主编《中国各民族年节祭会大事典》，陕西人民教育出版社 1992 年版；严敬群编著《中国节日传统文化读本》（珍藏版），东方出版社 2009 年版。

教徒在圣诞节前布置圣诞树，要选塔形的杉、柏等常青树，象征健康长寿，树上挂着各种彩花、礼品，一直摆到过了年。非教徒则在新年的前夜布置圣诞树。教徒在圣诞树尖端安放六角星。传说耶稣诞生于半夜，那时仙乐四起，群神下凡，天空中突然升起一颗明亮的六角星。当新年钟声敲响后，所有在圣诞树周围跳舞、下棋或从事其他娱乐活动的人们都马上停止活动，互相祝贺新年，按习惯应先喝香槟酒祝贺新年，然后才可以喝其他酒，进新年晚餐。饭后，给孩子们分发礼物，并让他们入睡，大人继续欢庆。圣诞节期间，人们还聚集在一起唱歌、跳舞、占卜等。圣诞节前夕，教徒和非教徒按习惯都要吃圣诞鹅。晚上团聚时，装扮成圣诞老人的人要给大家赠送圣诞礼物，举行唱诗会。年轻人还要化装成牛、羊、熊等各种动物，成群结队、挨家挨户去唱歌，祝福各家幸福、兴旺。

傈僳族圣诞节[①]

怒江傈僳族怒族自治州福贡县傈僳族圣诞节通常会举办三天的活动，从12月23日到12月25日，由各村教堂负责组织和筹款，村里所有基督教信徒都会集中到某个教堂参加集体的庆祝活动[②]。筹款都是信徒平时捐献而来，或者根据活动的大小平摊到个人。2008年的圣诞节由腊竹底村的教堂主办，整个腊竹底村教会的信徒都要集中到教堂，因为路途遥远，庆典活动又是从早到晚进行，吃饭和住宿都由教堂集体安排，山上的信徒们要背上被子和碗盆来参加活动。村长老此马社和各个教堂的主要负责人被安排在教堂执事家里，他家的二楼上安置了很多张铁架床，一看就是大家长期住宿的地方。圣诞节活动期间，长老和各位主事的饭菜也由他家提供。

每次过节，都需要提前一个月准备，轮到自己所在教堂主办活动的时候，每个信徒都会积极投入到准备工作中来。从最主要的教堂负责人的整体筹划开始，到安排具体活动的负责人，如准备柴火的人员，购买米菜猪肉等主食和瓜子、糖果、奶粉、饼干等副食的人员，负责活动期间后勤工作的人员。此外，主办活动的教堂的执事，还要根据每个教堂报上来的参加活动的信徒的名单，把所有人在村子里的住宿安排好。有经济条件或者组织能力较强的教堂，还会提前邀请邻镇或者县里讲道传教出众的传道员和牧师来教堂参加

① 本田野笔记由中山大学社会学与人类学学院2008级硕士研究生晏棂撰写。

② 傈僳族圣诞节节日的具体过法，在前文中已有论述，在此略过。——笔者注

活动。

在这几天的庆祝活动中，信徒们都穿戴着隆重场合才穿戴的傈僳族传统服饰，女性信徒头戴勒钡，挂着海龙片和红珊瑚串成的项链，男性信徒则穿着傈僳族条纹衣服，有的还在头上打上白色的缠布。大家三天都在教堂听讲传道，各个教堂轮流进行基督教歌舞表演，午饭和晚饭都是集体在教堂的食堂里吃，晚上九点左右，当天的活动才结束。之后，有精力的青年会聚在一起，交流基督教各种舞蹈的跳法，或者分散到各家去聊天和玩耍，直到12月26日早上才各自回家，结束圣诞节的庆祝活动。

从节日中，我们发现，基督教在传入傈僳族地区后，吸收了傈僳族原有的文化，把基督教的文化形式同傈僳族的文化形式结合起来，形成了傈僳族基督教的文化特色。送福音是教堂范围内信徒的活动，这个活动体现了基督教教徒之间的团结，同时也展示了村落中基督徒和非基督徒的区分，是向非基督徒的一次展示。不过，送福音是和自然村的范围联系在一起的。其他的基督教节日，则超越了这个限制，将范围拓展到整个腊竹底村。可见，傈僳族基督教在联系整个村落中的基督徒方面起着重要的作用，也是整合村落、协调各个自然村关系的重要纽带。在集体庆祝的节日中，信徒们感受到基督的宽容。但是，这些还仅仅限于基督教内的信徒之中。基督教虽然整合了傈僳族的一些文化，但并没有彻底整合傈僳族的信仰文化，特别是傈僳族的本土信仰文化。

苗族圣诞节[①]

1997年年底，探险家金飞豹打电话来约笔者去苗族村寨过圣诞节。坐着他的越野车，从昆明出发，经过十个岔路口，再摇摇摆摆走了大约三公里的马车路。飞豹说“到了”，就见路边站了两排身穿苗族服装的女孩，夹道欢迎我们进村。我们赶快下车，村民都叫他“金兄弟”，十分亲热的样子。原来，多年前，金飞豹与友人在昆明郊外山林中徒步探查，只顾欣赏山中美景，走着走着竟找不到出口。遇到一些穿戴苗族服饰的人，才得知自己这行人是来到这个寨子的第一批城市人。苗族兄弟很是热情，把金飞豹等人邀请到家中，杀土鸡熬鸡汤，到地里摘自种的蔬果盛情款待。天色渐晚，拗不过村民的极力挽留，只好歇息一晚。入夜，隐隐约约听到远处传来四声部和声的“哈利

① 本考察笔记据金飞豹博客文章及邓启耀的补充而成。

路亚”合唱，仿佛天籁之音。赞叹之余，金飞豹与这个村寨从此结下了不解之缘。后来，在他的带动下，为凸董箐带来了多个第一：第一间厕所、第一台电视、第一架钢琴、第一个电视信号接收器、第一所崭新的教堂……

这个苗族村寨隶属于昆明市盘龙区白邑乡的一个苗族小山村，村子西面是山梁，东面面朝开阔的山谷，后面是茂密的山林，两侧往下直到山谷，都是开垦的坡耕地。村民是早年从贵州迁来的苗族，在这里定居后，因周围森林茂密，野生动物很多，晚上，野猪为了找食物，在村子周围来回蹿动，踩落下很多的滚石，掉进山谷，发出“凸（方言读 gǒng）咚”的声音，村里的老人们就将村子的名起为“凸董箐”，并一直称呼到现在。因为地处边远山区，交通非常不便，该寨与外界长期处于半隔离状态。

据苗族老人说，早在 1904 年，一个叫伯格里的英国牧师从贵州的石门坎过来传教，由于当时村民们不识字，他就先教文化课，然后传播基督教。后来有个叫郭秀峰的英国传教士过来，在村子里盖了简易的老教堂，一直在那里传教，教村民唱诗。随后便代代相传，从来没有中断过。百余年来，凸董箐的村民一直保持着做礼拜的习惯……那晚，金飞豹一行人听到的唱诗声就是从这个简易的教堂里传来的。村里的唱诗班水准很高，像亨德尔的《哈里路亚》以及其他难度很高的美声唱段，他们均能够准确无误地进行演唱。那天，我们坐在土坯盖的教堂里，听苗族姑娘唱多声部的赞美诗，被她们优美的歌声深深打动。

凸董箐苗族事事用歌，村寨中处处有歌声。每个人都可以进唱诗班唱歌，不用指定谁唱高音、谁唱低音，配合起来都天衣无缝。原来，唱歌跳舞是处在崇山峻岭之巅的苗家儿女最主要的文化活动。在这里，从三岁顽童到花甲老人，从花季少女到白发慈母，人们都会唱歌、都善唱歌，唱歌成了这里人生活中不可或缺的一部分。走在山野中，随时都能听到悠扬婉转的歌声。

2006 年，凸董箐成立了合唱团，从指挥、伴奏到歌手都是这些土生土长的苗族同胞，谁能加入合唱团，在村里是很让人骄傲的事情。每个周末，凸董箐的新教堂里热闹得像是过节。对于村民来说，看合唱团排练那可比看电视还要爽。排练开始，室外，村民们挤在门口和窗前看，挤不进去的人只好听听声音。室内，黑板上挂着歌谱：“欢乐女神，圣洁美丽，灿烂光芒照大地，我们心中充满热情……”当这来自乡野的四声部美声唱法的歌声荡漾而来时，令所有的人为之一振：他们歌唱时的声音位置、气息、口型、吐字、舌位，全都是处在一种最自然的状态！在他们的意识里绝不会有技巧的炫耀，而是一种天然的歌唱。完美融合民族唱法与美声的四声部合唱，谁都不敢相信，来自大山深处，这群苗族兄妹竟会拥有这样自然纯澈、一如天籁的嗓音。他们没有经过专业的训练，只是在每天劳作之余，自发地聚集在一起练歌，如何演绎一首合唱曲目，全凭自己的感悟。以书本、光盘为师，集思广益，相互切磋，他们不但全部都能视简谱即唱，而且有相当一部分成员会看五线谱。

二、元旦

傈僳族基督徒迎新年①

迎新年，傈僳语称“过更白”，祝谢圣父、圣子、圣灵三位一体的真神保佑众信徒平安顺利度过了一年，祈求来年吉祥如意。

2008 年 12 月 31 日，这天晚上是云南福贡傈僳族基督徒辞旧迎新的时刻，最热闹的新年节目，莫过于给每户信教人家送去新年祝福的歌声和门贴，也就是当地人所说的“送福音”。人们要唱的歌都是傈僳文的歌曲，一首是《新年好》，一首是《YE-SU》。每个教堂的负责人还会提前准备好红色门贴，上面用傈僳语表达了对新的一年的祝福和期望。这些红色门贴在新年的夜晚要贴到每一位教徒的家门上。

今年里底教堂的志愿者共有三十八名②，大家约好八点半在打乌底小组的礼拜长家会合，提前排练新年要唱的歌曲，还要安排送福音上门时赶在前面去敲门提醒的人。送福音的活动夜里十二点才开始，属于里底教堂的信教家庭共有九十二户，信教的每户人家都要送到，如果有的信徒家里有病人或者别的事情需要消灾或者祈福的话，还要把整个送福音的队伍请到家里集体祷告，吃东西、休息。因此，志愿来送福音的信徒们，基本每年都要彻夜地唱，方能走遍整个里底教堂范围内的信教人家③。

人们陆续来到礼拜长同斗叶家，礼拜长和他的妻子杜马准拿出大袋的橘

---

① 本田野笔记由中山大学社会学与人类学学院 2008 级硕士研究生晏椇撰写。

② 笔者本身非基督教教徒。——笔者注

③ 每年送福音的家户范围是以每个教堂所辖的区域来划定的，这也进一步说明了福贡傈僳族村落除行政规划之外，以教堂为中心的宗教信仰下的空间划分。从这个视角来看，整个傈僳族村落分为了基督徒与非基督徒两个群体，人口数量上占绝对优势的基督教信徒，他们新年前夕送福音的活动成为傈僳族村落中的主要活动。——笔者注

子和饼干分给大家，这些东西都是用里底教堂的信徒平日祷告时悄悄放在教堂桌子上的钱来买的。这些钱算是信徒平时的捐献，由每个教堂的执事或者司财负责保管和记账，有集体活动时再拿出来用以购买食品或者柴火之类的物品。

有意思的是，同斗叶同时拿出来给大家吃的还有傈僳族过年必备的傈僳粑粑。在傈僳族的传统文化中，每逢过年也就是傈僳族的阔什节时，家家都要做的一种食物就是傈僳粑粑。这种粑粑，用玉米和大米磨成的米粉混在一起，再用棕叶包起来煮熟，或者直接用水和面，再在铁锅里用菜油或者漆油煎熟。长老的妻子那友博头一个晚上做的就是用漆油在铁锅里煎熟的，之后再吃，直接从火塘里刨出些烧红的炭灰，再把粑粑放上去烤热就可以了。长老说，这种传统的傈僳粑粑在他们的生活中很重要，以前嫁出去的姑娘回妈妈家时，“要背足四百个粑粑才可以，背不足不行”。这意味着傈僳粑粑不仅是傈僳族年节时必备的食品，同时在傈僳族社会中还具有一种象征衣食丰足的意义。而在傈僳族基督教信徒的文化体系下，他们除了沿袭基督教的节日、历法、新年唱圣歌送福音的活动之外，还掺杂了傈僳族传统文化中年节的符号和食物，如傈僳粑粑就是一个很典型的例子。

八点半左右，来参加送福音活动的人越来越多，负责教堂事务的执事、司财、礼拜长和女执事之前商量决定好领唱的人，大家开始拿出执事准备好的手写复印稿歌词开始排练合唱。排练到了夜里十一点半左右才结束，执事再次嘱咐大家，每到一户信徒家门口，先由两个人敲门，再由负责合唱的领唱人带头唱祝福歌曲，同时，负责粘贴红纸的人要把纸张贴好。不信教的人是不能参与这个过程的。送福音的时候，信徒要在家里静候敲门声响起。在一户人家送完福音后，送福音队伍在星空下的山路上匆匆赶往下一户人家。大多数人家都是在收到歌声的祝福后才熄灯休息。如果有人家需要送福音队伍帮忙给家人做集体祷告，整个队伍便会在他们家停留下来。

笔者参与的这次新年送福音活动中，共有两家人邀请送福音的队伍帮忙做祷告。两家人都提前用簸箕装好了煮好的米饭和猪肉，也就是傈僳族的“手抓饭”，酬劳庞大的“志愿队伍”。此时已经是凌晨三四点，主人把火塘的木柴烧得旺旺的，端出来很多肉汤、糖、茶水、瓜子和水果，屋里的竹篾上坐满了人。大家象征性地吃了一些东西后，都拿出了随身放在傈僳书包里的傈僳文《圣经》和赞美诗，主人跟领队说明了自家需要祷告的内容后，在领队的带领下，所有在场的信徒闭目为主人家的病人默念祷词。领队是里底教堂的礼拜长同斗叶，他负责带头为病人念祷词，之后，大家借着柴火烧旺的火光、手电筒的光，一起唱起赞美诗。仪式结束之后，主人家在竹篾中间摆上十多元钱，作为捐献。集体祷告到此结束，整个队伍又走向另外一家。队伍最后在里见小组结束整晚的送福音活动。

三、洗礼节①

洗礼节是新疆等地俄罗斯族的传统宗教节日，每年公历 1 月 19 日过此节。据《新约》载，耶稣曾三次显示其神性，其中一次是受洗礼时，圣灵和鸽子降在他头上，显示他是上帝的儿子。东正教注重这次显圣，定公历 1 月 19 日为此节日。洗礼本是基督教的一种入教仪式。在洗礼节那天，人们除去教堂祈祷外，还要到江河里破冰取圣水，有的人还要跳进冰窟窿里洗一洗。1 月 18 日晚，按风俗习惯是占卜时间，尤其是女孩子们要预卜自己的终身大事。占卜的方法很多。一种是与知心女友单独在一间房子里，男人、生人不能在场，桌上立一面镜子，两边点着蜡烛。姑娘们把水注入盘内。盘子中间放一支蜡烛，烛油滴在水中，凝固后有不同的形状。据此来占卜姑娘的婚姻情况。另一种方法是，深夜里，姑娘一个人坐在两边点着蜡烛的镜子前，全神贯注地看着镜子，如若在镜子中看到她身后出现男人的形影，那么这就是她命中注定的未婚夫。还有的用扑克牌推算自己的命运。

四、复活节

复活节，是为了纪念耶稣死后复活。俄罗斯族又叫“帕斯喀节”，每年春分月圆后的第一个星期日举行，一般在 3 月底或 4 月初。傈僳族称“赛里拉白”，每年的 4 月份举行。

俄罗斯族复活节②

节前，人们按照宗教传统斋戒四十九天，每天只吃一顿饱饭，其余两顿只吃半饱，而且不吃荤，只吃素，戒期也不许唱歌跳舞。不过现在除了老人和教徒，中国很多俄罗斯族人已经不再守戒了。复活节前的那个星期五的晚上，教堂不鸣钟，以悼念耶稣之死。所有教堂这天要食素。星期六，教徒要

---

① 周鸣琦、李人凡主编《中国各民族年节祭会大事典》，陕西人民教育出版社 1995 年版。

② 周鸣琦、李人凡主编《中国各民族年节祭会大事典》，陕西人民教育出版社 1995 年版。

集中到教堂庆祝耶稣升天，教徒们在耶稣像前点起油灯，供上堆放成圆柱形的鸡蛋。晚上，教徒们手持蜡烛和彩蛋到教堂门口排队。夜间十二点整，圣门敞开，内有教士喊："耶稣复活了！"人们跟着喊："耶稣复活了！"人们相互拥抱、接吻、交换彩蛋。然后，教士把少量面饼和葡萄酒分给教徒吃喝，把面饼称为耶稣的"圣体"，将葡萄酒称为"圣血"，谓之领"圣餐"。据说，吃了圣餐的人会得到幸福。节日期间，人们要以上好的点心款待来客，亲友们相互登门送祝福，青年男女则着盛装，欢聚、歌舞。跳起节奏强烈的俄罗斯踢踏舞。跳此舞时，男女老少穿上皮鞋一起跳，用手风琴伴奏。众人围成一圈，用脚尖、脚跟或脚掌的某一部位击地，发出踢踏的响声。妇女们边跳边挥手绢，男人们边跳边吹口哨，拉琴者亦加入舞者行列，边拉边跳。节奏清晰多变，脚下动作灵活而响声大，场面活跃热烈。过节期间，每家除准备丰富多彩的"比切尼"（糕点）之外，还要准备煮熟的彩蛋，即将煮熟的鸡蛋涂上红、黄、蓝、咖啡、绿、紫等色，每当客人来到，主人就分一个彩蛋，以象征生命的昌盛。这天还要玩击蛋游戏，即两人各持一个彩蛋，相互滚动碰撞，碰破者为输，破蛋归胜方。

五、主日弥撒

藏族主日弥撒①

早晨九点左右，怒江傈僳族怒族自治州福贡县茨中村静悄悄的，陆续有几位年长的藏族教徒走向茨中天主教堂。教堂里渐渐传来藏文诵经的声音，许多在两公里以外的老年教友一早就到达教堂念经。中年与青年教友相继进入教堂，按男左女右之序在两侧坐好。老年教友一般都坐在中间的位置。一些教友向坐在天主教堂门口的天主教会出纳阿德缴纳捐款，其余人在教堂外闲聊。九点半，教堂钟声响起，主日仪式开始，教徒面向圣像行屈膝礼，鞠躬、取水画十字、跪向跪凳，开始诵经。一位教徒点亮祭台蜡烛，屈膝礼退。九点四十分，茨中天主教会会长吴公底用藏语讲述将要举办的各项活动，会计阿德宣读半年来茨中天主教会财务收支情况。九点五十分，老教友肖杰一带领众教友跪、画十字圣号、合掌、诵藏文经。当日的第一台经全部用藏文诵读，包括以下仪程：

诵《圣神降临经》（吟诵调1，全体坐）

---

① 本田野笔记由中山大学社会学与人类学学院2006级博士研究生魏乐平撰写。

诵《天主经》(吟诵调1，全体站立)
诵《圣母经》(吟诵调1 ，全体跪或坐)
诵《信经》(吟诵调1，全体跪或坐)
诵《认罪经》(吟诵调1，全体跪或坐)
诵《洒圣水经》并唱藏文圣歌《洒圣水歌》(男女应答对唱)
诵《天主十诫》(吟诵调)
诵《信德经》(吟诵调2，画十字圣号、合掌)
诵《望德经》(吟诵调)
诵《爱德经》(吟诵调)
诵《忏悔经》(吟诵调)
诵《圣家经》(吟诵调1)
诵《称颂圣母经》(吟诵调1，男女教友应答)
诵《圣母经》(吟诵调1)
诵《三钟经》(吟诵调1，全体跪、合掌)
诵《圣家祷词》(吟诵调1，鞠躬、画十字圣号、全体起立)
诵祷文1（吟诵调1，全体坐、男领经全体应答)
诵祷文2（吟诵调1，全体坐、男领经全体应答)
诵祷词（吟诵调1)

当日的第二台经也全部用藏文诵读，包括以下仪程：

诵祷文（吟诵调1，画十字圣号、合掌)
诵《信经》(吟诵调1，升调)
诵《天主经》(吟诵调1)
诵《圣母经》(吟诵调1，合掌、鞠躬)
诵祷文（吟诵调4，二女领经、全体应答)
诵《亡者经》(吟诵调1，合掌)
唱《慈悲圣母》(藏文圣歌，全体起立、男女应答对唱)
诵《称颂圣母经》
诵祷文（吟诵调4，男女领经、全体应答)
诵《光荣颂》(吟诵调1)
诵祷文（吟诵调4，两女领经、全体应答)
诵《亡者经》(吟诵调1，合掌)

唱《慈悲圣母》（全体起立、男女应答对唱）

诵《称颂圣母经》（吟诵调1，画十字圣号、合掌）

十点十三分，神父祈祷圣主给予众教友保佑。汉语诵《我们来到圣主身边》《垂怜曲》。十点十八分，第一篇读经。读经员春梅行屈膝礼上场，汉语宣读《新约·宗徒》。十点二十分，第二篇读经。春梅鞠躬退，另外一位女教友行屈膝礼上场，用汉语宣读《圣保禄宗徒致迦拉达人书》。十点二十五分，神父上场，高举并亲吻《新约全书》，用汉语宣读《圣马尔谷福音》。讲述耶稣与食粮、圣体是活的食粮等故事，建议教友珍惜粮食这种天主赐予的礼物。姚飞说信天主可以活到永远、必得永生。神父还要求大家做好八月十五日圣母升天节中国台湾合唱团来茨中天主教堂访问及相关准备工作。十点三十四分，教徒起立。汉语唱圣歌《圣父圣子通向快乐》。十点三十七分，女领祷员领祷："请为我们堂区祈祷，请为我们家庭祈祷，请为所有学生祈祷，请为今天曾经参加弥撒的教友，请为即将出门的教友祈祷，请为自己所需心中祈祷。"领祷员每次说完一项，教徒齐声回答一句："求主俯听我们。"最后，神父说："请求天主聆听我们。"众教友应："阿门。"弥撒结束，众教友与神父躬身退场。

接着举行圣祭仪式。首先预备祭品。十点四十分，神父唱预备祭品歌：汉文圣歌《愿为主》《请接受我们的礼品》。教徒坐，神父去祭台准备圣爵、圣饼等。神父将酒注入圣爵内，举起默念，举手向上。教徒起立，诵念祷文。十点四十三分，唱汉文圣歌《信德的奥迹》。主祭转身面对祭台。十点四十五分，神父举手向上，合掌鞠躬，念诵谢词。教徒诵念《圣圣圣》祷文。十点五十分，神父在祭台上举行"成圣体"及"成圣血"仪式，合掌覆于圣饼上，合掌对圣饼和圣爵画十字。先举行"成圣体"仪式，神父双手拿起圣饼，象征圣体，举于眼前，转动半周，置于圣盘内，跪请安。接着举行"成圣血"仪式，神父双手拿起圣爵，象征圣血，举于眼前，转动半周，置于圣体布上，跪请安。教徒诵念祷文。十点五十二分，神父转身面对祭台，诵《信德的奥迹》，教徒回应。十点五十三分，神父一手持圣爵，一手持置有圣饼的圣盘，一同举起，用一种类似外国神父说中国话的语调，念赞颂词和《圣三颂》。

领主礼。神父举手上扬、合掌，与教徒共诵《天主经》。平安礼。唱汉文圣歌《祝你平安》，神父举手上扬、合掌与教徒互相鞠躬，教友相互拥抱，互祝平安。领主咏。唱汉文圣歌《耶稣我信你》。领圣体（以圣饼象征）时，神父双手高举圣饼，将圣饼一分为四。神父手持圣饼，画十字，领圣体。教徒站立，唱藏文圣歌。领圣血（以圣爵象征）时，神父举圣爵，画十字，领圣血。教徒站立，唱藏文圣歌。神父手持圣饼，下祭台，送圣体给教友。藏语诵经，男女教徒分列左右，列队前往恭领，感谢圣体。教友鞠躬，双手合十，领圣体。儿童则由神父在其头顶画十字，摩顶，不领圣体。教友归位，唱藏语圣歌。教徒起立，神父举手上扬、合掌，领诵经文。

礼成式。神父举手上扬祝福，画十字圣号降福教徒。教徒站立，对祭台鞠躬。神父亲吻祭台，拿福音书转向祭台鞠躬退。神父宣："弥撒礼成。"教友诵："感谢天主。"礼成咏。唱汉文圣歌《我需要你，耶稣》。教徒站立歌咏，行屈膝礼，取圣水，画十字，回到跪凳处，与教友一同默祷。教徒共诵藏经，全体诵毕行礼。离开教堂。

六、感恩节

感恩节源自美洲，一般在秋天过。加拿大的感恩节主要感谢上天给予的收成。美国的感恩节主要缅怀清教徒先辈来到新大陆之后，在困难时得到印第安人的帮助，度过困境。按照宗教传统习俗，移民感谢上帝的恩惠，并邀请印第安人一同庆祝节日。在云南福贡傈僳族中，感恩节是一个感恩上帝赐福的节日，傈僳语称为"双母白"，通常在每年的10月份过此节。

七、以利亚节[①]

俄罗斯族传统宗教节日。流行于新疆等地，每年公历8月1日举行。节期一天。

过去，民间把这个节日视为"雷神爷"的节日。八月份雷雨多，在俄罗斯接受东正教以前，据说这一天是祭祀多神教的太阳神兼雷神比伦的节日。据民间传说，比伦在天空驾战车飞驰，马蹄轰响如雷，马蹄在石头上打出的火花如闪电。后来教会曾企图废止这个节日，未遂，只得找了耶稣的一位门徒以利亚来代替比伦，故称以利亚节。

俄罗斯族认为8月1日是秋天的开始。这天，姑娘们穿着节日的盛装去摘苹果，小伙子们只能在旁边助兴而不能动手。

---

① 周鸣琦、李人凡主编《中国各民族年节祭会大事典》，陕西人民教育出版社1995年版。

八、圣母纪念节日[①]

俄罗斯族圣母诞生节、进殿节、报喜节、升天节

新疆等地俄罗斯族纪念圣母的节日很多，主要有以下节日：

圣母诞生节。圣母玛利亚诞生的纪念日，每年公历 9 月 21 日过此节。

圣母进殿节。每年公历 12 月 4 日过此节。相传圣母玛利亚三岁时由父母送进耶路撒冷圣殿献于上帝。她每日祈祷诵经，矢志终身不嫁。人们为了纪念她的献身，每年这天都要举行庆祝活动，相沿成节。

圣母报喜节。一般在每年农历三月上旬或公历 4 月 7 日举行。据《新约》记载，圣母玛利亚在这天领受了天使向她宣布的上帝之旨意，她将由圣灵感孕而生耶稣。节日期间，人们要开展各种庆贺活动。农历三月四日，孩子们把烤好的百灵鸟形状的饼干带到田地里，抛向天空，然后再接住，以示迎春。农历三月九日，妇女们把亚麻布铺在村外的地上，其上摆放着大的圆形面包，请春天母亲享用。也有的地方于农历三月二十五日庆祝报喜节，因为这时春天已来临，候鸟也已返回。在这一天，人们唱迎春歌。

圣母升天节。又称圣母安息节，即传说中圣母应召升天之日，每年公历 8 月 28 日过此节。

---

① 周鸣琦、李人凡主编《中国各民族年节祭会大事典》，陕西人民教育出版社 1995 年版；严敬群编著《中国节日传统文化读本》（珍藏版），东方出版社 2009 年版。

附录　中国西部民族传统节日祭会一览表

阿昌族传统节日祭会

节日名称	流行地区或支系	时间（如未注明者均为农历）	节日主要内容或由来、寓意
春节	云南德宏	正月初一	洗浴、守岁、处女峰、打秋千。
祭山神和狼神	云南德宏	正月初一	山神与狼神相关，被狼神“咬着”，全寨牲畜都会生病，如遇狼神，过年要耍“狮子”，玩“狮灯”，以驱瘟疫。
窝罗节	云南德宏	正月初四	节期一天，纪念远古时期人类始祖遮帕麻和遮米麻织天造地的功绩。
敖露（会街）	云南德宏	正月初十至二十六	“耍白象”为阿昌传统节日——会街的一项主要内容，以迎接“个打马”菩萨的灵魂回到人间。
祭猎神	云南德宏	二月	祭祀猎神。
地母祭	云南梁河	二月马日、五月二十八、六月二十五	祭祀仪式在大青树下举行，祭祀时不得动土，不能舂米。祈地母保佑全寨人平安、牲畜兴旺、五谷丰登。
清明节	云南德宏	清明日	清扫祖先墓地，请佛爷念经。
泼水节（桑建节、浇花水节）	云南德宏	清明后第七天	浴佛。
撒种节	云南梁河	三月	祭献老姑太。
祭色勐	云南德宏	四月	祭祀地方神。
祭色曼	云南德宏	五月及六七月	祭祀寨神。
烧包会	云南德宏	七月初一	烧包祭祀亡灵。
尝新节	云南德宏	八月十五	祭献“老姑太”（传说人物），尝新念旧。
换黄单	云南德宏	八九月间	抬上香烛、纸以及食物，进香拜佛，给佛像换上新黄单。

（续表）

节日名称	流行地区或支系	时间（如未注明者均为农历）	节日主要内容或由来、寓意
赶摆	云南德宏	八九月间	为期三天。以使五谷丰登、村寨安宁、人丁兴旺。
祭谷期	云南德宏	十月	祭祀谷仓神。
烧白柴	云南德宏	冬天	为佛取暖。
出洼节	云南德宏	傣历十二月十五日	送佛出寺。
祭炉神	云南德宏	日期不定	祭祀炉神。

白族传统节日祭会

节日名称	流行地区或支系	时间（如未注明者均为农历）	节日主要内容或由来、寓意
本主节	云南、湖南等	节期不定	白族标志性节日之一。各村有不同本主，数量达数百，节期各不相同。
插柳节	云南大理	立春前蛇日	植树。
大过年（作织旺）	各地白族	正月初一	与汉族春节相似，但具有浓郁民族色彩，届时要演唱“大本曲”“吹吹腔”等，办“迎神赛会”，迎送“本主”。碧江白族除夕早上，全村祭“神树”，共聚食、互赠肉。
祭五谷神	云南怒江	正月初一、六月十三	在五谷庙内杀猪祭祀五谷太子，然后用鸡蛋到田间祭五谷神，请五谷神回到谷仓，保护五谷丰收。
皮逻阁庙会	云南洱源	正月初一二	在庙内皮逻阁塑像前参拜，演奏“洞经音乐”，唱白族调，唱乡戏，在湖内划船游玩。
观音会	云南洱源茈碧	正月初一	到观音寺，吃素，念《观音经》。
酬山节	云南鹤庆	正月初一至十五	带鸡鸭鱼和烟酒糖茶，到高山密林中祭祀山神。
祭树神	云南怒江	正月初三	祭核桃树、漆树等经济林木。

（续表）

节日名称	流行地区或支系	时间（如未注明者均为农历）	节日主要内容或由来、寓意
春王正月	云南大理	正月初三至初五	化装舞会。
祭天	怒江、丽江九河等地	正月初三至初六	祭天以祈人丁兴旺，五谷丰收，后演化为祭本主活动。
葛根会	崇圣三塔一带	正月初五	初五这天，崇圣三塔下的文笔村专卖葛根，各族群众云集于此，赶“葛根会”。
尹尹悟	洱源凤羽	正月初五	当晚，七至十二岁的儿童，结队到各家贺喜，接受各家赠礼，然后各找地点，围火共食。
本主二老爷生日	云南洱源茈碧大庄	正月初六	吃荤，到本主庙上本主诰。
开社	云南昆明	正月初六	开年动土。
标山会	云南洱源茈碧	正月初七	标山寺，吃素，念《十八罗汉经》。
本主大黑天神生日	云南洱源茈碧	正月初八	本主庙，吃荤，念本主诰。
财神会	洱源凤羽	正月初八	拜财神。
松花会（玉皇大帝会）	云南大理地区	正月初九	吃素，到崇圣寺上皇表。
元宵会	云南洱源	正月十五	观音寺，吃素，念《三元三品经》。原为民族宗教集会活动（三元指三教同一的儒释道），在凤羽曾属于全民性节日活动。
青姑娘节	云南剑川	正月十五	各村少女集聚，终日高歌，纪念青姑娘。
祭海神	云南大理	春节期间或鱼汛到来前	渔民以全鸡、全鱼、猪、汤饭、玉兰片等，到海边祭祀海神。
送龙船	云南大理	正月十六	晚上家家户户烧松毛，午夜举行送龙船仪式。
给龙王拜年	云南洱源茈碧	正月二十三	龙王庙，吃荤，念《龙王经》。
迎祭“本主”	大理各地	正月、二月不等	迎祭各地本主，时间各有不同。如正月十五迎三崇本主和大黑天神本主，正月初十迎黑岩赫威本主，二月初八迎红山本主，等等。
南天门会	云南洱源茈碧	二月初一	赵天子庙，吃素，念《四愿经》。

（续表）

节日名称	流行地区或支系	时间（如未注明者均为农历）	节日主要内容或由来、寓意
文昌会	云南洱源茈碧	二月初三	观音寺，吃素，念《文昌经》。
雪山太子会	云南洱源茈碧	二月初七	标山脚，吃荤，念《雪山经》。
太子会	云南丽江	二月初八	祭祀生育神。
二八节	云南兰坪	二月初八	祭祀“斗维摩”神。
草药会（“花子会”）	云南邓川	二月初八	除买卖药材外，还有一些民间医师摆摊设点，为人们看病。
拜日望	云南兰坪、泸水、碧江、维西等地那马人	二月十三至十九	“拜日望”（“祭二月”的译音），相传为纪念战死的先人，届时选三名青壮年着古装、戴面具，绕供祭的木刻图像和“吉利棍”跳锅庄，以示纪念。
花潮节	云南大理	二月十四	用鲜花扎牌坊、堆花山、花亭、供人评点，好花则插旗嘉奖。节期三天。
庄稼会	云南洱源	二月十五	摆卖农具。
财神会	云南洱源茈碧	二月十六	山神庙，吃荤，念《财神经》。
观音会	云南洱源茈碧	二月十九	观音寺，吃素，念《观音经》。
祭火神	云南怒江、大理	二三月间	在火塘里烧用香树叶制成的香面，凑钱凑米，买酒买肉，在本主庙祭献火神，祈求它不要降火灾于村民。
桃花节	云南怒江	三月属猪日	祭“白王”祈丰收，家祭或公祭。迎接春耕、祈祷丰年。
蟠桃会	云南洱源茈碧	三月初三	观音寺，吃素，念《蟠桃经》。
小鸡足歌会	云南大理	三月初三	不分男女老少，从四面八方来到这里对歌。
太阴会（晚上做）	云南洱源茈碧	三月十三	本主庙，吃素，念《太阴经》。
三月街	云南大理	三月十五至二十二	物资交流和歌舞骑射盛会。
三月会（团圆会、天子会）	云南元江	三月十八至二十四	节日期间要“狮子”、龙灯、蚌壳灯，装八仙、弹洞经。

（续表）

节日名称	流行地区或支系	时间（如未注明者均为农历）	节日主要内容或由来、寓意
猪姑娘节	云南鹤庆	三月二十一	用一碗米饭祭祀猪神，人们在猪圈外不停跳跃。
娘娘会	云南鹤庆	三月二十五	相传，娘娘原名鹤妹，是一只白仙鹤之女，三月二十五日是她的生日。
梨花会	云南剑川	三月	春游、野餐，纪念传说中舍己救人的梨花姑娘。
缀彩节	云南山区白族	惊蛰后	惊蛰后第一个蛇日和芒种日，植树。
祭鸟节	云南鹤庆、洱源	清明、冬至	带食喂鸟。
太子会（太子沐浴会）	云南洱源茈碧大庄	四月初八	吃素，到崇圣寺、观音寺，上《释迦表》《祈让表》《地藏表》，念《太子经》。
蝴蝶会	云南大理	四月十五	在蝴蝶泉观赏蝴蝶，野餐。
鳌鱼会	云南洱源茈碧	四月十六	观音寺，吃素，念《鳌鱼经》。
“绕三灵”	云南大理	四月二十三至二十五	群众性宗教节日和社交集会，盛装男女边舞边唱，循苍山由南向北游动，至圣源寺旁“神都”前祈丰收、歌舞、交往。
立夏节	云南	立夏	在门前和房子四周插白杨、撒灶灰，以消灾弥难、驱除祸害、驱赶毒虫。祭龙。
祭山神	云南洱源	立夏后	选择村子边旷野上一块大石，以村为单位，联合聚伙一天。
清明节或祭鸟节	云南洱源凤羽	四月	祭祖扫墓。
端阳节	云南大理、怒江	五月初五	内容与汉族不同，当地白族盛行采药和移花接木。
龙王会	云南洱源茈碧	五月初五	水头陆官庙吃荤，念《龙王经》。
谢龙王会	云南洱源茈碧	五月十三	感谢龙王降水栽秧，大庙吃荤，念《谢龙王经》。
耍青旗会	云南鹤庆	五月十五	用竹篾和纸扎裱一条青龙，带到山上去舞、耍。

（续表）

节日名称	流行地区或支系	时间（如未注明者均为农历）	节日主要内容或由来、寓意
栽秧会	云南大理	五月	举行“开秧门”仪式，喝酒吃糖，祈祝丰收，并在乐曲声中展开劳动竞赛。
陆皇会	云南洱源茈碧	六月初一至六月初六	吃素，到崇圣寺、观音寺上《开堂表》《观音表》《颂圣表》《释迦表》《祈让表》《地藏表》，念《陆皇经》。
礼至节	云南鹤庆	六月初三	公祭古代为民除害的英雄。
青苗会	云南昆明	六月初六	祭祀“青苗太子”。
清源洞会	云南洱源凤羽	六月十三	盛装游览清源洞。
绕海会	云南剑川	六月十五	悼念大理国与元朝交战时阵亡的十八员大将。
祭龙神	云南怒江	六月十八	巫师身披羊皮，以山羊为祭品，在龙王庙龙姑像和牛像前烧香磕头，祈求保佑风调雨顺、五谷丰收。
祭羊魂	云南大理	六月二十三	求神灵保佑羊群不受或少受野兽、瘟疫的侵害。
祭关公	云南凤仪	六月二十三	燃香点烛，放鞭炮，供礼品，行祭礼。
星回节（火把节）	所有白族地区	六月二十五	纪念殉夫的阿南或柏洁夫人，燃炬为吊，立火树，染指甲。
雪山太子会	云南洱源茈碧	六月二十八	标山脚吃荤，念《雪山经》。
标山会	云南洱源茈碧	六月二十九	标山寺，念《十八罗汉经》。
骆驼节	云南鹤庆	七月初一	杀牛宰羊，白天唱滇戏，晚上漂河灯。
开阴门	云南洱源茈碧	七月初一	本主庙，念《阴经》。
中元报本节	云南	七月初一至二十二	初一接祖灵回家，十四日晚烧衣包，送祖先回去。有的地方延续至二十二日。
祭虫	昆明西山区	七月初七	各村在祭祀台祭虫王，以求不发虫灾。

（续表）

节日名称	流行地区或支系	时间（如未注明者均为农历）	节日主要内容或由来、寓意
普度会	云南洱源茈碧	七月十二	本主庙吃荤，念《普度经》。
大庙会	云南洱源茈碧	七月二十三	海边大庙吃荤，念《龙王经》。
耍海会	云南大理	七月二十三至八月二十三	耍海会又称“捞尸会”，传说是为打捞斩蟒英雄段赤城的尸体而相沿成俗，又说这个活动最早是为纪念慈善夫人而举行的。在洱海边划龙船、放生、对歌。
松桂骡马会	云南鹤庆、剑川	七月二十二	民间贸易集会，以贩卖骡马为主。
歌会	剑川石宝山	七月底八月初	对歌，谈情说爱，入夜则燃起篝火，通宵对唱。
海灯会	茈碧湖一带	七月二十二、二十三	划船、燃海灯、戏水、祭祀水主。
渔潭会	洱源邓川	八月	集市贸易、歌舞。
八月会	剑川石宝山	七月二十七至八月初三	男女老少，盛装朝拜山神。青年男女还在山林野营，昼夜弹唱，结对赛歌。
祭白龙	昆明西山区	八月初八	杀白羊，祭主管冰雹的白龙，以消雹灾。
绕海公	剑川	八月十五	人们绕剑湖一周，与大理“绕三灵”相似。
八月十五会	云南洱源茈碧	八月十五	观音寺，吃素，念《八月十五经》。
渔潭会	云南洱源邓川	八月十五	集市贸易、歌舞。
中秋节	云南	八月十五	铺席拜天地，对月磕头，贺五谷成熟，漂河灯、耍龙灯、舞狮灯、划龙船、对歌。
果子节	云南鹤庆	八月十六	祭祀教人们栽树培果的百花仙姑。
祭鸟节	鹤庆	冬至、清明	纪念候鸟，记述节气。
九皇会	云南洱源茈碧	九月初一至初九	观音寺，吃素，念《九皇经》。

（续表）

节日名称	流行地区或支系	时间（如未注明者均为农历）	节日主要内容或由来、寓意
重阳节	云南大理	九月初九	炖全羊汤或买羊头羊蹄来吃，煮栗子和核桃。
祭天牛	云南怒江	九十月间	将牛吊在天牛树上勒死。据说吊死的天牛身上没有伤痕，天神乐意享受。
祭主宰神会	昆明西山区	十月初二	祭主宰天地人三界的大神“鸟松博”和“鸟松咬”，求其保护庄稼。
五谷会（祭牛王）	昆明西山区	十月十一	杀猪祭五谷太子和牛，请五谷太子回谷仓，在牛圈上插松枝和白花，祭祀牛王。
下元会	云南洱源茈碧	十月十五至二十二	本主庙，吃素，念《中元经》。
上冬坟	云南	霜降至立冬期间	到祖坟上去祭祀祖先和山神、土地神。
太阳会	云南洱源、昆明西山区	十一月十九	本主庙，吃素，念《太阳经》，纪念太阳的生辰。
地母会	云南洱源	十月二十八	本主庙，吃素，念《地母经》。
腊八会	云南洱源	十二月初八	本主庙，吃素，念《腊八经》。
送灶神	云南洱源	腊月二十三	家家做素席，送灶神。
腊祭	碧江白支人	十二月属猪日	祈年。
秋千会	云南洱源	腊月三十至新年正月初七	村村都要支架秋千。先扶老人上秋千荡几下，以祝老人健康长寿。然后青年上秋千荡几下。

保安族传统节日祭会

节日名称	流行地区或支系	时间（如未注明者均为农历）	节日主要内容或由来、寓意
大尔德节	甘肃临夏等	伊斯兰教历十月一日	即伊斯兰教的开斋节。

（续表）

节日名称	流行地区或支系	时间（如未注明者均为农历）	节日主要内容或由来、寓意
小尔德节	甘肃临夏等	伊斯兰教历十二月十日	即伊斯兰教的古尔邦节。
圣纪节	甘肃临夏等	伊斯兰教历三月十二日	穆罕默德的诞辰和逝世的纪念日。
哈其麦节	甘肃临夏等	伊斯兰教历九月选一吉日	宰牛、羊，准备鸡、油香，到清真寺舍散、念经。这天的一切纪念性活动都由妇女们主持。
斋月	甘肃临夏等	伊斯兰教历九月	斋戒。

布朗族传统节日祭会

节日名称	流行地区或支系	时间（如未注明者均为农历）	节日主要内容或由来、寓意
赕耶	云南西双版纳	傣历一月	全寨向佛寺和尚、佛爷赕袈裟，杀牛一头和猪三四头，赕佛。
春节	云南施甸、永德、昌宁等	正月初一	除夕晚上，杀鸡献“口舌生非神”，求祖宗保佑全家清吉平安。初一凌晨，让家中童男女打开中堂，认为这样做可以让财宝进入厅堂。
祭山神	云南勐海、墨江	正月初五、初六	山神是一条叫“雅”的龙，人们认为，必须每年祭祀，否则山神会变成老虎，吞噬人畜，降灾祸于村寨。
祭土神	云南墨江等	正月	干农活之前祭土神一次，认为祭了土神，当年收成才好。
祭雷神	云南墨江等	正月上旬	与祭山神相似，但祭祀用鸡为白公鸡。
祭金当	云南金平等	每逢年节	金当为房屋内左侧第一个火塘，由男性家长拿猪肉、鸡肉、饭菜等祭品，到金当边祭献。
祭龙王	云南施甸、昌宁等地	二月初二	在村外龙井边祭祀，祈求龙王吐水，使山地得到灌溉，勿使井水干涸。

（续表）

节日名称	流行地区或支系	时间（如未注明者均为农历）	节日主要内容或由来、寓意
跳会	云南施甸、昌宁	二月十六、十七	朝贺观音老母，忌用打歌乐器，只能敲铓锣、小鼓等。男子边敲边跳，妇女随后，不能对唱。
送火神	云南西双版纳、双江	烧地开荒前与干燥季节	请佛爷、和尚前往山地诵经、滴水，祭祀火神，请求火神不要燃起森林大火。
祭谷魂	云南勐海	傣历三月等	从砍地、播种到收割入仓的各个生产时节，都必须祭祀谷魂。
祭山林	云南勐海等	傣历四月	砍山、烧地、播种前，祭祀山林。
清明节	云南施甸、永德、昌宁等	清明	祭水沟，扫墓。
堆沙节	云南西双版纳、临沧等	清明后七至十天	又称泼水节、桑坎节、插花节，在佛寺广场前堆沙祭佛，互相泼水，互祝吉祥如意。
乖脱（圈寨）	云南西双版纳	傣历三月“干姆”日	每道寨门上悬挂一把木刻刀，以示外人不得进入本寨。
祭竹鼠	云南西双版纳	四月、九月	传说竹鼠从洞中衔出许多谷种，撒到地里，长出粮食，人们才知道种植稻谷，因而要祭竹鼠。
端午节	云南施甸、永德、昌宁等	五月初五	洗牛脚，吃粽子，家家吃鸡、吃肉。
景比迈（过新年）	云南西双版纳	傣历六月	第一天叫“麦日”，类似汉族的除夕；第二天叫“脑日”，家家杀猪宰牛，做糯米食品互相馈赠；第三天叫“麦帕雅晚玛”，人们要到佛寺去滴水、赶摆、放高升，举行热闹的庆祝活动，迎接“日子之王”的来临。
姑娘节（火把节）	云南施甸、永德、昌宁等	六月二十三至二十四	祭祀五谷大神，祈求五谷丰登。
景考迈（尝新节）	云南西双版纳	收割前属蛇日	面向东方割来一小捆稻穗，舂出米，蒸出米饭，加上一包肉或菜，献佛祖、寨神、家神，然后再由家中长辈尝新。

（续表）

节日名称	流行地区或支系	时间（如未注明者均为农历）	节日主要内容或由来、寓意
中秋节	云南施甸、永德、昌宁等	八月十五	供月饼、点心，烧纸钱，献过祖先后，全家煮汤圆、糍粑吃。
接祖	云南施甸、昌宁等地	八月二十三	各户备酒、肉、菜等供品，供于神龛牌位前，点香，烧纸钱，请祖先回来“享用”。
考瓦沙（关门节）	云南西双版纳	傣历九月十五日至十二月十五日	成年男女到佛寺听佛爷念经祈福。关门节后，即禁止青年男子下寨串姑娘。
祭丢无那叭总甫	云南勐海等	傣历十月	传说“丢无那”（大神）曾托梦给布朗族人，说他是力大无比的神灵，名叫“叭总甫”，可以保护人不受侵害。
祭竜	云南勐海、墨江等	傣历十月与农历二月	杀猪、鸡各一只，并用蜡条等先祭寨中间木桩处的“丢那曼”（寨神），再至寨头祭“召景南”，至寨后大树边祭“叭总甫”“叭憨”“叭宰”。
赕统（赕经书）	云南西双版纳等地	傣历十月、十一月	大赕。届时全寨停止生产三天，杀一头牛和三四头猪赕佛，佛爷念十本经书。各寨派人前来参加庆祝活动。
赕星（小赕）	云南西双版纳	关门节和开门节期间	全寨男女老人每七天到佛寺去听一次经。在此期间不准杀牲，不准娱乐，不准青年男子串姑娘。
赕什拉（祭亡人）	云南西双版纳	傣历十月、十一月	祭祀超度各家的亡人。
滥地节	云南永德	十一月	一般在秋收割完稻谷时，有庆丰收的意思。
奥瓦沙（开门节）	云南西双版纳	傣历十二月十五日	赕佛，听经，滴水，浴佛（将水洒在佛像身上），放火炮、高升，跳象脚鼓舞。
祭灶神	云南墨江	十二月、二月、三月	把三个米粉团、一块肥肉、一杯酒，放在灶头上，作为祭品。
献坟	云南施甸、昌宁等地	十二月二十三至二十四	将祖接回过年，于厅堂神龛前供酒饭。次日，各户上祖坟，烧纸钱，修理坟墓，拔除杂草。

布依族传统节日祭会

节日名称	流行地区或支系	时间（如未注明者均为农历）	节日主要内容或由来、寓意
龙神节	贵州	立春后	有单个家庭祭龙或合寨祭龙两种形式。
科金（春节）	贵州东部	正月初一	祭祀祖宗及众神，开展年节娱乐活动，按照礼俗，力争来年的诸事顺利。亲友互访。
歌节	贵州麻坡	正月初一至十五	纪念英烈，聚会唱歌，男女交谊，老幼游春。
蚂螂节	贵州	正月初一、初二、初三、十五	用碎布捆扎成的小圆球即为“蚂螂”，外缠五彩丝线，并带有几缕流苏。如打球般打蚂螂。
抵棍节	贵州安顺	正月十五	抵棍、赛马、赛歌。
花包节	贵州	正月朔日至望日期间	活动内容主要是丢花包，为布依族青年男女之间传情择偶的活动。
桥会	贵州吴岭、晴隆两县	正月和七月望日	甩花包，耍龙，对歌，谈情说爱。
拉龙扫寨	贵州安顺	正月或二月	将草龙石龙迎进家，游龙队伍绕尽寨中的街巷，以驱散邪恶。
二月二	贵州、云南	二月初二至初四	以祭“老人房”为中心的全民性祭献活动（祭祖）
猴节	贵州省独山、荔波等县	二月初二	做香藤粑，翻晒、筛选种子，检修各种农具，是一年农活开始的时候。
牧童节	贵州镇宁	二月初八	牧童放假，吹牧笛，摔跤，比射石，斗草牛，野餐。
三月三（枫叶节）	贵州、云南	三月初三至初五	染花饭、唱山歌，谈情说爱，开展各种娱乐活动。
地蚕节	贵阳乌当	三月初三	把苞谷花撒向田间土中，敬祭地蚕，祭祀天神。
清明节	贵州、云南	清明日	祭祖、扫墓。
歌场	贵州晴隆	清明第二天	唱山歌，谈情说爱。
牛王节	贵州	四月初八	放早牛、染花饭、斗牛。

（续表）

节日名称	流行地区或支系	时间（如未注明者均为农历）	节日主要内容或由来、寓意
坡会	贵州	四月初八	对歌、赛马。
投石节	贵州三都	四月初八	覃姓和周姓两大家族投石交战，以一方占领另一方地盘为胜。意在祛祸迎福，打掉晦气，夺取来年丰收。
赶祭节	贵州独山	五月初五	纪念布依族反清起义英雄杨元保及其白马。
端午节	贵州、云南	五月初五	在自家房屋周围撒雄黄，防止蛇进家。晚上供祖聚饮。
五月节	贵州	五月属虎或属兔日	杀牛祭祖、祭神，祈丰。
虎节	贵州	五月中下旬寅日	驱邪除魔，希望天王爷（虎的神称）保佑风调雨顺。
更宿万节	贵州罗甸	五月十三	包尖角粽子，除人食用外，专意喂牛。
看会	贵州东部	六月	六月初一“发兵”，六月二十三“迎齐成菩萨”，六月二十四早上“天狗扫寨”。唱山歌，跳芦笙，斗鸡、斗鸟。
六月六	贵州、云南	六月初六	宰牛杀鸡，包粽子，祭祀祖宗，串寨访友、对歌、扔花包等。
祭虫神节	贵州	六月初六	祭祀时摩公念诵，祭品有猪头、公鸡、酒等。“赶虫”“扫田”。
查白歌节	贵州黔西南	六月二十三	对歌、赶表。
烧虫节	贵州、云南	六月二十四	驱鬼，烧虫，祭祖先神灵，希望其保护庄稼。
秋坡节	贵州长顺	立秋	对歌，演戏，耍技，提酒买菜，杀鸡宰鸭。
火箭节	贵州兴仁	七月望日	放火箭，寨老扫寨，祭祖。
祭祖	贵州都匀	七月初九	请祖宗灵魂回来吃饭。
尝新节	贵州、云南	七月十四或八月十五	尝新米，庆丰宴，对歌，祭祖。

（续表）

节日名称	流行地区或支系	时间（如未注明者均为农历）	节日主要内容或由来、寓意
七月半	贵州、云南	七月十五	类似中元节，有打香瓜仗、召魂魄、施舍野鬼、放河灯、做道场、放花灯、唱茅草歌、玩山等内容。
中秋节	贵州、云南	八月十五	吃鲜毛豆，送瓜添子，“偷瓜”。
重阳节	贵州、云南	九月初九	舂粑粑吃。
扫火星节	贵州、云南	九月初九	阳盛而易于着火，因而要过扫火星节。
更健节	贵州黔南州	冬月初一至十五	祭祖，挑新水，对歌，亲友互访。
令杏节	贵州长顺	腊月	打扬尘，杀年猪，腌制腊肉，做血豆腐，酿酒。
嫩信节	贵州	腊月二十五	吃年饭，挑新水，对歌，敲铜鼓等。

傣族传统节日祭会

节日名称	流行地区或支系	时间（如未注明者均为农历）	节日主要内容或由来、寓意
烧白柴	傣族地区	立春	燃火为佛取暖。
春节	傣族地区	正月初一	拜佛，男女“丢包”游乐。
祭寨鬼	云南勐养	正月初一	杀牛祭鬼、聚餐。
祭庙	云南勐养	正月初三	到庙前聚食。
过小年	云南勐养	正月十日	打猎，大家分吃猎物。
花街节	云南元江	正月初七	唱歌跳舞，温泉沐浴，除旧迎新。
巡田坝节	云南绿春	正月十三	巡游田坝。
祭竜	云南勐养	二月初八	杀黄牛，禁外人入寨。
塔摆	云南德宏	二三月间	祭塔，歌舞。
祭龙树	云南元江	二月属牛日	杀猪设祭。
窝巴节	云南大姚	三月初七	祭传说中的鱼兄妹。

（续表）

节日名称	流行地区或支系	时间（如未注明者均为农历）	节日主要内容或由来、寓意
祭山神	云南元江	三月	杀羊祭山。
清明节	云南芒市	清明	扫墓。
泼水节	各地傣族	公历四月中旬傣历六月（傣历以六月为首）	一般三至四天，头两天送旧，最后一天迎新。节日清晨，男女老幼沐浴更衣，到佛寺“赕佛”，然后泼水为戏。认为可消灾除病，吉祥如意。下午“丢包”，借以求爱。后来增加了赛龙舟、放高升、跳孔雀舞、放孔明灯等内容。次日各寨泼水，互为祝福。第三天赶摆。
祭勐神	各地	傣历四月	祭村社或地方保护神。
四月祭	云南金平	公历四月	祈年。
小姐摆	云南孟连	四月十五	纪念为爱情而死的土司小姐。
端午节	云南思茅	五月初五	包粽子。
花街	云南元江	五月六、七	唱调、丢包。
牛节	云南元江	六月二十四	杀牛，祭树，保牛平安。
火把节	云南元江	六月二十四至二十六	点火把祭鬼。
乐作节	云南元阳	六月二十四	跳乐作舞、游乐。
干莫捧竜祭	云南金平	七月	驱害虫祈丰收。
祭武神	云南耿马	傣历七月九日	杀牛祭祀，请武神驱阴兵相助战事。
中元节	云南金平	七月十五	悼亡。
支火雀	云南元江	中秋前后	捕杀火雀，保护庄稼。
中秋节	各地	八月十五	祭天皇三太子变成的月亮，聚餐。
祭耿马城子神	云南耿马	傣历八月五日第一个龙日	杀牛，土司设祭。
祭土司衙门神	云南耿马	傣历八月十日	杀猪，土司设祭。
祭水神	云南耿马	傣历八九月	杀猪，祈龙降雨水得当。

（续表）

节日名称	流行地区或支系	时间（如未注明者均为农历）	节日主要内容或由来、寓意
采花节	云南潞西	公历九月	男女击鼓，上山采花，编花塔献佛。
村会节	云南元江	傣历九月十三	杀猪，聚餐，商量村事。
进臣	云南德宏	傣历九月十五	拜佛，给佛爷送礼。
关门节（进洼）	各地傣族	傣历九月	农忙到了，准备集中精力搞生产。
尝新节	云南金平	九月	互相宴请。
祭文神	云南耿马	傣历十月十四	杀白水牛，求保佑地方。
祭冬	云南元江	十一月	吃汤圆。
祭庙	云南勐养	十一月	煮猪头聚食。
开门节（出洼）	各地傣族	傣历十二月十五	开门节三个月期间，要举行盛大的“赕佛”活动和隆重的佛教典礼，以食物、经书、鲜花、衣物、银币等献佛。
“晃露”盛会	各地傣族	开门节以后	“摆”场一天换一个地方，以大象造型为前导的游行队伍从各村会集于摆场，鼓乐欢呼，不绝于耳。“晃露”节同时也是一个秋季物资交流大会。
送灶神	云南德宏	十二月二十四	给灶刷灰浆，送灶神上天。
摆欢路（象摆）	云南德宏	傣历十二月	击抬鼓，聚餐，纪念传说中的驱旱魔英雄。
祭祖	云南元江	十二月三十	杀猪祭祖。
堆沙塔	云南德宏	有流行病时	堆沙塔数百，念经后由小孩踏坏。

德昂族传统节日祭会

节日名称	流行地区或支系	时间（如未注明者均为农历）	节日主要内容或由来、寓意
春节	云南德宏	正月初一	舂糯米粑粑，敬佛。
点千油灯	云南德宏	正月十五	点灯敬佛。
做摆	云南德宏	二月	赕佛，驱鬼。
祭龙	云南德宏	三月	求风调雨顺。
祭社神	云南德宏	春季	祭祀村落神灵“色勐”。
祭地	云南德宏	播种后	杀牲祭祀地边木桩，禁动土。
祭幡杆	云南思茅	傣历三月十日	以木杆护卫幡杆（神树）。
祭“帕空”	云南德宏	傣历三月十五	祭祀寨神树。
泼水节	云南德宏	傣历六月	一般三至四天，头两天送旧，最后一天迎新。节日清晨，男女老幼沐浴更衣到佛寺“赕佛”，然后泼水为戏。认为可消灾除病，吉祥如意。下午“丢包”，借以求爱。后来增加了赛龙舟、放高升、跳孔雀舞、放孔明灯等内容。次日各寨泼水，互为祝福。第三天赶摆。
祭鬼树	云南德宏	泼水节后第三天	夜里五更祭祀寨门附近的大树。
祭寨心神	云南德宏	傣历七月	又叫祭祀“吉地”（肚脐带），堆沙驱鬼。
祭天	云南德宏	七月	向天杀鸡、洒酒。
过小节（斯当加惹）	云南德宏	八月二十九、三十	祈祷佛保佑子孙清吉、生得聪明，燃灯。
进洼（关门节）	云南德宏	傣历九月	农忙到了。关情欲之门以集中精力搞生产。
出洼（开门节）	云南德宏	傣历十二月十五	举行盛大的“赕佛”活动和隆重的佛教典礼，以食物、经书、鲜花、衣物、银币等献佛。
尝新米	云南德宏	秋收前	新米献谷娘、献牛和狗、献佛爷和父母。

（续表）

节日名称	流行地区或支系	时间（如未注明者均为农历）	节日主要内容或由来、寓意
跳小摆	云南德宏	七月二十九、三十	男女交游、歌舞。
烧白柴	云南德宏	傣历三月	给佛烤火，以驱寒冷。
祭蛇神	云南德宏	腊月二十	素祭蛇树。

东乡族传统节日祭会

节日名称	流行地区或支系	时间（如未注明者均为农历）	节日主要内容或由来、寓意
圣纪节	西北	伊斯兰教历三月十二日	穆罕默德生辰和忌日。
春节	西北	正月初一	收拾房屋，炸油馍，打土块仗，摔跤比赛。
玩火把	甘肃临夏	正月十五	点燃用麦草扎好的火把，成群结队地奔跑于山野田间。
粮食节（阿术拉节）	西北	三月十一日	主妇轮流主持，吃肉粥，祈盼当年五谷丰登。
那敦到拉	西北	秋收以后	集会，赛马、摔跤、打土块、唱歌、个人和集体竞技。
握碌赤	甘肃东乡族自治县	秋收以后	炸油香，宰牲，聚餐，欢庆丰收。
阿也（大尔德节）	西北	伊斯兰教历十月一日	交付一定数额的开斋捐，捐助贫困的穆斯林，举行盛大的礼拜活动。
后阿也（小尔德节）	西北	伊斯兰教历十二月十日	宰牛宰羊，献祭庆祝，在清真寺或在荒郊举行聚会礼拜。
洒大哈	甘肃临夏		宰羊杀鸡，炸油饼，给大家舍散，以祭亡灵。

侗族传统节日祭会

节日名称	流行地区或支系	时间（如未注明者均为农历）	节日主要内容或由来、寓意
立春节	广西龙胜	立春	修理牛舍，垫地平厩，送春牛。
赶坳节	贵州玉屏	立春、立夏、立秋、立冬倒数第十八天	男女赛歌、赛马、斗鸟。
社节	贵州黎平	立春或立秋后第五个戊日	祭社，吃社饭。
春节（客家年）	各地	正月初一	敲铜鼓、闹年锣、祭灶、封农具、辞旧迎新。
赶戊	各地	凡戊日	农事禁忌日和传统歌节。
老人节	贵州从江	正月	不同村寨的老人开展社交活动。
元宵坡会	广西融水	正月十五	青年男女云集，吹芦笙、对山歌、弹琵琶、吹木叶、吹笛。
除恶节	湖南新晃	正月十五	把是非口舌，盗贼瘟疫，乌烟瘴气，打牌赌博等坏行为，扫除出村，驱逐出寨。
冷神节	贵州三穗	正月、三月、六月	祭祀七天，不生火。
燕子节	贵州从江	二月初一	迎接新年里的燕子，做燕子粑，寨中鼓楼前摆祭。
接龙节	贵州镇远	二月初二	围着犀牛塘跳芦笙舞，欢呼犀牛回寨、白龙归位。
架桥敬桥节	贵州天柱、锦屏、三穗、剑河	二月初二	久婚无子或孩子需要拜桥的夫妇、父母去架桥和敬桥，求子，“修阴积德”。
斗牛节	各地	二月、八月逢亥日	斗牛，“踩塘”，田螺卜。
飞山庙会	侗族地区	二月初二、十月二十	祭祀开山祖神。
惊蛰节	贵州玉屏	二月初	打扫卫生、除虫，保护人畜安全。
清明节	各地	清明	祭祖、扫墓，俗称“挂青”。
土王节	广西三江	谷雨前二三天	吃茶苞，对歌、踢毽。

（续表）

节日名称	流行地区或支系	时间（如未注明者均为农历）	节日主要内容或由来、寓意
谷雨节	广西三江	谷雨	吃油茶，串门访友。
立夏节	侗族北部地区	立夏	吃肉、蛋、豆腐、竹笋。
送瘟神	各地	立夏	将纸船等祭祀后放进河里漂走，聚餐。
洗澡节	贵州锦屏	立夏	以草药煮水擦洗身体。
秧节（播种节）	贵州从江、镇远	谷雨前后选吉日或三月初三	吃黑米饭，开田捉鱼，席上以鱼为主，早上举行“开秧门”仪式。
甜粑节	贵州天柱、锦屏、剑河	三月初三	妇女们带着自己亲手做的甜粑，探亲访友，互相品尝，评价手艺。
楼细节	贵州镇远	三月初三	姑娘向情郎送笆篓，赛芦笙。
月地瓦	南部侗族地区	三月初三至八月十五	做媒，约期订盟，集体劳动，拦路盘歌。
花炮节	广西、贵州	三月初三等	游炮，抢炮，斗鸟。
上树节	广西三江	三月或六月	捆牛上树，使其惊吓跌死为吉。
歌场	各地	三月初三、五月十五、七月二十	对歌，摆摊设点。
采桑节	贵州剑河	四月初四或初八	采桑，捞鱼，男女聚餐。
姑娘节	湖南通道	四月初八	嫁女回娘家做乌米糍粑。
牛神节	广西三江	四月初八	让牛免耕休息，用乌米饭敬祭牛神，并让牛吃些乌米饭。
斗鸟节	各地	四月初八、六月初六等	斗鸟。广西三江在四月初八，贵州天柱在六月初六或六月逢土王日。
栽秧节	贵州黎平	四月初八	以糯米制成黑饭祭祖，男女双方弦歌坐月。
种棉节	贵州都柳江沿岸	四月初八	新婚女婿帮助丈人家劳动生产。
端午节	各地	五月初五	杀猪宰鸭，包粽粑，吃雄黄酒，赛龙舟。

（续表）

节日名称	流行地区或支系	时间（如未注明者均为农历）	节日主要内容或由来、寓意
禾苗节	贵州从江	五月选吉日	杀鸭，感谢禾苗对鸭子的养育之恩。
吃瓜节	贵州剑河	五月	男女青年社交。
晒衣节	各地	五月十一	把所有的衣物、被单等搬到室外晾晒。
六月六	各地	六月初六	尝新，祭祖，敬祭牛圈。
新禾节	广西融水	六月初六	仅次于春节的大节。芦笙从今日起开始吹响，男男女女都着盛装。
洗牛节	各地	六月初六	洗牛。
扳跤节	贵州黎平	六月初六	扳跤，斗牛，会姑娘。
香婆节	贵州从江	六月六后第一个巳日	去棉花地里除草，杀鸭子敬香婆。
林王节	贵州锦屏	六月辰日	林姓祭祀英雄。
祭祖节	贵州剑河	小暑后的第一个卯日	制腌菜，酿甜酒，备鱼，摆祭，行祭。
杀龙节	贵州黎平	七月初四	捞鱼虾，杀龙保苗。
吃梨节	贵州剑河	七月	男女青年社交。
七月半	各地	七月十五	敬祭家鬼，救济孤魂野鬼，施放棚山（阴间谓之钱山）。
月也	南部侗族地区	春耕前的农闲或佳节期间	谈情说爱，“吃乡食”或“吃相思”。
报秋节	贵州从江	八月初一	杀猪祭祖。
八月八	贵州榕江	八月初八	将嫁出去的姑妈、姑婆接回来一同过节。
三容节	湖南通道	八月十五	集资买牛，沉牛祭神，割肉祭天。
中秋节	各地	八月十五	吃月饼，赏月，“偷月亮菜”，“打南瓜仗”等。
芦笙节	贵州黎平	八月十五至十八	赛芦笙。

（续表）

节日名称	流行地区或支系	时间（如未注明者均为农历）	节日主要内容或由来、寓意
赶坪节	贵州黎平	八月十六	对歌，做客。
重阳节	各地	九月初九	互相送饼，杀猪，烤桂花酒。
柴头会	贵州黎平	九月	隔河对掷燃烧的柴头。
甲戌节	贵州黎平、广西三江和湖南通道等	立秋后的第一个甲戌日	祭祖，“吃冬”。
侗年	部分侗族地区	秋收后	与过年同。
婚礼节	贵州剑河	十月初卯日	“寅日关亲，卯日接娶”的传统婚嫁节日。
吃铜鼓	贵州从江	十月二十八	以牛祭祖，赛芦笙。
祭伟节	贵州榕江	十一月初五	祭祖。
平安节	贵州黎平	立冬后择戌日	万物归仓，吃稀饭，放牛斗架。
过小年	贵州玉屏	腊月二十九	摆十二道酒菜，庆平安度过一年十二个月。
牯脏节	贵州剑河	十年一次	以牛祭祖，规模宏大。

独龙族传统节日祭会

节日名称	流行地区或支系	时间（如未注明者均为农历）	节日主要内容或由来、寓意
“卡雀哇”	贡山等地	大约在冬腊月、无固定日期	独龙族唯一的节日。最隆重的仪式是剽牛祭天，跳牛锅庄舞，祈保来年人畜兴旺。

仡佬族传统节日祭会

节日名称	流行地区或支系	时间（如未注明者均为农历）	节日主要内容或由来、寓意
立春节	贵州遵义等	立春	抢新水。
春节	各地	正月初一	搭桥祭祀，供年粑。

（续表）

节日名称	流行地区或支系	时间（如未注明者均为农历）	节日主要内容或由来、寓意
坡会	贵州黔西	正月初一、八月十五	男子爬杆斗雀，女子对歌跳舞。
开三	贵州普定等	正月初三	新年破土，秋后丰收。
拜树节	广西隆林	正月十四	祭祖树青冈树。
挂珍珠	广西隆林	正月十四	寻彩色石头绑连成串，挂到畜圈。
元宵节	贵州务川	正月十五	舞龙灯，追鼠烧蝗虫。
跳姑娘	贵州遵义等	正月十五	跳芦笙舞，赛歌赛马。
开财门	广西隆林	二月初	请道公写对联开财门。
仡佬年	贵州怀仁	三月初三	祭祖，跳芦笙舞。
祭山节	贵州镇宁	三月初三	猎野羊，杀羊祭山。
祭祖节	贵州、广西、云南	三月初三	祭祖。
祭树节	贵州六枝等	三月第一个龙日	祖先经树下凡，故祭。
牛王节	贵州安顺等	四月初八	杀鸡备酒，为牛做寿。
扎艾狗	贵州遵义等	五月初五	以艾扎成狗的形象，祈求平安。
吃虫节	广西隆林	六月初二	到田地捉虫炸、炒。
禾苗节	贵州安顺等	六月初六	杀鸡备酒，敬奉秧苗、土地。
吃新节	各地	七八月间	采摘新稻祭祖。
虎日节	广西隆林	八月十五前第一个虎日	杀牛祭祖。
过小年	贵州遵义等	冬月十七等	祭祖，对歌寻偶。
穷断筋	贵州大方	十二月三十	女儿忌讳在娘家过年。
供阳沟神	贵州、云南	十二月三十	祭祀堂屋后的保护神。

哈尼族传统节日祭会

节日名称	流行地区或支系	时间（如未注明者均为农历）	节日主要内容或由来、寓意
祭祖	云南金平	正月初一	祭祀祖先,祭灶台,祭祀锅桩石。
祭竜	云南红河南岸及内地	正月属龙日	宗教节日。以村寨为单位祭祀村寨的保护神——树或竜林。祭品分给各户,类似的宗教祭祀活动几乎每月皆有。
正月年	云南	正月	纪念传说中的除魔英雄奇尼。
托资	云南红河	立春前四十五天	迎接一年中昼夜时辰相等之日。
奇拉胡息	云南红河	正月初一	主祭天地日月神和风雨神,“奇拉胡息”意为正月的节日。
铓鼓节	云南建水	正月第一个属龙日	人们随着铓鼓声,举杯痛饮,尽兴欢娱,举寨同庆。
埃玛突	云南红河	二月第一个属龙日	意为“祭埃玛”,据传埃玛是古代为护寨而献身的英雄。这是一年的村社祭中最为隆重的祭典,历时三至五日。内容有祭寨神,招寨神魂及驱魔,贺婴儿新生,祭水神,祭树神等。
朗主主	云南红河	二月	在村尾老林中杀狗、鸡,祭老林,以镇压恶兽。
祭寨神	云南	二月	让两个男青年男扮女装,模拟寨神艾玛杀妖魔的场景,叫寨魂回归。
镇恶兽	云南红河	二月	在丛林中共食牺牲,鸡狗之骨和脚埋入土中,以镇压恶魔。
米收罗	云南红河	二月择吉日	“米收”为住在寨中的护寨神,“罗”为设宴。届时全村停止劳动,在村中广场杀猪祭献并举村共食。
祭水神	云南金平	二月择日	在井边和田沟举行,祈求灌田用水充足,保佑稻谷丰收。
宗米乌	云南	三月	对人类、庄稼、牲畜之神的总祭祀。

（续表）

节日名称	流行地区或支系	时间（如未注明者均为农历）	节日主要内容或由来、寓意
郭修节	云南景洪	三月择日	春粑粑送鬼，争先到池塘打水，杀猪宰牛欢度节日。
洪西洪米祭	云南	三月一个属牛日	送旧迎新，祭祀天地和农业之神。
里玛主节	云南红河南岸及内地	三月属羊日	敬布谷鸟，欢度“春天的盛会”，谈情说爱并由家长五更时分悄开秧门。
三月喝秧酒节	云南红河	三月中旬属猪日	祭秧苗，节后开始栽秧。
立寨门祭	云南西双版纳	三月中旬	凡迁寨、建寨，第一件大事就是立寨门。
耶枯扎	云南勐海	三月下旬择日	欢度火把节，祭祀祖先，打秋千。
姑娘节（仰阿那）	云南红河	四月属猴日	青年男女着盛装，撑白伞，聚在一个叫“孟者巷都”的山梁上，谈情说爱，建立“车埃”关系（意为“亲密的伙伴”，建立这种关系的男女不论婚否，都可同宿偶居）。
祭树魂	云南勐海	四月择日	杀鸡祭献。求树魂保佑村寨安宁。
祭山	云南红河	四月栽插完后	祭山神保禾苗，杀牛或杀猪平分，煮熟后以村为单位在山上会餐。
牛纳纳	哈尼支	五月初五	意为“牛歇气”，给牛过节日。人在节日里要洗脸，祭祖，告之春耕结束。
端阳节	云南元江	五月初五	类似汉族。
赶花街	云南元江	五月初六、初七	在集市赶“花街”，唱调子。
苗爱拿节	云南绿春	五月上旬择日	栽完秧后休息，喂牛，围着篝火歌舞。
嘎突突	云南	农历六月属猴日或属虎日	祭祀，祛除鬼魅，阻拦鬼怪入寨。
陪马节	云南景洪	六月择日	祭鬼，剽牛，打秋千，串姑娘，游玩山林。

（续表）

节日名称	流行地区或支系	时间（如未注明者均为农历）	节日主要内容或由来、寓意
哈基节	云南景洪	六月（“陪马”节过后十三天）	杀鸡，祭龙树，祭祖。节日三天充分休息，尽情游玩，不事生产。
捉蚂蚱节	云南	六月十四后第一个属鸡或属猴日	水稻田里去捉蚂蚱，带回家做成菜或拌粑粑吃。
六月年（苦扎扎）	红河南岸及内地	六月二十四前后	以村寨为单位杀牛祭祖、祭神，牛肉各户平分，青年欢聚一堂，打秋千、跳鼓舞、骑磨秋、狩猎、串寨、谈情说爱。
苦赊赊	云南红河	六月年后十二天	送走六月年里请来没走完的山神。
祭山魔	云南红河	七月	以竹笋和老鼠豆祭山魔，各户派人修路，以斩断山魔擒拿人的扣子。
那梭咧（米杀杀）	云南红河	七月中旬属蛇日	意为撵病魔或野鬼，为村寨性祭祀活动。这天全寨停止一切生产活动，化装表演驱魔，以狗血堵鬼路。
祭天	云南红河	七月属虎日	以松针铺地，祭品一共摆三桌，每桌九碗饭、九碗酒、九碗水、九碗菜、九把火钳。
嘎煞煞	云南	七月属猪日	把灶灰、谷糠、烂布等，用笋壳包好送到祭场，表示送灾难出门，意为埋灾难。
尝新节	云南	八月第一个属龙日至属马日	以糯米粑粑祭天，贺日月星辰。庆丰酒宴由各家举行，不搞村社性祭祀。
欧拉拉	云南勐海	八月上旬择日	请七代以上祖先保佑稻谷不遭冰雹、风雨及虫害。
祭谷仓神	云南	九月属马、牛日	庆丰祝祭。
卡耶阿培楼	云南	九月择日	驱鬼。

（续表）

节日名称	流行地区或支系	时间（如未注明者均为农历）	节日主要内容或由来、寓意
十月年（大年）	云南红河南岸及内地、西双版纳	十月初三，具体时间各地不一。西双版纳一带稍后。	以肉、饭敬献天地、祖宗，吟唱古歌“哈巴”，人们盛装走亲访友，出嫁姑娘携礼物回娘家，祭祖过年。西双版纳称“戛汤帕”，意为换年。
阿巴夺	云南红河	十月年后十二天	青年男女在新的一年里的第一次集体活动，举行有十二对男女青年参加的酒宴。
哈最	云南	十月属虎日或属鸡日	意为“镇纠纷”。
祭山神	云南绿春	十月年后属虎日	舂糯米粑，祭供保佑村寨的山神。
思鱼扎勒特（过小年）	云南红河	冬月第一个属龙日	节日里不杀牲、不请客，并用象征人、畜和五谷的三个糯米团占卜今年吉凶。
请增神	云南	冬月或腊月属龙日	据说增神是能使哈尼族增加财富的老母亲。
戛汤节	云南景洪	冬月择日	送旧迎新，杀猪祭龙树。
普麻章	云南红河	腊月第一个属龙日	祭护寨神。
觉扎杂	云南红河	腊月下旬属马日或属羊日开始	意为冷季尽头，节期三天，以汤圆等祭天、祭祖、祭死在野外的亲人。
约巷拖	云南红河	岁首过后的冬末春初	意为“全体祝诵”，是一种洗礼性的家庭祭祀活动。
米穷穷	云南红河	冬末春初	驱火神。
祭楼都	云南金平	每隔十二年的龙年举行一次	祭祀设在村寨上盖石板的圆形石井。

哈萨克族传统节日祭会

节日名称	流行地区或支系	时间（如未注明者均为农历）	节日主要内容或由来、寓意
纳吾热孜节	新疆博尔塔拉蒙古自治州温泉县	公历3月21日(春分)	吃纳吾热孜饭、烤肉,相当于过年。
皮里克节	新疆	伊斯兰教历八月十四、十五日	灯节。
古尔邦节	新疆	伊斯兰教历十二月十日	村里的男性去旧墓地做“纳玛孜”仪式。
肉孜节（开斋节）	新疆	伊斯兰教历十月初	叼羊、姑娘追,唱加拉帕赞歌。
祭祖灵	新疆	不定期	安抚祖灵。
祭天	新疆	不定期	宰牲祭献。
塔萨特克	新疆	干旱时	在河边宰牲祭献。

回族传统节日祭会

节日名称	流行地区或支系	时间（如未注明者均为农历）	节日主要内容或由来、寓意
鸽子会	甘肃临夏、张家川	春季	唱“花儿”,放鸽。
圣纪节	各地	伊斯兰教历三月十二日	穆罕默德诞生和逝世的纪念日。届时人们到清真寺做礼拜,听念经赞圣,捐功德,众人聚餐。
松鸣花儿会	甘肃临夏	四月二十八	唱歌、游乐。
莲花山花儿会	甘肃临夏	六月初一至初六	唱歌、游乐。
法蒂玛忌日	各地	伊斯兰教历六月十五日	穆罕默德女儿忌日纪念。
登宵夜	各地	伊斯兰教历七月二十七日	聚集寺中,听阿訇讲圣人登宵神迹。
白拉特夜	云南	伊斯兰教历八月十五日	在清真寺集体做忏悔。

（续表）

节日名称	流行地区或支系	时间（如未注明者均为农历）	节日主要内容或由来、寓意
斋月	各地	伊斯兰教历九月	守斋一月，履行“五功”。
盖德尔夜	各地	伊斯兰教历九月二十七日	守夜，坐夜，诵经赞圣。
开斋节	各地	伊斯兰教历十月一日	庆祝一个月的斋功圆满完成。到清真寺做礼拜、听经。
古尔邦节	各地	伊斯兰教历十二月十日	由阿訇主持宰牲仪式。先做礼拜，然后宰牲。所宰牛羊，除自留一部分外，皆分赠亲朋和本族穷人。

基诺族传统节日祭会

节日名称	流行地区或支系	时间（如未注明者均为农历）	节日主要内容或由来、寓意
祭水塘	云南景洪基诺山	正月	杀猪立杆，卓巴宣布传统禁忌。
祭竜	云南景洪基诺山	年后不定期	季节交替时祭祀。
祭寨神	云南景洪基诺山	二月	杀猪祭祀寨神。
特毛且（又叫“打铁节”）	云南景洪基诺山	二三月间，具体时间不固定	头天杀牛，大家到长老家唱歌，第二、三天串亲访友、备耕、打铁、祭始祖母晓白。
送瘟神	云南景洪基诺山	特毛且后四五天	杀狗和鸡，祭祀后把瘟神送出寨外岔路口。
罗比巴卡	云南景洪基诺山	特毛且后第十三天	杀猪祭祀，求寨神保佑。
砍地祭	云南景洪基诺山	春季属牛日	祭祀地鬼的农业祭祀节日。
烧地祭	云南景洪基诺山	春季择日	砍地之后的农业祭祀节日。
祭山神地鬼	农业祭祀节日	谷子长到一两寸高时	杀鸡祭祀，如遇虫害则杀狗祭祀。
茶树祭	云南景洪基诺山	三四月	杀鸡祭祀茶树。
祭铁匠神	农业祭祀节日	日期不定	杀鸡祭祀。

（续表）

节日名称	流行地区或支系	时间（如未注明者均为农历）	节日主要内容或由来、寓意
祭大龙	云南景洪基诺山	五六月	祭天神、井神和死去的父母。
火把节	云南景洪基诺山	六月择日	燃火把，歌舞。
祭雷神	农业祭祀节日	六月	杀猪杀鸡，立三棵竹子，刻雷电纹，祭祀。
洛毛洛	云南景洪基诺山	七月	祭祀女始祖“阿莫晓白”祖魂。
叫谷魂	云南景洪基诺山	秋季	收割完祭祀谷魂。
吃新米节	云南景洪基诺山	八九月间	蒸饭时看蒸汽占卜吉凶，饭熟后祭诸神灵。

京族传统节日祭会

节日名称	流行地区或支系	时间（如未注明者均为农历）	节日主要内容或由来、寓意
春节	广西	正月初一	祭祖，买新水、拜年。
施阴兵	广西	正月十五、三月初三、五月初五、七月十五	施食给阴兵。
祭镇海大王	广西	二月	祭祀化为三岛的蜈蚣精。
哈节	广西东兴市	六月初九	京语中，“哈”是“歌”的意思，据说这是为了纪念，供奉、祭祀京族地区的保护神——镇海大王及各路诸神而举行的盛大庆典。现在演变为祭祀酬神、祭祖、文娱和乡饮一体的大型庆祝活动。
施幽	广西	七月十五	在哈亭前的空坪请法师做法事，布施衣食给孤魂野鬼。
祭田头公	广西	八月十五	在田头祭祀，求保丰收。
祭灶	广西	十二月二十三	以糯米糖粥献灶神，请其美言。
做晚年福	广西	十二月二十四至二十八	祭祀海神。

景颇族传统节日祭会

节日名称	流行地区或支系	时间（如未注明者均为农历）	节日主要内容或由来、寓意
年节	云南德宏	正月初一	背新水、打靶、谈情说爱。
木脑（总戈）	各景颇地区	正月中旬以后几天的双日	原为宗教传统节日祭典，后逐渐形成一种较大规模的文化交流、歌舞娱乐活动。
祭能尚	云南德宏	砍地、播种、收割前	杀猪杀鸡，祭祀自然神庙。
火把节	云南德宏	瓜果成熟时	燃火驱虫。
新米节	各景颇地区	谷子成熟以后	请寨人到家里做客，共尝新米，总结生产经验。吃新米时，先给狗吃，再给水牛吃，然后给老人吃。
采草节	云南德宏	九十月	采草药，做药酒。
鬼年	云南德宏	十一月	抓鱼煮蛋，祭祀好鬼。
祭谷堆	云南德宏	十一二月	祭祀山鬼和水鬼，保护谷堆。
叫谷魂	云南德宏	十二月、一月	把因收割而吓跑的谷魂叫回来。

柯尔克孜族传统节日祭会

节日名称	流行地区或支系	时间（如未注明者均为农历）	节日主要内容或由来、寓意
祈雷神	新疆	暮春时节	第一次打雷时，敲打锅碗瓢盆，大喊祈祷。
诺劳孜节	新疆	柯尔克孜古历正月第十一天（相当于公历2月22日）	荡秋千，捉迷藏，跳火堆。
冬希曼节	新疆	秋收择日	叼羊，赛马，飞马拾银。
肉孜节（开斋节）	新疆	伊斯兰教历十月初	叼羊，赛马，唱赞歌。
古尔邦节	各地	伊斯兰教历十二月十日	礼拜，宰牲，叼羊，赛马，摔跤，歌舞，打秋千。

拉祜族传统节日祭会

节日名称	流行地区或支系	时间（如未注明者均为农历）	节日主要内容或由来、寓意
扩塔节	云南澜沧	正月初一	分三段，过九天，初一至初四为第一段，有接新水、串寨子、跳芦笙舞等活动。初八、初九为第二段。十三到十五为第三段。除歌舞外，照常从事农耕。
卡腊节	云南澜沧	正月初三	打猎，祭祀神树。
祭龙节	云南镇沅、新平、墨江等	正月第一个属牛日	捕鼠，选“龙头”，祭龙树和龙神，跳“龙歌”，祈风调雨顺、人畜平安。祭后同吃大锅鸡肉稀饭和鼠肉干巴。
祭雷神	云南镇沅、新平、墨江等	正月属马日	巫师祭祀，把羊角挂在畜圈上。
祭风神	云南镇沅、新平、墨江等	正月第一至三个属马日	做糯米粑粑，祭祀风神。
土主节	云南镇源	二月择日	沐浴更衣，鸣炮祭祀。
接谷神魂	云南澜沧	二月择日	十二位老人跳饭魂舞。
献地谷	云南澜沧	春季	种完旱谷后祭祀。
祭寨心神	云南勐海	二月十五等	祭祀寨心的男柱和女柱，歌舞。
祭猎神	云南金平、临沧	三月属牛日	杀鸡，跳猎虎舞。
清明节	云南	清明	扫墓，聚餐。
祭太阳神	云南澜沧	立夏	在太阳神庙以爆米花祭祀，唱古歌。
端午节	云南	五月初五	种树种竹。
祭土地神	云南澜沧	六月二十四	祭土求丰。
火把节	云南澜沧	六月二十四	祭祖，燃火。
六月节（苦聪年）	云南镇沅、金平、新平、墨江、元江等	六月二十四	杀牛共飨，祭祀祖先。
祭祖节	云南	七月十三至十五	杀鸡献饭，焚香烧纸。

（续表）

节日名称	流行地区或支系	时间（如未注明者均为农历）	节日主要内容或由来、寓意
“哈巴节”	云南	八月十五	意为“月亮节”，当晚月升时全寨人聚于空旷之地，由头人和老人对月行礼，并将祭品撒向天空，然后跳芦笙舞直至天亮，共食大锅饭。
尝新节	云南勐海	秋收后	杀猪煮酒，祭祖。
祭仓龙神	云南镇沅、新平	秋收后	杀鸡，煮新米饭，祭仓龙神。
献新米节	云南澜沧	八月	祭祖，敬狗，歌舞。
过年	云南	十二月二十四至正月十二	宴饮，歌舞，祭祀。
祭页尼	云南勐海	日期不定	祭祀家神。

傈僳族传统节日祭会

节日名称	流行地区或支系	时间（如未注明者均为农历）	节日主要内容或由来、寓意
新年	云南怒江	公历 12 月 31 日至 1 月 1 日	傈僳族基督徒辞旧迎新，给每户信教人家送去新年祝福的歌声和门贴（“送福音”）。
阴历年	永胜松坪等地	正月初一至初七	与汉族春节不同，这里的傈僳族正月初一为鸡节，初二为狗节，初三为猪节，初四为羊节，初五为牛节，初六为马节，初七为人节。初七才是正式过年。
汤池赛歌会	泸水、碧江、云龙一带	正月初二至十四	年节期间，人们带上年食，背上炊具，到六库以北的温泉搭帐篷野炊，各地歌手云集，即兴对歌，持续十多天。
拉歌节	云南陇川、盈江	正月初五至初六	唱歌，跳嘎舞。
女子节	云南怒江	正月初七	传说女人有七个魂，这天女人不做事。

（续表）

节日名称	流行地区或支系	时间（如未注明者均为农历）	节日主要内容或由来、寓意
男子节	云南怒江	正月初九	传说男人有九个魂，这天男人不做事。
祭山神	云南丽江	正月初三、六月初一	各家带猪头、鸡等祭品到自己立的山神牌位处祭山神，由男主人祷求康泰、丰收。六月初一由各村集体祭祀。
刀杆节	云南怒江、德宏等	二月初八	男子表演上刀杆、踩火炭。
播种节	云南怒江	三月	把种子集中在一起，祷告，然后到田地里，再祷告。
修坟	云南	三四月择日	修坟，祭祀。
浴牛节	云南兰坪	六月初五	给牛洗澡，喂牛稀饭。
火把节	云南	六月二十五	点火把绕田寨，歌舞。
团圆节	云南	八月十五	祭祀月亮，吃月饼。
收获节	怒江	十月第一个星期	基督教信众集中到教堂，敬献一部分谷物。
新米节	德宏等地	十月下旬	先喂狗（传说狗为人找谷种，因而要对狗表示感谢），然后举家喝酒吃饭，再到寨中跳舞唱歌。
阔时节（盍喜会）	怒江地区	十二月初五至第二年正月初十左右	届时男女老少更新衣，抬出酒罐，杀猪宰羊，对歌跳舞，比赛射弩。
圣诞节	怒江	公历12月23日至25日	信仰基督教的傈僳族到教堂听讲传道，各个教堂轮流进行基督教歌舞表演。

珞巴族传统节日祭会

节日名称	流行地区或支系	时间（如未注明者均为农历）	节日主要内容或由来、寓意
隆洛德（年）	西藏珞瑜	一二月	节期不杀牲见血，以干肉条待客，竞技比赛。
莫朗	西藏珞瑜	公历1或2月	祭祀土地，在即将播种的土地跳生殖舞。
珞巴年	西藏珞瑜	藏历二月、十二月	祭祀，宴饮，歌舞。
祭打洛角	西藏珞瑜	藏历三四月或九十月	献祭神龛，祈求平安丰收。
姆洛科	西藏珞瑜	公历三四月	祭祀，宴饮，高杆表演。
笼德节	西藏墨脱、米林	四五月或三年一次，卜卦确定日期	氏族范围内的祈福活动。
昂德林节	西藏墨脱、米林	收割时择日	打猎，尝新，祭祖。

毛南族传统节日祭会

节日名称	流行地区或支系	时间（如未注明者均为农历）	节日主要内容或由来、寓意
春节	广西	正月初一	家庭团聚，除旧迎新。
赶阴圩	广西	清明	天亮前到坟地与祖赶阴圩，扫墓。
分龙节	广西环江	夏至后第一个辰日	煮五色糯米饭，对歌，祭祀龙神。
端午节	广西	五月初五	找草药，做糍粑。
中元节	广西	七月十四	祭祖。
射月亮	广西	八月十五	用月饼祭祖，全家赏月聚食。
南瓜节	广西	九月初九	用南瓜拌小米煮食，给老人添粮补寿。
放飞节	广西	除夕	采菖蒲叶编飞鸟，内置糯米，蒸熟分食。
祭村社	广西	除夕下午	敬奉社王，祈求平安。

门巴族传统节日祭会

节日名称	流行地区或支系	时间（如未注明者均为农历）	节日主要内容或由来、寓意
大年	西藏墨脱、梅楚卡	藏历正月初一	烤酒，拜年，抢水，歌舞。
沙岗达娃	西藏错那	藏历四月十五	农祀节日，喇嘛念经，开始生产。
拜仰桑乃	西藏墨脱	藏历六七月或十二月	朝拜仰桑河圣水。
雀可节	西藏错那	藏历七月逢九日	喇嘛选定日子，绕庄稼地歌舞，祈求丰收。
小年	西藏墨脱、梅楚卡等	藏历十一月一日	烤酒，守岁，拜年，用吉祥圣水洗脸，歌舞。
堪珠工霞	西藏墨脱	藏历十一月或十二月	杀牛，祭神，歌舞，射箭。
主巴	西藏墨脱	藏历十一月至一月	村民聚集寺庙，喇嘛跳神。

蒙古族传统节日祭会

节日名称	流行地区或支系	时间（如未注明者均为农历）	节日主要内容或由来、寓意
春节（白节）	各地	腊月至正月十五	穿吉服白袍，挂白旗、歌舞，赛马。
喇嘛经会	内蒙古等	正月到十二月	诵经九十三天。
祭成陵	内蒙古	月祭（每月一日、三日）；春祭（三月二十），夏祭（五月十五），秋祭（八月十二），冬祭（十月初三）	人们聚集于成吉思汗陵，在被称之为“成吉思汗亲兵卫队”的达尔扈特人的引导下举行祭奠仪式。
麦德尔经会	内蒙古	正月初四至初九、六月初七至十五	诵经，“禅木”跳鬼，以禳除不安，祈望平安。

（续表）

节日名称	流行地区或支系	时间（如未注明者均为农历）	节日主要内容或由来、寓意
过小年	云南通海	正月十六	与周围汉族相似。
涅槃法会	内蒙古等	二月十五	喇嘛寺庙举行涅槃法会，挂释迦牟尼涅槃图像，备香花灯烛、茶果珍肴，以示供养。
游皇城	内蒙古	二月十五	元代习俗。人们恭请御座旁所置素伞盖一顶，拥游城内外。男女杂扮队戏，人数达万余。
观音会	云南通海	二月二十九	与周围汉族相似。
财神会	云南通海	三月十五	与周围汉族相似。
鲁班节	云南通海	四月初二	纪念落籍云南的蒙古族在建筑土木工程方面取得的成就。杀猪宰羊，搭台唱戏，抬着鲁班像到各村游行。
祭雷	内蒙古	四月	请萨满祭祀雷神，以禳除灾难或不幸。
兴畜节	内蒙古赤峰	清明节前后	男女老少聚集到野外，将牲畜围住逐头查看膘情，选出种公畜，给它披红挂彩。赛马、摔跤、歌舞。
打马印	内蒙古	清明和端午节前后	套马，打马印，谈情说爱。
猎日	内蒙古东部	五月初五	野餐，围猎，赛猎技。
端午节	云南通海	五月初五	与周围汉族相似。
祭海会	云南通海	五月初五	船上摆香案念经，将黄鳝在湖心放生。
其木哈尔	内蒙古科尔沁草原	五月上旬	牧民选择鸡日或马日（按天干地支计算）骟羊。
祭旗	内蒙古锡林郭勒、鄂尔多斯等地	五月十六	宰羊献祭战旗。
天子庙会	云南通海	六月十三	供奉天子老爷、山神老爷、山神娘娘和送子娘娘，保佑人畜兴旺。

（续表）

节日名称	流行地区或支系	时间（如未注明者均为农历）	节日主要内容或由来、寓意
喇嘛庙会	内蒙古等	六月十五或七月十五	搭彩棚，跳鬼舞，“跳萨满”，赛马。
祭天	内蒙古等	七月初七或初八	由萨满或家族长将洁净的肉挂在杆上，然后撒马乳、谷物等，对天祈祷，告知所求之事。
中元节	云南通海	七月十五	与周围汉族相似。
关圣会	云南通海	七月十五	念经吃素，抬有关圣、五谷神神像的神轿游村。
敖包节	内蒙古、新疆	七八月	祭祀敖包，赛马，射箭，摔跤。
那达慕大会	内蒙古、甘肃、青海、新疆等	七八月间	赛骆驼，赛马，射箭，“蒙古说书”，摔跤。
中秋节	云南通海	八月十五	与周围汉族相似。
祭祖	内蒙古等	八月二十八	萨满面向北方大声呼唤成吉思汗及诸位已故汗王的名字，洒马奶于地下以示祭奠。
秋祭	内蒙古等	八月二十八	消灾祛祸，祈求来年平安。
马奶节	内蒙古锡林郭勒草原	八月末	杀羊宰牛，备奶食，炸馃子，燃起牛粪火，煮节日吃的手扒肉。
赛牛会	内蒙古	八月	角逐、挽力、膘情、毛色、品种或产奶量等竞赛。
祭海	青海青海湖畔	秋季择吉日	奏乐、鸣炮、三鞠躬、诵读祭文，将十余只活羊及其他祭品投入湖中。当晚举行娱乐活动。
龙王庙会	云南通海	十月初八、初九	道士“先生”主持，请“斋奶奶”为死者“开路”。
祭宗喀巴	内蒙古等	十月二十五	杀牛宰羊，请喇嘛念经，晚上各家点燃多盏酥油灯，摆设各种供品祭供宗喀巴。
祭火 祭灶王	内蒙古、云南	腊月二十二	祷告、念祭火经，将牛羊肉、奶酒、黄油放入火中或供在灶火旁。

（续表）

节日名称	流行地区或支系	时间（如未注明者均为农历）	节日主要内容或由来、寓意
千灯节	新疆	十二月二十五	牧民聚集一起，围坐着吃烤牛羊肉，饮奶茶，随后举行摔跤、赛马、射箭、歌舞等娱乐活动。
射草狗	内蒙古	十二月下旬择日	置人形、狗形草靶于场，交叉射靶，以羊、酒等为祭品举行祭祀。
祭尚西	内蒙古	每年祭一次，无固定时间	齐集于神树，将神树装饰一新，用全羊做祭品，由主祭人向西洒酒，绕树舞蹈。

苗族传统节日祭会

节日名称	流行地区或支系	时间（如未注明者均为农历）	节日主要内容或由来、寓意
串山会	贵州、云南	春节	斗牛，斗狗，跳芦笙舞。
捞鱼节	贵州台江	正月初一	捞鱼，游方，唱歌。
祭门主	丽江等地部分苗族	正月初二、初四、初六	宗教节日，杀小猪一头，门外悬斗笠一个，禁外人和女人参加，祈求祖先保佑。
祭山节	贵州普定、水城	正月初三、三月初三	祭祀山神、寨神、火神、树神等。
采花山 花山节	各省苗族	正月初五或正月十五至五月初五期间	节前老人立“花杆”，届时各村男女青年云集于此，对歌，跳芦笙舞，选择情侣，开展斗牛等活动。
狄梦节	贵州西南	正月十二	祭告祖宗，吃肉冻。
猪头节	滇东北苗族	正月十五	相当于过小年，因此多煮猪头，故名。
捡金银屎节	贵州黄平	正月十五	到野外去捡牛屎、马粪。
插草节	贵州黄平	正月第一个丑日	将草标插于所挖土中，焚香化纸并鸣响火炮，通知全寨，表示号地完成。

（续表）

节日名称	流行地区或支系	时间（如未注明者均为农历）	节日主要内容或由来、寓意
祭火星	云南文山	正月或二、三月	祭火神，魔公主祭，以后杀狗或羊，祈无火灾。
众神祭	贵州镇宁、望谟等	苗历虎月至蛇月之间（农历正月至四月）之间	鬼师念祭词和咒语，迎请众神前来享用，众神保护村寨，不让恶鬼进入寨中。
祭神树	贵州六枝	苗历兔月（农历二月）初一至初十的龙场天	交牲，敬小神树及石婆婆，扫寨，供神树，看龙潭和鸡卦等。
开财门	各省苗族	二月双日，与龙、虎、狗等属相对应的日子	迎财神。
祭龙	云南河口	二月初二	宗教节日，各户派一男子参加，以祈求来年风调雨顺，五谷丰登。
敬桥节	贵州台江	二月初二	杀公鸭，焚香化纸，洒酒，将供品置于地，敬桥。
花炮节	广西融水	二月初二到初四	抢花炮，斗马，赛马，舞狮，跳芦笙舞和卡罗舞，看“变婆”，演苗戏、侗戏。
社节	湖南省湘西吉首茶峒	二月	吃“社饭”，原本是苗族的祭祖节，但由于当地苗族汉族混居，遂成为两个民族的共同节庆。
闹冲节	贵州凯里	苗历兔、龙月（二、三月）间的鼠、马日	祭祖，唱山歌，斗牛。
招龙节	贵州雷山	苗历兔月到龙月之间	祭寨神、社神、嘎哈、龙、山神，起鼓，踩鼓，跳芦笙。
采菜节	贵州惠水	苗历龙月（农历三月）十三至十四	已出嫁的苗族妇女，带礼物回娘家探亲。
爬高坡节 爬山节	贵州黄平、雷山	苗历龙月	吹芦笙，踩笙，赛马，斗雀，对歌。

（续表）

节日名称	流行地区或支系	时间（如未注明者均为农历）	节日主要内容或由来、寓意
杀鱼节	贵州福泉	苗历龙月初三	用清水煮鱼，大家围在火旁，共同享用美餐。
挪芒笙节	贵州紫云、望谟、镇宁	三月十三	祭祖坟。
扫火星节	贵州长顺、紫云、罗甸等	苗历龙月至蛇月（农历三四月）	送火神，祭品为米、猪肉和一条狗，鬼师挨家挨户驱赶鬼神。
种棉花节	贵州都匀、三都、从江、榕江	三月底或四月初	青年点种棉花。老人唱“种中棉歌”祈求“花神”保佑丰收。
扫墓节	贵州台江	清明前后	扫墓。
四月八	贵州	农历四月	跳芦笙舞，亲友互访，弹琴唱歌。
翻鼓节	贵州	苗历马月末	严格按血缘家族为限，仅让本血缘家族的人参加，封鼓。
爱牛节 敬牛节	云南哀牢山、贵州台江	苗历猪月或农历四月初八、十月初五	用枫叶装饰牛角，让牛饱吃。
过数疯节	滇东北苗族	五月初五	传说中苗王数兵的日子，因男人们喝醉酒杀牛过多而被妇女讥为“疯”，届时举行赛马、斗牛、赛歌等活动，有的地方又叫“赶花街”。
神仙坡节	贵州纳雍	五月初五	数百支芦笙齐奏，斗牛，赛马，斗雀，斗鸡，摔跤，集体宴客。
端午节	各地	五月初五	与汉族同。
龙舟节	贵州	五月二十四至二十七	打扫房子，包粽粑，备酒菜，赛龙舟，赛马，斗牛，斗鸟，跳芦笙舞，对歌。
踩鼓节	贵州镇远、秉施、剑河	六、七月的第一卯日	在踩鼓场跳踩鼓舞，青年男女“游方”，走亲访友。
闹鱼会	广西融水	六月甲戌日	上山采药，闹鱼。

（续表）

节日名称	流行地区或支系	时间（如未注明者均为农历）	节日主要内容或由来、寓意
姊妹节	各地	苗历羊月至鸡月（相当于农历六月至八月）	不同家族之间的异性社交节日。
劳累节	贵州	六月初六	男女青年登山、对歌、游方。
祭米魂	贵州都匀、三都、丹寨	六月初六	用树叶染成多色糯米饭，放到田间，摘几枝米花插在妇女头上。
祭祖节	贵州施秉	六月初六	祭祖，酹酒，烧纸。
献田公地母	云南文山	六月二十	祭献土地，求丰收。
米花节	贵州长顺、花溪	七月十一至十七	芦笙舞，丢绣球，登山游方。
除恶节	贵州黄平、施秉	七月十三	纪念传说中小姑娘除掉恶魔而形成的节日。
祭祖	云南、贵州	七月十四、十五	与汉族同。
吃新节	各地	七月至八月十五	又叫“过糯米节”，以新谷祭天神、林神、祖先等。
乃尧节	贵州三都	八月中上旬	男女青年对歌谈情。
斗牛节	贵州	苗历狗月（农历八九月）	斗牛比赛。
赶秋坡	贵州松桃，川东南、湘西	立秋	唱山歌，吹奏唢呐，弹奏月琴。
重阳节	贵州台江	九月初九	磨豆腐，舂粑粑，杀鸡，宰鸭，斗牛，吹芦笙，跳舞，游方唱歌。
多索节	广西隆林	九月二十	磨豆腐，舂粑粑，杀鸡，宰鸭，斗牛，吹芦笙，跳舞，游方唱歌。
鼓社节	各地	苗历猪月（农历九月至十月）	苗族最古老的家族祖宗大型祭典。
苗年	各地	苗历鼠月（农历十月至十一月）	除旧迎新，祭天地神、祖先、小鬼等，初一打猎、串寨。

（续表）

节日名称	流行地区或支系	时间（如未注明者均为农历）	节日主要内容或由来、寓意
哈戎节	贵州凯里、黄平	十一月十六	祭祀祖宗。
隔冬节	贵州麻江	十一月第一个虎场天	杀猪，宰鸡鸭，做豆腐，打糍粑，邀请亲戚朋友开怀畅饮，跳芦笙唱歌，尽情欢乐。
耗子年	贵州中部	腊月初一、初二	捕来腹部为白色的野耗子，供在神龛，祭祖。
打家仙	湖南省湘西吉首茶峒	腊月三十晚、正月	大年三十的晚上，饭菜上桌后，需要先为祖先烧纸钱，才能开始吃饭。
跳场节	各地	苗历牛月蛇月（农历腊月至三月）	串寨，串月，坐花月（园）日，开展社交、择偶、娱乐活动，技艺竞赛等，有增强民族凝凝聚力、组织生产生活等方面的综合社会功能。

仫佬族传统节日祭会

节日名称	流行地区或支系	时间（如未注明者均为农历）	节日主要内容或由来、寓意
春节	广西	正月初一	烧香供神，挑新水。
春耕节	广西罗城	立春节令前一日	燃香，拜神仙、土地，举行开土仪式。
祭土主	广西罗城	一月上旬	祭祀村寨保护神，据说其能保村民平安，能使牲畜不受猛兽的伤害。
扫新墓节	广西罗城	二月初一	上坟扫墓。
春社	广西	二月择日	包粽子互送，以睦姻亲。
三月三	广西	三月初三	婆王诞辰。婆王又叫圣母、花婆，专管人间的生育之事。有不生育者，就在三月初三这天到婆王庙祭拜求子。
清明节	广西	清明	扫墓祭祖。
真武神节	广西	五月初五	祭祀北极之天真武大神。

（续表）

节日名称	流行地区或支系	时间（如未注明者均为农历）	节日主要内容或由来、寓意
祭雷王	广西	五月初五	做五色旗，杀牛作为祭品。
吃虫节	广西罗城	六月初二	吃油炸蝗虫、腌酸蚂蚱、甜炒蝶蛹、蚜虫泥鳅等。
祭伯公	广西罗城	六月初二	祈求保苗神保护秧苗。
祭祖节	广西	七月初七至十四	各家杀鸡宰鸭，焚香烧纸，迎接祖先魂魄的到来。
祭陈宏谋	广西	七月十四	村民赴庙烧香，供祭祈祷。
中秋节	广西	八月十五	做饼子、杀鸭子。
后生节	广西	八月十五	小伙子和姑娘们穿着盛装，打着布伞，带着粽粑等节日食品，聚集在野外“走坡”。
依饭节	广西	闰年立冬那天	杀猪、杀鸡、宰鹅，包粽粑，请来当地的歌师，敲锣打鼓，唱歌跳舞。
赎魂节	广西忻城	十月十五	认为辛苦劳作一年，会累掉魂，因而做糯饭、舂馍，为后生赎魂。
打清醮	广西罗城	遇人畜不安或发生灾祸时	在村外旷地搭棚设坛，供上三牲酒礼。法师念经作法，手舞足蹈，祈神驱鬼。

纳西族传统节日祭会

节日名称	流行地区或支系	时间（如未注明者均为农历）	节日主要内容或由来、寓意
建丹节	云南丽江	正月初一	酬劳牧童。
春节	云南丽江	正月初一	杀年猪，办年货，炖猪头，点吉祥火，买水，祭天地。
喜会日	云南香格里拉	正月初一	男女野餐，同浴于白水河。
祭天	云南丽江等地	正月初三至十三不等，七月	纳西族最隆重的节日。正月大祭，七月小祭。举行祭祀、颂祖仪式，神灵或始祖以树代之，还举行打靶射箭活动。

（续表）

节日名称	流行地区或支系	时间（如未注明者均为农历）	节日主要内容或由来、寓意
弥老会	云南丽江白沙	正月十五、正月二十	又叫棒棒会、“当美空普”会，是出售竹木农具的大型物资交流会。
祭猎神	云南丽江	正月十八	用净水把雄鸡的脚洗净，点香，东巴念祭词。
新春灯会	云南丽江	正月	灯会、赛灯。
迎家神	云南丽江	正月	灶前设一张供桌，上面铺垫青松毛，献饭，点圣油。
三朵节	云南丽江等地	二月初八	新定的纳西族主要节日，原为祭祀纳西族保护神白石神的节日。有的地方又在此日过“太子会”，主要由妇女参加，祈求生育。
二月八	云南香格里拉	二月初八	又称“白水台盛会”。赛马，对歌。
白沙白岳庙会	云南丽江等地	二月羊日	祭北岳大帝。
猪王节	云南丽江	二月初九	敬猪神。
祭畜神	云南丽江	三月	祭仪在灶房举行，用米饭等作为祭品。
年会（老人节）	云南丽江等地	三月	又叫长寿经会，敬老。
龙王会（三月会）	云南丽江	三月十八	龙王生日，祝寿七至十天，祈风调雨顺，后发展为三月骡马交流会。
祭祖	云南丽江	清明、六月初一、冬月初一	祭祀祖先。
立夏节	云南丽江	立夏	各家吃新麦做的食品，在房屋周围撒灶灰驱邪。
端午节	云南丽江	五月初五	在额上、耳旁抹雄黄粉，男女老少都要在手上缠五色彩线，认为这样可以防止虫蛇伤害，驱邪保平安。
寻亲节或会亲节	云南丽江九河	六月十八至月底	请巫师跳神，祈求平安。

（续表）

节日名称	流行地区或支系	时间（如未注明者均为农历）	节日主要内容或由来、寓意
祭寨神	云南丽江	六月头伏第一天	全寨男人集中在一起祭祀，祭坛要竖两棵黄栗树，祈祷，焚香，吟诵六字真言。
祭雷神	云南丽江	六月头伏第一天	祭坛一般都设在高处小坡上，祭祀仪式、时间和方式都与祭寨神相同。
火把节	云南丽江	六月二十五至二十七	燃火照田照屋，以示驱邪保平安，歌舞游乐，斗牛等。
白观音会	云南丽江	六月	祈求佛保佑地方太平，人口兴旺长寿，消灾除害，农业丰收，畜牧业发展。
洗牛脚会	云南丽江	六月二十七后及九月	栽插结束，给牛洗澡，喂牛吃肉、蛋、粑粑等。
中元节	云南丽江	七月十一至十四	纳西语叫“波敬”，意为“烧包”，祭祖悼亡。
玉皇节	云南丽江	七月二十八	念经，送东西南北中五方鬼。
尝新会	云南丽江	八月二十四	新米掺陈米，意为新旧相接。举行秋祭，感谢神灵。尝新先喂狗。
香竹花会	云南丽江	腊月十四	买卖香竹（卷香用），以备正月烧大香之用。
送灶神	云南丽江	腊月二十五	熬糖稀，祭灶神，以此封住灶王爷的嘴。
米克普	云南丽江	腊月	消灾仪式。
护法节	云南丽江	腊月	念《护法经》，跳神。
祭东鲁	云南丽江	除夕	用清水将门前的石头门神“东鲁”冲洗干净，涂猪血面粉，祈求全家老小平安、六畜兴旺。

怒族传统节日祭会

节日名称	流行地区或支系	时间（如未注明者均为农历）	节日主要内容或由来、寓意
春节（炉瑟）	贡山	正月初一	除旧尘，插松枝铺松毛，初一晨抢舀吉祥水，拜年（包括给牛、狗跪拜年）射箭，打石头靶，荡秋千等。
祭天	碧江	桃花将开时	祭典由“属谷苏”主持，祈祷丰年、人畜兴旺。
支木切措	云南贡山	正月十三	所有喇嘛集中在普化寺，祈祷三天。
朝山节	云南怒江	三月十五	到当地寺庙打鼓念经四天，祈祷风调雨顺、祛病消灾。并祭山母神，认为喝山母的“奶水”能幸福吉祥。
鲜花节	云南贡山	三月十五	纪念传说中发明溜索、反抗权贵的一位姑娘。
祭山林节	云南兰坪	六七月	杀黑羊祭树林，不许妇女参加。
转经节	云南怒江	七月十五	在遇旱灾或虫灾时举行祭祀活动。
吉佳姆节	云南怒江	秋收后	怒语为过年。烤酒杀猪，歌舞通宵达旦。
巴恰木	云南贡山	十二月二十一至二十九	打鼓念经，挥刀砍伐，以示杀鬼。喇嘛化装成各种动物，跳十二套舞蹈。
祭谷神	云南碧江	十二月二十九	买粮食的魂。
夸白	云南碧江	十二月三十	求平安，祭雨神。

普米族传统节日祭会

节日名称	流行地区或支系	时间（如未注明者均为农历）	节日主要内容或由来、寓意
驾牛节	云南宁蒗、兰坪、维西等地	正月初二	给牛喂肉、喂饭、灌酒，互祝来年风调雨顺、万事如意。
放白羊奶	云南宁蒗、兰坪、维西等地	春季择日	传统牧业祭祀活动。每年上场放牧前，往沿途的泉水潭里倒一盅白羊奶，以祈求上场顺利。
洞经会	云南兰坪	正月十五	吃斋人集合在全村的公房中念经。
月往拔	云南兰坪	二月初八	祭神树，祈求五谷丰登、人畜兴旺。
娃娃节	云南	二月初八	寨里的小孩背上背篓，装上煮熟的猪蹄、鸡蛋、糯米饭，来到山上，在大树下野餐，在山野里游戏，尽兴方归。
祭房头	云南兰坪	二月初十前择日	在与家长本命属相对应之日，举行祭房头仪式。
祭水神	云南	二月二十五	祈求风调雨顺，不下冰雹。
转山洞	云南宁蒗	三月、五月、七月	到山洞朝圣，并为不育的妇女举行“内考姑”（祈育仪式）。
祭龙潭	云南兰坪、维西	三月初五或七月十五	祭水神，人们认为水神不仅能主宰气候变化和旱涝灾情，还会危害人畜，所以要祭。
清明节	云南兰坪	清明日	与汉族同。
祭三脚	云南兰坪	清明节，七月中旬、过年、八月	三脚即锅庄，在正屋中央的火塘上。在锅庄上放一把青松毛，用松毛点酒祭祀。
立夏节	云南兰坪	立夏	拂晓起床，在房前屋后撒灶灰，晚餐吃蒜拌肉，以驱蛇神。
围田节	云南兰坪	四月二十	到地边烧香、杀鸡、野餐，钉竹栏围庄稼。
祭山神	云南宁蒗、兰坪及四川木里、盐源等地	四五月封山时，八九月开山时，七月、腊月间	神树下焚香、摇铃、吹海螺，念山神经，请四方诸路山神享用祭品，祈求山神保佑祭家人畜安康、谷物丰收。

（续表）

节日名称	流行地区或支系	时间（如未注明者均为农历）	节日主要内容或由来、寓意
绕岩洞	云南宁蒗等地	五月初五	青年男女盛装“绕岩洞”、洗澡、歌舞、围猎。
端午节	云南宁蒗	五月初五	吃蜂蜜，用白蒿子叶和菖蒲制成“草人”，挂在房门及牲畜圈门上。
祭药王石	云南宁蒗	五月初五	有一人形的崖峰，称为“药王石”，人们集体进山祭祀。
火把节	云南兰坪	六月二十五	烧篝火，跳锅庄，纪念迁徙中露宿的祖先。
转山会	云南兰坪、宁蒗	七月十五	祭祖，请师毕念经，转狮子山，拜干木女神。
“止惜”	云南兰坪	七月十五	到河边搭桥，请过路人给孩子取名，以求孩子健康成长。此节亦源于一个“遇仙救孩”的传说。
七月半	云南兰坪	七月十五	在家里的锅庄祭祖，不上坟场。
转山会	云南宁蒗	七月二十五	以村寨为单位，成群结队地前往约定的山头转山。
尝新节	云南宁蒗	大小春收获季节	以新米酿酒，煮新米敬灶神、祭祖先。人吃新米前亦要先给狗吃。
洗牛脚节	云南兰坪	九月	为牛洗脚，表示对耕牛终年劳累的感谢。
成年节	云南宁蒗、兰坪	十月初九	孩子满十三岁，举行穿裤子或裙子礼。
祭祖	云南宁蒗、四川木里、盐源	十月	在木楞房的顶上插一根五尺长的青松枝或青竹竿，上挂红、黄、白三色布条，大门上张贴数张祭祖经文，表示该家已祭过祖。
祭天	云南宁蒗、兰坪	大祭十月十五，小祭三月、七月	全村筹集牺牲和其他祭物，汗归诵《诺提经》，小巫在鼓、铃、铙声中舞蹈。
祭詹巴拉	云南宁蒗	十一月十八、正月初一	祭灶神。

（续表）

节日名称	流行地区或支系	时间（如未注明者均为农历）	节日主要内容或由来、寓意
大过年	云南宁蒗、兰坪、维西等地	腊月初六、有的在正月初一	守岁、取净水、祭房头。家有年满十三岁者行成年礼。上山“吃虫头”，象征消灭虫害，祈得丰岁。
大十五节	云南宁蒗	腊月十四	上山露营，举行篝火晚会。次日绕“玛尼堆”祈祷求福。男女青年唱歌跳舞，谈情说爱。
过小年	云南宁蒗、兰坪、维西等地	腊月十七晚至腊月二十	以松毛熏屋，喂狗三个饭团，祭锅庄，围篝火唱歌跳舞、吹笛、吹葫芦笙。
卫生节	云南兰坪	腊月二十五	打扫卫生，修桥补路，此节源于一个“仙女献计”让人民讲卫生，以减少疾病的传说。
祭巴丁喇木女神	云南宁蒗	日期不定	在女神石像上裹缠线条，在石凹里注油，插入灯芯，点灯，焚香，磕头，祈祷女神赐给根种，治愈不孕症，恢复旺盛的生育能力。

羌族传统节日祭会

节日名称	流行地区或支系	时间（如未注明者均为农历）	节日主要内容或由来、寓意
独雄庙会	四川茂汶	正月初四	各村组成十一人的跳神队，手执三叉棒，头戴鸡毛花冠，聚集在独雄庙前跳神。
祭羊神	四川阿坝	正月初五	以泥石砌成圆锥塔，中镶一块白石象征羊神，祈求羊神保佑羊群兴旺。
川主会	四川阿坝	正月初六至十五，六月二十四	人们穿新戴花，以寨为单位，备丰盛祭品到川主庙供奉川主，祈求保佑。祭毕唱歌跳舞，大办酒席。
玉皇大帝会	四川茂汶高龙	正月初九	门前设香案供品祭玉皇大帝，安龙灯，跳锅庄舞娱乐。

（续表）

节日名称	流行地区或支系	时间（如未注明者均为农历）	节日主要内容或由来、寓意
祭勒克西	四川茂汶	正月初九或九月初九	“勒克西”是一种方形小石塔，祭时，在塔前供咂酒，宰杀羊一头，将羊血洒在塔的四周。巫师作法，祈求勒克西神保佑全寨人畜平安。
吊狗祭山	四川茂汶	正月	聚集在象征山神的一块大白石前，点燃香火，将白狗吊在神树林中，狗颈项挂一串圆圈形馍馍。七天后，若狗不死，则认为预示来年丰收，如死则认为是不吉之兆。
祭山大典	四川	正月、五月、十月	在塔前燃柏，点香烛，举行“领牲”仪式，巫师诵祈祷词并念唱史诗，请山神保佑本寨清吉平安，免生疾害。
青苗会	四川阿坝	三月十二	寨子里各户集资买一头羊宰，供奉土地，祈求土地菩萨保佑田中青苗，恩赐丰收。
观音会	四川茂汶、理县	三月十九，六月十九，九月十九	于观音庙供拜设祭，祈求观音菩萨保寨内人口平安。
搜山祈雨	四川	入夏时	所谓“搜山”，即禁止任何人上山砍柴、挖药或打猎，以示顺从天意。在汶川县绵池一带，还有“赶旱魃”的祈雨仪式。
祭树林神	四川茂汶	五月初五	男子扎五色彩旗进山，将羊烧成灰烬弃于山野。然后点燃柏枝，将彩旗献给某棵大树，将其作为自己的保护神，任何人不得砍伐这棵大树。
领歌节	四川茂汶曲谷	五月初五	节前几个妇女到山边的塔子去祭祀女神，然后召集全体妇女穿上新装参加节日活动。
端午节	四川	五月初五	饮雄黄酒，并擦一点在耳边鼻边，洒一点在户沿窗间，臂系五色丝线，认为这样可避兵及鬼，不湿不病。

（续表）

节日名称	流行地区或支系	时间（如未注明者均为农历）	节日主要内容或由来、寓意
杀牛祭山	四川茂汶	五月十五	端公敲羊皮鼓跳神，会首等宰牛，以牛血涂白石（山神），并以全牛置石前献祭。
羌年（小年）	四川茂汶	十月初一	祭祀祖先和白石天神，请端公跳神，合唱《喜庆歌》与《酒歌》，跳“锅庄舞”，畅饮“咂酒”，共庆丰收。
还愿酬神	四川茂汶	十月择日	端公跳神祝词，众人聚在会首家吃羊肉、喝酒。此节禁外人及妇女参加。
牛王会	四川阿坝	十一月初一	让耕牛休息，主人喂以面馍和麦草。

撒拉族传统节日祭会

节日名称	流行地区或支系	时间（如未注明者均为农历）	节日主要内容或由来、寓意
圣纪节	青海	伊斯兰教历三月十二日	与我国西北回族基本一致。
清明节	青海	三月三	各村宰牛一头，集小麦一百八十斤，去清真寺舍散。
青苗节	青海循化、甘肃临夏	五月间	各家向清真寺捐献粮食三斤、馒头一盘，到寺内听阿訇念《青苗经》，然后共食麦仁饭。
莱麦丹阿依	青海	伊斯兰教历九月	信徒逢此月封斋，故又称“肉孜阿依”（斋月）。
格得勒节（“小开斋节”）	青海循化	伊斯兰教历九月（斋月）第二十七天	以家庭为单位，集体举行敬奉仪式，互送炒熟的胡麻和麦子，以庆贺收获。
肉孜阿依提（开斋节）	青海	伊斯兰教历九月（斋月）最后一天见月的次日	举行会礼和庆祝活动。

（续表）

节日名称	流行地区或支系	时间（如未注明者均为农历）	节日主要内容或由来、寓意
牙土乐节	青海循化	伊斯兰教历十月选一吉日	纪念穆罕默德的妻子。人们炸油香、馓子，宰牛羊，炖鸡，到清真寺舍散、念经、举行纪念活动。
古尔邦阿依提	青海	伊斯兰教历十二月十日	教众身着盛装，高擎彩旗，同赴野外旷地举行会礼。
孜克日节	青海	十二月选一吉日	起油锅、炸油食、炖牛羊肉，煮麦仁饭，然后携带这些食品去念经、舍散。
牙格木日森纳	青海	不定期	祈雨仪式。

水族传统节日祭会

节日名称	流行地区或支系	时间（如未注明者均为农历）	节日主要内容或由来、寓意
额节	贵州荔波	水历正月（农历九月）第二个戌、亥日	吃素祭祖，供以鱼、豆腐、酒、饭等。亥日中餐之后即可开荤宴客。
春节	贵州三都	水历四至五月（农历腊月至正月）	与相识的汉族、苗族等族同胞互赠礼物。
祭哥散	贵州	正月初一或十五	“哥散”意为岩神或石神，带鸡、鸭、小猪肉和香纸等祭品，到岩神处供祭。
打手毽对歌节	贵州都匀、丹寨	春节期间	男青年到外寨串游，寻找姑娘，一起打手毽对歌。
挂青	贵州	农历三月	纪念亡人。
霞节	贵州三都	水历九至十月（农历五至六月）	在隐藏并供奉霞石的神坛祭拜水神。
清明节	贵州三都	清明	全家或全族带上活禽，锅碗筷刀具等，到祖先墓前，杀活禽，在野外烹饪煮食，祭祀祖先，聚餐。

（续表）

节日名称	流行地区或支系	时间（如未注明者均为农历）	节日主要内容或由来、寓意
铜鼓节	贵州都匀	清明节后第一个卯日	赛马、跳芦笙舞、对唱山歌、敲击铜鼓。
苏宁喜节（娘娘节、妇幼节）	贵州三都、荔波	水历四月（相当于农历的十二月）的子、丑、寅三天	杀鸡，包粽子，鸡蛋和糯米饭染成红色，祭祀新剪好的纸小人，拜主宰生育的女神。
洗澡节	贵州独山	六月初六	露宿温泉水边、坡脚，对歌。
六月半	贵州三都	水历十月（农历六月）的巳日	祭祀阴间鬼神。
端节	贵州三都、都柳江上游流域	水历十二月至次年一月前后（农历八月底至十月）	赛马，唱歌，跳铜鼓舞，庆贺丰收，纪念祖先。
卯节	贵州三都、樟江上游流域、九阡镇	水历九至十月（农历五至六月）内择一卯日	用祭品祭祀祖先和稻田神灵，在卯坡上对歌，青年男女谈情说爱。

塔吉克族传统节日祭会

节日名称	流行地区或支系	时间（如未注明者均为农历）	节日主要内容或由来、寓意
肖公巴哈尔节	新疆塔什库尔干	三月	相当于新年，拜年，叼羊，赛马，摔跤，打马球等。
祖吾尔节	新疆	三月	引水入渠，开耕播种。
铁合木祖瓦提斯节	新疆	四月中旬	意为“播种”或“开始播种”，故又称耕种节，传统农祀节日。
油葫芦节	新疆	伊斯兰教历九月十五日	诵经，头晚彻夜不眠，在木桩上挂一只油葫芦灯，待灯油燃尽，主人便用脚踩碎油葫芦，以示将一切灾祸罪恶全部根除。

（续表）

节日名称	流行地区或支系	时间（如未注明者均为农历）	节日主要内容或由来、寓意
特克贯克勒斯节	新疆	秋季择日	“游旗”，举着旗帜到各地巡行，信徒沿途向旗帜膜拜，呈上各种供品。
肉孜节	新疆	伊斯兰教历十月初	人们互相祝贺，但不封斋。
古尔邦节	新疆	伊斯兰教历十二月十日	将作为牺牲之羊抬至屋顶宰杀，羊血涂于孩子们的额头和面颊，以示吉祥。

塔塔尔族传统节日祭会

节日名称	流行地区或支系	时间（如未注明者均为农历）	节日主要内容或由来、寓意
萨邦节（“犁头节”）	新疆伊犁、塔城、阿勒泰	初春	人们身着鲜艳的民族服装，带上各种食品、饮料、乐器，唱歌跳舞，互相祝贺。
圣纪节	新疆	伊斯兰教历三月十二日	诵经赞圣。同时各家各户准备油炸饼、烤包子及其他各种食物，款待诵经赞圣的人。
登宵节	新疆	伊斯兰教历七月二十七日	通宵达旦地做礼拜、祈祷、说吉利话，严禁粗言秽语。
努鲁斯节	新疆	伊斯兰教历八月十四日	具体过法与新疆维吾尔族基本一致。
油葫芦节	新疆	伊斯兰教历八月十五日	诵经，头晚彻夜不眠，在木桩上挂一只油葫芦灯，待灯油燃尽，主人便用脚踩碎油葫芦，以示将一切灾祸罪恶全部根除。
斋月节	新疆	伊斯兰教历九月	穆斯林在斋月每天日升至日落间禁绝一切饮食，是为“斋戒”。
肉孜节	新疆	伊斯兰教历十月初	具体过法与新疆维吾尔族基本一致。
古尔邦节	新疆	伊斯兰教历十二月十日	家家户户宰牲，礼拜，隆重欢度节日。

土族传统节日祭会

节日名称	流行地区或支系	时间（如未注明者均为农历）	节日主要内容或由来、寓意
春节	青海	正月初一	打扫房屋，缝制新衣，宰猪杀羊，蒸炸年馍，酿制青稞酒，新嫁娘“戴天头”，给羊倌拜年。
崩康	青海	每月初一、十五	崩康意为十万佛爷，祭祀时人们围崩康转圈，同时口中不断地念诵六字真言以祈祷。
官经会	青海互助	正月初二至十五	磕长头，点酥油灯，供饭以及布施。
刚日纳顿	青海	正月初八至十五	在寺庙佛堂前煨桑、点灯、上香、叩头祭祀后，年轻人戴凶煞面具，穿古装，在佛殿前跳神舞辟邪禳灾。逐门挨户跳神舞，驱魔鬼，赶瘟疫。
晒佛节	青海互助	正月十五	在佑宁寺举行隆重的晒佛仪式。
灯会	青海民和	正月十五	展出和观赏花灯，夺抢彩球。
跳火堆	青海	正月十五	在大门口放三堆或七堆麦草，点燃后，由家中长辈带全家人自右至左从火堆上跳三次，以示辟邪。
抹黑脸	青海同仁	正月十五	用锅底灰将脸抹黑，逢人便抹，追逐嬉戏，但家中有丧事者不抹。
正二十	青海民和	正月二十	给女孩子们穿耳眼，包饺子、做拉面以贺节。
刀山会	青海民和	每隔二三十年的正月十六后选一吉日	上刀山者手攀绳索，赤足踩刀，正面上梯，跨过“天桥”后再从背面下梯。
火神节	青海民和	正月二十九	放焰火，火、灯笼表演，演唱戏剧。
龙王庙会	青海互助	二月初二	法师跳神舞，民间举行贸易活动。
东沟大庄跳神会	青海互助	二月初二	赛马，跳神。
赛马会	青海互助	二月初二	赛马，跳神。

（续表）

节日名称	流行地区或支系	时间（如未注明者均为农历）	节日主要内容或由来、寓意
雷台会	青海互助	二月初二	在祈雷公的地方，演变为定期的花儿演唱大会。
跳神会	青海海东、互助	三月初三	请巫师跳神，祈求神佛保佑人畜平安、当年风调雨顺，到野外游玩。
鸡蛋会	青海互助、大通	三月初三、三月十八、四月初八	给龙王神轿、九天玄女娘娘神轿等献牲酬祭，请法师诵经跳神舞，以避祸禳灾，保五谷丰登，人畜两旺，带鸡蛋赴会，以蛋壳禳解雹灾。
却藏寺官经会	青海互助	三月十四	喇嘛们穿戴古装异服，戴上面具，在海螺、羊皮鼓及锣、钹等乐器的伴奏下，表演许多带有宗教内容的舞蹈。
祭祖节	青海乐都、民和	三月底至四月初	各家携带馒头、酒、奶茶、猪肉、果品、菜肴等上坟祭祖。
清明节	青海	清明	上坟，给亡人烧纸钱、奠酒。
祭佛节	青海互助	四月初一至十五	磕长头，布施供饭，转廓拉，点灯。
夫让尼骚	青海	四月初	请一位喇嘛领班主持诵经，众人献供，进香点灯，以示虔诚。
纳家跳神会	青海互助	四月初八	赛马，跳神。
端午节	青海	五月初五	柳枝插在房门、大门及庄稼地，以示庄稼茁壮。系五彩丝线，抹雄黄酒。
斯古拉	青海	五月下旬至六月	“转山”。敲锣，打鼓，吹海螺，擎彩旗，背经卷，唱道歌，沿一村或数村地界转一周。
佑宁寺法会	青海互助	六月初二至初九	跳神，赛马。
七里寺花儿会	青海民和	六月初五	赛歌，赛马，唱传统戏，摆摊设点。
五峰山花儿会	青海互助	六月初六	对唱“花儿”，喝酒猜拳。

（续表）

节日名称	流行地区或支系	时间（如未注明者均为农历）	节日主要内容或由来、寓意
老爷山花儿会	青海大通	六月初六	到老爷山来祈雨，现编歌词现唱，即兴创作。
馒头寺花儿会	青海互助	六月初六	对唱“花儿”。
朝山会	青海互助	六月初六	念经，祈祷五谷丰收，人畜兴旺。
丹麻花儿会	青海互助	六月十一	对唱“花儿”，唱戏，赛马，比武等。
松蕃寺山歌会	青海互助	六月十三	赛歌，赛马。
峡门花儿会	青海民和	六月中旬择日	男女相互对唱。
六月会	青海同仁	六月二十	敬二郎神，煨桑，点灯，祈愿天地众神护佑平安，禳灾避祸，人畜两旺。
七月七	青海	七月初七	做糟子用以发面、酿酒，姑娘涂红指甲。
祭财神节	青海乐都	七月二十二	财神赵公元帅诞辰。家家吃羊肉烧茄子。
纳顿会	青海民和官亭、中川、甘沟	七月至九月	把二郎神像放上八抬大轿，走村串乡，一路上锣鼓齐鸣。
八月十五节	青海互助、乐都、民和、同仁等	八月十五	蒸馍，谓之大月饼，点青油灯，煨桑，磕头，接月亮。
官亭庙会	青海民和	九月初七至初九	敲锣打鼓，恭请土族最崇信的二郎神像。
请神法会	青海民和	九月初九	庆贺五谷丰收，感谢神佛保佑。
重阳节	青海	九月初九	携带柴火、酒食等，成群结队，去郊外登山。围火而坐，猜拳饮酒，吹笛唱歌。
九月九庙会	青海民和	九月初九至十一	请来法师，剪幡立杆，抬香祈祷，边舞边唱《青莲曲》。
冬至节	青海互助	冬至	吃一顿油饼，骑马比赛和角力。
祭家神	青海	十月初一	给家神化纸、供饭，然后举行祭祀仪式。

（续表）

节日名称	流行地区或支系	时间（如未注明者均为农历）	节日主要内容或由来、寓意
送寒衣	青海互助	十月初一	上坟祭祖，带着纸做的衣物到坟前焚烧，谓之给先人送寒衣。
腊八节	青海互助	十二月初八	取五谷及果实等做粥供佛，名为腊八粥。
献冰日	青海互助	十二月初八	食冰。求来年风调雨顺、丰衣足食、六畜兴旺。
赶於菟	青海同仁	十二月十九	法师带领十几名青年，用墨汁在身上画虎的斑纹，即“於菟”。村民将於菟送到村外，鸣枪驱赶。
送灶神	青海民和	十二月二十四	置酒、糖、果等，陈于厨房灶神牌位下祭祀，将灶神像焚之，俗谓送灶神上天，并换以新像。
打施食	青海互助	十二月二十九、正月十四	消灭损害人的恶事。

土家族传统节日祭会

节日名称	流行地区或支系	时间（如未注明者均为农历）	节日主要内容或由来、寓意
打春节	四川石柱	立春	唱戏，土地戏灯，道琴，清唱，川戏，设彩亭、彩莲船、龙灯、蚌壳花灯，舞板凳龙，狮子滚绣球等。待“春牛”打坏，人们争扯“春牛”残部，抢到一片为吉。
社巴节	湘西古丈	立春后第五个戊日	迎接“祖神”，唱有关祖先来源的古歌，敬神，表演歌舞。
射虫日	湖北	惊蛰前一天	用炭灰在地上画出弓箭的形状，意为射尽害虫，免遭蚁灾，求得丰收。
祭土地神	湘西、鄂西	每月初一和十五，二月初二	不动土，不下田，聚会敬祭，家里不生火为炊，皆在土地堂进餐。贺土地生日的同时，还占卜年景丰歉。

（续表）

节日名称	流行地区或支系	时间（如未注明者均为农历）	节日主要内容或由来、寓意
祈禳节	湖南	正月初三至初七间择日	全村寨男女老幼聚集于鬼堂前，杀猪置供，焚香摆酒，由掌坛梯玛（巫师）主持祭祖仪式，求祖先保佑，得福禳灾。
调年会	湘西、鄂西	正月十五	祭祀祖先，祈求丰收，歌舞娱乐。
跳马节	湖南湘西	正月马日	跳马舞，驱逐瘟神，以保新的一年人安谷丰。
大摆手	湘西	春节后	庙前举行盛大祭典，历时三至七天，以祭八部大神，众人跳摆手舞，唱摆手歌，表演“毛古斯”。
小摆手	湘西	春节后	祭祖，众人跳摆手舞，唱摆手歌。
观音会	湖南	二月十九、六月十九、九月十九	携带清油香米，步行到庙堂参与僧尼念经拜佛和斋戒沐浴活动。
牛王节	湘西	四月十八	让牛休息，给牛披红挂彩，到牛王庙杀猪宰羊祭祀。
谷神节	湘西	五月十五	把犁、耙、锄和镰等农具放在堂屋门口的正中央，点香，供肉食和酒，全家人跪拜行礼。
太阳祝生节	湘西	六月初六	各家将室内的衣服、物品拿出来曝晒，防虫蛀、防霉烂。
晒龙袍节	湖北鄂西	六月初六	杀牛，焚香明烛，行祭祀之礼。翻箱倒柜，晾晒衣物防霉、蛀。
族年	川东	七月初一	家家杀猪宰羊、磨豆腐、打糍粑，邀请乡亲族友团聚、宴饮。
尝新节	云南宾川	据庄稼成熟情况，择吉日	拿一碗旧米与新米同煮，表示年年有余。饭熟后，第一碗饭要给狗吃。
解钱	湘西、鄂西	八月十五	每到丰收年成，就请梯玛前来为去世的祖先举行仪式。

（续表）

节日名称	流行地区或支系	时间（如未注明者均为农历）	节日主要内容或由来、寓意
求子	湖南	八月十五至十月十五之间	梯玛吹牛角、舞司刀、摇铜铃、唱神歌，到天亮时，梯玛从怀中取出一个用糯米糍粑做成的人像，表示儿子已经求到，送给主人抚养。
谢灶	湘西、鄂西	腊月二十三夜	在灶龛上贴纸剪灶神像，供奉斋粑、豆腐、糖食，点香祈祷灶神上天，多向玉帝禀奉好事，祈赐祥瑞。
冬月节	湖南龙山	十一月初五	在本族首领吴著像前，献牲、焚香、明烛，跪拜叩首，行祭祀之礼。
赶年	湘西和川黔	月大在腊月二十九，月小在腊月二十八	堂屋用青布遮起，祭祀的饭上放腊肉、粑粑，上面插松枝、梅花，并在小竹篮内装许多筷子。
打糍粑节	湖北	十二月最后一天	成双成对的小伙子用木槌舂蒸熟的糯米，捏成圆粑粑，献给祖先。

佤族传统节日祭会

节日名称	流行地区或支系	时间（如未注明者均为农历）	节日主要内容或由来、寓意
龙梅吉	云南沧源	佤历三月（阳历十二月至一月）	祭树神。保佑村寨平安、人畜兴旺。
砍牛尾巴	云南西盟	二至四月	剽牛，由魔巴唱“司岗里”，争抢剽牛等。
做薄由鬼	云南西盟	三月	进行此项宗教活动时，全寨人忌生产五天。
做达鬼	云南西盟	三月	用鸡一只、鱼三串，全寨人忌生产五天。
撒谷节	云南西盟	播种旱谷前	男女青年同往山地，用一种既是工具又是乐器的“铎铲”边舞边种。

（续表）

节日名称	流行地区或支系	时间（如未注明者均为农历）	节日主要内容或由来、寓意
崩南尼	云南沧源	佤历新年（农历十二月）	辞旧迎新，杀牲祭祀。
取新火节	云南沧源	佤历新年后的第一或第二个月间（农历八九月间）	“灭旧火换新火”，在寨中寨魂桩边举行取火仪式，取新火一般采用燧竹（或木）取火的方式。
“冷三木”大节	云南	佤历三月初	过大年。
贡象节	云南西盟	泼水节后第三天	唱祝词，祝愿大象繁衍后代，保佑庄稼丰收。禁止上山狩猎和从事田间劳动。
庆丰年	云南西盟、沧源	秋收后	到地里把谷、棉、小米神迎回家。
拉木鼓	云南西盟	十二月	人们认为木鼓是通天的神器，每年十二月就要拉木鼓，把木鼓拉到木鼓房处，剽牛祭鬼。
做水鬼	云南西盟	十二月	修水沟及水槽，请魔巴做水鬼并看鸡卦。
新水节	云南	腊月三十至正月初二	修理水井，到水塘抢新年第一桶水，以图吉利。
盖大房子	云南西盟	佤历固入安月（农历二月间）	建大房子的人家要杀鸡念咒、跳歌，正式仪式历经十一日。

维吾尔族传统节日祭会

节日名称	流行地区或支系	时间（如未注明者均为农历）	节日主要内容或由来、寓意
水节	新疆	春天来临前	挖泉眼、清水渠，边劳动边玩乐。
撒拉	新疆吐鲁番、哈密	春季到来之际择日	身着盛装，野餐，游戏。举行隆重的农祀仪式，以求当年风调雨顺，获得丰收。
撒拉哈特曼节	新疆喀什、墨玉等	初春	屠宰牲畜，以求丰收。
麻札朝拜	新疆	春、秋季节	礼拜，诵经，祭祀，向麻札捐赠土地，施舍财物。

、　（续表）

节日名称	流行地区或支系	时间（如未注明者均为农历）	节日主要内容或由来、寓意
跳火节	新疆	公历三月中旬择一夜	传说这一节日是早期萨满教的遗风。青壮年跨越火堆，驱邪。
都瓦节	新疆喀什、和田	清明	上祖坟哭诉，燃灯，诵经，祭祀，家家户户吃抓饭。
播种节	新疆	农历四月初十	吃够、喝足，下地播种。
香妃墓会	新疆南部	夏季，时间长达三月	悼念清乾隆皇帝的宠妃香妃。
努鲁斯节	新疆	伊斯兰教历八月十四日（春分前后）	男女老少皆打扮一新，郊游，相互拜贺，聚餐。
拜拉特节	新疆	伊斯兰教历八月十五日	用植物油炸油饼，然后带到墓地祭祀祖先。
盖德尔夜	新疆	伊斯兰教历九月二十七日	守夜，坐夜，诵经赞圣。
肉孜节（开斋节）	新疆	伊斯兰教历十月初	穆斯林沐浴更衣，探亲访友，馈赠礼品，相互庆贺。
庆丰收	新疆	秋收打完场后	在场上备瓜果、油饼等，请一位老人和全家一起共享。
白雪节	新疆	每年第一场雪后	互相庆贺，并相约去朋友家报喜，互相拜访、聚餐。
库尔班节	新疆	伊斯兰教历十二月十日	举行盛大的麦西来甫歌舞集会。
渴水节	新疆北部	冬春之交，冰雪消融之际择日	带食物野餐，商谈一年的农事。

乌孜别克族传统节日祭会

节日名称	流行地区或支系	时间（如未注明者均为农历）	节日主要内容或由来、寓意
吾齐·亦克	新疆	每礼拜四、五太阳落山后	纪念已过世的前辈和亲友，为他们的灵魂祈祷。
苏曼莱克	新疆	伊斯兰教历一、二月	用麦粒碾成粉，做成甜面食，以家庭为单位，全家同食。
努鲁斯节	新疆	伊斯兰教历八月十四日	男女老少皆打扮一新，郊游，相互拜贺，聚餐。
肉孜节（开斋节）	新疆	伊斯兰教历十月初	穆斯林沐浴更衣，探亲访友，馈赠礼品，相互庆贺。

锡伯族传统节日祭会

节日名称	流行地区或支系	时间（如未注明者均为农历）	节日主要内容或由来、寓意
抹黑节	新疆	正月十六	拿着抹黑布互相涂抹。
祭喜利妈妈	新疆	二月初二	喜利妈妈是锡伯族供奉的女神。春节宰猪的人家，都要将猪头留至这一天食用。
祭地	新疆	春耕开始前	杀猪，向西天行跪拜礼，以求地神和天神保佑。
航西	新疆察布查尔、巩留、霍城	三月、七月、十月	祭祖坟。
杜因拜专扎坤节	新疆	四月十八	锡伯族从东北迁往新疆的纪念日。说书、射箭。
孙扎拜义车孙扎	新疆	五月初五	喝雄黄酒，在孩子的肩背上系上用各种彩布、丝线缝制的小猴，烧纸钱，祭祀祖先。
祭树神	新疆	五月初五	携食物和布条等到树下焚香祭祀，并将布条系于树枝，以示敬拜。

（续表）

节日名称	流行地区或支系	时间（如未注明者均为农历）	节日主要内容或由来、寓意
祭月	新疆	八月十五	置一张供桌，上摆切开的瓜果，全家人向月叩头。
抢千烛	新疆	十月二十三	喇嘛先行点烛祭祀，然后一声令下宣布抢烛。人们认为，抢得面烛，无子的会得子，有子的家中人丁会更兴旺。
春节	新疆	十二月二十三至正月初二	祭灶神爷，杀猪宰羊，吃饺子，歌舞。
祭星	新疆	十二月二十七	羊腿供一夜，以祈七星神保佑。
祭海尔堪	新疆	不定期	供奉牲畜保护神，将红布条或鸟羽拴在马尾上。

瑶族传统节日祭会

节日名称	流行地区或支系	时间（如未注明者均为农历）	节日主要内容或由来、寓意
丰年祭	广西德保	正月初一至初二	围着火堆烤肉吃，歌舞，祈祝丰收。
春节、元宵节	云南元阳马街区	正月初一、十五	祭“那法神”（送子娘娘）、灶神、土地神等。
陀螺节	贵州荔波	正月初一至十五	赛陀螺。
放牛出栏节	广西大瑶山	正月初二	青年男女出外唱歌求爱，不受约束。
祭土地神	云南麻栗坡	正月初二或二月初二	以酒、肉、鸡参加祭祀，请师父祭土地神。
铜鼓节	广西田林	正月初三	举行揭鼓典礼，围着铜鼓翩翩起舞。
祭龙	云南	正月第一个属虎日或三月初三	祭祀仪式多在“寨老”家举行，同时举行祭祀谷魂仪式等，祈风调雨顺。还要举行“扫寨”仪式，众人持刀游行，以驱鬼魂。

（续表）

节日名称	流行地区或支系	时间（如未注明者均为农历）	节日主要内容或由来、寓意
祭虎日	云南金平	正月第一个属虎日	禁止扫地，也不能带青菜、青叶等绿色的东西回家，停止劳动一天。
游盘王	广西富川	正月十二或十一月二十八	“盘王”巡游，男跳舞，女伴唱。
招鸟节	广西富川	二月初一	宰鸡杀鸭做糍粑，任小鸟啄食，叫作“招鸟”。希望田里无虫无灾、风调雨顺、五谷丰登。
盘王墟	广西恭城、阳朔、平乐等地	二月初二、六月二十三、十二月二十八	舞龙，舞狮，民间贸易。
吃众节	云南元阳	二月初五	祭禾苗神、盘王神、担粪神等。
扎巴节	云南河口	二月十五	青年男女交游、对歌。
春社节	广西融水	二月二十八、二十九	煮粥吃，封芦笙。
祭盘古郎	广西南丹	二月、六月	求神保佑风调雨顺。如果祭祀后无效，便将庙中偶像倒置。
祭社王	广西	二、八月社日	社王曾教瑶民播种五谷，故又称“五谷神”，宰猪献祭，由师公主持，在庙中聚宴。
歌节	广西龙胜	三月初三	打油茶，唱山歌。
桑略卓散节	云南富宁	三月初三	纪念传说中的一对情人，举行丢包、唱情歌等活动。
乌冬节	云南富宁	三月初三	丢花包，对唱，赛马。
干巴节	云南河口	三月初三	烤食腊肉或鱼肉，串门祝贺，饮酒对歌。
牛节	广西富川	四月初八	牛的生日。
插秧节	广西金秀	四月择日	男女青年白天劳作，晚上对歌。
祭龙节	广西金秀	五月立夏后的辰日	杀鸡或备肉供神，请师公在大门对天祈祷，祈求龙神收拾耗子、保护庄稼。

（续表）

节日名称	流行地区或支系	时间（如未注明者均为农历）	节日主要内容或由来、寓意
粽粑节	广西融水	五月十四	包粽子，杀鸡宰鸭，全家人聚餐宴饮。
达努节	广西都安、南丹等	五月二十七至二十九	为孩子做茅草圈保平安，跳猴鼓舞、铜鼓舞。
夕九节	广西西部	五月二十九	杀猪宰羊，酿酒添菜，走亲访友。
护青保苗节	广西龙胜	六月初六	杀鸭子、挂青苗。
晒衣节	广西桂平	六月初六	把衣被和箱笼拿到屋外晒谷坪上，摊开在竹垫上晒。
中年节	广西南丹	六月三十至七月初二	自酿米酒，杀鸡买肉，并在家休息数天。
目莲节	各地	七月十五	杀鸡备肉，烧纸祭供祖先。
求禾花节	广西金秀	八月十五	到各个神庙去祭神灵，保佑庄稼丰收。
祭目母婆	广西全州	八月十五	请梅山道公，吹唢呐，敲锣打鼓，到盘王庙，将目母婆请上备好的四人大轿，把她接回寨中祠堂。
粑节	广西融水	九月	用新收获的糯米舂成大粑粑，配以丰盛的菜肴食用，赛装、选美。
平安节	贵州黎平	九月二十七	杀鸡宰鸭，捉鱼，舂米打粑，招待亲朋好友。
祭雷庙	广西都安	九月至十月间择日	杀猪宰羊，祭供雷庙、树神。
盘王节或瑶年	各地	十月	为瑶族最大的传统节日，起法名，耍歌堂。
洗禾剪节	广西上思	十月初十	人们认为，把剪糯谷用的剪刀洗干净放好，第二年稻谷才会获得丰收。
度戒	桂、湘、粤、滇、黔	十月至次年正月间择吉日	成年礼，挂灯、接师、请圣、立幡、走道、度火堂、睡阴床、跳云台等。
打斋节	云南元阳	十一月	祭神等。

（续表）

节日名称	流行地区或支系	时间（如未注明者均为农历）	节日主要内容或由来、寓意
青瑶小年	贵州荔波	十一月三十	把猪肉、糯米饭、粑粑和米酒，敬给祖宗和山神，祈求丰收。
年末节	云南富宁	年末	请师父念经，杀鸡，烧香，供奉祖宗、诸神。

彝族传统节日祭会

节日名称	流行地区或支系	时间（如未注明者均为农历）	节日主要内容或由来、寓意
春节	部分地区彝族	正月初一	辞旧迎新。
祭龙（或“祭天”）	云南楚雄、阿细人等	正月初三或三月初三	祭龙分“请龙”“祭龙”“接龙”等仪式，阿细人把龙奉为水神。
祭山神	云南双柏诺苏支	正月属鼠、马日	村祭，杀鸡祭之，祈盼村民平安富足。
过小年	云南双柏诺苏支	正月三十	祭祖。
火神会	云南永仁迤计厂	正月初二	拜火神。
拜年会	云南永仁迤计厂	正月初三	为土主神拜年。
迎本主会	鹤庆等地	正月初五	歌舞，爬刀杆。
土主庙会	云南各地	正月十五	祭祀土主。
开街节	云南永仁直苴乡、姚安、牟定、大姚、楚雄等	正月十五	拆除初一置的秋千，跳歌，后来成为一个赶街或出门做生意的日子。
三元会	云南巍山	正月十五、七月十五、十月十五	在玉皇阁的三官殿诵读《太上三元赐福赦罪解厄消灾延生保命妙经》。
退口神	云南丽江	正月十五	用猪或鸡退口神，保佑一年吉利。
天光会	云南昆明	正月十五	祭祀天光谷神，杀猪、鸡各一只为牺牲。
天台集会	云南牟定	正月十六	祭奠共同祖先“默”，举办集市交易。

（续表）

节日名称	流行地区或支系	时间（如未注明者均为农历）	节日主要内容或由来、寓意
天子庙会	云南昆明	正月二十	吃素，每家派一名男子参加，会间唱戏。
祭龙会	云南永仁迤计厂、建水、绿春、砚山等	二月初二或属鼠日	祭龙，祈盼龙王适时降雨，全年风调雨顺。
叫饭魂	云南巍山	二月初五	祈盼来年风调雨顺、五谷丰登。
二月八（打歌节）	云南大理	二月初八	荡秋千，打歌。
做会	云南砚山	二月	祭祀山神。
祭种神	云南	二月属马日或属鼠日	阿细人祭种神（带来五谷种子的神）。
祭猎神	鹤庆等地	三月初三	祭猎神。
三月三	广西隆林、云南宁蒗	三月初三	带猪头去供山神，不找青菜，不戴雨帽，不撑伞，违者处罚。
插花节（马缨花节）	云南大姚昙华山、楚雄、牟定、禄丰等	三月初八或三月十三等	祭祖，祭马缨花。认为花插到哪里，哪里就吉祥，人们欢聚花山，歌舞欢娱，或宴请宾客，进行物资交流。
三月街	云南牟定	三月二十八	物资交流，歌舞盛会。
土主会	云南永仁迤计厂	三月二十八	拜土主。
撵火神	云南弥勒阿细人	三月	一人化装为火神往各家钻，家家都赶他，直到将其赶出村外。
财神会	云南鹤庆，永仁	三月十五	拜财神，唱夜戏，主要唱阴戏（如《唐王游地府》等）。
朝山节	云南鹤庆	三月十五立夏	三月十五朝石宝山，当年结婚者植山楂树一棵，寓意“子孙不绝”。立夏朝朝霞山，举行“迎朝霞”仪式，唱古歌、歌舞、采摘火草。
姑娘会	云南永仁	三月二十	歌舞，物资交流。
赛装节	云南大姚三台乡	三月二十八	姑娘由父母兄弟陪同到歌舞场，跳完一圈即躲入松林换一套新衣，以多为胜。物质交流。

（续表）

节日名称	流行地区或支系	时间（如未注明者均为农历）	节日主要内容或由来、寓意
跳宫节	云南富宁	四月初八	祭祀传说中救过先人的金竹。
太子会	云南永仁	四月初八	唱山歌，跳左脚舞，耍龙灯，晒“龙太子”，敬龙王爷。
荞菜节	云南麻栗坡	四月第一个属龙日	祭祖，叫荞魂。
保苗会	云南鹤庆	五月初三	杀牛祭“娥猫山”将军，祈保秧苗，并到干龙洞祭龙。
斗牛节	云南	六月初一	斗牛，歌舞。
跳歌节	云南楚雄小黑梁子	六月初一	吹笛弹琴，欢歌起舞。
杨梅节	云南楚雄哨区	六月初一	杨梅成熟，栽插结束，青年上街吹笛跳舞庆祝。
六郎节	云南麻栗坡	六月	杀牛，杀鸡，染花米饭，在一棵大树下敬献龙神，并忌工三天，节日期间进行斗牛比赛。
六月六	广西隆林	六月初六	全寨合买一条牛，用来祭山神，染红饭。
田头会	云南永仁	六月初六	祭田神。
插枝节	云南易门	六月初六	用树枝插田地，以防害保丰收。
牛马猪王会	云南昆明	六月二十二、二十四与二十五	祭祀牛王、马王与猪王，旨在求牛、马、猪之王保护牲畜健壮。
火把节（夏星回节）	所有的彝族地区	六月二十四或二十五	点燃火把祈年照岁、驱灾送穷，以迎接按彝族太阳历计算为岁首、月首、日首的新年——“星回节”，即北斗星斗柄回转到最上端时。要祭天、祭地、祭祖等，开怀痛饮，歌舞嬉戏，摔跤斗牛。有的地方又叫“青苗会”。
山街节	云南楚雄州	六月初一至七月立秋前后	物资交流，歌舞。
三皇会	云南昆明	七月初七	祭三皇牌位，献猪、羊、鸡，毕摩披毡，背神签筒，念《报恩科》等主要经文。

（续表）

节日名称	流行地区或支系	时间（如未注明者均为农历）	节日主要内容或由来、寓意
祭祖	云南双柏	七月初一至十四	各家炒各种粮食祭祖先，分给家鬼、野鬼和活人吃，保佑健康。
盂兰盆节（七月半节）	广西、云南	七月十五	化装跳鬼，迎死去的家人回家过节。
赶花街	云南峨山、双柏	七月十五	对歌跳舞，谈情说爱，物资交流。
新米节	云南麻栗坡	七月	尝新。
祭灵树	云南麻栗坡	八月吉日	杀鸡，烧香，在树下敬献。
做会	云南砚山	八月	祭祀山神。
尝新米、中秋节	云南麻栗坡、双柏	八月十五	把新谷穗放门上、堂门上和灶门上，并用各种谷献米柜和谷仓。
草马节	云南砚山	八九月选一属鼠日	把用草编成的两匹马从东方送到西方，将其烧灭。
丰收节	云南鹤庆西山区	九月初九	祭供“山神石”，纪念传说中救人于难的山神地母的一对儿女，歌舞，饮酒。
补尝新节	云南麻栗坡	九月	尝新。
土皇节	云南巍山	九月中下旬	送土皇，保安康，保田地，保地基。
十月招	云南富民	十月初十	携酒、肉、杨柳枝等到祖公坟地上，插上柳枝，点起香，献上供品。
水牛节	云南双柏	十一月冬至日	喂牛吃腊肉、盐巴等，感谢其一年的劳作。
密枝节	云南弥勒、泸西、路南一带白彝阿乌人	冬月初十（正月初二）	白彝阿乌人祭山，祭猎神鲁特。
星回节（冬）	几乎所有彝族地区	十二月二十四	按彝族“太阳历”，北斗星柄下指，为冬季星回节，称过年或送岁。

裕固族传统节日祭会

节日名称	流行地区或支系	时间（如未注明者均为农历）	节日主要内容或由来、寓意
迎喜神	甘肃	正月初一	拂晓，绕帐篷边走边用芨芨草蘸奶茶，向天上扬洒。
春节	甘肃肃南	正月初一至初五	祭祖，请喇嘛诵经祈祷，敬天神，互相祝福。
正月大会	甘肃肃南	正月初十至十五	瞻仰佛堂，点灯祈祷。喇嘛把红枣撒在人群中，以示吉利，做油馃子，宰羊，做酥油花。
剪马鬃	甘肃肃南	四月十一后几天内择日	一面唱“剪鬃歌”，一面给马驹抹酥油，先剪一绺拿进帐篷，献给所崇信的神。
四月大会	甘肃肃南	四月十四至十六	院喇嘛、法台及僧人闭斋两天，禁闲谈，默诵经卷、祈祷。
六月大会	甘肃肃南	六月初一至十五	请喇嘛念《平安经》，并上山祭鄂博，祈求山神保佑牲畜平安、人畜两旺。
九月大会	甘肃肃南	十月二十四至二十六	纪念宗喀巴逝世日。
火驱凶神	甘肃	除夕前	点燃两堆火，放鞭炮，驱赶牲畜从两堆火中过。
祭鄂博	甘肃	二月初、四月二十一、六月初一	祭鄂博象征崇敬天地神灵。喇嘛念经，然后在“神羊”的头上抹些酥油，再在羊头、背上浇水，待羊全身发颤时宰，叫“献牲”。

藏族传统节日祭会

节日名称	流行地区或支系	时间（如未注明者均为农历）	节日主要内容或由来、寓意
藏历年	藏族地区	藏历十二月至次年一月	辞旧迎新，家庭聚会，接新水，朝拜，文艺活动。
传大召	西藏拉萨	藏历正月三日至二十四日	陈列酥油灯、酥油花，观赏者人山人海，歌舞欢庆，彻夜不眠。

（续表）

节日名称	流行地区或支系	时间（如未注明者均为农历）	节日主要内容或由来、寓意
默朗道嘉	西藏	藏历正月二十四日至二十六日	诵经念咒，法号齐鸣，边行进边抛驱鬼食物，还要焚烧草堆，鸣放火枪，以示驱逐本年内一切妖鬼灾祸，祝愿五谷丰登、人畜两旺。
甘丹绣唐节	西藏	藏历正月	举行法会，展示寺内所藏绣画，僧侣云集观瞻。
祭河神	青海河湟	正月初一	祭奠河神，叩首默祝，汲水回家。
祭山神	青海河湟	正月初一拂晓和四月初八	祈祷山神默佑豺狼虎豹远遁、骡马羊牛兴旺，山林茂盛，百草浓郁。
春节	云南维西	正月初一至初十	每家都不能缺席集体活动，缺席的人要受到处罚。
纳卡母	四川西南	正月一日黎明时分	举行祭天仪式。
放禄马	青海平安、湟中以及化隆等	每月初一、十五	凌晨登上山头，烧香、煨桑，将禄马印纸置帽顶，双手托起，迎风撒向空中。
跳墨都	甘肃舟曲	正月初三	亦称“出阵舞”，祭祀祖先或部落神。
草地牧民节	四川阿坝	正月初	打扫室内外卫生，争背吉祥水，全村寨跳舞唱歌。
曼拉节	甘肃甘南	正月初八	凡出嫁的姑娘都要与父母、兄妹团聚、歌舞。
放生节	甘南	正月初八	为马、牛、羊洒上净水，再在它们的耳朵上系上彩色绸带或布条后放走，谓之放生。
普度会	甘肃天祝	正月初八、初九	僧人跳护法舞禳灾，举行大规模的观经活动。
上九节	四川夹金山	正月初九	舞狮，舞龙，男女对垒摔跤。
酥油灯节	西藏、青海、四川、云南	藏历正月十五日	用酥油和各种色彩制作亭台楼阁、珍禽异兽、百花异草、历史人物故事，藏族群众盛装前往观赏，载歌载舞，欢庆佳节。

（续表）

节日名称	流行地区或支系	时间（如未注明者均为农历）	节日主要内容或由来、寓意
毛兰木钦布	甘肃天祝	正月十五	看看跳神和酥油花展览。
转强巴	藏族地区	正月十六	僧人们抬着弥勒佛从大经堂开始，在器乐伴奏下，绕弥勒佛殿一周。
朝山会	藏族地区	正月	朝拜神山。
坚乔节	青海化隆	正月	制作酥油花，歌舞。
塔尔寺四大观经	青海	正月、四月、六月、九月	陈列酥油花，晒大佛，跳“坚妻桑舞”，戴面具，跳欠，法王舞。
传小召	西藏	藏历二月十五日	大昭寺参加辩经。
供宝会	西藏	藏历二月三十日	僧侣千人，衣着整齐，手持象牙、犀角、羚羊角、珊瑚、玛瑙及各种化石、名僧衣帽、用具法器等，随仪仗队，伴着化装的狮子、牦牛、大象、老虎等，自寺院出发，转寺一周，中途念经、舞蹈。
射箭节	云南维西	二月初八	巡村，射老鸦（乌鸦）。
尼贝措却	甘肃拉卜楞寺	二月初四至初八	全寺僧人除在初五这天纪念第一世嘉木样活佛圆寂外，每日午时还接受施主的斋供和布施。
晒佛节	西藏、甘肃、青海、四川等	二月初、四月中旬或六月中旬	将寺内所藏著名巨幅布画及锦缎织绣佛像取出，让信众观瞻。
敬日角尔都菩萨	四川埌塘	二月十三	做各种馍馍，喇嘛念经，祈求全寨人畜平安，跳“锅庄舞”。
初生小牛节	西藏那曲	藏历三月	牧民贺生。
雷声节	西藏那曲	藏历三月	迎春。
谢水节	四川冕宁、泸宁	三月初六	求雨。
跑马节	甘肃甘南	三月择日	赛马，野宴，歌舞。
时轮金刚法会	西藏	三月十五	高僧十余人，身着法衣，手执法铃，冠五莲帽，舞蹈诵经，以示纪念。

（续表）

节日名称	流行地区或支系	时间（如未注明者均为农历）	节日主要内容或由来、寓意
转山会	四川康定	四月初八	转山祭神，把玛尼旗和彩箭插在山上，求神灵保佑。
祭山神、祭龙王	云南香格里拉	四月初十、四月十五	初十到五凤山祭山神，十五到山脚草地祭龙王。
哑巴会	四川嘉绒	四月十三至十六	禁食两天，第三天进食并举行各种娱乐活动。
萨噶达瓦节	西藏、青海、四川、甘肃、云南	藏历四月十五日	举行隆重法会，朝佛，转经等。
剪羊毛节	西藏那曲	藏历四月	牧民剪羊毛。
嘛呢经会	四川阿坝	四月	在野外搭一个白色帐篷，念五天到二十天的《嘛呢经》，祈求人畜两旺。
达玛节	西藏江孜	藏历五月	跑马，射箭。
林卡节	西藏拉萨、日喀则、昌都等地	五月初一	藏族的传统郊游活动。
郎扎热甲节	四川阿坝	五月初四	搭帐篷，煮砖茶，做酸奶子，盛满青稞酒，举杯共饮，唱歌跳舞。
桑吉曼拉节	甘肃天祝	五月初五	上山采药和游玩。
汲桑介曼曲（端午节）	青海化隆	五月初五	传说大神桑介在每眼泉、每条河中都洒上了药水，洗涤并饮用这些水，能身如药树，百病不生。
赛马会	云南香格里拉	五月初五	赛马，郊游。
采花节	甘肃舟曲、文县与四川南坪交界处	五月初五	姑娘们采花，小伙子喝酒，唱着山歌尽情游玩，夜幕降临，大家围着篝火歌唱跳舞。
南木傲摇	西藏	五月十三日	本教驱逐雹雨的一种传统宗教活动。
瞻佛节	西藏	藏历五六月间	将彩缎镶成巨幅佛像，在众僧诵经声中抬到展佛台上，让人间信众瞻仰。
曲果节	西藏	夏季	背佛经，成群结队，围绕田间游转，以祈作物丰收。

（续表）

节日名称	流行地区或支系	时间（如未注明者均为农历）	节日主要内容或由来、寓意
朝山节	西藏	藏历六月三日	朝佛诵经，青年欢歌曼舞。
热贡六月会	青海同仁	六月十七至六月二十五之间	煨桑，请神，龙鼓，舞蹈，唱山歌。
敦贝柔扎法会	甘南	藏历六月二十九日至七月十五日	法会的主要内容是进行宗教哲学的辩论。
转经	青海乐都、平安、湟中及民和、化隆等	六月初六和十五	全村青年男女，沐浴洁身，到寺院经堂或人家经堂，各背一卷经文，从东到西，转遍境内山头。
黄龙寺庙会	四川阿坝	六月十五	烧香，磕头，祈祷，年轻人唱歌跳舞，物资交流。
瞿昙寺花儿会	青海乐都	六月十五	歌手们分摊设点，摆开比赛架势。
香浪节	甘肃甘南夏河	六月中下旬择日	扎营歌舞，赛马，赛牦牛，大象拔河，摔跤。
鲁热节	青海同仁	六月十九至二十五	煨桑，敬神敬佛，敲锣打鼓，跳舞娱神，访亲拜友，设酒联欢。
拉夜会	青海贵德	六月二十二	祈神，男女对唱。
赏花节	四川马尔康	六月	野营，摔跤，赛马，打靶，文艺演出。
煨桑节	藏族地区	六月	集会诵经，向战神（山神）献祭祈祷，举行盛大的煨桑仪式。
赛马会	甘肃天祝、四川红原	六七月间	赛马。
插箭节	西藏	夏季择日	木杆顶端削成箭镞状，缠嘛呢经幡，并挂上羊毛，下部用石块或木栅栏固定。
雪顿节	西藏、青海、四川、甘肃、云南	藏历七月一日	酸奶宴，演藏戏。
跳神节	四川阿坝	七月初八	各寺院举行跳神活动。
米拉日巴劝法会	甘南	七月初八	献（晒）佛，诵经，演出圣僧米拉日巴劝化猎夫贡保多吉的故事。

（续表）

节日名称	流行地区或支系	时间（如未注明者均为农历）	节日主要内容或由来、寓意
望果节	西藏、青海、四川	藏历七月间	转田，赛马，射箭，唱戏，歌舞，郊宴。
沐浴节	西藏拉萨	藏历七月上旬	沐浴，歌舞，清洗衣服被褥。
冈底斯转山节	西藏	七月	转神山。
当姆吉仁	西藏当雄	七月底八月初	赛马，唱歌，跳舞，通宵达旦。
峨堡会	青海门源、祁连	八九月间	赛马，燃篝火，歌舞。
天降节	西藏	藏历九月二十二日	释迦牟尼为生母说法后返归人间的日子。
禳灾法会	甘肃甘南	九月二十九	戴护法面具，跳法舞。
采药节	西藏那曲	藏历九月	采药。
工布年	西藏工布	藏历十月一日	做酒，做点心，献三牲，为已故将士守夜。
仙女节	西藏拉萨	藏历十月十五日	人们抬着从大昭寺请出的吉祥天母，在八廓街内绕行。
五供节（燃灯节）	西藏	藏历十月二十五日	宗喀巴大师圆寂、成佛日。诵经，磕头，燃灯。
祭山大典	四川西南部	十月或十一月	宰杀牺牲，到每一个山头堆白石、点白香，祭祀山神，拴线。
斗牛狂欢节	云南维西	十月十一月之间	村里家家户户把公牛拉到坝子斗架。
娱驴节	西藏泽当	藏历十一月	为毛驴卸下笼头和木鞍，把身上扫刷干净，在鬃毛或尾巴上系上红色布条。
敬阿美日各神	四川垠塘	十一月十三	做长饽饽，在厨房墙壁上画阿美日各神，把带角的饽盛在盘中敬奉。
阶冬节	云南迪庆	十一月二十九	举行隆重的假面跳神法会。
送鬼节	西藏	藏历十二月二十九日	跳神，驱妖，祈风调雨顺、人畜兴旺、五谷丰收。

（续表）

节日名称	流行地区或支系	时间（如未注明者均为农历）	节日主要内容或由来、寓意
俄喜节	四川木里	十二月初七	新月当空，人们聚集起来，歌舞，纵情欢乐。
打索车	西藏安多	十二月十九	请喇嘛念经诵咒，镇邪，驱魔，祈求来年幸福、丰收。
赶鬼节	云南贡山	十二月二十一至二十九	打鼓念经，点灯供佛，持刀砍杀，以示杀鬼。
护法神会	藏族地区	十二月	念护法经，跳神。
朝拜色拉金刚橛	西藏	十二月二十七	朝拜色拉赤切扎仑大德金刚童子橛头（普巴）
尕尔都节	四川藏族地区	藏历年前一周	诵经，煨桑。
德朵节	四川南坪	冬季择时	宰牛杀羊敬神，祈求免除火灾。

壮族传统节日祭会

节日名称	流行地区或支系	时间（如未注明者均为农历）	节日主要内容或由来、寓意
春节	广西、云南	正月初一	接“新水”，给拜年的儿童“打封包”，送“春牛”。
敬蛙节	广西	正月初一	祭祀青蛙。
过老婆娘年	云南红河泸西县	正月初一	妇女宴请女性亲朋，男人则配合妻子做饭、待客。
过小年（过男子汉年）	云南红河泸西	正月二十九，二月，六月初六或初十	为在外奔波无法过春节的男人补过年。
吃立节	广西	正月三十	为保卫边关的战士补过春节。
祭献“老人厅”（过早年）	云南	正月或五月，也有在十二月十五的	迎接先辈之灵回家与后辈共度新春佳节。
祭龙	云南	二月	为各支系共同节日，祭品各家轮流担负，外人或骑马、戴斗笠者不得通过寨心。杀猪祭龙，以祈人畜平安、五谷丰登。

（续表）

节日名称	流行地区或支系	时间（如未注明者均为农历）	节日主要内容或由来、寓意
春社节	广西、云南	二月初二	集资买猪，供奉社王，家家派人到庙前参加祭祀活动。
花炮节	广西	二月初三	燃放花炮，与会者抢夺，抢得的人“多子多福”。
“打扫寨子”节	云南	二月属牛日和七月十二	每年过两次，二月祭寨神，七月驱邪撵鬼，好接祖宗回家。
祭寨神	云南	二月属牛或属鼠日	祭寨神，开展“抢肉豹”、对歌跳锣等活动。
坐会	云南	二月十三和六月十三	一种自助性群众团体的定期集会。
花王节	广西	二月十九	花王是生育女神，也是儿童的守护神，杀鸡供神。
祭太阳	广西、云南	二月	杀一只白公鸡、一只红公鸡、一头猪，将祭物置于山上一株大树下，烧香焚纸，男子聚餐。
祭社保苗	广西平果	二月	杀猪，请道公到社坛前念经作法事，求神灵保佑。
三月三	广西、云南富宁	三月初三	物资交流，男女对歌。
祭雷公及田公	云南	三月	先祭雷神，栽完秧后祭田公。
花街	云南广南	三月	对歌，谈情说爱。
游神	广西	各神诞日	游神。
祭石狮	云南	三月十三	用红公鸡祭立在村边的卫护石狮。
祭龙山	云南	三月属蛇日	以村为单位祭龙山，祈求神灵保佑寨子安宁，六畜平安。
合聚节	云南文山	三月择吉日	村老率全村男丁到神树前祭神，祈求保佑全寨人丁平安、六畜兴旺，消除冰雹、洪水等自然灾害。
采茶节	广西、云南	谷雨	摘春茶，唱山歌，招朋唤友。
娅拜节	广西、云南	四月初四	杀一头牛、一头猪、两只鸡和四十八尾鱼，到娅拜山去，奠祭壮族女英雄娅拜。

（续表）

节日名称	流行地区或支系	时间（如未注明者均为农历）	节日主要内容或由来、寓意
牛魂节	广西、云南	四月初八	牛王的诞辰，杀鸡宰鸭，酿制甜酒，蒸煮五色糯米饭，举家合欢。
插秧节	广西大新	四月初一、初八	村老在田中插上几行秧，宣告全峒插秧开始。
端午节	广西各地	五月初五	赛龙船，包粽子。
端午节	云南	五月	包“苍蝇粽”喂苍蝇，以感念传说中把遮住太阳的老鹰翅膀弄断的苍蝇的恩德。
六月节	滇桂交界处	六月初一至初三	祭献，唱歌，打猎。
莫一大王节	广西南丹	六月初二	莫一大王救壮人有功，保佑五谷丰收，所以壮乡设庙宇纪念他，并在他升天的日子举行大祭。
祭陈宏谋杀虫	广西环江	六月初二	祭广西状元陈宏谋，祈盼他保佑禾苗不受虫灾。
酸甜苦辣节	广西阳朔	六月初二	三样菜绝对不能少：苦瓜酿猪肉、辣椒酿牛肉、甜笋炒酸菜，教育子孙后代代不要忘本。
六月叫魂节	云南	六月二十四	叫回春季耕作时插在田野里的魂。
祭天	云南	六月二十四	在门口竖一小树或草标，献五色饭，求天神保佑四季平安。
祭田	云南	六月属猪日	祭田公地母，确保丰收。
祭崖画“影身像”	云南麻栗坡	七月初一	祭献麻栗坡大王岩上的“保护神”崖画像，当地壮族又称画像为他们的英雄祖先侬智高的影身像。
七夕节	广西	七月初七	姑娘、少妇都到河里梳头洗澡。
接祖送祖	云南	七月、十二月	七月接祖，十二月送祖并送灶王。
中元节	广西	七月十五	祭祖，做鬼衣。
擂背节	滇桂交界处	七月十五	杀鸡宰鸭，做豆腐，蒸新米饭，擂背娱乐。

（续表）

节日名称	流行地区或支系	时间（如未注明者均为农历）	节日主要内容或由来、寓意
汪达节	广西南宁	七月二十	杀鸡宰鸭，祭祀月亮。
中秋节	广西、云南	八月十五	吃月饼、赏月。
岭头节	广西钦州	中秋节前后	山坡上举行祭神歌舞活动。
霜降节	桂西南的大新、天等、靖西、那坡、德保	霜降	做“霜降糍粑”，对歌，放花炮，舞龙，舞狮，赛球，唱“木伦”，演唱木偶戏。
重阳节	广西、云南	九月初九	又称护林防火节、吃虫节、敬老祝寿节。
叫谷魂节	云南	九月二十三	在自家田里割六穗再生稻，找两枝椎栗树枝和一串蜘蛛背回放入谷仓，杀鸡祭献谷魂。
吃新米节	云南	谷子收割后	祭献神位，新米饭先喂狗（传说狗带来了谷种），然后人吃。
十成节	广西	十月初十	把剪回来的糯谷穗脱粒，连谷壳一同煮熟。
吃冬节	广西	十一月二十五	杀鸡、宰鸭、剖鱼，祭祖宗，晚上全家共进晚餐。
冬至	云南文山	冬至	煮汤圆喂牛，然后人才吃。
送灶节	广西、云南	十二月二十三	洗“年身”，采割“旱塘草”，缝制新衣，打柴草。
年三十晚	广西	十二月三十晚	全家人围坐在火塘边烤火。小孩听老人讲故事，中年妇女做年糕、包粽子。

参考文献

一、古籍志书类

〔汉〕张衡撰，张震泽校注《张衡诗文集校注》，上海古籍出版社 1986 年版。

〔晋〕常璩撰《华阳国志·蜀志》，见方国瑜主编《云南史料丛刊》（第 1 卷），云南大学出版社 1998 年版。

〔南朝〕宗懔撰《荆楚岁时记》，岳麓书社 1989 年版。

〔唐〕白居易《蛮子朝》诗，见方国瑜主编《云南史料丛刊》（第 2 卷），云南大学出版社 1998 年版。

〔唐〕樊绰撰《云南志》（《蛮书》）（卷七），见方国瑜主编《云南史料丛刊》（第 2 卷），云南大学出版社 1998 年版。

〔唐〕梁建方撰《西洱河风土记》，见李瓒绪、杨应新主编《白族文化大观》，云南民族出版社 1999 年版。

〔唐〕魏征等撰《隋书·地理志》，见《二十五史》（影印本，第 5 卷），上海古籍出版社、上海书店 1986 年影印。

〔宋〕李昉撰《太平御览》（影印本），中华书局 1985 年影印。

〔宋〕孟元老撰，邓之诚注《东京梦华录》，商务印书馆 1959 年版。

〔宋〕欧阳修、宋祁撰《新唐书》，见《二十五史》（影印本，第 6 卷），上海古籍出版社、上海书店 1986 年影印。

〔宋〕吴自牧撰《梦粱录》，上海古典文学出版社据《知不足斋丛书》本校点 1956 年排印。

〔宋〕周去非撰《岭外代答》（卷六），见方国瑜主编《云南史料丛刊》（第 2 卷），云南大学出版社 1998 年版。

〔元〕李京撰《云南志略·诸夷风俗》，见方国瑜主编《云南史料丛刊》

（第3卷），云南大学出版社1998年版。

〔明〕陈文纂修《云南图经志书》（卷六），见方国瑜主编《云南史料丛刊》（第6卷），云南大学出版社1998年版。

〔明〕《贵州通志》（影印本），贵州人民出版社2006年影印。

〔明〕刘文征撰《天启滇志》，见方国瑜主编《云南史料丛刊》（第7卷），云南大学出版社1998年版。

〔明〕《贵州府志》（影印本），贵州人民出版社2006年影印。

〔明〕钱古训撰《百夷传》，见江应樑校注《百夷传校注》，云南人民出版社1980年版。

〔明〕《英宗实录》，台湾“中央研究院”历史语言研究所校印本（卷一九〇）。

〔明〕《英宗正统实录》，台湾“中央研究院”历史语言研究所校印本（卷五一）。

〔清〕《安平县志》卷五《风土志》（影印本），贵州人民出版社2006年影印。

〔清〕《永宁州志》卷一〇《风土志·苗俗》（影印本），贵州人民出版社2006年影印。

〔清〕《贵州通志》（影印本），贵州人民出版社2006年影印。

〔清〕刘邦瑞撰，张海平校注《白盐井志》卷二《地理志·沿革》，楚雄州地方志办公室2014年编印。

〔清〕刘祖宪主修《安平县志》卷五《风土志》（影印本），贵州人民出版社2006年影印。

〔清〕《白盐井志》卷一《风俗》，杨成彪主编《楚雄彝族自治州旧方志全书·大姚卷》，云南人民出版社2005年版。

〔清〕阮元校刻《十三经注疏》（影印本），中华书局1980年影印。

〔清〕阮元、伊里布等修，王崧、李诚等纂《云南通志·南蛮志·种人》（一一二册），道光十五年刻本，云南省图书馆馆藏，亦见方国瑜主编《云南史料丛刊》（第13卷），云南大学出版社2001年版。

〔清〕檀萃辑《滇海虞衡志》，见方国瑜主编《云南史料丛刊》（第11卷），云南大学出版社1998年版。

〔清〕田雯撰《黔书·苗俗·土人》（影印本），贵州人民出版社2006年影印。

〔清〕《安顺府志》卷一五《地理志·风俗》（影印本），贵州人民出版社2006年影印。

（民国）梁友檍辑《蒙化志稿》，德宏民族出版社1996年版。

（民国）《平坝县志·民生志》（影印本），贵州人民出版社2006影印。

（民国）《闻喜县志》，见《中国地方志民俗资料汇编》（华北卷），书目文献出版社1989年版。

杨庭硕、潘盛之汇编《百苗图抄本汇编》，贵州人民出版社2004年版。

大姚县地方志办公室编纂《大姚县盐业志》，楚雄日报社印刷厂2002年印装。

剑川县民族宗教事务局编《剑川县民族宗教志》，云南民族出版社2003年版。

《盈江县志》编纂委员会编纂《盈江县志》，云南民族出版社1997年版。

巍山彝族回族自治县县志编委会办公室，毕忠武监修，薛琳编纂《巍宝山志》，云南人民出版社1989年版。

《巍山彝族回族自治县志》，云南人民出版社1993年版。

杨成彪主编《楚雄彝族自治州旧方志全书·大姚卷》，云南人民出版社2005年版。

二、调查报告及论著类

艾德来提《哈萨克族人生仪礼的变迁研究——以东阿尔泰山为例》，中山大学人类学系硕士论文，2011年。

鲍江《象征与意义——叶青村纳西族宗教仪式研究》，中央民族大学民族学系博士论文，2003年。

蔡华《道教在巍山彝族的传播与发展》，《西南民族大学学报》2004年第10期。

陈春声《信仰空间与社区历史的演变——以樟林的神庙系统为例》，《清史研究》1999年第2期。

陈达理《云南巍山大小寺的神性空间与僧俗生活》，中山大学人类学系硕士论文，2016年。

陈洪《盂兰盆会起源及有关问题新探》，载《佛学研究》1999年（年刊)。

陈九兴、张家亮、高占楼、孙德华《关木山下庆“龙华”》,《云南群众文化》1986 年第 4 期。

陈平《基诺族的习俗》,《民族调查研究》1983 年第 1 期。

陈平《拉祜族舞蹈与民俗》,《民族调查研究》1983 年第 1 期。

陈茜《泼水节的起源、传播及其意义》,《云南社会科学》1981 年第 3 期。

陈瑛整理《春节歌》,《山茶》1983 年第 5 期。

陈永俊《巍山谷波罗舞村社会历史调查》,载《云南巍山彝族社会历史调查》,云南人民出版社 1986 年版。

崇先《纳西族的“建丹节”》,《玉龙山》1985 年第 3 期。

楚臣《彝族风情四则》,《彝州风物》楚雄州群众艺术馆编印。

楚学《山苏人的火把节》,载《乡泉集》(第二辑),云南民族出版社 1985 年版。

大理市文化局编《白族本主神话》,中国民间文艺出版社 1988 年版。

大理文化局等编《大理风物志》,云南教育出版社 1986 年版。

大姚县石羊诗书画协会《石羊诗文书画专辑》(第十一辑)。

岱年、世杰编《水族民间故事》,贵州人民出版社 1985 年版。

代世萤《水族传统卯节的三种当代体现》,中山大学硕士毕业论文,2006 年。

刀永明等《勐海、景真等地傣族祭祀社神和勐神的礼仪活动》,载《傣族社会调查》西双版纳(之二),云南民族出版社 1982 年版。

邓启耀《访灵札记》,上海文艺出版社 1999 年版。

邓启耀《高原湖渔民的灵湖崇拜及象征》,载李向玉等主编《“中国渔民信仰研究与保护”学术研讨会论文集》,澳门理工学院出版社 2013 年版。

邓启耀《泸沽湖纪事》,中国旅游出版社 2005 年版。

邓启耀《民族》,载《云南国土资源》,云南科技出版社 1990 年版。

邓启耀《五尺道述古》,云南美术出版社 2008 年版。

邓启耀《云南蒙古族的习俗和口头文化》,载《民族文学研究集刊》(第 2 集),云南省社会科学院民族文学所 1988 年编印。

邓启耀主编《云南人文影像》,云南民族出版社 2004 年版。

邓启耀、郝跃骏等《生的狂欢——哈尼族奕车人节日一瞥》，云南社会科学院摄制同名纪录片文学脚本，1986 年。

邓启耀、张刘编撰《秘境节祭》，云南人民出版社 1991 年版。

邓秋莹《哈节中京族文化传统与现代的双重展演》，中山大学人类学系硕士论文，2010 年。

邓志武《元阳县马街区瑶寨瑶族的神灵信仰》，载《云南民俗集刊》（第四集）。

东方既晓《布朗族的新米节》，《山茶》1986 年第 3 期。

董亮伟《田家乐》，《山茶》1987 年第 6 期。

董绍禹、雷宏安《纳西族东巴教调查》，载《云南民族民俗和宗教调查》，云南人民出版社 1982 年版。

董绍禹《景洪县雅奴隶基诺族宗教调查》，载《云南民族民俗和宗教调查》，云南人民出版社 1982 年版。

董绍禹《西山区白族宗教调查》，载《昆明民俗和宗教调查》，云南人民出版社 1982 年版。

董绍禹、雷宏安《西山区核桃箐彝族习俗和宗教调查》，载《昆明民俗和宗教调查》，云南人民出版社 1982 年版。

杜昆《吃花酒》，载新平县民委、文化馆合编《乡泉集》，1983 年印。

杜新燕《仪式展演与文化整合》，《西南民族大学学报》2014 年第 5 期。

杜新燕《仪式展演中的文化再生产——一个大理白族村落的宗教民族志》，中山大学博士论文 ，2014 年。

杜玉亭、陈吕范著《云南蒙古族简史》，云南人民出版社 1979 年版。

段寿桃《洱源西山白族神话与原始宗教》（油印本）。

范长风《青藏高原东北部的青苗会与文化多样性》，《中国农业大学学报》2008 年第 2 期。

范建华主编《中华节庆词典》，云南出版集团公司、云南美术出版社 2012 年版。

范军《盂兰盆节的宗教源流》，《华侨大学学报》（哲学社会科学版）2006 年第 3 期。

范禹主编《水族文学史》，贵州人民出版社 1987 年版。

范一《墨江挖墨寨布朗族社会习俗考察》，《民族学与现代化》1986 年第

3 期。

方国祥《巍山龙潭村彝族调查》，载《云南巍山彝族社会历史调查》，云南人民出版社 1986 年版。

符达升、过竹、韦坚平、苏维光、过伟合著《京族风俗志》，中央民族学院出版社 1993 年版。

高登智《布依族传统民族节日考》，《云南文化专志资料集》1988 年第 1 期。

高金龙《简论云南纸马》，《民族艺术研究》1988 年第 4 期。

高立士、徐加仁《西双版纳宣慰使司署及勐景洪政治情况概述》，载《西双版纳傣族社会历史调查》（之四），云南民族出版社 1982 年版。

高立士《彝族支系密且人习俗调查》，《民族调查研究》1987 年第 4 期。

高伦著《贵州地戏简史》，贵州人民出版社 1985 年版。

戈阿干《纳西族东巴教祭祀仪式和东巴经书》，载《云南民俗集刊》（第五集）。

戈隆阿弘《论哈尼族、彝族的传统群众文化活动及其内在联系》，《红河群众文艺》1986 年第 1 期。

龚佩华、王树五《勐海县巴卡囡贺开两寨拉祜族社会历史调查》，载《西双版纳傣族社会历史调查》（之四），云南民族出版社 1982 年版。

龚佩华等《勐海县布朗山老曼蛾布朗族社会历史调查》，载《西双版纳傣族社会历史调查》（之四），云南民族出版社 1982 年版。

顾颉刚撰《西北考察日记》，甘肃人民出版社 2002 年版。

顾宗枨等《西盟大马散佤族社会经济调查报告》，载《佤族社会历史调查》（一），云南人民出版社 1983 年版。

贵州省水家学会编《水家学研究》（三），内部刊物，1999 年印。

郭纯礼《哈尼族叶车人“苦扎扎”节调查》，载《云南民俗集刊》（第二集）。

郭东屏整理《祭龙的来历》，《山茶》1981 年第 4 期。

郭净著《中国面具文化》，上海人民出版社 1992 年版。

郭武著《道教与云南文化——道教在云南的传播、演变及影响》，云南大学出版社 2000 年版。

国家民委经济司、国家统计局农村社会经济调查总队编《’92 中国民族统计》，中国统计出版社 1993 年版。

“国家民委民族问题五种丛书、中国少数民族社会历史调查资料丛刊”中云南各族卷，云南人民出版社、云南民族出版社（20 世纪 80 年代陆续出版）。

果吉·树华《火把节的三天》，《民族文化》1985 年第 1 期。

韩永福《火性刀节》，《怒江》1984 年第 2 期。

瀚粒《登埂澡塘会》，《怒江》1982 年创刊号。

禾雨《中甸藏族的“锅庄”》，《民间文学》1981 年第 12 期。

《哈尼族简史》编写组《哈尼族简史》，云南人民出版社 1985 年版。

黄建民、罗希吾戈译《普兹楠兹——彝族祭礼词》，云南民族出版社 1986 年版。

［美］哈里·鲁茨坦著，杨潇译《遥远的地平线》，中国建筑工业出版社 1999 年版。

何积全主编《水族民俗探幽》，四川民族出版社 1992 年版。

何朴清《多姿多彩的“陇端街”》，《山茶》1988 年第 3 期。

何叔涛《碧江一区果科怒族的原始宗教》，载《怒江文史资料选辑》（第四辑）。

何耀华《彝族的自然崇拜及其特点》，《思想战线》1982 年第 6 期。

洪俊《贡山的喇嘛教》，载《云南少数民族社会历史调查资料汇编》，云南人民出版社 1986 年版。

胡起望、项美珍著《中国少数民族节日》，中国国际广播出版社 2011 年版。

胡文明《普米族的“吾昔”节及其它》，《玉龙山》1987 年第 3 期。

黄继武《纳西族的“三朵节”》，《逍遥游》1987 年第 4 期。

吉木惹可《话说冬月年》，《民族文化》1984 年第 4 期。

季志超米《祭祀歌》，《山茶》1982 年第 1 期。

焦丹《德昂族上奘仪式的文化内涵》，《今日民族》2010 年第 2 期。

金少萍《富宁团堡蓝靛瑶宗教调查》，《民族调查研究》1986 年第 2 期。

九米编著《哈尼族节日》，云南民族出版社 1993 年版。

拉马文才《分立与共生：辉隆彝族毕摩和苏尼的信仰及职业实践》，中山大学人类学系博士论文，2014 年。

拉木·嘎吐萨、邓启耀《女神放假的日子》，载邓启耀主编《云南人文影像》，云南民族出版社 2004 年版。

勒黑《叶车人的节日庆典和祭祀活动》，《民族调查研究》1986 年第 2 期。

［奥地利］勒内·德·内贝斯基·沃杰维茨著，谢继胜译《西藏的神灵和鬼怪》，西藏人民出版社 1993 年版。

勒佗早坚《景颇族的采花节》，《民族文化》1985 年第 2 期。

雷宏安《云南省中甸县三坝公社纳西族宗教调查》，中国社会科学院世界宗教研究所昆明工作站等印（油印本）。

李凡《独龙族的“卡雀哇”》，载《怒江文史资料选辑》（第二辑）。

李国文《丽江巴甸村纳西族宗教习俗调查》，《民族调查研究》1986 年第 3 期。

李国文《云南省丽江县纳西族一些思想和习俗的调查》，载《云南少数民族哲学社会思想资料选辑》（第五辑），中国哲学史学会云南分会编。

李浩松《彝族罗婺支系的火把节》，《金沙江文艺》1984 年第 1 期。

李昆声著《云南艺术史》，云南教育出版社 1995 年版。

李明《火把节的种种传说》，《民族文化》1986 年第 2 期。

李期博《哈尼族习俗二则》，载《云南民俗集刊》（第三集）。

李荣《白族节日调查》，载《云南少数民族社会历史调查资料汇编》（三），云南人民出版社 1983 年版。

李荣光《姑娘节》，《山茶》1987 年第 5 期。

李世忠、孟之仁《星回节源流考》，《思想战线》1985 年第 6 期。

李韬、李蔬君《德昂族的传统生态情结》，《今日民族》2010 年第 2 期。

李陶红《云南白盐井盐业社会的传说、信仰与仪式》，《民族论坛》2016 年第 2 期。

李晓斌、段红云、王燕《节日的构建与民族身份表达——基于德昂族浇花节与傣族泼水节的比较研究 》，《中南民族大学学报》（人文社会科学版）2012 年第 4 期。

李孝友著《昆明风物志》，云南民族出版社 1983 年版。

李旭、李应川等《保山县潞江坝大中寨崩龙族社会历史调查》，载《云南少数民族社会历史调查资料汇编》（三），云南人民出版社 1983 年版。

李仰松《西盟县宛不弄寨佤族的鸡骨卜》，载《民族问题五种丛书》云南省编辑委员会编《佤族社会历史调查》(二)，云南人民出版社 1983 年版。

李仰松、杨炳炎《西盟县龙坎佤族社会经济调查》，载《民族问题五种丛书》云南省编辑委员会编《佤族社会历史调查》(二)，云南人民出版社 1983 年版。

李玉臻主编《中华民俗节日风情大观》，黑龙江人民出版社 2005 年版。

李元勋《白彝人的“祭山”》，载《云南民俗集刊》(第四集)。

李忠《乐作节》，《春城晚报》1988 年 10 月 18 日。

李宗汉、段世琳《佤族撒谷节》，《民族文化》1983 年第 6 期。

李宗汉《佤族的贡象节》，《民族文化》1986 年第 3 期。

李竹青编著《中国少数民族节日》，中央民族学院科研处印。

梁红伟《佤族“崩南尼”和“取新火”节》，载《云南民俗集刊》(第四集)。

刘德荣《桑略卓散节》，《山茶》1983 年第 2 期。

刘德荣《娅拜节》，《山茶》1982 年第 2 期。

刘道超著《筑梦民生——中国民间信仰新思维》，人民出版社 2011 年版。

刘辉豪、孙敏主编《云南蒙古族民间文学集成》，云南人民出版社 1988 年版。

刘吉昌《九乡猎神节》，《今日民族》2004 年第 5 期。

刘龙初、修世华《白族的祭天仪式》，《云南社会科学》1985 年第 2 期。

刘为民《那泼节的传说》，《山茶》1987 年第 1 期。

刘位循《河口瑶族习俗点滴》，《民族文化》1981 年第 1 期。

刘文华、苏敬梅《拉祜族的“哈巴”节》，载《云南民俗集刊》(第三集)。

刘文华、苏敬梅《新米节》，《山茶》1984 年第 4 期。

刘扬武《阿昌族过泼水节》，《云南群众文艺》1981 年第 6 期。

刘扬武《阿昌族宗教信仰调查》，载《云南民族民俗和宗教调查》，云南民族出版社 1985 年版。

刘扬武《傣族的“广姆摆”》，《农民画报》1986 年第 1 期。

刘扬武《登窝罗》，《民俗报》1985 年 10 月 1 日。

刘扬武《街心酒宴》，《中国烹饪》1987 年第 5 期。

刘扬武《景颇族的新米节》，《中国烹饪》1987 年第 6 期。

刘杨武《傈僳人的盍什》，《民俗报》1985 年 8 月 1 日。

刘扬武、邓启耀《阿昌族的原始宗教残余》，载宋恩常编《中国少数民族宗教初编》，云南人民出版社 1985 年版。

刘怡《云南红河县彝族、哈尼族“祭龙”风俗比较》，载《云南民俗集刊》（第二集）。

卢朝贵《哈尼族哈尼支系岁时祝祀》，载《云南民俗集刊》（第四集）。

卢纯《仫佬族依饭节仪式中的祖先崇拜研究——以广西罗成上南岸屯为例》，云南大学博士论文，2011 年。

鲁成龙《布扎彝村的猎神祭祀习俗》，《今日民族》2012 年第 3 期。

陆建辉《农耕盛典——哈尼族节庆活动散记》，云南出版集团公司、云南美术出版社 2010 年版。

陆裕民《云南中甸彝族的调查》，载《四川、广西、云南彝族社会历史调查》，云南人民出版社 1986 年版。

罗大云《潞西县傣族宗教情况初步调查》，载《云南少数民族社会历史调查资料汇编》（三），云南人民出版社 1983 年版。

罗桂森《牟定三月街和左脚调》，《山茶》1981 年第 3 期。

罗汉《插秧节拾趣》，《怒江》1985 年第 3 期。

罗红《此碧三村的族际通婚与族群认同研究》，中山大学人类学系博士论文，2007 年。

罗世保《那马人的“拜日望”》，《民族文化》1982 年第 1 期。

罗希吾戈《撒尼人的火把节》，《民族文化》1982 年第 1 期。

罗兆仁《花街》，《民族文化》1982 年第 1 期。

洛岸沙玖、孙敏、李昆《瑶族“度戒”》，载《云南民俗》（第六集）。

马昌仪、刘锡诚著《石与石神》，学苑出版社 1994 年版。

马经、邓立木《富民县罗免和赤就彝族习俗和宗教调查》，载《昆明民族民俗和宗教调查》，云南民族出版社 1985 年版。

马曜《云南民族舞蹈的传统及其发展》，载《云南民族舞蹈论集》，云南人民出版社 1990 年版。

毛佑全《滇南傣乡习俗拾零》，《山茶》1981 年第 1 期。

米辉、仕英《插花节拾遗》，载《云南民俗集刊》（第一集）。

莫非《孟连的小姐摆》，《民族文化》1985 年第 5 期。

蒙熙儒搜集整理《水族卯节文化资料》（未刊稿），2005 年 7 月，转引自代世萤《水族传统卯节的三种当代体现》，中山大学硕士毕业论文，2006 年。

［蒙古］M．图亚文著，张文芳译《蒙古古代建筑艺术中的色调》，《蒙古学资料与情报》1990 年第 2 期。

木丽春《泼灰节的由来》，《民族文化》1985 年第 5 期。

沐正戈、邓启耀《灵的影像》，载沐正戈编《云南民族剪纸》，云南人民出版社 1992 年版。

纳文汇、马兴东著《回族文化史》，云南民族出版社 2000 年版。

纳麒著《传统与现代的整合：云南回族历史、文化、发展论纲》，云南大学出版社 2001 年版。

聂鲁《俐侎人的火把节》，《民族文化》1985 年第 5 期。

宁文忠《民俗事象中的历史记忆——甘肃洮州端午节娱神文化的非民俗意义》，《民俗研究》2011 年第 2 期。

牛加明《周村地戏面具雕刻研究》，中山大学人类学系博士论文，2015 年。

牛相奎整理《火把节的来历》，《山茶》1982 年第 3 期。

诺晗《壮族的节日》，载《云南民俗集刊》（第四集）。

欧军著《蒙古族文化解读》，远方出版社 2003 年版。

潘朝霖《试论卯节——稻作丰收与人口增殖并重的水家年节》，载贵州省水家学会编《水家学研究》（第三期），1999 年印。

潘朝霖、韦宗林《中国水族文化研究》，贵州人民出版社 2004 年版。

潘一志《水族社会历史资料稿》，三都水族自治县民族文史研究组 1981 年印。

彭兆清《贡山怒族风俗六则》，载《怒江文史资料选辑》（第六辑）。

普飞《彝族与花》，《民族文化》1981 年第 1 期。

崎松《朝山会》，《民族文化》1981 年第 1 期。

阙岳《民族地区的民间文化认同——明清以来洮州地区汉民俗的传播与传承》，《西北民族研究》2011 年第 1 期。

邱锷锋、聂锡珍译《司岗里传说》，载《佤族社会历史调查》（二），云南人民出版社 1983 年版。

全国人大民委调研组《独龙族社会情况调查》，载《独龙族社会历史调查》（一），云南民族出版社 1981 年版。

任友三《从彝族倮人四月八大节，看古代民族文化的现代遗存》，《群众艺术研究》1984 年第 1 期。

《三都水族自治县概况》编写组《三都水族自治县概况》，贵州人民出版社 1986 年版。

桑耀华《景颇族的鬼魂崇拜与祭祀》，载《云南民族民俗和宗教调查》，云南民族出版社 1983 年版。

沈福馨《安顺地戏应属傩戏》，《安顺师专学报》2005 年第 1 期。

石非《二月八》，载《风情奇趣录》（第三辑），云南民族出版社 1985 年版。

石国义编著《水族村落家族文化》，贵州民族出版社 2007 年版。

石云霄《荡秋千的来历》，《山茶》1982 年第 3 期。

舒航予《二月十九日街的故事》，《云南群众文化》1986 年第 5 期。

思茅地委调查组《勐海县布朗山曼兴竜社会调查》，《布朗族社会历史调查》（一），云南人民出版社 1981 年版。

思清《普米族的火把节》，《民族文化》1981 年第 2 期。

斯琴高娃、李茂林著《傈僳族风俗志》，中央民族大学出版社 1994 年版。

宋恩常《沧源佤族社会调查》，载《佤族社会历史调查》（四），云南人民出版社 1986 年版。

宋恩常《滇南一些县区的傣族习俗》，载《思茅玉溪红河傣族社会历史调查》，云南人民出版社 1984 年版。

宋恩常《基诺族家庭形态和习俗调查》，载《云南少数民族社会历史调查资料汇编》，云南人民出版社 1986 年版。

宋恩常《金平县二区新旧勐傣族封建社会调查》，载《云南少数民族社会历史调查资料汇编》，云南人民出版社 1986 年版。

宋恩常《金平县三区翁当乡拉祜西调查》，载《拉祜族社会历史调查》（二），云南人民出版社 1981 年版。

宋恩常《昆明及其市郊宗教初步调查》，载《昆明民族民俗和宗教调查》，云南民族出版社 1985 年版。

宋恩常《昆明西山区龙潭和沙朗白族调查》，载《昆明各族宗教习俗调查》，云南人民出版社 1981 年版。

宋恩常《瑞丽县广宋茫海两村崩龙族社会调查》，载《崩龙族社会历史调查》，云南民族出版社 1981 年版。

宋恩常编《中国少数民族宗教初编》，云南人民出版社 1985 年版。

宋恩常《文山红河两州苗族习俗》，载《云南苗族瑶族社会历史调查》，云南民族出版社 1982 年版。

宋恩常《彝族调查杂记》，载《云南苗族瑶族社会历史调查》，云南民族出版社 1982 年版。

宋恩常《元江傣族习俗调查》，载《云南少数民族社会历史调查资料汇编》，云南人民出版社 1986 年版。

宋恩常《云南苗族宗教调查散记》，载《云南少数民族社会历史调查资料汇编》，云南人民出版社 1986 年版。

宋恩常《云南苗族宗教概况》，载《云南少数民族研究文集》，云南人民出版社 1986 年版。

宋恩常著《云南少数民族研究文集》，云南人民出版社 1986 年版。

宋恩常《云南四个地州彝族婚姻和习俗调查琐记》，载《云南民族民俗和宗教调查》，云南民族出版社 1985 年版。

宋恩常、董绍禹《勐海县定山坝丙哈尼族宗教调查》，载《哈尼族社会历史调查》，云南民族出版社 1982 年版。

宋恩常、董绍禹《景洪县巴雅、巴夺村基诺族宗教调查》，载《云南民族民俗和宗教调查》，云南人民出版社 1985 年版。

宋恩常、李静生《丽江地区傈僳族习俗》，载《云南民族民俗和宗教调查》，云南民族出版社 1985 年版。

宋小飞《从蒙古族“敖包文化”看其原始美术特征》，《内蒙古民族大学学报》（社会科学版）2005 年第 4 期。

宋自华《元江堕塔人信奉的神鬼》，载《云南民俗集刊》（第五集）。

宋自华《元江彝族支系聂苏颇、腊鲁颇的祭龙》，载《云南民俗集刊》（第三集）。

苏平《恢复石羊开井节纪略》，中国人民政治协商会议大姚县委员会编《大姚文史》（第七辑），2010 年印。

苏夏《路南圭山区彝族撒尼支社会历史调查》，载《云南民族民俗和宗教调查》，云南民族出版社 1985 年版。

隋戛、岩扫、艾瑞口述，张开达记录翻译整理《司岗里》，载《佤族民间故事》，上海文艺出版社 1989 年版。

孙敏《生活在云南高原的草原民族后裔》，载《云南民俗集刊》（第四集）。

唐大英《瑶族同胞欢度盘王节》，《云南群众文化》1986 年第 2 期。

陶立璠《中国傩文化的民俗学思考》，原载台湾《民俗曲艺·中国傩戏·傩文化专集》（1990 年印），收入《中央民族大学建校 40 周年学术论文集》，中央民族大学出版社 1991 年版。

陶学良《谈九隆神话的演变》（油印本）。

陶学良《镇雄县塘房区娃飞乡彝族文化习俗调查》，载《云南少数民族社会历史调查资料汇编》（二），云南人民出版社 1987 年版。

田波《春节考源》（未刊稿）。

田继周《沧源县班洪寨社会调查》，载《佤族社会历史调查》（三），云南人民出版社 1983 年版。

田继周、陈士奎《西盟岳宋佤族调查》，载《佤族社会历史调查》（二），云南人民出版社 1982 年版。

田继周、罗之基《西盟佤族社会形态》，云南人民出版社 1980 年版。

田家祺等《碧江县五色区色德乡德一登村傈僳族社会经济调查》，载《傈僳族社会历史调查》，云南人民出版社 1981 年版。

汪致敏《哈尼族铓鼓节》，《红河群众文艺》1986 年第 1 期。

王承权、詹承绪《宁蒗彝族自治县跑马坪乡彝族社会经济调查》，载《云南小凉山彝族社会历史调查》，云南人民出版社 1984 年版。

王宏道、马轶群《耿马县四排山区东坡乡新寨社会经济调查》，载《佤族社会历史调查》（二），云南人民出版社 1982 年版。

王家彬《哈尼族的捉蚂蚱节》，《民俗文化》1981 年第 4 期。

王明珂著《羌在汉藏之间》，中华书局 2008 年版。

王立鼎《洮岷地区端午龙神赛会中女性龙王崇拜之探析》，《柳州师专学报》2009 年第 6 期。

王丽珠《巍山彝族原始宗教调查》，载《云南巍山彝族社会历史调查》，云南人民出版社 1986 年版。

王连芳撰《王连芳云南民族工作回忆》，云南人民出版社 1999 年版。

王咪华、彭泽芳《元阳苗族的“开财门”》，载《云南民俗集刊》（第四集）。

王叔武等《户腊撒阿昌族社会经济调查》，载《阿昌族社会历史调查》，云南民族出版社 1983 年版。

王叔武等《盈江县大幕文乡珙汤寨（宝石岭岗）景颇族（茶山支）社会历史调查》，载《景颇族社会历史调查》（三），云南人民出版社 1983 年版。

王淑英、郝苏民《村落：民间社会的文化等级——以甘肃洮岷地区青苗会权利类型为例》，《西北民族研究》2010 年第 3 期（总第 66 期）。

王树五《普米族的文化习俗》，《云南省历史研究所研究集刊》1982 年第 1 期。

王寅生、张群辉、杜玉亭《弥勒县西山区彝族阿细支社会调查》，《民间文学论坛》1986 年第 3 期。

王玉寿《山羊过“年”》，《民族文化》1987 年第 1 期。

王运方《昆明地区回族伊斯兰教节庆活动》，载《昆明民族民俗和宗教调查》，云南民族出版社 1985 年版。

［英］维克多·特纳著，赵玉燕、欧阳敏、徐洪峰译《象征之林——恩登布人仪式散论》，商务印书馆 2006 年版。

韦兴儒《挂阎王刺》，《山茶》1987 年第 1 期。

韦忠仕《古今水族历法考略》，《贵州文史丛刊》1993 年第 3 期。

魏乐平《认同与记忆——滇西北茨中村生计、组织与符号系统研究》，中山大学人类学系博士论文，2013 年。

魏强《论藏族龙神崇拜的发展演变及特点》，《青海民族大学学报》（社会科学版）2010 年第 3 期。

温眉虎、俸万恒《贡山独龙族调查》，载《独龙族社会历史调查》（二），云南民族出版社 1982 年版。

吴崇仁《“绕三灵”的起源及演变》，《民族文化》1982 年第 1 期。

吴恒、李壮伟等《巍山县举雄村彝族社会调查》，载《云南彝族社会历史调查》，云南人民出版社 1986 年版。

吴满玉、冼少华等编著《当代中国京族》，广西人民出版社 2005 年版。

吴知《朴拉“跳鼓坡节”》，《红河群众文艺》1987 年第 2 期。

吴正彪、祖明主编《守护精神的家园——文化与田野在黔南》，作家出版社 2006 年版。

谢婉若《浅析盂兰盆会在中国的民俗化》，《株洲师范高等专科学校学报》2004 年第 9 期。

《新编云南省情》编委会编《新编云南省情》，云南人民出版社 1996

年版。

熊贵宝《传统节日》，《大理文化》1985 年第 2 期。

熊贵宝《普米姑娘的“取水”》，《怒江》1985 年第 2 期。

熊贵宝《三月怒寨“鲜花节”》，《怒江》1986 年第 4 期。

熊迅《融入多重边缘——古永傈僳人的族群认同展演》，中山大学人类学系博士论文，2010 年。

熊永忠《服装节的来历》，《民族文化》1984 年第 5 期。

熊永忠《富源县补掌水族调查笔记》，《云南文物》1985 年第 17 期。

徐华龙、吴菊芬编《中国民间风俗传说》，云南人民出版社 1985 年版。

徐扬杰《宋明家族制度史论》，中华书局 1995 年版。

徐志远、陈士奎《西盟县永广佤族社会经济调查》，载《民族问题五种丛书》云南省编辑委员会编《佤族社会历史调查》（二），云南人民出版社 1983 年版。

许鸿宝《丽江县普米族婚丧节庆调查》，《民族调查研究》1985 年第 1 期。

许象坤《彝族花腰人的祭龙》，载《风情奇趣录》（第三辑），云南民族出版社 1982 年版。

严敬群编著《中国节日传统文化读本》（珍藏版），东方出版社 2009 年版。

严汝娴、刘尧汉《拖支乡纳西族社会及母系制调查》，云南人民出版社 1986 年版。

岩勐太《“晃露”盛会》，《民族文化》1981 年第 2 期。

岩养、岩勒、岩勇、娜斯领等传授，李云昌、高立旗等记《西盟佤族民间舞蹈》，国际文化出版公司 1989 年版。

颜思久、郑镇峰《文山州壮族风俗习惯初步调查》，载《云南少数民族社会历史调查资料汇编》（一），云南人民出版社 1986 年版。

颜思久《富源县黄泥河地区小营脚寨布依族调查》，载《云南少数民族社会历史调查资料汇编》（一），云南人民出版社 1986 年版。

颜思久《罗平县八达河区多衣寨布依族社会调查》，载《云南少数民族社会历史调查资料汇编》（一），云南人民出版社 1986 年版。

颜思久《罗平县板桥区布依族社会调查》，载《云南少数民族社会历史调查资料汇编》（一），云南人民出版社 1986 年版。

晏红兴《糊牛角》，《民族文化》1987 年第 2 期。

晏鸿鸣记录《祭龙》，载《云南民族文学资料》（第 18 集），1963 年。

晏棂《天堂在这里——一个傈僳族村落的基督教信仰研究》，中山大学人类学系硕士论文，2010 年。

晏云鹏《洮岷地区“龙神”信仰探源》，《西北民族学院学报》（哲学社会科学版）1998 年第 3 期。

阳举文《刀杆节采风》，《横断山》1982 年（年刊）。

杨长生《沙人的节日与祭祀活动》，载《云南民俗集刊》（第四集）。

杨大元《色彩斑斓的白族民俗》，《民族文化》1986 年第 5 期。

杨和森《武定彝族凤氏土司改流的流亡者彝村社会调查》，《彝族文化》1985 年（年刊）。

杨家齐《搭清》，《民族文化》1986 年第 3 期。

杨剑、李凯等《景东县彝族社会调查》，载《云南彝族社会历史调查》，云南人民出版社 1986 年版。

杨浚《阿昌族补充调查资料》，载《云南少数民族社会历史调查资料汇编》（四），云南人民出版社 1987 年版。

杨堃《马散大寨历史概述》，载《民族问题五种丛书》云南省编辑委员会编《佤族社会历史调查》（二），云南人民出版社 1983 年版。

杨伦《摩梭人的朝山节》，《玉龙山》1985 年第 1 期。

杨茂虞《巍山西部山区彝族风俗调查》，载《云南民俗集刊》（第五集）。

杨铭铨《白族传统栽秧》，《大理文化》1987 年第 5 期。

杨培均《潞西山寨傈僳情》，《玉龙山》1986 年第 3 期。

杨齐文《彝族火把节的来历》，载《南涧民间文学选》（第一辑），南涧民间文学集成办公室印。

杨绍兴、魏华《巍山多雨村麻秸房彝族习俗调查》，载《南涧民间文学选》（第一辑），南涧民间文学集成办公室印。

杨世武《花山节的来历》，《山茶》1984 年第 2 期。

杨世钰、赵寅松主编，杨政业本卷主编《大理丛书·本主篇》（上卷），云南民族出版社 2004 年版。

杨万智《哈尼族“苦扎扎”习俗的几种传说》，《山茶》1986 年第 2 期。

杨学政《摩梭人的宗教》，载《宗教调查与研究》，云南省社会科学院宗教研究所1986年印。

杨应康《绕三灵》，《山茶》1986年第2期。

杨永生、龚佩华《梁河县芒东区邦歪寨社会历史调查》，载《景颇族社会历史调查》（三），云南人民出版社1986年版。

杨永生等《梁河县丙盖乡芒展村阿昌族社会历史调查》，载《阿昌族社会历史调查》，云南民族出版社1983年版。

杨玉春《大理三月街的传说》，《山茶》1981年第4期。

杨毓骧《德昂族宗教调查》，《民族调查研究》1986年第1期。

杨毓骧《澜沧县拉祜族社会文化调查》，载《云南少数民族社会历史调查资料汇编》，云南人民出版社1987年版。

杨毓骧《弥勒阿细人的社会文化》，《民族调查研究》1986年第2期。

杨毓骧《永德蒲满人社会文化调查》，《民族调查研究》1984年第3期。

仰文《泼水节》，《女声》1987年第5期。

叶肥、王维凡《男扮女装祭龙的来历》，《山茶》1982年第5期。

叶永镇《德宏傣族景颇族自治州傣、景颇、傈僳、阿昌等民族的文化、宗教及习俗》，载《德宏傣族社会历史调查》（一），云南人民出版社1984年版。

彝丁《跳歌的故事》，《山茶》1985年第1期。

殷登国《正月初八顺星——顺星礼俗与古代中国人的星宿信仰》，《紫禁城》2010年第2期。

殷海涛《普米族的祭山神活动》，载《云南民俗集刊》（第四集）。

殷海涛《普米族风俗二则》，《云南群众文化》1987年第6期。

殷海涛《神奇的摩梭朝山节》，《云南群众文化》1987年第1期。

佑米巴莅《姑娘打秋千、小伙子抹锅烟》，《玉龙山》1986年第1期。

余婵娟《差序的强化——对云南一个藏族村庄社会组织运转的研究》，中山大学人类学系硕士论文，2010年。

余福生《福贡傈僳族年俗》，《怒江》1983年第1期。

袁传义《普米族的生活习俗》，《民族文化》1982年第2期。

云南对外宣传品制作中心编《云南人文影像》，云南民族出版社2004年版。

云南民族调查组德宏分组盈江小组《盈江县傣族宗教习俗调查》，载《德宏傣族社会历史调查》（二），云南人民出版社 1984 年版。

云南省民间文学集成办公室、保山地区民间文学集成小组编《傈僳族风俗歌集成》，云南民族出版社 1988 年版。

云南民族调查组怒江分组《碧江县怒族的氏族组织情况》，载《怒族社会历史调查》，云南人民出版社 1982 年版。

云南民间文艺家协会编《云南民俗集刊》（丛刊）。

云南省民间文学集成办公室编《云南摩梭人民间文学集成》，中国民间文艺出版社 1990 年版。

云南省民族民间文学红河调查队搜集、翻译、整理、编写《阿细的先基》，云南人民出版社 1959 年版。

云南省民族研究所《民族调查研究》（丛刊）。

詹承绪等《那马人风俗习惯的几个专题调查》，载《白族社会历史调查》（之二），云南人民出版社 1983 年版。

张宝三编《奇境云南》，云南人民出版社 1999 年版。

张福《昆明地区彝族“桑尼帕”支系的宗教信仰》，载《宗教调查与研究》，云南省社会科学院宗教研究所 1986 年印。

张福德、浪涛等《撒梅人的火把节》，《山茶》1981 年第 2 期。

张国信《石羊的祭孔习俗》，载中国人民政治协商会议云南省大姚县委员会、教文卫体史资料委员会编《大姚县文史资料》（第四辑），2005 年印。

张继荣《金沙江畔傣族人民欢度窝巴节》，《云南群众文化》1986 年第 4 期。

张建明《少数民族中秋风俗》，《春城晚报》1987 年 10 月 6 日。

张开达《佤族“新水节”及传说》，《民族文化》1987 年第 1 期。

张苓《傣族灶神的传说》，《民族文化》1981 年第 4 期。

张秋生、柳春《景洪傣族的风俗习惯》，载《西双版纳傣族社会综合调查》（一），云南民族出版社 1983 年版。

张泉《白族的“插柳”与“祭鸟”》，载《云南民俗集刊》（第四集）。

张绍详《滇东北苗语方言区部分苗语节日简介》，载《云南民俗集刊》（第三集）。

张文《青姑娘节的传说》，《民族文化》1985 年第 6 期。

张文献《巍山山塔村彝族风俗纪实》，载《云南巍山彝族社会历史调查》，云南人民出版社 1986 年版。

张希成《苗族吃新节及其来历》，《山茶》1987 年第 2 期。

张锡禄、张了、郑元雄《论白族古老盛典“火把节”》，载《云南民俗集刊》（第三集）。

张小平《藏族的节日》，《民族理论研究通讯》1983 年第 2 期。

张亚平《幽会节》，《大理文化》1987 年第 5 期。

张元庆《德宏傣族社会风俗调查》，载《德宏傣族社会历史调查》（三），云南人民出版社 1982 年版。

张云、刘新春《佤族的泼水节》，《民族文化》1982 年第 5 期。

张征东《云南傈僳族及贡山福贡社会调查报告》，大约成稿于 1945 年，西南民族学院图书馆收藏。

章虹宇《朝石砧山的由来》，《山茶》1981 年第 4 期。

章虹宇《大石崇拜及其习俗》，《民间文学论坛》1986 年第 3 期。

章虹宇《鹤庆白族风情——打春牛》，《玉龙山》1983 年第 1 期。

章虹宇《鹤庆县民族风俗志略》，《山茶》1982 年第 4 期。

章虹宇《漂河灯》，《民间文学论坛》1985 年第 4 期。

昭乌初扎《阿细人的火把节》，《山茶》1981 年第 2 期。

赵官禄《哈尼族的节日及其习俗》，《云南群众文化》1987 年第 2 期。

赵家庆《勐养花腰傣的风俗习惯》，载《西双版纳傣族社会历史调查》（之八），云南民族出版社 1985 年版。

赵家祥《德昂族历史研究》，德宏民族出版社 2008 年版。

赵橹《白族支系白尼历史文化的调查》，载《云南民俗集刊》（第一集）。

赵世瑜《明清华北的社与社火——关于地缘组织、仪式表演以及二者的关系》，《中国史研究》1999 年第 3 期。

赵廷光著《论瑶族传统文化》，云南民族出版社 1990 年版。

赵银棠《纳西族往昔的节日》，《民族文化》1981 年第 3 期。

赵寅林、苏松林整理《怒江地区白族（白人）社会历史的几个专题调查》，载《白族社会历史调查》（之二），云南人民出版社 1983 年版。

赵寅松、田怀清《大理州白族本主信仰调查之一》《大理州白族本主信仰调查之二》，载《白族社会历史调查》（二），云南人民出版社 1983 年版。

赵振銮《洱源县凤羽区凤翔镇白族节日》，载《云南民族民俗和宗教调查》，云南民族出版社 1985 年版。

赵仲牧、邓启耀《节日文化与文化符号》，载云南省社会科学院民族文学研究所编《中华民族文化海峡两岸学术讨论会文集》，云南人民出版社 1993 年版。

者厚培、余立梁《关于彝族“祭龙”的调查》，载《云南民俗集刊》（第二集）。

者厚培《楚雄彝族的叫魂》，载《云南民俗集刊》（第二集）。

珍华《景颇族的木脑（总戈）》，《民族文化》1983 年第 2 期。

郑培庭《基诺族的“叫谷回”节》，《山茶》1988 年第 3 期。

郑培庭《基诺族的打铁节》，《民族文化》1983 年第 4 期。

郑培庭《基诺族的新米节》，《山茶》1986 年第 3 期。

郑显文《苦聪人的神鬼崇拜》，载《云南民俗集刊》（第二集）。

郑显文《神奇、有趣的苦聪祭龙节》，载《云南民俗集刊》（第二集）。

中央访问团二分团《丽江县仁里行政村概况》，载《云南民族情况汇集》（上），云南民族出版社 1986 年版。

周大鸣、阙岳《民俗：人类学的视野——以甘肃临潭县端午龙神赛会为研究个案》，《民俗研究》2007 年第 2 期。

周开郑《小凉山彝族的摔跤活动》，《金沙江文艺》1982 年第 2 期。

周鸣琦、李人凡主编《中国各民族年节祭会大事典》，陕西人民教育出版社 1995 年版。

周应新《牟定三月会》，《金沙江文艺》1982 年第 1 期。

朱建军、楚学《老人节》，载《乡泉集》（二），云南民族出版社 1982 年版。

朱建军《卡多人习俗》，《民族文化》1985 年第 5 期。

朱建军《老人节》，《民族文化》1984 年第 1 期。

朱志刚《节日、仪式与交换——基于九阡水族的人类学研究》，中山大学博士论文，2013 年。

左汝芬《彝族二月八》，《民族调查研究》1984 年第 4 期。

左育能、字现文《巍山龙街乡社会历史调查》，载《云南巍山彝族社会历史调查》，云南人民出版社 1986 年版。

曾德奎《弥勒县阿细祭仪四则》，载《云南民俗集刊》（第四集）。

三、网络资源

葛剑雄博客《“大年”的意义——敬天崇祖》，2011 年 1 月 31 日，http://gejianxiong. blog. ifeng. com/。

厉彦林《又到春节　全球共相欢》，2010 年 2 月 10 日，http://culture. people. com. cn/GB/87423/10962074. html。

《到“中国春节文化之乡”阆中感受年味》，http://wenwen. sogou. com/z/q181869382. htm。

《那达慕》，http://baike. so. com/doc/1347226 - 1424231. html。

《张天师圣诞，略说道教张天师信仰》，http://www. daoisms. org/article/sort018/info - 17193. html。

《热贡六月会》，http://baike. so. com/doc/5895209 - 6108098. html。

后　记

很多年了，笔者没有几次在家过年过节，很多时候，都在西部少数民族地区跑。

吃人类学民俗学这碗饭的人有个最大的好处是：到处走，到没到过的地方，见没见过的人，吃没吃过的东西，过没过过的年，而且这些事往往就是工作。四海为家的人，有机会过很多种年，到处过年，不执着于“唯一”。

到了没到过的地方，才知道天地原来是不一样的；见了没见过的人，才知道文化原来是不一样的；吃了没吃过的东西，才知道美味原来是不一样的；过了没过过的年，才知道时间原来也是不一样的。

自二十多年前笔者和恩师赵仲牧先生合作了一篇关于节日文化符号研究方面的论文（赵仲牧、邓启耀《节日文化与文化符号》，载云南省社会科学院民族文学研究所编《中华民族文化海峡两岸学术讨论会文集》，云南人民出版社1993年版），和摄影家张刘合作编撰了一部关于云南少数民族节日的大型画册（邓启耀、张刘编撰《秘境节祭》，云南人民出版社1991年版）以来，节日一直是笔者关注的民俗事象之一。现在受学友瞿明安和同学何明主持的“中国西部民族文化通志”项目邀约，负责《节日卷》的编写，基础工作还是原来做的。为了补充更多资料，前后做了好几年，最后邀请笔者的学生杜新燕博士加盟，才得以完成初稿。

本书的内容努力做到田野与文献结合。通过介绍中国西部各少数民族的传统节日，帮助读者了解民族传统文化丰富的表现形式和精神内涵；通过揭示节日与民族传统文化有机联系、互补共生的各种文化事象，力求使读者尽可能全面地认识民族节日，在“奇风异俗”的表象后面获得更多的知识。

作为一部试图全景式介绍中国西部少数民族节日的民族志作品，不得不爬梳浩如烟海的节祭文献，进行分类，并择其要加以转述。为了增加田野考察的现场感，笔者在文中尽可能插入自己亲历后所做的相关田野考察笔记。然而，尽管笔者多年来都在西部少数民族中过不同的节日，但各民族的节日民俗实在是太丰富了，穷笔者之毕生也不可能一一亲历。所以，本书也收录了笔者的学生的一些调查成果。笔者的学生来自全国各地，有不同民族。在笔者指导的学生学位论文、学年论文甚至课堂作业中，有不少同学对自己民族、家乡及田野调查点有一些关于节日的田野考察叙述，这也是本书大量鲜活实例的来源之一。对于他们的工作，如果是独立成篇的田野考察笔记，即在篇名上加注标明；如果根据行文需要，经过增删改写，则在此统一鸣谢并在参考文献中列出。所以，这本节日志，其实是集体完成的。

由于本书使用的田野笔记和文献资料，时间跨度较大，族群情况复杂多变，现在的某些节日可能因时因地而不一样了，所以，一切还以现场实际情况为准。

本书主要作者：

文字（以编写工作量为序）

邓启耀　杜新燕　熊　迅　朱志刚　周凯模　李卫才(怒族)　牛加明
拉马文才(彝族)　魏乐平　艾德来提(哈萨克族)　李陶红(彝族)
赵寅松(白族)　赵功修　谢道辛(白族)　田怀清　刘湘晨
拉木·嘎吐萨(摩梭人)　杨海东(彝族)　徐义强　甘　政　刘　烨
杨美健(回族)　李　文　聂爱文　米玛次仁(藏族)　郑　烨
巴桑旦增(藏族)　卓尕拉永(藏族)　次仁央宗(藏族)　陈雾濛　王　健
都　兰(蒙古族)　张美华　王自林　刘扬武　陈亮旭(白族)　张　了(白族)
邹汝为　邓秋莹　晏　棂　余婵娟　陈达理　潘宇萍　石　楠　金飞豹
陈俊东　蒋　剑　申　旭　廖枫林　潘　欣　蒋孟洋　宋佳秀　程　静

图片

邓启耀　陈达理　邓秋莹　蒋孟洋　潘宇萍　聂爱文　周凯模　梁汉昌
刘　烨　赵功修　朱志刚　杜新燕　刘湘晨　熊　迅　张美华　郑　烨
廖枫林　魏乐平　邓圆也　李陶红　蒙祥忠　王明富　王　自　刘建华
张　源　通拉嘎(蒙古族)

图 版

过年洗尘，人们举家到露天温泉沐浴，不避男女。云南怒江傈僳族自治州，1994，周凯模摄

挂在母房南侧的神门上的“密直”。云南澜沧拉祜族自治县，1993，邓启耀摄

拉祜族年前清扫寨桩前的场地和整个村寨。云南澜沧拉祜族自治县，1993，邓启耀摄

每逢春节，云南华宁县村民就要请来农民花灯戏班，晚上演戏，白天挨家驱邪求吉。云南华宁县，2002 春节，邓启耀摄

村寨中央高高竖起了新的祭幡，新的一年即将到来。云南澜沧拉祜族自治县，1993，邓启耀摄

尊贵的长者和远客来到，妇女跪在地上为他们淋水洗手。云南澜沧拉祜族自治县，1993，邓启耀摄

拉祜族新年第一天清晨，太阳还没有升起的时候，要到东山山口接太阳。他们等第一缕阳光照到祭幡上，即把祭幡迎回村寨，竖立在寨子中间。云南澜沧拉祜族自治县，1993，邓启耀摄

鸣枪，驱走邪秽，迎来祥瑞。云南澜沧拉祜族自治县，1993，邓启耀摄

饰有日月图案的“接年帽”放在祭台前，身背“接年挎包”的“贺爷”在家族祭台“地洼那”前祭祀。云南澜沧拉祜族自治县，1993，邓启耀摄

接回“年”，全寨聚餐。云南澜沧拉祜族自治县，1993，邓启耀摄

凡重大节日，拉祜族都要向寨心桩歌舞祭献。云南澜沧拉祜族自治县，1993，邓启耀摄

祭完，全寨围着寨桩歌舞。云南澜沧拉祜族自治县，1993，邓启耀摄

①②傈僳族群众在“七人节”节庆活动场所对调、打跳。云南祥云县祥城镇，2014，王自林摄

摆放泥龙的支架。云南大理白族自治州祥云县米甸镇楚场村，2012，张美华摄

浑身涂抹河泥扮作“水鬼”的傈僳族、彝族小伙子。云南大理白族自治州祥云县米甸镇楚场村，2012，张美华摄

“祭龙会”上的傈僳族。云南大理白族自治州祥云县米甸镇楚场村，2012，张美华摄

跳圆舞是彝族年节必有的活动。云南永胜县，1990，邓启耀摄

打秋千。云南大姚县，1991，邓启耀摄

跑马法会活动现场。云南大姚县，2016，李陶红摄

①②③为突出民族文化特色，推动藏族聚居地区旅游业的发展，“藏族服饰文化节”也融入了藏历年的许多活动。云南中甸县，1995，邓启耀摄

节日里的哈萨克族一家人。新疆喀拉峻，2014，邓启耀摄

哈萨克族“姑娘追”。新疆喀拉峻，2014，邓启耀摄

猎鹰是哈萨克族老汉过节时相伴左右的好伙伴。新疆喀拉峻，2014，邓启耀摄

①②“敖包”祭。新疆巴音布鲁克地区，2014，刘湘晨摄

“敖包”节赛马。新疆特克斯，2014，邓启耀摄

牧民转场。新疆巴音布鲁克地区，2014，刘湘晨摄

“敖包”节诵经仪式和煨桑。新疆特克斯，2014，邓圆也摄

纳西族东巴舞蹈。云南丽江，1997，邓启耀摄

受东巴舞的感染，村民也跳起传统舞蹈。云南丽江，1997，邓启耀摄

教授东巴象形文字的老东巴。云南丽江，1999，邓启耀摄

纳西族东巴祭祀龙潭。云南丽江塔城，2006，邓启耀摄

怒族祭祀。云南怒江傈僳族自治州，1994，周凯模摄

①②怒族祭祀山神。云南怒江傈僳族自治州，1994，周凯模摄

①②布依族三月三染花饭。③佩戴装有彩蛋的挂饰“蛋包”。云南罗平县，1997，邓启耀摄

景颇族正月十五过“目瑙节”，头戴羽冠的祭司董萨手持长刀，在前面开路，带领族人回旋舞蹈，象征性地回到祖地和过去的时代。祭司头上的羽冠和手中的长刀，意味着他们有回到过去的神秘力量。据景颇族祭司“董萨”说，目瑙节上唱的古歌“目瑙斋瓦”以及人们行进的路线，是按照祖先所述的迁徙路线完成的一次象征性回溯，而手中的长刀则是披荆斩棘的象征。云南潞西县，1993，邓启耀摄

①②“目瑙节”节庆场景。云南潞西县，1993，邓启耀摄

泸沽湖干木女神山。云南宁蒗彝族自治县，1993，邓启耀摄

祭祀神山的喇嘛。云南宁蒗彝族自治县，1993，邓启耀摄

①女神洞。②女神洞中的祭祀者。云南宁蒗彝族自治县，2001，邓启耀摄

①人群向女神山会集。②祭坛的青烟和山头的云雾连为一体。云南宁蒗彝族自治县，1993，邓启耀摄

①②热贡六月会准备舞蹈的盛装少女。青海黄南藏族自治州同仁县，2006，邓启耀摄

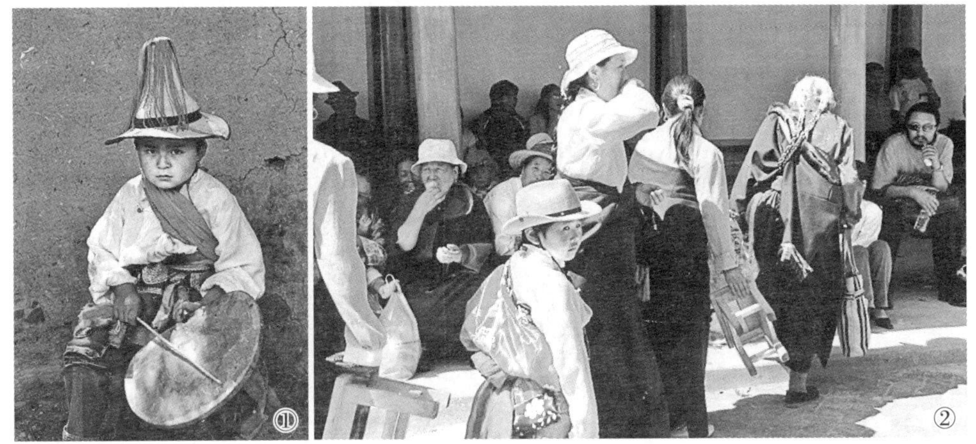

①手持面鼓的男孩。②看热闹的群众。青海黄南藏族自治州同仁县，2006，邓启耀摄

热贡六月会神舞。青海黄南藏族自治州同仁县，2006，邓启耀摄

在“哑巴节”里带领“哑巴”拜祭龙树的彝族“毕摩”。云南大理白族自治州祥云县，2015，赵功修摄

“哑巴节”里的扬谷舞。云南大理白族自治州祥云县，2015，赵功修摄

敬霞节入场仪式。贵州三都水族自治县九阡镇板高村，2008，朱志刚摄

敬霞节中祭拜的水神“霞石”。贵州三都水族自治县九阡镇板高村，2009，朱志刚摄

卯节中的祭稻田。贵州三都水族自治县，2008，朱志刚摄

到了神树前，先绕行致礼。云南西盟佤族自治县，1992，邓启耀摄

开始砍树前，先开枪驱赶树上的精灵，然后由村长砍下第一斧。云南西盟佤族自治县，1992，邓启耀摄

砍这神树，一经开始，便不能停下，停下被认为不吉。云南西盟佤族自治县，1992，邓启耀摄

开枪驱赶附在树上的精灵。云南西盟佤族自治县，1992，邓启耀摄

魔巴把鸡血滴在红毛树木屑上，献祭水酒，查看鸡骨卦。云南西盟佤族自治县，1992，邓启耀摄

魔巴量出两段各长约两米的树干，让人把树断开，并在两头凿出一对鼓耳。云南西盟佤族自治县，1992，邓启耀摄

红毛树树枝、鸡蛋、簸箕是转鼓仪式的关键物件。云南西盟佤族自治县，1992，邓启耀摄

①②拉木鼓。云南西盟佤族自治县，1992，邓启耀摄

剽牛。云南西盟佤族自治县，1992，邓启耀摄

在新米节敲象脚鼓的佤族小伙子。云南西盟佤族自治县，1998，邓启耀摄

新米节制作调料。云南西盟佤族自治县，1998，邓启耀摄

①“坐蒙”前的准备工作。②“坐蒙”。广西壮族自治区东兴市，2009，邓秋莹摄

花棍。广西东兴市，2009，邓秋莹摄

装饰好的迎神车。广西东兴市，2009，邓秋莹摄

大祭的祭品及祭祀之后的祭品出售。广西东兴市，2009，邓秋莹摄

翁祝在堆叠饼干和糖果。广西东兴市，2009，邓秋莹摄

祭祀前的准备。广西东兴市，2009，邓秋莹摄

洱海渔帆。云南大理白族自治州，2009，邓启耀摄

穿盛装的白族小女孩表演摸鱼。云南大理白族自治州，2009，邓启耀摄

开海节仪式中白族女子舞龙表演。云南大理白族自治州，2009，邓启耀摄

主祭的白族长者。云南大理白族自治州，2009，邓启耀摄

大理双廊红山本主庙景帝祠大殿。云南大理白族自治州，2009，邓启耀摄

大殿里的香客。云南大理白族自治州，2009，邓启耀摄

在树上贴红联，祈求吉祥。云南大理白族自治州，2009，邓启耀摄

①白族本主巡游。②化装舞者。云南大理白族自治州，1996，周凯模等摄

年满十三岁的女孩站在猪膘肉和粮食上，让家中的女性长者为她换裙，象征衣食不愁。云南宁蒗彝族自治县，2002，邓启耀摄

男性长者（一般是舅舅）为男孩换装。云南宁蒗彝族自治县，2002，邓启耀摄

围着篝火跳锅庄舞的年轻人。云南宁蒗彝族自治县，2001，邓启耀摄

受戒者头顶“神头”，依次登上象征“五台山”的架子。云南文山壮族苗族自治州富宁县，2007，王明富摄

受戒者端坐“五台山”，准备翻滚入后置的“衣包”里。云南文山壮族苗族自治州富宁县，2007，王明富摄

师公在用桌子设立的祭坛前诵经。张源摄

受戒者安坐高台，准备“降生”。广西防城港市垌中镇板沟村，2007，梁汉昌摄

过山瑶度“七星二戒”，燃灯祈祷。广西贺州步头安塘，2010，梁汉昌摄

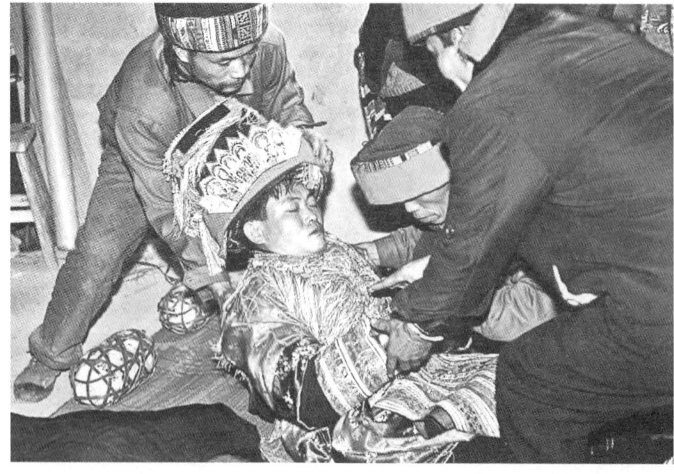

过山瑶度七星二戒："唤醒"受度者，实现"再生"。广西贺州步头安塘，2010，梁汉昌摄

过山瑶度七星二戒。广西贺州步头安塘，2010，梁汉昌摄

过山瑶男子度七星二戒时，盛装女子陪护在后。广西贺州步头安塘，2010，梁汉昌摄

傣族祭祀大青树。云南盈江县，2001，邓启耀摄

泼水节万人齐舞。云南盈江县，2016，蒋孟洋等摄

傣族泼水节中水龙浴佛。中老边境，2009，邓启耀摄

关门节前，傣族信众到奘房打扫和装饰。云南德宏傣族景颇族自治州，2016，邓启耀摄

到奘房听经，是傣族节日期间必有的内容。云南西双版纳傣族自治州，1995，邓启耀摄

节日期间村民聚餐。云南德宏傣族景颇族自治州，2016，邓启耀摄

念经的奶奶们。云南芒市，2016，蒋孟洋等摄

准备供品。云南芒市，2016，蒋孟洋等摄

迎佛队伍。云南芒市，2016，蒋孟洋等摄

浇花节的第四天早上，佛爷和村民去祭拜佛爷墓。云南芒市，2016，蒋孟洋等摄

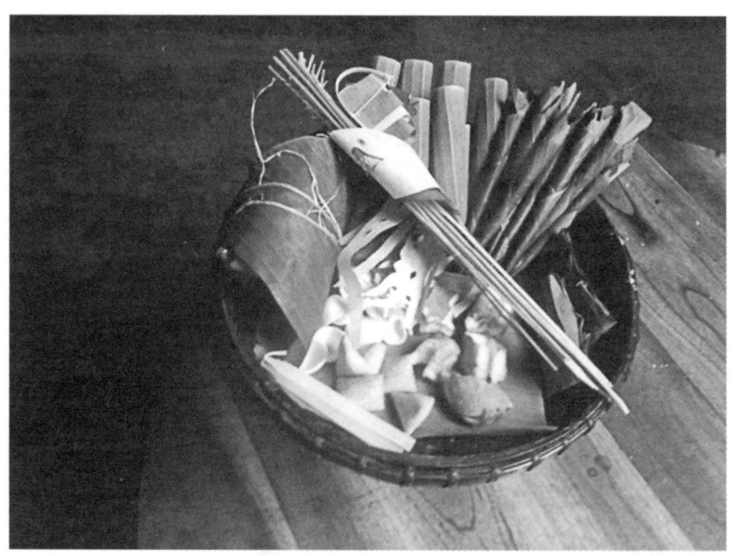

芭蕉叶做的贡品。云南芒市，2016，蒋孟洋等摄

出冬瓜村村民到泼水洼取水，聚集在大榕树下跳舞。云南芒市，2016，蒋孟洋等摄

出冬瓜村村民在佛塔旁竖立“扎地”。云南芒市，2016，蒋孟洋等摄

各个寨子的德昂族村民在活动中心共进晚餐。云南芒市，2016，蒋孟洋等摄

大理洱海东岸的观音会。云南大理白族自治州，1998，邓启耀摄

大理洱海岛上的小普陀寺，观音会常在这里举办。云南大理白族自治州，1998，邓启耀摄

观音会活动现场。云南大理白族自治州，1998，邓启耀摄

年轻妈妈背着孩子给“贝玛”敬酒，为孩子祈福。云南元江哈尼族彝族傣族自治县，1993，邓启耀摄

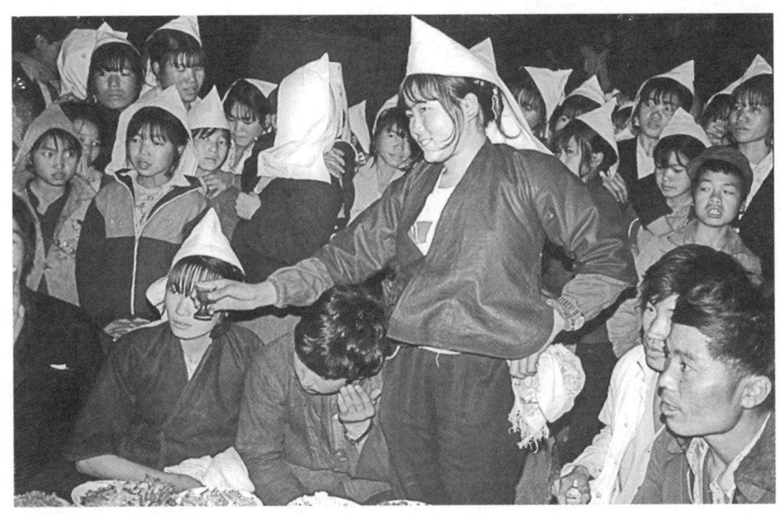

“阿八夺”酒宴上的酒歌。云南红河哈尼族彝族自治州，2001，邓启耀摄

诵经场景。云南巍山彝族回族自治县，2015，陈达理摄

供斋。云南巍山彝族回族自治县，2015，陈达理摄

在韦驮殿前诵经。云南巍山彝族回族自治县，2015，陈达理摄

烧表。云南巍山彝族回族自治县，2015，陈达理摄

随着法会的临近，写牌位的人比昨天更多了。云南巍山彝族回族自治县，2015，陈达理摄

观音殿后门的次要戒包摊位，这里还兼卖米、面、茶、油等，都是绿色食品。与募捐处的主要戒包摊位相比，这里有更宽敞的写戒包的空间，寺庙摆放了很多张桌子供人们写戒包。云南巍山彝族回族自治县，2015，陈达理摄

大殿里的香客。云南大理白族自治州，2009，邓启耀摄

奶奶身后装满戒包的大袋子，她在这里卖戒包已经卖了一个多月了，还要摆摊到七月半最后一天。这里是目前所有的戒包，之后戒包的数量会更多，至少达到这里的两倍。云南巍山彝族回族自治县，2015，陈达理摄

悬幡过程中排列整齐的信众。和尚、穿海青的居士和穿便服的居士是分开来站的。云南巍山彝族回族自治县，2015，陈达理摄

①②正在拜忏的信众们。云南巍山彝族回族自治县，2015，陈达理摄

天师诞辰祭坛布置。云南巍山彝族回族自治县，2016，潘宇萍摄

洞经乐器演奏。云南巍山彝族回族自治县，2016，潘宇萍摄

《皇经》诵读。云南巍山彝族回族自治县，2016，潘宇萍摄

来自各个片区的洞经音乐的演奏者。云南巍山彝族回族自治县，2016，潘宇萍摄

“先生”们用来“绘制”的目连像。云南巍山彝族回族自治县北坛寺，2015，邓启耀摄

为亡灵写“文凭”的斋奶们。云南巍山彝族回族自治县北坛寺，2015，邓启耀摄

粘贴冥财封套的斋奶，她们身后箩筐里装满了这样的“邮件”。云南巍山彝族回族自治县北坛寺，2015，邓启耀摄

在老君殿里诵经的“先生”，后面跪拜者所持供盘和准备焚化的冥钱及码子，经“先生”诵经呈报灵界后，方为有效。云南巍山彝族回族自治县北坛寺，2015，邓启耀摄

贴在老君殿门后的“解结”码子。云南巍山彝族回族自治县，2015，邓启耀摄

大殿前挂功德、写供表。在佛寺所烧的道家表。云南巍山彝族回族自治县，2015，陈达理摄

现供奉于石羊古镇圣泉寺的土主菩萨。云南大姚县，2016，李陶红摄

哈萨克族人家的节日晚餐。新疆博乐，2014，邓启耀摄

①②③塔吉克族皮里克节活动场景。新疆帕米尔高原，1999，聂爱文摄

①②③塔吉克族皮里克节活动场景。新疆帕米尔高原，1999，聂爱文摄

信仰基督教的苗族过圣诞节。她们的多声部圣诗合唱美妙无比。云南昆明，1997，邓启耀摄

节庆活动中聚餐前的准备工作。云南昆明，1997，邓启耀摄

信仰基督教的拉祜族过圣诞节。云南澜沧拉祜族自治县，1993，邓启耀摄

图书在版编目（CIP）数据

中国西部民族文化通志. 节日卷 / 邓启耀, 杜新燕主编. -- 昆明：云南人民出版社, 2018.4
ISBN 978-7-222-15616-6

Ⅰ. ①中… Ⅱ. ①邓… ②杜… Ⅲ. ①民族文化—文化史—西北地区②民族文化—文化史—西南地区③节日—风俗习惯—西北地区④节日—风俗习惯—西南地区 Ⅳ. ①K28②K892.1

中国版本图书馆CIP数据核字(2016)第306798号

出 品 人：李 维 赵石定
策划编辑：尹 杰
责任编辑：李 萍
装帧设计：王曦云 邓小杰
责任校对：吴永琨 盛雪梅 周 彦
责任印制：洪中丽

中国西部民族文化通志 节日卷

作 者	邓启耀 杜新燕 主编
出 版	云南出版集团 云南人民出版社
发 行	云南人民出版社
社 址	昆明市环城西路609号
邮 编	650034
网 址	http：//ynpress.yunshow.com
E-mail	ynrms@sina.com
开 本	787mm×1092mm 1/16
印 张	46
字 数	750千
版 次	2018年4月第1版第1次印刷
印 刷	云南出版印刷（集团）有限责任公司 云南国方印刷有限公司
书 号	978-7-222-15616-6
定 价	230.00元

如有图书质量与相关问题请与我社联系
审校部电话0871-64164626 印制科电话0871-64191534

“华为”手机　中国名牌

HUAWEI

天润通讯

广南县莲城西路新华书店斜对面　电话：15187632999

对“苹果”的信赖　源于精益求精

景天通讯

Authorized Reseller

广南县莲城西路新华书店旁　电话：15912373333